대한수학교육학회 2014 연보(Yearbook)

수학교사교육

방정숙 · 송상헌 · 임재훈 · 권나영 · 김남희
김선희 · 김 연 · 김진환 · 나귀수 · 박교식
신보미 · 오영열 · 이경화 · 이금선 · 이대현
이봉주 · 임해미 · 조완영 · 주미경 · 황혜정 공저

KM 경문사

머리말

본 연보는 대한수학교육학회의 두 번째 연보이다. 교사교육은 수학교육학 연구에서 중요한 연구 분야 중의 하나이고, 실제 최근에 많이 부각되고 있는 주제이기 때문에 두 번째 연보의 주제로 정해졌다. 여러 가지 상황을 고려하여 이 연보는 창간호와 마찬가지로 본 학회의 학술지인 〈수학교육학연구〉와 〈학교수학〉에 실렸던 글 중 일부 논문을 선정하여 해설서 형식의 단행본으로 출간하기로 했다.

이 연보 발간을 위해 1992년도부터 2013년도까지 〈수학교육학연구〉와 〈학교수학〉에 실린 모든 논문 중 수학 교사교육과 관련된 논문을 추출하여 대표 저자와 연구 주제별로 정리하였다. 적어도 2번 이상 수학 교사교육과 관련된 논문을 게재한 저자들에게 연보 발간에 참여할 것을 부탁하였는데, 감사하게도 대부분의 저자들이 동의해 줌에 따라 본 연보에는 전체 20편의 논문에 대한 해설 글을 싣게 되었다.

수학 교사교육 관련 논문을 연구 주제별로 정리한 결과 크게 교사 지식, 교사 지향, 교사의 전문성 신장으로 구분할 수 있었다. 첫 번째 주제인 교사 지식에는 교사 지식에 대한 개념·특징·동향 등에 대한 메타 연구, 예비·현직 교사의 지식 실태 조사, 교사 지식과 수업과의 관계를 탐색하는 연구 등이 포함된다. 두 번째 주제인 교사 지향(orientation)에는 교사 지향에 대한 개념·특징·동향 등에 대한 메타 연구, 예비·현직 교사의 지향 실태 조사, 교사 지향과 수업과의 관계를 탐색하는 연구 등이 포함된다. 마지막 주제인 교사의 전문성 신장에는 교사의 전문성 신장을 목표로 실제 운영된 교사교육 관련 프로그램(예를 들어, 예비교사교육과정, 교육실습, 현직 교사의 연수, 컨설팅 등)의 개발 및 적용과 관련된 다양한 연구가 포함된다.

본 연보에는 교사 지식을 다루는 논문 8편, 교사 지향을 다루는 논문 5편, 교사의 전문성 신장을 다루는 논문 7편에 대한 해설 글을 싣게 되었다. 각 해설 글에는 연구 주제와 관련한 각 논문의 특징, 의의, 가치, 시사점 등이 소개된다. 또한 후속 연구자들에게 도움을 주기 위해서 각 논문을 쓰는 과정에서 연구자가 겪은 독특한 경험 및 견해, 각 논문 이후 해당 주제와 관련하여 쟁점이 되는 이슈나 추가적인 논의사항, 전반적인 제언 및 권고 사항 등도 일부 포함되어 있다. 이러한 해설 글은 각각의 원래 논문을 이해하는데 좋은 나침반 역할을 할 것으로 기대된다.

한편, 본 연보에는 새롭게 각 주제별로 편집위원의 논평을 추가하였다. 세 가지 연구

주제별로 교사교육에서 각 주제의 중요성이나 의의 등을 간단히 기술하고, 연보에 실리는 각 논문에 대해 쟁점이 되는 내용을 요약하면서 생각할 거리를 소개하였다. 또한 가능한 경우 각 주제의 추후 연구 방향이나 제언을 추가하였다. 이 논평은 각 논문에 대한 학술적 비평이나 엄밀한 문제 제기를 목적으로 하기보다는 독자들이 해당 논문을 읽기에 앞서 미리 생각해보거나 전반적인 문제의식 및 의의를 개괄적으로 파악하는 데 용이하도록 돕기 위해 마련된 것임을 밝힌다.

아무쪼록 주제별 논평과 각 논문에 대한 해설 글을 통해 본 연보를 읽는 연구자들에게 조그마한 도움을 제공하기를 바란다. 또한 본 연보를 통해 수학 교사교육과 관련된 연구에 대한 관심의 증가와 함께 다양하고 깊이 있는 후속 연구들이 파생되기를 기대해 본다.

마지막으로 본 연보 발간이 가능하도록 때에 따라 적극 도와주신 저자 개개인에게 고마운 마음을 전한다. 또한 이 책의 발간을 위해 애써 주신 경문사의 편집부에게 감사를 드린다.

2014년 10월

방정숙, 송상헌, 임재훈 편집위원 일동

차례

PART I 교사 지식

PART II 교사 지향

PART III 교사의 전문성 신장

Part I 교사 지식

논평 1 『교사 지식』에 관한 논평

임 재 훈(경인교육대학교)*

교사교육에 관한 첫 번째 주제는 교사 지식이다. 학생들의 수학적 성취에 영향을 미치는 일차적으로 중요한 변인은 교사이며, 이에 여러 나라들이 교사 지식의 향상을 통해 교사의 수업 전문성을 신장하려고 노력하고 있다. 교사가 수학 수업을 잘 해서 학생들이 수학적 지식을 의미 있게 학습하게 하려면, 그에 필요한 지식을 잘 알고 있어야 한다는 것은 논란의 여지가 없다. 예를 들어, 교사는 수학 내용에 대해 알아야 하고, 수학을 가르치는 방법에 대해 알아야 하고, 학생들이 수학을 이해하는 방식에 대해 알아야 하고, 수학 교실의 바람직한 문화를 어떻게 형성할 수 있는지 알아야 한다.

이 책에는 교사 지식이라는 주제 아래 총 8편의 논문이 실려 있다. 처음 세 편의 논문은 중등 교사들의 지식에 관한 것이고, 그 다음 두 편의 논문은 초등 교사들의 지식에 관한 것이다. 이들 논문들은 교사 지식에 관한 경험적 자료를 바탕으로 교사 지식이 수학 수업에 미치는 영향을 분석하거나, 교사 양성 프로그램의 문제점을 지적하고 그 대안을 모색하고 있다. 여섯 번째와 일곱 번째 논문은 교사 지식의 하위 요소 또는 배경 변인을 파악하고 이를 교사 전문성 신장 프로그램의 개발 또는 정책적 결정에 활용하는 방안을 모색한다. 끝으로 여덟 번째 논문은 교사가 수업을 이해하고 개선하기 위해 알아야 할 이론적 지식의 예를 보여준다. 아래에 제시된 논평은 독자들이 이들 논문을 읽기에 앞서 각 논문의 문제의식 및 의의를 개괄적으로 파악하는 것을 돕기 위한 것이다.

첫 번째 논문(김선희, 김태익, 2013)은 미국에서 진행된 인턴쉽에 참여한 우리나라의 한 예비교사가 미국의 관습법 단위라는 자신에게 낯선 내용을 가르치는 수업을 준비하면서 행한 교과서 분석 및 교수 자료 개발 과정을 기호학의 개념적 틀을 사용하여 분석하고 있다. 예비교사는 미국 교과서의 단위 변환 내용을 살펴보면서 몇 가지 문제점을 발견하였고, 이 문제점을 해소하기 위해 고민한 끝에 도해 형식의 교수 학습 자료를 개발하였다.

수학 교과서에 기록된 표현은 교사의 해석을 기다리고 있는 기호이며 교사가 그것을 어떻게 해석하는가에 따라 수업 준비와 실행의 구체적인 모습이 달라질 것이다. 그러므

* jhyim@ginue.ac.kr

로 교사가 수학 교과서에 기록된 내용을 무엇에 기초하여 어떻게 해석하는지를 밝히는 것은 수학교육연구의 중요한 주제이다. 교사가 교과서의 내용을 적절히 해석하고 그 부족한 점을 보완하는 교수 학습 자료를 만들 수 있으려면 어떤 지식, 능력, 경험이 필요한가? 이 질문과 관련하여 이 논문은 우리에게 답과 탐구거리를 동시에 제시한다. 예비교사는 미국의 관습법 단위에 관한 교수법 지식이 없는 상태에서 교과서를 적절히 해석하고 그에 기초해 유용한 새로운 자료를 개발하였다. 무엇이 그로 하여금 이것을 할 수 있게 하였을까? 이 논문의 저자들은 이 예비교사가 단위 변환을 가르치는 이유와 그 의의에 대하여 명확한 관점을 가지고 있었던 점과 학생들의 입장에서 학습 내용을 이해하려는 태도를 가지고 있었던 점을 주된 이유로 들고 있다. 이것은 우리에게 다음과 같은 질문을 갖게 한다. '이 예비교사는 어떻게 그와 같은 관점과 태도를 형성하게 되었을까? 교사가 어떤 수학 내용을 가르치는 이유와 그 의의를 명확하게 파악하고 학생들의 입장에서 그것을 이해할 수 있게 하려면 교사교육에서 무엇을 어떻게 해야 하는가?' 이에 대한 연구가 필요할 것이다. 이 논문의 저자들은 이 예비교사의 사례를 바탕으로, 내용 지식과 교수법 지식에 관해 '수학 교사들이 가르칠 내용에 대한 지식을 갖추게 되면 그에 대한 내용 교수법은 스스로 찾아갈 수 있을 것'이라는 의견을 제시한다. 이 가설적인 견해에 관한 심층 연구 역시 필요해 보인다.

두 번째 논문(신보미, 2012)은 중등 예비교사들에게 선형계획법과 관련된 맥락 문제를 제시하고, 그 풀이를 분석하여 예비 교사들의 맥락 문제 해결 과정에서 나타난 특징을 보고하고 있다. 이 연구를 통해 드러난 맥락 문제에 관한 예비 교사들의 전반적인 이해 수준은 높지 않았다. 예비 교사들은 문제에 주어진 언어적 표현에 민감하지 못하여 그릇된 수식을 세우기도 하고, 비효율적이고 직관적인 해결 전략을 사용하기도 하고, 주어진 조건의 변화가 풀이에 어떤 영향을 미치는지도 제대로 파악하지 못하였다.

국제 학업 성취도 비교 연구에서 그동안 우리나라 학생들은 높은 수준의 성취를 보여주었다. 이로 미루어 보건대 우라나라 수학 교사들의 수학적 지식 수준도 대체로 높을 것으로 예상할 수 있다. 국제 비교에서 우리나라 학생들의 전반적인 수학적 성취는 매우 높지만, 세부적으로 들어가 보면 상대적으로 약한 부분도 있다. 수학 내용 면에서는 그다지 어렵지 않은 일상생활 맥락 문제의 정답율이 다른 문항에 비해 상대적으로 낮게 나타난다. 이 논문의 저자는 학생들의 수학적 성취에서 나타난 이와 같은 현상이 교사의 지식과 관련되어 있을 것이라는 가정 하에 예비 교사들의 맥락 문제 해결을 분석하였고, 결과는 역시 만족스럽지 않게 나타났다. 현재 사범대학 수학교육과에 입학하는 학생들은 고등학교까지 수학 학습에 성공한 최상위 수준의 학생들이라고 할 수 있다. 그러므로 이들의 학교수학에 대한 내용 지식에는 별 문제가 없을 것이라고 예상할 수 있고, 이러한 예상을 바탕으로 사범대학에서는 내용 지식 자체보다는 그 지도법에 초점을 맞춘 교육을 실시한다. 이와 같은 예상과 처방이 전반적으로는 타당할 수 있지만, 상대적으로 약한 부분이 존재한다면 그 부분을 보완하기 위한 조정이 필요할 것이다. 이 논문에 의하면, 우리나라 중등 예비교사들이 상대적으로 약한 부분의 하나가 맥락 문제에 대한 지식이다. 이 외에도 우리나라 중등 예비교사들이 상대적으로 약한 부분이 어디인지를 더 연구할 필요가 있어 보인다.

세 번째 논문(이승훈, 조완영, 2013)은 현직교사들을 대상으로 이차곡선에 관한 지식의 이해 정도를 조사하고 있다. 조사 결과는 우리나라 교사들이 교과과정 내의 내용에 대해서는 잘 이해하고 있으나, 그것을 넘어서는 내용, 예를 들어 이심률과 같은 내용에 대해서는 잘 모르고 있다는 것이다.

독자들은 이 연구의 세부 결과뿐 아니라, 연구의 바탕에 있는 문제의식에 주목해 보는 것이 좋을 것이다. 이 논문의 저자들은 사범대학에서 제공되는 수학 교사 양성 프로그램이 소위 이중단절의 문제에서 벗어나지 못하고 있으며, 이를 벗어나기 위해서는 사범대학의 수학내용학 강좌의 변화가 필요하다고 본다. 이들의 문제의식을 이렇게 표현할 수도 있을 것이다. 자연과학대학 수학과에서 제공되는 해석학 강좌와 사범대학 수학교육과에서 제공되는 해석학 강좌들은 그 내용이 달라야 한다. 사범대학 수학교육과의 해석학 강좌는 고등학교 교과내용과 멀리 떨어져 있는 어렵고 높은 수준의 대학 수학이 아니라, 고등학교 교과 내용과 밀접하게 관련 있으면서 그보다 수준이 높은 내용으로 채워져야 한다. 이와 같은 저자들의 관점에 동의하는 독자도 그렇지 않은 독자도 있을 것이다. 대학 해석학 강좌의 현재 내용이 고교 수학과 직접적인 연관은 없지만 그것을 공부하는 동안에 길러지는 수학적 안목과 능력은 장차 고교 수학을 잘 가르치는 바탕이 될 것이라는 입장도 있을 수 있다. 또 고교 교사들이 교육과정 내의 내용을 잘 이해하고 그것을 어떻게 가르치면 좋을지 잘 알면 충분하며, 교육과정 밖의 내용, 고교 수학과 직접적인 연관이 없는 대학 수학은 말할 것도 없고, 고교 수학과 연관이 있다 해도 교육과정을 벗어나는 내용, 예를 들어 이심률을 이용한 이차곡선의 정의를 꼭 알아야 하는 것은 아니라는 입장도 있을 수 있다. 이러한 상반된 입장들과 이 논문의 저자들의 입장을 비교하여 생각해 보는 것도 좋을 것이다.

네 번째 논문(나귀수, 2010)은 초등학교 예비교사들을 대상으로 9차시에 걸친 구성주의적 교수실험을 실시한 결과를 보고하고 있다. 이 논문의 저자는 교육대학교에서 예비교사들을 대상으로 한 교수 실험을 통해 교사 교육 프로그램에서 구성주의적 접근의 가능성과 한계를 확인하고 있다.

교사들의 관심은 자기 자신보다 학생들, 초등학교 교사라면 아동들을 향하기 마련이다. 교사들은 아동들이 수학을 잘 알게 되기를 바란다. 마찬가지로 교사교육자들의 관심 역시 자신의 학생들인 예비교사 및 교사들을 향하기 마련이다. 교사교육자들은 자신의 학생들인 교사들이 수학을 잘 가르치게 되기를 바란다. 그런데 아동들이 수학을 잘 알게 하려면 교사가 수업을 잘 해야 한다. 마찬가지로 예비교사들이 수학을 잘 가르치게 하려면 교사교육자가 수업을 잘 해야 한다. 결국 남의 이익을 생각하는 교육적 관심은 자신을 돌아보고 개선해야 한다는 자기 자신을 향한 관심과 연결된다. '대학에서 구성주의적 교육을 경험하지 못한 예비교사들이 구성주의적인 교육을 해야 한다는 당위적인 지식만 주입받은 채 장차 구성주의적인 수업을 실행할 수 있을 것인가? 구성주의의 가능성을 믿는 교사교육자가 예비교사들을 반구성주의적인 전통적 방식으로 가르치는 것은 과연 정당한 것인가? 구성주의적인 수업을 할 수 있는 교사를 양성하기 위해 나의 교과교육 강의는 어떻게 변화되어야 하는가?' 이 논문의 저자는 모든 교사교육자들이 한번쯤 해보았을 이와 같은 질문들을 진지하게 고민하며 자신의 교수 방식에 변화를 시도한다. 이 논문의 연구 결과는 저자의 표현대로 구성주의적 교사교육의 가능성과 한계를 동시에 보여준다. 독자들은 이 논문 속에서 여러 가지 긍정적인 가능성을 확인할 수 있을 것이다. 여기서는 한계에 대해서만 한 가지 부언한다. 이 교수 실험은 교육대학교의 수학교육과 심화 과정 학생들을 대상으로 심화 과목 강좌에서 실시되었다. 9차시에 걸쳐 다루어진 내용은 비와 비율이다. 현재 일반적으로 교육대학교에서 모든 예비교사들을 대상으로 제공되는 수학과 과목은 수학교육 I과 수학교육 II의 두 강좌이다. 수와 연산, 도형, 측정 등 모든 초등수학 내용의 지도법을 다루어야 할 것으로 기대되는 수학교육 II에서 비와 비율에 배정할 수 있는 시간은 기껏해야 한 두 시간 정도일 것이다. 이것은 수학 심화 과정 학생이 아닌 전체 예비교사들을 대상으로 구성주의적인 교과교육 학습 경험을 제공하기가 현실적으로 매우 어렵다는 것이다. 이와 같은 현실적 제약은, 저자가 논문의 마지막에 언급한 것과 같이, 교육대학교의 교사교육자들로 하여금 구성주의적 수업과 설명식 수업의 적절한 조화의 문제를 고민하게 만든다.

다섯 번째 논문(박교식, 송상헌, 임재훈, 2004)은 초등학교 예비교사들을 대상으로 분수 나눗셈의 의미 이해에 관하여 조사하고 있다. 주어진 수식에 적합한 분수 나눗셈 문장제를 예비교사들이 어떻게 만드는지를 알아본 결과, 예비교사들은 여러 가지 유형의 오류를 보였고 특정한 유형의 문장제에 치우치고 있었다.

초등 예비교사나 교사들을 대상으로 교사 지식을 조사한 연구의 결과가 만족스러울 정도로 좋게 나오는 경우는 별로 없는 듯하다. 이 연구에서도 조사 대상 예비교사의 약 $\frac{2}{3}$가 잘못된 문장제를 만들었고, 뺄셈 문제를 만든 학생도 있었다. 이와 같이 초등학교 예비교사들을 대상으로 한 연구들에서 나타나는 만족스럽지 않은 예비교사들의 수학적 지식 수준은 우리나라의 초등교사 교육 시스템이 지닌 한 가지 문제를 생각해 보게 한다. 사범대학 수학교육과에 입학하는 중등 예비교사들이 고등학교 전체 집단에서 상위권 학생들인 것과 유사하게, 교육대학교에 입학하는 초등 예비교사들도 상위권 학생들이다. 그러나 이 두 집단 사이에는 중요한 차이가 있다. 사범대학 수학교육과에는 수학을 잘하고 좋아하고 수학의 가치를 인정하고 자신의 수학적 능력에 대해서도 상대적으로 어느 정도 자신감이 있는 학생들이 들어오지만, 교육대학교는 그렇지 못한 형편이다. 교육대학교에는 인문 성향의 학생들이 상대적으로 많이 들어오는 것이 현실이다. 이들 중에는 수학에 대한 부정적인 학습 경험과 태도를 가진 학생들도 상당수 있다. 이것은 무엇을 뜻하는가? 교육대학교에 들어올 정도의 학생이면 초등수학의 내용에 대해서는 잘 알고 있을 것이며 수학에 대해 좋은 학습 경험과 태도를 가지고 있을 것이라고 생각할 수 있는데, 이런 막연한 생각이 현실과 다를 가능성이 있는 것이다. 교육대학교의 전체 교육과정에서 수학과에 주어지는 시간은 다른 교과와 별 차이가 없다. 모든 교과가 아동 교육에서 과연 동일한 정도의 평등한 중요성을 지니는 것인가라는 질문과 더불어 교육대학교에 입학하는 예비교사들의 인문 성향과 낮은 수학적 지식 수준을 고려할 때 현재 교육대학교의 교육과정 체제가 좋은 수학 수업을 할 수 있는 초등 교사 양성에 적합한가라는 반성을 해볼 필요가 있다.

여섯 번째 논문(최승현, 황혜정, 2008)은 한국교육과정평가원의 PCK(Pedagogical Content Knowledge)와 수업 컨설팅 지원 중장기 연구 계획에 따라 1차년도에 수행된 연구의 일부를 소개하고 있다. 이 중장기 연구는 수학과의 수업 전문성의 기준 및 분석틀을 마련하고, 이를 현장에 적용 및 평가하는 과정을 거쳐, 최종적으로 PCK에 기반한 수업 컨설팅 프로그램 개발을 목적으로 하고 있다. 이와 같은 대규모의 중장기적인 연구는 개별 연구자가 수행하기 어려운 것으로, 이 논문은 국가 수준에서 교사의 수업 전문성 향상을 위해 어떤 구체적인 노력을 기울이고 있는지를 독자들이 조망하는 데 도움이 될 것이다. 이 논문은 1차년도에 수행된 수학과 PCK 분석틀을 구성하고 있는 수업 전문성의 각 요소들이 수학 교사의 수업에서 어떠한 양상으로 나타나는지를 실증적으로 살펴보고 있다. 수업 전문성을 구성하는 네 가지 영역(수학 내용 지식, 교수 방법 및 평가, 학생 이해, 수업 상황)의 하위 항목들에 관련된 교사의 이해가 수학 수업에 어떻게 작동하는지를 알아보고 있다. 예를 들어, 수학 내용 지식의 하위 항목인 '교육과정 내용 이해'에 대하여 생각해 보자. 교육과정에 대한 교사의 이해, 곧 PCK의 차이는 수학 수업에서 어떤 차이를 가져올 것인가? 이와 같은 질문에 답을 얻기 위해서는 실제 교사들의 PCK를 알아보고 그들의 실제 수업을 관찰해 보아야 한다. 이 논문에서는 세 명의 수학 교사의 함수 개념 수업을 관찰하여 이와 같은 질문에 답하고자 시도한다. 연구 결과는 수업 전문성의 각 요소들과 관련된 교사의 PCK가 수업의 양상과 유형을 결정지을 수 있다는 것, 달리 말하여, 교사가 어떤 PCK를 갖고 있는가에 따라 수업의 전개 양상이 달라진다는 것을 보여 준다. PCK가 수업에 미치는 영향이 이와 같이 크다면, 이 중장기 연구의 2, 3차년도의 연구 방향과 같이, 교사의 PCK를 향상시키는 프로그램을 개발함으로써 수업 전문성 향상을 도모할 수 있을 것이다.

일곱 번째 논문(김연, 2013)은 교사들의 어떤 배경 변인이 교사들의 MKT (Mathematical knowledge for teaching) 수준과 관련이 있는지를 조사하고 있다. 이 연구는 미국에서 300명이 넘는 초등교사를 대상으로 하여 그들의 여러 배경 변인과 MKT의 관계를 통계적으로 확인하고 있다.

이 연구의 직접적인 의도는 교사의 MKT에 대한 직접적인 정보를 가지고 있지 않은 학교나 지역 교육청이 어떤 교사들에게 MKT를 증진시킬 수 있는 기회를 주는데 재원을 사용해야 하는지 결정하기 어렵다는 현실적 문제의 해결 방안을 모색하는 데 있다. 교사의 배경 변인들이 교사의 MKT 수준과 어느 정도 관련 있는지를 안다면, 학교나 교육청이 교사들의 배경 변인을 활용하여 교사 전문성 신장과 관련된 정책적인 결정을 내릴 수 있을 것이기 때문이다. 이 연구의 배경은 미국이지만, 인종 배경과 같은 것을 제외하면, 우리나라에서 교사 전문성 신장과 관련된 정책적인 결정을 내려야 하는 위치에 있는 사람들에게도 다소간 참고가 될 수 있을 것으로 보인다. 물론 우리나라의 상황이 미국의 상황과 어느 정도 유사하고 다른지는 연구에 의해 확인될 필요가 있다.

이 논문의 주요 결론 중 하나는 교수 경력은 MKT와 무관하다는 것인데, 이것은 교사 경력이 오래 쌓여간다고 해서 MKT의 수준이 올라가는 것은 아님을 시사한다. 이것은 보기에 따라 흥미로운 결과로 생각될 수 있다. '교육대학교를 갓 졸업한 신임 교사는 열정은 있지만 경험 많은 교사에 비해 아동들이 생각하는 방식을 잘 이해하지 못하기 때문에 아동들의 생각을 살리는 수학 수업을 잘 하지 못할 것이다. 그러나 차차 교수 경험이 쌓여가면서 아동들이 생각하는 방식을 몸으로 경험하게 되고 이를 바탕으로 아동들의 생각과 수학을 잘 연결하는 수업을 전보다 잘 할 수 있을 것이다.'라는 것은 교육 경험의 가치를 인정할 때 사람들이 흔히 하는 종류의 생각이다. 교사의 교육 경험이 쌓여감에도 불구하고 MKT가 향상되지 않는다면 교육 경험은 아무 의미가 없는 것인가? 교육 경험은 의미 있는 것이기는 하지만 그 자체만으로 MKT의 향상을 가져오지 못하기에 여기에 무엇인가가 더해져야 하는 것인가? 그렇다면 무엇이 더해져야 교육 경험이 빛을 발해 MKT의 향상으로 연결될 수 있는 있는가? 이 논문을 읽으며, 독자들은 이와 같이 교사의 여러 배경 변인과 교사 전문성 사이의 관계에 관해 생각할 기회를 얻게 될 것이다.

교사 지식이라는 주제의 마지막 여덟 번째 논문(박교식, 2006)은 브루소(Brousseas)의 교수학적 계약에 대한 상세한 해설을 시도하고 있다. 교수학적 계약과 관련하여 국내에서 그동안 많이 회자되어 온 것은 토파즈 효과, 쥬르뎅 효과, 초인지 이동, 형식적 고착과 같은 소위 극단적인 교수 현상이다. 이 논문의 저자는 극단적인 교수 현상을 넘어서서 교수학적 계약의 진면목을 독자들이 폭넓게 이해하기를 바라며, 브루소의 저작을 심층적으로 분석하여 교수학적 계약을 교수학적 계약의 정의, 교수학적 계약의 호혜성과 암묵성, 교수학적 계약의 구조, 교수학적 계약의 위반으로 나누어 해설하고 있다.

이 논문은 위의 논문들과는 성격이 상당히 다르다. 앞에 소개한 논문들은 어떤 형태로든 예비교사나 현직 교사들을 대상으로 수집한 경험적 자료를 바탕으로 교사 지식에 관한 문제를 논의하고 있다. 교사들에게서 모은 경험적인 자료는 현재 우리나라 교사들이 특정한 수학 내용에 대해 이러이러한 이해를 보이고 있다는 것을 보여 주고, 이를 바탕으로 앞으로 우리가 이러이러한 노력을 기울여야 한다는 처방을 제시할 수 있게 해준다. 이 논문에는 그와 같은 경험적 자료가 없으며 따라서 현재 우리나라 교사들의 특정 지식에 대한 현황 파악도 없으며 따라서 이를 기초로 한 현실적인 처방의 제시도 없다. 이로 인해 독자들은 어쩌면 이 논문이 교사 지식과 어떤 관련이 있는지 의아해 할 수도 있겠다. 이 논문의 내용은 저자가 교사들이 가지기를 기대하는 지식의 구체적인 예를 제시한 것으로 볼 수 있다. 교사는 교수학적 계약에 관해 이 논문에서 제시한 내용을 알아야 하는가, 달리 말해 교수학적 계약에 관한 지식은 교사가 알아야 하는 지식인가? 저자의 입장에서 볼 때, 그 대답은 그렇다일 것이다. 교사는 왜 교수학적 계약에 대해 알아야 하는가? 우리는 삶을 살아가지만 우리가 살아가는 삶에 대해서 잘 아는 것은 아니며, 어떤 행동을 하지만 그 행동에 대해서 잘 이해하고 있는 것은 아니다. 마찬가지로 수학 교사는 일상적으로 수학 수업을 하고 그 속에서 살아가지만 수학 수업에 대해 잘 아는 것은 아닐 수 있다. 오히려 그 안에 살기 때문에 그 안의 모든 것이 익숙하게 보일 수도 있다. 일상의 친숙함을 낯선 시각에서 바라보는 것, 그것은 비판적 자기 반성의 시작이며, 의미 있는 자기 변화를 위한 출발점이다. 이 논문에 제시된 교수학적 계약에 관한 지식은 교사가 자신의 수업을 비판적으로 보는 이론적 틀로 기능할 수 있다. 수학 수업 이해에 관한 이론적 지식은 수학 수업을 새로운 시각에서 이해하고 스스로 발전을 도모할 수 있는 교사의 전문적 능력의 바탕이다.

교사는 수업을 준비하고 실행하면서 무엇인가를 결정해야 하는 상황에 직면하는데, 이때 교사 지식은 교사의 결정에 큰 영향을 미친다. 예를 들어, 교사는 학생들에게 풀게 할 어떤 수학 문제를 가지고 수업에 들어올 수 있다. 이 수학 문제에 대한 교사의 이해의 깊이와 폭은 이 문제를 가지고 이루어지는 수업의 대강의 방향을 결정한다. 교사가 수업을 계획할 때, 교사는 이 수학 문제를 가지고 학생들이 어떤 종류의 생각을 할 것인가에 대하여 예상하고 학생들의 생각을 어떻게 활용하여 수업의 목적을 달성할 수 있을지 고민한다. 이와 같이 수학 문제에 대한 교사의 이해와 학생에 대한 교사의 이해는 뜨개질의 실처럼 서로 교차하며 교사의 수업의 실제 모습을 정해 나간다. 수학 문제에 대한 이해와 학생에 대한 이해는 중요한 교사 지식의 요소이지만, 이것이 교사 지식의 전부는 아니며 평가에 관한 지식, 교육 기자재 활용에 관한 지식, 수업 집단 운영에 관한 지식 등 다른 요소들도 있다. 교사 지식에 관한 광범위하고 심층적인 연구가 지속적으로 이루어지기를 바란다.

01 『예비교사의 수학 교수 자료 분석 및 개발 사례에 대한 기호학적 분석』에 관한 해설

김 선 희(강원대학교)*

이 논문은 예비교사가 가르칠 내용에 대한 지식 습득, 그 지식을 수업에서 구현한 방법을 기호학의 관점에서 분석한 것이다. 한국에서 성장한 예비교사가 미국에서 낯선 단위 체계를 접하고 이해한 후 교수 내용으로서 이를 어떻게 조직했는지 그 과정을 보여준다. 지금까지 수학교육에서 학생들의 사고 과정을 분석하는 데 기호학이 활용되었다면, 이 논문은 수학을 가르치려는 교사의 사고 과정을 분석하고자 하였다. 교사는 수업을 준비하면서 교수 자료를 분석하고 교수학적 변환으로 교수 자료를 개발하는데, 이것은 기호의 해석과 개발로 볼 수 있다.

연구의 대상인 예비교사는 수학교육과 4학년 재학 중 한미교육연맹(KoAM)의 사업에 참여하여 미국에서 21주간 인턴십에 참여했다. 예비교사의 순수한 아이디어로 수학 교과서를 분석하고 교수 자료를 개발한 과정과 결과를 분석하기 위해 본 연구는 낯선 교재를 가르칠 기회를 가진 예비교사의 사례를 연구 자료로 선택하였다(김선희, 김태익, 2013).

교사들은 수업을 위해 무엇을 가르칠까를 고민해야 하며, 그에 대한 많은 정보를 교과서에서 얻는다. 수학 교사는 수업을 실시하기 전 교과서를 검토하고 수업을 어떻게 실시할지 구상한다. 교사가 교과서를 보고 그 안에서 무엇을 읽어내는지, 그러한 해석에 영향을 준 것은 무엇인지를 알아내는 것은 교사의 수업 준비 상태를 파악하기 위한 의미가 있다. 이 논문은 예비교사가 교수 자료인 교과서를 어떻게 분석하는지 파악하려 했고, 이를 첫 번째 연구 문제로 삼았다. 이 논문에서 예비교사가 수업을 맡은 내용은 미터법과 관습법 단위의 변환이었다. 미국은 자체적인 관습법 단위를 사용하기 때문에, 단위 변환의 학습 내용이 우리나라보다 많고 우리나라 사범대생에게는 다소 생소한 내용이다. 예비교사의 교재 분석 내용은 '교과서'라는 표현체를 '학생들이 배워야 하는 단위 변환 내용'이라는 대상체에 비추어 본 해석체라 볼 수 있는데, Peirce에 따르면 표현체, 대상체, 해석체는 기호의 요소로서, 기호는 표현체와 대상체의 지시 관계가 어떤 해석체에 의해 해석될 때 존재하게 된다(Seeger, 2005). 표현체는 시각과 같이 감각을 통해 얻을 수 있는 표현이고, 대상체는 기호가 대신하고 있는 것이며, 해석체는 기호에 의해 떠오르는 생각이다.

이 논문은 예비교사가 교재를 어떤 측면에서 해석했는지 살펴보았고 그 구체적인 내

* mathsun@kangwon.ac.kr

용은 교과서 표현이 직접 변환하기 힘든 인접하지 않은 단위의 관계를 알기 어려움, 실생활 내용과 연계되지 않아 양감이나 어림 학습이 어려움, 단위의 필요성이 제시되지 않아 동기유발에 문제가 있음, 암기 위주의 계산을 유도, 문제 해결 과정의 모범적인 예시가 필요, 미터법 지도에서 소수의 선행 지식 확인 필요 등의 해석이었다. 이와 같이 하나의 표현체가 여러 가지로 해석되는 것은 기호 공간(semiotic space; Bakker & Hoffmann, 2005)으로 설명된다. 예비교사가 이러한 해석을 하게 된 배경은 기호 공간에 존재하는 부수적 지식이었는데, 이 경우 미터법과 관습법 지식, 단위 변환 교육의 목표, 학생의 사고 과정 실험, 학생 지도 경험이었다. 즉 예비교사가 수업을 위해 필요한 지식에 수학 내용 지식, 교수학적 지식과 학생 지도 경험이 포함된 것이다. 여기서 학생들을 가르친 경험이 있다는 것은 예비교사에게 현장 실습이 매우 중요함을 알려준다.

수업을 준비할 때 교사들은 학생들에게 배부할 활동지나 수업 시 활용할 수업 자료를 만든다. 이 논문에서 예비교사는 교수 자료를 기호의 하나인 도해(diagram)로 구성했다. 도해는 수학적 표현에서 많이 활용되는데, 예비교사가 교수 자료를 개발하기까지 사고 과정을 보면, Peirce의 도해적 추론 세 단계가 적용되었다(Hoffman, 2005). 첫 단계에서 예비교사가 교수 자료로 도해를 만든 이유를 보면, 도해가 실체적 추상화를 이끄는 기호이고 여러 단위 간의 관계를 한 눈에 보고 해석할 수 있게 해 준다는 점을 생각했다. 두 번째 실험 단계에서 예비교사는 자신이 만든 도해가 수업용으로 잘 활용될 수 있는지 알아보았는데, 도해가 가르치고자 하는 것을 잘 나타내고 있는지, 수업을 할 때 설명할 자료로 적합한지, 학생들이 이해하기 쉬운지 사고 실험을 했고, 단위별로 좀 더 간단한 형태가 좋으며 도해 속 기호의 문법이 메타인지적 이동이 되지 않도록 해야 한다는 것을 고려하였다. 세 번째 반성 단계에서 예비교사는 교과서가 계산 결과를 중시하게 제시되었는데 자신의 표현 또한 그렇지 않은지 반성하고, 미터법을 관습법으로 변환하는 경우의 도해를 다시 개발하였다.

한편 도해적 추론의 실험과 반성의 단계에서 예비교사의 사고는 추상적 연역이 진행된 것을 볼 수 있다. 단위 사이의 변환을 하는 여러 절차가 하나의 대상으로 인식되고 그것이 새로운 조작에 사용될 수 있는 개념이 Peirce에게는 실체적 추상화인데, 이러한 실체적 추상화가 진행될 수 있도록 하는 연역을 Peirce는 추상적 연역이라 하였다. 예비교사는 도해를 활용함으로써 추상적 연역이 가능했고 학생들에게도 이를 지도할 수 있었다.

여기서 짚어야 할 한 가지 사실은 우리나라에서 다루지 않는 관습법 단위의 변환이 예비교사가 처음 접한 내용이기에 그에게는 학습의 의미가 있었다는 것이다. 예비교사는 내용 지식을 학습해야 했으므로 처음에 내용 교수법에 대한 지식이 갖추어지지 않았다. 하지만 단위 변환을 가르치는 이유와 그 의의에 대한 관점이 분명했고, 자신의 사고 과정을 반성하여 학생들의 입장에서 학습 내용을 이해하는 과정을 사고 실험하는 열의를 보였다. 학생들을 지도하면서도 자신의 교수 자료의 의미와 활용성을 면밀히 살핌으로써, 교사로서 내용 지식이 갖추어지면 내용 교수법 지식은 파지될 수 있음을 보여주었다. 이것은 교육과정이 바뀌어 새로운 지식이 교수 내용에 포함되더라도 수학 교사들이 가르칠 내용에 대한 지식이 갖추어지면 그에 대한 내용 교수법은 스스로 찾아갈 수 있을 것이라는 것을 조심스레 기대할 수 있게 해준다.

이 논문은 예비교사가 수업을 준비하면서 교재를 어떻게 분석하는지, 그리고 자신의 교수 자료를 개발할 때 어떤 과정을 거치는지 알아보고, 이를 기호학 관점에서 분석했다는 데 의의를 가진다. 교사 교육에서는 교사들이 수학, 수학 수업, 교재 개발, 평가 등에서 무엇을 알고, 무엇을 실행하는지, 그 과정에서 일어나는 사고 과정이 무엇인지를 연구한다. 따라서 기호학이 이러한 교사교육에 활용되는 것은 의미가 있고 분석의 틀로 확대될 가능성이 높다. 본 연구에서는 예비교사의 교재 분석 및 개발에 초점을 두었지만, 추후 연구에서는 교과서를 해석한 내용이 수업에서 어떻게 구현하는가를 알아보고 이를 기호학적으로 분석해볼 수도 있을 것이다.

참고문헌

김선희, 김태익(2013). 예비교사의 수학 교수 자료 분석 및 개발 사례에 대한 기호학적 분석. **학교수학, 15**(2), 353~367.

Bakker, A. & Hoffmann, M. H. G. (2005). Diagrammatic reasoning as the basis for developing concepts: A semiotic analysis of students' learning about statistical distribution. *Educational Studies in Mathematics*, 60(3), 333-358.

Seeger, F. (2005). Notes on a theory of teaching and learning. In M. H. G. Hoffmann, J. Lenhard & F. Seeger (Eds.), *Activity and sign: Grounding mathematics education* (pp.67-76). Springer Science+Business Media.

대한수학교육학회지 <학교수학> 제 15 권 제 2 호
Journal of Korea Society Educational Studies in Mathematics
School Mathematics Vol. 15, No. 2, 353 ~ 367. Jun 2013

예비교사의 수학 교수 자료 분석 및 개발 사례에 대한 기호학적 분석

김 선 희[*] · 김 태 익[**]

본 연구는 한 예비교사의 교수 자료 분석 및 개발 사례를 기호학적 관점에서 분석하였다. 수학 교과서를 기호의 표현체로, 학생들이 배워야 하는 단위 변환 내용을 대상체로 볼 때, 예비교사의 교과서 분석은 교과 내용 지식과 학생들의 이해라는 측면에서 다양한 해석체가 되었다. 이에 따라 교사의 교수 자료 분석은 한 가지 해석이 이루어지는 것은 아님을 알 수 있었으며, 본 연구는 이를 기호 공간에서 설명하였다. 그리고 예비교사가 교수 자료를 도해로 구성했을 때 수업을 염두에 둔 실험과 반성의 단계에서 예비교사의 추상적 연역이 진행되었음을 알 수 있었다. 본 연구는 예비교사의 사고 과정을 기호학을 이용하여 분석할 수 있었다는 데 의의를 가지며, 기호학을 활용한 수학교육 분야의 연구가 다방면에서 활용될 가능성을 보여주었다.

Ⅰ. 서론

기호학은 2000년대 이후 수학교육 연구에서 활발한 이론적 토대를 제공하고 있다. 수학교육을 연구하는 데 기호학이 활용되는 이유는 여러 가지가 있다. 수학이 기호로 되어 있고 수학을 학습하는 것이 기호를 이해하고 활용하는 것을 배우는 것이고, "수학을 하는 것이 본질적으로 기호 활동"이며(Radford, Schubring & Seeger, 2008, p.vii), "수학을 학습하고 보이지 않는 대상에 대하여 의사소통하는 것은 기호가 없이 불가능하고"(Bakker, 2007, p.9), 수학을 학습하는 것은 수학적 의미의 구성과 수학적 표기의 해석과 발달 모두를 요구하며(Sándnz-Ludlow, 2003; Bakker, 2007, 재인용), "기호적 표현을 다른 기호적 표현으로 바꾸지 않고서 수학적 사고는 있을 수 없기"(Duval, 2008, p.39) 때문이다. 또한 기호학은 학생의 인지적 측면뿐 아니라 수학교육의 철학 분야에서도 연구되고 있는데, Seeger(2004)는 학습이 개인적이면서 사회적이고, 수용적이면서도 구성적이라고 하면서, 기호학적 접근이 이런 이분법을 극복하는 방법을 이끌 수 있다고 하였다. 수학 교수 · 학습을 기호 과정(sign process)으로 보면, 기호학은 학문적 교류(trans-disciplinary) 접근이고, 교육적 반성과 교육 연구에서 개인 학습과 사회적 학습, 구성주의와 수용 학습의 이분법을 화해시킬 수 있다는 것이다(Seeger, 2004).

기호학이 위와 같이 수학교육의 다양한 분야에서 연구될 수 있는 것은 기호의 편재성 때문이다. Peirce는 세상의 모든 것을 기호로 보고, 인간의 지적 활동을 기호 활동으로 보았다. 그렇

* 신라대학교 (mathsun@silla.ac.kr)
** 신라대학교 (ick1779@hanmail.net)

다면 수학을 가르치는 교사의 입장에서도 수학은 기호이며, 학생들에게 수학을 가르치기 위한 교수학적 변환과 설명도 기호학적 관점에서 이해될 수 있을 것이다. 지금까지 기호학이 적용된 수학교육 연구는 대개 학생들의 사고 활동에 초점이 주어졌으나, 본 연구는 예비교사가 수학을 가르치기 위해 접한 교수 자료인 교과서를 어떻게 분석했는지 Peirce의 기호학 관점에서 들여다보고, 예비교사가 교수 자료를 개발한 과정을 Peirce의 도해적 추론을 적용하여 분석하고자 한다. 첫 번째 연구 내용은 예비교사가 접한 수학 교과서를 기호로 보고 학생들을 가르치기 위해 이 기호를 어떻게 해석했는지를 살펴보는 것이다. 이것은 대상체, 표현체, 해석체의 기호 요소에서 세미오시스가 어떻게 이루어지는지를 기호공간(semiotic space; Bakker & Hoffmann, 2005)에서 분석할 것이다. 두 번째 연구 내용은 학생들에게 가르치고자 하는 단위 변환의 내용을 예비교사가 도해적 추론 단계를 거쳐 교수 자료로 개발한 과정을 살펴볼 것이다. 그리고 교사의 교수 자료 분석 및 개발에 대한 기호학의 적용, 우리나라 사범대학에서 성장한 예비교사가 미국 교육현장에서 교육 실습에 한 특수한 사례에 비추어 예비교사의 관습 단위 이해에 대한 논의를 진행할 것이다.

Ⅱ. Peirce의 기호학

1. 기호

Peirce에 따르면, 기호는 학습 과정에서 중요한 역할을 한다. 우리의 사고는 상상이든 실제로 지각되는 것이든 어떤 기호에 대해 수행된다(Peirce, NEM Ⅰ; Hoffmann, 2005, 재인용). Peirce는 [그림 Ⅱ-1]과 같이 기호를 대상체, 표현체, 해석체의 삼원적 요소를 가진 것으로 보았다.

[그림 Ⅱ-1] 기호의 삼원적 관계 (Seeger, 2005)

기호를 시각과 같이 감각을 통해 얻을 수 있는 표현으로 나타낸 것이 표현체이고, 기호가 대신하고 있는 것이 대상체이며, 기호에 의해 떠오르는 생각이 기호의 해석체이다. 해석체는 기호가 의미를 가진 결과라고 볼 수 있는데, Peirce에게 "기호의 객관적인 의미라 불릴 수 있는 것은 해석체"이다(Bakker & Hoffmann, 2005, p.336). Peirce의 기호학의 장점은 이런 삼원적 관계를 통해 지식의 대상들과 이 대상들의 의미(해석체) 사이의 중재자로서 기호(표현체)가 하는 역할을 인식론적으로 되뇌는 데 있다(Bakker, 2007). 기호의 삼원적 관계에서 기호의 의미는 영원히 고정된 것이 아니라 다양한 해석이 존재할 수 있도록 열려 있다. 즉 대상체는 여러 기호(표현체)에 의해 표현될 수 있고, 어떤 표현체는 여러 방법으로 해석될 수 있다(Bakker & Hoffmann, 2005).

학생들의 사고 과정을 나타나고 분석하는 데에는 Saussure의 기호학에 근거한 '의미작용의 고리'가 많이 사용되어 왔다(Hall, 2000; Nemirovsky & Monk, 2000; Cobb, 2002). 그러나 의미작용의 고리로 설명되는 사고의 흐름은 선형적이라는 점에서, 기호가 다른 기호로 구성될 수 있고 더 복잡한 기호의 요소가 될 수 있다는 것을 간과할 수 있다. Peirce의 기호학에 터한다면, 동일한 기호에 대해 다양한 해석이 존재하고 동일한 대상에 대해 항상 많은 표현이 존재한다

(Duval, 2008). "기호 과정은 의미의 연속적인 흐름이 아니라 파국(catastrophes)에 의해 방해되고 단절"되기 때문이다(Otte, 2005, p.9). 김선희 · 이종희(2003), 김선희 · 김기연(2004), Presmeg(2005)는 학생들의 사고 과정을 선형적으로 나타냈으나, 본 연구에서 예비교사의 기호 해석은 다양한 측면이 고려되었기에, Duval과 Bakker & Hoffmann과 같이 교과서 표현체를 다양한 해석으로 나타내는 복합적인 기호 공간에서 분석할 것이다.

한편 기호의 표현체와 해석체를 중재하는 데에는 부수적 지식(collateral knowledge)이 중요한 역할을 한다. Bakker(2007)는 학생들이 기호와 관련한 부수적 지식을 증진함으로써 더 발전된 통계 기호를 해석했고 통계적 추론을 위한 수단으로 기호를 사용하는 것을 배웠다고 하였다. 예비교사가 교과서라는 기호를 분석할 때도 그가 가진 여러 지식이 부수적으로 사용되어 교과서 표현에 대한 더 나은 표현을 만들 수 있다. 예비교사의 부수적 지식에는 학생들을 지도한 경험도 포함될 것이다.

2. 도해적 추론

Peirce는 기호의 표현체, 대상체, 해석체의 관계에 의해 기호를 도상, 지표, 상징으로 분류하였다(Trabant, 1996/2001). 도상은 표현체와 대상체의 유사성에 기초한 기호로 정의된다. 지표는 대상체를 가리키는 지시 기능을 담당하는 기호로, 그 대상체와 직접적이고 물리적인 관련을 맺으며 의사소통에서 표현체와 대상체가 공간적, 시간적으로 함께 나타나야 해석이 가능하다. 맥락에 구속되어 있는 지표는 개인 간의 상황에서 사용되는 순간에 상황과 맥락에 의존하는 형태로 상호작용에 참여하는 사람의 활동을 지시하거나 구속하게 된다(김지현, 2000). 상징은 기호의 대상체와 해석체 사이의 관계가 법률과 같이 약속에 의해 규정된 기호이다.

도해(diagram)는 수학적 표현에서 많이 활용되는데, Peirce에 따르면 도해는 문법적 표현 체계에 대해 수행되는 관계를 나타낸다(Hoffmann, 2005). Peirce는 도해가 도상적 특징이 가장 강하지만 지표와 상징의 특징도 갖고 있다고 하였다(Hoffmann, 2005). 도해는 토큰(token)과 타입(type)으로 구분되기도 한다. 토큰은 가시적이며 특수한 기호이며, 타입은 일반적인 내용을 나타내는 기호이다. 종이 위에 삼각형을 그렸다면 그것은 단지 토큰이지만, 기하에서는 하나의 삼각형이 모든 삼각형을 나타내는 대표성을 가진 것으로 인식되며 이것은 타입이다. 도해를 단지 토큰으로 가르치면 학생들은 그로부터 일반적인 정보를 도출하지 못하므로, "개념을 발전시키기 위해 학생들은 타입인 도해에 의해 추론하는 것을 배울 필요가 있다"(Bakker & Hoffmann, 2005, p.340).

Peirce에 따르면 모든 연역적 추론은 도해적이다. 관찰이 수학 전체에서 역할을 한다는 뜻이다(Marietti, 2005). Dörfler(2005)는 P(x)-P(a)가 (x-a)에 의해 나누어떨어지는 것을 도해적 추론의 예로 들면서, 다항식도 도해로 볼 수 있다고 하였다. Peirce는 도해적 추론을 세 단계로 설명하였는데(Hoffman, 2005), 첫 단계는 표현 체계에서 도해를 구성하는 것이다. 도해의 구성은 학생들이 문제에서 중요하다고 생각한 관계를 나타낼 필요에 의해 동기부여가 된다. 두 번째 단계는 도해로 실험을 하는 것이다. 도해의 실험은 표현 체계 내에서 실행되고 규칙이나 습관에 의해 추진된 활동으로, 부수적 지식의 확장에 기여한다. 세 번째 단계는 실험의 결과를 관찰하는 것으로, 반성 단계라 할 수 있다. 이때 도해의 부분들 사이의 숨겨진 관계를 발견할 수 있다.

본 연구에서 예비교사는 학생들에게 단위 변환을 지도하기 위한 교수 자료로 도해를 개발하였다. 본 연구는 예비교사가 교수 자료를 개발하는 과정을 도해적 추론의 세 단계에 의해 분석할 것이다.

3. 연역의 유형

Peirce의 연구를 토대로 Hoffmann(2005)은 연역 추론의 유형을 [그림 Ⅱ-2]와 같이 4가지로 제시하였다.

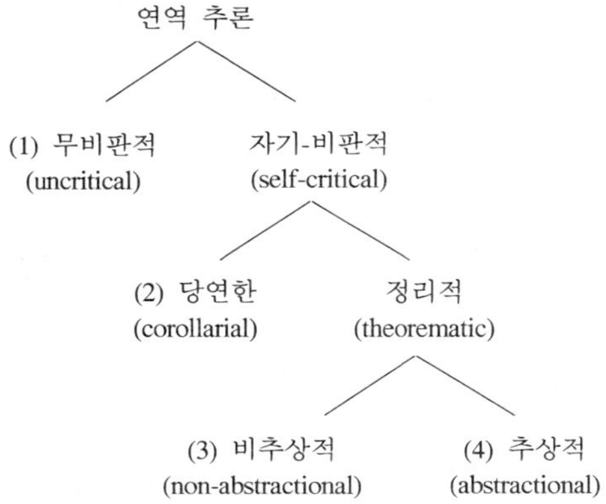

[그림 Ⅱ-2] 연역 추론의 4가지 종류 (Hoffmann, 2005, p.51)

'무비판적' 연역은 절차마다 무엇인가를 결정할 필요 없이 일반적인 논리 규칙에 의해서 결과를 산출하는 것이다. '당연한' 추론은 증명할 명제에 사용된 용어들의 정의와 일반적인 논리 법칙만을 사용하는 추론이다. 무비판적 연역과 달리 어떤 것이 연역되어야 하는지의 신중한 분석이 필요하다. 그러나 증명될 명제에서 이미 암시된 것이 아닌 무언가를 구성할 필요는 없다. '정리적' 연역에서 추상적인 것과 비추상적인 것의 차이는 실체적 추상화(hypostatic abstraction)의 개념을 필요로 한다. 실체적 추상화는 Piaget의 반영적 추상화와 유사한 개념으로 Peirce가 언급한 것이다. 실체적 추상화를 통해 이전에는 대상으로 언급하지 않은 것을 의미하는 새로운 기호를 만들 수 있다. 예를 들어, 기수(cardinal number)는 세기(count)의 술어로부터 나온 실체적 추상화의 결과인 기호이다(Peirce, CP5.534; Hoffmann, 2005, 재인용). 실체적 추상화에서 가장 중요한 점은 새로운 대상과 새로운 대상을 참조하는 것으로 생성된 기호가 다시 조작의 수단으로 사용될 수 있다는 것이다. 학습은 실체적 추상화에 의해 새로운 대상을 창조하고 주체와 인지 대상을 중재하는 새로운 수단에 의해 그것을 사용하는 것을 의미한다. 수학을 가르칠 때 부딪히는 실제 문제는 수학의 엄밀함이 아니라 수학적 대상의 존재, 의미의 발달에 대한 문제이다(Otte, 2011). 추론을 형식화하기 위해 새로운 실체적 추상화가 창조되는 정리적 연역을 '추상적'이라고 하며, 이미 다른 맥락에서 주어진 실체적 추상화를 사용하는 정리적 연역은 '비추상적'이다.

도해적 추론은 실체적 추상화를 형성하는 기초를 생산할 수 있다. 도해의 일부가 그만의 실재, 새로운 대상으로 지각될 때 실체적 추상화가 일어난다. 이 과정에 의해 형성된 새로운 대상은 이후의 도해화, 학습 단계에서 수단으로 사용될 수 있다. 본 연구는 한 예비교사의 도해적 추론 과정을 분석하면서 그가 실체적 추상화를 형성한 것 또한 설명할 것이다.

Ⅲ. 연구 배경

국가 교육과정이 운영되는 우리나라는 교과서가 다소 일률적이고 관련된 교수 자료도 많이 개방되어 있다. 따라서 예비교사의 사고 과정에 이미 개발된 자료가 영향을 미칠 수 있어, 예비교사의 순수한 아이디어로 수학 교과서를 분석하고 교수 자료를 개발한 과정과 결과를 분석하기 위해 본 연구는 낯선 교재를 가르칠 기회를 가진 사례를 연구 자료로 선택하였다.

본 연구에서 교과서를 분석하고 교수 자료를 개발한 예비교사는 연구자 중 한 명으로서, 한국에서 수학교사로서 양성 교육을 받고 미국에서 교생 실습을 받은 학부 3학년 남학생 T[1)]이다. T는 국제중·고등학교나 외국에서 수학교사가 되려는 장래희망을 갖고 있다. T가 희망하는 수학교육은 교사의 입장에서 학생들에게 교과서의 수학적 내용을 실생활과 연계하고, 교과서의 내용을 설명할 때는 여러 교구 등을 사용하여 다양한 방법을 제시하고, 교사의 일방적인 설명이 아닌 학생들이 궁금히 하는 점을 충분히 파악하여 학생들의 의문점을 해결하는 수업이다.

T는 한미교육연맹(KoAM)의 선발로 2012년 1월에서 5월까지 미국 미네소타 주와 네브래스카 주에서 21주의 인턴십에 참여했다. 인턴십은 교생 실습과 마찬가지로, 처음에는 초 · 중등학교에서 교사의 수업을 참관하다가 수업을 직접 진행하는 과정이었다. 미네소타 주에서 T는 학생 수가 170명 정도인 사립학교에서 4, 6, 7, 8학년의 수업을 참관 및 진행했고, 한 공립학교에서는 참관만 하였다. 네브래스카에서는 학생 수가 110명 정도인 사립학교에서 4~8학년의 수업을 참관 및 진행하였다. 네브래스카 주에서는 7-8학년이 한 교실에서 수업을 받고 있었다. T는 미국 인턴십에 참여하기 위한 준비로 기숙사에서 외국인 룸메이트와 함께 생활했고 출국 전 수학 용어를 영어로 학습했다. 이외에도 예비교사는 영어교육과의 5개 과목을 수강하면서 영어교육을 복수전공하였다.

본 연구에서 분석하는 교과 내용은 T가 미국 교생실습에서 가르친 단위 변환이며, 우리나라 교육과정에서 다루지 않는 미국의 관습법 단위를 포함한다. 본 연구에서 다루는 단위 변환 내용은 네브래스카 주에서 10일 정도 T가 수업한 내용이며 특히 길이의 단위 변환은 3월 6~7일 이틀간 다룬 내용이다. 본 연구의 분석 자료는 T가 수업을 위해 개발한 학생 활동지와 ppt, 그리고 생소한 미국 교과서에 대한 의견과 학생들을 가르칠 자료가 어떻게 개발되었고 수업에서 어떻게 가르치려 하는지를 기술한 보고서, 연구배경 자료로 수집된 면담 자료이다. 연구책임자는 해외 인턴십 동안 T의 지도교수로서 실습 중의 사건, 고민거리, 수업 등에 대해 이메일로 긴밀한 연락을 취하였다. 연구책임자는 Ⅳ장과 Ⅴ장에서 T의 보고서와 면담 내용을 인용하여 예비교사의 교수 자료 분석 및 개발 과정을 기호학적 관점에서 분석하고 논의를 진행하였다.

Ⅳ. 예비교사의 교수 자료 분석 및 개발

1. 기호 공간에서의 교과서 분석

미터법의 단위 변환은 우리나라 초등 교육과정에서도 다루어지지만 미국은 자체적인 관습법 단위를 사용하기 때문에, 단위 변환은 우리나라 사범대학에 재학 중인 T에게 생소한 내용이었다. T가 미국에서 학생들을 지도해본 경험에 비추어 볼 때 단위 변환은 학생들이 가장 어려움을 느끼는 단원이기도 했다. 이 절에서는 수학 교과서를 기호로 접한 T가 수업을 위해 교과서 내용을 어떻게 해석하는지 [그림 Ⅱ-1]과 같은 틀에 의해 분석할 것이다.

이 단원의 교과서 내용은 미터법 자체 변환, 관습법 자체 변환, 관습법 단위와 미터법 단위의 변환이다. 그 중 길이의 단위 변환에 대한 것만 살펴보기로 한다. 미국 교과서 내용의 예시는 [그림 Ⅳ-1]과 같다.

1) 연구자이지만 사례 연구로 소개되는 예비교사를 의미하기 위해 T라는 호칭을 사용하기로 한다.

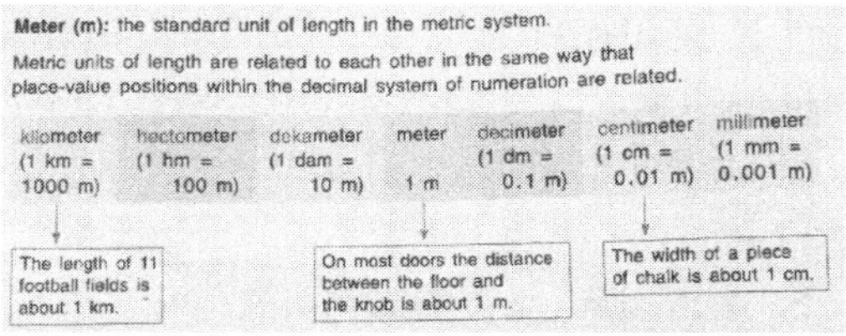

길이의 미터법 간의 단위 변환
(Sadlier-Oxford 7학년)

Key Concept Measurement Conversions

Customary Units	Metric Units
Length	
1 foot (ft) = 12 inches (in.)	1 meter (m) = 1,000 millimeters (mm)
1 yard (yd) = 3 feet	1 meter = 100 centimeters (cm)
1 mile (mi) = 5,280 feet	1 kilometer (km) = 1,000 meters

길이의 관습법 간의 단위 변환
(Mcgraw-Hill 7학년)

Customary to Metric	Metric to Customary
Length	
1 in. ≈ 2.54 cm	1 cm ≈ 0.394 in.
1 ft ≈ 0.305 m	1 m ≈ 3.279 ft
1 yd ≈ 0.914 m	1 m ≈ 1.094 yd
1 mi ≈ 1.609 km	1 km ≈ 0.621 mi

길이의 관습법 단위와 미터법 간의 상호 변환
(Mcgraw-Hill 7학년)

[그림 Ⅳ-1] 길이의 단위 변환에 대한 미국 교과서 표현

예비교사는 [그림 Ⅳ-1]의 교과서를 보면서 교과 내용 지식 측면에서 몇 가지 문제점을 다음과 같이 발견하였다. 이것은 교과서에 대한 해석이기도 하다.

> 가장 눈에 띈 것은 모든 교과서에서 관습법 단위 자체 변환을 단지 두 인접 단위 사이의 관계만을 기술하여 나타내고 있다는 것이다. 교과서에 나타난 두 인접 단위 사이의 관계는 학생들이 비례식을 적용하여 해결할 수 있지만, 인접하지 않은 단위 사이의 관계는 학생들이 어떤 연산과 수치를 사용해야 할지 어려움을 줄 수 있다.
> 단위는 실생활과 연결된 내용임에도 불구하고 위와 같은 내용으로는 어떤 물건에 어떤 단위를 사용할 수 있는지에 대한 양감이나 단위 선택과 관련된 내용이 포함되지 않았다. 덧붙여 길이의 어림에 대한 내용도 다루지 않고 있다.
> 주로 사용하는 관습법 단위를 이용하는 것의 편리함이 설명되지 않았다. 세계 표준으로 사용되는 미터법 외에 관습적으로 사용되는 것이 미국인에게 얼마나 효용 가치가 있는지 설명되지 않았다[2].

T는 학생들의 이해 측면에서 교과서에 대한 의견을 다음과 같이 제시하였다.

> [그림 Ⅳ-1]처럼 정리되어 있는 표만을 이용하여 문제를 풀게 되면 그것은 단순히 계산 훈련에 불과하다.
> 학생들이 단위 간의 관계를 이용하여 비례 추론함으로써 답을 구할 수 있는 모범적인 예시가 필요하다.

뿐만 아니라 T는 교과서에서 문제를 해결하는 과정이 생략되어 있어 학생들에게 암기 위주의 계산을 유발할 수 있다고 생각했다. 실제로 학생들을 지도했을 때에도 교과서에 제시되지 않은 단위 간의 관계에 대해 학생들은 어려움을 겪고 있었다. 그리고 미터법 단위는 10의 거듭제곱을 기준으로 소수점이 붙게 되므로 학생들에게 소수의 지도가 필요할 것이라 생각하였다. 이것은 후에 학생들이 소수에서 계산 실수를 많이 하는 것을 보면서도 확인할 수 있었다.

> 미터법에서는 길이의 기본 단위를 meter(m)로, 용량(Capacity)의 기본 단위를 liter(l)로, 무게(Mass)의 기본 단위를 gram(g)으로 정의하고 있

2) 미국이 관습법 단위를 사용하게 된 이유는 영국이 헌법 없이 관습법을 따르는 것으로부터 유래했다는 것과 사람의 신체를 기준으로 단위를 만든 것으로 파악된다. 인치(inch)는 손가락 한 마디의 길이(약 2.5cm), 피트(feet)는 사람의 발 길이(약 30cm), 야드(yard)는 코끝에서 팔을 내린 손의 중지 끝까지의 길이(약 90cm), 마일(mile)은 로마 시대의 행군 단위 1,000더블페이스를 말한다.

다. 그래서 기준 단위 미만의 단위에는 10의 거듭제곱을 기준으로 소수점이 붙게 되는데 이 부분에서 계산 실수가 많이 일어나고 어려움을 느끼는 것을 확인할 수 있었다.

위와 같은 T의 교과서 분석은 '교과서'라는 표현체를 '학생들이 배워야 하는 단위 변환 내용'이라는 대상체에 비추어 본 해석체라 볼 수 있다. 교과서라는 기호의 표현체에 대해 다양한 해석이 이루어졌으며, 이때의 해석은 크게 수학 교과 지식 및 내용 교수법에 대한 지식과 학생들에 대한 이해에서 나왔다(임찬빈 · 이화진, 2006). 수업을 준비하는 교사였기에 교과서 표현체에 대한 해석체가 교과 지식과 학생의 이해라는 다양한 각도에서 나온 것으로 볼 수 있다. 그리고 표현체와 해석체를 중재한 것은 수학 교과 내용, 교육과정, 학생의 사고 과정 등과 관련된 예비교사의 부수적 지식이라 볼 수 있다.

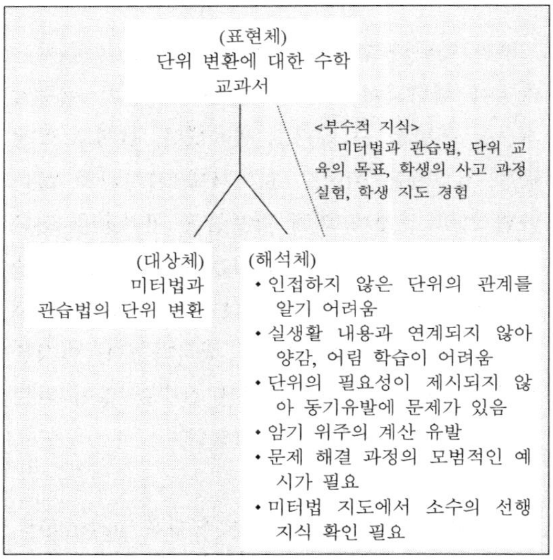

[그림 Ⅳ-2] 예비교사의 수학 교과서 분석의 기호 공간

T의 학생들을 가르친 경험 또한 부수적 지식을 풍부하게 하는 데 기여했다. 이 내용을 요약하여 [그림 Ⅱ-1]의 틀에 적용하면, [그림 Ⅳ-2]와 같다. 부수적 지식은 표현체와 해석체를 중재하므로 그 사이에 점선으로 나타내었다.

2. 교수 자료 개발에서 예비교사의 도해적 추론

예비교사는 교과서를 해석하고 사용할 때, 교과서를 고수하거나 정교화하거나 새로이 창조하는 접근을 취한다(Nicol & Crespo, 2006). T는 비판적인 시각에서 교과서를 학생들을 가르치기 위한 하나의 자원으로 보고 창조적 접근을 취했다. 관습법 단위의 변환은 예비교사가 학생 시절 배우지 않은 내용이기에, 이 교수 자료는 예비교사가 학생들의 입장에서 배우지 않은 내용을 학습한 결과이며 학생들이 단위 변환을 이해하도록 사고 실험을 한 결과이기도 하다. 예비교사는 교수 자료를 도해로 나타냈으며, 교수 자료를 개발하기까지 도해적 추론의 3단계를 거쳤다.

먼저, 미터법 단위 간의 관계를 나타내는 도해적 추론을 분석해본다. 도해는 실체적 추상화를 이끄는 기호이고 여러 단위 간의 관계를 한 눈에 보고 해석할 수 있게 해 준다는 점에서 동기부여가 되어, 예비교사는 단위 간의 관계를 나타내는 데 도해를 사용하였다. 예비교사가 만든 도해는 여러 단위 사이의 관계가 쉽게 나타날 수 있도록 제일 큰 단위의 값을 1로 했을 때 작은 단위의 값이 얼마나 되는지를 상하로 나타낸 것이다. 단위 간의 관계를 등호로 나타내었고 구해진 값은 좌우에 곱하기나 나누기를 한 것임을 나타내었다.

그림(도해)에서는 제일 큰 단위(km)를 기준으로 하여 각 단위별로 등호 관계를 표시하였다. 이 그림을 이용해 지도를 하면 학생들은 소수 없이도 쉽게 관계를 파악할 수 있으며 각 단위 간의 관계를 파악한 후에 수치를 조정해서 학습을 하여도 충분히 기본 단위(meter)를 이해할 수 있다.

T가 개발한 도해에 사용된 화살표와 등호 등은 도해 체계의 문법이 되었다. 예비교사가 작성한 길이의 미터법 단위 간의 관계는 [그림 Ⅳ-3]과 같다.

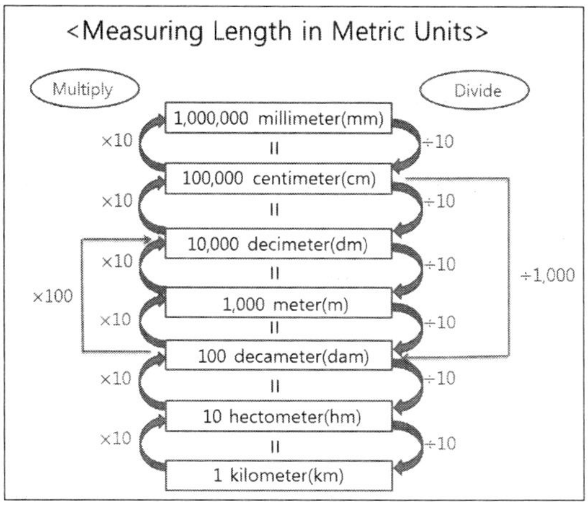

[그림 Ⅳ-3] 길이의 미터법 단위 간의 관계

도해적 추론의 두 번째 단계에서 T는 [그림 Ⅳ-3]으로 다음의 실험을 하였다.

> 7학년 이상의 경우 이미 거듭제곱을 배웠으므로 10^0부터 10^6까지 표현할 수도 있다. 단위의 크기 관계를 먼저 설명하고, 미터법의 경우에는 모든 단위의 변환이 10의 거듭제곱 꼴로 나타내어짐을 가르치고 큰 단위에서 작은 단위로 변환할 때는 좌측의 곱셈 연산, 그 반대의 경우에는 우측의 나눗셈 연산을 사용한다는 것을 언급한 뒤 문제를 풀게 하면 학생들이 답을 제대로 찾을 수 있을 것이다.

실험에서 T는 도해가 가르치고자 하는 것을 잘 나타내고 있는지, 수업을 할 때 설명할 자료로 적합한지, 학생들이 이해하기 쉬운지를 점검하였다. 학생들에게는 단위의 크기 관계를 먼저 설명하고, 미터법의 경우에는 모든 단위의 변환이 10의 거듭제곱 꼴로 나타내어짐을 가르치고, 큰 단위에서 작은 단위로 변환할 때는 좌측의 곱셈 연산, 그 반대의 경우에는 우측의 나눗셈 연산을 사용한다는 것을 언급한 뒤 문제를 풀게 해야겠다고 계획한 것이다.

도해적 추론의 세 번째 단계는 실험의 결과를 관찰하는 반성 단계이다. T는 [그림 Ⅳ-3]이 교수 자료로서 활용될 수 있을지를 반성하면서, 이 표현을 이용하면 인접한 단위가 아닌 경우에는 단위가 상하로 몇 칸 건너 있는지를 10의 거듭제곱으로 나타낼 수 있음을 발견하였다.

> 좌측의 ×100과 우측의 ÷1000은 꼭 한 단위만 이동하는 것이 아니라, 단위가 인접하지 않을 때 10이 곱해지는 개수만큼 곱한 뒤 연산을 적용하면 그 값을 구할 수 있다.

T가 위와 같은 절차에 따라 도해적 추론을 한 후 수업에 적용하였을 때, 학생들은 단위 사이의 관계를 파악할 수 있었으며 수치가 주어져도 기본 단위인 미터를 이용하여 문제를 해결할 수 있었다고 한다. 학생들이 이 도해에서 가질 수 있는 오류는 화살표를 제대로 이해하지 못한 것이었다. 상하 방향이 바뀌면 등호 관계가 성립하지 않기 때문에 수업에서 T는 화살표가 어떤 의미인지 학생들에게 설명하였다고 한다.

> 화살표를 제대로 나타내지 못하는 학생이 있었다. 연산을 사용하는 데 있어 화살표의 방향을 파악하는 것이 필수적인데 그 방향이 바뀌어 버리면 등호 관계가 성립하지 않기 때문에 화살표의 중요성에 대하여 확실하게 설명해 주었다.

T는 화살표가 이 표현의 새로운 문법이지만 이로 인해 메타인지적 이동이 될 수 있으므로, 학생들이 답을 구한 후에 실생활 물건을 이용하여 직관적으로 옳은지 확인해보도록 하였고, 이

표현의 일반화가 가능함을 지각하면서 학생들에게 용량과 무게에 관한 미터법 변환도 이와 같은 표현으로 만들게 하였다고 한다.

T가 작성한 관습법 단위 사이의 관계 도해는 [그림 Ⅳ-4]와 같다. T는 [그림 Ⅳ-3]과 유사하게 도해를 구성하고 관찰하며 반성하면서 도해적 추론을 하였다. 미터법과 유사하므로 그 과정은 여기서 생략하기로 한다. 관습법 단위 사이의 관계에서 학생들은 용어의 의미 즉, 피트(feet), 인치(inch) 등이 어떻게 유래된 것인지, 그리고 분수로 주어진 수치의 계산에서 어려움을 겪었다고 한다.

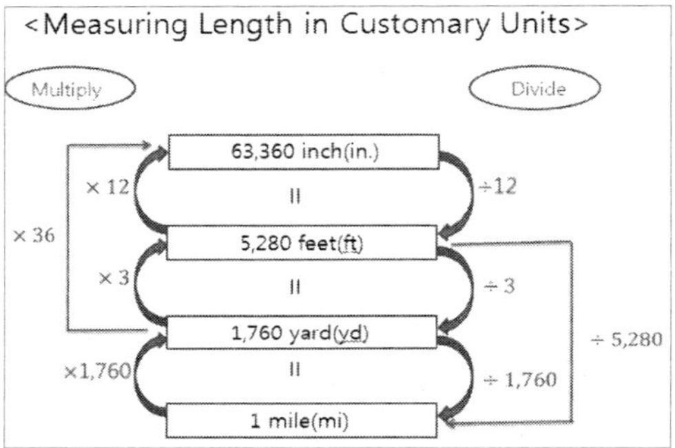

[그림 Ⅳ-4] 길이의 관습법 단위 간의 관계

미터법 단위와 관습법 단위 사이의 관계에 대해서 T는 [그림 Ⅳ-5]와 같이 도해를 구성하였다. 1인치가 2.54센티미터라는 것을 기준으로 관습법 단위 간의 관계를 좌우 화살표로 나타내고, 화살표의 왼쪽에서 오른쪽으로 갈 때는 곱하기, 오른쪽에서 왼쪽으로 갈 때는 나누기가 적용되게 한 것이다. 각 단위별로 인치를 이용하여 m 또는 km단위의 값을 구하도록 하였고, 각각의 관습법 단위가 미터법으로 얼마인지는 박스로 나타내었고, 이때 미터법 수치는 소수 넷째 자리에서 반올림을 하여 1000분의 1 단위로 표현하였다.

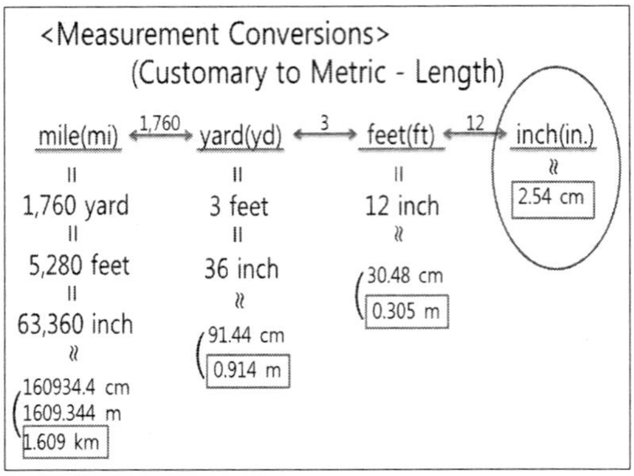

[그림 Ⅳ-5] 관습법을 미터법으로 변환한 단위 관계

[그림 Ⅳ-5]의 도해는 관습법과 미터법 간의 관계가 어떠한지 알기 쉽게 나타내고 있다. 이 도해를 실험하면서 T는 다음을 깨달았다.

> 학생들에게 화살표, 등호, ≈의 의미가 무엇인지 알려줄 필요가 있다.
> 참값과 근삿값의 차이에 대한 설명도 필요하다.

도해의 실험 결과를 관찰한 T는 각 단위별로 인치만을 이용하여 좀 더 간단한 형태로 도해를 나타내기로 반성하였다.

단위 간의 변환을 지도하는 데 있어서 미국 교과서 표현의 문제점을 인식하고 교수 자료로서 새로운 표현을 개발하려 했던 T는 [그림 Ⅳ-5]까지의 과정을 되돌아보았다. 교과서에서 단위 간의 관계를 결과 위주로 암기하여 계산을 하게 하는 문제점을 의식했었는데, 자신의 표현 또한 그렇지 않은지 생각하게 되었다. 학생들이 이해를 하는 수학을 가르치기 원했던 T는 미터법을 관습법으로 변환하는 경우에 [그림 Ⅳ-6]과 같은 새로운 도해가 필요하다고 생각하였다. 이것은 비례식을 이용하는 원리를 나타낸 것으로, 예비교사는 쌍방향의 화살표를 이용하여 세 개의 등식이 같은 의미를 나타내었다.

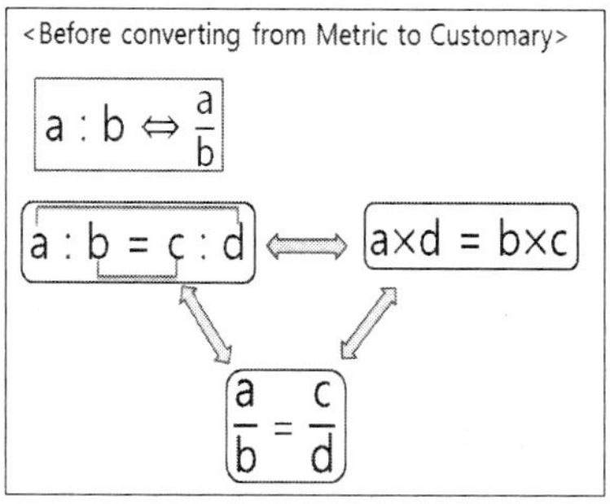

[그림 Ⅳ-6] 비례식을 활용한 단위 변환 원리

T는 [그림 Ⅳ-6]의 도해가 문제 해결에 활용하는 데 적용될 수 있는지를 실험하였다.

> 미터법을 관습 단위로 변환하는 경우는 6학년 이상의 교과서에서 나타나는데, 이 내용을 배우기 전에 비례식을 이용하여 수치를 구하는 방법에 대해 설명하는 것이 좋을 것이다. 측정 단원을 배우기 전에 6학년 학생들은 비율(퍼센트)을 배우면서 비례관계의 의미와 비례식(등호를 이용한 등식도 배움)을 배우게 된다. 그래서 이 내용을 가르치기 전에는 그 부분에 대한 내용을 다시 한 번 상기시키면서 비례식과 관련된 문제를 풀어보고 본격적으로 수업을 진행하는 것이 좋겠다. 이 과정에서도 1000분의 1 단위(nearest thousandth)로 표현할 수 있도록 지도하고, 비례식을 세운 뒤에 학생들에게 계산기를 사용하여 비례식에 해당하는 값을 찾을 수 있도록 시간을 부여할 것이다.

수학을 학습하는 것은 낱낱의 지식보다 원리를 적용할 수 있고 문제를 해결하는 것이라 생각한 T는 [그림 Ⅳ-5]를 학생들이 참고할 수 있는 자료로 활용하되, [그림 Ⅳ-6]이 더 확실히 이해되어야 한다고 생각했다.

[그림 Ⅳ-6]의 실험을 반성하면서 예비교사는 교과서에서는 비례식을 활용하지 않고 [그림 Ⅳ-7]과 같이 곱하고 나누고 계산하는 절차를 제시하고 있으나, 2.54cm/1in를 곱하는 이유는 비례식으로 설명할 수 있기에 [그림 Ⅳ-6]의 관계를 활용하는 것이 학생들의 이해에 도움이 된다고 판단하였다. 그리고 [그림 Ⅳ-7]과 같이 교과서에서 단위를 함께 기록하여 값을 구하는 과정이 단위 간의 관계를 파악하여 답을 구하는 데 도움이 된다고 여기고 학생들을 지도할 때 이를 활용하였다.

Convert 17.22 inches to centimeters. Round to the nearest hundredth if necessary.

Since 2.54 centimeters ≈ 1 inch, multiply by $\frac{2.54 \text{ cm}}{1 \text{ in.}}$.

$17.22 \approx 17.22 \text{ in.} \cdot \frac{2.54 \text{ cm}}{1 \text{ in.}}$ Multiply by $\frac{2.54 \text{ cm}}{1 \text{ in.}}$. Divide out common units.

≈ 43.7388 cm Simplify.

So, 17.22 inches is approximately 43.74 centimeters.

[그림 Ⅳ-7] 단위 변환의 교과서 문제 예시

T는 도해적 추론을 통해 교수 자료를 개발하였다. 그가 개발한 도해가 수업에서 어떤 효과가 있었는지에 대해 T는 다음과 같이 말하였다.

> 분명 내가 가르친 바로는 학생들의 이해도가 교과서보다 더 빨랐던 것 같은데 그걸 어떻게 증명할 방법이 없다. 교과서 내용만으로는 문제를 푸는 방법을 알 수 없지만, 내가 만든 그림을 이용하면 단위를 변환하기 위해 어떤 절차를 거쳐야 하는지 알 수 있으므로 풀이 전략을 세울 수 있다.

여러 가지 단위 사이의 관계가 일목요연하게 작성된 T의 자료는 인접한 두 단위 사이의 관계를 각각 파악하고 연결하는 것보다 전체 단위 사이의 관계를 하나의 도해로 이해하고 문제 해결에 활용함으로써 학생들이 단위 변환을 학습하는 데 도움이 되었다.

Ⅴ. 논의

1. 교수 자료 분석 및 개발 사례에 대한 기호학의 적용

본 연구는 예비교사 T가 수학 교과서를 분석하고 자신의 수업을 위한 교수 자료를 개발한 사례를 기호학으로 분석하였다. 수학교육 연구에서의 기호학 분석은 주로 학생들의 사고 과정을 중심으로 이루어졌지만, 본 연구는 예비교사의 사고 과정을 대상으로 하였다. 이에 대한 분석 결과에 대해 몇 가지 논의를 하고자 한다.

먼저, 수학 교과서의 내용은 예비교사의 사고 과정을 자극하는 기호로 등장했다. 예비교사는 학생들이 학습 목표에 도달하기 위해 교과서가 적절한 자료인지를 검토했고, 이때 표현체인 교과서는 단위 변환이라는 학습 목표의 대상체에 비추어 여러 가지로 해석되었다. 본 연구의 분석 사례는 하나의 기호에 한 가지 해석이 아니라 다양한 해석이 가능함을 보여주었고, 따라서 수업 준비에 있어 예비교사의 자료 분석은 의미작용의 고리의 선형적인 과정이 아니라 복잡한 기호 공간에서 설명되었다.

예비교사는 자신의 학습 결과이자 수업을 위한 교수 자료로 [그림 Ⅳ-3]에서 [그림 Ⅳ-6]까지의 도해를 작성하였다. 이것은 단위 변환을 추상적 연역으로 나타낸 결과라고 볼 수 있다. 예를 들어, [그림 Ⅳ-1]의 교과서에서는 인치를 센티미터, 피트를 미터로 나타내고 있지만, 이를 이용해서 인치를 미터로 나타내기 위해서는 여러 절차를 거쳐야 한다. 그러나 [그림 Ⅳ-5]에서는 인치를 미터로 나타내는 관계가 나타나 절차가 하나의 대상으로 인식될 수 있게 하였다. 그리고 [그림 Ⅳ-5]는 [그림 Ⅳ-6]의 새로운 조작에 사용될 수 있었다. 이렇듯 실체적 추상화를 가능하게 하는 연역을 Peirce는 추상적 연역이라 했으며, 예비교사는 도해를 활용함으로써 추상적 연역이 가능했고 학생들에게도 이를 지도할 수 있었다.

도해를 구성하고 실험하고 반성하면서 예비교사는 도해적 추론을 하였다. 도해를 이용하여 추론했기에 추상적 연역을 할 수 있었고, Bakker (2007)에서처럼 도해적 추론은 실체적 추상화를 형성하는 기초를 생산할 수 있었다.

한편, [그림 Ⅳ-3]의 도해는 미터법 단위 간의 관계를 알려주는 토큰이었다. 하지만 이것은 관습법 단위의 관계, 길이 외의 무게, 부피 등의 관계에서도 활용될 수 있어서 일반화될 수 있는 성격을 가진 타입으로 발전할 수 있었고, 단위 간의 관계를 나타내는 다른 내용의 학습에서도 활용될 수 있는 도해가 되었다.

하지만 예비교사가 개발한 도해가 단위 간의 관계를 학습하는 데 완벽한 것은 아니었다. [그림 Ⅳ-3]에서 [그림 Ⅳ-6]에 이르기까지 화살표가 많이 사용되었으나 그 화살표의 의미가 동일하지 않았다. 본 연구는 예비교사의 교수 자료 분석 및 개발에 대한 사고 과정이 기호학적으로 분석될 수 있음을 보이려는 것이기에 이러한 문제점은 연구 논의에서 제외한다.

2. 예비교사의 관습법 단위 이해

우리나라에서 다루지 않는 관습법 단위의 변환은 예비교사가 처음 접한 내용이기에 교수 자료 개발과 더불어 학습의 의미도 있었다. 미터법은 10의 거듭제곱으로 관계가 정해지기 때문에 기본 단위만 정해지면 관계를 파악하기 쉽지만, 관습법은 그렇지 않았다. 길이의 단위만 해도 마일, 야드, 피트, 인치 사이의 관계가 일정한 값의 배수나 거듭제곱이 아니기 때문에, 단위가 도입된 유래를 알아보는 것이 관습법이 사용되는 이유를 설명하기에 적절했다. 반면 용량의 관습 단위는 2의 거듭제곱으로 관계가 정해졌기 때문에 T는 단위 간의 관계를 학습할 때 길이에 앞서 용량을 학습하는 것이 바람직하다는 판단도 하였다.

임찬빈 · 이화진(2006)은 예비교사의 전문성 지식으로 내용 지식, 내용 교수법 및 오개념 인지가 필요하다고 하였다. 본 연구에서 T는 내용 지식을 학습해야 했으므로 내용 교수법에 대한 지식이 갖추어지지 않았다. 하지만 단위 변환을 가르치는 이유와 그 의의에 대한 관점이 분명했고, 자신의 사고 과정을 반성하여 학생들의 입장에서 학습 내용을 이해하는 과정을 사고 실험하는 열의를 보였다. 학생들을 지도하면서도 자신의 교수 자료의 의미와 활용성을 면밀히 살핌으로써, 교사로서 내용 지식이 갖추어지면 내용 교수법 지식은 파지될 수 있음을 보여주었다. 이것은 교육과정이 바뀌어 새로운 지식이 교수 내용에 포함되더라도 수학 교사들이 가르칠 내용에 대한 지식이 갖추어지면 그에 대한 내용 교수법은 스스로 찾아갈 수 있을 것이라는 것을 조심스레 기대할 수 있게 해준다.

Ⅵ. 결론 및 제언

본 연구는 한 예비교사의 교수 자료 분석 및 개발 사례를 기호학적 관점에서 분석하였다. 수학 교과서를 기호의 표현체로, 학습 목표를 대상체로 볼 때, 예비교사의 교과서 분석은 교과 내용 지식과 학생들의 이해라는 측면에서 다양하게 이루어졌다. 이에 따라 교사의 교수 자료 분석은 한 가지 해석이 이루어지는 것은 아님을 알 수 있었으며, 본 연구는 이를 기호 공간에서 설명하였다. 그리고 예비교사의 교수 자료는 도해로 구성되었으며, 수업을 염두에 둔 실험과 반성의 단계에서 예비교사의 추상적 연역이 진행되었다.

본 연구의 사례는 예비교사 T의 교생 실습 사례였다. 교생 실습은 예비교사들에게 교육 이론과 실제를 연결하는 기회를 제공함으로써, 예비교사들이 실천적 지식을 형성할 수 있는 기초를 제공하고 대학에서 학습한 여러 가지 지식과 기술을 통합할 수 있는 기회를 제공한다. 예비교사들은 교생 실습을 통해 교직에 대한 적성을 점검할 수 있고 자신의 능력을 평가할 기회를 얻을 수 있다. 교생 실습이 예비교사에게 중요한 경험인 만큼 예비교사 교육을 염두에 둔다면 이에 대한 연구가 앞으로 활발히 이루어져야 할 것이다. 실제 상황에서 가르치는 것을 배우는 것은 이론을 실제에 적용하는 것뿐 아니라 실행을 위한 연구에 대한 개인적 이론을 만들 수 있는 사고를 자극하는 잠재성을 가지므로(Sullivan, 2002), 현재 예비교사 교육 프로그램이 교생 실습을 통해 얼마나 효과적인지에 대한 분석도 앞으로 필요할 것이다.

본 연구는 예비교사 T의 사고 과정을 기호학이라는 이론을 이용하여 분석할 수 있었다는 데 의의를 가진다. 논의에서 밝혔듯이 도해를 통해 실체적 추상화가 이루어지는 추상적 연역이 가능했고 잘 구성된 도해는 타입이 될 수도 있었다. 이러한 분석은 본 연구 이외의 수학 내용에서도 살펴볼 수 있다. Bakker(2007)는 학생들이 자료를 도해로 나타냄으로써 '퍼져 있다'가 '퍼짐'으로 실체적 추상화가 될 수 있는 사례를 보여주었다. 이런 점에서 본 연구에서 다루어진 주제는 후속 연구에서 다양하게 진행될 수 있을 것이다. 그리고 기호학은 인식론적 기반도 제공하는 학문이기에 기호학을 활용한 수학교육철학 분야의 연구도 진행될 수 있을 것이다. 본 연구를 통해 기호학 연구가 앞으로 수학교육 분야에서 다양한 측면에서 활용되기를 기대한다.

참고문헌

김선희 · 이종희(2003). 통계 자료의 정리와 표현에서 중학생들의 기호화와 해석화 과정 분석. **수학교육학연구 13**(4), 463-483.

김선희 · 김기연(2004). 수학적 모델링 과정에 포함된 추론의 유형 및 역할 분석. **학교수학, 6**(3), 283-299.

김지현(2000). **비고츠키의 지식점유과정과 언어 매개기능에 관한 교육학적 고찰**. 서울대학교 대학원 교육학과 박사학위논문.

임찬빈 · 이화진(2006). **수업 전문성 일반 기준과 활용 방안**. 한국교육과정평가원 ORM 2006-24-1.

Bakker, A. & Hoffmann, M. H. G. (2005). Diagrammatic reasoning as the basis for developing concepts: a semiotic analysis of students' learning about stastical distribution. *Educational Studies in Mathematics 60*(3), 333-358.

Bakker, A. (2007). Diagrammatic reasoning and hypostatic anstraction in statistics education. *Semiotica 164*-1/4, 9-29.

Cobb, P. (2002). Modeling, symbolizing, and tool use in statistical data analysis. In K. Gravemeijer, R. Lehrer, B. van Oers & L. Verschaffel(eds.), *Symbolizing, modeling and tool use in mathematics education*(pp. 171-195). Kluwer Academic Publishers.

Dörfler, W. (2005). Diagrammatic Thinking. In M. H. G. Hoffmann, J. Lenhard and F. Seeger (eds.), *Activity and Sign - Grounding Mathematics Education*(pp.57-66). Springer Science+Business Media, Inc.

Duval, R. (2008). Eight problems for a semiotic approach in mathematics education. In L. Radford, G. Schubring & F. Seeger(eds.), *Semiotics in Mathematics Education: Epistemology, History, Classroom, and Culture*(pp.39-62). Sense Publisher.

Hall, M. (2000). *Bridging the gap between everyday practices and classroom mathematics: an investigation of two teachers' intentional use of semiotic chains.* Doctorial dissertation, The Florida State University.

Hoffmann, M. H. G. (2005). Signs as means for discoveries: Peirce and his concepts of "diagrammtic reasoning", "theorematic deduction", "hypostatic abstraction", and "theoric transformation". In M. H. G. Hoffmann, J. Lenhard and F. Seeger(eds.), *Activity and Sign - Grounding Mathematics Education*(pp.45-56). Springer Science+Business Media, Inc.

Marietti, S. (2005). The semiotic approach to mathematical evidence and generalization. In M. H. G. Hoffmann, J. Lenhard and F. Seeger(eds.), *Activity and Sign - Grounding Mathematics Education*(pp.35-43). Springer Science+Business Media, Inc.

Nemirovsky, R. & Monk, S. (2000). If you look at it the other way...: an exploration into the nature of symbolizing. In P. Cobb, E. Yackel, & K. McClain(eds.), *Symbolizing and communicating in mathematics classrooms: Perspectives on discourse, tools, and instructional design*(pp. 177-221). Lawrence Erlbaum Associates, Publishers.

Nicole, C. C. & Crespo, S. M. (2006). Learning to teach with mathematics textbooks: How preservice teachers interpret and use curriculum materials. *Educational Studies in Mathematics, 62*, 331-355.

Otte, M. (2005). Mathematics, sign and activity. In M. H. G. Hoffmann, J. Lenhard and F. Seeger(eds.), *Activity and Sign - Grounding Mathematics Education*(pp.9-22). Springer Science+Business Media, Inc.

Otte, M. (2011). Evolution, learning, and semiotics

from a Peircean point of view. *Educational Studies in Mathematics, 77*, 313-329.

Presmeg, N. (2005). Metaphor and metonymy in processes of semiosis in mathematics education. In M. H. G. Hoffmann, J. Lenhard and F. Seeger(eds.), *Activity and Sign - Grounding Mathematics Education*(pp.105-115). Springer Science+Business Media, Inc.

Radford, L., Schubring, G. and Seeger, F. (2008). The ubiquitousness of signs. In L. Radford, G. Schubring & F. Seeger(eds.), *Semiotics in Mathematics Education: Epistemology, History, Classroom, and Culture*(pp.vii-x). Sense Publisher.

Seeger, F. (2004). Beyond the dichotomies; semiotics in mathematics education research. *ZDM 36*(6), 206-216.

Seeger, F. (2005). Notes on a theory of teaching and learning. In M. H. G. Hoffmann, J. Lenhard and F. Seeger(eds.), *Activity and Sign - Grounding Mathematics Education*(pp.67-76). Springer Science+Business Media, Inc.

Sullivan, P.(2002). Using the study of practice as a learning strategy within mathematics teacher education programs. *Journal of Mathematics Teacher Education, 5*, 289-292.

Trabant, J. (2001). **기호학의 전통과 경향**. (안정오 역). 서울: 인간사랑. (독어 원본은 1996년에 출판).

02 『예비 교사들의 맥락 문제 해결 과정 분석』에 관한 해설

신 보 미(전남대학교)*

수학 교사는 수업을 통해 학생의 수학적 성장을 도모한다. 수학과 관련된 풍부한 교수학적 지식을 지니고 이를 실제 수업에서 적절히 구현하는 능력은 수학 교사의 핵심 역량 중 하나임에 분명하다. 특히 가르치는 내용 또는 문제 해결 과정의 전략과 표상에 대한 지식인 교과 내용 지식은 가르치는 방법 및 원리에 대한 지식을 결정하므로(van Driel, Verloop, & de Vos, 1998), 교수 능력과 관련된 교사 지식의 가장 주요한 부분을 차지한다. Shulman(1986)은 1970-1980년대 미국의 교사 교육에서 교과 내용 지식의 중요성이 간과되었다고 지적하면서, 학생들의 학업 능력 향상을 알아보는 연구의 대부분이 학생의 수학 학습의 질에 핵심적인 영향을 미치는 교사의 수학적 지식에 대해서는 분석하지 않았다고 비판하였다. Shulman(1987)에 따르면 수학 교육에 대한 개혁이 성공하기 위해서는 수업이 변화해야 하고 이는 교사 지식에 대한 연구를 통해 구체화될 수 있다.

이상과 같은 관점에서 볼 때, 제 7차 교육과정 개정 이후 일상생활과 관련된 문제 해결이 수학 교수-학습에서 지속적으로 강조되고 있음에도 불구하고 우리나라 학생들의 맥락 문제 해결 능력이 여전히 만족스럽지 않음을 지적한 연구는 연구자에게 다음과 같은 연구 문제를 갖게 하였다. : 맥락 문제와 관련하여 교사들의 교과 내용 지식의 특징은 어떠한가? 본 연구는 이러한 연구 문제를 해결하기 위해 예비 교사들의 맥락 문제 해결 과정을 분석함으로써 맥락 문제와 관련된 교과 내용 지식의 특징을 간접적으로 살피는데 목적을 두었다. Grossman(1990)에 따르면 교사 교육 프로그램을 통해 얻은 수학적 경험은 교사 지식에 주요한 영향을 미치므로 예비 교사의 맥락 문제 해결 과정에 비추어 맥락 문제 지도와 관련된 교과 내용 지식의 특징을 살피는 것은 의미가 있다.

본 연구 결과 예비 교사들은 문제 맥락의 실제적인 측면이 지니고 있는 의미를 이해하지 않고 주어진 조건을 형식적으로 다루어 문제의 해답만을 성급하게 찾으려는 경향을 보였으며, 문제 맥락과 풀이 사이의 관계를 반성적으로 검토하는데도 한계를 보였다. 이광호와 장은하(2012)의 연구에서도 예비 교사들은 비구조화된 문장제를 다룰 때 상당한 어려움을 겪었으며 문제 자체를 잘못 이해하거나 부적절한 풀이 과정을 제시하는 경우가 많았다. 이상의 결과는 예비 교사들이 졸업 후 교실 수업 상황에서 맥락 문제를 다룰 때 적지 않은 어려움에 직면할 가능성이 있음을 보여준다.

* bomi0210@jnu.ac.kr

권오남, 김아미, 조형미(2012)는 우리나라 교사 교육과정이 학교 교육의 실제를 충분히 반영하지 못하고 있으며 예비 교사들의 문제 해결력 신장에도 거의 기여하지 못하고 있다고 비판하면서 대학 수학과 학교 수학의 단절로 인한 수학 학습-지도의 한계를 최소화할 방안의 모색이 시급하다고 지적하였다. 이에 교사 교육 과정 전반에 걸쳐 현실적인 맥락 문제에 대한 수학화의 기회가 폭넓게 제공될 필요가 있음을 제안한 본 연구 결과는 교사 양성 과정의 수업 내용과 방법을 개선하는데 의미있는 시사점을 제공한다.

한편, 본 연구 결과는 맥락 문제 지도와 관련하여 현직 수학 교사를 위한 재교육 프로그램의 고안에도 활용될 수 있다. Fennema와 Franke(1992)에 따르면 교사의 지식은 교사의 머릿속에 단독으로 존재하기보다는 수업에서 학습자가 보이는 수학적 지식에 대한 교사의 이해와 통합되어 구체적인 의사결정 행동으로 드러나고 정교화되는 특징을 지닌다. 이에 여러 국외 연구는 수업 상황이 교사 지식을 개발하는데 유의미한 역할을 함에 주목하여 교사 교육을 위한 하나의 방안으로 수업 관찰과 수업 실행을 활용하는 문제를 다양한 관점에서 다루어 그 시사점을 모색하였다. 그러나 국내 연구 중에는 수업 상황을 통해 드러나는 교사 지식을 통합적으로 다룬 연구가 거의 없으며 이는 구체적인 수업을 교사 지식의 관점에서 살피기 위한 분석 준거의 부족에서 기인한다고 볼 수 있다. 이에 본 연구에서 제시한 예비 교사들의 맥락 문제 해결 과정의 특징은 맥락 문제를 다루는 실제 수업 상황을 교사 지식과 관련하여 관찰하고 분석하는데 필요한 준거의 개발에 기여할 수 있다.

이상과 같은 수업 분석 틀의 개발과 활용에 방정숙과 정유경(2013)의 연구는 의미있는 시사를 준다. 방정숙과 정유경(2013)은 수학 수업을 통해 구체화되는 교사 지식의 복합적인 특징을 분석하기 위한 준거로 Rowland, Huckstep, Thwaites(2003)가 개발한 '교사 지식의 사중주(knowledge quartet)'를 소개하고 이를 분석 틀로 하여 초등학교 5학년의 '사다리꼴 넓이 구하기' 수업에서 드러난 교사 지식의 분석 사례를 제시함으로써 교사 지식을 실제 수업 상황에 비추어 기술하여 교사 교육과 관련된 함의를 얻고자 하는 연구에 방법론적 모델을 제공한다. 또한 Turner와 Rowland(2011)는 '교사 지식의 사중주'를 개발한 궁극적인 목적이 가르치는데 필요한 교사 지식을 수업 상황을 통해 확인한 다음 이로부터 교사의 교과 내용 지식을 성장시키는데 기여하기 위함이라고 하였다. 이에 Turner와 Rowland(2011)의 연구는 수업 실행을 통해 교사 지식이 새롭게 구성되거나 재조직되는 역동적인 변화 과정을 분석하여 교사 재교육 프로그램을 구안하고자 하는 후속 연구에 주요한 이론적 배경이 될 수 있다.

참고문헌

권오남, 김아미, 조형미(2012). 한국 사범대학 수학교육과의 교육과정 및 교수방법 분석. **수학교육, 51**(3), 281-300.

방정숙, 정유경(2013). 수학 수업에서 드러나는 교사 지식을 분석하기 위한 틀로서의 '교사 지식의 사중주(Knowledge Quartet)'. **수학교육, 52**(4), 567-586.

신보미(2012). 예비 교사들의 맥락 문제 해결 과정 분석. **수학교육학연구, 22**(4), 535-555.

이광호, 장은하(2012). 문제해결중심학습(PBL)에서 초등예비교사들의 문제해결과정. **초등수학교육, 15**(2), 91-106.

Fennema, E. & Frnake, L. M. (1992). Teachers' knowledge and its impact. In D. A. Grouws (Ed.), *Handbook of research on mathematics teaching and learning* (pp. 147-164). New York: Macmillan.

Grossnan, P. L. (1990). *The making of a teacher*. New York: Teachers College Press.

Rowland, T., Huckstep, P., & Thwaites, A. (2003). 'The knowledge quartet'. *Proceedings of British Society for Research into Learning Mathematics*, 23(3), 97-103.

Shulman, L. S. (1986). Those who understand: Knowledge growth in teaching. *Educational Researcher*, 15, 4-14.

Shulman, L. S. (1987). Knowledge and teaching: Foundations of the new reform. *Harvard Educational Review*, 57, 1-22.

Turner, F. & Rowland, T. (2011). The knowledge Quartet as an organising framework for developing and deepening teachers' mathematics knowledge. In T. Rowland & K. Ruthven (Eds.) *Mathematical Knowledge in Teaching* (pp. 195-212). London and New York: Springer.

van Driel, J. H., Verloop, N., & de Vos, W. (1998). Developing science teachers' pedagogical content knowledge. *Journal of Research in Science Teaching*, 35(6), 673-695.

대한수학교육학회지 수학교육학연구 제 22 권 제 4 호
Journal of Educational Research in Mathematics
Vol. 22, No. 4, 535~555. Nov 2012

예비 교사들의 맥락 문제 해결 과정 분석

신 보 미*

이 연구는 예비 교사들의 맥락 문제 해결 과정을 분석함으로써 맥락 문제에 대한 우리나라 교사들의 교과 내용 지식과 관련된 특징을 살피려는 목적에서 진행되었다. 문헌 검토를 통해 맥락의 의미를 살피고 맥락 문제가 갖추어야 할 조건을 추출하였다. 이렇게 추출된 맥락 문제의 조건에 비추어 선형 계획법을 배경 지식으로 하는 검사 문제를 개발하였으며 검사 결과 분석을 위한 주요 관점을 Illinois Department of Education(2005)의 평가 틀에 기초하여 '수학적 지식', '전략적 지식', '설명 능력'의 범주로 구체화하였다. 이렇게 구체화한 분석 관점과 평가 틀을 활용하여 각 예비 교사의 반응 결과에 점수를 부여한 다음 예비 교사들의 맥락 문제 해결 과정에서 드러나는 전반적인 경향을 살피고, 각각의 경향이 갖는 시사점을 검사 문제 개발 의도 및 선행 연구 결과에 비추어 분석하였다. 이상의 분석 결과로부터 예비 교사들의 맥락 문제 해결 과정에서 드러난 특징을 4가지로 요약하였다.

Ⅰ. 서론

Freudenthal은 수학적 활동의 본질이 현상을 수학적 수단으로 정리하고 조직하는 수학화에 있다고 하였다. 이러한 수학화 활동은 현실성이 풍부한 맥락(context) 내에서 그 정리 수단인 수학적 본질을 찾고, 의미를 감지하여 조직하는 과정이다(Freudenthal, 1991). 여러 선행 연구(Treffers, 1987; Gravemeijer & Doorman, 1999; van den Heuvel-Panhuizen, 2005)에 따르면 수학화 활동의 경험은 현실과의 관련성이 적재된 맥락 문제(context problems)를 해결해 보는 과정을 통해 얻을 수 있다.

OECD 학업성취도 국제 비교 연구인 PISA는 수학적 내용, 수학적 과정, 수학적 상황과 맥락이라는 세 가지 요소를 평가 틀로 한다. 김경희 외(2010: 140)가 분석한 PISA 2009 결과에 따르면, 우리나라 학생들은 수학적 내용과 수학적 과정의 관점에서 그리 어렵거나 복잡하지 않지만 일상생활 맥락에 기반하고 있는 문항에 대해서는 다른 문항들에 비해 상대적으로 낮은 정답률을 보였다. 김경희는 이러한 사실이 일상생활 맥락에서 수학을 접하는 상황에 익숙하지 않은 우리나라 학생들의 문제 해결과정에 대한 특징을 보여준다고 설명하였다.

가르치고 배우는 활동은 특정 내용을 매개로 하여 주로 교사에 의해 진행되는 만큼, 학생들의 수학적 이해는 구체적인 수학 내용을 담고 있는 교육과정 및 교과서, 이를 실제 지도하는 교사의 지식이라는 두 가지 측면과 적지 않게 관련될 것으로 보인다(신보미, 2008; 나귀수, 2010; Ball,

* 전남대학교 (bomi0210@jnu.ac.kr)

Lubienski, & Mewborn, 2001). 이에 우리나라 교과서의 맥락 문제가 지닌 특징을 분석한 김민경・박은정・허지연(2012), 김성준・문정화(2006)의 연구는 PISA 2009의 결과와 관련하여 우리나라 교육과정 및 교과서의 특징을 살피는데 의미있는 시사를 준다[1]. 또한, 김민경・민선희・김혜원(2011)은 수학 교육과정을 통해 다루는 맥락 문제에 대해 우리나라 교사들이 보이는 인식의 특징을 분석하였다. 김민경 외(2011)의 연구는, Shulman(1986; 1987)이 교사의 지식으로 분류한, 교과 내용 지식(subject matter knowledge), 교수학적 내용 지식(pedagogical content knowledge), 교육과정 지식(curricular knowledge) 중 맥락 문제와 관련하여 우리나라 교사들의 교육과정 지식에 대한 특징을 확인하는데 도움을 준다.

한편, 여러 연구는 교사의 지식에서 교과 내용 지식[2]의 중요성을 강조하였다. Fennema, & Franke(1992)은 교사의 수학적 지식은 수학교육 전반에 가장 강력한 영향을 미친다고 하였다. Levenson(2012)은 특히 교과 내용 지식과 관련된 교사의 혼돈은 학생들에게 그대로 전달되어 해당 개념에 대해 같은 혼돈을 일으킬 수 있다고 설명하였다. 또한, Ma(2002)는 교과 내용에 대한 교사의 지식은 교수 방법의 결정에도 직접적인 토대가 된다고 지적하였다. Ball, Thames, & Phelps(2008)는 교사의 교과 내용 지식은 교실에서 다루는 과제의 형태를 결정할 뿐만 아니라 수학적 개념을 학생에게 제시하는 방식에도 영향을 미친다고 하였다. Stein, Baxter, & Leinhardt(1990)에 따르면 적절한 수학적 지식을 지닌 교사는 개념적으로 연결된 다양한 표상을 통해 의미있는 수업을 진행하는 경향이 있다. Mapolelo(1999)는 풍부한 내용 지식을 지닌 교사는 교수에 대해 부담감을 덜 갖는 경향이 있다고 설명하였다. 이와 같이 교과 내용 지식이 교사의 지식에 주요한 바탕이 됨에도 불구하고, 맥락 문제에 대한 우리나라 교사들의 교과 내용 지식의 특징을 살핀 선행 연구는 거의 존재하지 않는다.

이에 이 연구는 맥락 문제와 관련하여 우리나라 교사들의 교과 내용 지식에 대한 특징을 예비 교사들의 맥락 문제 해결 과정을 분석함으로써 기술하고자 한다[3]. 우선, 문헌 검토를 통해 맥락의 의미와 맥락 문제가 갖추어야 할 조건을 구체화한 다음 이를 기반으로 검사 문제와 검사 결과 분석 틀을 개발한다. 개발된 검사 문제를 활용하여 지필 검사를 실시하고, 검사 결과 분석 틀을 토대로 예비 교사들의 맥락 문제 해결 과정에 대한 특징을 살핀다. 이렇게 기술된 분석 결과는 맥락 문제 지도와 관련하여 교사 교육과정의 설계에 간접적인 시사를 줄 수 있다.

Ⅱ. 맥락과 맥락 문제

Wedege(1999)은 교육적인 논의에서 언급되는 맥락의 의미를 '학습 환경(learning environment)'와 '학생에게 제시되는 과제의 특징(characteristic of a task presented to the students)'이라는 두 가지 관점에서 설명하였다. 학습 환경으로서 맥락은 학습이 일어나는 다양한 환경과 학습의 사회적

1) 우리나라 교과서는 미국 교과서에 비해 맥락 문제가 차지하는 비율이 낮으며(김민경・박은정・허지연, 2012), 제시되어 있는 맥락 문제 중에서도 의미있는 수학화의 경험을 얻게 하는 데는 충분치 않은 것들이 있다(김성준・문정화, 2006).

2) 교과 내용 지식은 구체적인 교육 내용 또는 문제 해결 과정을 지도하는데 적절한 표상 또는 지식 및 전략을 사용하는 기법에 대한 지식이다(Shulman, 1987).

3) 교사 양성 과정 중에 있는 예비 교사의 지식은 추후 현장 교사로서의 교사 전문성 수준과 깊은 연관이 있을 것이므로(조완영, 2012), 적지 않은 선행 연구(권성룡, 2012; 이정곤・류희찬, 2011; 고은성・이경화, 2011; 이헌수・박형빈・배강수, 2011; 박교식・권석일, 2011)가 예비 교사를 연구 대상으로 삼아 교사의 지식을 분석하고 있다.

측면을 언급할 때 주로 사용된다. 학생에게 제시되는 과제의 특징으로서 맥락은 학생이 과제를 이해하는데 도움을 주는 단어나 그림, 과제에서 언급되고 있는 상황과 보다 관련된다. '학습 환경'으로서 맥락은 쇼핑센터에서 최적의 상품을 선택하는 상황(Lave, 1988; Sălјő & Wyndhamn, 1993)과 같이 수학적인 활동이 일어날 수 있는 전반적이고 거시적인 맥락을 다루며, '학생에게 제시되는 과제의 특징'으로서의 맥락은 교수 상황에서 교수-학습의 매개가 되는 문제의 특징과 같이 맥락의 미시적인 측면을 의미한다고 볼 수 있다. 이 연구는 가르치고 배우는 활동이 의도적으로 진행되는 교수학적 상황에서 맥락이 갖는 의미와 역할, 맥락 문제와 관련된 교사의 교과 내용 지식에 대한 특징을 살피는데 목적이 있다. 이에 이 연구에서의 맥락은 학생들에게 제시되는 과제의 한 특징으로 수학적 정보를 포함하고 있는 현실 상황(van den Heuvel- Panhuizen, 2005)을 이르는 것으로 정의한다. 이하에는 이러한 관점에서 선행 연구를 분석하여 맥락의 의미를 살펴보고 맥락 문제가 갖추어야 할 조건을 알아본다.

Treffers & Goffree(1985)는 과제에서 맥락의 역할을 네 가지 측면에서 설명하였다. 첫째, 학생들은 현실적인 맥락 문제를 통해 자연스럽게 수학에 다가갈 수 있고 이로부터 의미있는 수학적 개념을 형성할 수 있다. 둘째, 맥락 문제는 형식적 연산과 기호, 법칙 등을 재조직하여 수학적 모델을 발전시키는데 기여한다. 셋째, 맥락 문제는 현실 속에 내재되어 있는 수학의 응용성을 보여준다. 넷째, 학생들이 상황 속에서 수학적인 능력을 구체적으로 연습할 수 있도록 한다. 이는 학생들이 맥락 문제를 통해 수평적 수학화와 수직적 수학화[4])를 경험할 수 있으며, 수학적 지식의 응용 가능성을 인식하고 문제 맥락을 수학적으로 조작해봄으로써 자신의 수학적 능력을 단련할 기회를 가질 수 있음을 시사한다.

한편, Meyer, Dekker, & Querelle(2001)는 맥락이 학생들에게 문제 해결을 위한 동기를 부여하며, 수학의 응용 가능성을 보여준다고 하였다. 또한, 맥락은 수학적 지식의 기초가 되며 학생들이 수학을 이해하는데 토대가 된다. 그에 따르면 이러한 맥락이 진정한 의미에서 동기를 부여하고 수학적 이해의 실마리가 되기 위해서는 학생의 현실에 비추어 실제적(real)일 필요가 있다. 이 때, 맥락이 학생의 현실에 비추어 실제적이라는 것은 맥락이 학생이 처한 현재 상황만을 담고 있어야 한다는 의미만은 아니다.

de Lange(1995)은 다음과 같은 문제를 예로 들어 인위적인 맥락도 학생에게 실제적일 수 있으며 수학화의 경험을 제공할 수 있다고 하였다.

21세기에 우주여행이 눈에 띄게 증가함에 따라 우주로부터 새로운 질병이 들어왔다. 다음 그래프는 2079년에서 2086년 사이에 이 질병에 걸린 사람의 수를 나타낸다.

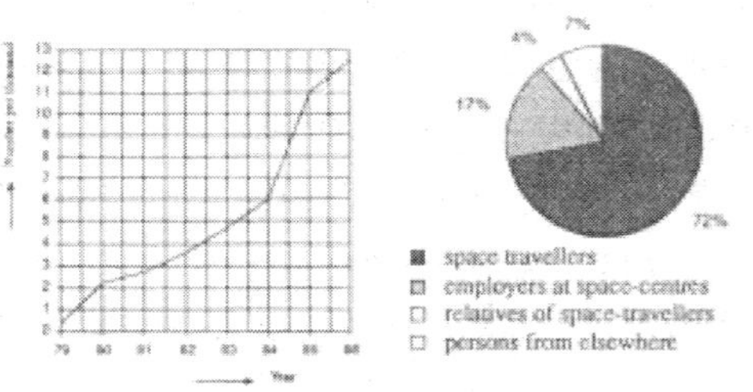

- 환자의 수에 대한 그래프를 로그모눈종이 (logarithmic paper)위에 그려라.
- 환자의 수가 지수적으로 증가하는 시기는

4) 수평적 수학화는 현실 내의 문제 장면을 형식적인 수학적 처리가 가능하도록 변환하는 것을 의미하고, 수직적 수학화는 수학적으로 세련된 좀 더 높은 수학적 처리를 위하여 관련된 수학 내적 모델을 통합, 조정, 결합하여 조직화하는 것을 의미한다(정영옥, 1997: 33).

언제인가?

- 위에서 구한 시기에 매년 환자수가 증가하는 비율을 소수 첫째짜리까지 구하여라(de Lange, 1995: 17).

de Lange는 위와 같은 문제가 현재부터 거의 1세기 이후 상황을 다루고 있어 학생의 현실에 비추어 꾸며진 맥락으로 보일 수 있지만, 미래 사회 구성원으로서 학생은 얼마든지 이러한 맥락에 처할 수 있으며, 이러한 상황에의 적절한 대처 능력을 지니도록 돕는 것이 수학 교육의 주요한 목표가 되어야 한다고 주장하였다. van den Heuvel-Panhuizen(2005) 또한 맥락이 학생의 현실에 실제적이라는 것은 학생이 이를 실제적이라고 느낄 수 있으며, 그들의 과거와 현재뿐만 아니라 미래 경험에 비추어서도 실제적이라는 의미라고 설명하였다.

Petagilia(1998)도 맥락 문제에서 맥락은 단순히 사실적인 소재의 사용만을 의미하는 것이 아니며, 실제 현실에서 발생 가능한 실질적인 요소가 포함되어야 한다고 설명하였다. 또한, 그는 맥락이 현실과의 실제적인 연관성을 지녀야 할뿐만 아니라 현실에서 수학의 활용 과정까지를 포함하여 문제 해결 과정 전반을 종합하도록 하는 적절한 수준의 복잡성을 지닐 필요가 있다고 지적하였다. Petagilia에 따르면 맥락의 복잡성은 학생들이 새로운 사고 활동을 경험하거나 보다 발전된 인지 능력을 갖도록 하는데 기여한다.

현실에 발생 가능한 실질적인 요소를 포함하는 것과 더불어 맥락은 문제 해결에 본질적인 요소로 작용할 수 있어야 한다(de Lange, 2003). 문제 상황과 밀접하게 관련되면서 본질적인 맥락(relevant and essential context)이 의미있는 수학화 활동을 가능하게 한다. 이러한 본질적인 맥락은 수학화 과정에서 맥락이 차지하는 위치에 따라 다시 1차원 맥락과 2차원 맥락으로 구분할 수 있다. 1차원 맥락과 2차원 맥락 모두에서 맥락은 문제를 해결하고 답을 평가하는데 중요하고 필수적인 역할을 하지만 1차원 맥락에서는 이러한 일련의 과정이 이미 수학화한(premathematize) 문제 맥락에 의해 진행된다. 반면, 2차원 맥락에서는 문제를 해결하고 답을 평가하는 과정에서 순환적인 반성이 일어나며, 이를 통해 맥락의 반복적인 수학화가 이루어진다. de Lange에 따르면 심화된 응답이 가능한 서술형 문제가 2차원 맥락 문제의 한 가지 유형이 될 수 있다.

한편, 장혜원(2002: 486)은 맥락 문제와 상황문제(situation-problème)가 유사한 개념임을 지적한 바, 장혜원의 연구에 기술된 상황 문제의 특징에 비추어 맥락 문제의 조건을 유추해 볼 수 있다. 그에 따르면 문제의 해법이 즉각적으로 드러나는 정형화된 문제는 상황 문제가 될 수 없다. 즉, 상황 문제에서 기존의 지식은 문제 해결을 시작하는 데는 출발점이 될 수는 있지만 이것이 문제 해결에 필요한 완벽한 지식이 되어서는 안된다. 또한 상황 문제는 문제에 주어진 조건을 산술적 표현, 대수적 표현, 기하적 표현 등으로 변화시킬 수 있는 여지를 지니고 있어야 하며, 이와 같은 표현의 다양한 변화가 문제 해결의 성공 가능성을 높이는 역할을 하여야 한다.

이상에 따라 맥락 문제의 조건을 '맥락이 담고 있는 현실 상황의 특징', '문제와 관련된 수학화의 가능성', '문제 해결 과정에서 수학적 표현과 조작의 의미'라는 세 가지 범주에서 <표 Ⅱ-1>과 같이 구체화 할 수 있다.

<표 Ⅱ-1> 맥락 문제의 조건

범주	세부 내용	선행연구
Ⅰ. 현실상황	Ⅰ-1. 학생의 경험에 비추어 실제적인가?	Meyer(2001), de Lange(1995)
	Ⅰ-2. 현실 상황은 문제 해결에 본질적으로 작용하는가?	de Lange(1995)
	Ⅰ-3. 현실 상황의 실질적인 요소를 포함함으로써 다소간의 복잡성을 띠는가?	Petagilia(1998)
	Ⅰ-4. 수학적 지식의 응용 가능성을 인식할 수 있는가?	Treffers & Coffree(1985)
Ⅱ. 수학화	Ⅱ-1. 수평적 수학화와 수직적 수학화를 경험할 수 있는가?	Treffers & Coffree(1985)
	Ⅱ-2. 문제를 해결하고 답을 반성하는 과정에서 맥락의 반복적 수학화가 일어날 수 있는가?	de Lange(2003)
	Ⅱ-3. 문제의 해법에 대한 즉각적인 수학화가 일어나는 것을 제한하는가?	장혜원(2002)
Ⅲ. 수학적 표현 및 조작	Ⅲ-1. 수학적 표현을 다양하게 변화시킴으로써 해결의 실마리를 얻을 수 있는가?	장혜원(2002)
	Ⅲ-2. 수학적 조작을 통해 수학적 능력을 단련할 수 있는 여지를 담고 있는가?	Treffers & Coffree(1985)

Ⅲ. 연구 방법

1. 검사 문제 개발

이 연구는 예비 교사들의 맥락 문제 해결 과정에 대한 분석을 통해 맥락 문제와 관련하여 교사의 교과 내용 지식의 특징을 살피는데 목적이 있다. 이에 자료 수집을 위해 사용될 검사 문제는 앞서 추출된 맥락 문제의 조건을 최대한 만족하면서도, 배경하는 수학 지식이 학교 교육과정 내용과 밀접하게 관련되는 것으로 Chelst & Edwards(2005)에서 발췌하여 수정하였다. 서술형 문제 한 세트[5]로 구성된 검사 문제[6]는 선형 계획법(linear programming)과 관련된 최적화 문제이다. 선형 계획법 문제는 고등학교 1학년 수학의 '부등식의 영역' 단원에서 다루는 [그림 Ⅲ-1]과 같은 실생활 소재 문제와 밀접하게 관련된다[7].

5) 맥락 문제의 조건 Ⅱ-2를 만족하는 2차원 맥락 문제는, 심화된 응답이 가능한 서술형 문제 유형이 될 수 있으며, 한 세트로 구성된 서술형 문제를 통해 학생들의 맥락 문제 해결 능력을 보다 자세히 살필 수 있다(de Lange, 2003: 41).

6) 자세한 내용은 <부록 1>을 참조하기 바란다.

7) 선형 계획법과 관련된 최적화 문제는 수학의 실제적인 응용 가능성을 보여줄 수 있다는 측면에서 학교수학의 소재로 다루어지고 있으며, 학생들의 이해와 지도 방식에 대한 다양한 교육적 연구가 진행된 바 있다(Stevens & Palocsay, 2004; Brousseau & Gibel, 2005; Baker, 2000; Shama & Dreyfus, 1994; 최지선 외, 2010).

어떤 카페에서 딸기 셔벗과 딸기 주스 한 잔을 만드는 데 드는 딸기와 설탕의 양, 한 잔 팔 때의 이익이 오른쪽 표와 같다. 하루에 사용할 수 있는 딸기와 설탕의 양은 각각 15 kg, 1 kg이다. 하루 동안 딸기 셔벗과 딸기 주스를 판매하여 얻을 수 있는 최대의 이익을 구하여라.

	딸기(g)	설탕(g)	이익(원)
딸기 셔벗	350	30	600
딸기 주스	200	10	300

[그림 Ⅲ-1] '부등식의 영역' 단원에서의 실생활 소재 문제(우정호 외, 2009: 247)

검사 문제가 배경하고 있는 선형 계획법은 현실 상황의 최적화 문제를 합리적으로 해결하기 위한 전략으로, 생산 비용과 관련된 복잡한 조건을 여러 측면에서 고려하여 비용을 최소화하거나 이윤을 극대화하는데 폭넓게 이용된다(이규승, 2001). 이는 선형 계획법 문제 맥락이 실제 상황과 밀접하게 관련되어 문제 해결에 본질적으로 작용하며(Ⅰ-2), 문제 해결을 위한 실질적인 요소를 담고 있어 그 복잡성이 높을 수 있음을(Ⅰ-3) 시사한다. 한편, 선형 계획법 문제는, 우리가 일상생활에서 겪는 최적화 문제 상황과 깊게 관련되는 바(최지선·이경화·김서령, 2010), 문제 해결자가 자신의 미래 경험에 기반하여 문제 맥락을 실제적인 것으로 인식하도록 하는데 용이하다(Ⅰ-1). 또한 선형 계획법 문제를 해결하는 과정에서 문제 해결자는 관련되는 수학적 지식의 응용 가능성을 구체적이고 직접적으로 인식할 수 있다(Ⅰ-4).

한편, Stevens & Palocsay(2004; Shama & Dreyfus, 1994)은 선형 계획법 문제 해결의 실마리는, 언어로 표현된 문제 맥락을 수학적 표현인 대수식으로 변환하고 이를 다시 좌표평면에 기하적으로 나타내는 과정을 통해 얻을 수 있다고 설명하였다. 이에 따르면 선형 계획법 문제는 대수 및 기하의 수학 내적 관련성을 보여주며, 수직적 수학화를 위한 맥락을 제공한다. 즉, 선형 계획법 문제는 맥락 문제의 조건 Ⅱ-1과 Ⅲ-1을 충족한다고 볼 수 있다. 이하에서는 선형 계획법을 배경 지식으로 하는 검사 문제가 맥락 문제와 관련된 그 밖의 조건을 만족하도록 수정하는 과정에서 고려된 사항을 살펴본다.

우선, 문제의 해법이 즉각적으로 드러나는 것을 제한하도록(Ⅱ-3), 검사 문제의 기술 방식을 고등학교 1학년 수학의 '부등식의 영역'에서 다루는 실생활 문제의 기술 방식과는 다르게 하였다. 문제의 조건을 부등식으로 나타내어 이를 좌표평면에 표시하는 전략이 문제 해결에 유용함을 시사하는 고등학교 교육과정의 [그림 Ⅲ-1]과 같은 기술 방식 대신 '숙련 종업원과 비숙련 종업원을 각각 몇 명씩 고용해야 할까?'라고 질문함으로써 검사 문제의 맥락이 '부등식의 영역'과 즉각적으로 연결되지 않도록 하였다.

더불어 검사 문제에 2번을 추가하여 비숙련 종업원의 임금이 달라지는 새로운 맥락을 고려할 수 있도록 하였다. 학교 수학에서 다루는 최적화 문제는 주어진 조건을 다양하게 변화시켜 그 결과가 초기의 최적 해에 어떤 영향을 미치는지 살피는 맥락은 담고 있지 않은 바, 2번의 문제 맥락을 통해 1번 문제의 조건과 최적 해의 관계를 보다 깊게 살펴볼 수 있도록 하였다. 또한, 문제를 해결하고 답을 반성하는 과정에서 맥락의 반복적 수학화가 일어나도록(Ⅱ-2), 검사 문제에 3번을 추가하였다. 비숙련 종업원의 수에 대한 숙련 종업원의 수의 비가 1:1이 되는 새로운 맥락을 고려하도록 하여, '2명의 비숙련 종업원마다 적어도 1명의 숙련 종업원을 배치하는' 조건 하에 구한 1번의 최적 해가 3번 문제 맥락에서 얻어진다는 사실을 의식적으로 인식하는 재수학화가 일어날 수 있도록 하였다. 한편, 추가된 검사 문제 2번과 3번을 통해 수학적 조작의 기회가 보다 풍부하게 제공될 수 있다(Ⅲ-2).

2. 분석 방법

이 연구에서 살펴보고자 하는 교사의 교과 내용 지식은 구체적인 교육 내용 또는 문제 해결

과정을 지도하는데 적절한 표상 또는 지식 및 전략을 사용하는 기법에 대한 지식으로 정의된다 (Shulman, 1987). 이에 검사 결과 분석을 위한 주요 관점은 '수학적 지식(mathematical knowledge)', '전략적 지식(strategic knowledge)', '설명 능력 (explanation)'의 범주로 서술형 문제 평가 틀을 구성한 Illinois Department of Education(2005)[8]에 기초하여 <표 Ⅲ-1>과 같이 개발하였다.

여기서 '수학적 지식'과 '전략적 지식' 범주는 맥락 문제와 관련된 예비 교사의 교과 내용 지식이 지닌 특징을 살펴보는데 직접적으로 기여할 수 있으며, '설명 능력' 범주를 통해서는 예비 교사들이 자신이 아는 것을 얼마나 효과적으로 표현하는지를 알아볼 수 있기 때문에 예비 교사의 교수학적 내용 지식[9]의 특징에 대한 간접적인 시사도 얻을 수 있다.

검사 결과 분석은 수학교육 박사 학위를 소지한 연구자 2명이 각각 <표 Ⅲ-1>의 주요 관점에 비추어 Illinois Department of Education(2005)의 평가 틀에 따라 점수를 부여하는 것으로 시작하였다. 각 연구자가 개별적으로 점수를 부여한 다음에는 이 점수를 바탕으로 연구자간 논의를 거

<표 Ⅲ-1> 분석의 주요 관점

문제 번호	수학적 지식	전략적 지식	설명 능력
1	· 문제 맥락으로부터 최적화 조건을 찾는 문제임을 파악하였는가? · 부등식을 이용하여 주어진 조건을 적절하게 표현하였는가? · 최적화해야 하는 식이 시간당 지불해야 하는 임금액의 합계임을 인식하였는가?	· 문제 맥락에서 주어진 세 가지 조건을 정확하게 인식하였는가? · 부등식의 영역을 좌표평면에 그려서 문제 해결에 이용하였는가?	· 문제 해결 과정에서 각 단계를 진행하는 이유를 분명하게 설명하였는가? · 문자가 의미하는 바를 분명하게 설명하였는가? · 부등식의 영역을 좌표평면에 그릴 때, 필요한 정보를 정확하게 나타내었는가?
2	· 문제 1에서 최적화한 식의 기울기에 문제 맥락이 영향을 주었음을 인식하였는가?	· 문제 1에서 최적화한 식과 기울기의 변화가 크지 않음을 이용하여 문제 해결 전략을 고안하였는가?	· 최적 해가 바뀌지 않는 이유를 정확하게 설명하였는가?
3	· 문제 1에서 구한 최적 해에서 숙련 종업원 수에 대한 비숙련 종업원 수의 비가 1:1이었음을 인식하였는가?	· 문제 1 맥락과의 관련성을 고려하여 문제 해결 전략을 고안하였는가?	· 최적 해가 바뀌지 않는 이유를 정확하게 설명하였는가?

8) 자세한 내용은 <부록 2>을 참조하기 바란다.

9) 교수학적 내용 지식은 교사 자신이 아는 것을 효과적으로 표현하는 능력(안선영 · 방정숙, 2006: 27), 학생들이 특정 내용을 이해할 수 있도록 적절하게 표현하고 구체화하는 방법에 대한 지식(Akkoç, Yesildere, & Özmantar, 2007)을 중요한 요소로 갖는다.

쳐 합의된 점수를 도출하였다. 두 연구자의 평가 결과는 대부분 일치하였으나, 문제 1의 수학적 지식 범주에서 3점 또는 2점을 부여하는 것과 관련하여 차이를 보인 경우가 있었다. 연구자간 논의를 통해 문제 1의 주요 분석 관점이 '최적화 문제임을 인식하는 것', '조건을 부등식으로 표현하는 것', '임금액의 합계를 고려하는 것'과 같이 세 가지 요소로 구성되어 있어 어느 요소를 우선으로 삼느냐에 따라 점수 부여에 차이가 발생함을 확인하였다. 이에 두 연구자는 '최적화 문제임을 인식하는 것'에 가장 우선을 두기로 하고 예비 교사들의 반응 결과에 합의된 점수를 부여하였다.

이하에서는 이렇게 합의된 점수에 기초하여 예비 교사들의 맥락 문제 해결 과정에서 드러난 전반적인 경향을 살피고, 각각의 경향이 갖는 시사점을 검사 문제 개발의 의도 및 선행 연구 결과에 비추어 구체적으로 기술한다.

Ⅳ. 연구 결과

예비 교사들의 맥락 문제 해결 과정을 분석하기 위해 **대학교 사범대학 수학교육과 2, 3학년 44명[10]을 대상으로 약 1시간에 걸쳐 지필 검사를 실시하였다. <표 Ⅳ-1>은 예비 교사의 점수별 인원수를 나타낸 것이다. [11]

<표 Ⅳ-1>에 따르면 '수학적 지식', '전략적 지식', '설명 능력'의 각 범주에서 예비 교사들이 가장 많이 받은 점수는 1점이었으며, 이러한 경향은 특히 '수학적 지식'과 '전략적 지식' 범주에서 두드러지게 나타났다. 19명의 예비 교사가 문제 1을 최적화 문제로 파악하지 못하거나, 주어진 조건을 적절히 인식하여 부등식으로 표현함으로써 문제 해결의 전략을 고안하는데 한계를 보였다. 20명의 예비 교사는 문제 2에서 최적화해야 하는 식의 기울기가 변화되었음을 문제 1과 관련하여 인식하는데 제한적이었으며, 19명은 문제 해결 과정에서 의미가 모호하거나 부적절한 전략을 사용하였다. 17명은 문제 3의 맥락

<표 Ⅳ-1> 점수별 인원수(단, M은 수학적 지식, S는 전략적 지식, E는 설명 능력) [11]

점수 \ 범주 \ 번호	문제 1			문제 2			문제 3		
	M	S	E	M	S	E	M	S	E
4점	4	8	5	4	5	4	4	4	3
3점	9	7	12	7	6	10	6	6	7
2점	9	6	**15**	6	5	11	5	8	10
1점	**19**	**19**	10	**20**	**19**	**14**	**17**	11	**12**
0점	3	4	2	7	9	5	12	**15**	**12**

10) 연구대상 44명중 2학년은 23명, 3학년은 21명이었다. 2학년은 모두 이산수학, 고등미적분학1을 이수하였으며, 지필 검사 당시 고등미적분학2를 수강하고 있었다. 또한, 3학년은 모두 이산수학, 고등미적분학1, 고등미적분학2를 이수하였다.

11) 음영 부분은 문항의 범주별로 가장 많은 인원수를 나타낸다.

과 문제 1의 최적 해 사이의 관계를 인식하는데 어려움을 겪었으며, 15명은 문제 해결에 별다른 전략을 사용하지 못하였다.

'수학적 지식'이나 '전략적 지식' 범주에 비하여 '설명 능력' 범주에서는 상대적으로 많은 예비 교사가 3점이나 2점을 받았다. 그러나 15명이라는 적지 않은 예비 교사가 문제 1번을 해결하는 과정에서 문자가 의미하는 바를 분명하게 기술하지 않거나 부등식의 영역을 좌표평면에 나타낼 때 필요한 정보를 표시하지 않았다. 많은 예비 교사들이 문제 2와 문제 3에서 최적 해가 바뀌지 않는 이유를 설명하는데 한계를 보였으며, 특히 12명의 예비 교사는 문제 3의 해결 과정에 대해 어떤 설명도 제시하지 않았다.

다음은 각 문제를 해결하는 과정에서 드러난 이상과 같은 전반적인 특징이 갖는 시사점을 해당 문제의 개발 의도와 선행 연구 결과에 비추어 구체적으로 살펴본다.

1. 문제 1 해결 과정에서 드러난 특징

문제 1은 주어진 세 가지 조건 하에서 시간당 지불해야 하는 임금 총액이 최소가 되도록 숙련 종업원 수와 비숙련 종업원 수를 정하는 맥락으로, 다음과 같이 수평적 수학화를 진행할 수 있다.

> 숙련 종업원 수 x, 비숙련 종업원 수 y가 $2x \geq y$, $y \geq 4$, $x+\frac{2}{3}y \geq 10$을 만족할 때, $8000x+6000y$의 값이 최소가 되도록 하는 x, y의 값을 구하여라.

그러나 많은 예비 교사들이 문제 맥락을 위와 같이 조직하는데 한계를 보였다. 15명의 예비 교사는 시간당 지불해야 하는 임금 총액을 고려하지 않은 채 [그림 Ⅳ-1]과 같이 문제에 주어진 조건의 일부만을 대수적으로 형식화하여 연립방정식을 세운 후 이를 풀어 숙련 종업원의 수와 비숙련 종업원의 수를 구하였다.

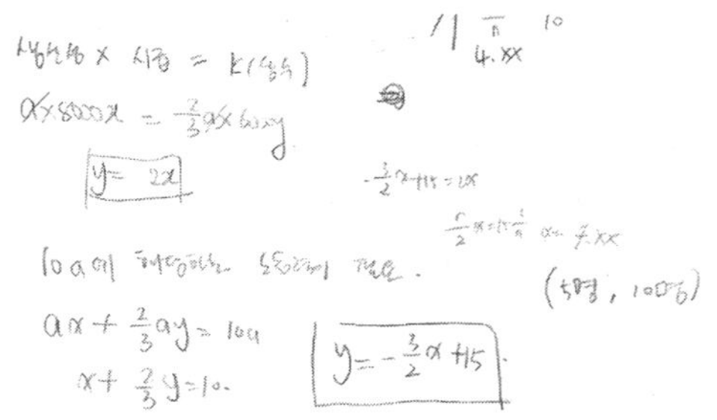

[그림 Ⅳ-1] 문제 1에 대한 예비 교사 응답 사례(1)

많은 예비 교사들이 [그림 Ⅳ-1]에서처럼 '2명의 비숙련 종업원마다 적어도 1명의 숙련 종업원을 배치'한다는 의미를 '2명의 비숙련 종업원마다 1명의 숙련 종업원을 배치'한다는 것으로 이해하여 주어진 조건을 $2x=y$로 수학화하였다. 또한, '매 시간마다 최소 숙련 종업원 10명에 상응하는 노동력이 필요하다'는 조건을 '매 시간마다 숙련 종업원 10명에 상응하는 노동력이 필요하다'로 이해하여 $x+\frac{2}{3}y \geq 10$ 대신 $x+\frac{2}{3}y=10$을 사용하여 문제 해결을 시도하였다. Dombrovskaia & Guzmán(2006)은 많은 대학생들이 선형 계획법 문제를 다룰 때 언어적 이해와 관련된 실수를 보인다고 지적한 바, 특히 이 연구에 참여한 예비 교사들은 문제에 주어진 조건 중 '적어도'나 '최소한'과 같은 용어를 간과함으로써 문제 맥락을 적절히 수학화하는데 어려움을 겪었다.

한편, 4명의 예비 교사는 '2명의 비숙련 종업원마다 적어도 1명의 숙련 종업원을 배치'한다는 조건을 [그림 Ⅳ-2]와 같이 나타내었다.

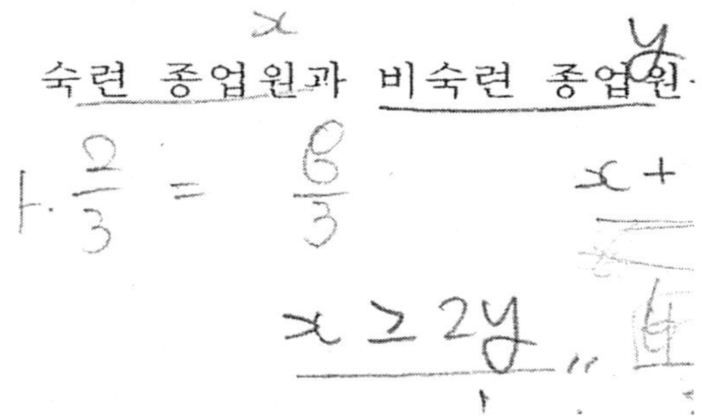

[그림 Ⅳ-2] 문제 1에 대한 예비 교사 응답 사례(2)

Stevens & Palocsay(2004)는 '학생 6명당 1명의 교수가 있다'를 수학적으로 표현하도록 하였을 때 공학을 전공하는 대학생 중 37%가 $6s = p$ (단, s 는 학생의 수, p 는 교수의 수)와 같은 오류를 범하였다고 지적하였다. 그는 언어적으로 기술된 단어의 순서를 대수적 표현에 그대로 대응시키는 이러한 실수는 문장제를 다룰 때 나타나는 전형적인 오류라고 설명하였다. Stevens & Palocsay(2004)에 비해 상대적으로 적은 수이기는 하지만, 이 연구에 참여한 예비 교사도 같은 오류를 보였다.

그러나 [그림 Ⅳ-2]와 같은 오류는 비숙련 종업원의 업무 수행 과정을 적절히 도우면서도 많은 임금을 주어야 하는 숙련 종업원의 수를 가능한 적게 뽑고자 하는 문제 맥락의 의미를 충분히 '이해'하지 못하고, 그 조건의 표면적인 기술 방식만을 형식적으로 다룬데서 비롯되었다고 볼 수 있다. 2명의 비숙련 종업원마다 '적어도' 1명의 숙련 종업원을 배치하는 문제 맥락에는 숙련 종업원의 수가 비숙련 종업원의 수보다는 많지 않도록 하려는 실제적인 의미가 담겨 있기 때문이다.

Schoenfeld(1991)는 문제 맥락의 실제적 측면을 무시한 채 연산의 조작적인 적용만으로 문제를 해결하려는 특징을 '이해의 정지(suspension of sense-making)' 현상으로 명명한 바, [그림 Ⅳ-2]와 같은 해결 과정을 보인 예비 교사들의 오류 역시 이에 해당한다고 볼 수 있다. Lithner(2003; Verschaffel, Greer, & de Corte, 2000)에 따르면 대학생들 또한 문제 해결을 위한 추론 과정에서 '이해의 정지'와 같은 특징을 보인 경우가 적지 않았다. 이 연구에 참여한 예비 교사들의 맥락 문제 해결 과정 및 선행 연구 결과에 비추어 볼 때, 교사 교육과정의 교수학적 상황 전반에 걸쳐 실제적인 문제 맥락을 의미적으로 해석하여 다루어 보는 경험이 보다 충분히 제공될 필요가 있다.

한편, 문제 해결 전략과 관련하여 8명의 예비 교사는 문제 해결을 위해 부등식의 영역을 이용하였다. 13명의 예비 교사는 [그림 Ⅳ-3]과 같이 구체적인 값을 일일이 대입하여 문제를 해결하는 전략을 사용하였다.

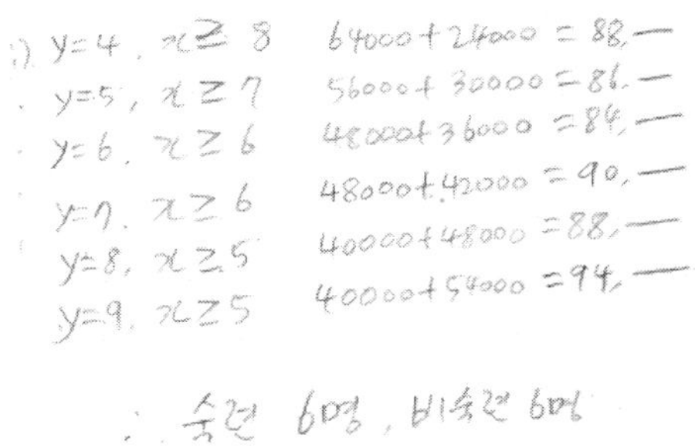

[그림 Ⅳ-3] 문제 1에 대한 예비 교사 응답 사례(3)

[그림 Ⅳ-3]과 같은 문제 해결 전략은 Brousseau & Gibel(2005)에서 초등학교 5학년이 선형 계획법 문제를 해결하려고 시도할 때 사용한 방법과 다르지 않다. 고등학교 교육과정에서 이미 부등식의 영역과 관련된 실생활 문제를 다룬 경험을 가지고 있으며, 형식화된 수학을 대학에서 전공하고 있는 예비 교사들의 문제 해결 전략이 초등학생의 비형식적이고 직관적인 문제 해결 과정과 다르지 않은 점에 대해 다양한 논

의가 있을 수 있다.

Jurdak(2006)은 고등학생들이 실생활 상황 문제를 해결할 때 지수함수와 같이 수학적으로 형식화된 도구보다는 구체적인 값을 대입하고 그 결과를 일일이 확인하는 방식을 택하였다고 설명하였다. 그는 실생활 맥락 문제를 해결할 때 주로 어떤 방법을 사용하는지 묻는 질문에 대하여 많은 학생들이 다음과 같이 답하였다고 하였다.

> "실제 상황에서는 풀기 쉽고 빠른 방법을 사용한다."
> "실생활에서는 주로 머릿속으로 계산한다."(Jurdak, 2006: 295)

Jurdak(2006)와 이 연구에 참여한 예비 교사들의 문제 해결 전략을 고려할 때, 실생활 맥락 문제를 해결하는 과정에서 사용되는 비형식적인 도구나 직관적인 문제 해결 전략이 지닌 의미와 가치를 살펴보는 후속연구가 필요할 것으로 보인다.

많은 예비 교사는 문제 1의 해결 과정에서 각 단계를 설명하는데 제한적인 능력을 보였다. 25명의 예비 교사는 자신이 무엇을 하였으며 왜 그렇게 하였는지를 분명하게 설명하지 않았으며, 정답을 정확하게 찾은 경우조차도 [그림 Ⅳ-4]와 같이 정답에 이르게 된 과정이나 이유를 기술하지 않은 예가 적지 않았다.

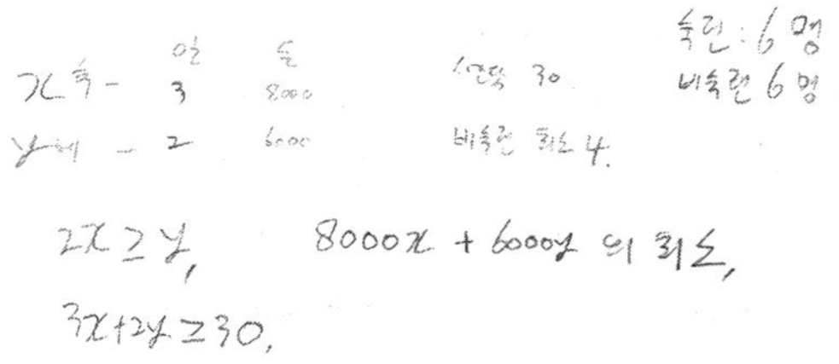

[그림 Ⅳ-4] 문제 1에 대한 예비 교사 응답 사례(4)

15명의 예비 교사는 문제 해결 과정에서 문자가 의미하는 바를 분명하게 명시하지 않거나 부등식의 영역을 좌표평면에 그릴 때 필요한 정보를 표시하지 않았다. 이 중에서 3명의 예비 교사는 문제 맥락에서 주어진 세 가지 조건을 정확하게 파악하여 구해야 하는 것을 대수적으로 적절하게 표현하였으면서도 [그림 Ⅳ-5]와 같이 자신이 사용하고 있는 문자가 무엇을 의미하는지 구체적으로 설명하지 않았다.

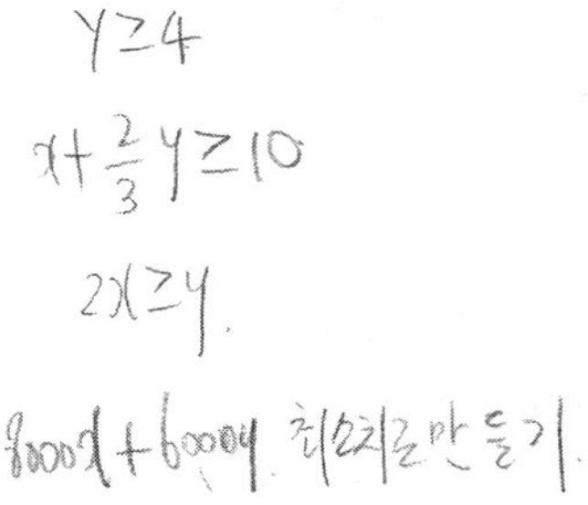

[그림 Ⅳ-5] 문제 1에 대한 예비 교사 응답 사례(5)

2. 문제 2와 문제 3 해결 과정 분석

예비 교사들은 문제 2의 맥락에서 비숙련 종업원의 시간당 임금을 6,520원으로 인상하는 것이 시간당 임금 총액을 변화시킨다는 것을 인식하였다. 11명의 예비 교사는 시간당 임금 총액을 $8000x+6000y$에서 $8000x+6250y$으로 바꾸어 명시적으로 기술함으로써 이러한 변화를 설명하였다. 이들 중 4명은 $8000x+6000y$과 $8000x+6250y$을 각각 $8000x+6000y=w_1$과 $8000x+6250y=w_2$으로 표현한 다음 이들의 기울기를 비교하여 문제 2의 최적 해 역시 문제 1에서 구한 최적 해와 다르지 않음을 설명하였다. 20명의 예비 교사는 문제 2의 맥락을 문제 1에서 최적화 한 식의 기울기와 관련시켜 해석하지 않았다. 이들은 문제 1에 기초하여 문제

2를 조직하기보다는 문제 2를 새롭게 주어진 문제 맥락으로 인식하여 문제를 해결하려고 시도하였다.

문제 해결의 전략적 지식과 관련하여 5명의 예비 교사는 문제 2에서 최적화해야 하는 식의 기울기가 문제 1에서 다루었던 식의 기울기와 크게 다르지 않음을 보일 때, 문제 1에서 그렸던 좌표평면과 부등식의 영역, $8000x+6000y=k$의 그래프를 이용하였다. 그러나 19명의 예비 교사는 이러한 고려 없이, 주어진 조건의 변화를 [그림 Ⅳ-6]에서 위에 있는 그림과 같이 잘못 인식하여 문제 해결을 시도하거나, [그림 Ⅳ-6]에서 아래에 있는 그림과 같이 의미를 알 수 없는 모호한 전략을 사용하였다.

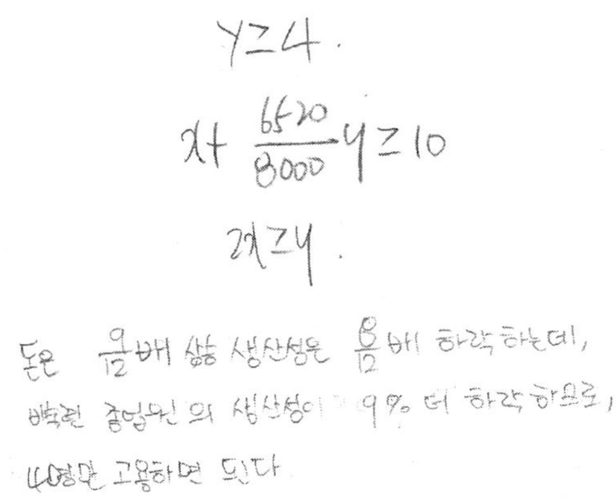

[그림 Ⅳ-6] 문제 2에 대한 예비 교사 응답 사례(1,2)

학교 수학에서는 주어진 조건을 새롭게 변화시켜 그 결과가 초기의 최적 해에 미치는 영향을 고려하는 문제 2와 같은 맥락이 다루어지지 않는 바, 이상의 결과에 따르면 예비 교사들은 즉각적인 수학화를 제한한 낯선 문제 맥락에 적절히 적응하는데 어려움을 겪는다고 볼 수 있다.

문제 3은 비숙련 종업원의 수에 대한 숙련 종업원의 수의 비가 1:1이 되는 새로운 맥락을 제시함으로써, 문제 1의 최적 해가 3번 맥락에서 얻어진다는 사실을 의식적으로 인식하도록 하여 반복적인 수학화의 경험을 제공하기 위해 개발되었다. 그러나 1번 문제에서 정답을 구한 13명의 예비 교사 중 단지 4명만이 문제 1의 해결 과정과 답을 반성하는 반복적 수학화 과정을 통해 두 문제 맥락의 관계를 살피는 모습을 보여주었다. 문제 1에서 정답을 구하였지만 두 문제 맥락 사이의 관계를 제대로 인식하지 못한 예비 교사들은 문제 3에서 주어진 새로운 조건을 대수적으로 다시 조직하여 [그림 Ⅳ-7]과 같이 정답을 구하려는 전략을 시도하였다.

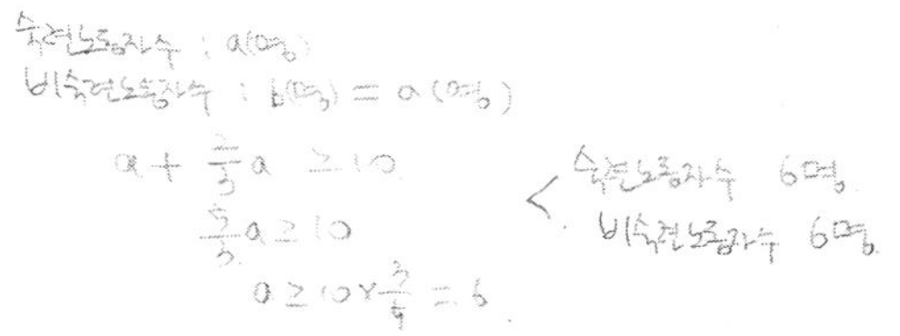

[그림 Ⅳ-7] 문제 3에 대한 예비 교사 응답 사례(1)

한편, 보다 풍부한 수학적 조작이 일어나도록 하려는 의도로 개발된 문제 2와 문제 3에서, 문제 해결 과정에 대한 예비 교사들의 '설명 능력'은 매우 제한적으로 나타났다. 예비 교사 중 일부는 부등식이나 좌표평면과 같이 형식화된 수학적 도구를 사용하여 자신의 문제 해결 과정을 설명하기 보다는 [그림 Ⅳ-8]과 같이 언어적인 방식으로 자신의 풀이 과정을 기술하였다.

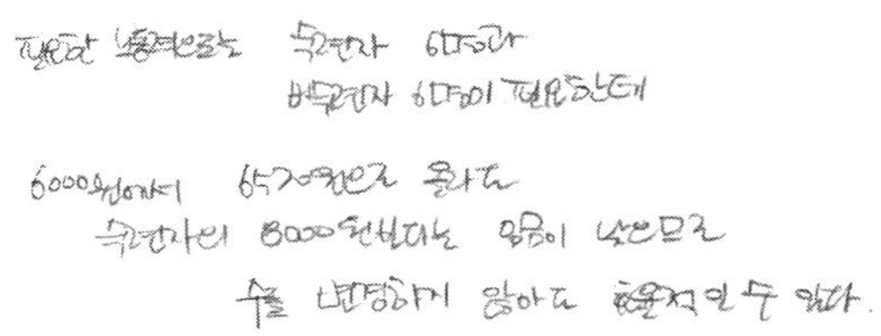

[그림 Ⅳ-8] 문제 2에 대한 예비 교사 응답 사례(3)

더불어 12명의 예비 교사는 [그림 Ⅳ-9]와 같이 문제의 답만을 제시하고 자신이 무엇을 하였으며 왜 그렇게 하였는지에 대해 설명하지 않아 설명 능력을 살피는데 어려움이 있었다.

[그림 Ⅳ-9] 문제 3에 대한 예비 교사 응답 사례(2)

Jurdak(2006)은 많은 학생들이 실생활 문제 해결 과정을 설명할 때 언어적 방식이나 그림과 같이 비수학적인 도구를 주로 사용하는 경향이 있음을 지적하였다. 또한 그가 제시한 학생과의 면담 내용에 따르면, 실제적인 맥락 문제는 보통의 수학 문제와 달리 문제 해결 과정을 상세하게 설명해야 하는 부담을 덜 주는 경향이 있음을 알 수 있다.

> 실생활에서 우리는 문제의 답을 찾으면 그것으로 그만이다. 답에 이르는 방식을 보일 필요는 없다(Jurdak, 2006: 295).

그러나 일반 학생과 달리 예비 교사는 학생을 지도하는 교사로서 자신의 문제 해결 과정을 자신이 가르치는 학생의 이해에 도움이 되도록 가능한 자세하게 설명해야 하는 역할을 담당하게 된다. 이상의 결과는 교사 교육에 있어 현실 상황의 실제적인 맥락 문제를 다룰 때, 예비 교사들의 맥락 문제 해결 능력을 개발하도록 돕는 것과 함께 예비 교사들이 자신들의 문제 해결 전략을 효과적으로 표현하는 능력을 단련시킬 기회도 더불어 제공되어야 함을 시사한다[12].

Ⅴ. 결론

이 연구는 예비 교사들의 맥락 문제 해결 과정을 분석함으로써 맥락 문제에 대한 우리나라 교사들의 교과 내용 지식과 관련된 특징을 살피려는 목적에서 진행되었다. 문헌 검토를 통해 추출된 맥락 문제의 조건에 비추어 검사 문제를 개발하였으며, 이를 활용하여 **대학교 사범대학 수학교육과 2, 3학년 44명을 대상으로 지필 검사를 실시하였다. 이렇게 얻어진 검사 결과를 분석한 바에 따르면, 예비 교사들의 맥락 문제 해결 과정에서 드러난 특징은 다음과 같이 4가지로 요약할 수 있다.

첫째, 예비 교사들은 맥락 문제에서 주어진 조건 중 '적어도'와 같은 용어를 간과하거나, 언어적으로 기술된 단어의 순서에 따라 대수적 표현을 조직하는 경우가 있었다. 이는 문제 맥락의 실제적인 측면을 의미적으로 이해하지 않고 주어진 조건을 형식적으로만 다루려는 경향에서 기인하였다고 볼 수 있으며, 이로 인해 문제 해결에 필요한 수학적 지식을 기억해 내어 의미있게 적용하는데 한계를 보였다. 이는 교사 교육과정 전반에 걸쳐 예비 교사들이 현실적인 맥락 문제를 수학화하는 기회를 충분히 가질 필요가 있음을 시사한다.

둘째, 예비 교사 중에는 구체적인 값을 대입하고 그 결과를 일일이 확인하는 전략을 사용하여 문제를 해결하는 경우가 있었다. 선행 연구에 따르면 실생활 맥락 문제 해결에는 수학적으로 형식화된 도구보다는 직관적인 전략이 사용되는 경우가 종종 발생한다. 이 연구에서 예비 교사들이 보여준 문제 해결 전략과 선행 연구 결과에 비추어 볼 때, 실생활 맥락 문제를 해결하는 과

12) 검사 문제에 대한 예비 교사들의 반응은 피평가자로서 문제를 해결하는 과정을 설명한 것이기 때문에, 실제 학생을 지도하는 교사가 학생들에게 제시하는 설명과는 다소 차이가 있을 수 있다. 이러한 차이가 실제 존재하는지 등을 살펴 교수학적 시사점을 정교화하는 후속 연구가 가능하다.

정에서 사용되는 비형식적인 도구나 직관적인 문제 해결 전략이 지닌 의미와 가치를 재조명하는 후속연구가 필요할 것으로 보인다.

셋째, 예비 교사들은 맥락 문제에서 주어진 조건의 변화를 초기에 얻어진 최적 해와 관련지어 살피는데 한계를 보였으며, 해결 과정과 답을 순환적으로 반성하여 주어진 맥락을 반복적으로 수학화하는데 어려움을 겪었다. 이는 교사 교육 과정에서 다루는 맥락 문제를 통해 의미있는 수학화가 진행되기 위해서는 주어진 조건을 다양하게 변화시켜 그 결과가 초기의 문제 해결 과정과 답에 어떻게 영향을 미치는지 고려해보는 활동이 의식적으로 진행될 필요가 있음을 암시한다.

넷째, 예비 교사 중에는 맥락 문제 해결 과정을 부등식이나 좌표평면과 같은 수학적인 도구를 사용하여 설명하기 보다는 언어적 방식으로 서술하는 것을 선호한 경우가 있었다. 또한, 문제의 답만을 제시하고 그 결과에 도달한 이유를 밝히지 않은 예도 있었다. 선행 연구에 따르면 실제적인 맥락 문제에서는 그 답 자체를 찾는 것이 보다 우선적인 목적으로, 답을 얻게 된 이유를 밝히는 것은 중요하게 취급되지 않는 경향이 있다. 또한 그 답에 이르는 과정을 설명할 때에도 수학적인 도구보다는 언어적 방식으로 그 이유를 기술하는 경우가 적지 않다. 이는 교사 교육에서 현실적인 맥락 문제를 다룰 때, 예비 교사들이 자신들의 문제 해결 전략을 수학적 도구를 사용하여 의식적으로 표현하도록 하는 교수학적 노력이 필요함을 보여준다.

이상의 결과는 맥락 문제에 대한 우리나라 교사들의 교과 내용 지식에 대한 특징을 살핀 연구가 거의 없는 현실에서 이러한 특징을 구체화하는 초기 시도에 의해 얻어진 특징으로, 이에 대한 심도있는 논의와 보다 정교한 분석을 위한 후속 연구가 가능하다. 이러한 후속 연구에는 맥락 문제 해결 과정과 관련하여 예비 교사들을 대상으로 한 개별 면담 등의 연구 방법론이 활용될 수 있다.

참고문헌

고은성 · 이경화(2011). 예비 교사들의 통계적 표집에 대한 이해. 수학교육학연구, **21**(1), 17-32.

권성룡(2012). MKT 적용과제에 나타난 초등예비교사의 반응 고찰. 학교수학, **14**(2), 255-274.

김경희 외(2010). **OECD** 학업성취도 국제비교 연구**(PISA 2009)** 결과 보고서. 서울 : 한국교육과정평가원.

김민경 · 박은정 · 허지연(2012). '맥락성'의 관점에서 본 수학교과서의 문제 분석. 한국학교수학회논문집, **15**(1), 1-25.

김민경 · 민선희 · 김혜원(2011). 수학 교과에서의 상황맥락적 문제에 대한 교사의 인식. 수학교육, **50**(2), 149-164.

김성준 · 문정화(2006). 유형별 맥락문제의 적용과 그에 따른 유형별 선호도 조사. 한국학교수학회논문집, **9**(2), 141-161.

나귀수(2005). 초등학교 예비 교사의 수학적 지식 구성에 대한 연구-구성주의적 교수실험을 중심으로-. 학교수학, **12**(2), 151-176.

박교식 · 권석일(2011). 예비 초등교사들이 분수 포함제의 몫과 나머지 구하기에서 범하는 오류에 대한 분석. 초등수학교육, **14**(3), 317-328.

신보미(2008). 확률에 대한 교사들의 교수학적 내용 지식 분석. 학교수학, **10**(3), 463-487.

안선영 · 방정숙(2006). 평면도형의 넓이에 대한 교사의 교수학적 내용 지식과 수업 실제 분석. 수학교육학연구, **16**(1), 25-41.

우정호 외(2009). 고등학교 수학. 서울 : (주) 두산동아.

이규승(2001). 선형 계획법에서의 수치적 안정성에 관한 연구. 서울대학교대학원석사학위논문.

이정곤 · 류희찬(2011). 예비 교사들을 대상으로 한 증명활동과 반례생성 수행결과 분석. 수학교육학연구, **21**(4), 379-398.

이헌수 · 박형빈 · 배강수(2011). 무리 지수를 갖는 수에 대한 예비 교사들의 인식과 오류. 수학교육논문집, **25**(2), 323-339.

장혜원(2002). 수학 학습을 위한 상황문제의 활용. 학교수학, **4**(3), 483-494.

정영옥(1997). **Freudenthal**의 수학화 학습-지도론 연구. 서울대학교대학원박사학위논문.

조완영(2012). 예비 교사의 미분영역에 관한 내용 지식의 분석. 학교수학, **14**(2), 233-253.

최지선 · 이경화 · 김서령(2010). 선형 계획법의 교수학적 분석을 통한 가설 학습 경로 탐색. 수학교육연구, **20**(1), 85-102.

Akkoç H., Yesildere, S., & Özmantar, F. (2007). Prospective mathematics teachers' pedagogical content knowledge of definite integral: the problem of limit process. In D. Kuchermann (Eds.), *Proceedings of the British Society for Research into Learning Mathematics, 27*(3), 7-12. London: British Society for Research into Learning Mathematics.

Baker, K. (2000). Gaining Insight in Linear Programming from Patterns in Optimal Solutions. *INFORMS Transactions on Education, 1*(1), 4-17.

Ball, D., Lubienski, S. T., & Mewborn, D. S. (2001). Research on teaching mathematics: The unsolved problem of teachers; mathematical knowledge. In V. Richhardson (Eds.), *Handbook of research on teaching* (pp. 433-456). Washington, DC: American Eductional Research Association.

Ball, D., Thames, M., & Phelps, G. (2008). Content knowledge for teaching. *Journal of Teacher Education, 59*(5), 389-407.

Brousseau, G. & Gibel, P. (2005). Didactical Handling of Students' Reasoning Processes in Problem Solving Situations. *Educational Studies in Mathematics, 59*(1), 13-58.

Chelst, R. K., & Edwards, G. T. (2005). *Does this line ever move?* CA: Key Curriculum Press.

de Lange(2003). The great assessment picture book. http://www.fi.uu.nl/catch/products/GAP_book/intro.html.

de Lange, J. (1995). Assessment: No change without problems. In T. A. Romberg (Eds.), *Reform in school mathematics and authentic assessment* (pp. 87-172). New York: SUNY Press.

Dombrovskaia, L., & Guzmán, L. (2006). Student's Approach to Linear Programming Modeling. In D. Kumar, & J. Turner (Eds.), *Education for the 21st Century: Impact of ICT and Digital Resources* (pp. 303-307). USA: Springer.

Fennema, E., & Franke, M. L. (1992). Teachers' knowledge and its impact. In D. A. Grouws (Eds.), *Handbook of research on mathematics teaching and learning* (pp. 147-164). NY: Macmillan.

Freudenthal(1991). *Revisiting mathematics education.* Kluwer Academic Publishers.

Gravemeijer, K., & Doorman, M. (1999). Context problems in realistic mathematics education: A calculus course as an example. *Educational Studies in Mathematics, 39,* 111-129.

Illinois Department of Education(2005), Illinois Standards Achievement Test Sample Mathematics Materials. http://www.isbe.state.il.us/assessment/math.htm.

Jurdak, M. (2006). Contrasting perspectives and performance of high school students on problem solving in real world, situated, and school contexts. *Educational Studies in Mathematics, 63*(3), 283-301.

Lave, J. (1988). *Cognition in practice, mind, mathematics and culture in everyday life.* NY: Cambridge University Press.

Levenson, E. (2012). Teachers' knowledge of the nature of definitions: *The case of the zero exponent. Journal of Mathematical Behavior, 31,* 209-219.

Lithner, J. (2003), Students' Mathematical Reasoning in University Textbook Exercises. *Educational Studies in Mathematics, 52,* 29-55.

Ma, L. (2002). 초등학교 수학 이렇게 가르쳐라. (신현용, 승영조 공역). 서울: 승산(원저 1999년).

Mapolelo, D. C. (1999). Do pre-service primary teachers who excel in mathematics become good mathematics teachers? *Teaching and Teacher Educations, 15,* 715-725.

Meyer, M., Dekker, T., & Querelle, N. (2001) Context in mathematics curricula. *Mathematics teaching in the middle school, 9,* 522-527.

Petagilia, J. (1998). *Reality by design: The rhetoric and technology of authenticity in education.* Mahwah, NJ: Lawrence Erlbaum.

Săljŏ, R., & Wyndhamn, J. (1993). Solving everyday problems in the formal setting: an empirical study of the school as context for thought. In Chaiklin, S., & Lave, J. (Eds.), *Understanding pratice: Prespectives on activity and context* (pp. 327-342). UK: Cambridge University Press.

Schoenfeld, A. (1991), "On Mathematics as Sense-Making: An Informal Attack on the Unfortunate Divorce of Formal and Informal Mathematics". In J. Voss, D. Perkins, & J. Segal (Eds.), *Informal reasoning and education* (pp. 311-344). Lawrence Erlbaum Associates: Hillsdale, NJ.

Shama, G. & Dreyfus, T.(1994). Visual, algebraic and mixed strategies in visually presented linear programming problems. *Educational Studies in Mathematics, 26*(1), 45-70.

Shulman, L. S. (1987). Knowledge and teaching: Foundations of the new reform. *Harvard Educational Review, 57,* 1-22.

Shulman, L. S. (1986). Those who understand: Knowledge growth in teaching. *Educational Researcher, 15,* 4-14.

Stein, M. K., Baxter, J. A., & Leinhardt, G. (1990). Subject-matter knowledge and elementary instruction: A case from function and graphing. *American Educational Research Journal, 27*(4), 639-663.

Stevens, S. P. & Palocsay, S. W. (2004). A translation approach to teaching linear programming formulation. *INFORMS Transactions on Education, 4*(3), 1-27.

Treffers, A. (1987). *Three dimensions: A model of goal and theory description in mathematics instruction: The Wiskobas Project.* Dordrecht, The Netherlands: Reidel.

Treffers, A., & Goffree, F. (1985). Rational analysis of realistic mathematics education: The Wiskobas Program. In L. Streefland, *Proceedings of the Ninth International Conference for the Psychology of Mathematics Education* (pp.97-122). Utrecht, The Netherlands: Vakgroep Onderzoek Wiskunde Onderwijs en Onderwijscomputercentrum (OW & OC).

van den Heuvel-Panhuizen(2005). The role of contexts in assessment problems in mathematics. *For the Learning of Mathematics, 25*(2), 2-9.

Verschaffel, L. B. Greer, and E. de Corte. (2000).

Making sense of word problems. The Netherlands: Swets and Zeitlinger: Lisse.

Wedege, T. (1999). To know-or not to know-mathematics, that is a question of context. *Educational Studies in Mathematics, 39,* 205-227.

<부록 1> 검사 문제와 해설

박은수씨는 패밀리 레스토랑 사장이다. 그는 이번 가을에 매장에서 일할 숙련 종업원의 수와 비숙련 종업원의 수에 대한 최적의 조건을 찾고 있다. 숙련 종업원에게는 시간당 8,000원을 지급하고 비숙련 종업원에게는 시간당 6,000원을 지급하면 되지만, 비숙련 종업원은 숙련 종업원에 비해 $\frac{2}{3}$ 만큼의 생산성만 가지고 있어서 레스토랑 주위의 중요한 임무는 수행할 수가 없다.

은수씨는 이제까지의 경험에 비추어, 매장을 수월하게 운영하기 위해서는 2명의 비숙련 종업원마다 적어도 1명의 숙련 종업원을 배치하는 것이 가장 적절하다는 결론을 갖고 있다. 또한, 비숙련 종업원의 낮은 생산성을 고려할 때, 매장의 업무량을 무리 없이 처리하기 위해서는 매 시간마다 최소 숙련 종업원 10명에 상응하는 노동력이 필요할 것으로 예상하고 있다. 한편, 은수씨는 지역 사회 공동체의 발전을 위하여 업무 경험이 없는 10대 청소년을 최소한 4명이상 고용하기로 지역사회 주민들과 약속하였다.

1. 은수씨는 숙련 종업원과 비숙련 종업원을 각각 몇 명씩 고용해야 할까?

2. 은수씨는 최저 임금 지급 기준이 변경되어 비숙련 종업원에게 시간당 6,520원을 지급해야 한다는 사실을 알게 되었다. 이와 같이 비숙련 종업원의 시간당 임금을 인상한 결과가 1번에서 세운 숙련 종업원의 수와 비숙련 종업원의 수에 어떻게 영향을 미치는가?

3. 은수씨가 비숙련 종업원에 대한 숙련 종업원의 관리 강도를 높이기 위하여 비숙련 종업원의 수에 대한 숙련 종업원의 수의 비율을 1:1이 되도록 한다면, 이는 1번에서 세운 숙련 종업원의 수와 비숙련 종업원의 수에 어떻게 영향을 미치는가?

문제 1의 해설)

숙련 종업원 수 x, 비숙련 종업원 수 y가 $2x \geq y$, $y \geq 4$, $x+\frac{2}{3}y \geq 10$을 만족할 때, $8000x+6000y$의 값이 최소가 되도록 하는 x, y의 값을 구하면 된다. $2x \geq y$, $y \geq 4$, $x+\frac{2}{3}y \geq 10$을 만족하는 부등식의 영역을 좌표평면에 그리면 오른쪽과 같으므로 $(6, 6)$에서 $8000x+6000y$의 값은 최소가 된다.

따라서 은수씨는 숙련 종업원과 비숙련 종업원을 각각 6명씩 고용하면 된다.

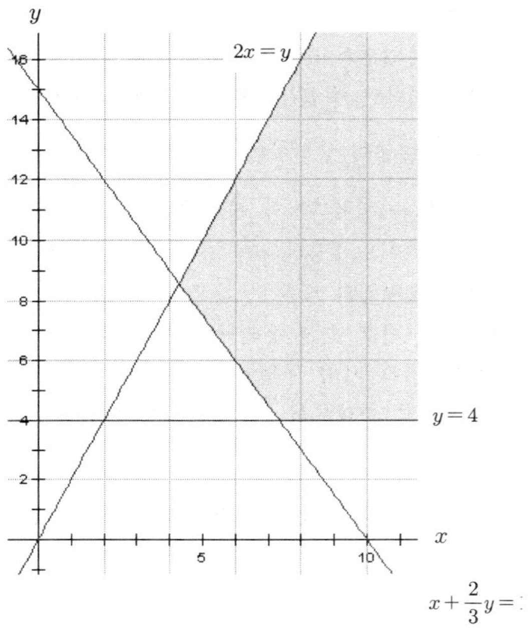

문제 2의 해설)

문제 1과 같은 조건에서 $8000x+6520y$의 값이 최소가 되도록 하는 x, y의 값을 구하면 된다. 그러나 문제 1에서의 시간당 임금 총액을 나타내는 직선의 방정식 $8000x+6000y=w_1$의 기울기와 $8000x+6250y=w_2$의 기울기에 거의 차이가 없으므로 $(6, 6)$에서 $8000x+6250y$의 값 역시 최소가 된다.

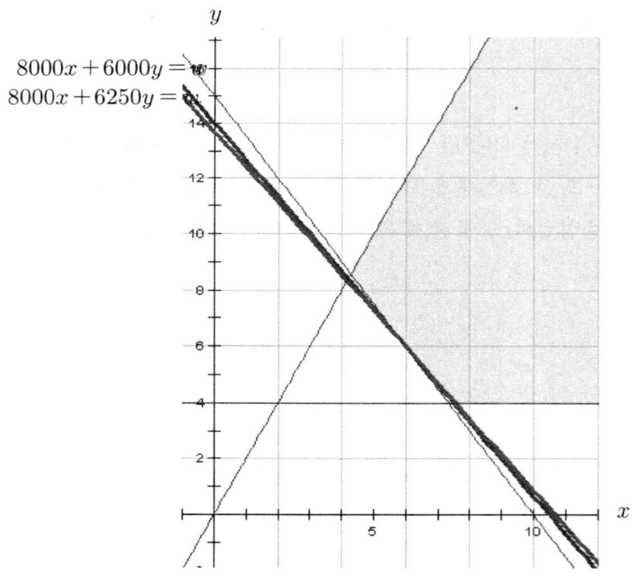

문제 3의 해설) 이러한 변화는 문제 1에서 구한 숙련 종업원과 비숙련 종업원의 수에 영향을 미치지 않는다. 왜냐하면 $8000x+6000y$의 값이 최소가 되도록 하는 점인 $(6, 6)$은 이미 $y=x$ 위에 존재하기 때문이다.

<부록 2> 서술형 문제 평가 틀(A guide to scoring extended-response item: Illinois Department of Education, 2005)

점수	수학적 지식 : 문제 해결에 필요한 수학적인 원리와 개념에 대한 지식	전략적 지식 : 문제 해결에 필요한 중요 조건을 구체화하고 사용하는 능력	설명 능력 : 문제 해결 과정의 각 단계에 이유를 제시하고 이를 논리적으로 설명하는 능력
4	· 문제 해결에 필요한 수학적 개념과 원리를 정확하게 이해 · 수학적인 용어와 기호의 적절한 사용 · 알고리즘과 계산을 정확하게 수행	· 문제의 중요한 조건을 구체화하고 조건 사이의 관계를 정확하게 이해 · 문제 해결을 위한 적절한 전략을 완벽하게 구현	· 문제 해결 과정을 정확하게 설명; 무엇을, 왜 하였는지에 대한 분명한 설명 · 제시된 다이어그램의 이해에 필요한 모든 설명이 정확하게 포함됨
3	· 문제 해결에 필요한 수학적 개념과 원리를 대부분 이해 · 수학적인 용어와 기호를 대부분 바르게 사용 · 알고리즘은 정확하지만 계산과정에 사소한 실수	· 문제의 중요한 조건을 대부분 구체화하고 조건 사이의 관계를 전반적으로 이해 · 문제 해결을 위한 적절한 전략을 거의 구현	· 문제 해결 과정을 거의 정확하게 설명; 무엇을 하였는지에 대한 분명한 설명과 왜 하였는지에 대한 설명의 시도 · 제시된 다이어그램의 이해에 필요한 설명이 대부분 포함됨
2	· 문제 해결에 필요한 수학적 개념과 원리를 부분적으로 이해 · 수학적인 용어와 기호를 부분적으로 바르게 사용 · 알고리즘과 계산에 중대한 실수	· 문제의 중요한 조건을 구체화하였지만 조건 사이의 관계에 대한 제한적인 이해 · 문제 해결을 위한 어떤 전략을 보여줌	· 문제 해결 과정에 대한 부분적인 설명; 무엇을 하였는지가 설명되지 않거나 왜 하였는지가 설명되지 않음 · 설명이 불분명하거나 문제 해결 과정과 일치하지 않음 · 제시된 다이어그램의 이해에 필요한 설명이 약간 포함됨
1	· 문제 해결에 필요한 수학적 개념과 원리를 거의 이해하지 못함 · 수학적인 용어와 기호의 잘못된 사용 · 정답을 구하려고 시도	· 문제의 중요한 조건을 구체화하지 못하였거나 조건 사이의 관계를 잘못 파악 · 문제 해결에 부적절한 전략을 사용; 사용된 전략의 의미가 모호	· 문제 해결 과정에 대한 최소한의 설명; 무엇을 하였고 왜 하였는지 설명되지 않음 · 문제 해결 과정과 일치하지 않음 · 제시된 다이어그램의 이해에 필요한 최소한의 설명이 약간 포함됨; 중요한 내용에 대해 불분명한 설명
0	· 정답에 대한 시도 없음	· 분명한 전략이 없음	· 문제 해결 과정에 대한 설명이 없음

03 『수학교사의 이차곡선에 관한 내용지식의 분석』에 관한 해설

조 완 영(충북대학교)*

본 논문은 현직 수학교사의 이차곡선에 관한 내용지식을 분석한 연구이다. "물리도 모르면서 물리를 가르치려 한다."고 주장하는 물리학자도 있고, "수학을 모르면서 '수학'을 가르치려 한다."고 주장하는 수학자도 있다. 수학자가 말하는 수학은 수학교사가 알아야 할 '수학'과 다르다. 여기서 '수학'은 Shulman(1986)의 SMK(Subject Matter Knowledge)에 연결되며, 수학자와 구분되는 수학교사들이 알아야 할 수학 내용 지식으로 수학자들의 수학과 다르고 단순히 학교수학만을 의미하는 것도 아니다. 수학교사가 당연히 '수학'을 잘 알아야 한다는 측면에서 일부 수학자들의 문제제기에 귀 기울일 필요가 있다. Shulman(1986)의 영향을 받아 특히 최근에 우리나라에서도 교사의 지식에 관한 연구가 활발히 이루어져 왔다. 그러나 대부분의 연구가 교수내용 지식(PCK)에 관한 것으로 앞에서의 '수학'을 의미하는 수학교사의 수학 내용지식(Mathematics Content Knowledge, 이하 MCK)에 관한 연구는 많지 않다.

우리는 사범대학 교육과정의 수학내용학이 학교수학과 잘 연결되지 않음에 주목하고, 수학교사가 알아야 할 MCK는 무엇이며 수학교사의 MCK는 어떤가에 관심을 가져왔다(조완영, 2011, 2012). 이러한 연구에서 가장 중요한 것은 '수학교사가 알아야 할 MCK'를 어떻게 개념화할 것인가의 문제이다. 현재 우리나라 수학교사 교육에서 MCK를 어떻게 보는가는 사범대학 교육과정과 수학과 중등교원 임용시험에서 유추할 수 있다. 사범대학 수학교사 교육 프로그램의 전공 영역은 수학교육학 영역, 수학내용학 영역, 교직 영역으로 구분되며, MCK는 수학내용학 영역과 관련이 있다. 수학과 중등교원 임용시험의 교과내용학 영역의 문제들은 사범대학 교육과정의 수학내용학 수준으로 출제된다. 따라서 우리나라에서는 암묵적으로 수학교사의 MCK를 학문적인 수학으로 보고 있다고 해석할 수 있다. 최근 수학교사를 위한 수학에 대한 관심이 늘고 있지만 대부분 수학내용학 영역에서는 교사를 위한 '수학'보다는 수학자가 되기 위해 공부하는 수학과 크게 다르지 않은 학문적 관점에서 가르치는 경우가 많다. 실제로 많은 수학교사들이 학문적 수학과 학교수학 사이의 연계를 강력히 희망하고 있으며(강현영 외, 2011), "사범대학과 교육대학의 새로운 교육과정을 PCK를 기반으로 점검하고 새로 개편된 중등교원 임용시험에 대한 본격적인 평가 작업"을 제안하기도 하였다(박경미, 2009).

* wycho@cbu.ac.kr

본 연구의 목적은 궁극적으로 사범대학 교육과정 특히 수학내용학 영역의 내용과 방법을 개선하기 위한 연구로 이차곡선 영역(타원과 쌍곡선)에서의 현직 수학교사의 MCK를 조사하는 데 있다. 이 연구에서는 수학교사가 알아야 할 최소 기준의 수학내용 지식이라는 측면에서 MCK를 '학교수학의 내용과 과정, 학교수학의 배경이 되는 학문적 수학'(조완영, 2012)으로 정의하였다. 그러나 이런 정의는 잠정적인 정의이며 앞으로 학교수학, 학교수학과 연결된 학문적 수학이 무엇인가를 구체적으로 개념화할 필요가 있다. 교사가 알아야 할 학교수학의 범위도 단순히 교육과정과 교과서 범위에서 벗어나 수리논술, 융합교육, 수학의 응용 등을 포함하는 방향으로 확장될 필요가 있으며, 수학에 대한 신념 또는 철학적 관점에 따라 학교수학의 의미를 다르게 해석할 수도 있다. 특히 학교수학과 연결된 학문적 수학을 어떻게 범주화할 것인가에 대한 폭넓은 연구와 연구 결과에 대한 수학교사 교육 공동체의 합의가 무엇보다 중요하다.

본 연구의 조사결과를 보면 수학교사의 타원과 쌍곡선에 관한 MCK는 고등학교 교육과정 범위 내의 내용에 대한 이해도는 높은 편이지만, 접선의 작도와 성질 및 그 응용(이 부분도 교과서와 익힘책에 문제 또는 읽을거리 등으로 제시되어 있다.)에 대한 정답률은 낮은 편이었다. 또한 원뿔곡선과 고등학교 수준의 이차곡선의 정의 사이의 동치 이유를 설명하는 문항이나 이심률에 의한 정의를 묻는 문항에 대한 정답률도 낮게 나타났다. 이차곡선을 포함하고 있는 일반기하학을 수강한 예비교사들이 그렇지 않은 현직교사 보다 동심원 문항(본 연구의 <문항 7>, <문항 8>)을 제외한 나머지 문항에서 정답률이 높은 것으로 나타났으며, 강의를 들은 후 이차곡선에 대한 이해도가 좋아졌다고 응답한 학생들이 66.1%로 나타났다는 점(이승훈, 출판 준비중)을 고려할 때, 본 연구에서 수학교사의 정답률이 낮은 문제점은 수학교사 개인의 문제라기보다는 사범대학 교육과정의 문제로 보는 것이 더 타당할 것이다. 한편, 교양 미적분학과 해석학을 수강한 예비수학교사들을 대상으로 한 조완영(2012)의 미분영역의 MCK에 관한 조사연구에서 평균값 정리의 활용, 미분의 활용에 관한 문제에 대한 정답률이 낮게 나타났다(조완영, 2012). 예비교사들이 교양 미적분학과 해석학에서 배운 내용임에도 불구하고 정답률이 낮은 것은 수학내용학 과목의 강의에서 학문적 수학과 학교수학과의 연결성을 고려할 필요가 있음을 시사한다.

본 연구는 연구대상이 현직교사 24명으로 비교적 샘플 수가 적다는 제한점을 갖는다. 이는 수학교사의 내용지식을 조사할 때 조사대상을 확보하기 어렵다는 문제점과 관련이 있다. 검사하는 데 시간도 많이 걸리고, 본 연구에서는 고려하지 않았지만 연구대상 교사들과 추가적인 면담이 필요하기 때문에 교사들에게 조사에 응해줄 것을 요청하기가 쉽지 않다. 그래서 연수에 참석한 교사들을 대상으로 조사하는 경우가 많다. 수학교사의 내용 지식에 관한 실태분석이 매우 시급한 연구라는 점에서 국가 차원의 연구지원이 필요하다.

본 연구는 수학교사 교육프로그램의 문제점을 도출하고 이를 해결할 수 있는 방안을 제안하는 데 목적을 둔 연구이다. '수학교사가 알아야 할 수학 내용 지식'이 무엇인가에 대한 추가적인 연구와 이를 바탕으로 수학 영역별 현직교사와 예비교사의 수학 내용지식에 관한 분석이 더 많이 이루어질 필요가 있다. 특히, 사범대학 수학과 교육과정의 수학내용학의 각 분야의 강의가 교사들의 수학 내용 지식의 이해에 어떤 영향을 끼치는지에 대한 심층 연구가 요구된다.

참고문헌

강현영, 고은성, 김태순, 조완영, 이경화, 이동환(2011). 좋은 수학수업을 위해 수학교사에게 필요한 역량과 교사교육에 대한 현직교사의 인식조사. **학교수학, 13**(4), 633-649.

박경미(2009). 수학의 교수학적 내용 지식(PCK)에 대한 연구의 메타적 검토, **수학교육, 48**(1), 93-105.

이승훈(출판 준비 중). **수학교사의 이차곡선에 관한 수학 내용지식의 분석**. 충북대학교 박사학위 논문.

이승훈, 조완영(2013). 수학교사의 이차곡선에 관한 내용지식의 분석. **학교수학, 15**(4), 995-1013.

조완영(2011). 중등 수학교사의 수학내용 지식. **학교수학, 13**(2), 2347-364.

Shulmann, L. (1986). Those who understand: Knowledge growth in teaching. *Educational Researcher*, 15, 4-14.

대한수학교육학회지 <학교수학> 제 15 권 제 4 호
Journal of Korea Society Educational Studies in Mathematics
School Mathematics Vol. 15, No. 4, 995 ~ 1013. Dec 2013

수학교사의 이차곡선에 관한 내용지식의 분석[1)]

이 승 훈[*] · 조 완 영[**]

본 연구의 목적은 현직교사의 이차곡선 영역 수학내용 지식의 이해 정도를 조사하는 데 있다. 이를 위해 수학교사에게 필요한 수학 내용 지식을 학교수학의 내용지식과 과정지식, 학교수학과 연결된 학문적 수학으로 구분하고, 이를 교육과정과 연결하여 검사지를 개발하였다. 연구대상은 수학과 심화연수에 참여한 현직교사 24명이었으며, 연구결과 현직 수학교사들은 타원과 쌍곡선의 원뿔곡선의 정의와 이심률 정의에 대한 인지도가 낮았으며, 특히 이심률에 의한 정의를 쓴 교사는 1명도 없었다. 그리고 단델린 공을 이용한 원추곡선 정의와 이차곡선 정의의 동치관계를 설명하는 것을 어려워했다. 또한 타원과 쌍곡선의 접선 작도 문제에 대해서는 접선작도법 자체에 대한 문제보다 접선을 이용한 응용원리를 묻는 문제에 대해 옳게 반응한 비율이 높은 것으로 나타났다. 이러한 연구결과는 교사교육 프로그램에서 수학 내용 지식에 대한 학습 기회를 충분히 제공할 필요가 있음을 시사한다.

Ⅰ. 서 론

수학교육 전문가로서의 수학교사의 지식은 학생들의 수학 학습의 질에 많은 영향을 끼친다는 것은 의심의 여지가 없다. 수학교사의 지식에 관한 대표적인 연구는 Shulman(1986)의 PCK에 대한 연구로, Shulman은 교사와 관련된 지식을 교과 내용 지식(subject matter knowledge: 이하 SMK), 교수 내용 지식(pedagogical content knowledge: 이하 PCK) 그리고 교육과정 지식으로 구분하였다. Shulman의 분류에서 SMK에는 학생들에게 가르쳐야 할 수학의 필수적인 정의, 개념, 원리, 절차, 아이디어 등이 포함된다. PCK는 학교수학의 내용을 학생들이 이해할 수 있도록 가르치는 방법에 대한 교사의 지식을 의미한다(Shulman, 1986: 1987). 여기에는 교과내용 지식을 효과적으로 표현하고 설명하는 방법, 적절한 유추와 예시, 학생들의 선행개념과 오개념 등에 대한 교사의 이해가 포함된다. Shulman(1987, 8쪽)은 SMK와 PCK를 구분하고, 특히, PCK를 내용전문가와 교육전문가를 구분하는 중요한 기준으로 보았다. 이러한 Shulman의 연구의 영향으로 지금까지 수학교사의 전문적 지식과 관련한 연구는 수학 내용 지식(Mathematics content knowledge, 이하 MCK)보다는 PCK에 초점을 맞추어 왔다(최승현, 2007; 김구연, 2007; 조성민, 2006).

MCK 또한 수학교육 전문가와 수학자를 구분하는 중요한 기준이 된다. 학생들에게 수학을 가르치는 것을 전제로 하는 수학교사의 수학 내용 지식은 수학 자체를 연구하는 수학자가 필요로

* 영동대학교, seunghun@yd.ac.kr
** 충북대학교 , wycho@cbu.ac.kr (교신저자)
1) 이 논문은 2011학년도 충북대학교 학술연구지원사업의 연구비 지원에 의해 연구되었음

하는 수학 지식과 동일하지 않다. Dewey(1902, 29-30)의 다음 설명은 이러한 차이를 잘 나타낸다(Sowder, 2007에서 재인용).

> 모든 학문 또는 교과는 두 가지 측면이 있다. 하나는 과학자를 위한 것이고 다른 하나는 교사를 위한 것이다. 이러한 두 가지 측면이 결코 상반되거나 갈등상태에 있는 것은 아니다. 그러나 두 가지 측면이 동일하지도 않다. …

20세기 초 Felix Klein도 수학 교사교육의 '이중단절' 문제를 지적한 바 있다. 예비 수학교사는 교사 교육과정에서 학교수학과 차원이 다른 학문적 수학을 배우면서 한 번의 단절을 경험하고, 현직교사가 되면 대학에서 배운 학문적 수학과 차원이 다른 학교수학을 가르치면서 또 한 번의 단절을 경험한다는 것이다(박경미, 2009; 조완영, 2010에서 재인용). 이러한 Klein의 주장에도 수학교사가 알아야 할 수학 내용 지식과 학문적인 수학이 차이가 있음이 내포되어 있다.

현재의 수학교사 교육 프로그램도 이러한 '이중단절'의 문제에서 벗어나지 못하고 있다. 수학내용학 영역에서는 수학자를 위한 수학과 크게 다르지 않은 학문적 수학에 치중하고 있고, 수학교사를 위한 수학내용지식을 가르치려는 노력은 많지 않다. 예를 들어, 기하학에 관한 수학 내용학은 미적분학, 선형대수학, 다중 선형대수학을 이용하여 기하학의 문제를 다루는 학문인 미분기하학을 중심으로 이루어져 왔다. 미분기하학의 내용은 고등학교 교육과정의 '기하와 벡터'의 내용과 직접 연결되기 보다는 간접적으로 연결되어 있다. 고등학교 교육과정의 미분, 적분과 밀접한 관련이 있는 해석학의 경우도 교사를 위한 해석학보다는 학문적인 관점에서의 해석학을 가르치는 경우가 많다. 여기에는 해석학을 잘 이해하면 고등학교 수준의 미적분학은 충분히 이해할 수 있고 그래서 잘 가르칠 수 있다는 가정이 깔려있다. 그렇지만 조완영(2012)의 연구에 따르면 해석학 분야의 수학내용학을 4-9개 과목을 수강하였거나 수강 중에 있는 예비 수학교사들을 대상으로 미분영역에서 수학교사가 알아야할 내용지식을 조사한 결과, 예비 수학교사들은 미분영역의 수학내용 지식을 제한적으로 이해하고 있는 것으로 나타났다. 이것은 단순히 학문적인 해석학을 많이 배운다고 해서 수학교사의 내용지식이 풍부해지는 것은 아니며, 수학교사 교육 프로그램에서 학교수학과 학문적 수학을 연결해 보는 경험이 강조될 필요가 있음을 시사한다.

수학교사들은 대학의 학문적 수학 자체의 학습도 중요하지만 학문적 수학과 학교수학 사이를 연계할 수 있는 안목이 필요함을 인식하고 있고(강현영 외, 2011), 예비교사를 위한 '수학내용학'에서 학교수학과 학문적 수학 사이를 연결시키려는 시도가 한국과 중국에서 있어 왔다(Li, Haung & Shin, 2008; 조완영, 2010에서 재인용). 일부 수학교육과에서 학교수학의 기하 영역과 비교적 밀접한 관련성이 있는 일반기하학 관련 교과를 개설하였는데, 이러한 의미에서 수학 교사교육 프로그램에서 매우 중요한 변화라 할 수 있다. 이승훈 · 조완영(출판 준비 중)의 연구에 따르면 일반기하학을 강의하는 2 개의 사범대학 수학교육과의 일반기하학 관련 강좌에서 고등학교 <기하와 벡터>의 이차곡선 내용과 고등학교 수준의 이차곡선의 학문적 배경 지식이라 할 수 있는 이심률에 의한 이차곡선의 정의, 단델린 구를 이용한 원추곡선과 이차곡선 사이의 동치 관계 증명 등을 강의한 것으로 나타났다. 또한 강좌를 수강한 2개 대학의 학생들 각 3명씩을 대상으로 심층 면담을 한 결과 학생들은 고등학교에서 배운 이차곡선과 대학에서 배운 이차곡선 내용 간의 연결이 잘 되어 있고, 고등학교 때 정의를 중심으로 개별적으로 배운 이차곡선 개념을 이심률 정의로 확장한 결과 이차곡선을 좀 더 통합적인 관점에서 이해하게 된 것으로 나타났다. 이러한 연구 결과는 예비 또는 현직 수학교사들에게 교사가 알아야 할 수학 내용 지식을 학습할 기회가 충분히 제공될 필요가 있음을 시사한다.

본 연구는 수학교사 교육 프로그램 개선을 위한 연구의 일환으로, 이차곡선 영역에서의 현직 교사의 수학 내용 지식 이해 정도를 조사하는데 목적이 있다. 연구문제는 다음과 같다.

현직 수학교사는 타원과 쌍곡선에 대한 수학 내용 지식의 이해정도는 어떠한가?

Ⅱ. 이차곡선의 MCK

Shulman(1986)의 SMK를 수학교과에 적용한 수학교사가 알아야 할 수학 내용 지식은 수학자가 연구하는 수학지식과 다르기 때문에 수학교육 전문가 고유의 지식이라 할 수 있다. Shulman에 따르면 MCK는 '수학 그 자체'로 학문의 실체론적 구조와 구문론적 구조를 포함하는 지식(Schwab, 1978; Grossman, 1990)으로 정의할 수 있다. '수학 그 자체'가 무엇인가를 규명하기 위해, "학생들에게 수학을 가르치기 위해 수학교사가 알아야 할 수학은 무엇인가?"라는 본질적인 질문에 대한 답을 찾아야 한다.

김구연(2007)은 PCK를 "각 개념과 주제 사이의 연계성, 다양한 형태의 문제해결력, 교과서에 대한 이해"를 포함하는 수학 교과 내용 지식으로 정의하였고, 조성민(2006)은 교과 내용 지식을 "교과의 내용이 본질적으로 가지고 있는 부분 즉 수학에 대한 지식을 의미하는 것"으로 정의하면서 학교수학 교육과정에 대한 전반적인 지식을 기반으로 개념에 대한 정의와 사례의 구분, 연결성에 대한 지식을 포함하고 있다고 주장하였다. 신현용·이종욱(2004)은 "수학과 학교수학에 대한 포괄적 이해로 수학 개념과 절차 및 연결성, 개념과 절차에 대한 다양한 표현, 추론을 통해 문제를 해결하고 의사소통하는 방법을 포함한다."고 교과지식을 정의하여 학문적 수학이 교과지식에 포함되어야 함을 함축하고 있다.

Stacey(2008)는 중등수학을 가르치는데 필요한 수학을 '수학'을 아는 것, 활동으로서의 수학을 경험하는 것, 수학사와 수학철학 등과 같은 수학에 관하여 아는 것, 학습 방법을 아는 것 등 네 가지로 구분하였다. 특히 교사가 알아야 할 '수학'에 대하여 예비 수학교사들이 배우는 학문적 수학과 학교수학과의 연결을 이해하는 것이 중요하다고 주장하였다.

조완영(2010, 2011, 2012)은 이러한 선행 연구를 종합하여 교사가 알아야 할 '수학'을 학교수학의 내용과 과정, 학교수학의 배경이 되는 학문적 수학 등으로 제시하고 이를 교사가 알아야 할 MCK라 명명한 바 있다. 본 논문에서는 조완영(2012)이 제시한 MCK 개념을 토대로, 학교수학의 내용을 교육과정에서 제시된 학교수학의 내용으로, 학교수학의 과정을 2009 개정교육과정에 따라 수학 내·외적 문제해결, 추론, 표현을

<표 II-1> 이차곡선의 소단원별 학습목표

영 역	중단원	소단원	학습목표
이차곡선	타원	타원의 방정식	• 타원의 뜻을 알고, 타원의 방정식을 구할 수 있다.
		타원과 직선	• 타원과 직선의 위치관계를 이해하고, 타원의 접선의 방정식을 구할 수 있다.
	쌍곡선	쌍곡선의 방정식	• 쌍곡선의 뜻을 알고, 쌍곡선의 방정식을 구할 수 있다.
		쌍곡선과 직선	• 쌍곡선과 직선의 위치관계를 이해하고, 쌍곡선의 접선의 방정식을 구할 수 있다.

포함한 의사소통으로 정의한다. 수학교사가 알아야 할 학문적 수학을 잠정적으로 '학교 수학의 배경지식으로 작용하는 학문적 수학'이라는 최소 기준 개념을 적용한다. 수리논술, 영재교육, 통합교육 등에 관련된 수학지식도 MCK에 포함되며 이러한 수학은 교육과정의 내용과 그 배경이 되는 학문적 수학과 관련이 있다.

2009 개정 수학과 교육과정에서 이차곡선은 '기하와 벡터'에서 다룬다. 이 과목은 일반계 고등학교 자연계 학생들을 대상으로 학교 재량에 따라 고등학교 2학년 수학 I의 다음 과정 또는 수학 II의 다음 과정으로 학습하게 되어 있다. 이차곡선 중 타원과 쌍곡선에 대한 각 소단원별 학습내용은 타원과 쌍곡선의 뜻과 방정식, 직선 특히 접선에 초점을 두고 있다([표 II-1]).

본 연구에서는 교사가 알아야 할 이차곡선 영역의 MCK 모두를 다루지는 않는다. 학생들이 어려워하거나 수학교사가 특히 알아야 할 내용지식들로서, 이차곡선의 여러 가지 정의와 이들 정의들 간의 동치성에 대한 이해, 이차곡선의 정의를 이용한 이차곡선의 작도법에 대한 이해, 이차곡선의 개념을 활용한 문제해결력, 이차곡선의 접선에 대한 이해와 실생활에 활용되는 이차곡선의 성질에 대한 이해 등을 다룬다.

이차곡선에 대한 정의는 기하대수적 정의, 원뿔곡선 정의, 이심률 정의의 세 가지를 들 수 있다. 기하대수적 정의는 고등학교 교육과정에서 제시되는 정의로서, 타원을 두 정점으로부터의 거리의 합이 일정한 점들의 집합으로 정의하고 쌍곡선은 두 정점으로부터의 거리의 차가 일정한 점들의 집합으로 정의한다. 좌표평면에 이 정의를 적용하여 이차곡선의 방정식을 구할 수 있으며, 두 정점이 좌표축 위에 있는 경우에 대한 것은 고등학교 교육과정에 포함된다. 원뿔곡선 정의는 이차곡선을 원뿔을 평면으로 자른 단면의 모양으로 정의하는 것으로, 원뿔의 모선과 밑면이 이루는 각을 θ라 할 때, 원뿔의 밑면과 이루는 각이 θ보다 작은 평면으로 원뿔을 잘랐을 때 생기는 단면의 모양을 타원으로, θ보다 큰 각으로 잘랐을 때 생기는 단면의 모양을 쌍곡선으로 각각 정의한다. 대부분의 교과서에서 이차곡선이 원뿔곡선과 동치임을 소개하고 있지만, 원뿔을 자른 단면에 따라 포물선, 타원, 쌍곡선이 됨을 보여주지만 왜 동치관계가 되는지는 다루지 않는다(류희찬 외, 2013, 29쪽).

그리고 이심률(離心率) 정의는 원뿔 곡선이 원에서 벗어나는 정도를 나타내는 이심률을 이용하여 이차곡선을 정의하는 것이다. 알렉산드리아 시대의 파푸스(Pappus, B.C. 290-360)는 원뿔곡선의 개념을 하나로 통일시키려고 하였다([그림 II-1, 조윤동, 1998; 장미라 · 강순자, 2010에서 재인용). F를 초점, P를 곡선 위의 임의의 점이라 하고 Q를 P에서 준선에 그은 수선의 발이라 하면 $\frac{\overline{\mathrm{PF}}}{\overline{\mathrm{PQ}}}$가 각각 일정하다. 이 비 $\frac{\overline{\mathrm{PF}}}{\overline{\mathrm{PQ}}}$의 값 e는 현대적 의미의 이심률이며 파푸스는 $e<1$이면 타원, $e=1$이면 포물선, $e>1$이면 쌍곡선, 특히 $e=0$이면 원임을 알아 낸 것이다. 그러나 파푸스는 초점과 준선이 원뿔의 단면으로서의 기하학적 곡선으로부터 어떻게 찾을 수 있는지, 원뿔의 단면으로서의 곡선이 초점과 준선에 의해 작도된 곡선과 일치하는지에 대한 명확한 설명은 없다(장미라 · 강순자, 2010). 이심률 e는 타원 $\frac{x^2}{a^2}+\frac{y^2}{b^2}=1$ $(a>b)$의 경우는 $e=\frac{\sqrt{a^2-b^2}}{a}$이고, 쌍곡선 $\frac{x^2}{a^2}-\frac{y^2}{b^2}=1$ 의 경우는 $e=\frac{\sqrt{a^2+b^2}}{a}$로 정의된다[2].

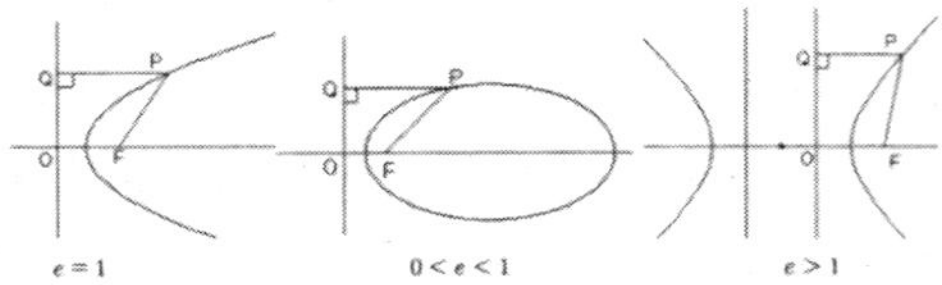

[그림 Ⅱ-1] 파푸스의 이차곡선의 분류

세 가지 방법의 정의 중 고등학교 교육과정에서는 기하대수적 정의와 직관적인 원뿔곡선 정의만을 다루고 이심률에 의한 정의는 다루지 않는다. 그러나 수학교사는 이차곡선을 각각 세 가지 방법으로 서로 다르게 정의할 수 있으며, 세 가지 정의가 서로 동치임을 이해해야 하며, 동치 관계를 설명할 수 있어야 한다.

세 가지 정의가 동치임을 보이는 증명 중에서 기하대수적 정의와 원뿔곡선 정의가 동치임을 보이는 것은 단델린 공을 이용하여 간단하게 증명할 수 있다.

타원을 예로 증명하여 보자. 평면이 원뿔의 밑면과 이루는 각이 원뿔의 모선과 밑면이 이루는 각보다 작은 각이 되도록 하여 원뿔을 잘랐다고 하고, 그 평면과 원뿔에 접하는 두 개의 구가 평면과 접하는 점을 각각 F, F′이라 하자. 오른쪽 그림에서 점 P에서 위쪽 구에 그은 두 접선이 $\overline{PF}, \overline{PQ}$ 이므로

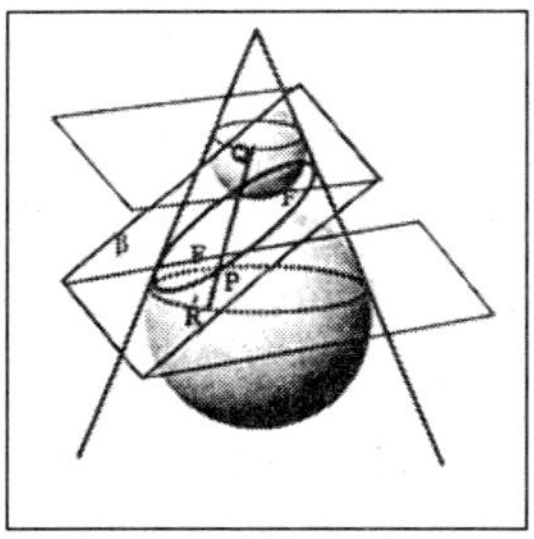

[그림 Ⅱ-2] 타원과 단델린 공

$\overline{PF}=\overline{PQ}$이고, 점 P에서 아래쪽 구에 그은 두 접선이 $\overline{PF'}, \overline{PR}$이므로 $\overline{PF'}=\overline{PR}$이다.

따라서 $\overline{PF}+\overline{PF'}=\overline{PQ}+\overline{PR}=\overline{QR}$이고, $\overline{QR}$의 값은 일정하다. 그러므로 원뿔을 평면으로 자른 단면 위의 임의의 점 P에 대하여 $\overline{PF}+\overline{PF'}$의 값은 항상 일정하다. 포물선과 쌍곡선의 경우에도 같은 방법으로 증명할 수 있다(장미라 · 강순자, 2010).

이차곡선 위의 점에서의 접선을 작도하는 것은 이차곡선의 성질을 이해하는 데에 매우 중요한 역할을 한다. 접선 작도법에 대한 설명과 증명은 대부분의 교과서에 참고자료로 제시되고 있다. 예를 들어 초점이 F, F′인 타원 위의 점 P에 대하여, 각 FPF′의 외각의 이등분선이 점 P에서의 타원의 접선이 된다. 쌍곡선과 포물선의 접선도 이차곡선 위의 점과 초점 또는 준선에 내린 수선의 발이 이루는 각의 이등분선 또는 외각의 이등분선이 접선이 된다(고형석, 2001).

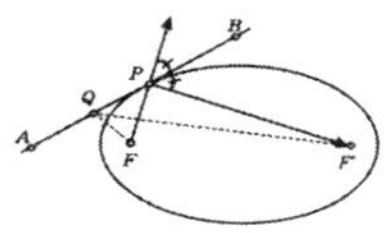

[그림 Ⅱ-3] 타원의 접선

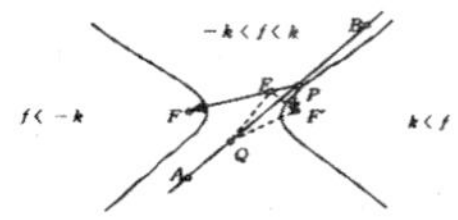

[그림 Ⅱ-4] 쌍곡선의 접선

접선 작도의 증명으로부터, 이차곡선의 중요한 성질을 얻을 수 있는데, 포물선의 초점에서 나온 빛은 포물선 위의 점에서 반사되어 포물선의 대칭축과 평행하게 진행하고, 타원의 한 초점에서 나온 빛은 타원 위의 점에서 반사되어 다른 초점을 지나고, 쌍곡선의 한 초점에서 나온 빛은 쌍곡선위의 한 점에서 반사되어 다른 초점에서 나온 빛처럼 진행함을 알 수 있다.

이차곡선의 이런 특이한 성질은 실생활에 폭넓게 활용된다. 예를 들어, 포물선의 성질은 자동차 전조등, 스포트라이트 등에 활용되고, 쌍곡선의 성질은 반사현미경에 , 타원의 성질은 치과의사의 램프, 신장결석 치료기(Lithotripter) 등에

2) 2009 개정 수학과 교육과정의 <교수 · 학습상의 유의점>에 "이심률을 이용한 정의는 다루지 않는다."고 명시되어 있지만(교육과학기술부, 2011), 이차곡선과 원뿔곡선의 배경 지식으로 교사가 알아야 할 학문적 수학 지식이다.

활용된다(고형석, 2001). 또한 이들 내용은 대학 입시에 수리논술 문제의 소재로 자주 활용되고 있다. 수학교사는 이차곡선의 접선의 작도와 성질, 반사의 법칙을 이용한 이차곡선의 다양한 활용 사례에 대하여 알고 있을 뿐만 아니라 그 원리를 수학적으로 설명할 수 있어야 한다.

III. 연구방법

1. 연구대상

본 연구에서는 C 교육연수원에서 실시한 'TTLC 중등 수학과 수업지도 역량강화 직무연수'에 참여한 24명의 수학교사를 대상으로, 이차곡선 중 타원과 쌍곡선에 대해 수학 교사가 알아야 할 수학내용 지식을 조사하였다. 교사들의 경력 연도별로는 5년 미만이 8명, 5년 이상 10년 미만이 3명, 10년 이상 15년 미만이 8명, 15년 이상 5명 이었다. 그리고 이차곡선을 강의했던 경험이 있는 교사는 9명, 경험이 없는 교사는 15명이었다. 교사들은 연수에 자발적으로 참여한 수학교사들로, 수학교육에 대한 열정과 전문성을 갖추고 있다. 조사 대상 교사들 중 23명은 사범대학 재학 중에 일반기하학 관련 과목은 수강한 적이 없으며, 미분기하학은 24명 모두 수강하였다.

2. 검사 문항

조완영(2012)이 제시한 수학 교사가 알아야 할 수학 내용 지식과 교육과정을 기반으로 학교수학의 내용과 과정, 그리고 학교수학과 연결된 학문적 수학으로 구분하여 문항을 개발하여 검사지를 구성하였다. 문항은 5개의 내용 영역으로 구분되었으며 각 문항은 하나의 문항 또는 2-3개의 하위문항으로 구성되었다. 각 문항은 타원에 대한 문항과 쌍곡선에 관한 문항으로 이루어져 있고, 타원과 쌍곡선에 관한 문항은 동일한 내용으로 구성되어 있다. 본 검사지의 문항은 연구자가 개발하거나 선택한 것이며 기하학 전공 교수 1명과 교사 2명의 검토를 거쳐 최종 확정되었다.

5개 문항 모두에 학교수학의 내용과 과정을 묻는 문항이 포함되어 있으며, 타원의 정의(1-3), 쌍곡선의 정의(3-3)에 관한 문항은 학교수학의 배경이 되는 학문적 수학 수준의 문항이다. 5, 6번 문항은 이차곡선의 기하대수적 정의와 원뿔

<표 Ⅲ-1> 이차곡선 영역의 수학내용 지식

	내용요소		타원	쌍곡선	학교수학		학교수학과 연결된 학문적 수학
			문항번호		내용	과정	
이차곡선의 개념	정의	기하대수적 정의	1-1	3-1	○	문제해결 표현과 의사소통	
		원뿔곡선 정의	1-2	3-2	○		○
		이심률 정의	1-3	3-3	×		○
	정의 활용	정의의 의미	2	4	○	문제해결	
	원뿔곡선과 이차곡선	정의의 의미	5	6	△	추론	○
	이차곡선의 작도	동심원 이용한 이차곡선 작도	7	8	○	문제해결 추론	
이차곡선의 접선과 성질 활용	접선의 작도	접선 작도	9-1	10-1	△	추론, 문제해결	
		접선의 성질 활용	9-2	10-2	△	문제해결	○

※ △표로 표시된 내용은 고등학교 교육과정 내용 또는 특정교과서의 읽기 자료 등에서 기술하고 있으나 증명을 요구하고 있지는 않다. 그러나 대학입학 수리논술의 소재로 활용되고 있다.

곡선 정의 간의 동치에 대한 문항으로서 교과과정에 포함되어 있지는 않지만, 대학입시의 수리논술의 소재로 활용된 바 있으며, 마찬가지로 학교수학의 배경이 되는 학문적 수학으로 분류할 수 있다.

1번, 3번 문항은 이차곡선의 정의를 알고 있는지 묻는 문항으로서, 고등학교 교육과정에서 제시된 정의(1-1, 1-2, 3-1, 3-2)와 학교수학과 연결된 학문적 수학의 정의(1-3, 3-3)를 알고 있는지 확인하는 문항으로 이루어져 있다. 7번, 8번 문항은 1번, 3번 문항과 관련된 문항으로서, 고등학교 교육과정에서 제시된 정의에 따라서 이차곡선을 작도할 수 있는지를 알고자 하는 문제해결력을 측정하는 문항이다. 2번과 4번 문항은 타원과 쌍곡선의 정의를 각각 활용한 문제해결력을 측정하기 위한 문항이다. 5번과 6번 문항은 이차곡선의 기하대수적 정의와 원뿔곡선 정의 간의 동치성을 증명할 수 있는지에 대하여 묻는 문항이다. 9번, 10번 문항은 타원과 쌍곡선의 접선을 각각 작도할 수 있는지 묻는 문항(9-1, 10-1)과 일상생활에 활용되는 접선의 성질을 알고 있는지 묻는 문항(9-2, 10-2)으로 이루어져 있다. 검사 문항을 요약하면 <표 Ⅲ-1>과 같다.

3. 자료수집 및 분석방법

본 연구는 조완영(2012)이 제시한 수학 교사가 알아야 할 수학 내용 지식을 기반으로 검사지를 개발하여 교사들의 이차곡선에 관한 내용 지식을 조사한 연구로, 2013년 10월 수학교사 24명을 대상으로 검사를 실시하여 24명 전원의 자료를 수집하였다.

검사지 분석은 반응 유형별 빈도수를 중심으로 각 문항에 대한 반응을 분석하였으며 필요한 경우 백분율을 제시하였다. 검사지는 3명이 공동으로 분석하였으며 해석이 다른 경우는 논의를 통해 합의하여 처리하였다. 정답률과 더불어 특이한 반응 유형에 대한 분석이 동시에 이루어졌다.

Ⅳ. 결과분석 및 논의

본 연구의 연구문제로 설정한 이차곡선에 관한 현직교사의 수학내용지식의 이해 정도를 분석하기 위한 검사지의 문항은 크게 이차곡선의 개념, 이차곡선의 접선과 성질 활용의 두 가지로 나눌 수 있고, 동일한 내용을 묻는 문항이 타원과 쌍곡선에 각각 포함되어 있다. 따라서 타원과 쌍곡선에 대하여 동일한 내용을 묻는 문항에 대한 결과를 각각 제시한 후, 타원과 쌍곡선의 검사 결과에 대하여 한꺼번에 논의 하였다.

1번과 3번 문항에서 타원과 쌍곡선의 여러 가지 정의를 알고 있는지 조사하였다. 문항 1-1, 1-2와 3-1, 3-2는 고등학교 교육과정에서 제시된 정의를 알고 있는지, 1-3과 3-3은 대학 수준의 내용으로서 타원과 쌍곡선의 이심률의 정의를 아는지 조사하기 위한 문항이다.

<문항 1>

1. 타원의 다음 정의를 각각 쓰시오.
   1-1. 기하학적 정의:
   1-2. 원뿔곡선의 정의:
   1-3. 이심률의 정의를 쓰고, 타원의 이심률을 설명하여라.

<문항 3>

3. 쌍곡선의 다음 정의를 각각 쓰시오.
   3-1. 기하학적 정의:
   3-2. 원뿔곡선의 정의:
   3-3. 이심률의 정의를 쓰고, 쌍곡선의 이심률을 설명하여라.

문항 1-1과 3-1은 각각 타원과 쌍곡선의 고등학교 교육과정에 나오는 정의를 알고 있는지 조사하는 문항이다. 문항 1-1에서 타원을 두 정점에서의 거리의 합이 일정한 점들의 집합으로 정확하게 정의한 교사는 전체 24명 중 23명(95.8%)으로 나타났으며, 무응답인 교사는 1명(4.2%)이었다(<표 Ⅳ-1>). 3-1에서 쌍곡선의 정의를 두 정점에서의 거리의 차가 일정한 점들의 집합으로 정확하게 응답한 교사는 22명(91.7%)으로 나타났으며, 쌍곡선을 $y=\frac{a}{x}$ 으로 정의한 교사는 1명(4.2%), 무응답인 교사는 1명(4.2%)이었다(<표 Ⅳ-2>).

<표 Ⅳ-1> 문항 1-1에 대한 반응

구분 / 학년	옳은 정의	무응답	계
무(15)	14	1	15
유(9)	9	0	9
계	23	1	24

<표 Ⅳ-2> 문항 3-1에 대한 반응

구분 / 학년	옳은 정의	$y=\frac{a}{x}$	무응답	계
무(15)	13	1	1	15
유(9)	9	0	0	9
계	22	1	1	24

타원과 쌍곡선의 고등학교 교과과정 내에서의 정의에 대한 교사들의 이해 수준은 매우 양호한 것으로 나타났다([그림 IV-1], [그림 IV-2]).

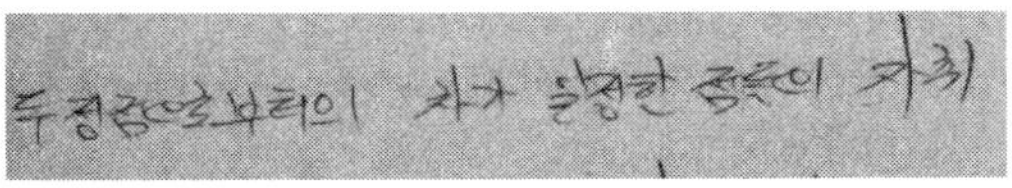

[그림 IV-1] 교사2의 사례

[그림 IV-2] 교사 1의 사례

쌍곡선을 이차곡선으로 정의하지 못하고 $y=\frac{a}{x}$ 로 정의한 교사가 있었음은 주목할 필요가 있다([그림 IV-3]).

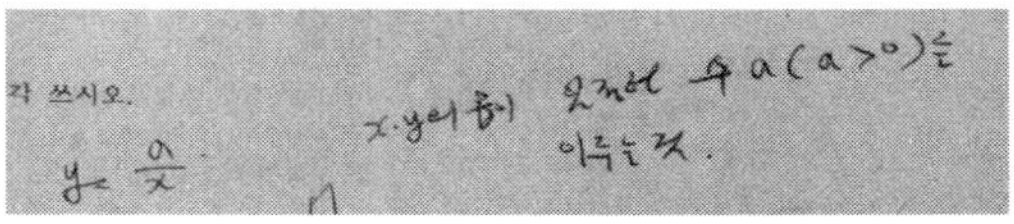

[그림 IV-3] 교사24의 사례

문항 1-2와 3-2는 각각 타원과 쌍곡선의 원뿔곡선 정의를 알고 있는지 묻는 문항으로서, 고등학교 교육과정에서 정의로 다루고 있지는 않지만, 읽기자료와 같은 참고자료로서 교과서에 포함되어 있다. 따라서 고등학교 교육과정에 포함되는 것으로 볼 수 있으며, 교사에게 필요한 수학내용지식에 포함시키는 것이 타당하다.

문항 1-2에서 타원을 '모선이 밑면과 이루는 각보다 작은 각을 이루는 평면으로 원뿔을 자른 단면' 으로 정확하게 정의한 교사는 4명(16.7%)이고([그림 IV-4]), 정확하지 않은 정의를 제시한 교사는 15명(62.5%)([그림 IV-5], [그림 IV-6]), 무응답 또는 오류를 범한 교사는 4명(16.7%)이다(<표 IV-3>).

<표 Ⅳ-3> 문항 1-2에 대한 반응

구분 / 학년	옳은 정의	비스듬히 자름	$\frac{\pi}{4}$ 보다 작은 각	무응답	계
무(15)	2	10	0	3	15
유(9)	2	5	1	1	9
계	4	15	1	4	24

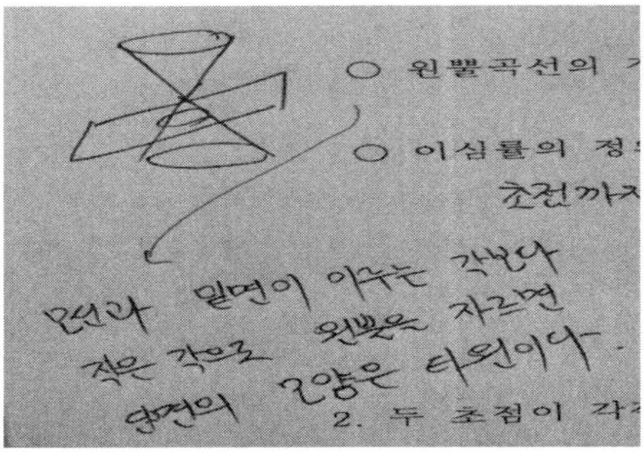

[그림 IV-4] 교사 5의 사례

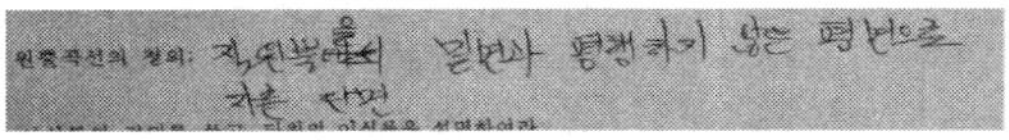

[그림 IV-5] 교사2의 사례

[그림 IV-6] 교사6의 사례

문항 3-2에서 쌍곡선을 원뿔곡선의 단면으로 정확하게 정의한 교사는 3명(12.5%)이고([그림 IV-7]), 정확하지 않은 정의를 제시한 교사는 17명(70.9%)([그림 IV-8], [그림 IV-9]), 무응답 또는 오류를 범한 교사는 4명(16.7%)이다(<표 IV-4>).

<표 Ⅳ-4> 문항 3-2에 대한 반응

구분 / 학년	옳은 정의	밑면과 수직인 평면으로 자름	$\frac{\pi}{4}$ 보다 작은 각	무응답	계
무(15)	2	10	0	3	15
유(9)	1	6	1	1	9
계	3	16	1	4	24

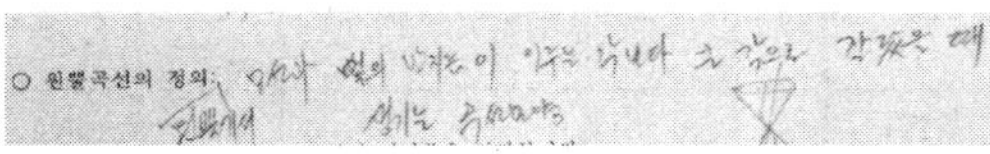

[그림 IV-7] 교사 11의 사례

[그림 IV-8] 교사 2의 사례

[그림 IV-9] 교사 6의 사례

타원과 쌍곡선의 원뿔곡선의 정의를 묻는 문항에서 정확하지 않은 정의를 제시한 교사들은 모두 타원을 '원뿔을 평면으로 비스듬히 자른 단면' 으로 정의하였으며, 일부는 밑면과 이루는 각이 $\frac{\pi}{4}$ 보다 작은 각을 이루는 평면으로 원뿔을 자른 단면으로 정의하였고([그림 IV-6]), 쌍곡선은 '밑면과 수직인 평면으로 원뿔을 자른 단면' 으로 정의하였다([그림 IV-8]). 이는 교사들이 포물선, 타원, 쌍곡선 등의 이차곡선이 원뿔을 평면으로 잘랐을 때 얻어지는 곡선으로 이해하고는 있지만, 구체적으로 어떻게 자를 때 어떤 곡선이 얻어지는지에 대하여는 정확하게 알고 있지 않음을 의미한다. 또한 이는 포물선, 타원, 쌍곡선의 영어단어의 어원이 각각 라틴어의 '적절하다', '부족하다', '초과한다'에 있다는 사실과 연결하여 이해하고 있지 못함을 의미한다.

문항 1-3에서 타원을 이심률로 정확하게 정의한 교사는 아무도 없었으며(0명, 0%), 모든 교사가 무응답 하였다(24명, 100%)(<표 IV-5>). 그리고 3-3 문항에서 쌍곡선을 이심률로 정확하게 정의한 교사는 아무도 없었으며(0명, 0%), 모든 교사가 무응답 하였다(24명, 100%)(<표 IV-6>).

<표 Ⅳ-5> 문항 1-3에 대한 반응

구분 / 학년	옳은 설명	무응답	계
무(15)	0	15	15
유(9)	0	9	9
계	0	24	24

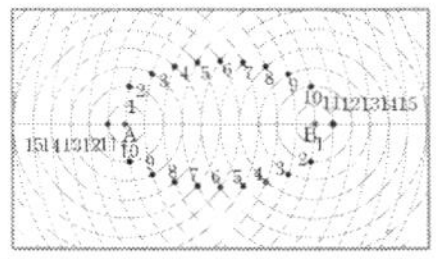

<문항 7> 오른쪽 그림은 동심원을 이용하여 타원을 작도하기 위해 점을 표시한 것이다. 이 그림의 점들을 매끄러운 곡선으로 연결하면 타원이 되는 이유를 설명하여라.

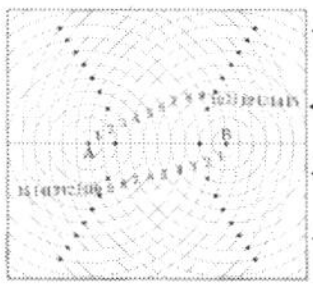

<문항 8> 오른쪽 그림은 동심원을 이용하여 쌍곡선을 작도하기 위해 점을 표시한 것이다. 이 그림의 점들을 매끄러운 곡선으로 연결하면 쌍곡선이 되는 이유를 설명하여 보자.

<표 Ⅳ-6> 문항 3-3에 대한 반응

구분 / 학년	옳은 설명	무응답	계
무(15)	0	15	15
유(9)	0	9	9
계	0	24	24

대상의 여러 가지 정의를 이해함으로써 그 대상의 다양한 특성을 깊이 있게 이해하게 된다는 면에서 이차곡선의 이심률 정의는 비록 고등학교 교육과정에는 포함되지 않지만, 포물선, 타원, 쌍곡선 등의 이차곡선을 서로 연관 하여 통합적으로 이해하는 데에 큰 도움이 된다. 그러나 조사결과 이심률의 정의를 알고 있는 교사가 아무도 없었다. 조사 대상이었던 교사들이 사범대학 재학 중에 이차곡선에 대한 내용을 강의하는 강좌를 수강하지 않았다는 점을 감안한다면, 교사들의 이심률에 대한 정답률이 극히 낮은 것을 교사 자신의 문제라기보다는 교사양성 기관의 교육과정의 문제라고 보는 것이 더 설득력을 갖는다. 또한 이차곡선의 강의경험이 없는 교사와 경험이 있는 교사 간의 정답률의 차이가 없는 점을 통해 교사들은 이차곡선을 교육함에 있어서 이심률에 대한 내용을 교사가 알아야 되는 수학내용지식으로 간주하고 있지 않음을 짐작할 수 있다.

교사들의 이차곡선의 정의에 대한 이해도를 조사하는 세 문항의 조사결과, 교사들의 이차곡선의 정의에 대한 이해도는 고등학교 교과과정 내의 정의에 대한 이해도는 매우 높지만, 원뿔곡선 정의와 이심률 정의와 같이 고등학교 교육과정 내에 있지 않은 정의에 대한 이해도는 매우 낮았다. 특히 원뿔곡선 정의에 대해서는 대부분의 교사가 올바르게 이해하고 있지 못한 것으로 분석되었으며, 그 원인은 사범대학 교육과정에서 다루지 않았다는 점이 가장 큰 원인으로 사료된다. 즉, 이차곡선의 정의에 대한 교사들의 이해수준은 고등학교 교과서 수준에 머물고 있다고 할 수 있다.

문항 7과 8은 정의에 따라 타원과 쌍곡선을 작도할 수 있는가를 조사하는 문항으로, 대부분의 교과서에서 타원과 쌍곡선의 생각열기 자료로 제시되는 내용이다.

문항 7에서 옳게 설명한 교사는 20명(83.3%)이고([그림 IV-10]), 무응답 한 교사는 4명(16.7%)이다(<표 IV-7>). 그리고 문항 8에서 옳게 설명한 교사들 또한 20명(83.3%)이고([그림 IV-11]), 무응답 한 교사는 4명(16.7%)이다(<표 IV-8>).

<표 Ⅳ-7> 문항 7에 대한 반응

구분 / 학년	옳은 설명	무응답	계
무(15)	12	3	15
유(9)	8	1	9
계	20	4	24

<표 Ⅳ-8> 문항 8에 대한 반응

학년 \ 구분	옳은 설명	무응답	계
무(15)	12	3	15
유(9)	8	1	9
계	20	4	24

문항 7과 8은 정의에 따라 동심원을 이용하여 타원과 쌍곡선을 작도할 수 있는가를 조사하는 문항으로 옳은 설명을 제시한 비율이 두 문항 동일하게 83.3%로 높았다. 이는 이 내용이 대부분의 교과서에서 타원과 쌍곡선의 생각열기 자료로 제시되는 내용이기 때문인 것으로 보인다.

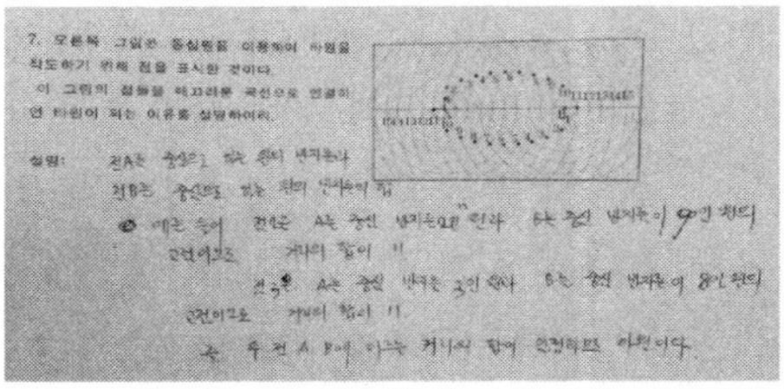

[그림 IV-10] 교사 5의 사례

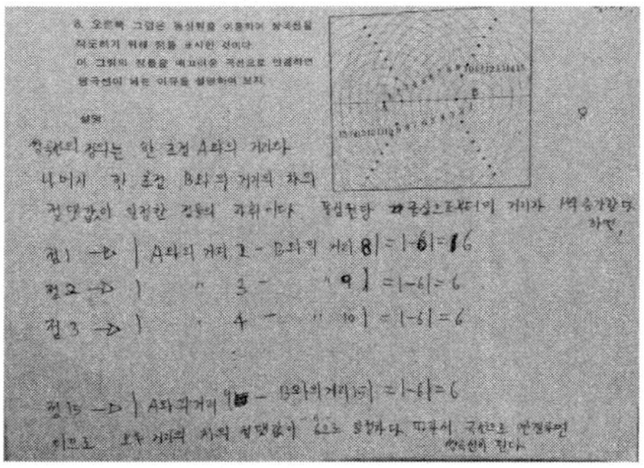

[그림 IV-11] 교사 8의 사례

문항 2와 4는 각각 타원과 쌍곡선 개념을 이용한 문제해결력을 측정하는 문항으로, 대부분의 교과서에 동일한 형태 또는 유사한 형태의 문항이 제시되어 있다.

문항 2에서 정확하게 정답을 구한 교사는 10명(41.7%)이고([그림 IV-12]), 계산실수로 오답은 제시한 교사는 5명(20.8%)([그림 IV-13]), 무응답한 교사는 9명(37.5%) 이다(<표 IV-9>). 그리고 문항 4에서 정확하게 정답을 구한 교사는 7명(29.2%)이고([그림 IV-14]), 계산실수로 오답은 제시한 교사는 4명(16.7%)([그림 IV-15]), 무응답 한 교사는 13명(54.2%) 이다(<표 IV-10>).

<표 Ⅳ-9> 문항 2에 대한 반응

학년 \ 구분	정답	계산실수	무응답	계
무(15)	6	2	7	15
유(9)	4	3	2	9
계	10(41.7%)	5	9	24

<표 Ⅳ-10> 문항 4에 대한 반응

학년 \ 구분	정답	계산실수	무응답	계
무(15)	4	1	10	15
유(9)	3	3	3	9
계	7(29.2%)	4	13	24

<문항 2> 2. 두 초점이 각각 F, F' 인 타원 $\frac{x^2}{25}+\frac{y^2}{9}=1$ 위의 한 점을 P 라 하자.

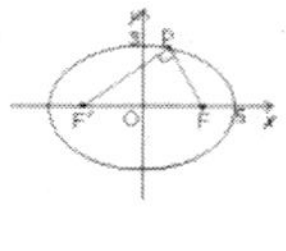

$\angle FPF'=90^\circ$ 일 때, $|\overline{FP}-\overline{F'P}|$ 의 값을 구하여라.

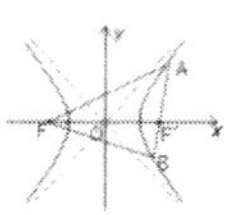

<문항 4> 오른쪽 그림은 두 초점이 각각 F, F' 인 쌍곡선 $\frac{x^2}{10}-\frac{y^2}{20}=1$ 의 그래프이다. $\overline{AB}=10$ 일 때, 삼각형 AFB의 둘레의 길이를 구하여라.

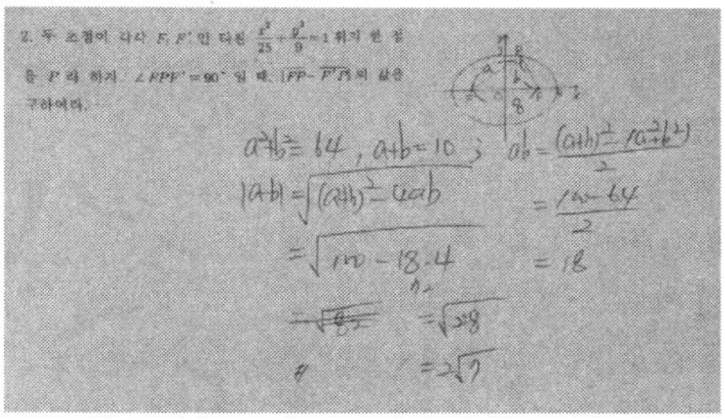

[그림 IV-12] 교사 2의 사례

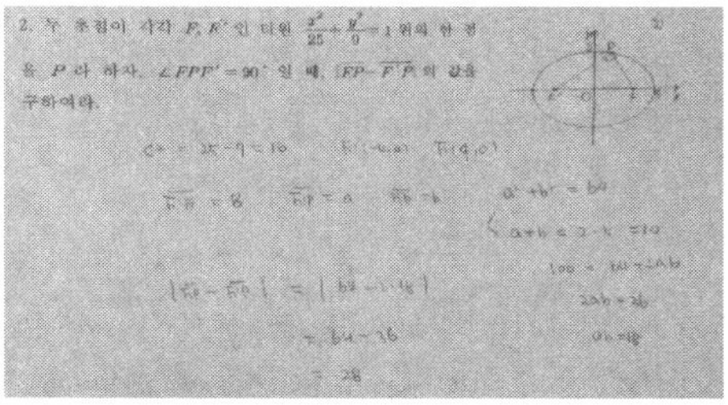

[그림 IV-13] 교사 6의 사례

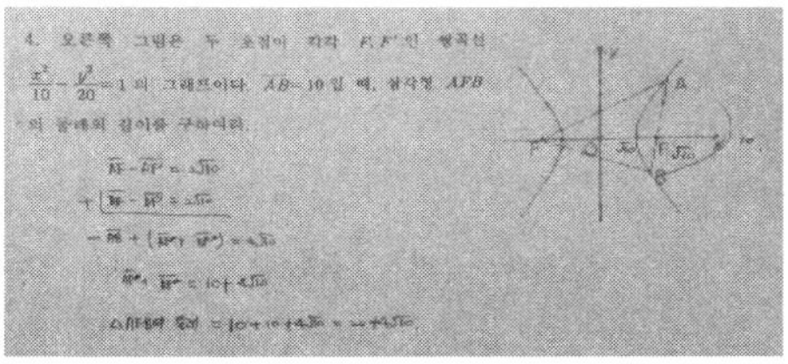

[그림 IV-14] 교사 4의 사례

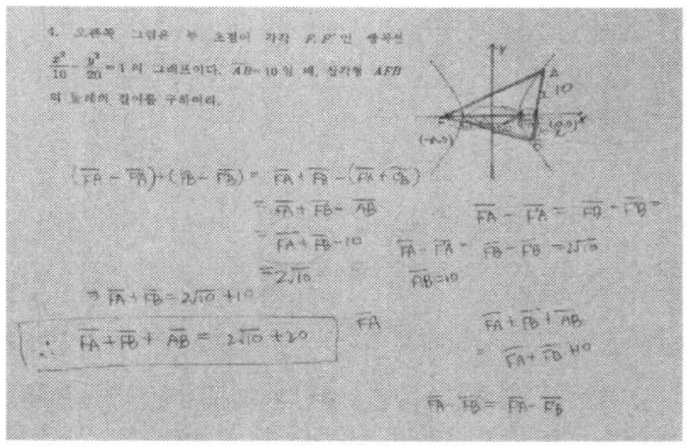

[그림 IV-15] 교사 10의 사례

문항 2와 4는 대부분의 교과서에 동일하거나 유사한 형태의 문제가 수록되어 있다. 그럼에도 불구하고 옳은 답을 제시한 정답률이 타원은 24명 중 10명(41.7%), 쌍곡선은 7명(29.2%)으로 낮았다. 특히 이차곡선을 강의한 경험이 없는 교사들과 경험이 있는 교사들 간의 정답률의 차이가 거의 없는 점은 특이하게 보인다.

더구나 청주의 C 대학교 사범대학 수학교육과 1학년 학생들을 대상으로 실시한 조사에서 동일한 문항에 대한 정답률이 타원은 84.0%, 쌍곡선은 56.0%로 교사들의 정답률보다 높은 것으로 조사된 것 또한 특이한 결과로 보인다.

문항 5와 6은 이차곡선의 기하대수적 정의와 원뿔곡선 정의 간의 동치성에 대한 증명에 대한 이해도를 조사하기 위한 문항으로서, 고등학교 교육과정에 포함되지 않는 내용으로서 학교수학

<문항 5> 원뿔을 평면으로 자를 때, 평면과 원뿔의 밑면이 이루는 각을 α 라 하고, 모선이 밑면과 이루는 각 θ 라 하자. 이때, $0 < \alpha < \theta$이면 단면의 모양이 두 정점 F_1, F_2 가 존재하여 단면 위의 임의의 점 P에 대하여 $PF_1 + PF_2$ 가 일정함을 아래 그림의 단델린 공을 이용하여 증명하여라.

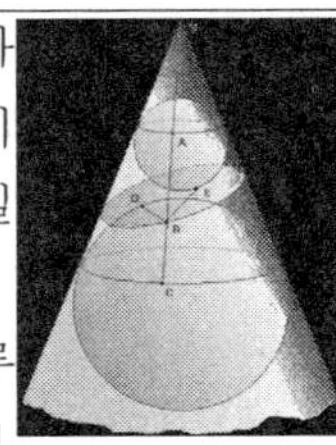

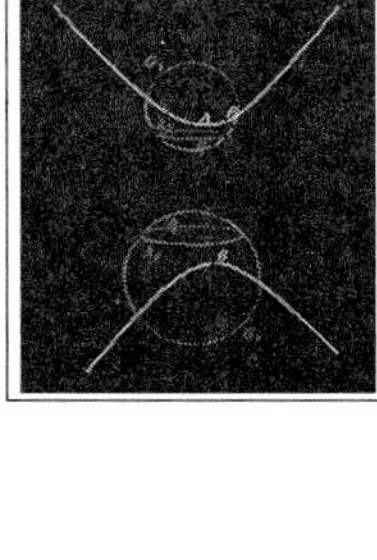

<문항 6> 원뿔을 평면으로 자를 때, 평면과 원뿔의 밑면이 이루는 각을 α 라 하고, 모선이 밑면과 이루는 각 θ 라 하자. 이때, $\alpha > \theta$이면 두 정점 F_1, F_2 가 존재하여 단면 위의 임의의 점 P에 대하여 $|PF_1 - PF_2|$가 일정함을 아래 그림의 단델린 공을 이용하여 증명하여라.

과 연결된 학문적 수학 내용이다.

문항 5에서 정확하게 정답을 구한 교사는 4명(16.7%)이고([그림 IV-16]), 무응답 또는 오류를 보인 교사는 20명(83.3%) 이다(<표 IV-11>). 그리고 문항 6에서 정확하게 정답을 구한 교사는 2명(8.3%)이고([그림 IV-17]), 무응답 또는 오류를 보인 교사는 13명(91.7%) 이다(<표 IV-12>)

<표 Ⅳ-11> 문항 5에 대한 반응

학년 \ 구분	옳은 증명	무응답	계
무(15)	3	12	15
유(9)	1	8	9
계	4	20	24

<표 Ⅳ-12> 문항 6에 대한 반응

학년 \ 구분	옳은 증명	무응답	계
무(15)	1	14	15
유(9)	1	8	9
계	2	22	24

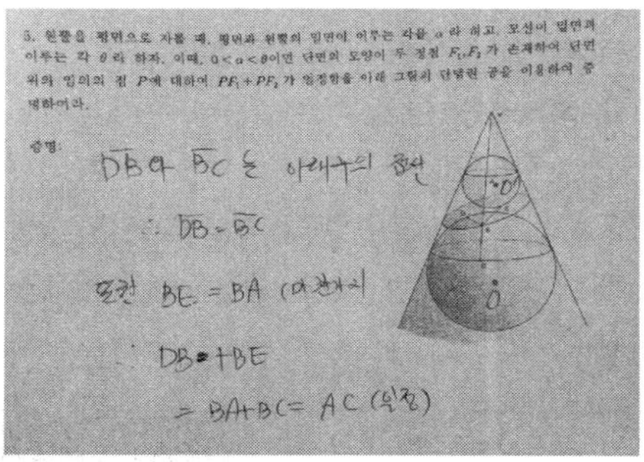

[그림 IV-16] 교사 2의 사례

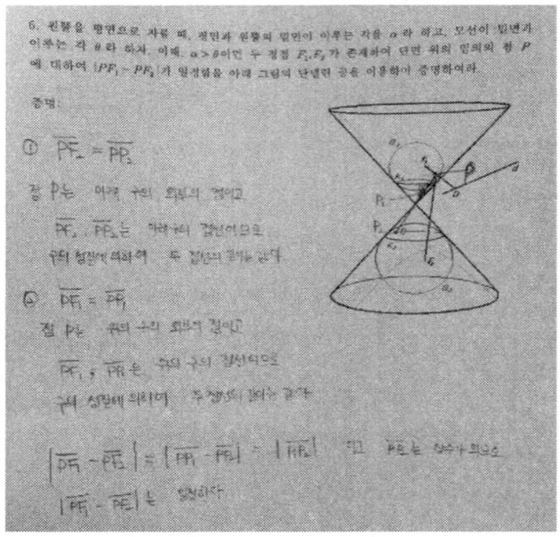

[그림 IV-17] 교사 7의 사례

문항 5와 6은 고등학교 교육과정에 포함되지는 않는 내용이지만 대학입학을 위한 수리논술의 예시문항으로 다뤄지고 있는 점을 감안한다면, 이 내용은 교사에게 필요한 수학내용지식에 포함하는 것이 타당하다. 그런데 이 문항에 대한 정답률이 타원은 4명(16.7%), 쌍곡선은 2명(8.3%)로 매우 낮게 조사되었다. 조사대상 교사들이 사범대학 재학 시기에 이들 내용이 강의되는 강좌를 전혀 수강하지 못했던 점을 감안한다면, 이런 문제점 역시 교사들 개인의 문제라기보다는 교사양성기관의 교육과정의 문제로 보는 것이 타당하다. 또한 강의경험이 없는 교사와 경험이 있는 교사들 간에 정답률의 차이가 뚜렷하게 보이지 않는 점을 통해 교사들이 이차곡선을 강의할 때에 단델린 공에 대한 내용 또는 이차곡선의 여러 가지 정의들 간의 동치성에 대한 내용을 교육에 필요한 수학내용지식으로 간주하고 있지 않음을 짐작할 수 있다.

문항 9와 10은 이차곡선의 접선과 성질의 활용에 대한 이해도를 조사하기 위한 문항으로, 각각 2개의 하위 문항으로 구성되어 있다. 첫 번째 하위문항은 타원과 쌍곡선의 접선 작도에 관한 문항이고, 두 번째 하위 문항은 접선의 증명과정

<문항 9>

9-1) 타원 위의 한 점 P 에서의 접선을 작도하는 방법에 대하여 설명하여라.

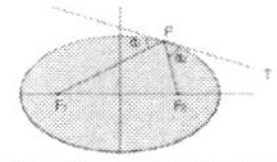

9-2) 아래 두 그림은 체외충격파를 이용한 신장결석 치료기(Lithotripter)에 타원의 원리가 사용되는 것을 설명한 그림이다. 신장결석치료기에 타원의 어떤 원리가 사용되었는지 쓰고, 그 원리를 증명하여라.

○ 신장결석치료기에 사용된 원리와 증명:

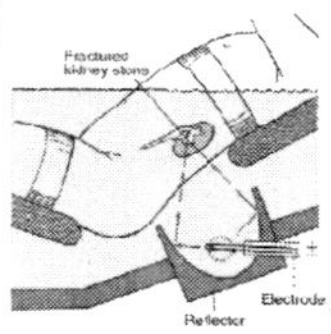

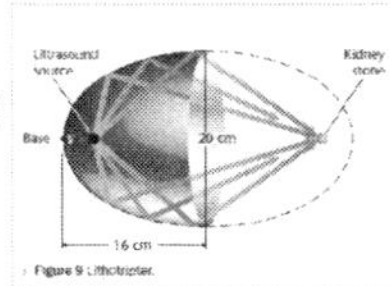

<문항 10>

10-1) 쌍곡선 위의 한 점 P 에서의 접선을 작도하는 방법에 대하여 설명하여라.

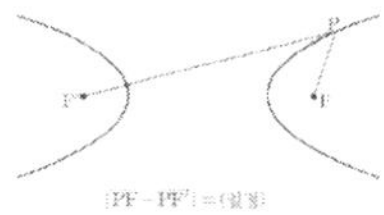

10-2) 장거리 무선 항법시스템인 LORAN(LOng RAnge Navigation)은 안전한 항해를 위해 배의 위치를 알아내는 시스템이다. 이 시스템에서는 멀리 떨어진 두 기지에서 항해하고 있는 배에 전파를 보내고 전파가 도착하는 시간을 측정하여 그 시간 차이를 이용하여 배의 위치를 알아낸다. 아래 그림에서 세 지점 M, X, Y에서 전파를 보내어 도착하는 시간을 측정하여, 쌍곡선의 어떤 성질을 이용하여 대상물(Observer)의 위치를 알아내는지 설명하여라.

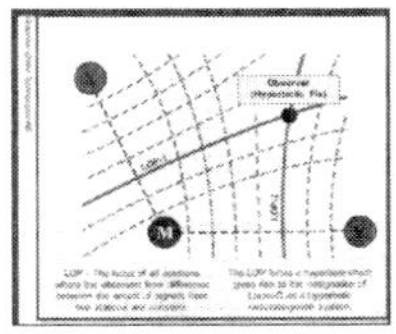

에서 얻어진 타원과 쌍곡선의 성질이 실생활에 활용되는 원리에 대한 이해도를 조사하기 위한 문항이다.

문항 9-1에서 정확하게 정답을 구한 교사는 5명(20.8%)이고([그림 IV-18], [그림 IV-19]), 무응답 또는 오류를 보인 교사는 21명(79.2%) 이다(<표 IV-13>). 그리고 문항 9-2에서 정확하게 정답을 구한 교사는 15명(62.5%)이고([그림 IV-18], [그림 IV-19]), 무응답 또는 오류를 보인 교사는 9명(37.5%) 이다(<표 IV-14>).

<표 IV-13> 문항 9-1에 대한 반응

구분 / 학년	정답	무응답	계
무(15)	2	13	15
유(9)	3	6	9
계	5	21	24

<표 IV-14> 문항 9-2에 대한 반응

구분 / 학년	정답	무응답	계
무(15)	9	6	15
유(9)	6	3	9
계	15	9	24

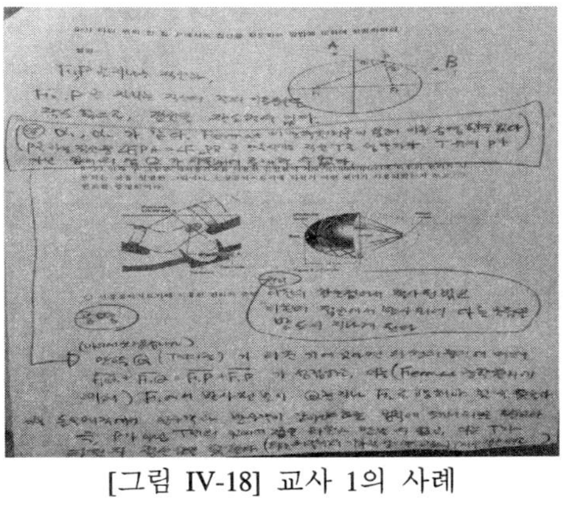

[그림 IV-18] 교사 1의 사례

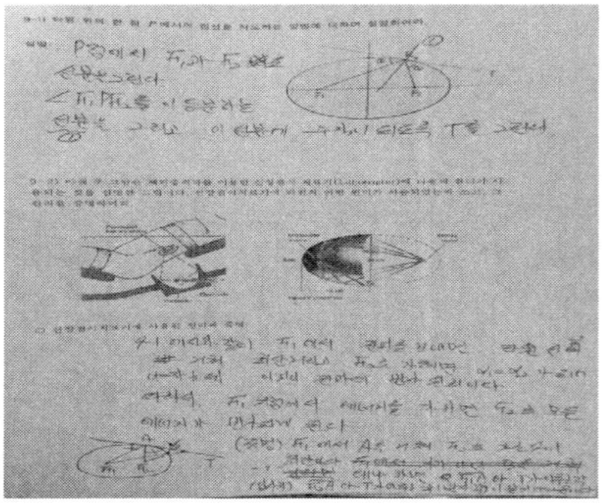

[그림 IV-19] 교사 2의 사례

문항 10-1에서 정확하게 정답을 구한 교사는 1명(4.2%)이고([그림 IV-20]), 무응답 또는 오류를 보인 교사는 23명(95.8%) 이다(<표 IV-15>). 그리고 문항 10-2에서 정확하게 정답을 구한 교사는 6명(25.0%)이고([그림 IV-21], [그림 IV-22]), 무응답 또는 오류를 보인 교사는 18명(75.0%) 이다(<표 IV-16>).

<표 Ⅳ-15> 문항 10-1에 대한 반응

구분 / 학년	정답	무응답	계
무(15)	1	14	15
유(9)	0	9	9
계	1	23	24

<표 Ⅳ-16> 문항 10-2에 대한 반응

구분 / 학년	정답	무응답	계
무(15)	2	13	15
유(9)	4	5	9
계	6	18	24

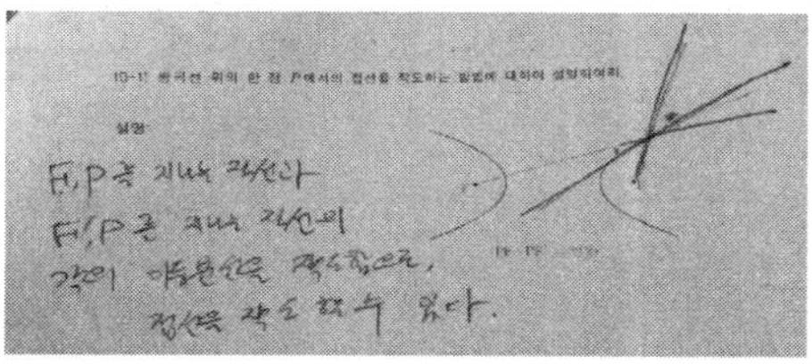

[그림 IV-20] 교사 1의 사례

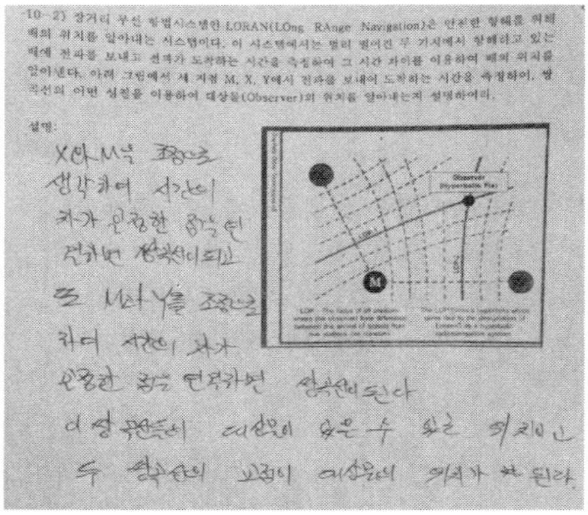

[그림 IV-21] 교사 2의 사례

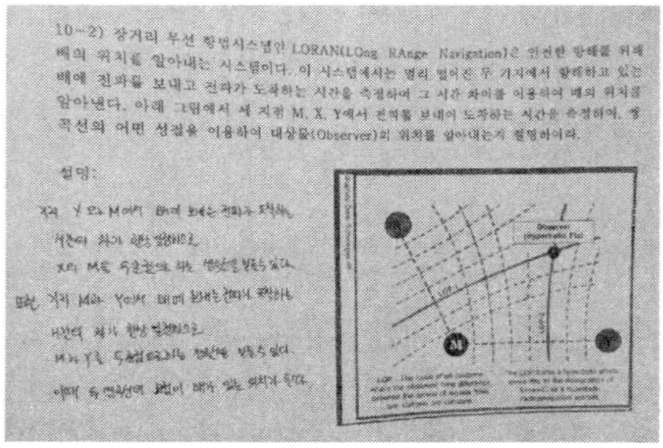

[그림 IV-22] 교사 4의 사례

타원과 쌍곡선의 접선 작도에 대한 설명과 증명, 그리고 타원과 쌍곡선의 성질을 활용한 사례는 대부분의 고등학교 교과서에 읽기 자료로 제시되고 있으며, 대학입시의 수리논술 문제로 다뤄지고 있다(<표 IV-17>). 접선 작도의 정답률은 타원은 20.8%, 쌍곡선은 4.2%로 낮으며, 활용에 대한 정답률은 타원은 62.5%, 쌍곡선은 25.0%로 타원의 경우는 양호한 편이나 쌍곡선의 경우는 낮았다. 일상생활에 활용되는 타원과 쌍곡선의 성질이 어떻게 얻어지는 지에 대한 이해도는 낮으나 그 성질이 활용되는 것에 대한 이해도는 상대적으로 높은 것으로 조사되었다. 또한 타원보다는 쌍곡선에 대한 이해도가 상대적으로 매우 낮음을 알 수 있다.

V. 결 론

본 연구는 이차곡선에 관한 현직 수학 교사의 수학 내용 지식 이해 정도를 조사하는 데 목적이 있다. 이를 위해 학교수학의 내용과 과정, 학교수학의 배경이 되는 이차곡선에 관한 내용을 고려한 검사지를 개발하여 TTLC 중등 수학과 수업지도 역량강화 직무연수에 참여한 현직 수학교사 24명을 대상으로 이차곡선영역에 관한 내용 지식을 조사하였다. 결과는 다음과 같다.

첫째, 이차곡선의 정의와 개념에 관한 이해도를 묻는 문항에서 교사들은 고등학교 교과과정 내의 내용에 대해서는 옳게 반응한 비율이 전반적으로 높았으나 교과과정에 포함되어 있지 않은 내용에 대한 비율은 매우 낮은 것으로 나타났다. 이차곡선의 정의에 관한 질문에서 교과과정 내의 정의에 대하여 옳게 반응한 비율이 타원은 95.8%, 쌍곡선은 91.7% 이었고, 동심원을 이용한 작도에 관한 질문에 옳게 반응한 비율이 타원과 쌍곡선 모두 83.3% 이었다. 그러나 교과과정에 포함되어 있지 않은 이차곡선의 정의에 관한 질문에 대하여 옳게 반응한 비율이 원뿔곡선 정의는 타원 16.7%, 쌍곡선 12.5%이었고, 이심률 정의는 옳게 반응한 교사가 아무도 없었다. 또한 이차곡선의 정의들 간의 동치성 증명에 대한 문항에 대하여 옳게 응답한 비율이 타원은 16.7%, 쌍곡선은 8.3%로 조사되었다. 이런 결과는 교사들의 이차곡선에 관한 내용 지식의 범위가 고등학교 교육과정에 제한되어 있음을 시사한다. 그리고 원뿔곡선 정의에 관한 질문에서 원뿔곡선의 모선이 밑면과 이루는 각과 원뿔을 자르는 평면이 밑면과 이루는 각과의 대소 관계에 따라 이차곡선이 다르게 나타나는 것을 정확하게 이해하고 있지 못하여 잘못된 반응을 한 교사의 비율이 타원은 62.5%, 쌍곡선은 70.9%로 조사되었다. 이것은 교사들이 이차곡선 내용을 지도할 때에 이차곡선에 관한 내용 지식의 범위를 고등학교 교육과정 밖으로 확대하려는 노력이 많지 않음을 시사하며, 이차곡선을 강의한 경험이 있는 교사들과 경험이 없는 교사들 간에 뚜렷한 차이가 발견되지 않았다는 점은 그런 시사점을 더욱 지지한다.

둘째, 대부분의 문항에서 옳게 반응한 비율이 타원보다 쌍곡선이 더 낮은 것으로 조사되었다. 이는 타원이 쌍곡선보다 더 익숙한 것이 주요 원인인 것으로 사료되고, 이에 대한 추가의 연구와 보완책이 요구된다. 또한 타원과 쌍곡선의 개념을 이용한 문제해결력을 측정하는 문항에 대한 정답률이 각각 타원은 41.7%, 쌍곡선이 29.2%로 저조하게 조사되었다. 이 문항이 대부분의 교과서에 유사한 유형의 문제가 포함되어 있다는 점과 이차곡선을 강의한 경험이 없는 교사의 정답률이 타원은 40.0%, 쌍곡선은 26.7%이고 경험이 있는 교사의 정답률이 타원44.4%, 쌍곡선은 33.3%로 큰 차이가 발견되지 않는다는 점을 감안하면 특이한 결과로 보인다. 또한 동일한 문항에 대하여 청주의 C 사범대학 수학교육과 1학년 학생들을 대상으로 조사에서 정답률이 타원은 84.0%, 쌍곡선은 56.0%로 교사들의 정답률보다 높게 나타난 것은 이에 대한 추가의 조사연구의 필요성을 지지한다.

셋째, 이차곡선이 실생활에 활용될 때 사용되는 이차곡선의 성질의 원리에 대하여 정확하게 알고 있는지 조사하는 문항에 대한 정답률은 타원이 20.8%, 쌍곡선이 4.2%로 조사되데 반해, 성질이 활용되는 것에 대한 이해도를 묻는 문항에 대하여 옳게 반응한 비율은 타원이 62.5%, 쌍곡선이 25%로 매우 높게 조사되었다. 이는 이차곡선의 성질과 원리가 어떻게 활용되는지에 대한 이해도는 나쁘지 않지만, 그 원리를 정확하게 알려는 노력이 충분하지 않음을 시사한다. 특히 이 원리에 대한 내용이 대부분의 교과서에 읽기자료로 포함되어 있다는 점은 이런 시사점에 대한 신뢰도를 높여준다.

본 연구에서 이차곡선 영역의 모든 내용을 조사한 것은 아니지만, 조사결과 교사들의 이차곡선에 관한 수학내용지식은 전반적으로 고등학교 교육과정의 범위 내에 머물고 있으며, 이차곡선 강의 경험이 있는 교사의 경우에도 강의 경험이 없는 교사들과 뚜렷한 차이를 보이지 않는 점은 교사들이 교사에게 필요한 이차곡선에 관한 내용지식의 범위를 학교수학과 연결된 학문적 수학의 범위로 확대하려는 노력을 기울이지 않는 경향이 있음을 시사한다. 따라서 이러한 문제점들은 교사 개인적 문제라기보다는 교사양성기관의 교육과정의 문제로 보는 것이 더 설득력을 가지며, 이는 교사양성기관의 교육과정에서 이차곡선에 관한 수학내용지식의 교육을 강화시킬 필요가 있다는 주장의 근거가 될 수 있다.

참고문헌

강현영 · 고은성 · 김태순 · 조완영 · 이경화 · 이동환(2011). 좋은 수학수업을 위해 수학교사에게 필요한 역량과 교사교육에 대한 현직교사의 인식조사. **학교수학, 13**(4), pp. 633-649.

고형석(2001). **이차곡선의 기하학적 이해: 고등학교 수학II 교과를 중심으로**. 제주대학교 석사학위 논문.

교육과학기술부(2011). **수학과 교육과정**. 교육과학기술부 고시 제 2011-361호[별책8].

김구연(2007). Pedagogical content knowledge: A case study of a middle school mathematics teacher, **수학교육학연구, 17**(3), pp. 295-308.

류희찬 외(2013). **기하와 벡터**. 서울: 천재교과서.

박경미(2009). 수학의 교수학적 내용 지식(PCK)에 대한 연구의 메타적 검토. **한국수학교육학회지 시리즈 A <수학교육>, 48**(1), 93-105.

신현용 · 이종욱(2004). 수학교사의 지식에 관한 연구. **한국수학교육학회지 시리즈 E <수학교육>, 18**(1), PP. 297-308.

이승훈 · 조완영(출판준비중)

장미라 · 강순자(2010). 역사적 고찰을 통한 이차곡선의 지도방안. **한국수학교육학회지 시리즈 E <수학교육>, 24**(3), PP. 731-744.

조성민(2006). **교육과정 실행의 관점에서 본 수학교사 지식과 수업의 관련성 연구: 고등학교 함수내용을 중심으로**. 이화여자대학교 박사학위 논문.

조완영(2010). 예비교사의 수학내용 지식. **교육연구논총, 31**(2), pp. 141-156.

조완영(2011). 중등 수학교사의 수학내용 지식. **학교수학, 13**(2), pp. 347-364.

조완영(2012). 예비교사의 미분영역에 관한 내용지식의 분석. **학교수학, 14**(2), pp. 233-253.

조윤동(1998). **The Geometry's Sketchpad (GSP)를 이용한 이차함수의 그래프와 이차곡선의 지도**. 서강대학교 석사학위논문.

최승현(2007). **교육과정 개정에 따른 수학과 내용 교수 지식(PCK) 연구**. 한국교육과정평가원 연구보고 RRI 2007-3-2.

Dewey, J. (1902). *The child and the curriculum*. Chicago: University of Chicago Press.

Jennings, G. A.(1997). *Modern geometry with applications*. New York: Springer.

Grossman, P. L. (1990). *The making of a teacher: Teacher knowledge and teacher education*. New York: Teachers College Press.

Li, S., Huang, R., & Shin, H.(2008). Discipline knowledge preparation for prospective secondary mathematics teachers: An east perspective. In P. Sullivan & T. Wood (Eds.), *The international handbook of mathematics teacher education volume* 1, pp. 63-86. Rotterdam: Sense Publishers.

Schwab, J. (1978). Education and the structure of the discipline, in I. Estury and N. J. Wilkof(Eds.). Science, curriculum and liberal education, pp. 229-272. Chicago: University of Chicago.

Shulmann, L. (1986). Those who understand: knowledge growth in teaching. *Educational Research*, 15, pp.4-14.

Shulmann, L. (1987). Knowledge and teaching: Foundations of the new reform. *Harvard Educational Review*, 57(1), pp.1-22.

Sowder, J. T. (2007). The mathematical education and development of teachers. In F. Lester (Ed.), *Second Handbook of Research on Mathematics Teaching and Learning*, pp. 157-223. Reston, VA: NCTM.

Stacey, K.(2008). Mathematics for secondary teaching: Four components of discipline knowledge for a changing teacher workplace. In P. Sullivan & T. Wood (Eds.), *The international handbook of mathematics teacher education volume 1*, pp. 88-111. Rotterdam: Sense Publishers.

04 『초등학교 예비교사의 수학적 지식 구성에 대한 연구』에 관한 해설

나 귀 수(청주교육대학교)*

본 논문에서는 초등학교 예비교사들을 대상으로 구성주의적 교수실험을 실시하였다. 구성주의적 교수실험 실시의 배경에는 대학에서 예비교사들에게 수학교육을 지도하고 있는 본 연구자의 문제의식이 자리하고 있다. 본 연구자의 문제의식은, 교사교육자로서 본 연구자가 진행하고 있는 예비교사 교육 강좌에서 실제로 취하고 있는 교수 방식과, 예비교사들이 학교 현장에서 구현하기를 바라면서 본 연구자가 강조하고 있는 교수 방식 사이에 커다란 틈이 존재한다는 것이었다.

본 연구자는 수학교육 강좌에서 예비교사들에게 구성주의적 관점에 입각한 교수 방식으로 초등학교 학생들을 지도할 것을 강조하였다. 그러나 정작 자신이 진행하는 대학 강좌에서는 구성주의적 관점에 입각하지 않고 전통적인 설명 위주의 강의식 수업 방식을 주로 활용하고 있었던 것이다. 이와 같은 불일치는, 교사 교육과 실제 초등학교 수학 수업 사이에 존재하는 간격을(Simon, Tzur, Heinz, & Kinzel, 2000) 더욱 벌어지게 하는 나쁜 결과를 초래할 수 있다.

이러한 맥락에서 본 연구에서는 예비교사 교육에서 구성주의적 관점에 근거한 교수실험(수업)을 실시하고, 구성주의적 수업에서 예비교사들이 수학적 지식을 어떻게 구성하고 발전시켜 나가는가를 확인하고, 예비교사들의 수학적 지식 구성의 가능성과 한계를 확인하였다. 또한 예비교사들이 직접 경험한 구성주의적 수업을 어떻게 인식하는지, 즉 예비교사들이 인식하는 구성주의적 수업의 의의, 한계, 어려움 등을 조사하였다.

본 연구에서 취한 구성주의적 관점은, 지식은 학습자에 의해 능동적으로 구성된다는 것, 학습자는 자신의 신체적, 정신적 활동에 대한 반성을 통해서 새로운 수학적 지식을 구성한다는 것, 학습에는 학습자가 교사나 친구들과 함께 토론하고 대화하는 사회적 과정이 반영되어 있다는 것 등이었다(박영배, 1999; 교육과학기술부, 2009). 교수실험은 H-교육대학교의 수학교육과 3학년 예비교사 34명을 대상으로 총 9차시(1차시는 50분)에 걸쳐 진행되었다. 교수실험은 비율과 비 개념에 대한 예비교사들의 수학적 지식 및 교수학적 지식(Shulman, 1986) 구성을 중심으로 이루어졌다. 교수실험은 '비율과 비에 대한 수학적 지식 구성(개별 활동→모둠 활동→전체 토론 및 정리) → 교수학적 지식 구성(개별

* gsna21@cje.ac.kr

활동→모둠 활동→전체 토론 및 정리) → 자기 보고서 작성'의 순서로 진행되었다.

개별 활동에서는 예비교사 본인이 가지고 있는 비율과 비 개념에 대한 수학적/교수학적 지식을 반성하고 기록함으로써 예비교사들이 현재 가지고 있는 지식을 출발점으로 하여 새로운 지식을 구성하였다. 모둠 활동에서는 개별 활동을 통해 반성된 개별적 지식을 동료 예비교사들과 토론하는 사회적 과정을 통해 모둠별 지식을 합의하고 정돈하도록 하였다. 전체 토론 활동에서는, 예비교사들과 본 연구자가 모두 참여하는 전체 토론을 통해 모둠별로 합의된 지식을 완전한 지식으로 정돈하고자 하였다. 개별 활동과 모둠 활동은 철저히 예비교사들의 주도로 진행되었으며, 본 연구자는 전혀 개입하지 않았다. 전체 토론 활동은 예비교사들이 자유롭게 의견을 주고받는 토론 형식으로 진행되었으며, 이 과정에서 본 연구자는 예비교사들의 의견을 조율하는 동시에 토론을 이끌어가는 안내자의 역할을 수행하였다.

본 연구에서 수집하고 분석한 자료는, 비율 개념에 대한 수학적 지식 구성을 위해 예비교사들이 작성한 개인별 활동지와 모둠별 활동지, 전체 토론 활동을 기록한 비디오/오디오 녹화 자료 등이다. 또한 예비교사들이 작성한 자기-보고서 자료를 활용하여 구성주의적 교수실험에 대한 예비교사들의 의견을 조사하였다.

본 연구에서 확인된 교수실험의 결과를 제시하면 다음과 같다. 먼저, 개별 활동의 결과, 34명중에서 8명(23.5%)만이 비율을 수학적으로 옳게 이해하고 있었으며, 다른 예비교사들은 전체-부분 관계, 확대와 축소, 백분율 등과 같은 비율의 특별한 유형을 비율 그 자체로 정의하는 미흡한 이해 상태를 나타냈다. 모둠 활동의 결과, 8개의 모둠 중에서 비율을 수학적으로 옳게 정의한 모둠은 존재하지 않았다. 특히, 개별 활동에서 비율에 대한 정확한 이해를 나타냈던 8명의 예비교사들을 각각의 모둠에 배치하였지만, 이 예비교사들의 옳은 수학적 지식은 모둠에서 채택되지 않았다. 결과적으로, 교수자가 전혀 개입하지 않고 예비교사들 사이의 상호작용만으로 이루어진 모둠 활동의 한계를 확인할 수 있었다. 전체 토론 활동을 통해 예비교사들은 비율의 다양한 표현 방식으로서의 백분율과 분수 및 할푼리, 그리고, 전체-부분 비율과 부분-부분 비율 등을 이해할 수 있었다. 또한 비율의 정의를 '기준량에 대한 비교하는 양의 상대적 크기'로 옳게 수정하였다. 그러나 예비교사들은 비율의 예로써 내적 비율만을 제시했으며, 이로 인해 외적 비율은 다루어지지 않았다.

본 연구의 교수실험에서 가장 아쉬운 점으로 남는 것은, 모둠 활동을 모둠 구성원들 자체에만 맡긴 채 교수자(본 연구자)가 전혀 개입하지 않은 점이다. 예비교사들이 모둠 토론 활동을 할 때 교수자가 모둠별로 토론 과정에 최소한으로 참여하여 모둠별 토론이 바른 방향으로 진행되도록 안내할 필요가 있었다. 개별 활동에서 나타난 예비교사들의 미흡한 지식이 모둠 활동에서 전혀 개선되지 않은 점은, 예비교사들의 모둠 활동에 교수자가 참여할 필요가 있음을 뒷받침하는 현상이라고 할 수 있다. 또한 전체 토론에서 교수자는 예비교사들의 지식 구성을 위한 안내자로서 적절한 발문과 예를 제시할 필요가 있다.

마지막으로, 본 연구에서의 교수실험은 장래 교사가 될 예비교사들에게 구성주의적 지식 구성의 경험을 제공했다는 데에, 그리고 구성주의적 교수·학습의 일면을 제공했다는 데에 그 의의가 있다. 구성주의적 수업을 전혀 경험하지 못한 예비교사들이 학교 현장에 진출하여 구성주의적 수업을 의미 있게 구현할 것을 기대하는 것은 모순이기 때문이다. 그럼에도 불구하고, 여러 가지 현실적인 여건을 고려해 볼 때, 구성주의적 수업을 한 강좌의 모든 차시에 적용하기는 현실적으로 불가능하다. 그러므로 예비교사 교육을 위한 강좌를 운영함에 있어서 구성주의적 수업과 전통적인 설명식 수업을 적절히 활용하는 것이 바람직할 것이다.

참고문헌

교육과학기술부(2009). **초등학교 교사용 지도서 수학 2-2**. 교육과학기술부.

나귀수(2010). 초등학교 예비교사의 수학적 지식 구성에 대한 연구: 구성주의적 교수실험을 중심으로. **학교수학, 12**(2), 151-176.

박영배(1996). **수학 교수 학습의 구성주의적 전개에 관한 연구**. 서울대학교 대학원 박사학위논문.

Simon, M. A., Tzur, R., Heinz, K., & Kinzel, M. (2000). Characterizing a perspective underlying the practice of mathematics teachers in transition. J*ournal for Research in Mathematics Education*, 31(5), 579-601.

Shulman, L. (1986). Those who understand: Knowledge growth in teaching. *Educational Researcher*, 15, 4-14.

대한수학교육학회지 <학교수학> 제 12 권 제 2 호
Journal of Korea Society of Educational Studies in Mathematics
School Mathematics Vol.12, No.2, 151-176. Jun. 2010

초등학교 예비교사의 수학적 지식 구성에 대한 연구[1)]
- 구성주의적 교수실험을 중심으로 -

나 귀 수*

본 연구는 초등학교 예비교사들을 대상으로 구성주의적 관점에 근거한 교수실험을 실시하고, 구성주의적 수업에서 예비교사들이 비율 개념에 대한 수학적 지식을 어떻게 구성하고 발전시켜 나가는가를 보고하고, 예비교사들이 인식하는 구성주의적 수업의 의의, 한계, 어려움 등을 조사하는 데에 그 목적이 있다. 본 연구 결과, 구성주의적 관점을 적용한 수업에서 예비교사들의 수학적 지식의 구성 가능성과 그 한계를 확인할 수 있었다. 예비교사들은 학습할 개념에 대한 사전 사고 경험 제공, 학습할 개념의 심층적 이해 및 적극적 수업 참여, 학습한 개념에 대한 기억의 강화, 오개념 교정의 기회 제공, 초등학교 학생들의 학습 과정 경험 등을 구성주의적 수업의 의의로서 지적하였으며, 많은 시간의 소요, 모둠별 토론에서 즉각적 피드백의 미흡, 구성주의 수업 적응에의 어려움, 일정 수준 이상의 지식이 없는 학생들이 갖는 어려움, 전체 토론에서 발문의 중요성 등을 구성주의적 수업의 한계와 어려움으로 지적하였다.

I. 연구의 필요성 및 목적

구성주의는 1990년대 이후 수학교육의 큰 흐름으로서 국내외 수학교육 연구의 한 축을 형성하였으며(Steffe & Gale, 1995; Simon & Blume, 1996; Frid, 2000), 예비교사 교육 연구에도 큰 영향을 미쳤다(Chapman, 2008; Ebby, 2000; Jaworski & Wood, 2008; Goodell, 2006; Lee, 2005; McDuffie, 2004). 또한, 구성주의는 수학과 교육과정에도(c.f. 교육인적자원부, 2007, 2008; 교육과학기술부, 2009; NCTM, 1988, 2000) 기본 토대로 작용하였다. 우리나라의 제7차 수학과 교육과정 및 2007 개정 교육과정에도 구성주의 철학이 암묵적으로 그 배경으로 스며들어 있다고 할 수 있다(백석윤 & 이명희, 2008).

구성주의가 수학교육 연구 및 수학과 교육과정에 지대한 영향을 미쳤음에도 불구하고, 구성주의가 실제 학교 현장의 수학 수업에 의미있는 영향을 미쳤는가에 대해서는 재고의 여지가 있다. 학교 현장에서 이루어지고 있는 수학 수업에서 구성주의적 관점에 따른 교수 · 학습이 실질적으로 이루어지고 있는지, 그리고 바람직한 영향을 미치고 있는가에 대해서 확신할 수 있는 연구 결과가 존재하지 않는다.

본 연구는 대학에서 예비교사들에게 수학교육을 지도하고 있는 본 연구자의 문제의식으로부터 비롯되었다. 본 연구자가 직면한 문제의식은 본 연구자가 진행하고 있는 예비교사 교육 강좌에서 취하고 있는 교수 방식과 예비교

---

* 청주교육대학교 (gsna21@cje.ac.kr)

1) 이 논문은 2009년 한국연구재단의 '대학교육과정개발 연구지원사업'의 지원을 받아 수행된 연구임 (과제번호: KRF-2009-076-B00035).

사 교육 강좌에서 강조하고 있는 내용 사이의 불일치였다. 본 연구자는 교육대학교에서 장차 초등학교 교사가 될 예비교사들에게 수학교육을 지도하면서, 초등학교 현장에 진출했을 때 수학적 지식을 일방적으로 전달하지 말고 학생들 스스로 수학적 지식을 능동적으로 구성하도록 지도할 것, 학생들이 자신의 수학적 사고를 반성함으로써 수학적 사고 수준을 향상시킬 수 있도록 도울 것, 학생들 사이의 수학적 의사소통 및 학생들과 교사 사이의 수학적 의사소통과 상호작용을 활성화할 것 등을 강조하였다. 본 연구자가 예비교사 교육에서 강조하는 이러한 사항들은 전체적으로 구성주의적 관점을(박영배, 1996; Ernest, 1991; Steffe, & Gale, 1995; von Glasersfeld, 1995; Wood, 1995) 토대로 하고 있다고 할 수 있다.

그러나 본 연구자가 강의하는 수학교육 강좌에서는 구성주의적 관점에 근거한 교수·학습이 이루어지지 않고 있었다. 본 연구자의 수학교육 관련 강좌는 전통적인 방식의 설명 위주의 전달식 수업으로 진행되고 있었다. 본 연구자는 예비교사들에게 장차 교사가 되었을 때 구성주의적 교수·학습 관점을 수학 수업에서 구현할 것을 강조하면서, 정작 본 연구자가 교사(교수)로서 진행하는 수업에서는 구성주의적 관점을 전혀 구현하지 못하고 전통적인 방식의 설명식 위주로 수업을 진행하고 있었던 것이다. 이와 같은 불일치는, 교사 교육과 실제 학교 교실 수업 사이에 존재하는 간격을(Frid, 2000; Simon, Tzur, Heinz, & Kinzel, 2000) 더욱 벌어지게 하는 나쁜 영향을 미칠 수 있다. '배운 대로 가르친다'는 모두가 동의하는 격언이 있듯이, 구성주의적 수업을 경험하지 못한 예비교사들이 학교 현장에 진출하여 구성주의적 수업을 의미있게 구현할 것을 기대하는 것은 모순이라는 데에 본 연구자의 문제의식이 있었다.

본 연구는 예비교사 교육에서 구성주의적 관점에 근거한 교수실험(수업)을 실시하고, 구성주의적 수업에서 예비교사들이 수학적 지식을 어떻게 구성하고 발전시켜 나가는가를 확인하고, 예비교사들의 수학적 지식의 구성 가능성과 그 한계를 확인하는 데에 목적이 있다. 또한 예비교사들이 직접 경험한 구성주의적 수업을 어떻게 인식하는지, 즉 예비교사들이 인식하는 구성주의적 수업의 의의, 한계, 어려움 등을 조사하는 데에 그 목적이 있다.

II. 선행 연구 고찰

구성주의 관점에서, 인식 주체는 자신이 경험한 세계에 대한 능동적인 인지적, 사회적 참여를 통해 자기 자신의 지식을 구성한다(von Glasersfeld, 1995). 이와 같은 인지적, 사회적 참여는 물리적 정신적 활동에 대한 개인적인 해석과 반성과 관련되며, 그 결과 인식 주체는 실행 가능하고 적용 가능한 인지 구조와 활동 양식을 만들어낸다(Wood, 1995). 이와 같은 구성주의는 1990년대 이후 수학교육의 큰 흐름으로서 국내외 수학교육 연구의 한 축을 형성하였으며, 구성주의적 관점 하에 다양한 연구들이 진행되었다(박영배, 1996; Steffe & Gale, 1995; Simon & Blume, 1996; Frid, 2000).

구성주의는 수학 교사 교육 및 예비교사 교육 연구에도 큰 영향을 미쳤다. 비록 구성주의적 관점을 표방한다고 명시하지는 않았지만, 수학 교사 교육 분야의 많은 연구들이 구성주의적 관점을 암묵적으로 전제하면서 수행되었다(Chapman, 2008; Jaworski, 2008; Jaworski & Wood, 2008). 수학 교사 교육 연구에서 구성주의적 관점을 명시적으로 표방하면서 수행된 연구로는 Ebby(2000), Frid(2000), Goodell(2006), Lee(2005), McDuffie(2004), Simon & Blume (1996) 등을 들 수 있다. 이하에서는 이들 연구들에 대해 살펴보기로 한다.

Ebby(2000)는, 구성주의적 관점을 토대로, 예비교사들을 교수에 대한 지식의 수용자가 아닌 지식의 창조자(creator)로 설정하고, 교수와 학교에 대한 비평적 관점을 갖도록 격려하면서 연구를 수행하였다. Ebby는 3명의 초등학교 예비교사들이 대학원 석사학위 과정의 방법론 강좌에서 수학 학습자로서의 경험한 것과 학교 현장에서 실습하면서 수학 교사로서 경험한 것 사이에서 만들어낸 연결성을 조사하였다. 초등학교 예비교사들이 대학원의 방법론 강좌에서 수학적 탐구에 참여한 경험이 수학 실습 교사로서 자신들을 이해하는 방식에 어떤 영향을 미치는가를 예시하기 위하여 3가지의 사례를 제시하였다. Ebby는 교사 교육자로서의 관점을 학교 현장 실습에서 예비교사들이 경험을 통해 학습한 것까지를 포괄하는 데까지 확장할 필요가 있음을 주장하였다. 또한 대학에서의 방법론 강좌를 운영할 때 예비교사들이 자신의 교수 활동으로부터 학습하는 습관을 갖도록 격려하고 도울 것을 주장하였다.

McDuffie(2004)는 자기-주도적인 반성적 참여자(reflective practitioner)의 발달을 강조하는 구성주의적 관점 하에, 2명의 초등학교 예비교사의 실습 기간 동안의 반성적 실제를 조사하였다. McDuffie는 반성적 실제에 대한 관점을 확장하여 '숙고하는 참여자(deliberate practitioner)'를 위한 틀을 설정하였으며, 이 틀을 기준으로 하여 반성적 과정에 대한 예비교사들의 사고와 예비교사들이 실제 지도에서 교수학적 내용 지식을 어떻게 활용하는가를 조사하였다. 연구 결과, 예비교사들은 지도에서 문제시되는 사건들을 예상하거나 문제가 되었던 사건에 대해 반성할 때 자신의 교수학적 내용 지식을 활용하는 것으로 나타났다. 그러나 예비교사들은 교수학적 내용 지식의 한계와 자신감의 부족으로 인해 실제로 가르치는 행위에 대해서는 반성을 제대로 하지 못했으며, 가르치는 행위 밖의 실제에 대해 반성을 더 잘하는 것으로 나타났다.

Lee(2005)는 예비교사들이 자신의 행동을 반성함으로써 혼란스러운 문제들을 해결해 간다는 구성주의적 관점 하에 자신의 교수법 강좌를 운영하였다. Lee는 3명의 예비교사들이 기술공학적 도구를 갖춘 학생들의 수학적 문제해결을 촉진하는 자신의 역할을 어떻게 해석하고 발달시키는가를 자세하게 보고하였다. Lee는 자신이 담당하고 있는 예비교사 교육 강좌에서 예비교사들에게 계획-경험-반성의 세 단계를 2번 반복하도록 하였다. 사례연구 방법을 활용하여 각각의 단계에서 발생한 중요한 사건들을 확인하고 분석하였으며, 그 사건들이 예비교사들과 학생들의 교수·학습 활동에 어떤 영향을 미치는가를 조사하였다. 연구 결과, 예비교사들은 교수학적 결정을 내리는 데에 자신의 문제해결 방법을 활용하였으며, 학생들을 예비교사 자신의 문제해결 전략으로 이끌기 위해 발문하였다. 또한 예비교사들은 학생들의 문제해결을 촉진하기 위한 자신의 노력을 인식하면서 학생들과의 상호작용을 개선하는 데에 집중하였으며, 학생들의 수학적 사고를 촉진하고 관심을 집중시키기 위해 기술공학적 표현을 사용하였으며, 학생들과의 상호작용의 본질에 일관되는 방식으로 기술공학 도구를 사용하는 것으로 나타났다. Lee는 기술공학이 풍부한 환경에서 수학을 어떻게 가르칠 것인가에 대한 예비교사들의 확장된 학습 궤도를 개발하기 위한 심층적 연구가 필요함을 제안하였다.

Goodell(2006)은 예비교사 교육 강좌에서 학

습 이론으로서의 구성주의를 표방하는 동시에 자신의 지도 방식 그 자체를 구성주의적 관점에 토대하면서 교수(교사)로서 본인 스스로가 구성주의자가 될 것을 표방하였다. Goodell은 예비교사들이 실습 기간 동안 접했던 사건 중에 중요하게 생각하는 사건은 무엇이며, 예비교사들이 그러한 주요 사건에 대한 반성 과정에서 이해를 위한 지도에 대해 학습한 것이 무엇인가를 조사하였다. 연구 결과, 예비교사들이 실습 기간에 경험했던 중요한 사건은, 지도와 교실 관리, 선수 지식, 이해, 저항, 동기유발 등과 같은 학생 요인, 동료, 학생, 학부모와의 관계에 대한 문제, 학교 정책이나 학교 자원에의 접근과 같은 학교 조직상의 문제 등의 네 영역에 집중되어 있었다. 또한 예비교사들의 이해를 위한 지도에 대한 학습은, 이해를 위한 지도에 필수적인 조건, 이해를 위한 지도의 촉진자, 이해를 위한 지도에서의 장애물 등의 세 영역에 집중되어 있는 것으로 나타났다.

Simon & Blume(1996)는 초등학교 예비교사들을 위한 수학 교수법 강좌를 전체-학급 구성주의적 교수실험으로 진행하면서 예비교사들의 수학적 정당화를 조사하였다. Simon & Blume은, 예비교사들의 학교 수학에 대한 전통적인 기대와 강의자(교수)의 개혁-지향적인 관념이 공존하는 상태에서, 수학적 정당화에 대한 예비교사들의 교실 규준이 어떻게 확립되어 가는가를 상세하게 기술하였다. Simon & Blume은 교수실험에서 전사된 3개의 에피소드를 분석하여, 수학을 행하기(doing) 위한 새로운 교실 규준을 합의하는 상호적인 과정, 예비교사들이 정당화 상황에 반응하는 범위, 수학적 타당성을 조사하는 것과 교실 공동체에서 수학적 이해를 발달시키는 것 사이에 존재하는 복잡한 상호관련성 등을 보고하였다.

Frid(2000)는 구성주의가 실제 교실 수업에 실질적인 영향을 미치지 못했다고 주장하였다. Frid는 자신이 지도하는 초등학교 예비교사와의 공동 연구를 통해, 경험적 증거와 이론적 증거를 활용하여 구성주의가 학교 현장에 바람직한 영향을 미치지 못한 이유를 조사하였다. Frid는 구성주의가 학교 현장에 바람직한 영향을 미치지 못한 이유로, 교사 교육과 학교 교실 수업 사이의 간격, 교사 교육자와 교사(예비교사)의 교수·학습에 대한 관점의 차이에 내재되어 있는 잠재적 갈등, 교육적 실제를 구성하는 있는 담화(discourse) 조사의 미흡 등을 제시하였다. Frid는 이러한 문제들을 해결하는 것이 수학교육자들이 당면한 과제라고 주장하였다.

이상에서 살펴본 바와 같이, 구성주의와 밀접한 관련을 맺으면서 수행된 교사 교육 연구가 국외에서 많이 수행된 반면, 국내에서 수행된 교사 교육 연구들 중에서 구성주의와 밀접한 관련을 맺으면서 수행된 연구는 매우 미흡하다. 그러나, 비록 구성주의와 밀접한 관련을 맺지는 않지만, 예비교사들의 교수법과 관련된 교수실험을 실시한 연구들이 수행되었으며(김남희, 2006; 방정숙·김상화·최지영, 2009), 여기에서는 이 연구들에 대해 살펴보기로 한다.

김남희(2006)는 사범대학의 교수법 관련 강좌에서 산파법의 이해와 적용을 논의 대상으로 하여 예비수학교사들로 하여금 산파법에 의한 가상 수학 수업을 설계하고 실행하도록 하였다. 연구 대상으로 선정된 사범대학 수학교육과 3학년 44명의 학생들은 정규 강좌 시간을 활용하여 조별 프로젝트 활동으로 산파법 적용 수업을 실행하였다. 이 연구에서는 2차례에 걸쳐 실행된 수업 활동 결과에 대한 자료를 바탕으로 하여 예비수학교사의 산파법 적용 수학 수업 실행의 교육적 효과를 분석하였으며, 산파법 적용 수업 실행이 예비수학교사 교육에 주는 시사점을 도출하였다. 연구 결과, 산파법

이해, 수학 수업의 준비성 인식, 참여 수업의 활동 체험, 수업실기 능력 강화, 다양한 교수·학습 방법 접목 인식 등이 산파법 적용 수학 수업 실행의 교육적 효과로 제시되었다. 또한 예비수학교사 교육에 주는 시사점으로서, 예비수학교사들에게 수학교과교육론에서 다루는 학습·지도 방법들을 적용하여 수업을 계획, 실행하는 활동의 기회를 적극적으로 제공할 것과, 중등학교 교사 임용후보자 선정 경쟁시험의 수업실기 평가에서 수학교과교육론에서 다루는 학습·지도 방법의 적용을 평가의 한 요소로 다룰 것이 제안되었다.

방정숙·김상화·최지영(2009)은 교사 교육에서 효과적인 방법으로 소개되고 있는 사례기반 교수법을 수학 교사 교육에 접목시켰다. 이 연구에서는 사례기반 교수법을 한 학기동안 예비교사들에게 적용해 보면서, 구체적으로 각 사례에 대해서 무엇을 논의하고 그로부터 무엇을 학습하는지, 사례기반 교수법이 예비교사의 수학 수업 개발 및 반성에 어떠한 영향을 끼치는지, 사례기반 교수법에 대해서 예비교사들이 어떻게 비평하는지, 그리고 사례기반 교수법이 초등교사의 수학과 전문성 신장 측면에서 기여한 것은 무엇이고 개선의 여지가 있는 것은 무엇인지 등을 분석하였다. 연구 결과로서, 수업 사례에 대한 분석 및 논의에서는 좋은 수학 수업과 개선의 여지가 많은 수업이 구체적으로 보고되었다. 사례기반 교수법이 예비교사의 수학 수업 개발 및 반성에 끼친 영향으로는, 수업 준비 전반에 걸친 영향, 수학 수업의 특징을 고려한 설계와 실행 및 반성, 구체적인 사례로부터의 직접적이거나 간접적인 영향, 예비교사들의 수업 개발 및 반성에 대한 태도 등이 제시되었다. 또한 사례기반 교수법에 대한 예비교사의 비평으로서, 사례기반 교수법의 일반적인 장점, 사례기반 교수법의 운영 과정에서 얻은 이점, 다른 초등 교과교육 강좌와의 비교, 사례기반 교수법의 운영 과정에서 비롯된 어려움 등을 보고되었다.

한편, 우리나라의 2007 개정 수학과 교육과정에서는 수학적 개념의 깊이 있는 이해와 활용, 수학적 사고 및 수학적 추론 능력의 함양, 수학적 의사소통 능력의 육성, 수학적 문제해결 능력의 육성 등을 강조하였다(교육인적자원부, 2007). 이와 같은 강조 사항은 NCTM(1988, 2000)에서 수학교육에서 추구해야 할 방향으로 강조한 사항과 일관된다. NCTM에서는 학교수학에서 추구해야 할 원리와 규준을 구현하기 위해서 수학 교실에서 발생해야 할 주요 변화로서 다음과 같은 다섯 가지 사항을 제안하였다(NCTM, 1991).

- 수학 공동체로서의 교실을 지향하기: 단순히 개인들의 모임으로서의 교실로부터 벗어나기
- 정당화로서 논리와 수학적 증거를 지향하기: 옳은 답에 대한 절대적 권위를 교사에게 주는 것에서 지양함
- 수학적 추론을 지향하기: 단순히 기계적 절차를 암기하는 것에서 벗어남
- 추측하기, 발견하기, 문제해결을 지향하기: 기계적인 답 찾기를 강조하는 것에서 벗어남
- 수학, 수학의 아이디어, 수학의 적용의 연결을 지향하기: 수학을 분절된 개념이나 절차들의 구현체로 다루는 것을 지향함.

이와 같은 변화들이 모두 필수적이고 중첩되어 있기는 하지만, 본 연구는 위의 다섯 가지 변화 중에서 특히 첫 번째 항목인 '수학 공동체로서의 교실 지향하기'와 밀접한 관련이 있다. 본 연구에서 실시한 교수실험은 구성주의의 관점을 토대로 '수학 공동체로서의 교실'을 지향하면서 예비교사들의 개별적 반성, 모둠 토론, 전체 토론 등을 통하여 수학적 지식을 구성하고 발전시킬 것을 지향하였다.

III. 연구 방법 및 대상

1. 연구 대상

본 연구의 대상은 H-교육대학교에서 수학교육을 심화과정으로 이수하고 있는 3학년 예비교사 34명이다. 이 예비교사들은 본 연구자가 담당하고 있는 「규칙성과 함수」라는 강좌를 수강하고 있는 학생들이다. 「규칙성과 함수」 강좌는 H-교육대학교의 수학교육과 심화과정으로 개설되어 있는 9개 과목중의 하나이며, H-교육대학교의 수학교육과 예비교사들이 3학년 1학기에 이수해야 하는 과목이다.

34명의 예비교사들이 본 연구의 교수실험에 참여한 시기는 2010년 3~4월이다. 본 연구에 참여한 예비교사들은 H-교육대학교의 1학년과 2학년 교사 교육 프로그램을 이수한 상태에서 본 연구에 참여하였으며, 수학교육 관련 강좌로서 「수학교육Ⅰ」을 이수한 상태에서 본 연구에 참여하였다.[2]

2. 연구 방법 및 절차

본 연구는 34명의 H-교육대학교의 수학교육과 3학년 예비교사 34명을 대상으로 한 구성주의적 교수실험의 일부분에 해당한다. 본 연구가 속해 있는 교수실험은 구성주의적 관점을 바탕으로 하여 비율과 비에 대한 예비교사들의 수학적 지식 및 교수학적 지식의 구성 과정을 확인하고자 하는 목적으로 실시되었다.

본 연구에서 예비교사들의 수학적 지식 및 교수학적 지식은 Shulman(1986)의 구분을 따른 것이다. Shulman(1986)은 교사들이 지녀야 할 지식을 크게 일반교수법 지식(general pedagogical knowledge)과 내용 지식(content knowledge)으로, 그리고 내용 지식은 다시 교과 내용 지식(subject matter content knowledge), 교수학적 내용 지식(pedagogical content knowledge), 교육과정 지식(curricular knowledge)으로 구분하여 설명하였다. 본 연구에서의 수학적 지식과 교수학적 지식은 각각 Shulman의 교과 내용 지식과 교수학적 내용 지식을 의미한다. 교과 내용 지식은 수학 그 자체에 대한 지식을 의미하며, 교수학적 내용 지식은 수학이라는 교과를 가르치기 위해 필요한 지식으로서 다른 사람이 이해할 수 있도록 수학 주제를 표현하고 공식화하는 가장 유용한 표현 형식, 학생들의 오개념과 그러한 오개념이 추후의 학습에 미치는 영향 등에 대한 지식 등을 의미한다.

본 연구가 속해 있는 전체 교수실험의 내용과 방법은 다음의 <표 III-1>과 같다.

<표 III-1> 전체 교수실험의 내용과 방법

차시	내용	방법
1차시	비율과 비에 대한 수학적 지식 구성	개별 활동
2차시		모둠 활동
3~4차시		전체 토론 및 정리
5차시	비율과 비에 대한 교수학적 지식 구성	개별 활동
6차시		모둠 활동
7~8차시		전체 토론 및 정리
9차시	자기-보고서 작성	개별 활동

2) 참고로, H-교육대학교의 수학교육 관련 강좌들을 살펴보면, 모든 학생들이 필수로 이수해야 할 강좌는 「수학교육Ⅰ」과「수학교육Ⅱ」로서 각각 대학교 2학년, 3학년에서 다룬다. 「수학교육Ⅰ」에서는 일반적인 수학교육 이론을 다루며, 「수학교육Ⅱ」에서는 초등학교에서 다루는 다양한 주제들, 예를 들어, 수와 연산, 도형, 측정, 확률과 통계, 규칙성과 함수, 문제해결 등과 관련된 내용을 다룬다. 한편, H-교육대학교에서 수학교육과에 속해서 수학교육을 심화 전공하는 학생들은, 다른 학생들보다 수학 또는 수학교육 관련 강좌를 20학점 정도 더 이수해야 한다. H-교육대학교의 수학교육 심화 과정으로 개설되어 있는 강좌는, 「수와 연산」, 「규칙성과 함수」, 「도형과 측정」, 「확률과 통계」, 「수학사와 수학교육」, 「수학교육철학」, 「수학 문제해결」, 「수학교육 이론 탐구」, 「멀티미디어와 수학교육」 등이며, 3학년과 4학년에서 이수하도록 되어 있다.

전체 교수실험은 2010년 3~4월에 총 9차시(1차시는 50분)로 진행되었다. 교수실험은 「규칙성과 함수」 강좌에서 다루는 수학 주제인 비율과 비 개념에 대한 예비교사들의 수학적 지식 및 교수학적 지식 구성을 중심으로 이루어졌다. 교수실험은 '비율과 비에 대한 수학적 지식 구성(개별 활동→모둠 활동→전체 토론 및 정리) → 교수학적 지식 구성(개별 활동→모둠 활동→전체 토론 및 정리) → 자기-보고서'의 순서로 진행되었다.[3] 본 연구에서는, 지면 관계상, 전체 교수실험 내용 중에서 1~4차시에 이루어진 비율에 대한 수학적 지식 구성과 9차시에 이루어진 자기-보고서의 내용을 보고하고자 한다.

본 연구의 교수실험에서 연구자는 강좌 전체를 이끌어가는 안내자의 역할을 수행하였다. 개별 활동과 모둠 활동은 철저히 예비교사들의 주도로 진행되었으며 본 연구자는 전혀 개입하지 않았다. 전체 토론 활동은 예비교사들이 자유롭게 의견을 주고받는 토론 형식으로 진행되었으며, 이 과정에서 본 연구자는 예비교사들의 의견을 조율하는 동시에 토론을 이끌어가는 안내자의 역할을 수행하였다.

본 연구에서 수집하고 분석한 자료는, 비율 개념에 대한 수학적 지식 구성을 위해 예비교사들이 작성한 개인별 활동지와 모둠별 활동지, 전체 토론 활동을 기록한 비디오/오디오 녹화 자료 등이다. 또한 본 연구에서는 예비교사들이 작성한 자기-보고서 자료를 활용하여 구성주의적 교수실험에 대한 예비교사들의 의견을 조사할 것이다.

IV. 구성주의적 교수실험의 실제

1. 교수실험의 전반적 내용

본 연구가 속해 있는 교수실험에서는 구성주의적 관점을 토대로 비율과 비에 대한 수학적 지식과 교수학적 지식을 예비교사들이 스스로 구성해 나가는 데에 초점을 두었다. 구성주의는 학습자가 지식을 수동적으로 수용하는 것이라는 종래의 관점을 부정하고, 학습자가 스스로의 능동적인 구성 활동을 통해 자신에게 의미 있는 지식을 구성해 나간다고 주장한다. 구성주의에는 다양한 분파가 존재하지만, 학습자의 능동적인 반성 활동이나 사회적 상호작용을 중시한다는 점에서 공통점을 갖는다(황혜정 외., 2007).

본 연구의 교수실험에서는 다음과 같은 구성주의의 세 가지의 기본 전제를 토대로 하였다(박영배, 1999; 교육과학기술부, 2009).

- 지식은 학습자에 의해 능동적으로 구성되거나 발견되는 것이다.
- 학습자는 자신의 신체적, 정신적 활동에 대한 반성을 통해서 새로운 수학적 지식을 구성한다.
- 학습에는, 학습자가 교사나 친구들과 함께 토론하고 대화하는 사회적 과정이 반영되어 있다. 또한, 학습자는 자신이 수행한 수학적 사고 과정을 설명하며 정당화하는 활동에 적극적으로 참여할 필요가 있다.

본 연구의 교수실험은, 이와 같은 구성주의의 기본 전제를 충족시키기 위하여, 비율과 비 개념에 대한 수학적 지식과 교수학적 지식을 예비교사들 스스로 반성하고 동료들과의 토론을 통해 구성할 수 있도록 설계되었다. 수학적 지식과 교수학적 지식 구성을 위한 교수실험은 각각 '개별 활동 → 모둠 활동 → 전체 토론 활동' 순으로 진행되었다. 먼저, 개별 활동은 예비교사 본인이 가지고 있는 비율과 비 개념에 대한 수학적/교수학적 지식을 반성하고 기록함

3) 교수실험의 구체적인 내용은 다음 장인 '4. 구성주의적 교수실험의 실제'를 참고하기 바란다.

으로써 예비교사들이 현재 가지고 있는 지식을 출발점으로 하여 새로운 지식을 구성하는 것을 목적으로 하였다. 다음으로, 모둠 활동에서는 개별 활동을 통해 반성된 개별적 지식을 모둠 활동을 통해 동료 예비교사들과 토론함으로써, 사회적 과정을 통해 모둠별 지식을 합의하고 정돈하도록 하였다. 마지막으로, 전체 토론 활동은 모둠별 활동을 통해 합의된 지식을 다시 예비교사 전체 토론을 통해 수학적으로 적절하게 정돈하는 것을 목적으로 하였다. 전체 토론 활동은, 모둠별 활동의 결과로서 합의된 지식이 수학적으로 완벽하다고 할 수 없으므로 예비교사들과 본 연구자가 모두 참여하는 전체 토론을 통해 완벽하고 적절한 수학적 지식으로 정돈하는 데에 그 의의가 있다.

비율과 비 개념에 대한 수학적/교수학적 지식 구성을 위한 '개별 활동 → 모둠 활동 → 전체 토론 활동' 후에는 예비교사들에게 자기-보고서(self-report)를 작성하도록 하였다. 자기-보고서에서는, 구성주의적 교수실험에 대한 예비교사들의 견해, 구성주의적 관점을 바탕으로 한 교수실험이 여타의 전통적인 강의 방식과[4] 비교하여 갖는 장점과 단점, 교수실험을 통해 알게 된 내용, 교수실험과 같은 강의 방식을 초등학교 수학 수업에 적용할 수 있는가 등에 대해 예비교사들이 자유롭게 기술하도록 하였다.

2. 비율 개념의 수학적 지식 구성을 위한 교수실험

앞에서 언급한 바와 같이, 본 연구에서는 지면 관계상 전체 교수실험 중에서 1~4차시에 이루어진 비율에 대한 수학적 지식 구성과 9차시에 이루어진 자기-보고서의 내용 중에서 구성주의적 교수실험에 대한 예비교사들의 반응을 보고하고 분석하고자 한다.

본 연구에서 보고하는 교수실험에서는 비율 개념에 대한 수학적 지식을 예비교사들이 스스로 구성하도록 하기 위하여, '개별 활동 → 모둠 활동 → 전체 토론 활동' 순으로 진행하였다. 개별 활동에서는 비율이 수학적으로 의미하는 바를 예비교사 스스로 정의하고 설명하도록 하였다. 예비교사들에게 개인별 활동지를 제시하였으며, 비율 개념에 대한 예비교사 자신의 수학적 이해 상태를 기록하도록 하였다. 예비교사들은 초·중·고등학교를 거치면서 비율에 대해 이미 학습했으며, 따라서 비록 미흡한 이해 상태에 있을지라도, 수학적 개념으로서의 비율이 의미하는 바를 어느 정도 이미 알고 있다. 이와 같은 개별 활동은, 예비교사들이 이미 학습하여 알고 있는 비율 개념을 개별적으로 정의하고 설명하도록 함으로써, 예비교사들이 현재 가지고 있는 비율 개념에 대한 지식을 반성하고 그것을 출발점으로 하여 새로운 지식을 구성해 나가는 것을 목적으로 하였다.

모둠 활동에서는 4~5명으로 구성된 모둠에서 구성원들끼리 비율 개념을 수학적으로 정의하고 설명하도록 하였다. 모둠 활동의 목적은, 모둠별 구성원들의 충분한 토론과 상호작용을 통해 모둠 구성원들의 개별적인 지식을 서로 공유하는 것이다. 동시에 구성원들끼리의 충분한 의사소통을 통해 모둠 구성원들이 모두 합의하는 비율에 대한 수학적 정의와 설명을 산출하기 위한 것이다. 그리고 모둠별 활동에서 논의된 비율 개념에 대한 수학적 지식 구성에 대한 모든 과정과 결과는 모둠별 보고서에 가능한 한 상세하게 기록하여 제출하도록 하였다.

4) 여기에서 전통적인 강의 방식은, 교수가 수학교육과 관련된 여러 이론들을 예비교사들에게 설명함으로써 수학교육 지식을 전달하는 것을 중심으로 하는 강의 방식이다.

모둠별 활동이 끝난 후에는 어느 한 모둠의 보고서를 가지고 전체 토론을 실시하였다. 전체 토론 활동은 모둠별 활동을 통해 합의된 비율 개념에 대한 수학적 정의와 설명의 적합성을 전체 토론을 통해 반성적으로 확인하고, 부적합한 내용이 있다면 전체 토론을 통해 수정하고 옳은 수학적 지식으로 정돈하는 것을 목적으로 하였다. 전체 토론 활동의 모든 과정은 비디오와 오디오로 녹화되었다. 전체 토론에서는, 먼저 예비교사 1명이 나와서 본인이 속한 모둠에서 합의한 비율에 대한 수학적 정의와 설명을 전체 예비교사들에게 제시하였다. 다음으로, 그 모둠의 설명을 들은 예비교사들은 발표한 모둠의 정의와 설명에 대해 문제를 제기하고 전체적으로 토론하였다.

이 과정에서 본 연구자(강의자)는 예비교사들의 전체 토론을 조율하고 안내하는 촉진자(facilitator)의 역할을 하였다. 본 연구자가 전체 토론에서 이와 같은 촉진자의 역할을 한 것은 von Glasersfeld(1995)가 제안한 구성주의의 교수학적 시사점에 따른 것이다. von Glasersfeld(1995)는, 구성주의적 관점에서 교사는 학생들이 개인적으로 의미를 구성하도록 뒷받침해야 하며 적절한 활동과 발문을 제공할 필요가 있으며, 이미-만들어진 지식을 단지 전달하는 전달자의 역할을 해서는 안 된다고 주장하였다. 본 연구자는 예비교사들의 토론 과정에서 수학적으로 중요한 내용이 언급될 때는, 그것을 더욱 심층적으로 논의하도록 예비교사들을 격려하였다. 예비교사들의 전체 토론 내용이 중심을 잡지 못하고 수학적으로 중요하지 않는 내용으로 흐를 때는, 본래의 토론 주제로 다시 돌아오도록 발문을 하였다. 또한 예비교사들의 전체 토론에서 비율 개념에 대한 중요한 측면이 다루어지지 않을 때에는, 그 측면을 다룰 수 있도록 최소한의 발문을 제시하였다.

본 연구의 교수실험에서는 비율과 비 개념에 대한 수학적/교수학적 지식 구성을 위한 활동 후에 예비교사들에게 자기-보고서(self-report)를 작성하도록 하였다(<표 3-1> 참고). 예비교사들이 작성한 자기-보고서에는, 구성주의적 교수실험에 대한 예비교사들의 의견, 교수실험을 통해 알게 된 내용, 교수실험과 같은 구성주의적 강의 방식의 초등학교 수학 수업에의 적용 가능성 등과 관련된 내용이 포함되어 있다. 본 연구에서는 자기-보고서에 포함되어 있는 이러한 내용들 중에서 구성주의적 교수실험에 대한 예비교사들의 의견, 즉, 예비교사들이 인식하는 구성주의적 수업의 의의, 한계, 어려움 등을 주로 보고하고자 한다. 그 이유는 지면 관계상 본 연구의 내용을 비율 개념에 대한 예비교사들의 수학적 지식 구성으로 한정하였기 때문이다.

V. 결과 및 논의

이 절에서는 구성주의적 교수실험에서 나타난 예비교사들의 비율 개념에 대한 수학적 지식 구성 과정을 보고하고, 구성주의적 교수실험에 대한 예비교사들의 반응을 살펴보기로 한다.

1. 비율 개념에 대한 수학적 지식 구성

여기에서는 구성주의적 교수실험에서 나타난 예비교사들의 비율 개념에 대한 수학적 지식 구성 과정을 개별 활동, 모둠 활동, 전체 토론 순으로 살펴보기로 한다.

가. 개별 활동

본 연구의 교수실험에서 예비교사들이 개별 활동을 통해 제시한 비율에 대한 정의를 범주화하면 다음의 <표 V-1>과 같다.

<표 V-1> 비율의 정의: 개별 활동

비율의 정의	전체-부분	기준량-비교하는 양	축소-확대	백분율(%)
예비교사(명)	21	8	3	2
	34			

본 연구에 참가한 34명의 예비교사들 중에서 21명은 전체-부분 관계를 이용하여 비율을 정의하였다. 예비교사들이 제시한 정의를 예로 들면, '하나의 양이 전체에서 차지하는 양'이나 '한 가지 대상을 나타낼 때 전체를 일정하게 놓고 한 대상과 비교하는 것' 등이다([그림 V-1] 참고).

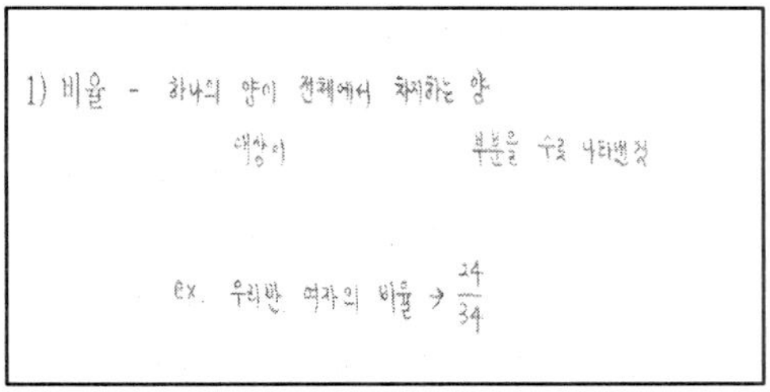

[그림 V-1] 전체-부분 관계를 이용한 비율의 정의: 예비교사-혜선

다음으로 8명의 예비교사들은 비율을 기준량-비교하는 양 관계를 이용하여 정의하였다. 예비교사들이 제시한 정의를 예로 들면, '기준이 되는 값을 중심으로 그에 해당하는 비교하는 값과의 관계를 나타낸 것'이나([그림 V-2] 참고), '여러 대상을 비교할 때 한 대상을 기준으로 한 다른 대상의 상대적 수치' 등이다.

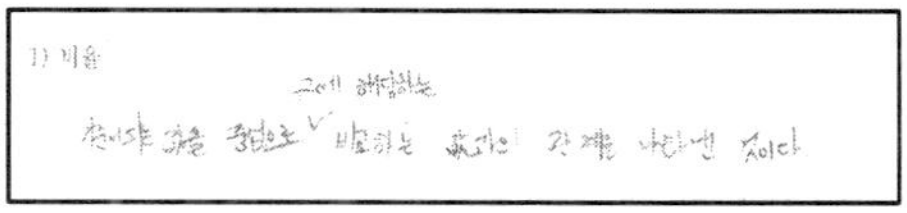

[그림 V-2] 기준량-비교하는 양 관계를 이용한 비율의 정의: 예비교사-경민

3명의 예비교사들은 비율을 축소-확대로 정의하였다. 이 예비교사들은 '한 대상을 축소하거나 확대한 정도', '같은 범주에 있는 (길이, 넓이 등) 두 요인이 서로 늘이거나 줄이면 같아지는 경우' 등으로 비율을 정의하였다. 2명의 예비교사들은 비율이 백분율이라고 정의하였다. 이 예비교사들은 비율을 '100%를 기준으로 환산하여 크기를 표시한 것', '비를 백분율로 표시한 것' 등으로 정의하였다.

개별 활동에서 나타난 예비교사들의 수학적 이해 정도를 종합해 보면, 34명의 예비교사들 중에서 8명(23.5%)만이 비율을 '기준량에 대한 비교하는 양의 크기'로서 수학적으로 옳게 이해하고 있음을 알 수 있다. 21명의(61.8%) 예비교사들은 비율을 '부분이 전체에서 차지하는 양'으로 이해하고 있으며, 이 예비교사들은 '기준량에 대한 비교하는 양의 크기'로서의 비율에서 기준량이 전체이고 비교하는 양이 부분이 되는 특수한 형태의 비율만을 생각함으로써 비율을 미흡하게 이해하고 있다고 할 수 있다. 3명의(8.8%) 예비교사들은 비율을 '한 대상을 축소하거나 확대한 정도'로 이해하고 있었으며, 2명의(5.9%) 예비교사들은 '비율은 백분율'이라고 이해하고 있었다. 이 예비교사들 또한 비율의 특별한 유형으로서의 확대나 축소, 백분율을 비율 그 자체로 생각하는 오개념을 가지고 있다고 할 수 있다.

나. 모둠 활동

본 연구의 교수실험에서는 예비교사들의 개

별 활동 후에 모둠별 활동을 실시하였다. 34명의 예비교사들을 총 8개 모둠(한 모둠은 4~5명)으로 구성하였으며, 비율 개념에 대한 토론을 통해 모둠별 정의와 설명을 제시하도록 하였다. 모둠별로 제시한 비율 개념에 대한 수학적 정의와 설명은 모둠 구성원들의 토론을 거쳐 합의된 것이라고 할 수 있다. 모둠별 토론의 결과로 합의된 비율에 대한 모둠별 정의는 다음의 <표 V-2>와 같다.

<표 V-2> 비율의 정의: 모둠별 활동

<table>
<tr><th>비율의 정의</th><th>전체 부분</th><th>전체-부분 & 기준량-비교하는 양</th><th>백분율 (%)</th><th>축소-확대</th></tr>
<tr><td rowspan="2">모둠 (수)</td><td>6</td><td>1</td><td>1</td><td>0</td></tr>
<tr><td colspan="4">8</td></tr>
</table>

8개 모둠 중에서 6개 모둠은 비율을 전체-부분 관계로서 정의하였다. 다음의 [그림 V-3]과 [그림 V-4]에 나타난 모둠 G1과 G2의 정의가 그 대표적인 정의이다. 모둠 G1은 비율을 '특정한 양(값)이 전체에 대해 차지하는 양을 수치화한 값'으로 정의하면서, 특정한 양을 비교량, 전체량을 기준량이라고 설명하고 있다. 모둠 G2는 비율을 '어떤 대상이 전체에서 차지하고 있는 정도 혹은 비중을 수치로 나타낸 것'으로 정의하고 있으며, 전체-부분 관계를 비율에서 핵심적인 측면으로 파악하고 있다.

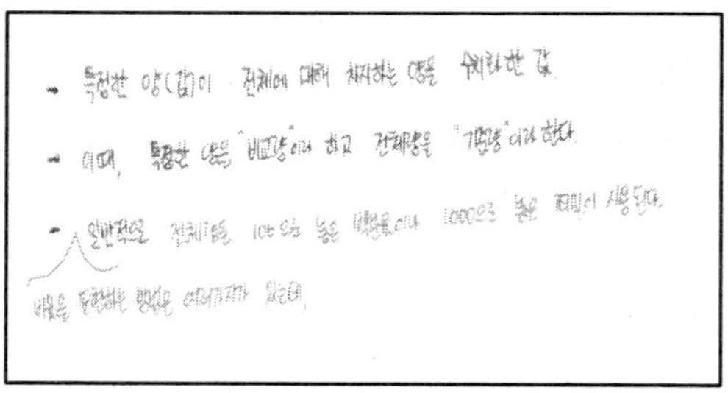

[그림 V-3] 모둠 G1의 비율 정의: 전체-부분 관계

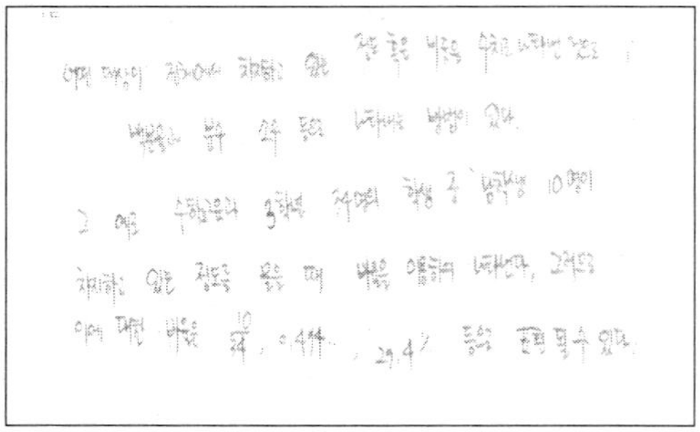

[그림 V-4] 모둠 G2의 비율 정의: 전체-부분 관계

8개 모둠 중에서 오로지 모둠 G3만 비율의 정의에서 기준량-비교하는 양 관계를 고려한 것으로 나타났다([그림 V-5] 참고). 모둠 G3은 비율을 '두 대상을 비교할 때 어느 한 값을 고정해 놓고 나머지 값을 그에 대해 비교'로 정의하고 있으며, 여기에서 '고정된 어느 한 값'은 기준량을 의미하고 '나머지 값'은 비교하는 양을 의미한다고 할 수 있다. 그러나 모둠 G3 또한 비율의 정의에서 기준량-비교하는 양 관계와 함께 전체-부분 관계를 언급하였다([그림 V-5] 참고). 모둠 G3은 비율을 '전체에서 부분이 차지하는 정도'라는 설명도 제시하고 있다. 모둠 G3은 '전체에서 부분이 차지하는 정도'로 정의한 것에서는 전체를 강조한 것이며, '두 대상을 비교할 때 어느 한 값을 고정해 놓고 나머지 값을 그에 대해 비교'로 정의한 것에서는 부분에 초점을 두고 있다고 부가적인 설명을 제시하고 있다. 모둠 G3에서 '두 대상을 비교할 때 어느 한 값을 고정해 놓고 나머지 값을 그에 대해 비교'로 비율을 정의한 것을 보면, 모둠 G3의 예비교사들이 비율 개념에서 두 대상의 비교, 즉 기준량과 비교하는 양을 암묵적으로 고려하고 있는 것으로 보인다. 그러나 '두 대상을 비교할 때 어느 한 값을 고정해 놓고 나머지 값을 그에 대해 비교'로 정의한 것이 부분에 초점을 두고 있다는 부가적인 설명으로부터, 모둠 G3의 예비교사들 또한 '전체-부분'

관계로서의 비율에서 완전히 벗어나지는 못하고 있음을 알 수 있다.

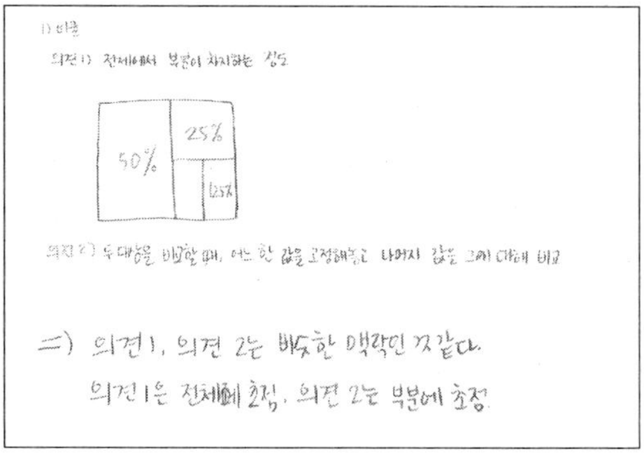

[그림 V-5] 모둠 G3의 비율 정의: '전체-부분' & '기준량-비교하는 양'

모둠 G4는 비율은 비라는 개념을 백분율로 표현한 것이라고 설명하고 있다. 또한 모둠 G4는 일상 언어에서 비율은 통상적으로 비의 개념으로 확장되어 쓰이지만, 수학적 개념에서 비율은 비를 백분율로 표현하는 것이라고 설명하고 있다. 백분율은 '기준량에 대한 비교하는 양의 크기'로서의 비율을 기준량을 100으로 해서 표현한 값이며, 기준량을 1로 했을 때의 비율은 분수나 소수로 표현될 수 있다. 모둠 G4는 비율을 표현하는 여러 방법 중의 하나인 백분율이 비율 그 자체라고 잘못 인식하고 있는 것으로 나타났다.

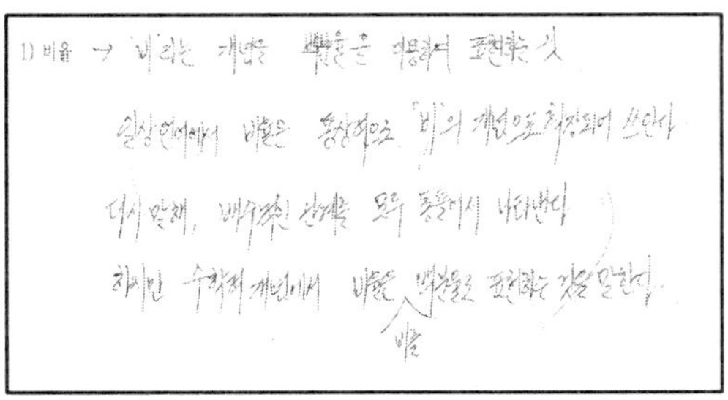

[그림 V-6] 모둠 G4의 비율 정의: '백분율'

모둠별 활동 결과, 비율을 '기준량에 대한 비교하는 양의 크기'로서 수학적으로 옳게 설명한 모둠은 존재하지 않았다. 개별 활동에서는 8명의 예비교사들이 '기준량에 대한 비교하는 양의 크기'로 비율을 설명하였지만, 모둠별 활동에서는 이러한 설명이 전혀 제시되지 않았다. 대다수의 예비교사들이 비율을 전체-부분 관계로만 생각했기 때문에, 개별 활동에서 비율을 '기준량에 대한 비교하는 양의 크기'로 생각한 소수의 예비교사들의 목소리가 반영되지 않은 것으로 판단된다. 비율을 '기준량에 대한 비교하는 양의 크기'로 생각한 소수의 예비교사들은 모둠 활동에서 자신의 의견을 끝까지 관철하지 못하고 다수의 예비교사들의 의견을 따라간 것으로 파악된다.

비율 개념에 대한 수학적으로 옳은 정의는 '기준량에 대한 비교하는 양의 크기'이다. 또한 비율 개념에는 전체-부분 비율, 부분-부분 비율, 내적 비율(종류의 같은 두 양의 비율), 외적 비율(종류가 다른 두 양의 비율), 분수 및 소수 표현과 백분율 표현 등의 다양한 측면이 내포되어 있다(김수현 & 나귀수, 2008; 정은실, 2003; Freudenthal, 1983; Streefland, 1985).

비율에 대한 개별 활동과 모둠별 활동의 결과, 대부분의 예비교사들은 비율의 특별한 유형인 전체-부분 비율을 비율 그 자체라고 이해하는 오개념을 가지고 있는 것으로 나타났다. 또한 일부 예비교사들은 비율의 표현 방법으로서의 백분율을 이해하지 못하고 비율과 백분율을 동일시하고 있었으며, 비율 개념이 적용되는 특별한 형태인 확대-축소를 비율과 동일시하는 것으로 나타났다.

다. 전체 토론

전체 토론에서는 개별 활동과 모둠 활동에서 나타난 예비교사들의 수학적 지식의 미흡한 측면을 예비교사들이 스스로 인식하고 적합한 수학적 지식으로 정돈해가는 데에 초점을 두었다. 예비교사들은 전체 토론을 통해 비율 개념에 대한 옳은 수학적 정의를 이해했으며, 비율 개념에 내포되어 있는 다양한 측면을 발견하고 정리하였다. 본 연구자는 필요할 때마다 예비교사들의 전체 토론 과정에 참여하였으며, 이는 예비교사들의 토론 중에서 중요한 내용과 질문 사항이 나왔을 때 예비교사들이 그것에 대해 심층적으로 토론하고 반성적으로 사고하도록 안내하기 위해서였다.

비율 개념의 수학적 지식 구성을 위한 전체 토론은 1시간 동안 진행되었으며, 다음에서는 전체 토론의 시작, 비율의 다양한 표현 방식 이해하기, 비율 정의하기, 상대적 크기로서 비율 이해하기 등의 네 부분으로 구분하여 전체 토론의 과정과 그 내용을 살펴보기로 한다.

가) 전체 토론의 시작

본 연구자는 전체 8개 모둠의 보고서를 미리 살펴본 다음, 전체 토론에서 논의하기에 가장 풍부한 내용을 포함하고 있는 보고서 1개를 선정하고, 이것을 전체 토론의 출발점으로 설정했다. 전체 토론은 8개 모둠 중에서 1개 모둠의 대표가 강의실 앞으로 나와서 자신의 모둠에서 논의한 내용을 전체 예비교사들에게 설명

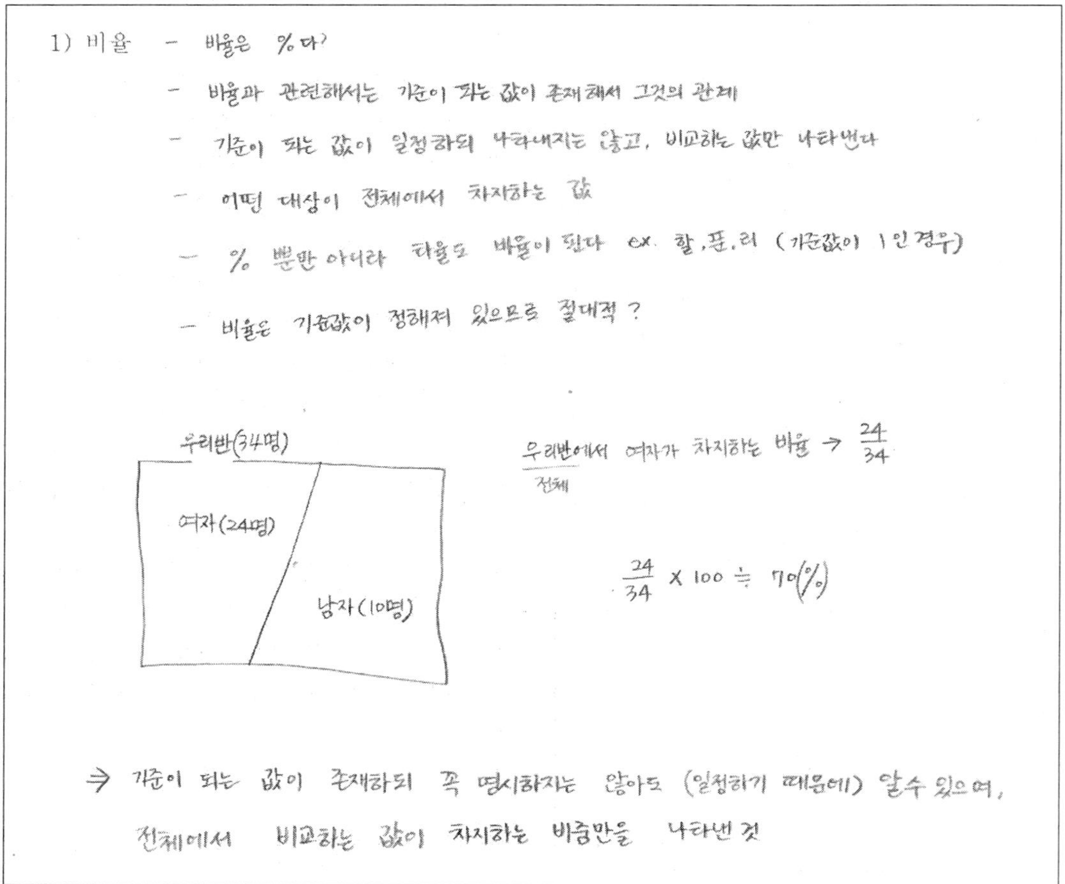
1) 비율 - 비율은 %다?
- 비율과 관련해서는 기준이 되는 값이 존재해서 그것의 관계
- 기준이 되는 값이 일정하되 나타내지는 않고, 비교하는 값만 나타낸다
- 어떤 대상이 전체에서 차지하는 값
- % 뿐만 아니라 타율도 비율이 된다 ex. 할, 푼, 리 (기준값이 1인 경우)
- 비율은 기준값이 정해져 있으므로 절대적?

우리반(34명)
여자(24명)
남자(10명)

우리반에서 여자가 차지하는 비율 → $\frac{24}{34}$
전체

$\frac{24}{34} \times 100 \fallingdotseq 70(\%)$

⇒ 기준이 되는 값이 존재하되 꼭 명시하지는 않아도 (일정하기 때문에) 알수 있으며, 전체에서 비교하는 값이 차지하는 비중만을 나타낸 것

[그림 V-7] 모둠 G5의 모둠보고서

함으로써 시작되었다.

본 연구자가 전체 토론의 출발점으로 선정한 모둠 보고서는 모둠 G5의 것이었다([그림 V-7] 참고). 모둠 G5의 대표 경우가 전체 토론의 시작으로 발표한 내용은 다음과 같다.

[장면 1] 전체 토론의 시작: 모둠 G5의 발표

경우(모둠 G5의 대표) : 저희 '수학의 신'조가 발표를 시작하도록 하겠습니다. 첫 번째, 비율을 저희 조는 일단은 다양하게 저희 조에서 나온 의견이, 첫 번째 비율은 퍼센트(%)다. 비율과 관련해서는 기준이 되는 값이 존재해서 그것의 관계하는 식의 설명인 것 같았고, 그리고 다섯 번째 줄 보면 %뿐만 아니라 타율도 비율이 된다 라는 식으로 비율에 관해서는 다양하게 표현이 가능하다는 것을 일단은 생각해 보았습니다. 마지막으로 비율은 기준값이 정해져 있으므로 절대적이라는 물음표를 제시했는데, 이 물음표에 대해서는 저희 조 내에서도 의견이 다양하게 갈렸기 때문에 전체 토론 시간에 함께 여러 학우분들과 의견을 나눠 보고자 이 의견도 저희 조 내에서는 질문식으로 적어 보았습니다.

R(본 연구자) : 여기에 여러분들이 전체 토론할 수 있는 내용이 굉장히 많이 있어요. 마지막 질문이 되게 좋지요? 비율은 기준값이 정해져 있으므로 절대적이다? 마지막 물음표에 대해서 조에서 논의된 것, 또는 의견 합의가 안된 것 등, 어떤 것이 있었어요?

경우 : 기준값이 정해져 있으므로 나와 있는 예를 들어, 백분율이라고 하면 기준을 100으로 두지 않습니까? 그런데 반해서 그럼 100으로 두는 거 외에도 솔직히 말하면 1000 두고도, 10000 두고도 또 다른 여러 여타의 값을 넣어서 해도 그렇게 보면 넣어서 비율을 충분히 만들 수도 있는데도 과연 비율을 절대적으로 봐야하는가? 어차피 값은 일정하기 때문에 절대적으로 볼 수 있지만, 기준이 되는 값이 다양하기 때문에 오히려 더 상대적인 것이 아닌가? 하고 저희 조 내에서도 의견이 분분했습니다. 그니깐 기준이 되는 것을 보면서 절대적이다 상대적이다 라는 의견이 나왔습니다.

R : 비율이라는 것이 100으로 보면 %인데 기준을 꼭 100으로 안보고, 1000으로 보고 10000으로 보고 그렇게 해도 된다는 거네요. 비율에 대한 또 다른 설명이 있네요.

경우 : 저희 조 같은 경우는 일단 그림을 그려서 일단 비율에 관한 간략한 개념을 설명하고자 했었는데요([그림 5-7] 참고). 일종의 예시인데 우리 반 34명인데 여자는 24명이고 남자는 10명으로 나눠져 있는데 우리 반 전체에서 결국에 우리 반 인원이라고 하면 전체가 되겠죠. 이 상태에서 여자가 차지하는 비율은 34명중에 24명, 즉 24/34로 되고, 그것을 지금 배우고 있는 비율에 관해서 또 하나의 예시 백분율로 따지자면 곱하기 100을 함으로써 70%가 나온다는 비율이 나오게 되므로 이것은 예시로 비율에 대한 설명을 조금 돕고자 했습니다. 그래서 저희가 최종적으로 결론을 내린 것은 마지막 줄인데요. 기준이 되는 값이 존재하되 꼭 명시하지 않아도, 왜냐면 일정하기 때문에 우리는 알 수 있으면서 동시에 전체에서 비교하는 값이 차지하는 비중만을 나타낸 것을 비율이라고 저희는 저희 나름의 정의를 내려 봤습니다.

모둠 G5의 비율 개념 설명으로부터, 전체 토론에서 다루어야 할 논쟁점으로서 두 가지가 제기되었다. 하나는 비율이 절대적 값인가 아니면 상대적 값인가에 대한 문제이며, 다른 하나는 비율을 '전체에서 비교하는 값이 차지하는 비중'으로 정의하는 것이 수학적으로 적절한가에 대한 것이었다([장면 1] 참고).

나) 비율의 다양한 표현 방식 이해하기

전체 토론에서는 먼저 비율이 절대적 값인가 아니면 상대적 값인가에 대한 논쟁이 시작되었다. 모둠 G5에 따르면, 기준을 무엇으로 정하는가에 따라 비율이 $\frac{24}{34}$나 70%로 표현되는데, 이

것으로부터 비율을 절대적이라고 할 것인가 아니면 상대적이라고 할 것인가에 대해 모듬 구성원들 사이에 논쟁이 있었으며 이 점에 대해서 모둠 구성원들이 합의된 결론을 내리지는 못했다는 것이다. 그러나 최종적으로는 기준이 되는 값이 존재하되 꼭 명시하지 않아도 되는 것으로 결론을 내리고 있다([장면 1] 참고).

모둠 G5의 이와 같은 설명에 대한 전체 토론 내용이 다음의 [장면 2]에 제시되어 있다. 먼저, 새희는 기준이 되는 값이 없으면 어느 값인지 알 수 없다는 문제를 제기하고 있으며, 이에 대해 모둠 G5의 구성원인 혜진이는 모둠 G5의 주장은 백분율이라고 하면 기준이 100이라는 것을 써 놓지 않아도 기준을 알 수 있다는 의미임을 주장하고 있다. 다시 지수는 비율이 %와 타율만이 아니라 피자 8조각 중에 3조각을 먹으면 $\frac{3}{8}$이라고 표현할 수 있고 이것도 비율이라고 문제를 제기하고 있으며, 이에 대해 혜진이는 %와 타율은 모둠 G5에서 비율의 예로 제시한 것이며 %와 타율이 비율이라고 정의한 것은 아니라고 주장하였다. 병호는 본인이 속한 모둠에서는 수학적 의미에서의 비율은 %를 가진 의미에서만 쓰인다고 합의되었음을 주장하였다. 이에 대해 진아는 %는 기준이 되는 값을 100으로 정했을 때의 비율이고, 분수로 표현할 때는 기준이 1이며, 기준이 다른 것에 따라서 표현하는 방식이 다르다는 의견을 제시하였다. 진아의 주장에 이어 수민이는 비율을 백분율로 표현하는 이유를 구체적 예를 들어 설명하였다. 수민이는 부분이 기준이 되는 전체에 대해 차지하는 양을 비율이라고 했을 때, 그 전체의 값이 서로 달라지면, 즉 전체를 통일해주지 않으면 전체에서 차지하는 양이 정확하게 어느 만큼을 차지하고 있는지를 비교하기가 어렵기 때문에, 기준이 되는 전체를 모두 100으로 환산하는 것이 편리하다는 주장을 덧붙였다.

[장면 2] 비율의 다른 표현 방식으로서의 백분율, 분수 이해하기

새희 : 기준이 되는 값이 존재하지 않으면 10%라고 했을 때, 1000의 10%와 100의 10%는 다르잖아요, 양이. 1000의 10%는 100이 되고, 100의 10%는 10이 되는데, 그건 알 수 없지 않나요? 그냥 10%라고 하면 그 기준이 되는 값이 없으면 어느 값인지 알 수 없잖아요.

혜진(모둠 G5의 구성원) : 저희 조가 한 말이 무슨 말이냐면요, 기준이 되는 값이라는 게 백분율이라는 것은 기준이 100이 되고, 할푼리 라는 건 기준이 1이 되잖아요. 근데 그것을 꼭 백분율에서는 100을 기준으로 한다. 이런 말을 명시하지 않아도 백분율이라고 하는 100의 기준을 알 수 있다 라는 말을 써 놓은 거예요.

지수 : 기준이 %랑 할푼리 라는 것 자체도 비율이 차지하는 거 거잖아요.

R : 아~그래요. 조금 구체적으로 생각해보자

지수 : 비율이 딱히 %와 타율만이 아니라 전체에서 일정량을 차지하는 것이라고 정의를 하면 예를 들어 100개 아니고, 1이 기준이 아니고 피자를 먹었는데 8조각 중에 3조각을 먹으면 3/8 이렇게 적게 되잖아요.

R : 지수가, 피자가 한판인데 8조각 중 3조각을 먹었으면 3/8. 이것도 비율이다 그러는데 이것에 대해서는 어떻게 생각해요.

혜진(모둠 G5의 구성원) : 저희가 적을 때요, %랑 타율을 예를 든거지. 그것을 비율이라는 정의를 한 것은 아니에요.

병호 : 저희 조는 조금 다른 의견인데요, … 사실 저희는 딱 끊어서 비율을 %라고 표시를 했거든요. 왜냐면 수학 문제를 풀 때 비율을 구하라고 하면 항상 %를 구할 수 있게 이런 형식으로 문제가 나와요, 백분율 형식으로 나왔던 거로 기억해서. 일반 언어에서 너희 남녀의 비율이 어떻게 되냐 라고 물으면 우리는 2:1이라고 말하긴 하지만, 언어 사용에 있어서는. 수학적 의미에서는 비율은 %를 가진 의미에서만 쓰인다

고 생각했어요.

R : 비율은 %다, 이렇게? …모둠 G5에서는 %와 타율이 비율의 예라는 얘기를 했고, 지수는 그것뿐만 아니라 분수 $\frac{3}{8}$도 비율이라고 이야기 했어요. 그것에 대해서 병훈이는 비율은 %다 라고 정의하자는 거야?

병호 : 백분율과 비율 개념을 묶어서 생각하자는 거예요.

R : 백분율과 관련해서 … 다른 사람은 의견 없어요?

진아 : 제가 생각에는 %는 기준이 되는 값을 100으로 정했을 때 비율이고, 분수로 표현할 때는 기준이 1로도, 기준이 다른 거에 따라서 표현하는 방식이 다른 거 같아요.

R : 표현하는 방식이 다르다? 비율이라는 것은 기준량을 100으로 놓을 때는 %이고, 1로 놓을 때는 분수로 표시된다. 진아의 말에 대해 어떻게 생각해요?

수민 : 제 생각은 비율이라는 것은 기본적으로 부분이 기준이 되는 전체에 차지하는 양이라고 생각하는데, 그렇다고 한다면 전체가 되는 양이 다 다를 수 있잖아요. 수학과가 34명, 그러니깐 전체에서 여자가 차지하는 비율, 수학과는 전체가 34명이고, 예를 들어 사회과는 57명이고, 어디는 70명이고 이렇게 된다면, 전체에서 차지하는 양이 전체를 통일해 주지 않으면 수학과는 24/34 , 사회과는 32/70 이런 식으로 되면 그 조건이 전체에서 정확하게 어느 만큼을 차지하고 있는지를 비교하기가 감이 안 오니깐, 전체 기준량을 모두 다 100으로 일정하게 100은 아니지만 100으로 환산했을 때, 부분이 차지하는 양이 100중에 10이다, 100중에 20이다 라고 하면 한눈에 알아 볼 수 있기 때문에 편리하게 백분율이라 할푼리나 성분률이라는 단어를 사용한다고 생각해요. 백분율, 할푼리, 성분률 같은 것은 기준량을 전체로 (일정하게) 환산하는 거니깐 비율의 부분 개념이라고 볼 수 있다고 생각해요.

[장면 2]에 제시된 전체 토론을 통해 예비교사들은 비율을 백분율이나 분수 등으로 다양하게 표현할 수 있음을 이해하게 되었다. 모둠 G5의 구성원들은 비율이 단 하나의 값으로 표현되지 않고 백분율이나 할푼리로 표현될 수 있다는 사실로부터 비율이 상대적 값인지 아니면 절대적 값인지에 대해 혼란스러워한 것으로 판단된다. 비율은 '기준량에 대한 비교하는 양의 크기'로서 기준량이 무엇인가에 따라 비교하는 양의 크기가 달라지는 상대적 크기를 나타내는 값이다. 위의 전체 토론에서는 예비교사들이 비율의 서로 다른 표현 방식으로서 백분율과 분수를 이해하기는 하였지만, 비율이 상대적 크기를 나타내는 개념이라는 것을 이해하는 데까지는 이르지 못하였다.

다) 비율 정의하기 : 전체-부분 vs. 기준량-비교하는 양

모둠 G5의 설명에서 살펴보아야 할 또 다른 문제는, 비율을 '전체에서 비교하는 값이 차지하는 비중'으로 정의하는 것이 수학적으로 적절한가에 대한 것이었다([장면 1] 참고). 본 연구자는 이것에 대해 전체 토론을 유발하기 위해 발문하였으며, 이에 대한 예비교사들의 전체 토론이 이어졌다([장면 3]).

[장면 3] 비율 정의하기 : '전체-부분' 관계에서 '기준량-비교하는 양' 관계로 수정

R : 그럼. 이제 모둠 G5의 발표에서 비율을 전체 중에서 부분이 차지하는 비중으로 정의했는데 이것에 대해 논의해 봅시다. 그런데, 이거 비중이라는 것은 무슨 말이지요? 전체 중에서 부분이 차지하는 비중이라, 비중이 뭔지 감이 오나요?

예비교사들 : (일부에서) 무게감이요

R : 아, 무게감. 그게 비중이라고 했어요. 이것에 대해 다 동의해요?

예비교사들 : 네.

R : 좋아요. 그러면, 비율을 전체에서 비교하는 값이 차지하는 비중으로 정의했었는데, 비중이라는 것을 우리가 그냥 상식적으로 이

해한다고 생각하고, 비중 아, 차지하는 거 뭐 그 정도 생각하면은 전체에서 비교하는 값이 차지하는 비중이 비율이다. 이것에 대해서는 다 동의해요?

수진 : 그러니까 저기에서 나온 것은 전체가 기준량이 되니까 전체라고 하지만, 원래 비율 자체는 기준량에 대해서 비교하는 양의 크기니까, 그니까 기준량을 뭐로 두느냐에 따라서 달라야 된다고 생각하거든요. 그러니까 저기서 우리 반에서 여자가 차지하는 비율이라고 했으니까 24/34지, 여자와 남자의 비율을 따진다면 10/24이 될 수도 있는 거잖아요, 기준량을 뭘로 하느냐에 따라서 비율이 달라진다고 생각해요.

R : 지금 수진이 말이 전체에서 비교하는 것이 차지하는 값이 비중이라고 했는데, 저걸로 비율의 설명이 부족하다는 거네요. 왜? 전체가 아니고 뭐라는 거예요? 기준, 응, 수진이가 다시 한 번 말해볼까?

수진 : 기준량에 대한 비교하는 양이 차지하는 …

혜진(모둠 G5의 구성원) : 저희가 저기에서 전체라고 한 것은 이제 저 예시를 들 때 우리 반에서 여자가 차지하는 비율이라고 해서, 여자는, 여자의 수는 우리 반 수 안에 포함이 되잖아요, 그래서 이제 비교하는 값이 뭐뭐보다 상대적인 값을 전체라고 본거거든요. 그래서 저희가 흔히 말할 때, 여자 남자의 비율이라고 하지 않고 여자 남자의 성비를 비교하라고 하잖아요. 그래서 비를 할 때 부분과 부분을 비교한다고 그랬고, 저희가 흔히 생각할 때 비율이라는 것은 어떤 비교하는 값이 그 기준이 되는 값을 비교하는 값을 포함하는 관계에서 비율이라고 생각했어요.

R : 아, 그렇구나. 그렇지? 그러니까 비율은 지금 G5 모둠, 비율은 전체 중에서 궁금한 부분이 차지하는 것은 비율이고, 예를 들어서 이제 여학생과 남학생의 비, 이렇게 한다는 거예요. 혜주 말에 대해서는 어떻게 생각해?

병호 : 저는요, 비율이라는 걸요 비라고도 사람들이 국어적으로 말하잖아요. 그래서 황금비율일 때 황금비라고 간단히 말하잖아요. 그것처럼 여자 대 남자의 비라고 하지만 전체란 걸 수진이 말대로 기준량으로 적어야 될 거 같아요.

R : 아, 그러니까 수진이 말에 동의하는 건가요? 그러니까 전체량이 아니고 기준량에서 기준량에 대해서 비교하는 양을 파악하는 건데 기준량은 전체가 될 수 있기도 하고, 또 부분이 되기도 한다는 건가요? 이제 여러분 생각을 어떻게 정리하는 게 좋을까? 비율은, 비율은 말이야 전체와 부분만이 비율일까? 예를 한 번 생각해 보세요.

나연 : 뭐 흑자나 적자 났을 때 보면 전년 대비해서 몇 %가 안 되고 100 이하로 날 때, 100 이하로 나는 법이 없고, 작년 대비 뭐 150%가 상승했습니다, 이런 얘기를 하잖아요. 아니면 뭐 재작년 또 그럼 그 값을 재작년에 따라 비교할 수도 있고, 아니면 작년에 따라 비교할 수도 있는 값이 비율을 표시하는 방법에 백분율이라는, … 백분율로 했을 때 항상 그럼 100보다 작아야 되는데 100보다 크다는 거는 전체에 따라 비율을 하는 게 아니라 기준량에 따라서 비율을 하는 거니까 그런 …

병호 : 그런데 그거는 작년 대비가 기준 비율이 기준치가 되면은 다음 해에 올해 뭐 그게 하여튼 작년 기준치에 비해서 올해 비교해야 될 그 대상을 부분으로 봤을 때, 이거 분에 이거를 하면은 사실 100이 넘어도 상관없을 것 같은데.

나연 : 제 생각은 올해는 올해 따로고, 작년은 작년 따로니까 이게 전체랑 부분이 아니고 일단 부분이랑 부분이 아닐까 해요.

경우(모둠 G5의 대표) : 저 같은 경우는 전체가 있다고 그러면 솔직히 말해서 비율이라고 하기에는 부분과 부분 사이에서도 가능하다고 생각하거든요. 예를 들어 간단한 문제로 박스 안에 사과가 5개가 있고 배가 5개가 있고 수박이 5개 있다고 그러면 사과와 수박 사이의 비율은 몇 대 몇이냐 라는 식으로 또는 몇 분의 몇 그러니까 이거를 서로 비교할 수 있기 때문에 단체에서도 비율은 가능하다고 생각하거든요. 그래서 역시 이것 그러니까 부분과 부분에서도 되는 거지 비교하는 값에 의해서 뭐 전체에서 꼭 그거에 의해서 구애받을 이유는 없다고 저는 생각하는데요.

[장면 3]의 전체 토론 내용을 살펴보면, 비율을 '전체에서 비교하는 값이 차지하는 비중'으로 정의한 G5의 설명에 대해, 수진이가 문제를 제기하였다. 수진이는 우리 반에서 여자가 차지하는 비율은 24/34이지만, 여자와 남자의 비율을 따진다면 10/24이 될 수 있기 때문에 비율은 '기준량에 대한 비교하는 양의 크기'라고 주장하였다. 이에 대해 모둠 G5의 구성원인 혜진이는 여자와 남자의 비율이라고 하지 않고 여자와 남자의 성비라고 하기 때문에, 부분과 부분을 비교하는 것은 비를 말할 때이고, 비율이라는 것은 어떤 비교하는 값이 그 기준이 되는 값에 포함되는 관계에서 생각하는 것이 적절하다고 주장하였다. 병호는 예를 들어 황금비율을 황금비라고 하는 것처럼, 여자 대 남자의 비라고 하지만 국어적으로 비를 비율이라고도 하기 때문에 모둠 G5의 비율 정의에서 '전체'를 '기준량'으로 적어야 한다고 주장하였다. 이에 대해 본 연구자는 '전체와 부분'의 관계만을 생각하는 것이 비율인지 아니면 다른 예도 있는지를 생각해 보도록 발문하였다. 나연이가 만약 비율이 전체에서 부분이 차지하는 크기라면 백분율이 항상 100%보다 작아야 하는데, 흑자나 적자가 났을 때 작년 대비 150% 상승했다는 말을 하는 것으로 보아 '전체에 따라 비율을 하는 게 아니라 기준량에 따라서 비율을 하는 것'이 옳다고 주장하였다. 나연이의 이러한 주장에 대해 병호가 문제 제기를 하자, 나연이는 '올해는 올해 따로고, 작년은 작년 따로니까 전체랑 부분이 아니고 부분이랑 부분'을 비교하는 것이라고 주장하였다. 이어서 모둠 G5의 대표인 경우가 적절한 예를 들면서 부분과 부분에서도 비율을 생각할 수 있으며, '꼭 비교하는 값에 대해서 전체에서' 비율을 생각할 필요는 없다고 주장하였다.

이와 같은 전체 토론을 통해 예비교사들은 '전체-부분' 관계에서의 비율 뿐만 아니라 '부분-부분' 관계에서의 비율도 고려하게 되었으며, 비율의 정의를 '전체에서 부분이 차지하는 비중'에서 '기준량에 대한 비교하는 양의 크기'로 수정하였다.

라) 상대적 크기로서 비율 이해하기

'전체에서 부분이 차지하는 비중'에서 '기준량에 대한 비교하는 양의 크기'로 수정된 비율의 정의에 대해 준현이는 '기준량에 대한 비교하는 양의 상대적 크기'로 다시 수정할 것을 주장하였다. 준현이는, 반 학생들이 34명이고 남학생이 10명인데 다른 과에서 여학생 1명이 전과해 왔을 때, 남학생의 수는 변함이 없는데 전체의 값이 변했기 때문에 전체에 대한 남학생의 비율이 달라진다는 예를 제시하였다. 준현이의 이와 같은 주장에 예비교사들은 모두 동의하였으며, 결국 비율은 '기준량에 대한 비교하는 양의 상대적 크기'로 정의되었다.

[장면 4]

준현: 기준량에 대한 비교하는 양의 상대적 크기라고 해야 하지 않을까요?

수희: 기준량에 대한 비교하는 양의 상대적 크기? 왜 상대적인 크기라고 해야 해?

준현 : 그러니까 기준량에 따라서 비율이 달라진다고 생각합니다.

R : 아, 그렇구나. 준연이가 상대적인 크기라고 하네요. 예를 들어 한번 설명해 볼까요?

준현 : 네, 저희 반 총원이 34명인데 거기에서 다른 과에서 여학생 1명이 전과해 왔을 때, 그러니까 전체에 대한 남학생의 비율은 남학생의 수는 변함이 없는데 전체의 값이 변한다면 그 비율도 달라진다고 생각합니다.

위에서 살펴본 바와 같이, 예비교사들은 비율에 대한 수학적 이해를 위한 1시간에 걸친 전체 토론을 통해 비율의 다양한 표현 방식으로서의 백분율과 분수 및 할푼리, 전체-부분 비율과 부분-부분 비율 등을 이해할 수 있었다. 또한 비율의 정의를 '전체에서 부분이 차지하는 비중'에서 '기준량에 대한 비교하는 양의 상대적 크기'로 수학적으로 옳게 수정하였다. 그러나 전체 토론에서 예비교사들이 비율의 예로 제시한 것은 모두 같은 종류의 두 양을 비교한 비율(내적 비율)로서, 다른 종류의 양을 비교하는 비율(외적 비율), 예를 들어 속도나 인구 밀도 등은 나타나지 않았다. 전체 토론에서 예비교사들이 외적 비율에 대한 적절한 예를 제시하지 않았기 때문에, 내적 비율과 외적 비율을 전체 토론에서 다루지 못한 채로 비율 개념에 대한 수학적 지식 구성이 마무리되었다.

2. 구성주의적 교수실험에 대한 예비교사들의 반응

여기에서는 구성주의적 교수실험(수업)을 직접 경험한 예비교사들이 작성한 자기-보고서에 포함되어 있는 내용들 중에서 구성주의적 교수실험에 대한 예비교사들의 의견, 즉 예비교사들이 인식하는 구성주의적 수업의 의의, 한계, 어려움 등을 주로 살펴보기로 한다.

가. 구성주의적 교수실험의 의의

본 연구에 참여한 예비교사들이 구성주의적 교수실험(수업)의 의의로 지적한 사항은, 학습할 개념에 대한 사전 사고 경험, 학습할 개념의 심층적 이해 및 적극적 수업 참여, 학습한 개념에 대한 기억의 강화, 오개념 교정의 기회 제공, 초등학교 학생들의 학습 과정 경험 등이었다. 다음에서는 예비교사들이 지적한 이러한 구성주의적 수업의 의의에 대해 보다 구체적으로 살펴보기로 한다.

첫째, 예비교사들은 구성주의적 수업에서 개별 활동을 통해 학습할 개념에 대해 사전에 생각해볼 수 있는 기회를 갖는 것이 의미 있다고 응답하였다. 예비교사들은 개별 활동에서 개념을 정의하고 설명해봄으로써 이후에 학습할 개념에 대한 자신의 인식을 살펴보고 반성할 수 있다고 응답하였다. 또한, 자신의 개념 이해 상태와 오개념을 확인할 수 있고, 이것은 이후에 학습할 학습 내용에 대한 더욱 심도깊은 이해를 이끌 수 있다고 언급하였다([그림 V-8] 참고).

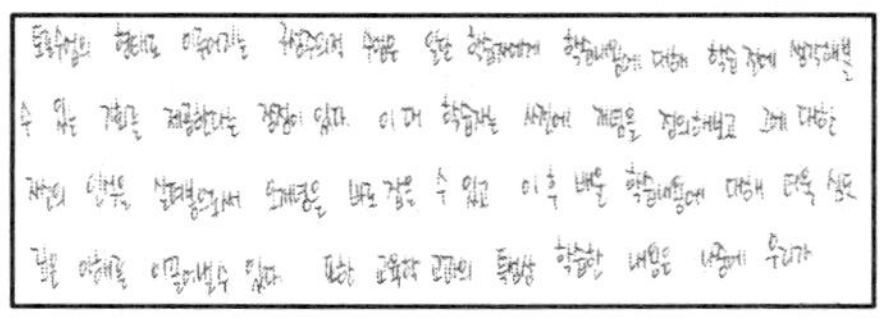

[그림 V-8] 구성주의적 수업의 의의 (1)

둘째, 예비교사들은 구성주의적 수업이 수업에의 적극적 참여를 유도하며, 또한 모둠 활동과 전체 토론을 통해 지적 영역을 확장할 수 있었다고 언급하였다. 구성주의적 수업에서는 예비교사 본인이 생각하는 개념과 그 개념에 대한 자신의 이해를 생각해 보고, 말해보고, 또 다른 예비교사의 생각을 들어볼 수 있는 기회를 가질 수 있기 때문에 개념에 대한 심층적 이해가 가능하다는 것이다([그림 V-9] 참고). 예비교사들은 수업 시간 이외에 따로 시간을 할애하여 공부하지 않더라도 모둠 활동과 전체 토론에서 동료 예비교사들과 토론하는 사이에 학습할 개념을 본인의 지식('나의 지식')으로 만들 수 있다고 언급하였다. 또한, 예비교사들은 모둠 활동의 토론 과정에서, 자신이 생각하지 못했던 부분에 대하여 다른 구성원이 의견을 제시하면 그것에 대해 생각해 봄으로써 본인의 지적 영역이 확장될 수 있었으며, 본인이

미처 생각하지 것에 대해 주목하게 되면서 수업에 보다 적극적으로 참여하게 되었다고 하였다([그림 V-10] 참고).

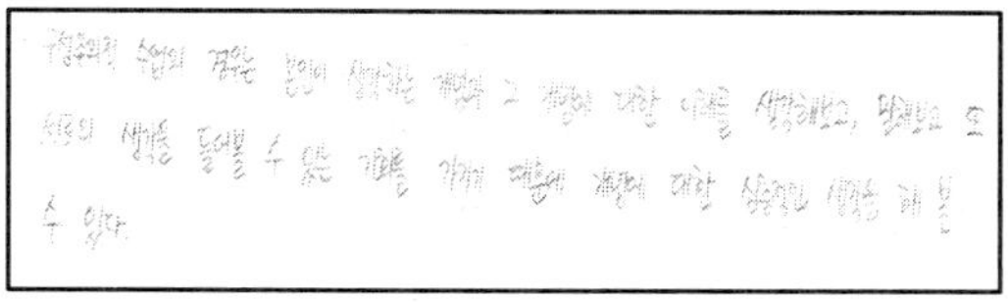

[그림 V-9] 구성주의적 수업의 의의 (2)

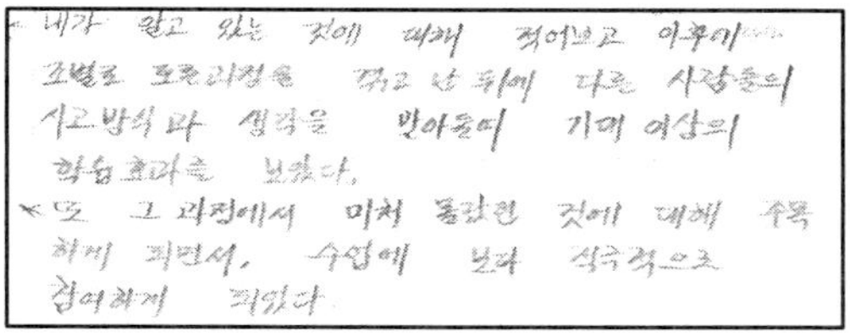

[그림 V-10] 구성주의적 수업의 의의 (3)

셋째, 예비교사들은 구성주의적 수업에서 모둠 활동이나 전체 토론을 통해 오개념을 정정할 수 있었다고 언급하였다([그림 V-11] 참고). 예비교사들은 개념에 대해 생각해 보는 활동을 통해 본인이 가진 오개념을 발견할 수 있었고, 모둠 활동에서 본인이 생각한 개념에 대한 정의를 이야기하면서 본인의 생각을 정리할 수 있었다고 언급하였다. 구성주의적 수업이 주로 개념과 내용에 대한 토론과 탐구를 중심으로 이루어졌으므로, 모둠 구성원들의 의견과 본인이 가지고 있는 지식의 교환(상호작용)을 통해 본인이 기존에 알고 있거나 또는 잘못 생각한 부분을 보완하고 수정하여 하나의 정리된 개념을 습득할 수 있었다고 언급하였다([그림 V-12] 참고).

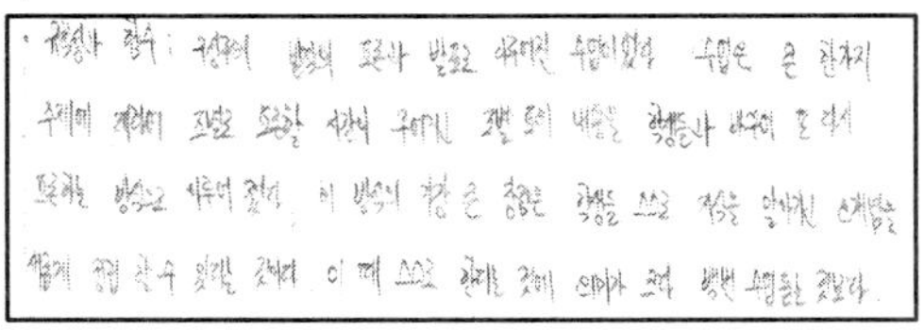

[그림 V-11] 구성주의적 수업의 의의 (4)

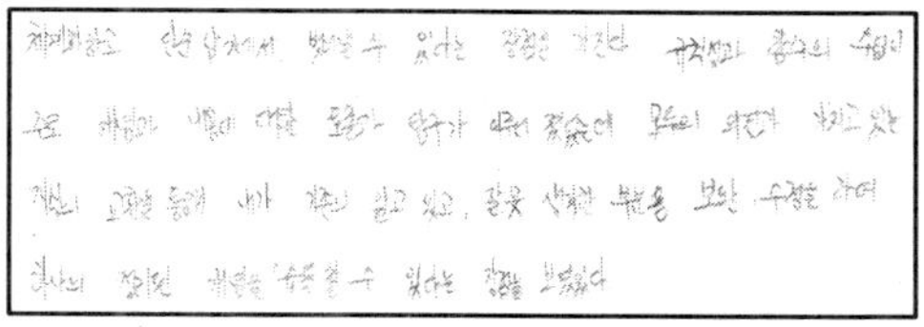

[그림 V-12] 구성주의적 수업의 의의 (5)

넷째, 예비교사들은 구성주의적 수업이 학습한 개념의 기억의 측면에서 장점이 있다고 응답하였다. 구성주의식 수업은 다루는 내용이 어렵든지 쉽든지 간에 예비교사들의 참여가 활발하고 그 안에서 기존에 자기가 알고 있는 지식을 확장하고 심화시키며 스스로 체계화할 수 있기 때문에 단순 암기에서 벗어날 수 있으며 더 오랫동안 기억할 수 있다는 장점을 갖는다는 것이다([그림 V-13] 참고).

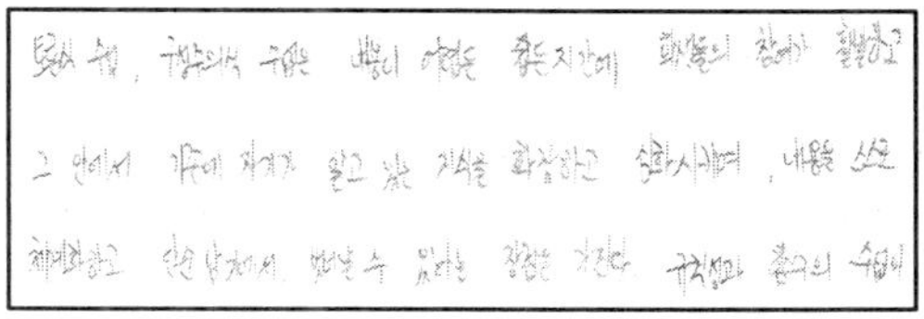

[그림 V-13] 구성주의적 수업의 의의 (6)

다섯째, 예비교사들은 구성주의 수업에서 장차 자신들이 지도하게 될 초등학교 학생들이 어떤 오개념을 가질 수 있는지 생각해 볼 수 있었다고 언급하였다. 예비교사들은 구성주의 수업에서 자신들이 행한 사고 과정을 통해 초등학교 학생들의 실제 사고 과정을 체험함으로써 초등학교 학생들의 오개념과 사고 전개 과정 등을 깨달을 수 있었으며, 그에 따라 장차 예비교사들이 가르칠 학습자를 더욱 더 잘 이해할 수 있었다고 언급하였다([그림 V-14] 참고).

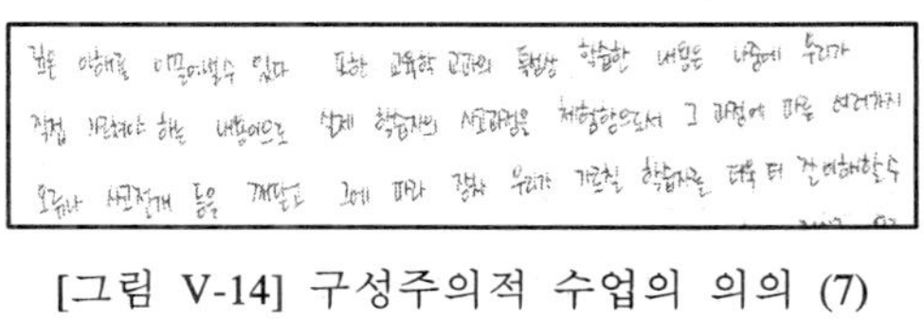

[그림 V-14] 구성주의적 수업의 의의 (7)

나. 구성주의적 교수실험에서의 한계

본 연구에 참여한 예비교사들은 구성주의적 교수실험(수업)의 의의를 지적하는 동시에 구성주의적 수업의 한계와 어려움 또한 적극적으로 지적하였다. 예비교사들이 구성주의적 수업의 한계나 어려움으로 지적한 사항은, 많은 시간의 소요, 모둠별 토론에서 즉각적 피드백의 미흡, 구성주의 수업 적응에의 어려움, 일정 수준 이상의 지식이 없는 학생들이 갖는 어려움, 전체 토론에서 발문의 중요성 등이었다. 다음에서는 예비교사들이 지적한 이러한 구성주의적 수업의 한계와 어려움에 대해 구체적으로 살펴보기로 한다.

첫째, 대부분의 예비교사들은 구성주의적 수업이 많은 시간을 필요로 하는 단점이 있다고 언급하였다. 구성주의적 수업이 토론을 위주로 진행되는데, 토론에는 시간이 많이 소요되기 때문에 어떤 한 개념에 대해 배우기 위해 많은 시간이 필요하다는 것이다. 한 학기라는 정해진 시간 안에 배워야 할 분량이 있는데, 구성주의적 토론식 수업은 그 분량을 정해진 시간 내에 모두 다루기에는 부적절하다고 지적하였다. 예비교사들은 구성주의적 토론식 수업은 전통적인 강의식 수업에 비해 진도가 늦고 한 시간당 습득할 수 있는 지식의 양이 적을 수밖에 없다는 한계를 갖는다고 지적하였다([그림 V-15] 참고).

그러나 토론수업은 시간이 너무 많이 든다는 단점이 있다. 학습시간과 내용이 어느정도 제한되어
있는 수업의 특성상 토론수업은 강의식수업에 비해 진도가 늦고 한 시간당 습득할 수 있는
지식의 양은 적을 수 밖에 없다. 그리고 반드시 교사의 교정이 필요하다는 것도 약점 중
하나. 한계다

[그림 V-15] 구성주의적 수업의 한계 (1)

둘째, 예비교사들은 모둠 활동에서 모둠별 토론을 할 때 강의자(본 연구자)의 즉각적인 피드백이 없었던 점을 교수실험의 미흡한 사항으로 지적하였다([그림 V-16] 참고). 예비교사들은 모둠별 토론에서 나온 내용이 옳은 것인지 틀린 것인지를 정확하게 판단할 수 없어서 답답했다고 언급하였다. 모둠별 토론에서는 개념에 대한 정확한 정의나 설명을 제대로 알 수가 없어서 본인들이 옳은 방향으로 진행하고 있는가를 판단하기 어려웠다는 것이다.

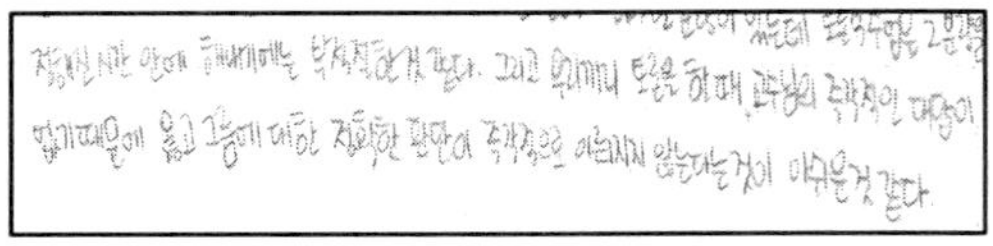
정해진 시간 안에 하기에는 부적절한 것 같다. 그리고 모둠끼리 토론을 할 때, 교수님의 즉각적인 대답이
없기 때문에 옳고 그름에 대한 정확한 판단이 즉각적으로 이뤄지지 않는다는 것이 아쉬운 것 같다.

[그림 V-16] 구성주의적 수업의 어려움 (2)

셋째, 예비교사들은 지금까지 구성주의적 수업을 경험한 적이 많지 않았기 때문에 구성주의적 수업에 적응하는 것이 힘들었다고 언급하였다. 예비교사들은 구성주의적 수업이 예비교사들의 지속적인 브레인스토밍을 요구하기 때문에 수업 후반부에 지치는 경향이 있다고 언급하였다. 전통적인 강의식 수업에 익숙하기 때문에, 수업이 끝난 이후에는 뭔가 명확한 지식을 새롭게 배웠다는 느낌보다는 마무리가 되지 않았다는 느낌을 받은 적도 있다고 언급하였다. 또한, 동일한 수업을 듣고 난 이후에도 나와 다른 예비교사가 얻는 결과가 다를 수 있다는 생각에 부담감을 느꼈다고 언급하였다([그림 V-17] 참고).

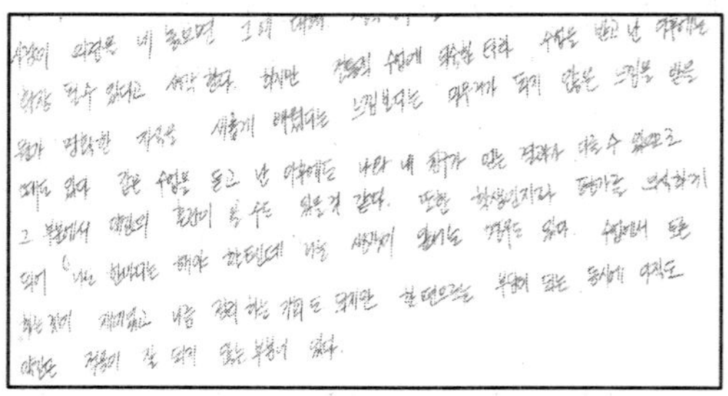

[그림 V-17] 구성주의적 수업의 어려움 (3)

넷째, 예비교사들은 일정 수준 이상의 기본 지식을 갖추지 못한 학생들에게는 구성주의적 수업이 오히려 해가 될 수도 있음을 지적하였다. 실제로 한 예비교사는 내용에 대한 본인의 이해가 느리기 때문에 모둠 활동의 과정과 결과를 이해하지 못했으며, 다른 예비교사들과는 다르게 모둠 토론 활동에 적극적으로 참여하지 못했음을 토로하고 있다([그림 V-18] 참고). 이 예비교사는 상대적으로 위축되어 수업 시간에 힘들었으며 수업에서 얻어간 것이 없다는 회의가 들었다고 언급하였다.

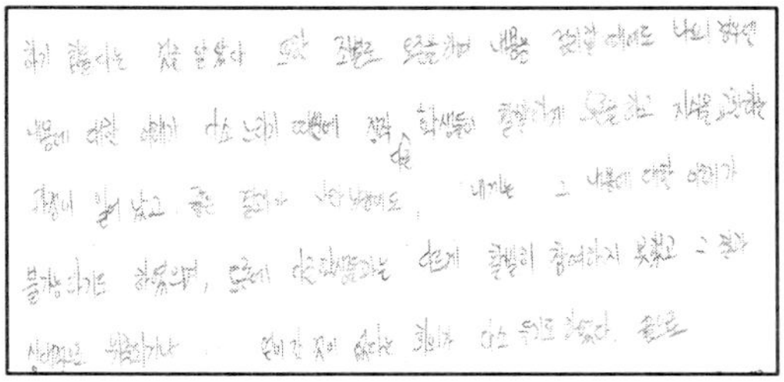

[그림 V-18] 구성주의적 수업의 어려움 (4)

다섯째, 예비교사들은 구성주의적 수업에서 모둠 활동이 끝난 후에는 본 연구의 교수실험에서처럼 반드시 강의자의 교정이 필요함을 지적하였다. 본 연구의 교수실험에서는 예비교사들 전체와 강의자(본 연구자)의 전체 토론을 통해 예비교사들이 가지고 있는 지식을 교정하고 정리하는 시간을 가졌다. 예비교사들은 강의자(교사)의 교정 과정이 없으면 학습자들끼리 모둠별 토론의 결과로 얻어진 잘못된 오개념이 확산되고 고착화될 위험이 있다고 지적하였다([그림 V-19] 참고). 또한 전체 토론을 실시할 때 강의자(본 연구자)의 토론 유도를 위한 발문이 적절했음을 지적하면서, 초등학교 학생들에게 구성주의적 토론식 수업을 적용할 때 교사가 토론 유도를 위해 적절한 발문을 제기하는 것의 중요성을 언급하였다([그림 V-20] 참고).

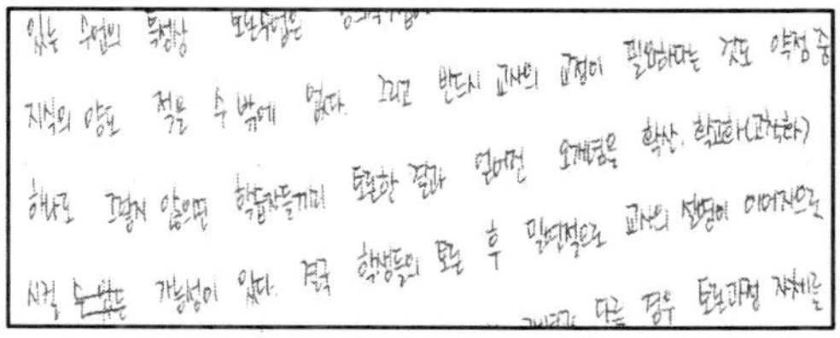

[그림 V-19] 구성주의적 수업의 어려움 (5)

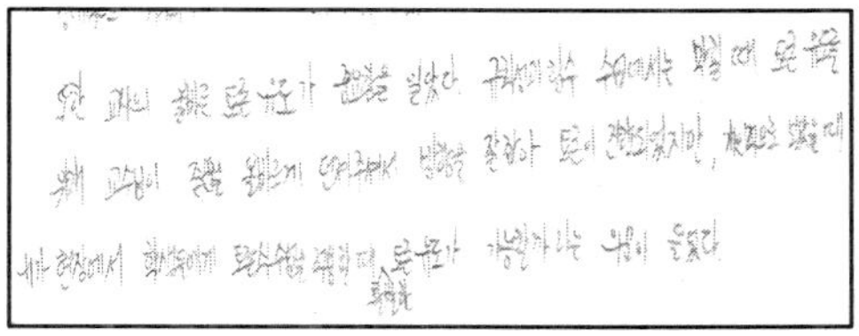

[그림 V-20] 구성주의적 수업의 어려움 (6)

VI. 결론 및 제언

본 연구에서는 초등학교 예비교사를 대상으로 하여 구성주의적 관점을 토대로 한 교수실험을 실시하였다. 본 연구의 교수실험에서는 '개별 활동 → 모둠 활동 → 전체 토론'을 통하여 예비교사들이 비율 개념에 대한 수학적 지식을 구성하도록 하였다. 본 연구를 통하여 구성주의적 관점을 적용한 수업에서 예비교사들의 수학적 지식의 구성 가능성과 그 한계를 확인할 수 있었다.

본 연구의 교수실험에서 개별 활동의 결과, 34명의 예비교사들 중에서 8명(23.5%)만이 비율을 '기준량에 대한 비교하는 양의 크기'로서 수학적으로 옳게 이해하고 있는 것으로 나타났다. 21명의(61.8%) 예비교사들은 비율을 '부분이 전체에서 차지하는 양'으로, 3명의(8.8%) 예비교사들은 비율을 '한 대상을 축소하거나 확대한 정도'로, 그리고 2명의(5.9%) 예비교사들은 '비율은 백분율'이라고 이해하고 있었다. 이 예비교사들은 비율의 특별한 유형으로서의 전체-부분 관계, 확대와 축소, 백분율을 비율로 생각하는 오개념을 가지고 있었다.

모둠 활동의 결과, 개별 활동에서 나타난 예비교사들의 미흡한 수학적 지식이 모둠 활동에서 개선되지 않은 것으로 나타났다. 모둠 활동 결과, 8개의 모둠 중에서 비율을 '기준량에 대한 비교하는 양의 크기'로서 수학적으로 옳게 설명한 모둠은 존재하지 않았다. 개별 활동에서는 8명의 예비교사들이 '기준량에 대한 비교하는 양의 크기'로 비율을 옳게 설명하였지만, 모둠 활동 보고서에서는 이러한 설명이 전혀 제시되지 않았다. 대다수의 예비교사들이 비율을 전체-부분 관계로만 생각했기 때문에, 개별 활동에서 비율을 '기준량에 대한 비교하는 양의 크기'로 생각한 소수의 예비교사들의 목소리가 반영되지 않은 것으로 판단된다.

전체 토론 활동의 결과, 예비교사들은 비율에 대한 수학적 이해를 위한 1시간에 걸친 전체 토론을 통해 비율의 다양한 표현 방식으로서의 백분율과 분수 및 할푼리, 전체-부분 비율과 부분-부분 비율 등을 이해할 수 있었다. 또한 비율의 정의를 '전체에서 부분이 차지하는 비중'에서 '기준량에 대한 비교하는 양의 상대적 크기'로 수학적으로 옳게 수정하였다. 그러나 전체 토론에서 예비교사들이 비율의 예로 제시한 것은 모두 같은 종류의 두 양을 비교한 비율(내적 비율)이었다. 다른 종류의 양을 비교하는 비율(외적 비율), 예를 들어 속도나 인구밀도 등의 예를 예비교사들이 제시하지 않았기 때문에 내적 비율과 외적 비율을 전체 토론에서 다루지 못한 채로 수학적 지식 구성이 마무리되었었다.

한편, 구성주의적 교수실험(수업)에 대한 예비교사들의 반응을 살펴본 결과, 예비교사들은 학습할 개념에 대한 사전 사고 경험, 학습할 개념의 심층적 이해 및 적극적 수업 참여, 학습한 개념에 대한 기억의 강화, 오개념 교정의 기회 제공, 초등학교 학생들의 학습 과정 경험 등을 구성주의적 교수실험의 의의로 지적하였다. 그러나 예비교사들은 많은 시간의 소요, 모둠별 토론에서 즉각적 피드백의 미흡, 구성주의 수업 적응에의 어려움, 일정 수준 이상의 지식이 없는 학생들이 갖는 어려움, 전체 토론에서 발문의 중요성 등을 구성주의적 수업의 한계나 어려움으로 지적하였다.

본 연구의 교수실험에서 가장 아쉬운 점으로 남는 것은, 모둠 토론 활동을 모둠 구성원들 자체에만 맡긴 채 강의자(본 연구자)가 전혀 개입하지 않은 점이다. 예비교사들이 모둠 토론 활동을 할 때 강의자가 모둠별로 토론 과정에 최소한으로 참여하여 모둠별 토론이 바른 방향으로 진행되도록 안내할 필요가 있었다. 본 연구의 모둠 활동 결과에서 개별 활동에서 나타난 예비교사들의 미흡한 지식이 전혀 개선되지 않은 점은, 학생들간의 모둠 활동에의 강의자의 참여의 필요성을 뒷받침하는 현상이라고 할 수 있다. 한편, 본 연구의 구성주의적 교수실험에서 전체 토론이 원활하게 진행되고 바람직한 결과를 얻기 위해서는 강의자의 적절한 발문과 안내가 무엇보다 중요함을 확인할 수 있었다.

본 연구에서 실시한 교수실험은 장래 교사가 될 예비교사들에게 구성주의적 지식 구성 경험을 제공했다는 데에, 그리고 구성주의적 교수·학습의 일면을 제공했다는 데에 그 의의가 있다고 할 수 있다. 그럼에도 불구하고, 한 강좌에서 다루어야 할 내용의 범위가 정해져 있고 한 학기라는 시간상의 제약을 받기 때문에 구성주의적 수업을 한 강좌의 모든 차시에 적용하기는 현실적으로 불가능하다. 실제로 본 연구에서 다룬 비율 개념에 대한 수학적 지식을 전통적인 설명식 방식으로 다룬다면 1~2시간에 다룰 수 있다. 따라서 본 연구에서 실시한 교수실험을 예비교사들의 모든 교사 교육 프로그램의 강좌에 적용하기에는 무리가 있다. 예비교사 교육을 위한 강좌를 운영함에 있어서 구성주의적 수업과 전통적인 설명식 수업을 적절히 활용하는 것이 바람직할 것이다.

참고문헌

교육과학기술부(2009). 초등학교 교사용 지도서 수학 2-2. 교육과학기술부.

교육인적자원부(2007). 제7차 수정 · 고시 수학과 교육과정. 교육인적자원부.

교육인적자원부(2008). 2007 개정 수학과 교육과정 해설서. 교육인적자원부.

김남희(2006). 예비수학교사의 산파법 적용 수학 수업 실행. 학교수학, 8(1), 89~106.

김수현, 나귀수(2008). 비와 비율 지도에 대한 연구 -교과서 재구성을 중심으로-. 수학교육학연구, 18(3), 309-334.

박영배(1996). 수학 교수 학습의 구성주의적 전개에 관한 연구. 서울대학교 대학원 박사학위논문.

방정숙, 김상화, 최지영(2009). 초등 교사의 수학과 전문성 신장을 위한 하례기반 교수법의 개발 및 적용. 수학교육, 48(1), 63-82.

백석윤, 이명희(2008). 우리나라 초등학교 수학과 교육과정의 변화 경향 재고-Ernest의 수학교육철학적 관점에서-. 학교수학, 5(2), 165-181.

정은실(2003). 비 개념에 대한 교수학적적 분석. 수학교육학연구, 13(3), 247-265.

황혜정, 나귀수, 최승현, 박경미, 임재훈, 서동엽(2007). 수학교육학신론. 서울: 문음사.

Chapman, O. (2008). Mathematics Teacher Educator's Learning From Research on Their Instructional Practices. In B. Jaworski & T. Wood (Eds.),. *The international handbook of mathematics teacher education: Vol. 4*, 115-136, The Netherlands: Sense

Ebby, C. B. (2000). Learning to Teach Mathematics Differently: The Interaction between Coursework and Fieldwork for Preservice Teachers. *Journal of Mathematics Teacher Education, 3*, 69-97.

Ernest, P. (1991). *The philosophy of Mathematics Education.* London : The Falmer Press.

Freudenthal. H. (1983). *Didactical phenomenology of mathematical structures.* Dordrecht: D. Reidel Publishing Company.

Frid, S. (2000). Constructivism and Reflective Practice in Practice: Challenges and Dilemmas of a Mathematics Teacher Educator. *Mathematics Teacher Education and Development, 2*, 17-33.

Goodell, J. E. (2006). Using critical incident reflections: a self-study as a mathematics teacher educator. *Journal of Mathematics Teacher Education, 9*, 221-248.

Jaworski, B. (2008). Mathematics Teacher Educator Learning and Development. In B. Jaworski & T. Wood (Eds.),. *The international handbook of mathematics teacher education: Vol. 4*, 1-13, The Netherlands: Sense

Jaworski, B & Wood, T. (Eds.). (2008). *The international handbook of mathematics teacher education: Vol. 4.* The Netherlands: Sense

Lee, H. S. (2005). Facilitating Students' Problem Solving in a Technological Context: Prospective Teachers' Learning Trajectory. *Journal of Mathematics Teacher Education, 8*, 223-254.

McDuffie, A. R. (2004). Mathematics Teaching as a Deliberate Practice: An Investigation of Elementary Pre-service Teachers' Reflective Thinking During Student Teaching, *Journal of Mathematics Teacher Education, 7*, 33-61.

NCTM (1988). *The Curriculum and Evaluation Standards for School Mathematics.* Reston, Virginia: The National Council of Teachers of Mathematics.

NCTM (1991). *Professional Standards for Teaching Mathematics*. Reston, Virginia: The National Council of Teachers of Mathematics.

NCTM (2000). *Principles and Standards for School Mathematics.* 류희찬, 조완영, 이경화, 나귀수, 김남균, 방정숙 역(2007), 학교수학을 위한 원리와 규준. 서울: 경문사.

Shulman, L. (1986). Those who understand: Knowledge growth in teaching. *Educational Researcher, 15*, 4-14.

Simon, M. A., & Blume, G. W. (1996). Justification in the Mathematics Classroom: A Study of Prospective Elementary Teachers. *Journal of Mathematical Behavior, 15*, 3-31.

Simon, M. A., Tzur, R., Heinz, K., & Kinzel, M. (2000). Characterizing a Perpespective Underlying the Practice of Mathematics Teachers in Transition. *Journal for Research in Mathematics Education, 31, 5*, 579-601.

Steffe, L., & Gale, J. (Eds.) (1995). *Constructivism in education.* Hillsdale, NJ: Lawrence Erlbaum.

Streefland, L. (1985). Search for the roots of ratio: some thoughts on the long term learning process (towards a theory) part Ⅱ: the outline of the long term learning process. *Educational Studies in Mathematics, 16*, 75-94.

von Glasersfeld, E. (1995). A constructivist approach to teaching. In L. Steffe & J. Gale (Eds.), *Constructivism in education* (pp.3-15). Hillsdale, NJ: Lawrence Erlbaum.

Wood, T. (1995). From alternative epistemologies to practice in education: Rethinking what it means to teach and learn. In L. Steffe & J. Gale (Eds.), *Constructivism in education* (pp.331-339). Hillsdale, NJ: Lawrence Erlbaum.

05 『우리나라 예비 초등 교사들의 분수 나눗셈의 의미 이해에 대한 연구』에 관한 해설

임 재 훈(경인교육대학교)*

이 연구(박교식, 송상헌, 임재훈, 2003)는 우리나라의 초등 예비교사들이 분수 나눗셈의 의미를 어떻게 이해하고 있는지 조사한 것이다. 이와 같은 조사를 할 생각을 갖게 된 것은 Ma(1999)의 연구에 기인한다. Ma는 미국 교사들과 중국 교사들로 하여금 분수 나눗셈에 적합한 문장제를 만들게 하고, 이들이 만든 문장제를 분석하여 미국 교사들의 분수 나눗셈에 관한 이해가 중국 교사들의 이해에 비해 현저히 떨어짐을 보고하였다. 우리나라의 형편은 미국에 가까울까 아니면 중국에 가까울까? 동양의 유교적인 교육적 전통을 공유하고 교사 양성에 국가적인 노력을 기울이고 있다는 점이나 중국과 우리나라를 포함한 동북아 지역의 학생들이 높은 성취를 보이고 있는 점 등 유사점을 고려하면 우리나라 교사들의 분수 나눗셈에 관한 이해는 전반적으로 미국 교사들보다는 중국 교사들에 가깝지 않을까? 세부적으로 들어가서, 우리나라 교사들은 중국의 교사들이 많이 만든 유형의 문장제를 많이 만들까 다른 유형의 문장제를 많이 만들까? 이와 같은 궁금함이 이 연구의 시발점이 되었다.

분수 나눗셈에 관한 이해를 조사한다고 할 때, 어떤 문항을 사용하여 조사할 것인가를 정해야 한다. 이것은 물론 알아보고자 하는 것에 따라 정해진다. 이를테면 다음과 같은 세 문항을 생각할 수 있다.

문항 1. $1\frac{3}{4} \div \frac{1}{2}$을 계산하시오.

문항 2. 무게가 $1\frac{3}{4}\ kg$인 철봉의 길이를 재어 보았더니 $\frac{1}{2}\ m$ 이었다. 이 철봉 $1\ m$의 무게는 몇 kg인지 구하시오. (식: 답:)

문항 3. $1\frac{3}{4} \div \frac{1}{2}$에 적합한 다양한 문장제를 만드시오.

이 세 문항은 모두 분수 나눗셈에 관한 것이지만, 각 문항을 통해 드러낼 수 있는 교사의 지식은 다르다. 문항 1은 교사가 분수 나눗셈 계산 방법을 알고 있는지를, 문항 2는 주어진 문장제에 적합한 식을 세우고 계산할 수 있는지를 드러낸다. 문항 3은, 문항 1이나 문항 2와는 달리, 교사가 분수 나눗셈을 어떻게 해석하는지, 달리 말하여 교사가

* jhyim@ginue.ac.kr

분수 나눗셈에 어떤 의미를 부여하고 있는지를 드러낼 수 있다. 수학적인 개념이나 절차의 의미는 책에 쓰여 있는 단순한 정의가 아니라, 인식 주체가 그 개념이나 절차와 관련하여 지니고 있는 복합적인 스킴이다(Thomson, 2013). 문항 1이나 문항 2와 같은 전형적인 수학 문제로는 분수 나눗셈에 관한 교사 지식의 표층은 드러나지만 교사가 분수 나눗셈과 관련하여 지니고 있는 의미는 드러나지 않는다. 분수 나눗셈에 관하여 교사들이 어떤 복합적인 의미를 지니고 있는지 알아보는 데에는 문항 1, 2보다 문항 3이 더 적절하다. 분수 나눗셈에 관하여 교사가 지니고 있는 의미를 알아보는 데 문항 3보다 더 좋은 문항이 있을지도 모른다. 특정한 수학적 개념이나 절차에 관하여 교사가 지니고 있는 의미를 파악하기에 적절한 문항을 개발하는 것은 수학교육연구자들이 관심을 가지고 수행할 만한 작업이다.

이 연구에서 드러난 우리나라 예비교사들의 분수 나눗셈의 의미 이해 정도는 매우 낮았다. 아예 문장제를 만들지 못한 예비교사들도 상당수 있었고, 만든 문장제의 절반 이상이 오류를 포함하고 있었다. 조사 대상인 예비교사들이 교육대학교에서 분수 나눗셈 교수법을 아직 학습하지 않은 3학년 학생들이라는 점을 고려하면, 이들의 이해 수준이 Ma의 연구 대상이었던 중국의 현직 교사들이 보여준 이해에 미치지 못하는 것은 그럴 수도 있는 일로 치부할 수 있을 것이다. 우리나라의 현직 교사들을 대상으로 조사하였다면, 또는 교육대학교에서 분수 나눗셈 교수법을 이미 학습한 예비교사들을 대상으로 조사하였다면 결과는 다르게, 아마도 더 좋게, 나왔을 가능성이 있다.

이 논문의 저자들이 분수 나눗셈의 교수법을 학습한 적이 없는 예비교사들을 조사 대상으로 삼은 이유는 분수 나눗셈의 의미를 학습하지 않은 상태에서 예비교사들이 자연스럽게 가지고 있는 분수 나눗셈의 의미를 알아보기 위해서였다. 분수 나눗셈의 교수법을 공부하지 않은 상태에서 예비교사들이 자연스럽게 가지고 있는 이해의 수준이 상당히 낮다는 것은 교육대학교의 교사교육자들에게 경각심을 가지게 한다. 교육대학교에 입학하는 학생들이 고등학교까지 상위권에 속하는 학생들이었다는 것은 이들이 초등수학의 주요 개념이나 절차의 의미를 제대로 이해하고 있다는 것을 전혀 보증하지 않는다. 교육대학교의 수학과교육 강좌는 장차 아동에게 초등수학의 주요 개념과 절차를 어떻게 가르쳐야 하는가라는 교수법을 다루면서 동시에 예비교사들이 초등수학의 주요 개념과 절차의 의미를 제대로 이해하게 하는 일까지 감당해야 한다.

끝으로, 이 연구의 결과로 나타난 한 가지 특이한 현상에 대해 언급한다. 예비교사들이 만든 문장제의 유형을 보면 포함제가 압도적으로 많았고 단위비율결정 맥락에 해당하는 문장제는 극소수였다. 이것은 Ma의 연구에서 중국 교사들이 만든 문장제의 유형과 비교해 볼 때 매우 대조적이다. 중국 교사들이 만든 80개의 문장제 중 포함제는 16개, 단위비율결정 맥락은 62개로 단위비율결정 맥락이 훨씬 많았다. 예비교사들이 자연스럽게 가지고 있는 분수 나눗셈의 의미가 포함제라는 특정 맥락에 치우쳐 있다는 것은 우리나라 초등 교육에서 분수 나눗셈을 다루는 맥락이 어떤지 반성할 필요가 있음을 시사한다. 한 연구(임재훈, 김수미, 박교식, 2005)에서 행한 교과서 분석 결과에 의하면, 우리나라는 중국과 달리 초등학교에서 분수÷분수를 가르칠 때 포함제 맥락에 의존하며 단위비율결정 맥락은 거의 사용하지 않는다. 특정 맥락만 사용하는 것이 좋은 것인가 아닌가를 논외로 하고, 초등학교에서 분수÷분수를 취급하는 맥락과 예비교사들이 분수 나눗셈에 대해 자연스럽게 가지고 있는 의미 사이에 관찰되는 일관성은 콩 심은 데 콩 난다는 속담이 교육적 진리의 일면을 담고 있음을 말해 주는 듯하다.

참고문헌

박교식, 송상헌, 임재훈(2004). 우리나라 예비 초등 교사들의 분수 나눗셈의 의미 이해에 대한 연구. **학교수학, 6**(3), 235-249.

임재훈, 김수미, 박교식(2005). 분수 나눗셈 알고리즘 도입 방법 연구 : 남북한, 중국, 일본의 초등학교 수학 교과서의 내용 비교를 중심으로. **학교수학, 7**(2), 103-121.

Ma, L. (1999). *Knowing and teaching elementary mathematics: Teachers' knowledge of fundamental mathematics in China and the Unite States*. Mahwah, NJ: Erlbaum.

Thomson, P. W. (2013). In the absence of meaning... . In K. Leatham. (Ed.), *Vital directions for research in mathematics education* (pp.57-93). New York: Springer.

대한수학교육학회지 <학교수학> 제 6 권 제 3 호
Journal of Korea Society of Educational Studies in Mathematics
School Mathematics Vol.6, No.3, 235-249. Sep 2004

우리나라 예비 초등 교사들의 분수 나눗셈의 의미 이해에 대한 연구

박 교 식* · 송 상 헌** · 임 재 훈***

본 연구는 우리나라의 예비 초등 교사들이 분수 나눗셈 $1\frac{3}{4} \div \frac{1}{2}$에 적합한 문장제를 만들 때 나타나는 오류 유형과 만든 문장제의 유형을 분석한 것이다. 우리나라 예비 초등 교사들은 미국이나 중국의 교사들처럼 '$\frac{1}{2}$로 나누기'를 '2로 나누기'로 오해하는 일상 언어와 수학적 언어 사용의 불일치에 기인하는 구조적인 오류를 다수 보였으며, 계산결과만 생각하여 구조적으로 다른 $1\frac{3}{4} \times 2$에 적합한 문장제를 만드는 새로운 유형의 오류도 보이고 있다. '포함제' 자체에는 익숙하지만 몫이 자연수가 아닌 분수 나눗셈 상황에서 포함제가 지니는 문제점에 대한 인식은 매우 부족한 것으로 나타났으며, '단위 비율의 결정', '곱셈의 역 상황'이라는 분수 나눗셈의 의미에 대한 이해가 매우 부족한 것으로 나타났다. 따라서 예비 초등 교사들을 위한 교육에서는 분수의 나눗셈에서 단위 비율의 결정, 곱셈의 역연산으로서의 나눗셈의 의미를 다양한 실제 상황 및 맥락과 관련지어 이해하게 하는 지도가 이루어질 필요가 있다.

I. 서 론

초등교사 연수 프로그램이나 교사 양성 기관에서의 교육 프로그램을 개발하기 위해서는 다양한 영역에서 초등교사 또는 예비 초등 교사의 수학적 지식에 대한 실태 분석 연구를 참고할 필요가 있다. 그러나 이종욱(2003)에 의하면 우리나라 예비 초등 교사의 수학적 지식에 대한 연구는 그다지 많지 않은 편으로 보고되고 있다. 특히, 분수 나눗셈은 초등학교 수학의 '수와 연산' 영역의 최상위의 내용으로, 학생들뿐 아니라 교사들도 분수 나눗셈의 의미와 관련하여 적절한 개념적 이해에 도달하지 못하는 경우가 적지 않다(Ma, 2002). 이런 상황에서 본 연구는 우리나라 예비 초등 교사들이 분수 나눗셈의 의미를 어느 정도 이해하고 있는지 알아보고 이를 통해 교사교육에의 시사점을 얻고자 한다.

서관석과 전경순(2000)이 우리나라 예비 초등 교사들의 분수 연산에 관한 내용적 지식 수준을 '$3 \div \frac{1}{2}$의 상황을 설명하는 문장제'를 기술하게 하여 조사한 바에 의하면, 57%의 예

*경인교육대학교(pkspark@ginue.ac.kr)
**경인교육대학교(shsong@ginue.ac.kr)
***경인교육대학교(jhyim@ginue.ac.kr)

비 초등 교사들이 부적절한 예를 기술하거나 예를 들지 못했다. 김민경(2003)은 나눗셈 개념에 대한 예비 초등 교사의 이해도를 자연수 나눗셈 문장제, 분수 나눗셈 문장제, 자연수÷분수, 나눗셈 알고리즘에 대해 조사하였는데, '$\frac{3}{5}$을 $\frac{1}{5}$로 나누는 문장제'를 만들라는 과제에 대한 조사 결과 정답율은 54.5%로 나타났다. 그런데 이들 선행연구에서 우리나라 예비 초등 교사들이 분수 나눗셈 문장제 구성에 있어 어떤 유형의 오류를 범하며 어떤 유형의 문장제를 구성하는지에 대한 상세한 분석은 이루어지지 않았다.

Ma(2002)는 미국의 초등학교 교사 23명에게 분수 나눗셈 $1\frac{3}{4} \div \frac{1}{2}$을 식으로 제시하고, 이 식에 적합한 문장제를 여러 가지 만들게 한 후, 16명의 미국 교사들이 만든 잘못된 문장제를 분석하여, 그들이 범한 오류를 '$\frac{1}{2}$로 나누기를 2로 나누기로 오해', '$\frac{1}{2}$로 나누기를 $\frac{1}{2}$을 곱하기로 오해', '$\frac{1}{2}$로 나누기, 2로 나누기, $\frac{1}{2}$을 곱하기를 모두 동일한 것으로 오해'하는 세 가지 유형으로 구분하여 분석하였다. 또, 중국의 초등교사 72명에게도 똑같은 분수 나눗셈을 제시하고 그 식에 적합한 문장제를 만들어 보게 한 후, 65명의 중국 교사들이 만든 올바른 문장제를 분석하여, 그 문장제의 유형을 '포함제', '등분제', '곱과 인수 모델'의 세 가지로 나누어 분석하였다.[1)]

본 연구에서는 우리나라 예비 초등 교사들이 만든 분수 나눗셈 문장제의 오류 유형을 분석하고, Ma가 제시하지 않은 다른 유형의 오류가 나타나는지도 알아본다. 또한 예비 초등 교사들이 만든 올바른 분수 나눗셈 문장제를, Ma가 제시한 세 가지 유형 대신, 그 세 가지를 포함하면서도 좀 더 정교하게 분수 나눗셈의 의미를 구분한 Sinicrope, Mick와 Kolb(2002)의 '포함제', '등분제', '단위 비율 결정', '곱셈의 역', '카테시안 곱의 역'의 다섯 가지 유형으로 나누어 분석한다.

본 연구는 G교육대학교의 3학년생 2개반 71명[2)]에게 분수 나눗셈 '$1\frac{3}{4} \div \frac{1}{2}$'에 적합한 문장제를 최대 10개까지 만들도록 하였고, 그 중 틀리거나 맞은 문장제를 하나라도 적어낸 48명의 답안을 분석하였다. 그들은 사전에 이러한 문장제를 만들어 본 경험이 없었으며, 교육대학교에 입학한 후 분수의 의미나 나눗셈의 의미를 정식으로 학습하지 않은 상태였다. 그런 만큼 이 조사는 그들이 자연스럽게 가지고 있는 분수 나눗셈의 의미에 대한 이른바 '개념 이미지(Vinner, 1991)'를 잘 드러내어 주는 것으로 볼 수 있다.

II. 분수 나눗셈의 의미에 대한 오해

이 장에서는 우리나라 예비 초등 교사들도 Ma(2002)가 제시한 세 가지 유형의 오류를 범하는지와 계산 결과가 자연수가 아닌 분수가 되는 나눗셈의 문장제를 만들 때, 제수나 몫에 '사람의 수'와 같은 이산량을 소재로 사용하는 예를 제시하는지를 알아본다. 그리고 이 과정

1) Ma(2002)의 책을 번역한 신현용과 승영조는 '포함제', '등분제' 대신 각각 '측정 모델', '분할 모델'이라 하고 있다.

2) 1학기 초에 수학 심화반과 타 심화과정을 각각 한 반씩 대상으로 하였으나 이들의 반별간 의미있는 차이는 나타나지 않아 반별 차이 분석은 하지는 않음.

에서 Ma가 제시하지 않은 다른 유형의 오류가 나타나는지도 함께 알아본다. 우리나라 예비 초등 교사 48명이 만든 150개의 답안 중 32명(약 67%)이 제시한 88개(약 59%)의 답안이 오류를 포함하고 있는 것이었다. 그러나 오류를 나타낸 답 중에서도 32%(48개)만이 분수 나눗셈의 오류 유형으로 분류할 수 있는 것이었다.[3)]

1. '$\frac{1}{2}$로 나누기'를 '2로 나누기'로 오해

Ma(2002)의 관찰에 의하면, 미국 교사 23명 중 10명(약 23%)이 '$\frac{1}{2}$로 나누기'를 '2로 나누기'로 오해하고 있었는데, 그들은 대개 한 양을 두 사람에게 똑같이 나누어 주기, 즉 두 부분으로 나누기와 관련된 다음과 같은 문장제를 만들었다.

> 파이를 이용하면 돼요. 파이 한 판과 또 다른 파이 $\frac{3}{4}$쪽이 있고, 두 사람이 있어요. 각자 똑같이 가질 수 있도록 이걸 똑같이 나누려면 어떻게 해야 할까요?(p. 139)

이 문제는 $1\frac{3}{4} \div 2$에 적합한 문장제이지, $1\frac{3}{4} \div \frac{1}{2}$에 적합한 문장제는 아니다. $\frac{1}{2}$로 나누기를 2로 나누기로 오해하기에 이러한 문장제를 만든 것이다. 우리나라 예비 초등 교사들 48명 중 15명(31%)이 이러한 오류를 범하고 있었다. 다음은 그들이 제시한 문장제의 예이다.

> ① 피자 $1\frac{3}{4}$판이 있다. 이것을 영희와 철이에게 똑같이 나누어 주면 그들은 얼마큼씩 먹을 수 있을까?
> ② 구리 전선을 $1\frac{3}{4}$m 구입했는데, 공사하면서 구리 전선을 $\frac{1}{2}$로 나누어 사용하였다. 사용한 전선의 양은?
> ③ 한 상자에 24자루인 볼펜이 1과 $\frac{3}{4}$상자 있습니다. A와 B가 이 볼펜을 반으로 나누어 가지려면 각각 몇 자루씩 가져야 할까요?

'반으로 나눈다'는 일상적인 표현에서의 '반'은 '나눈 결과로 생기는 각각의 조각이 처음 양의 반'을 의미한다. 그러나 'A로 나눈다'는

---

3) 기타 40개의 답안은 다음과 같이 오류 유형이라기보다 문장제로 볼 수 없는 경우였는데, 이것은 진술의 성격에 따라 6가지로 구분할 수 있었다.
① '$1\frac{3}{4} \div \frac{1}{2}$을 계산해 보시오.', '$1\frac{3}{4}$은 $\frac{1}{2}$을 몇 번 포함하는가?', '대분수 $1\frac{3}{4}$을 진분수 $\frac{1}{2}$로 나누시오.'와 같이 답을 구할 수는 있지만 식을 문장으로만 진술한 경우
② '1과 $\frac{3}{4}$의 피자를 두 개의 접시에 놓으려고 합니다. 어떻게 할까요?', '현성이는 $1\frac{3}{4}$개의 사탕을 2명에게 1개꼴로 나누어 주었다. 그럼 한 사람당 사탕을 몇 개씩 가질 수 있나?', '$\frac{7}{4}$씩의 종이를 $\frac{1}{2}$씩 나눕니다. 총 몇 조각인가요?'와 같이 물음이 애매하거나 문장이나 문맥이 어색하여 문제가 성립하지 않는 경우 ③ '$\frac{7}{4} \div \frac{2}{4}$와 같은 식을 쓰시오'와 같이 문제에서 요구하는 것과는 다르게 임의로 문제를 바꾸어 버리는 경우 ④ 기타 '$1\frac{3}{4}$에서 $\frac{1}{2}$로 나누어 보자'와 같은 지시문이나 '$1.75 \div 0.5$'와 같이 문장이 아니라 식이나 수직선, 그림만 제시해 둔 경우, ⑤'윤정이는 끈 $1\frac{3}{4}m$를 $\frac{1}{2}m$씩 자르려고 한다. 하나의 끈은 몇 m인가?'와 같이 문제에 이미 답이 나타나 있어 문제로서의 의미가 없는 경우, 그리고 ⑥'현성이의 숫자 카드에 $1\frac{3}{4}$이라는 숫자가 있다. 지현이의 카드엔 현성이의 수를 $\frac{1}{2}$로 나눈 수가 써 있다. 지현이의 수는?'와 같이 억지로 만들어 자연스런 맥락이라고 보기 어려운 경우 등. 개인별로 올바른 문장제(최대 8개)만 만든 사람은 16명인 반면 모두 틀린 답안(최대 9개)만 제시한 사람도 20명이 있었다. 이처럼 예비 초등 교사들은 분수 나눗셈의 의미와는 별도로 문장제를 만드는 것 자체에도 익숙하지 않음을 알 수 있다.

수학적 표현에서의 'A'는 나눈 결과로 생긴 조각의 크기가 아니라 제수를 뜻한다. 따라서 '반으로 나누기'라는 일상 표현에 대응하는 수학적 표현인 '$\frac{1}{2}$로 나누기'는 일상적 표현과 그 의미가 다르다. 예비 초등 교사들이 위와 같은 오류를 범하는 이유는 '$\frac{1}{2}$로 나누기'에서 $\frac{1}{2}$이 '반'이므로, $\frac{1}{2}$로 나누기를 '반으로 나누기'라고 생각하여, 수학적 표현과 일상적 표현의 의미를 혼동하기 때문으로 보인다. 그들은 $\frac{1}{2}$을 단순히 '반'이라고 생각할 뿐만 아니라, 어떤 양을 '$\frac{1}{2}$로 나눈다'는 의미를 문맥에 맞게 파악하지 못하고 있는 것이다. 이러한 생각은 예 ②의 '구리 전선을 $\frac{1}{2}$로 나누어'에서 분명하게 볼 수 있다. 이러한 오류의 예가 비교적 많다는 점에서, 이것은 일상 언어와 수학적 언어 사용의 불일치에 기인하는 구조적 오류라고 할 수 있다.

2. '$\frac{1}{2}$로 나누기'를 '$\frac{1}{2}$을 곱하기'로 오해

Ma(2002)의 관찰에 의하면, 23명 중 6명(26%)의 미국 교사들이 '$\frac{1}{2}$로 나누기'를 '$\frac{1}{2}$을 곱하기'로 오해하고 다음과 같은 문장제를 만들었다.

> 이렇게 작은 수에는 아마도 파이를 사용하는 것이 가장 수월할 것입니다. 분수의 경우에는 전형적으로 파이를 사용합니다. 전체 파이 하나와 $\frac{3}{4}$쪽이 있습니다. $\frac{1}{4}$쪽은 누군가 훔쳐 먹었다고 해 둡시다. 아무튼 전체 하나를 4등분해서 모두 $\frac{1}{4}$쪽 자리로 만든 다음 전체의 반을 가져야 합니다.(p. 139)

Ma에 의하면, 위 문제의 마지막 부분에 있는 '전체의 반'이라는 뜻을 식으로 표현하면 (전체의 양)$\times\frac{1}{2}$이 되므로, 위의 문제는 $1\frac{3}{4}\times\frac{1}{2}$에 적합한 문장제이지, $1\frac{3}{4}\div\frac{1}{2}$에 적합한 문장제가 아니다. '$\frac{1}{2}$로 나누기'를 '$\frac{1}{2}$을 곱하기'로 오해하기에 이러한 문장제를 만든 것이다.

우리나라 예비 초등 교사 48명 중 단지 1명(2%)만이 이러한 오해를 하고 있었다. 다음의 두 문장제는 동일한 한 사람이 제시한 것이다.[4)]

> ① 아이스크림을 $1\frac{3}{4}$갤런 구입했는데, 그 중의 $\frac{1}{2}$이 딸기 맛이었다. 딸기 아이스크림은 모두 몇 갤런인가?
> ② 자갈 $1\frac{3}{4}$kg을 바닷가에서 가져왔는데, 그 중 $\frac{1}{2}$을 친구에게 주었다. 친구에게 준 자갈의 양은 몇 kg인가?

우리나라 예비 초등 교사들이 제시한 예 중에서 이러한 오해를 보여주는 또 다른 예는 없었다. 미국 교사들과는 달리 그들이 이러한 유

4) 그는 비록 '갤런'이라는 특별한 들이 단위까지 사용하고 있지만 분수 나눗셈의 의미에 대해서는 사실상 총체적인 오해를 하고 있었다. 이 사람은 틀린 9개의 문장제를 제시하고 있는데, 그 중 '$\frac{1}{2}$로 나누기'를 '2로 나누기'로 오해하고 있는 문장제가 4개, 부정확한 문장제가 3개, '$\frac{1}{2}$로 나누기'를 '$\frac{1}{2}$로 빼기'로 오해한 문장제도 2개나 있어서 분수나눗셈에 관한 총체적인 오류를 범하고 있음을 알 수 있다. 이처럼 개인별 특성이 나타나는 부분도 있지만 이 논문에서는 초등 예비 교사라는 집단이 현상적으로 나타내 보이는 오류에 초점을 맞추고 있기 때문에 개인에 대한 심층적인 분석은 후속연구로 남겨두기로 한다.

형의 오해를 거의 하지 않는다고 단정하기는 어렵지만, 이런 오류를 범한 미국 교사들의 백분율과 우리나라 예비 초등 교사들의 백분율 사이에는 적지 않은 차이가 있다.[5)]

3. '$\frac{1}{2}$로 나누기', '2로 나누기', '$\frac{1}{2}$을 곱하기'를 모두 동일한 것으로 오해

Ma(2002)의 관찰에 의하면, 23명의 미국 교사들 중 2명(약 9%)이 '$\frac{1}{2}$로 나누기', '2로 나누기', '$\frac{1}{2}$을 곱하기'를 모두 동일한 것으로 오해하고 있었다.

> 1과 $\frac{3}{4}$을 반으로 나누기라 좋아요. 어디 봅시다.……. 이거 하나를 모두 가지고 있고, 또 $\frac{3}{4}$개를 가지고 있는데, 전체의 반만 갖고 싶습니다. (p. 140)

Ma에 의하면, 이 문장제에서 '1과 $\frac{3}{4}$을 반으로 나누기'는 $\frac{1}{2}$로 나누기를 2로 나누기로 오해하고 있음을, 그리고 '전체의 반'은 $\frac{1}{2}$로 나누기를 $\frac{1}{2}$을 곱하기로 오해하고 있음을 보여준다. 조사 대상인 우리나라 예비 초등 교사들이 제시한 문장제 중 이러한 오해를 보여주는 예시는 없었다. 그러나 이것만으로 미국교사들과는 달리 그들이 이러한 유형의 오해를 하지 않는다고 단정하기는 어렵다. 사실 위의 예는 그 세 가지를 동시에 보여주는 희귀한 예에 해당한다. 실제로 앞에서 $\frac{1}{2}$로 나누기를 $\frac{1}{2}$을 곱하기로 오해한 경우도, 이 세 가지를 동일한 것으로 간주하고 있는 것으로 볼 여지가 있다.

4. $1\frac{3}{4} \div \frac{1}{2}$을 $1\frac{3}{4} \times 2$로 바꾸어 문장제 만들기

Ma(2002)의 연구에는 소개되지 않은 것으로, 우리나라 예비 초등 교사들 중 비교적 많은 수인 7명(15%)이 $1\frac{3}{4} \div \frac{1}{2}$에 적합한 문장제를 만들라는 요구에 대해 다음과 같이 $1\frac{3}{4} \times 2$에 적합한 문장제를 만들어 제시하였다.[6)]

> ① 물을 1L와 $\frac{3}{4}$L를 마신 동생이, 내일은 2배를 마시겠다고 한다. 동생이 내일 마실 물의 양은?
> ② 수정이는 피자 $1\frac{3}{4}$의 2배를 먹었다. 얼마만큼 먹었는가?
> ③ 운동장을 1바퀴와 $\frac{3}{4}$만큼 뛰었다. 조금 쉬었다가 아까와 동일한 만큼을 뛰었다. 총 달린 양은?
> ④ 집에서 학교까지의 거리는 $1\frac{3}{4}$km이다. 집에서 학교까지의 왕복 거리는?

'계산'의 관점에서 보면, $1\frac{3}{4} \div \frac{1}{2}$과 $1\frac{3}{4} \times 2$는 같다. 그래서 일부 예비 초등 교사들은 $1\frac{3}{4} \div \frac{1}{2}$에 적합한 문장제를 만드는 것과 $1\frac{3}{4} \times 2$에 적합한 문장제를 만드는 것 사이에

---

5) 이러한 차이가 어디에 기인하는 것인가는 분명하지 않다. 미국 교사들의 경우 '구조적인 오류'로 보이는 반면, 우리나라의 그 예비교사의 경우는 '개인적인 오류'로 보인다. 이 논문에서는 개인의 경향을 조사하기 보다는 전체의 경향을 조사하는 데 관심이 있으므로 이에 대해서는 논의하지 않기로 한다.

6) 이들 중 2명만 올바른 문장제를 함께 제시하고 있었다.

아무런 차이가 없다고 생각한 것으로 보인다. 그들은 $1\frac{3}{4} \div \frac{1}{2} = 1\frac{3}{4} \times 2$라는 계산의 결과를 미리 생각하고 그것을 이용한 것이다. 이는 그들이 분수의 나눗셈이라는 의미보다는 제수가 분수인 나눗셈은 제수의 역(분자와 분모를 뒤집은 값)을 곱하면 된다는 계산 알고리즘에 익숙해 있기 때문이라 판단된다.

5. '$\frac{1}{2}$로 나누기'를 '$\frac{1}{2}$을 빼기'로 오해

우리나라 예비 초등 교사들 중 3명은 $1\frac{3}{4} \div \frac{1}{2}$에 적합한 문장제 대신 다음과 같이 $1\frac{3}{4} - \frac{1}{2}$에 적합한 문장제를 만들기도 했다.

> ① 사과 3개에서 1개를 갖고 $\frac{3}{4}$만큼을 더 가져갔습니다. 그 중에서 $\frac{1}{2}$만큼을 빼면 몇 조각이 남습니까?
> ② 폐휴지가 $1\frac{3}{4}$kg 있었는데, 이번에 그 중 $\frac{1}{2}$kg을 태워 버렸다. 남은 폐휴지의 양은?
> ③ 사과 1개와 그것의 $\frac{3}{4}$개가 있습니다. 사과잼을 만드는데 $\frac{1}{2}$개의 사과가 필요합니다. 사과잼을 만들고 난 후 남은 사과의 양을 기약분수로 나타내어 보시오.

예 ①을 제시한 사람이 만든 7개의 문장제와 예 ②를 제시한 사람이 만든 9개의 문장제는 모두 의미가 부정확한 것으로 앞에서 분류한 어떠한 오류 유형에도 속하지 않는 것이었다.[7)]

예 ③을 제시한 예비 초등교사는 포함제를 사용한 올바른 문장제와 '$\frac{1}{2}$로 나누기'를 '2로 나누기'로 오해한 문장제를 함께 제시하고 있어서 나누라는 부호(÷)를 빼라는 부호(-)로 잘못 보고 푼 것은 아님을 알 수 있다.

한편, 예 ③을 제시한 예비 초등 교사의 또 다른 예에서도 그러하듯이 '어떤 것 1개와 $\frac{3}{4}$개'를 습관적으로 '어떤 것 1개와 그것의 $\frac{3}{4}$개'라고 표현하고 있다. 이러한 오해는 구조적인 것이라기보다는 특정한 개인에 한정된 표현의 오류로 보이나, 이와 같은 오류가 일어날 수 있음을 예비 초등 교사들에게 인식시킬 필요가 있다. 이는 $2\frac{3}{4}$과 같은 또 다른 예를 들어, '2와 그것의 $\frac{3}{4}$'이 얼마인지를 다시 확인해 보도록 하는 반례를 통해 의미에 보다 집중하도록 교정할 수 있을 것이다.

6. 교육적으로 문제점이 있는 예를 제시

Ma(2002)에 의하면 다음과 같이, 개념적으로는 옳지만 '사람의 수'를 분수로 나타내는 부적절한 예를 제시하는 교사도 있었다. Ma는 이러한 문장제는 개념적으로 옳지만 교육적으로는 문제점이 있는 예라고 하였다.

> 예를 들어 초콜릿 두 개와 $\frac{1}{4}$개를 가지고 있다고 해요. 나는 한 어린이에게 $\frac{1}{2}$개씩 나눠주고 싶어요. 그러면 몇 명의 아이가 초콜릿을 받게 될까요? 물론 답은 $4\frac{1}{2}$명이죠. 그래요. 아이가 $\frac{1}{2}$명이라는 것 때문에 아이를 예로 들면 문제가 있긴 해요. 그러니까? 네 명의 아이는 제대로 초콜릿을 받고, 한 명은 다른 아이들의 반만 받는 거죠. 애들은 그걸 이해할 수 있을 거예요.(p. 142)

---

7) '$\frac{1}{2}$로 나누기'를 '$\frac{1}{2}$을 빼기'로 오해하는 경우는 특수한 경우라고 볼 수도 있다. 이러한 사례는 예비 초등 교사들 중에 초등수학의 기본적인 내용에 대한 이해조차 결여된 경우도 있음을 보여준다.

우리나라 예비 초등 교사들 15명(31%)이 만든 17개의 문장제가 분수인 제수나 몫에 '사람의 수'를 소재로 사용한 것이었다. 다음은 그들이 제시한 예시이다.

① 주스가 $1\frac{3}{4}$L있다. 한 사람당 $\frac{1}{2}$L씩 나눠주면 몇 명에게 나누어 줄 수 있는가?
② 나는 $1\frac{3}{4}$m의 색 테이프가 있다. 이것을 한 사람에게 $\frac{1}{2}$m씩 나누어 주려고 한다. 모두 몇 사람에게 나누어 줄 수 있는가?
③ 피자 $1\frac{3}{4}$개를 가지고 있는데, $\frac{1}{2}$개씩 나누어주면 몇 명이 먹게 될까?
④ $1\frac{3}{4}$kg이 들어 있는 꿀을 $\frac{1}{2}$kg씩 나누어 가진다면 모두 몇 사람이 가질 수 있는가?

사람 이외에도 병, 봉지, 동물 등과 같은 이산량을 소재로 하여 문장제를 만들 경우 동일한 문제점이 있게 된다. 18명(40%)이 제시한 37개의 문장제가 이러한 경우였다.

① 물 $1\frac{3}{4}$L를 $\frac{1}{2}$L씩 담을 수 있는 병에 옮기려고 한다. 몇 병에 담을 수 있을까요?
② $1\frac{3}{4}$kg의 딸기가 있다. 한 봉지에 $\frac{1}{2}$kg씩 담으려면 모두 몇 봉지를 만들 수 있을까?
③ $1\frac{3}{4}$cm 길이의 수수깡으로 $\frac{1}{2}$cm의 원기둥 모양을 몇 개나 자를 수 있는가?
④ 쥐를 잡으려고 쥐약 한 포와 $\frac{3}{4}$포를 쥐덫 위에 놓았다. 쥐의 치사량은 $\frac{1}{2}$포이다. 몇 마리의 쥐를 잡을 수 있나?

물론, 이러한 예들은 개념적으로는 옳게 만들어진 것으로 답을 구하기 위해 $1\frac{3}{4} \div \frac{1}{2}$의 식을 세워 계산하면 된다. 그러나 이것들이 $1\frac{3}{4} \div \frac{1}{2} = \frac{7}{2}$에 완전히 들어맞는 문장제는 아니다. 예 ①에서 $\frac{7}{2}$병은 병 3개와 반병으로 이해될 수 있다. 그러나 병 자체를 반으로 나눌 수는 없기 때문에 답은 4병이라고 해야 하며, 예 ④에서는 3마리라고 해야 한다. 이러한 예에서처럼, 나머지를 올림 또는 버림해야 하는 상황까지 고려하면 식은 같아도 답은 달라진다. 이러한 문장제는 문제해결을 위한 예로 종종 사용되는 것들이다.

이상 우리나라 예비 초등 교사들이 제시한 문장제 중 분수 나눗셈 문장제의 오류 유형으로 분류할 수 있는 48개의 답안을 유형별로 정리하여 나타내면 <표 Ⅱ-1>와 같다.

<표 Ⅱ-1> 문장제 오류 유형 및 유형별 응답자와 문항 수 분류

오류 유형	응답자 수	문항 수
2로 나누기로 오해	15	29
$\frac{1}{2}$을 곱하기로 오해	1	2
$\frac{1}{2}$로 나누기, 2로 나누기, $\frac{1}{2}$을 곱하기를 동일한 것으로 오해	0	0
$1\frac{3}{4} \times 2$로 바꾸어 문장제 만들기	7	13
$\frac{1}{2}$로 나누기를 $\frac{1}{2}$을 빼기로 오해	3	4

또한, 개념적으로는 옳으나 교육적으로는 문제점이 있는 문장제를 유형별로 정리하면 아래의 <표 Ⅱ-2>와 같다.

Ⅲ. 분수 나눗셈 문장제의 유형

이 장에서는 우리나라 예비 초등 교사 48명 중 28명(약 58%)이 만든 62개의 올바른 분수 나눗셈 문장제를 Sinicrope, Mick와 Kolb(2002)가 분수 나눗셈의 의미로 제시한 '포함제', '등분제', '단위 비율 결정', '곱셈의 역', '카테시안 곱의 역'의 다섯 가지 유형으로 나누어 살펴본다.

1. 포함제

포함제는 주어진 양과 같은 종류의 양으로 나누는 경우에 해당한다. Ma(2002)에 따르면, $1\frac{3}{4} \div \frac{1}{2}$에 적합한 포함제 상황은 '$1\frac{3}{4}$ 안에 포함된 $\frac{1}{2}$의 개수 알아내기' 또는 '$1\frac{3}{4}$은 $\frac{1}{2}$의 몇 배인지 알아내기'이다. 우리나라 예비 초등 교사 48명 중 27명(56%)이 이러한 포함제를 제시하였다. 이는 우리나라 예비 초등 교사들의 대부분이 분수의 나눗셈은 포함제 상황으로 만들고 있음을 보여준다. 다음은 그들이 제시한 문장제의 일부이다.

① 물이 $1\frac{3}{4}$L 있습니다. 한 사람이 $\frac{1}{2}$L씩 마신다면 모두 몇 사람이 마실 수 있습니까?
② 나는 $1\frac{3}{4}$m의 색 테이프가 있다. 이것을 한 사람에게 $\frac{1}{2}$m씩 나누어 주려고 한다. 모두 몇 사람에게 나누어 줄 수 있는가?
③ 모래가 $1\frac{3}{4}$kg이 있다. 이 모래를 $\frac{1}{2}$kg씩 나누어 담으면 몇 봉지가 나오는가?
④ 왕서방은 조서방에게 $1\frac{3}{4}$kg의 쌀을 빌려 왔다. 하루에 $\frac{1}{2}$kg씩 갚으려 한다. 며칠 걸리는가?
⑤ 영철이는 피자 한 조각과 $\frac{3}{4}$조각을 먹을 수 있습니다. 영호는 피자를 $\frac{1}{2}$조각밖에 먹지 못합니다. 영철이는 영호가 먹은 피자의 몇 배를 더 먹었나요?
⑥ 언니는 하루에 $1\frac{3}{4}$L만큼의 우유를 먹고 나는 $\frac{1}{2}$L만큼을 먹는다. 언니는 나의 몇 배만큼의 우유를 먹는가?

그런데 그들이 만든 포함제 상황의 문장제 중 ⑤와 ⑥을 제외한[8] 상당수가 개념적으로는 옳으나 해의 분수 표현이 실제 상황의 답(자연

<표 Ⅱ-2> 개념적으로는 옳으나 교육적으로 문제점이 있는 답안의 분류

구분		응답자 수	문항 수
개념적으로는 옳으나 교육적으로 문제점이 있는 예	사람의 수를 소재로 사용	15	17
	사람 이외의 이산량을 소재로 사용	18	37

8) ⑥의 경우는 배의 개념을 도입하여 비교적 잘 만든 문장제라고 볼 수 있다. 이러한 배 개념을 사용한 예비 초등 교사는 2명뿐이었으며, 그들이 만든 문장제는 모두 3개였다. 그러나 ⑤에서 볼 수 있듯이 실생활의 맥락에서 보면 피자를 $\frac{1}{2}$조각밖에 먹지 못한다는 비현실적인 상황과 '더 먹었는지'를 묻는 문장의 상황은 적절하지 못하다.

수)과 그대로 일치하지 않는 것이었다. 서관석과 전경순(2000)이 사용한 $3 \div \frac{1}{2}$의 상황을 설명하는 문장제나 김민경(2003)이 사용한 $\frac{3}{5}$을 $\frac{1}{5}$로 나누는 문장제와 달리, $1\frac{3}{4} \div \frac{1}{2}$의 계산 결과는 자연수가 아닌 분수가 되므로 실제 문제의 해와 계산 결과가 그대로 일치하지 않는다. 그럼에도 불구하고, 예비 초등 교사들이 위와 같은 문장제를 만든 것은 $1\frac{3}{4} \div \frac{1}{2}$의 계산 결과가 $\frac{7}{2}$이라는 것을 미처 생각하지 않은 채 문장제를 만들었거나 분수 나눗셈에서 포함제가 지닌 이와 같은 문제점을 간과했기 때문일 수 있다. 참고로, Ma(2002)가 조사한 중국 교사 72명 중 65명이 만든 80개의 문장제 중에는 상대적으로 적은 16개의 문장제만이 포함제 유형에 속하였다.

$1\frac{3}{4} \div \frac{1}{2}$에 적합한 포함제는 구조적으로 '어떤 것이 $1\frac{3}{4}$단위만큼 있고, 그것을 $\frac{1}{2}$단위만큼씩 나누면, 몇 번 나눌 수 있는가?'라는 형태를 가진다. 이때 단위로 등장할 수 있는 것은 m, L, kg, 시간, 일, 개, 판 등이다. 또, '있다' 대신 맥락에 따라 '사온다', '걸린다', '빌려준다' 등의 표현이 사용될 수 있다. 마찬가지로 '몇 번 나눌 수 있는가' 대신 맥락에 따라서는 '몇 개 있는가', '몇 사람에게 줄 수 있는가' 등의 표현이 사용될 수 있다. 이러한 구조를 더 간단히 나타내면, Ma(2002)가 표현한대로, '$1\frac{3}{4}$안에 포함된 $\frac{1}{2}$의 개수 알아내기' 또는 '$1\frac{3}{4}$은 $\frac{1}{2}$의 몇 배인지 알아내기'가 된다. 물론, 개수는 자연수이므로 분수 나눗셈의 계산 결과와 일치하지 않는 상황이 존재한다.

포함제의 구조를 'b는 a의 몇 배인지 알아내기'와 같이 나타낼 수 있다. 이때, Ma(2002)가 주목했듯이, a와 b가 모두 자연수로 주어지든, 아니면 모두 분수로 주어지든 b는 모두 a의 '몇 배'라는 형태를 취한다. 다만 그 몫이 이산량으로 주어지는 경우, 그것이 자연수이어야 한다는 것을 염두에 두어야 한다. 우리나라 예비 초등 교사들의 상당수는, 자연수 나눗셈의 포함제 구조를 분수 나눗셈의 포함제 구조로 확장하여 포함제를 많이 만들고는 있지만, 몫이 이산량으로 주어지는 경우 그것이 자연수이어야 한다는 것을 간과하고 있는 것으로 보인다. 이에 비해 중국 교사들이 상대적으로 포함제를 많이 만들지 않은 것은, 그들이 나눗셈의 포함제 상황을 잘 몰라서라기보다는 그것이 분수 나눗셈 특유의 의미를 나타낸다고 생각하지 않기 때문이라는 판단을 하고 있는 것으로 보인다. Ma(2002)에 의하면, 이것은 중국 교사의 경우 충실한 교사 교육과 교재 연구 활동에 기인하는 것으로 보인다. 뒤에서 논의하겠지만, 계산 결과가 분수가 되는 분수 나눗셈의 경우는 포함제보다 단위 비율의 결정 상황이나 곱셈의 역 상황이 계산 결과와 더 잘 어울린다.

2. 등분제

등분제는 주어진 양을 그 양과는 다른 종류의 양으로 나누는 경우에 해당한다. 예를 들어, 우유 $\frac{3}{2}$L를 6명에게 나누어 줄 때 몇 L씩 나누어 주어야 하는지 구하는 상황이다. 6명 각각이 받는 양이 몇 L씩인지 구하기 위해서는 $\frac{3}{2} \div 6$을 계산하여야 한다.

Ma는 $1\frac{3}{4} \div \frac{1}{2}$의 예로 '어떤 수의 $\frac{1}{2}$이 $1\frac{3}{4}$

이 되는 그 어떤 수 알아내기'를 소개하면서 이를 등분제(분할모델)로 소개하고 있다. 이와 같은 해석에도 일리가 있다. 우유 $\frac{3}{2}$L를 6명에게 나누어 주는 상황에서 (나누는 수 6이 자연수라는 것이 아니라) '1인당' 얼마씩 나누어 주어야 하는지에 주목하고, 이로부터 1 단위에 해당하는 양을 구하는 것을 등분제의 본질로 볼 수도 있기 때문이다. 1 단위에 해당하는 양을 구하는 것이라는 것은 제수가 자연수일 때뿐 아니라 분수인 경우에도 그대로 확장, 적용될 수 있다.

그러나 '등분'이라는 말은 나누는 수가 자연수인 경우와 잘 어울리지만, 분수인 경우와는 어울리지 않는다. 2등분, 3등분한다는 말과 달리, $\frac{1}{2}$등분한다는 말은 일상적으로 성립하지 않는다. 이와 같이 등분이라는 말이 지닌 일상적 의미는 나누는 수가 자연수인 경우에 적합하다는 점을 고려하면, '단위 비율을 결정하는 것'과 '등분'은 구분이 가능하다. 이 때문에 본 논문에서는, Sinicrope, Mick & Kolb(2002)와 같이, 등분하는 상황을 단위 비율을 결정하는 상황과 구분하는 것이 가능하다고 본다.

나누는 수가 자연수인 경우에 한정하여 '등분'을 사용하기로 하면, $1\frac{3}{4} \div \frac{1}{2}$에 적합한 등분제는 있을 수 없다. 그러므로 나눗셈의 의미를 일상적인 의미의 등분으로만 이해하고 있다면, 나누는 수가 자연수가 아닌 $1\frac{3}{4} \div \frac{1}{2}$에 해당하는 적절한 문장제는 만들 수 없을 것이다. Graeber, Tirosh와 Glover(1989), Simon(1993)는 예비 초등 교사들 대부분이 나눗셈을 등분제로 이해하기 때문에 포함제의 상황을 잘 연결시키지 못한다고 볼 수 있다고 하였다(김민경, 2003에서 재인용). 본 연구에서 적절한 문장제를 만들지 못한 예비 초등 교사들 중에도 나눗셈을 등분이라는 제한된 의미로만 이해하고 있는 경우가 있을 개연성이 있다.

3. 단위 비율의 결정

포함제는 같은 종류의 양을 비교하는 확률이나 타율에서와 같이 '율(率)'이라는 이름을 붙일 수 있는 상황에 해당한다. 그리고 등분제는 다른 종류의 양을 비교는 속도나 밀도에서와 같이 '도(度)'라는 이름을 붙일 수 있는 곳이나 단가를 구하는 상황에 해당한다.

Freudenthal(1983; 우정호, 1999: 44, 256에서 재인용)은 전자의 경우를 '내적인 비', 후자의 경우를 '외적인 비'라고 부르고 있다. 이 비의 값을 몫으로 해석하면, 내적인 비는 수이고 외적인 비는 양(정도)이다. 이처럼 포함제와 등분제는 몫을 구하는 문제가 아닌 비율을 구하는 문제로 확장시킬 수 있다.

단위 비율의 결정 상황은 불특정한 비율(분수)로 주어진 값을 기본 단위에 해당하는 값으로 환산한 양을 구하는 경우이다. 단위 비율의 결정 상황은, 포함제와 달리, 분수 나눗셈의 계산 결과와 실제 문제의 해가 그대로 일치할 수 있다는 장점이 있다.

Ma는 중국 교사가 제시한 문장제의 대부분(곧 80개의 문장제 중 약 78%인 62개)이 이러한 유형에 속했다고 하였다. $1\frac{3}{4} \div \frac{1}{2}$에 적합한 단위 비율의 결정 상황은 구조적으로, Ma(2002)에 제시된 것과 같이, '어떤 수의 $\frac{1}{2}$이 $1\frac{3}{4}$이 되는 그 어떤 수 알아내기'라고 할 수 있다. 이러한 구조를 간단히 그리고 일반적으로 나타내면 $b \div a$는 '어떤 수의 a만큼이 b가 되는 그 어떤 수 알아내기'이다.

그런데 이때 a와 b가 모두 자연수로 주어지면, b는 일정한 단위량의 '몇 배'라는 형태가 된다. 이에 비해 a와 b가 모두 분수로 주어지면, b는 일정한 단위량의 '몇 분의 몇'이라는 형태가 된다.

Ma는 중국 교사들의 대다수가 단위 비율을 결정하는 유형의 문장제를 제시하는 이유를 설명하는 과정에서, 이러한 미묘한 의미 변화에 주목했다. 그리고 그는 이러한 의미 변화라는 독특함 때문에, 중국 교사들이 분수 나눗셈의 의미를 부각하는 단위 비율을 결정하는 유형을 나타내는 문장제를 많이 만든 것으로 보고 있다. 우리나라의 경우 48명의 예비 초등 교사들 중에서는 2명만이 이러한 예를 제시하였다.

> ① 무게가 $1\frac{3}{4}kg$인 철봉의 길이를 재어 보았더니 $\frac{1}{2}$m이었다. 이 철봉 1m의 무게는 몇 kg일까?
> ② 어느 날 갑자기 마을의 자랑인 커다란 은행나무가 벼락을 맞아 정확히 반이 쪼개어졌다. 쪼개어진 나무의 높이가 $1\frac{3}{4}$m라고 한다면 원래 나무의 높이는 몇 m인가?[9)]

이것으로 보면, 우리나라 예비 초등 교사들은 분수 나눗셈의 의미 중 단위 비율의 결정이라는 상황에 매우 취약하다고 할 수 있다. 이는 초등교사 양성 프로그램에서 초등예비교사들이 나누는 수가 자연수일 때의 등분의 의미를 분수의 나눗셈에서 '단위 비율의 결정'과 관련하여 깊게 이해할 수 있게 주의하여 지도할 필요가 있음을 시사한다.

4. 곱셈의 역

곱셈의 역 상황은 곱셈의 역조작으로서의 나눗셈하기를 의미한다. Ma(2002)가 '곱과 인수 모델'이라고 부르는 것을 Sinicrope, Mick와 Kolb(2002)는 '곱셈의 역 상황'과 '카테시안 곱의 역 상황'으로 구분하고 있다. Sinicrope, Mick와 Kolb(2002)는 곱셈의 역 상황으로 '피자를 좋아하는 아동은 48명이다. 이것은 샐러드를 좋아하는 아동의 수의 $1\frac{1}{2}$배이다. 샐러드를 좋아하는 아동은 몇 명인가?'와 같은 예를 들고 있다. 곱셈의 역상황은 배의 상황의 역을 의미하는 것으로 보인다. '카테시안 곱의 역' 상황은 직사각형의 넓이와 한 변의 길이를 알 때 다른 한 변의 길이를 구하는 상황과 같은 것이다. Ma는 세 명의 중국 교사가 곱과 인수 모델을 제시했다고 하며, 곱셈의 역상황과 카테시안 곱의 역 상황에 해당하는 예를 각각 하나씩 제시하고 있다.

다음은 Ma가 제시한 곱셈의 역 상황의 예이다.

> 곱셈의 역연산으로서의 나눗셈은, 곱과 하나의 인수를 알고 있을 때 다른 인수를 나타내는 수를 알아내는 것입니다. 이러한 관점에서, 우리는 "어떤 인수와 $\frac{1}{2}$을 곱한 값이 $1\frac{3}{4}$이라면, 그 인수는 무엇인가?"와 같은 문장제 문제를 얻을 수 있습니다.(p. 76)

실생활 소재를 사용하여 곱셈의 역 상황 유형의 문제를 만든다면 '가방의 무게가 $1\frac{3}{4}$kg이다. 이 가방의 무게는 화분의 무게의 $\frac{1}{2}$이라

---

9) 나무가 쪼개어진다고 하면 일반적으로 높이보다는 폭으로 잘려나가는 경우를 생각하기 쉽다. 이와 같이 문제를 만든 학생의 표현에는 문제가 있지만 개념상의 문제가 없다고 보아 '높이의 반이 잘려나갔다'라는 표현으로 해석하였다.

고 한다. 화분의 무게는 얼마인가?'와 같은 문제를 만들 수 있다.[10)] 곱셈과 나눗셈을 서로 연관시킬 수 있을 때, 이러한 문장제를 만들 수 있다. 우리나라의 예비 초등 교사 48명 중 이러한 예를 제시한 학생은 한 명도 없었다. 중국 교사들의 경우도 72명 중 1-2명이 이러한 예를 제시한 것으로 볼 때, 우리나라 예비 초등 교사들 중 단 1명도 이러한 예를 제시하지 않았다고 해서 특이하다고 볼 수는 없을 것이다. 그러나 우리나라 예비 초등 교사들이나 중국 교사들이 이러한 예를 거의 제시하지 않았다는 것은, 곱셈의 역연산으로서의 나눗셈의 의미를 다양한 실제 상황 및 맥락과 관련지어 이해하게 하는 지도가 교사 양성 교육에서 의식적으로 이루어질 필요가 있음을 시사한다.

5. 카테시안 곱의 역 상황

양과 양의 곱 또는 차원과 차원의 곱은 동수누가나 배와는 구분되는 상황으로, 카테시안 곱의 상황에 해당한다. '카테시안 곱의 역 상황'은 바로 이러한 상황의 역을 말한다. 우리나라 예비 초등 교사 48명 중에서 단지 2명이 다음과 같은 3개의 예를 제시하였다.

① 넓이가 $1\frac{3}{4}cm^2$이고, 높이가 $\frac{1}{2}cm$인 평행사변형의 밑변의 길이는 몇 cm입니까?

② 넓이가 $1\frac{3}{4}m^2$인 직사각형 모양의 땅이 있습니다. 이 땅의 가로의 길이가 $\frac{1}{2}m$ 라면 세로의 길이는 몇 m입니까?

③ 넓이가 $1\frac{3}{4}m^2$인 직사각형 모양의 테이블 위에 TV를 올리려고 한다. TV는 테이블의 면과 꼭 맞게 하고 싶다. TV의 한 변의 길이가 $\frac{1}{2}$m라고 한다면 다른 한 변의 길이는 몇 m인가?

위의 예를 보면, 우리나라 초등예비교사들이 만든 카테시안 곱의 역에 해당하는 문장제는 모두 직사각형의 넓이를 소재로 하고 있다. 이는 넓이를 나타내기 위한 카테시안 곱에 나름대로 친숙하기 때문인 것으로 보인다. 그러나 이를 확장하면 밑넓이와 높이의 관계를 통해 기둥의 부피를 구하는 문제를 역의 관계로 나타낼 수 있는데도, 직사각형의 넓이 이외의 소재를 사용하여 더 이상의 다른 문장제를 만들지는 않았다. 또 "$1\frac{3}{4}km$의 거리를 가는데 $\frac{1}{2}$시간이 걸렸을 때 속력을 구하라"는 것과 같은 속도나 농도를 이용한 소재도 카테시안 곱의 역 상황의 나눗셈 문장제를 구성하는 데 사용할 수 있으나,[11)] 이와 같은 문장제를 제시한 예비 초등 교사는 없었다.

이상 우리나라 예비 초등 교사 48명 중 개념적으로 적절한 문장제를 하나라도 만든 28명(약 58%)이 제시한 62개의 문장제의 유형을 표로 정리하여 제시하면 다음 <표 Ⅲ-1>과 같다. 한 예비 초등 교사가 두 개 이상의 유형의 문장제를 제시한 경우가 있으므로 응답자 수의 합계는 의미가 없다.

Ⅳ. 결 론

본 연구는 분수의 나눗셈 지도법에 대한 학습을 하지 않은 우리나라의 예비 초등 교사들

10) 화분의 무게를 □라고 하면, $□\times\frac{1}{2}=1\frac{3}{4}$ 으로부터 $□=1\frac{3}{4}\div\frac{1}{2}$

11) Sinicrope, Mick와 Kolb(2002)의 연구에서는 속도나 농도는 카테시안 곱의 역 상황의 예로 언급되지 않았다.

이 분수 나눗셈 $1\frac{3}{4} \div \frac{1}{2}$에 적합한 문장제를 만들 때 나타나는 오류 유형과 만든 문장제의 유형을 분석하여 그들이 분수 나눗셈의 의미를 어떻게 이해하고 있는지를 통해 교사교육에의 시사점을 얻고자 하였다. 이를 위해 Ma(2002)가 제시한 세 가지 오류 유형을 기초로 그 외에 또 다른 오류를 범하는지를 알아보고, 올바른 문장제를 만든 경우는 Sinicrope, Mick와 Kolb (2002)가 분수 나눗셈의 의미로 제시한 '포함제', '등분제', '단위 비율 결정', '곱셈의 역', '카테시안 곱의 역'의 다섯 가지로 나누어 살펴보았다.

우리나라 예비 초등 교사 48명 중 32명(약 67%)이 한 개 이상의 잘못된 문장제(총 88개, 약 59%)를 제시하였다. 잘못된 답안 중에서는 분수 나눗셈의 오류 유형으로 구분할 수 있는 48개의 문장제만을 분석의 대상으로 삼았다.

예비 초등 교사 15명이 '$\frac{1}{2}$로 나누기'를 '2로 나누기'로 오해하면서 비교적 많은 예를 제시했다는 점에서 이것은 일상 언어와 수학적 언어 사용의 불일치에 기인하는 구조적인 오류로 보인다. 이는 교사 교육의 과정에서 예비 초등 교사들이 이러한 오해에 주목하게 하고, 그것

우는 1명(2%)으로, 이는 동일한 오류를 범한 미국 교사들의 백분율(26%)에 비해 상당한 차이가 있다. '$\frac{1}{2}$로 나누기', '2로 나누기', '$\frac{1}{2}$을 곱하기'를 모두 동일한 것으로 동시에 간주하는 오해를 보여주는 예는 없었다. 한편, Ma (2002)에는 소개되지 않은 것으로 $1\frac{3}{4} \times 2$에 적합한 문장제를 만드는 경우가 적지 않았다. 이와 같은 유형은, 우리나라 예비 초등 교사들이 분수로 나누는 것은 나누는 분수의 역수를 곱하면 된다는 나눗셈 알고리즘에 익숙한 반면, 분수 나눗셈의 의미에 취약하기 때문인 것으로 보인다. 그리고 '$\frac{1}{2}$로 나누기'를 '$\frac{1}{2}$로 빼기'로 오해하는 경우도 있었다.

Ma(2002)의 연구에서, 중국 교사들이 만든 문장제의 대부분(78%)이 '단위비율의 결정 상황'의 문제인 것과 달리, 우리나라 예비 초등 교사들은 단지 2명이 단위 비율을 결정하는 유형의 문장제를 소수 제시하였다. 우리나라 예비 초등 교사들이 만든 올바른 문장제 중의 약 90%가 '포함제'였으며, 사람, 병, 봉지의 수 등 이산량을 소재로 사용한 것이 대부분이었다. 개념적으로 옳게 만든 문제라도 대부분은 실제 문제 상황의 해(자연수)와 계산 결과(분수)가 일치하지 않는 문제점을 지닌 포함제 상황의 문제를 만든 것이다. 한편, '배로서의 곱셈의 역 상황'에 해당하는 문장제의 예를 제시한 사람은 없었고, 2명이 '카테시안 곱의 역 상황'에 해당하는, 직사각형의 넓이를 소재로 한 문장제를 제시하였다.

<표 III-1> 문장제의 각 유형에 대한 응답자 수와 문항 수

문장제 유형		응답자수	문항 수
포함제	몫이 자연수의 이산량인 경우	27	53
	배 개념을 이용	2	3
단위 비율의 결정		2	3
(배로서의) 곱셈의 역		0	0
카테시안 곱의 역		2	3

우리나라 예비 초등 교사들은 배 개념을 이용한 포함제와 단위 비율의 결정이라는 분수 나눗셈의 의미에 대한 이해뿐만 아니라, 포함제가 분수 나눗셈 상황에서 지니는 문제점에 대한 인식이 부족한 것으로 보인다. 그리고 나눗셈이 곱셈과 역연산의 관계에 있다는 것을 지식으로는 알고 있고 또 두 분수의 곱을 계산할 수는 있어도, 자연수가 아닌 분수나 소수의 배로서의 곱셈 또는 카테시안 곱의 역 상황을 이용하여 분수 나눗셈 문제를 만들 수 있다는 인식을 그다지 하지 못하는 것으로 드러났다.

따라서 예비 초등 교사들을 위한 교육의 과정에서는 나눗셈의 의미와 여러 가지 모델을 통한 학습의 경험도 필요하겠지만, 특히 분수의 나눗셈에서 몫이 자연수가 아닌 경우 포함제의 제한점이나 등분제와 단위 비율의 결정을 서로 관련지어 이해하게 할 필요가 있다. 그리고 곱셈의 역연산으로서의 나눗셈의 의미를 다양한 실제 상황 및 맥락과 관련지어 이해하게 하는 의식적인 지도가 이루어질 필요가 있다.

참고문헌

김민경(2003). 나눗셈 개념에 대한 초등예비교사의 이해도 분석. 학교수학 5(2), 223-240.

서관석 · 전경순(2000). 예비 초등 교사들의 분수 연산에 관한 내용적 지식과 교수학적 지식 수준에 대한 연구:교사교육적 관점. 수학교육학연구, 10(1), 103-114.

우정호(1998). 학교수학의 교육적 기초. 서울대학교출판부.

이종욱(2003). 예비 초등 교사의 덧셈과 뺄셈에 관한 교수학적 지식. 수학교육학연구 12(4), 447-462.

Freundenthal, H. (1983). *Didactical phenomenology of mathematical structures.* D. Reidel publishing company.

Graeber, A. O., & Glover, R. (1989). Preservice teachers' misconceptions on solving verbal problems in multiplication and division. *Journal for Research in Mathematics Education, 20,* 95-102.

Ma, L. (2002). 초등학교수학 이렇게 가르쳐라. 신현용 · 승영조(역). 서울: 승산. (영어 원작은 1999년 출판)

Simon, M. A. (1993). Prospective elementary teachers' knowledge of division. *Journal for Research in Mathematics Education, 24*(3), 233-254.

Sinicrope, R., Mick, H. W., & Kolb, J. R. (2002). Interpretations of fraction division. In B. Litwiller & G. Bright (Eds.). *Making sense of fractions, ratios, and proportions.* (pp. 153-161). (2002 Yearbook). VA, Reston: National Council of Teachers of Mathematics.

Vinner, S. (1991). The role of definitions in the teaching and learning of mathematics. In D. Tall (Ed.), *Advanced mathematical thinking* (pp. 65-81). Dordrecht: Kluwer Academic Press

06 『수학과 내용 교수 지식(PCK)의 범주화』에 관한 해설

황 혜 정(조선대학교)*

본 논문에서는 세 명의 중학교 수학 교사를 대상으로 그들의 내용 교수 지식(Pedagogical Content Knowledge, 이하 PCK라 칭함)에 관하여 수업 사례를 범주화하여 제시하였다. 우선, PCK의 의미 및 요소를 정련하는 과정에 대해 살펴보면 다음과 같다. 본 연구에 앞서, 각 교과(사회, 수학, 과학, 체육, 음악, 미술, 영어 등 7개 교과)에서는 수업에서 PCK라는 양식으로 표출되는 교사의 전문적 실천이 어떤 요인의 영향을 받아서 어떤 의사결정 단계를 거쳐서 특정한 PCK 양태를 띠게 되는지를 심층적으로 탐색해 보았다(최승현, 2007). 그 결과 교사가 지도하는 수업 주제와 교사가 지향하는 목표에 따라 명시화된 PCK는 때로는 내용 지식에 초점을 맞추기도 하고, 교수 방법이나 전략에 중점을 두기도 하는 등 다양한 양태로 표출될 수 있다는 점을 알게 되었다. 또한, 교사 지식으로서의 수학 내용 지식(SMK)은 학교 교육과정에 대한 지식을 기반으로 개념에 대한 정의, 사례의 구분, 연결성 등을 포함하는 것으로 개념화하였다. 수학 내용 지식이 부족할 경우, 교사는 수학적 개념을 분리된 사실과 절차의 모임으로 가르치게 됨으로써 학습자의 유의미한 이해를 방해하고 수학의 본질을 잘못 표현하게 된다(Ball & McDiarmid., 1990). 따라서 수학 교사는 학생들에게 가르쳐야 될 수학적 지식보다는 더 높은 단계의 수학적 지식을 지녀야 학생들이 필요로 하는 내용을 그들이 가르치고자하는 학생 수준에 알맞게 변형하여 지도할 수 있다(조성민, 2006).

이와 같이 수학과 PCK는 교사가 자신의 교과 지식과 교수 경험을 통하여 발전시켜 나아가는 것으로, 특정한 수학 내용을 학생들이 이해할 수 있는 방식으로 가르치는 방법에 대한 지식이다. 다른 교과도 마찬가지겠지만, 수학과 내용 교수지식이 제대로 구현되고 발현되려면 무엇보다 가르치는 수학 내용에 대하여 정확한 개념적 이해를 갖추고 있어야 한다. 즉, PCK는 풍부한 교수법적 지식과 내용 지식의 결합물로서, 주어진 맥락에서 학생들이 특정한 수학 내용을 더 잘 이해할 수 있도록 무엇을 어떻게 가르칠 것인지를 교사가 의도적으로 개발해 낸 것이다(최승현, 2007). 수학과 PCK는 여러 문헌 연구에 기초하여 '수학 내용 지식', '교수 방법 및 평가 지식', '수학과 학습에 대한 학생 이해 지식', '수학과 수업 상황에 대한 지식'의 요소들이 서로 결합된 지식으로 나타나는 것으로 간주하였다.

둘째, 교사들의 사례를 구체화하고 체계화하기 위하여 수학 교과에 맞는 PCK 분석틀을

* sh0502@chosun.ac.kr

마련하여 이에 부합하는 범주를 정한 과정에 대해 살펴보면 다음과 같다. 이 연구에 앞서 각 교과에서 정립된 PCK의 개념과 구성 영역 및 요소를 체계적으로 표상하기 위해 PCK의 연구틀을 설정하였는데, 이러한 범교과적 연구틀(분석틀)을 바탕으로 하여 수학과 PCK 분석틀이 마련되었다. 이를 구성하는 첫 번째 차원은 수학 교사가 지향하는 수학과 수업 목표에 해당하며, 두 번째 차원은 수학 교사의 교수(수업) 전문성으로 수학 수업을 진행하기 위해 교사가 갖추거나 고려해야 할 전문성의 영역으로 수학 내용 지식, 수학과 교수 방법 및 평가에 대한 지식, 수학 학습에 대한 학생 이해 지식, 수학과 수업 상황에 대한 지식 등을 포함시켰다(최승현, 2007). PCK를 결정하는 두 가지 차원을 구성하는 각 요소의 역할과 비중에 따라 구현되는 PCK의 유형이 달라진다. 다시 말하면 이 연구에서의 주요 관점은 모든 교사가 모든 내용에 적용할 수 있는 모범적인 일반적 모형이나 방법을 찾는 것이 아니라, 교과 내용과 학생, 그리고 수업 상황에 따라 지도하는 방법을 달리해서 학생들의 이해를 도모하려는 유형을 찾고자 한 것이다. 이를 위하여, 선행 연구 및 전문가 협의회를 통하여 PCK 요소에 따라 각각에 부합하는 범주화 요소를 선정하고 수정・보완하였다.

한편, 본 연구 수행을 위한 내용으로 함수를 선정하였는데, 이는 교육과정이 개정될 때마다 다른 영역의 내용에 비해 상대적으로 함수의 개념 정의가 초중등 학교급 및 학년에 전반적으로 영향을 미치며 달라짐에 따라 교사의 수업이 용이하지 않다는 점에 착안한 것이다. 이 연구에서는 수학 교사들의 중학교 1학년 함수 영역에 대한 수업 상황을 관찰하였으며, 수업을 진행한 교사들을 대상으로 필요에 따라(관찰 도중 의문스러웠던 점이나 확인이 요구되는 점 등이 있을 때) 비공식적 면담 형식의 질문을 하였다. 비공식적 면담은 면담 계획은 세우되 면담 목적만을 명백히 하여 융통성 있는 접근을 시도하는 방법이다. 이 방법은 연구자가 한 현상에 관한 적절한 질문들을 충분히 갖고 있지 않을 때 유용하다. 이러한 면담은 예정된 '질문군'이 없고 본질적으로 탐색전부터 시작한다고 볼 수 있다. 결국, 면담은 그것이 공식적으로 진행되든 비공식적으로 진행되든, 면담을 통해 연구 대상자들(본 연구에서는 수학 교사)과 직접 대화함으로써 그들이 수학 수업 상황에 어떻게 대처하는지에 대해 보다 깊은 이해를 구할 수 있다(황혜정 외, 1997).

또한, 본 연구에서 수업 관찰을 허용한 교사들에게 보여주기 위한 수업이 아닌 일상적인 수업을 보여줄 것을 요청하였다. 수업 관찰은 수업 비디오 촬영, 일화 및 관찰지 기록 등으로 진행되었으며, 연구진은 관찰하려는 수업이 시작하기 전에 정해진 교실에 입실하여 관찰을 실시하였다. 교사에 따라 다르지만 함수 영역의 수업이 진행되는 6월에서 9월 초까지 수업 관찰이 진행되었다. 이 연구에서는 수업 관찰과 교사의 수업 노트 작성과 더불어 모든 교사와 연구진이 몇몇 차례 함께 참석하여 협의회 형태로 심층 면담을 실시하였다. 이는 이 연구의 주요 목적인 PCK의 범주화를 위한 기초 자료를 확보하기 위한 것으로, 주로 PCK에 관련된 요소를 중심으로 면담이 진행되었으며 이 외에 수업 운영 실태 및 실제 현장에서 나타나는 다양한 문제점이나 개선 방안 등에 대해서도 논의되었다. 이러한 방법들을 활용하여 함수 영역에 대한 수업 사례를 구체적으로 범주화하여 제시하였다. 실제로, 이 논문은 최승현(2007)의 연구 결과를 바탕으로 한 것이며, 교사의 수업전문성과 관련된 논의의 연장선상에서 내용교수지식(PCK)에 초점을 맞추어 중등 초임교사를 지원하기 위한 입문 프로그램의 필요성과 그 구체적인 컨설팅 방안을 개발하였다(최승현, 2008). 이 연구의 목적은 (1) 내용교수지식(PCK) 측면의 수업컨설팅의 의미를 심층적으로 탐색하고, (2) 중등 초임교사를 위한 컨설팅 방안 개발과 관련된 기초연구를 수행하고, (3) 중등 초임교사를 위해 내용교수지식(PCK)에 초점을 맞춘 초임교사 수업컨설팅(안)을 개발하고, (4) 전·현직 교사 전문성 신장 및 지원과 관련된 정책을 제안하는 것이었다.

참고문헌

조성민(2006). **교육과정 실행의 관점에서 본 수학교사 지식과 수업의 관련성 연구: 고등학교 함수내용을 중심으로**. 이화여자대학교 대학원 박사학위논문.

최승현(2007). **교육과정 개정에 따른 수학과 내용 교수 지식(PCK) 연구**. 한국교육과정평가원 연구보고 RRI 2007-3-2.

최승현, 강대현, 곽영순, 장경숙(2008). **교과별 내용교수지식(PCK) 연구(Ⅱ): 중등 초임교사 수업컨설팅을 중심으로**. 한국교육과정평가원 연구보고 RRI 2008-2.

최승현, 황혜정(2008). 수학과 내용 교수 지식(PCK)의 범주화: 세 명 교사의 사례를 중심으로. **학교수학, 10(4)**, 489-514.

황혜정, 김홍원, 박경미, 김수환, 김신영, 채선희(1997). **창의력 신장을 돕는 중학교 수학과 학습 평가 방법 연구**. 한국교육개발원 연구보고 CR 97-10-1.

Ball, D. L., & McDiarmid, G. W. (1990). The subject-matter preparation of teachers. In W. R. Houston (Ed.), *Handbook of research on teacher education: A project of the association of teacher educators*. (pp. 437-449). New York: Macmillan.

대한수학교육학회지 <학교수학> 제 10 권 제 4 호
Journal of Korea Society of Educational Studies in Mathematics
School Mathematics Vol.10, No.4, 489-514. Dec. 2008

수학과 내용 교수 지식(PCK)의 범주화 - 세 명 교사의 사례를 중심으로-

최 승 현* · 황 혜 정**

그동안 한국교육과정평가원의 교수학습연구센터(KICE-TLC)에서는 내용 교수 지식(PCK)에 관한 연구를 교과별 여건과 진도에 따라 자율적으로 진행해 왔으나, 2007년부터는 PCK 및 수업 컨설팅 지원에 관하여 3개년에 걸친 중장기 연구 계획을 수립하고 KICE-TLC 고유의 PCK 연구 방법과 PCK에 대한 관점을 정립하고자 하였다. 일차년도인 2007년도 연구에서는 참여 교과별로 구체적인 PCK의 구성 영역이나 접근 방법은 차별화하면서도 모든 교과가 공유할 수 있는 연구틀을 정립하였다. 이와 병행하여 수학 교과의 경우, 2007년 개정 교육과정에 따른 수학과 PCK의 의미를 탐색하여 수학과 PCK 분석틀을 설정하고, 이를 기반으로 다양한 유형의 PCK를 마련하고자 하였다. 이를 위하여 세 명의 수학 교사를 대상으로 중학교 1학년에서 다뤄지는 함수 관련 내용에 대한 수업 관찰 및 면담, 수업 노트 작성 등의 분석 결과를 토대로 수학과 PCK를 범주화하였다. 이러한 PCK 연구 과정과 결과는 수학 교사 개개인의 수업 전문성 신장에 실제적 도움을 주고, PCK에 기초한 수업 컨설팅 프로그램 개발에 중점을 두게 될 차기년도 연구에 시사하는 바가 있을 것으로 기대된다.

Ⅰ. 서 론

교육과정이 학교 현장에서 제대로 실행되기 위해서는 교사의 역할이 무엇보다도 중요하다. 특히 7차 교육과정에서 표방했던 '교육과정 재구성' 주체로서의 교사 전문성이 개정 교육과정에서도 여전히 중요하게 요구되고 있다. 교사의 전문성은 관점에 따라 그 구성 요소가 달라지지만 수업 전문성이야말로 교사가 갖게 되는 전문성의 핵심을 이루는 요소라 할 수 있으며, 이로써 교사의 전문성은 곧 수업 전문성을 의미한다고도 하였다(곽영순, 강호선, 2005).

한국교육과정평가원은 2004년부터 2006년까지 3년에 걸쳐 교사의 전문성 신장을 위한 수업평가 기준 개발에 관한 연구를 수행하였는데, 이때 수업 전문성의 주요 요소로 교사의 전문적 지식, 수업 계획, 수업 실천(실 제), 교사의 책무성을 설정하였으며, 특히 교사의 전문적 지식을 교과 내용 지식, 내용 교수 지식, 방법 지식, 상황 지식으로 구분한 바 있다(임찬빈 외, 2004, 2005, 2006). 이 중에서도 교사의 수업 전문성의 핵심은 수학을 지도하는 데 요구되는 적절한 교과 내용 지식과 이를 다루는 데 요구되는 방법적 지식, 상황 지식, 그리고 학생 이해 지식 등의 부문별 지식이 결합되어 나타나는 교사의 종합적인 실천지인 내용 교수 지식(Pedagogical Content Knowledge, 이하 PCK라 칭함)이라 할 수 있다.

이와 같이 PCK에 관한 관심과 중요성이 점

* 한국교육과정평가원(jhtina@kice.re.kr)
** 조선대학교(sh0502@chosun.ac.kr), 교신저자

차 부각됨에 따라 한국교육과정평가원은 원내 교수학습개발센터(KICE-TLC)에서 2005년부터 주력해 온 교사 전문성 개발 지원 연구를 계승하여 독립된 연구 과제로 교과별 PCK 개발 연구를 추진하게 되었으며, 이는 작년 2007년을 시발점으로 본격적으로 착수되었다.[1] 이 연구의 장기 연구 계획을 간략히 정리하여 나타내면 <표 Ⅰ-1>과 같다.

요약하면, 2007년의 제 1차년도 연구에서는 참여 교과별로 구체적인 PCK의 구성 영역이나 구체적인 접근 방법은 차별화하면서도 모든 교과가 공유할 수 있는 기본적인 연구틀을 마련하였다. 이를 근간으로 수학 교과의 경우, 국내·외 PCK 관련 연구 동향 및 결과를 분석하여 수학과 PCK의 의미를 탐색하고 분석틀을 마련하였다. 또, 수학과에서 가장 가르치기 어려워하는 개념 중 하나인 중학교 1학년 함수 개념을 중심으로 수업 아이디어 및 교실 수업의 특징을 분석하여 교사별 수업 사례를 제시하였다. 이러한 사례 분석 결과에서 나타난 특징을 수학과 분석틀에 의거하여 범주화하여 제시하였다. 궁극적으로는 이 연구에서는 수학과 고유 내용을 지도하기에 효과적인 다양한 PCK를 수업 속에서 찾아내고 이를 PCK 유형별로 범주화하여 각각에 해당되는 수업 장면들로 구성된 동영상을 제작(편집)하여 확보함으로서 일반 수학 교사들과 공유하고자 함이다. 끝으로, 수학과를 비롯하여 교과별 PCK를 학교에서 안정적으로 적용하고 운영하기 위한 조건들을 모색하여 이에 대한 구체적인 정책 제언과 개선 방안을 간략하게 제시하였다.

이러한 연구 과정 및 결론에 해당하는 내용의 양이 방대하여 본 고를 통해 한 번에 이를 모두 제시하기에는 큰 어려움이 따르므로, 일

<표 Ⅰ-1> PCK 및 수업 컨설팅 지원 연구 중장기 계획

교사의 수업 전문성	**교과별 교사의 수업 전문성 기준** 영역1: 전문적 지식(교과 내용, 내용 교수 지식, 교육과정 등) 영역2: 계획 영역3: 실천 영역4: 전문적 책임감	⇨ **수업 컨설팅** -문제 영역/ 사례별 수업 컨설팅 **-내용교수지식(PCK)별 수업 컨설팅** -주제별/영역별 수업 컨설팅 등등	⇨ **맞춤형 교사 수업 전문성 발달 프로그램** -교과 내용 지식 심화 연수 **-교과별 PCK 연수** -수업 실천 개선 연수 -동료 장학 연수 등등
PCK 및 컨설팅 지원	**1차 년도 (2007년)** -교육과정 개정에 따른 교과별 교사의 전문성 탐색 -PCK에 대한 기초 연구: 범교과적 연구틀 정립 교과별 PCK의 의미 탐색 -교과별 PCK 분석틀 마련 **-교과별 수업 사례 분석** **-교과별 PCK 범주화** **-PCK에 따른 수업컨설팅 지원 방안 탐색 (2차년도 연구 기초 작업)**	**2차 년도 (2008년)** -교과별 PCK 현장 적용 및 평가 연구 -교과별 효과적인 PCK 수업동영상 DB 구축 -교과별 초임교사 교직입문(induction) 프로그램 개발	**3차 년도 (2009년)** -PCK 측면의 수업 컨설팅 프로그램 개발 -교과별 경력교사 전문성 제고 프로그램 개발 -교과별 PCK 및 수업 컨설팅 관련 수업 DB 구축

1) 이 연구는 "교육과정 개정에 따른 교과별 내용 교수 지식(PCK) 연구"(2007, 최승현)라는 제목 하에 사회, 수학, 과학, 체육, 음악, 미술, 영어 등 7개 교과가 참여하였다. 이는 수학과 자체의 독자적인 연구가 아니라 전체 연구 속에서 수학과 연구 결과를 논의함으로서 범교과적으로 공유한 공통 논의와 수학과만의 논의가 일부 병행되고 있음. 본 고는 이 연구 보고서의 일부 내용을 발췌하여 수정 보완한 것임.

차적으로 다른 학회지(최승현, 황혜정, 2008)를 통해 2007년 개정 교육과정에 따른 수학과 PCK의 의미2)를 탐색하여 이를 기반으로 수학과 PCK 분석틀을 마련하기까지에 관한 내용을 별도로 제시하였다. 이어서 본 고에서는 수학과 PCK 연구를 위한 내용 영역으로 함수를 선정한 이유를 제시하고, 세 명 교사의 함수 관련 수업 사례에 대한 분석 결과를 기초 자료로 삼아 수학과 PCK 분석틀을 토대로 이를 재구성하여 수학과 PCK를 유형별로 범주화한 것에 중점을 두어 제시하였다. 끝으로, 제2차년도 연구의 주요 목적인 수업 컨설팅 프로그램 개발과 관련하여 이 연구 결과에 따라 예상되는 정책 제언을 간략히 제시하였다. 본 고에서 다룰 내용은 <표 Ⅰ-1>의 음영 부분에 해당한다.

Ⅱ. PCK 내용 영역 및 연구 방법

1. 함수 영역의 선정 근거

함수는 정의나 논의 대상 등이 비교적 잘 정비되어 있음에도 불구하고 '함수를 안다'는 것에 대한 명확한 의미 규정이 미흡한 탓에(Even, 1989), 여전히 많은 학생들이 어려워하면서도 잘못된 개념을 갖고 있는 부분으로(이종희, 1999), 교사의 이해 역시 충분하지 않다는 연구 결과(Fennema & Franke, 1992; Wilson, 1994)가 제기되어 왔다.

함수는 암묵적인 함수 개념, 수표로서의 함수, 비례 관계로서의 함수, 일반화된 비례로서의 함수, 기하학적 함수 개념, 대수적 식으로의 함수, 해석적 표현으로의 함수, 대응으로의 함수, 관계로서의 함수 등의 발달 과정을 거치면서 현대수학을 설명하는 하나의 특징으로 자리매김하고 있다(이종희, 1999). 이렇듯, 함수 개념은 역사적 변천 과정을 살펴볼 때 '비례>기하(그래프)>대수적 식>해석적 표현>대 응>관계'로 발달하여 왔으나, 이들은 독립적으로 만들어진 개념이라기보다 현대수학의 발전 과정에서 함수 개념을 정련화 하면서 변화된 것으로 볼 수 있다. 이러한 흐름의 영향으로, 제3차 교육과정 이래 '대응' 중심으로 소개되던 함수 개념은 제7차 교육과정에서 '비례' 중심으로 변화되었다. 즉, 제7차 교육과정에서 '함수 개념의 도입은 비례 관계를 이용한다'라고 명시되어 있으며, 이는 제6차 교육과정에서 초등학교 6학년에 있던 '정비례, 반비례' 단원을 7-가 단계(개정 교육과정에서의 중학교 1학년)로 옮겨와서 비례 관계를 학습하고, 이것의 연장선에서 함수를 정의하는 형태를 띠고 있다. 정비례와 반비례 관계는 제6차 교육과정에서 초등학교에서 다루었던 내용을 제7차 교육과정에서 학습량 경감을 위해 중학교로 이동시켰는데, 개정 교육과정 에서는 정비례와 반비례 내용은 실생활에서 자주 활용되고 중학교에서 함수

---

2) 수학과 PCK 개념을 설정함에 있어서, '내용과 교수법의 화합물'이라는 관점을 가지고 교과 내용을 학생들이 잘 이해할 수 있도록 표현하고 공식화하는 논의(Shulman, 1986; 1987), 교과 내용 지식과 교수법 지식 이외에 상황 지식을 추가하는 논의(Grossman, 1990), 교과 내용과 함께 학생 이해, 수업 매체 및 과정을 강조한 논의(Marks, 1990), Shulman의 논의를 기초로 교과 내용을 지식을 실체적 지식과 구문론적 지식으로 구분한 논의(Smith, 1999), 내용 교수 지식(PCK)를 단순히 내용과 교수법의 화합물이 아니라 교과 교사가 교실에서 수행하는 모든 지식과 기술, 즉 교과 수업 전문성으로 확대한 논의(Gess-Newsome, 1999) 등을 일정 부분 수용하였다. 이렇게 하여 수학과 PCK 개념을 단순히 내용과 교수법의 교차뿐만 아니라, 수학 교사가 교실 수업에서 나타내고 있는 교과 교사로서의 고유한 지식과 기능까지 포함하는 것으로 설정하였다. 한 마디로, 수학과 PCK는 다른 교과와 마찬가지로 내용, 학생, 상황 지식의 영향 하에 형성되지만, 이와는 독립적으로 존재하는 수학 교사의 실천지로 이해하고, 궁극적으로 수학과 PCK는 수학과 수업의 배경지식이 되는 수학과 자체의 **'수업 목표', '내용', '교수 방법 및 평가', '수학과 학습에 대한 학생 이해', '수학과 수업 상황'**의 구성 요소로 이뤄지며, 동시에 이러한 요소들이 서로 결합된 지식으로 간주하였음.

를 도입할 때 함수의 예로 사용되기 때문에 함수 개념이 도입되기 이전인 초등학교 6학년에서 다루도록 하고 있다.

이러한 학년 이동의 변화 배경에 대해 좀 더 살펴보면, 초·중·고등학교 사이의 수학적 개념의 연계성과 관련하여 중학교 1학년에서 지도되는 '함수' 개념의 도입 방법이 문제로 제기되었다(김홍기, 2001). 앞서 설명한 바와 같이 제6차 교육과정까지는 '함수' 개념을 대응 개념을 바탕으로 도입해 왔으나, 제7차 교육과정에서는 '비례 관계'를 바탕으로 도입하고 있다. 이렇게 바뀌게 된 것은 본래 '함수' 개념이 비례 관계와 같이 함께 변하는 두 양 사이의 관계로부터 발생된 것이고, 실제로 학생들이 중·고등학교에서 다루는 대부분의 함수가 이 개념에 근거하고 있기 때문이다. 그런데 우리나라에서는 '비례 관계'로 함수 개념을 도입하면서 '정의역', '치역', '공역'과 같은 개념을 함께 사용하고 있어서 중학교 교사들이 함수 개념을 일관되게 설명하기가 어려운 현상이 벌어지고 있다. 또한, 초등학교에서 함수라는 용어는 사용하지 않았지만 변하는 두 양 사이의 대응 관계를 지도하였는데, 중학교에서는 대응 용어를 사용하지 못하게 하면서 비례 관계로만 도입하게 하고 고등학교에서는 다시 대응에 근거하여 정의함으로써 동일한 개념에 대한 두 가지 정의 방식 사이에서 학생들이 혼란을 겪고 있다고 하였다. 이로써, 초등학교와 중학교, 중학교와 고등학교 사이에 개념 지도 방법이 일관되지 못하다는 문제가 제기된 것이다.

결과적으로, 개정 교육과정은 함수 개념을 '한 양이 변함에 따라 다른 양이 변할 때, 두 양 사이의 대응 관계'로 도입하는 방안으로 변화하였다. 이 방안은 함수 개념의 핵심인 '종속 관계에 있는 두 양의 관계' 개념을 바탕으로 하되, 종속 관계에 있는 두 양의 대응 관계에 주목함으로써 두 양 사이의 관계식을 세우기가 편리하고, 초등학교에서 학습한 내용과의 자연스런 발전 학습을 가능케 한다. 한 마디로, '두 집합 사이의 대응 관계'로 지도한 제6차 교육과정이 함수 개념의 핵심인 종속성을 명확히 드러내지 못하는 단점을 보완하고 '대응' 개념을 직관적인 수준에서 지도함으로써 이후 고등학교에서 '두 집합 사이의 대응 관계'와 자연스럽게 관련시켜 준다고 하겠다. 이 연구에서는 교육과정이 개정될 때마다 이처럼 첨예하게 변화하는 함수 내용을 선정하여 수학 교사의 함수 영역에 대한 PCK를 집중적으로 탐색하고자 하였다.

이 연구에서 교육과정 개정에 따른 함수 내용을 다루어 제시하는 것이 보다 바람직하겠으나, 아직 개정된 교육과정에 따라 수업이 실행되고 있지 않으므로 현행 교육과정으로 진행된 수업 위주로 분석한 후 향후 개정 교육과정에서 강조되어야 할 부분을 추가적으로 제시하는 방식을 취하였다. 참고로, 제7차 교육과정에 제시된 <7-가> 단계의 '규칙성과 함수' 대영역 내용과 개정된 교육과정에 제시된 초등학교 6학년의 '정비례와 반비례' 중영역 및 중학교 1학년의 '함수' 대영역 내용에 대하여 <부록 2>에 표로 제시하였다.

2. 연구 대상 및 방법

이 연구에서는 수학 교사들의 중학교 1학년(7-가 단계) 함수 영역에 대한 수업 상황을 관찰하였으며, 수업을 진행한 교사들을 대상으로 필요에 따라(관찰 도중 의문스러웠던 점이나 확인이 요구되는 점 등이 있을 때) 비공식적 면담 형식의 질문을 하였다. 또한, 수업 관찰을 허용한 교사들에게 보여주기 위한 수업이 아닌 일상적인 수업을 보여줄 것을 요청하였다. 수업 관찰은 수업 비디오 촬영, 일화 및 관찰지 기록 등으로 진행되었으며, 연구진은 관찰하려는 수업이 시작하기 전에 정해진 교실에 입실하여 관찰을 실시하였다. 이때, 수업 촬영은 교사가 임의로 한 반을 정한 후 계속 그 반만 촬영하였다. 따라서 어떤 차시의 촬영은 교사의 그 내용에 대한 첫 번째 수업인 경우도 있으며, 마지막 수업인 경우도 있었다. 수업 관찰은 A교사, B교사, C교사, D교사 모두 이루어졌지만, 동영상 촬영이 제대로 되지 않은 D교사의 경우는 제외하고 나머지 세 교사의 사례만을 다루었다. 참고로, A교사의 수업은 수준별 수업의 '상'반 수업이었으며, B와 C교사의 수업은 수준별 수업이 아니었다.

교사 수업 관찰은 A교사와 D교사는 동시에 이루어져 두 교사는 서로 수업을 관찰할 기회를 갖지 못한 채 처음 1, 2차시 수업을 진행한 반면, 교사 B는 자신의 수업 촬영 전에 교사 A의 수업을 미리 관찰하는 기회를 가졌으며, C교사는 A교사, B교사, D교사의 수업을 미리 볼 수 있었다. 이런 과정에서 다른 교사의 수업을 봄으로써 자신의 수업을 반성할 기회를 갖게 되었다고 하였다. 교사에 따라 다르지만 함수 영역의 수업이 진행되는 6월에서 9월 초까지 수업 관찰이 진행되었다. 이 연구에 참여한 교사들의 개인 정보 및 수업 관찰 시기는 <표 Ⅱ-1>과 같다.

이 연구에서는 수업 관찰과 교사의 수업 노트 작성과 더불어 모든 교사와 연구진이 몇몇 차례 함께 참석하여 협의회 형태로 심층 면담을 실시하였다. 이는 이 연구의 주요 목적인 PCK의 범주화를 위한 기초 자료를 확보하기 위한 것으로, 주로 PCK에 관련된 요소를 중심으로 면담이 진행되었으며 이 외에 수업 운영 실태 및 실제 현장에서 나타나는 다양한 문제점이나 개선 방안 등에 대해서도 논의되었다. 이러한 방법들을 활용하여 함수 영역에 대한 수업 사례를 제시하였는데[3], 이 연구 결과는 기초 분석 자료에 해당하므로 지면 관계상 본

<표 Ⅱ-1> 연구 대상에 관한 정보

교사 명	수업 경력	지역	촬영 전 PCK에 대한 사전지식	관찰 시기
A교사	10년	읍면지역	없음	2007년 6월-7월
B교사	초임(4개월)	대도시	없음	2007년 6월-7월
C교사	6년	서울	있음	2007년 8월-9월
D교사	8년	수도권	약간 있음	2007년 6월-7월

3) 수업 사례는 함수의 주요 요소별로 세 명의 교사 각각에 대하여 제시되었다. 이에 대한 본 보고서에서의 내용 목차를 살펴보면 다음과 같다. '정비례 반비례'의 내용에 대해서는 1) 실생활 관련 문제를 개념 전달의 도구로 사용한 A교사의 사례, 2) 학생의 오개념을 인식하여 수업을 구성한 B교사의 사례, 3) 실생활 소재를 개념 전달과 개념 형성의 도구로 사용한 C교사의 사례를 제시하였다. '함수의 뜻'의 내용에 대해서는 1) 용어 간 연계성을 강조하여 새로운 용어를 지도하는 A교사의 사례, 2) 예제를 통해 기호의 사용을 교수하는 B교사의 사례, 3) 교사 발문에 답함으로써 개념을 정립하게 하는 C교사의 사례를 제시하였다. '순서쌍과 좌표평면'에 대한 내용은 1) 수학의 유용성과 생활 주변을 연결시킨 A교사의 사례, 2) 그래프의 장점을 이용하여 유한개념에 대한 논리적 이해를 가능하게 하는 B교사의 사례, 3) 학생들과의 상호작용을 통해 새로운 용어나 개념을 지도하는 C교사의 사례를 제시하였다. '그래프'의 내용은 1) 반복 설명으로 수학적 개념을 완전하게 전달하는 A교사의 사례, 2) 유리수의 조밀성과 관련지어 그래프 연속을 직관적으로 이해시키는 B교사의 사례, 3) GSP 프로그램으로 시뮬레이션 과정을 거쳐 유리수의 조밀성을 확인시키는 수업을 진행하는 C교사의 수업 사례를 제시하였다. '함수의 활용'의 내용은 1) 예제를 통해 정비례 함수와 반비례 함수의 특징을 지도하는 A교사의 사례, 2) 다양한 함수의 활용을 간단한 유형으로 정리하여 지도하는 B교사의 사례, 3) 그래프에 대한 다양한 이해를 목표로 하는 C교사의 수업를 제시하였음.

고에서 생략하였다. 여기서는 이러한 일차적 연구 결과에 해당하는 수업 사례를 수학과 PCK분석틀에 의거하여 재구성함으로써 수학과 PCK를 범주화한 결과를 중심으로 다음 장에 제시하였다.

3. 교사의 수업 노트

이 연구에서는 Loughran 외(2004)가 제안한 CoRe을 교사의 '수업 노트'라는 양식으로 <표 Ⅱ-2>와 같이 변용하여 활용하였으며, 교사B가 직접 작성한 노트의 예를 <부록 2>에 제시하였다.

업을 진행한 교사의 수업 노트는 특정 주제의 내용을 개념화하는 방식에 대한 개관을 제공한다. 무슨 내용을 어떻게, 왜 가르치는지를 묻는 질문에 대한 교사의 답은 해당 교사가 특정 주제를 특정 집단의 학생에게 가르칠 때의 상황을 설명해 준다. 특히 교실에서 표출되는 교사의 PCK는 주로 수업을 계획하면서 결정되어지므로(Hashweh, 2005), 교사가 중요한 것으로 간주하는 개념과 이를 가르치는 것과 관련된 사전 지식 등의 다양한 측면들이 수업 수을 계획하는 교사의 답변에 드러난다. 또한 도입, 전개, 정리 등 수업 전반에 관한 수업 시나리오는 교사 자신이 계획하고 있는 수업에 대한 구체적인 상을 세울 수 있도록 돕는 것은 물론 연구자로 하여금 교사가 생각하는 수업 전개 양상을 확인할 수 있도록 한다. '수업 실제'와 '수업 후'는 실제 수업이 진행된 직후 작성하는 것으로, 수업을 준비하면서 갖고 있던 의도 등의 실현 정도 뿐 아니라, 의도와 다르게 진행된 일련의 사건들에 대한 분석을 통해 교사 자신의 PCK를 점검하고 재구성할 수 있는 기회로 작용한다.

수업 노트는 주제별로 단 하나만 가능한 것은 아니며, 주어진 상황과 교사에 따라 같은 주제에 대하여서도 다양한 수업 노트를 작성할

<표 Ⅱ-2> CoRe를 변형한 수학과 수업 노트의 구성 요소

수업의 국면	요소	상 세 설 명
수업 계획	수업의 맥락	▪ 학생들이 이 개념을 배워야 하는 이유(개념의 중요성) ▪ 이 개념을 가르칠 때의 어려움/한계점 ▪ 교사가 이 개념을 가르치는 데 영향을 미치는 학생들의 사고방식에 대한 교사의 지식
	수업의 의도, 목표, 계획	▪ 교사 활동 절차 및 학생들을 개념 학습에 참여시키기 위해 이 절차를 활용하는 특정한 이유 ▪ 수업에서 의도한 내용을 제대로 학습했는지를 평가하는 방법
	수업 내용 탐구	▪ 이 개념(주제)에 대하여 학생들이 학습하기를 바라는 것 ▪ 학생들에게 아직 가르칠 생각은 없지만, 교사가 추가로 알고 있어야 한다고 생각하는 추가 개념
	수업 시나리오	▪ 교사가 생각하고 있는 수업 전개 양상
수업 실제	수업 참여 학습 목표 말의 속도 판서	▪ 수업 중 계획했던 것과 다르게 일어난 사건 ▪ 예상치 못했던 일, 질문, 문제점
수업 후	아이디어, 보완점	

수 있다. 수업 노트의 작성을 위하여 논의하고 서술하는 과정에서 수학 교사들은 자신이 갖고 있는 암묵적인 지식들을 명시적이면서 유의미한 것으로 전환하는 방법을 모색하게 된다. 따라서 수업 노트는 수학적 개념을 특정한 방식으로 교수하는 교사 내면의 생각을 드러내기 위한 길잡이에 해당하며, 수업 노트의 각 칸을 채워나가는 과정에서 교사는 일상적인 교수 활동에서 간과하기 쉬운 교사의 지식, 기술 및 전문성을 재조명할 기회를 갖게 된다.

<표 Ⅲ-1> 수학과 PCK 분석틀

수업 전문성 \ 수업 목표			수학적 내용 전달	수학적 사고력 신장	문제 해결력 신장	수학적 유용성 인식**
수학 내용 지식	인지	-교육과정 내용 이해** -수학적 개념 이해 -수학 내 또는 타 교과와의 연계				
	정의	-수학적 가치 및 태도 -문제해결을 위한 의사 결정 -과정적 지식				
교수 방법 및 평가	인지	-교과 목표 설정* -수학적 문제해결 전략 -수학적 사고력 신장 방법 -평가 목적 및 방법*				
	정의	-가치 판단 및 태도의 변화 -교사의 수업 진행 방법* -주요 학습 방법 진단 -학생의 행동 변화 진단		수학과 PCK의 구성 요소들에 대하여 다양한 높낮이를 가진 입체 형태로 나타나는 수학과 수업들		
학생 이해	인지	-학생 인지 수준 -학생의 오개념** -난개념 파악*				
	정의	-학생 동기 및 감정 상태 -주요 학습 방법 -학생의 수학 학습에 대한 신념 -교실에서의 행동				
수업 상황	인지	-수업 자료 재구성				
	정의	-학교 및 동료 교사 분위기 -수업 집단의 크기 및 특성** -기자재 활용* -시간 분배**				

Ⅲ. 수학과 PCK의 범주화

이 연구에서는 수학과 PCK 분석틀[4]을 구성하고 있는 수업 전문성의 요소들을 중심으로 연구에 참여한 세 명의 수학 교사가 갖고 있는 PCK 유형을 제안하고자 하였다. <표 Ⅲ-1 참조> 즉, 수업에서 교사의 PCK는 수업 목표와 수업 전문성에 속하는 하위 요소들이 만나는 지점에서 다양한 높낮이를 가진 입체 형태로 나타나며, 특히 교사가 지향하는 수학 수업의 목표에 따라 수업의 강조점이 달라지며, 이는 곧 교사 개개인마다 다른 수업 전문성의 노하우가 비축되게 될 것이다. 이러한 가정 하에, 이 연구에서는 수업 전문성의 각 요소들이 특징적으로 나타나는 양상을 (앞 장에서 다룬 일차적 수업 사례 결과 내용을 토대로) 재구성하여 범주화 하였다. 그 결과, PCK 범주화의 예로 다음의 수업 유형이 제시되었으며, 본 고에서는 지면 관계상 이들 중에서 수업 전문성의 다섯 가지 요소(수학 수업 목표, 수학 내용 지식, 교수 방법 및 평가, 학생 이해, 수업 상황) 각각에 해당하는 유형을 하나씩만 들어 제시하였다.

· 수학의 유용성 목표를 강조한 수업
· 교육과정 내용에 대한 교사의 이해가 반영된 수업
· 학습자의 난개념을 파악하여 준비하는 수업
· 학습자의 오개념을 극복하기 위한 수업
· 수업 자료를 재구성하여 핵심 내용(즉, 특정의 교과 목표)을 강조한 수업
· 형성평가를 활용한 수준별 수업
· 학습자의 역할을 이용한 수준별 수업
· 시각화 제공을 위한 소프트웨어를 활용한 수업
· 수업 집단의 특성을 살려 협동학습 효과를 이끌어 낸 수업
· 수업 자료를 재구성하여 적절한 시간 분배를 이끌어 낸 수업

이 연구에서 나타난 PCK 요소들은 <표 Ⅲ-1>에서 *과 **로 표시되었으며, 이 중에서 본 고에서는 지면 관계상 몇 개의 유형만을 다루었다. 이는 <표 Ⅲ-1>에서 **로 표시되었으며, 이의 내용은 다음과 같다.

1. 수학의 유용성을 강조한 수업

수학과 교육과정은 수학적 지식과 기능을 활용하여 여러 가지 문제를 해결해 봄으로써 수학의 유용성을 인식하여 수학에 대한 긍정적인 태도를 가질 수 있도록 하는 데 교수-학습의 목표를 두고 있다. 이러한 맥락에서 A교사는 학생들이 수학의 유용성을 인식하는 것이 수학 학습을 하는 가장 중요한 요인이라고 생각하고, 정비례와 관련된 다양한 실생활 사례를 포함한 활동지를 이용하여 수업을 하면서 기본적

4) 이 연구에서 수학과 PCK는 여러 문헌 연구에 기초하여 조작적으로 정의되었는데, 이는 '수업 목표', '수학 내용 지식', '교수 방법 및 평가 지식', '수학과 학습에 대한 학생 이해 지식', '수학과 수업 상황에 대한 지식' 요소로 구성되었으며, 동시에 이러한 요소들이 서로 결합된 지식으로 나타나는 것으로 정의되었다. 이때, '수업 목표' 요소는 교사가 지향하는 수학과 수업 목표로 교육과정에 명시된 수학과 교육 목표를 상정하여 수학적 내용 전달, 수학적 사고력 신장, 문제해결력 신장, 수학적 유용성 인식의 하위 요소가 수반되었다. 이와 같은 방식으로 교과별 PCK 정의가 마련됨과 동시에 범교과적 공통의 PCK 연구틀에 관한 연구도 진행되었다. 이 연구틀은 교과별 PCK는 교과별 수업 전문성과 교과별 수업 목표의 교차되는 면에서 형성되는 현상을 나타내고, 이러한 두 차원이 교차되어 구현되는 교과별 PCK는 교과 특징에 따라 그 구성 요소나 개수가 다르며 여러 개의 구성 요소가 조화를 이루어 형성된다. 이러한 범교과적 PCK 연구틀의 기본 취지에 입각하여 수학과에서는 앞서 제시한 PCK 정의에 따라 <표 Ⅲ-1>과 같은 분석틀을 마련하였다. 이에 관한 자세한 내용은 '수학과 내용 교수 지식(PCK)의 의미 및 분석틀 개발에 관한 연구'(최승현, 황혜정, 2008)를 참고하기 바람.

으로 정비례의 개념을 다루는 것은 물론 정비례의 활용성을 키우고자 하였다.

교사: 활동지를 통해서 정비례를 알아가는 시간을 갖도록 하겠습니다. (중략) 자! 철수네 가족이 지난 토요일에 자동차를 타고 가족들과 함께 여행을 갔어요. 그런데 가는 도중에 기름이 떨어져서 주유소에 들리게 되었습니다. 주유소에 무엇을 하려고 들렸을까요?

학생: 기름 넣으려고요....

교사: 기름 넣으려고 들렸겠지요. 철수 아빠의 차는 기름 1ℓ로 몇 ㎞갈 수 있어요? 차에 보면 연비를 나타내는 표가 붙어있는 걸 보신 적 있지요. 1ℓ가 몇 ㎞를 갈 수 있다는 표시이거든요. 아빠가 대답했습니다. 8㎞를 갈 수 있단다. 그러면 2ℓ는요. 아빠 뭐라고 대답했어요. 16㎞를 갈 수 있겠지 라고 이야기하신 거예요. 그건 경제속도를 ..(중략) ...그러면 방금 전 기준이 52ℓ이니까 얼마를 갈 수 있는지... 철수가 생각을 하고 있어요. 아빠가 말씀하셨어요. 계산을 한번 해 보렴 라고 말씀하셨거든요. 자 여러분들이 철수와 아빠의 대화를 보고 1ℓ당 몇 ㎞를 갈 수 있는지를 추측하셔서 1번부터 4번까지 문항에 답을 해 주세요.

A교사는 활동지를 가지고 수업을 한 이유를 수업 노트를 통해 다음과 같이 밝혔다.

처음에 함수라는 단원을 같이 해보자고 했을 때 제일 먼저 든 생각이 교직 경력이 9년인데 함수를 지도할 때 마다 학생들은 왜 함수를 배우는 것이냐고 묻는다. 함수라는 것이 교과 상으로만 생각할 때는 굉장히 규칙적으로 단순하게만 생각하면 쉬운 단원이라고 생각했다. 그런데 아이들은 항상 함수라는 것은 어렵고 귀찮고 하기 싫은 부분이라고 생각하는 것 같다. 그래서 함수를 처음 시작할 때 정비례를 과연 내가 어떤 식으로 도입을 시켜주면 함수라는 단원에 대해 어렵다는 생각을 버릴까를 고민했다. 그래서 이것저것 자료를 찾다 보니까 함수의 예라고 해서 제가 동기 유발에 쓰여 있는 것처럼 컴퓨터 자판이라든지 자동판매기나 택시 요금하고 거리하고 전화 통화 시간하고 통화요금 이런 관계에 대해서 아이들에게 처음 제시해 보면 어떨까 라고 생각했다. 아이들이 처음 대답을 하면서 지금 촬영한 반 아이들 보다 더 좋아했다. 그런 이야기를 처음에 던졌을 때 좋아하는 것을 보고 이렇게 함수라는 것을 들어가 보는 것도 괜찮다고 생각했다.

수학을 배우면서 익히게 된 수학적 내용과 실생활이 서로 관련되어 있다는 점을 알아가면서 수학의 활용 가치를 인식하도록 수업을 진행하려는 노력은 B교사의 수업에서도 나타났다. B교사는 학생의 예측 능력을 기르는 등 수학적 지식에 대한 이해가 실생활 속에서 필요함을 경험하도록 지도함으로써 수학 시간에 배우는 내용과 실제 생활이 연결되어 있음을 인식시키고자 하였다. 한편, C교사는 개념 도입 시 일상생활과 관련된 활용 문제부터 다루기 시작하고 학생들 스스로 주제를 선택하여 관련된 내용 내지 상황을 찾아보는 조별 활동을 진행함으로써 수학의 유용성을 인식할 수 있도록 지도하였다.

예를 찾은 걸 보니까, 잘 찾은 것도 있어. (중략) 자기가 들은 것 중에 정비례가 아닌 것이 있었다. 발표해 볼 사람? 스티커 2장. 자동차가 다니면서 배출하는 매연의 양이 정비례가 아닌 것 같다. 왜? 속도랑 연관이 있을 것 같다. 또? 게임을 하면 경험치가 오른다. 그건 정비례인 것 같은데? 고춧가루를 많이 넣으면 맛이 달라져요. 또? 그렇게 따지면 어느 정도 조건의 제한이 필요해요. 다들 잘 만들었어. 조금 있다가 스티커를 드릴께요. 선생님이 찾은 정비례의 예에요. 현미경의 배율. 몇 배 확대 이런 거. 축적. 시속 60Km 짜리가 몇 시간 달렸나. 여러 가지가 있겠죠?

교사에 따라 수학의 유용성을 강조하는 양상은 다소 다르게 나타나는 듯 보이지만, 결국 교사들 모두 근본적으로 실생활 소재를 수반한 예제를 소개하거나 직접 찾아보는 활동을 통해 수학의 유용성을 인식시키고 이로써 수학에 대한 긍정적인 태도를 가질 수 있도록 지도하고 있었다.

2. 교육과정 내용에 대한 교사의 이해가 반영된 수업

이른바 '새수학'의 영향을 받은 제3차 수학과 교육과정 이래로 우리나라의 수학과 교육과정에서 함수 개념의 본질은 '대응'으로 다루어져왔다. 그런데 제7차 수학과 교육과정은 제3차 수학과 교육과정 이후 계속되어 오던 함수 개념 도입에 변화를 주어, <7-가> 단계에서 '비례 관계'를 이용하여 함수 개념을 도입할 것을 제안하였다. 또한 제6차 수학과 교육과정에서 초등학교 6학년에 포함되었던 정비례 관계와 반비례 관계를 이동시켜 소개함으로써 이들을 관통하는 것으로 함수 개념을 도입하는 등, 정비례 관계와 반비례 관계를 활용한 수업을 고려하고 있는 것으로 생각된다. 이러한 교육과정 상의 변화에 대하여 교사들은 어느 정도 충분히 숙지하고 있었다.

특히 제6차 교육과정에서 학생들을 지도한 경험이 있는 A교사는 교과서 분석을 통해 변화된 함수의 정의를 제대로 파악해야 한다고 자신의 수업노트에 명시하였다. 그러나 정작 '함수' 단원을 시작하는 첫 수업 시간에 A교사는 컴퓨터 자판, 음료수 자판기와 같이 '대응'의 개념이 내포된 사례들을 제시함은 물론 함수값을 학습하는 시간에는 사다리타기를 활용하여 함수를 다루었다. 즉, 정비례 개념을 소개함에 있어 '변하는 두 양 사이에 어떤 관계가 성립하는가'를 강조하면서도 수업에서는 x의 값이 2배, 3배, …로 변할 때 y의 값이 2배, 3배, …로 변하는 관계보다는 x값에 따른 y값의 변화에 수업의 초점을 맞추었다. 또한, 함수를 정의할 때 사용된 '마술상자'에서는 '비례 관계'는 사라지고, x와 y를 대응시켜주는 규칙만이 남아 있었다.

> 활동지에 있는 마술상자가 보이거든요. 자 마술상자를 보시면요, 어떤 약속이 있어요. 무엇이냐 하면요 앞쪽을 봐 주세요. 마술상자를 보시면요 무엇을 넣든지 어떤 규칙에 의해서 바꾸게, 변하게 한다라는 약속이에요. 여기 활동지랑 같이 봐주시면 되요. x 라는 수가 들어가면요 반드시 뭐가 되었어요. ×(-2) 가 되어서 뭐가 나온다고요? y 가 나온다고요. ×(-2) 한다는 것이 규칙이에요. ×(-2)를 해준다는 규칙에 의해서 x 라는 변수를 y 라는 변수로 바꾸어 주는 거예요.

A교사는 수업이 끝난 후 당시 수업을 반성한 수업 노트에 제6차에서 제7차로 변화된 교육과정에 따른 지도의 어려움을 토로하였다. 이와 같은 혼란은 '함수'라는 교과 내용 지식에 대한 교사의 오개념에 의해 발생된 것이라기보다는 변화된 교육과정에 대한 교사의 이해가 충분치 않은 것으로 볼 수 있다. 제6, 7차 수학과 교육과정의 함수 개념 도입에 대한 차이가 학생 지도 시 어떻게 다르게 나타나는지에 관해 묻는 질문에 대하여 A교사는 다음과 같이 답함으로써 대응과 종속이라는 본질적인 측면에 대한 접근이 잘 이루어지지 않음을 알 수 있었다.

> 비례는 연속의 개념이고 대응은 이산적인 개념의 차이라 생각합니다. 학생들을 지도할 때, 학생들이 대응의 개념으로 더 쉽게 함수를 받아들이므로 중학교에서는 연속의 개념으로 학습

하고 고등학교 과정에서 다시 함수를 대응으로 학습하는 것보다 중학교에서부터 같이 대응의 개념으로 함수를 학습하는 것이 학생들이 함수를 이해하는 것이 더 쉬우리라 봅니다.

이에 비해 초임인 B교사는 '비례 관계로 가르치는 게 왜 어려워요?'라고 반문하며, 교과서에 충실한 수업을 전개하였다. 이는 역사발생적 원리를 반영한 함수 지도라는 인식에 바탕으로 두고 있는 것으로 여겨진다. 또한 B교사는 면담을 통해 본 연구에 참여함으로써 대응과 비례가 내포되어 있는 활동들의 구체적인 양상을 인식할 수 있었고, 그로 인하여 좀 더 비례에 치중된 수업을 전개할 수 있었다고 말하였다.

집합 X에서 집합 Y로의 대응으로 함수를 지도하는 것이 현대적 의미의 함수에 보다 가까울 수 있습니다. 두 변수 x와 y사이에 대응이 있으면 수식이나 법칙이 없어도 함수로 취급할 수 있기 때문입니다. 그러나 함수의 개념이 처음 사용되던 17세기에는 하나의 변수에 따라서 다른 하나의 변수가 정해지는 것을 함수라고 정의 했던 것처럼, 교육과정에서는 함수를 처음 배우는 학생에게 대응으로 함수를 지도하는 것은 무리가 따른다고 판단한 것으로 보입니다. 역사발생적 원리에 따라 함수가 도입되던 시기처럼 함수를 지도하기 시작하라는 권고로 들립니다. 이에 따라 학생을 지도함에 있어서 '대응'으로 지도할 때는 산을 보게 한 후 한그루 한그루의 나무를 보게 한다면, '변화'로 설명할 때는 몇 그루의 나무를 먼저 보고 나서 나중에 산을 보는 눈을 키워주게 되는 것이라 생각됩니다.

한편 임용 초기부터 제7차 수학과 교육과정에 따른 교과서로 학생들을 지도하였던 C교사는 상대적으로 비례 관계를 중심으로 함수 개념을 도입함에도 불구하고 대학 때까지 배웠던 함수에 대한 대응 중심의 현대적 정의와의 불일치로 인해 어려움을 겪었다고 하였다.

제가 가지고 있는 생각이랑 함수가 너무 달라서 가르치기 힘들었던 것 같아요. 제가 배웠던 거랑... 전 비례 관계로 도입하는 게 진짜 이해가 안 갔어요. 너무 답답하고 가르칠 때 그랬는데...

개정된 교육과정에서는 다시 '대응 관계'를 이용하여 함수를 도입하게 됨에 따라 이와 같은 문제점들에 대한 해결의 실마리는 보여 진다. 그러나 '함수 개념은 실생활에서 한 양이 변함에 따라 다른 양이 하나씩 정해지는 두 양 사이의 대응 관계를 이용하여 도입하되, 이때 대응의 의미는 직관적인 수준에서 다뤄지도록 <교수·학습 상의 유의점>에 제시되어 있다. 또, 제6차 수학과 교육과정의 <용어와 기호>에는 대응과 함수가 가장 서두에 제시된 반면, 개정된 교육과정에서는 변수, 함수가 서두에 제시되어 있고, 대응이라는 용어는 제시되어 있지 않다. 따라서 개정된 교육과정에서 '대응 관계'로 함수를 도입한다는 것이 제6차 수학과 교육과정에서의 함수 개념 도입으로의 완전 회귀를 의미하지는 않을 것이다. 따라서, 교육과정의 주요 개정 내용이 단위학교 수준의 교사에게 올바르게 전달되어 구체적 실행을 거두게 하기 위해서는 교육과정 및 해설서, 교과용 도서, 연수 등의 보다 적극적이고 다양한 방법의 안내가 요구된다고 하겠다.

3. 학습자의 오개념을 극복하기 위한 수업

학생들이 학습할 내용에 대하여 어떤 오개념을 가지고 있는지에 대하여 교사가 얼마나 인식하고 있느냐는 수학 학습에서 학생들이 직면하게 되는 어려움들에 대한 정보를 주는 자원의 역할을 하게 됨과 동시에, 심화·확장된 내용의 지도에 있어서 학생들의 수학적 발견과 탐구의 출발점이 된다. 이렇듯, 교사가 학생이 범할 수 있는 오류가 무엇인가를 인식하고 있느냐는 평소 교사의 수업 전개 방식에 영향을 미치게 된다. 오개념은 그 특성상 올바른 개념적 해석과 함께 지속되면서 하나의 이론처럼 작용하며 쉽게 수정되지 않는다. 따라서 교사는 학습 내용에 대하여 학생들이 가질 수 있는 오개념이나 오류, 오답의 형태를 미리 생각해보고 직접적인 교정 방법을 모색해야 한다. 따라서 교사들은 수업 중 활용하는 예제나 형성평가 문항 등을 통해 학생들이 갖고 있는 오개념에 대한 교정을 시도할 것이다. 본 연구가 진행된 함수의 경우 대표적인 오개념의 예로 교사들은 정비례를 증가함수로 간주하는 것과 이산적인 양과 연속적인 양 사이의 혼돈 등을 들 수 있다.

문제를 보면서 어디에서 학생들이 틀리게 답할 지, 어떤 오답을 쓸지 미리 생각해 본다는 A교사는 오개념의 교정을 위해서는 학생들이 직접 활동해 보고 이를 교사가 확인하는 시간이 필요하나, 시간 상 한계가 있음을 아쉬워하였다. B교사의 경우에도 '주의~'를 통해 오개념을 다시 한번 각인시키며 교정하는 노력을 하는 한편, 구체적인 사례를 제시하는 과정에서 비교·대조할 수 있는 기회를 제공하고 있었다. 이에 비해 C교사는 구체적인 사례를 통하여 학생들이 학습 내용을 비교할 수 있는 기회를 제공하고 있었다. 학생들이 정비례 관계를 증가함수로 인식하지 않도록 주의를 기울임은 물론 C교사는 $y=2^x$을 $y=2x$라는 상황과 혼돈하는 상황을 고려하여 다음과 같은 예를 제공하기도 하였다.

> 직사각형 모양의 종이 가운데를 자르고 계속해서 종이를 겹쳐놓고 자른다. x 번 자를 때, 종이의 개수 y 사이의 관계를 생각해 보자. 정비례인가? 그 이유를 설명하여라.

위의 예는 $y=2^x$에 해당하는 상황으로 <7-가> 단계에서 아직 학습하지 않는 상황이다. 그러나 (1, 2), (2, 4)라는 초기 상황으로 인해 학생들은 $y=2x$와 혼동하기도 한다는 것이다. 따라서 C교사는 정비례 관계의 학습 시 위와 같은 예를 제공하고 학생들과 함께 생각해보는 시간을 가짐으로써 $y=2^x$에 대한 구체적인 언급을 하지 않으면서도 정비례 관계에 대한 이해를 강화시킬 수 있다고 하였다. C교사는 학생들과 정비례, 반비례를 배우는 의미를 생각해보고 실생활의 여러 상황들을 수학적인 눈으로 바라보는 활동을 실제 수업 상황에서 해 보는 것이 중요하다고 하였다. 따라서 현재 교육과정에서 반비례를 지도할 때 학생들이 오개념을 갖지 않도록 반비례를 비례의 맥락에서 지도하기 위해서 역수의 비례로서 지도하는 방안을 모색하기도 하였는데, 이는 C교사의 수업노트에서 알 수 있었다.

> 일상생활이나 중학교 수준의 과학 과목에서 '비례 관계'는 정비례를 의미하므로, 학생들은 역수에 비례하는 관계인 반비례는 비례 관계가 아니라는 느낌을 가질 수 있다. 교사가 지도할 때에도 반비례를 비례의 맥락에서 지도하기 위해서 역수의 비례로서 지도해야 하는데, 이러한 관점은 중학교 1학년 학생들이 이해하기 어려우므로, 결국 반비례를 'x의 값이 2배, 3배, 4배, …될 때, y의 값이 1/2배, 1/3배, 1/4배, …되는 관계'로서 다소 자연스럽지 않은 형태로 정의하고 반비례 관계식을 세울 수 있는 정도로만 간단하게 지도하게 된다. 오히려 x와 y의 곱이 일정함을 귀납적으로 발견할 수 있도록 하고, 정비례에서 x와 y의 비가 일정하다는 것과 비교하여 $xy=a$인 관계를 반비례라고 지도하는 것이 학생들이 이해하기에 쉬운 설명이라고 생각한다. 그러나 비례 관계로서 함수를 지도할 때, 함수값 $f(x)$의 기호 표현을 지도하

기 위하여 '$y=\sim$'의 꼴도 익숙해지도록 해야 한다는 것도 염두에 두어야 한다. 또한 반비례를 비례관계로 함수를 도입하기 위해서 지도해야 한다면 차라리 반비례라는 용어보다 '역비례'라는 용어를 사용하는 것이 더 적절하지 않은가. 반비례에서 '반'이라는 용어는 '반대, 상대'를 뜻한다는 오개념을 생기도록 할 수도 있을 것 같다.

한편 개정된 교육과정은 '대응 관계'를 통해 함수 개념을 도입하도록 제안함으로써 문제가 해결되기는 하였으나, 비례 관계를 통한 함수 개념의 도입을 권고하는 제7차 수학과 교육과정에서는 이산 양에서 연속 양으로의 전이에서 다소 자연스럽지 않은 부분이 발생한다. 교사가 비례 관계를 설명할 때 학생들에게 실수의 개념으로 전달할 필요는 없지만 교사는 연속적인 개념이라는 점을 알고 있어야 한다. 그런데 대부분의 교사들이 제시하는 정비례 관계의 예나 교과서에서 제시된 내용은 이산적인 상황들이다. 예를 들어, 수돗물의 흐름을 측정하는 상황에서도 수돗물을 한 곳에서 받는 것이 아니라 1리터짜리 양동이, 2리터짜리 양동이를 이용하여 각각을 받는 것이면 이산량으로 생각할 수 있다. 그러나 같은 곳에서 물은 받는 것이라면 이는 연속량으로 다루어져야 하며, 그에 대한 보다 명확한 언급이 필요하다. 만약 교사가 이에 대하여 명확하게 언급함이 없이 대략적으로 학습을 진행하게 된다면, 수학의 엄밀성을 무시한 채 학생에게는 뭔가를 숨기고 이야기 할 수 없는 교과 내용을 가르치게 되어 교사는 자신도 모르게 오개념을 가르칠 수도 있게 된다.

면담을 통해 D교사는 함수에 대하여 학생들이 가질 수 있는, 그리고 현재 갖고 있는 오개념에 대해 상당한 관심을 가지고 있음을 알 수 있었다. D교사에 따르면, 함수의 그래프를 그리면 학생들은 주어진 정의역에 상관없이 거의 직선으로 그리게 된다고 하였다. 즉, 문제 상황에서 주어진 정의역이 1, 2, 3, … 과 같은 이산적인 경우는 물론 반비례 그래프를 그리면서도 점하나 찍어서 원점과 연결하는 경우가 있다고 하였다. 이러한 문제점의 해소는 소프트웨어의 활용으로 가능하기도 하나, 실제로 그래프 개형을 처음 다룰 때 그래프 기능을 갖춘 소프트웨어를 활용하는 것이 능사는 아니라고 하였다. 또, 교사는 번거롭더라도 여러 가지 다양한 방법으로 직접 그려가는 과정을 보여줌으로써 학생들이 그래프를 그리기 위해 점을 찍어 연결하는 경험을 지도할 필요가 있다고 하였다. 즉, 학생이 직접 시행착오를 해서 스스로 직선으로 연결을 해 봤더니 잘 안 되는 경우가 발생할 수 있다는 것을 깨닫게 해야 하며, 그래야 학년이 올라감에 따라 점차 복잡한 형태의 함수의 그래프도 보다 쉽게 이해하여 잘 나타낸다고 하였다.

한편, 함수 내용에 관련되어 학생들이 기본적으로 가지고 있는 오개념은 수학 학습 중에 발생된 것도 있지만 타 교과에서 내용을 설명할 때 사용된 용어로 인해 발생한 경우도 있다. 우리는 일상생활에서 흔히 비례, 반비례라는 말을 많이 사용한다. 즉, 비례는 x가 늘어나면 y도 늘어나는 것이고, 반비례는 x가 늘어나면 y가 줄어든다고 한다. 또한, 교과용 도서를 비롯하여 활동지에도 늘어날 때 늘어나고 줄어들 때 줄어드는 것에 관한 예를 흔히 다루고 있다. 그러므로, D교사에 따르면, a가 음수가 되는 예나 문제를 다룸으로서 이런 경우도 정비례임을 이해시켜 정비례는 x값이 커질 때 y값이 늘어난다는 오개념을 갖지 않도록 해야 한다. 결국, 교사들은 수학 수업에서 학생들의 동기 부여 내지 흥미 유발, 그리고 수학적 유용성의 가치를 심어주고자 실생활 상황을 도입하여 다루는 상황에서, 자칫 범하기 쉬운 수학적 오류를 간과하지 않도록 세심한 주의가 요망된다고 하겠다.

4. 수업 집단의 특성을 살려 협동학습 효과를 이끌어 낸 수업

교사들 각자 나름대로의 방법을 이용하여 수준별 수업을 운영하고 있었는데, A교사의 경우에는 교과서, 활동지와 같은 수업 자료를 활용하여 수준별 수업을, B교사의 경우에는 형성평가를 활용하여 수준별 수업을, 그리고 C교사의 경우에는 학습자 역할에 따라 진행되는 수준별 수업을 실시하였다. 본 고에서는 지면 관계상 학습자 역할을 이용한 C교사의 수업을 중심으로 살펴보기로 하였다.

수학 수업을 잘 들여다보면 학생들이 교사가 지시한 활동에 아예 참여하지 않는 경우도 있고, 반면에 상당히 적극적으로 참여하는 경우도 있다. 되도록 많은 학생들을 수업에 참여시키기 위해서는 수업의 구성이나 운영 측면에서 교사는 자신의 수업을 반성하고 분석해 보아야 한다. C교사가 가르치는 학생들은 다른 학교 학생들보다 선행 학습의 기회가 적고 학생들의 학습 수준이 다양하므로, 오히려 이러한 점을 이용하여 학생들 자신이 지니고 있는 만큼의 역량을 발휘할 수 있는 방식으로 수업을 운영하였다. 우선 C교사는 수학 학업 성취 수준을 기준으로 좌석을 배치하여 교사가 학생들의 학습 상태 내지 정도를 수시로 확인하고 피드백을 줄 수 있도록 수업 환경을 구성하였다. 또한 서로 다른 수준의 학생들을 '어깨짝'이라는 이름을 지어 주어서 상시 도움을 주고받을 수 있도록 하였다. C교사의 모둠 구성 및 수업 진행 규칙을 살펴보면 다음과 같다.

C교사는 함수의 뜻을 설명할 때, 학생들이 정비례와 반비례의 뜻을 정리하고, 정비례와 반비례가 아닌 예를 분석할 수 있도록 '생각 - 짝 - 소그룹 나누기'로 불리는 협동학습 구조를 활용하였다. 이 두 가지 예가 쉽지 않으므로, 학생들이 교사의 질문(또는 학습지의 다양한 토의 문항) ⇒ 혼자 생각하기(생각한 것을 학습지에 쓰는 것도 가능)⇒ 짝과 의논 ⇒ 소그룹 토론의 단계를 거치며 사고를 순차적으로 발전시킬 수 있도록 한 것이다. 이때 C교사는 학생들이 예제 문항을 이야기하는 수준에 따라 짝과 의논하는 수준까지만 허용하고 교사가 개입할 수도 있고, 소그룹 토론을 통해 학급 전체에 발표할 수도 있도록 하였다.

또한 학생들 간의 생각을 교환할 수 있는 구조로서 '하나가고 셋 남기'를 활용하였다. 모둠의 한 사람을 설명이로 정한 다음 설명이만 옆 모둠으로 이동하여 다른 모둠 친구들에게 자신의 모둠에서 정리한 내용에 대하여 설명하고, 다른 친구들은 평가를 하면서 듣는다. 이러한 방법으로 각 조에 한 명씩 한 바퀴를 돌게 되면, 전체 주제에 대하여 학생들이 골고루 학습할 수 있으며, 무엇보다 동시에 학습이 이루어질 수 있는 장점이 있다고 하였다. 그러나, 설명이가 다른 모둠의 이야기를 듣지 못하는 문제점이 발생할 수도 있는데 이를 극복하기 위하여 한 바퀴를 다 돈 후 다른 모둠 발표를 들은 나머지 학생들이 설명자에게 설명하는 시간을 주거나 중간에 설명자를 교체하는 방법을 사용해도 된다. 그리고 학생들은 잘된 답안을 모방하는 경향이 있으므로, 한 조에서 한 명만 제대로 이해하고 설명할 수 있으며, 그 모둠은 그 학생을 기준으로 답을 확인하고 이해할 수 있다. 학생들이 모둠별로 만든 문제나 활용 문제를 풀 때 이 구조를 활용하였다. <그림 Ⅲ-1 참조>

또, 학생들이 수학 개념을 이해했는지 점검하고 문제를 해결해 보는 과정에서는 '짝점검'

라 불리는 학습 구조를 활용하였다. 이는 학습지 한 장을 둘씩 짝을 지어 서로 점검하며 학습지를 반씩 푸는 것이다. 이끔이와 기록이가 먼저 풀 때, 칭찬이와 지킴이는 풀이 과정을 보면서 한 번 더 배우고, 칭찬이와 지킴이가 풀 때 이끔이와 기록이가 알려주도록 구조화한 것이다.

C교사는 학생들의 학습 수준이 다른 학교에 비하여 매우 낮고 기초 학력 부진 학생들이 많아서 한 사람에게 한 장의 학습지를 줄 경우 문제를 해결하지 못하는 학생이 많으므로 이러한 모둠 구조를 활용하게 되었다고 한다. 순서는 짝 점검⇒ 짝 활동⇒ 이끄미 점검⇒ 역할교대 ⇒ 짝 단위 점검으로 운영되는데, 이때 이끔이들이 순서를 진행할 수 있도록 하며 교사는 9조를 모두 돌아다니며 학습 수준이 낮은 학생을 중심으로 지도하고 풀이 과정을 검사하였다. 그리고 C교사가 좋아하는 협동학습 구조는 학생들이 정비례의 뜻, 함수의 뜻, 좌표에 대한 개념 등을 활용하여 '문제 만들기'를 하는 것이다. '정비례 관계식 만들기', '함수 관계 만들기', '좌표 문제 만들기' 등을 통해 실생활에 내재되어 있는 수학적 개념을 찾아보고, 이끔이는 '관계식 문제', 기록이는 '표 만들기', 지킴이와 칭찬이는 '상황 설 정 및 표현' 등과 같이 수준에 따라 만들 수 있는 문제를 단계별로 구분하고 돌아가며 풀도록 하였다. 이는 주어진 문제를 푸는 것 외에 모둠원 간에 대화를 통해 개념을 형성할 수 있도록 한 것으로 학생들의 창의적인 생각을 존중할 수 있는 방법이라 할 수 있다. C교사가 직접 체험했듯이, 교사들은 각자 자신이 맡고 있는 반 학생들의 수업 태도 및 수학 학업 성취 수준 등을 감안하여 학생 개개인 또는 짝이나 모둠별로 적합한 역할을 분담하여 수행시킴으로서 전반적으로 학생들의 수업에의 참여도가 높아지고 양질의 수학 수업이 되도록 이끌어 봄직하다.

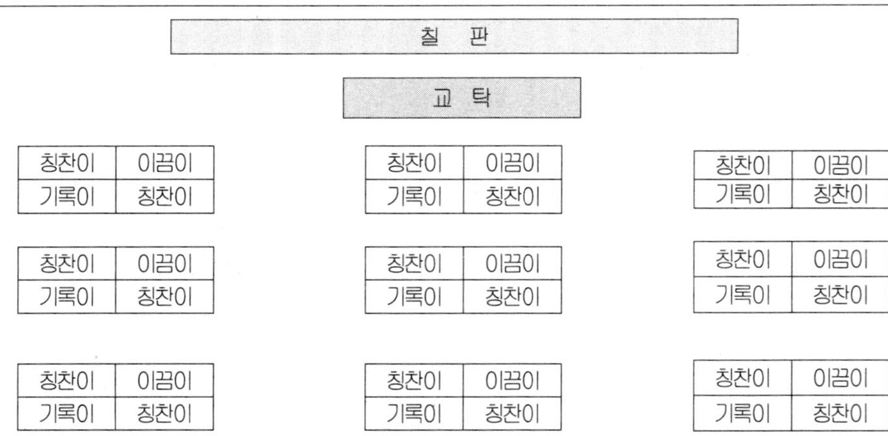

※ 1학기 성적을 기준으로 학생들을 상, 중상, 중하, 하의 네 부류로 구분하고, 실제로 역할에 따라 이끔이, 기록이, 지킴이, 나눔이로 부른다.

- 이끔이 : 모둠의 리더로서 제일 먼저 활동을 시작하고 팀을 리드한다.
- 기록이 : 모둠 활동 시 기록을 담당하여 토의 내용을 정리한다.
- 칭찬이 : 모둠원들이 활동할 때, 칭찬하여 사기를 북돋아 주고 활력있게 해 준다.
- 지킴이 : 시간을 점검하고 학습도구를 걷거나 나눠주고 정리하는 역할을 한다.

[그림 Ⅲ-1] 모둠 구조

5. 수업 자료를 재구성하여 적절한 시간 분배를 이끌어 낸 수업

제6차 교육과정에 이어 제7차 교육과정은 교육과정 의사결정의 분권화를 추구하며, '교과서 중심 학교 교육'에서 '교육과정 중심 학교 교육'으로의 전환을 모색하였다. 학교 현장의 교사들은 교육과정에 제시된 내용을 참고하되 학습 자료의 개발이나 교수-학습의 계획 수립 시 내용의 특성과 난이도를 고려하여 내용 및 순서를 재구성할 수 있다. 또한 교과서를 다양한 학습 자료 중 하나로 간주하여 교육 목표에 맞게 교과서의 내용을 재구성하고 지도할 수 있게 되었다. 이에 따라 단위 학교 수준의 교사들은 교수-학습의 효율성 제고는 물론 학습 내용에 대한 학생들의 이해 정도에 따라 교육과정 및 교과서의 내용을 재구성하여 수업에서 활용하고 있었다.

이 연구에 참여한 교사들 모두 수업 시간이 부족하다는 것에 동감하며 그에 대한 대비책을 나름대로 구상하고 실행한다고 하였다. 특히, A교사는 주로 활동지를 사용하는 경우가 많은데 그 이유를 수업 노트에 다음과 같이 설명하였다.

> 저희 교실 환경을 보시면 가운데로 빔 프로젝트가 내려온다. 빔 프로젝트가 내려오면 전혀 칠판을 사용할 수가 없다. 옆으로 비스듬하게 프로젝트를 설치하는데 비용의 문제가 있다. 화면을 내려오게 되면 칠판을 사용할 수가 없으므로 아이들이 나와서 문제를 풀어 본다던지 제가 칠판에서 설명하는 것을 전혀 할 수가 없다. 그런 면에서는 화면을 사용하려면 또 이거 올렸다 내렸다 할 수가 없다. 그래서 수업할 때 활동지와 화면을 병행해서 사용했었다. 그런데 수학은 칠판에서 아이들이 나와서 무엇인가를 해야 하는 데 그럴 수 있는 칠판면이 부족했다. 그래서 제가 대단원명하고 소단원명하고 학습 목표를 플로터로 뽑아서 옆에 붙였다. 또 PPT로 만든 내용도 지나가 버렸기 때문에 아이들이 어떤 내용을 배웠는지 모르므로 그걸 그냥 붙여놓고 수업을 했다. 그리고 수업을 하면서 항상 아이들이 직접 해야 하는데 활동지 수업을 하다 보니까 교과서 문제도 좀 해줘야겠고 활동지도 해야겠고 전체적으로 7시간 수업에서 항상 그걸 느끼면서도 그게 힘들었다. 아이들이 나와서 하고 싶어 하는데 아이들이 나와서 하게 되면 시간이 많이 부족하다. 그래서 거수하고 발표하는 형식을 취했다. (중략)

A교사가 면담을 통해 말한 것처럼 대부분의 수학 수업은 교사가 설명한 후 학생 스스로 문제를 풀며 배운 내용을 확인하게 한다. 그리고 교사의 질문에 답하고 이 내용을 더 견고히 하기 위해 또다시 문제를 풀고 한두 명이 시범으로 나와서 답을 맞추어보거나 여러 명이 같이 답하는 과정으로 이루어지는 경우가 대부분이다. 이러한 수업을 할 때마다 교사들이 갈등하는 부분은 학생들에게 문제를 얼마나 풀어 주고, 얼마만큼 발표를 시킬 것인지, 시간 배분을 어떻게 할 것인지 라고 하였다. A교사는 주도적으로 수업을 계획하고 학생들의 발문을 적절하게 유도하는 등 비교적 계획대로 수업을 이끌어가는 편임에도 불구하고, 수업 시간의 배분에 관한 자신의 고민을 피력하였다.

초임인 B교사도 가급적 많은 내용을 정리해서 가르치고 다양한 문제의 유형과 해법을 설명해 주려고 했으나, 매 차시 시간이 부족했다고 했다. 특히 학생들이 교사의 예상과 다르게 선수학습의 부족으로 본 차시 수업 내용을 잘 이해하지 못할 때는 시간을 조절하기가 쉽지 않음을 B교사의 수업 노트에서 확인할 수 있었다. 예를 들어 함수값을 지도할 때, 교과서 문제 중 a와 x의 값이 소수인 경우 학생들이 계산을 잘 해내지 못하여 그 다음 수업 내용을 지도하는데 시간이 부족하기도 했으며, 함수 그래프를 그릴 때는 순회 지도를 하느라 시간을 조절하기 힘들었다고 한다. 이처럼 예기치 못한 학생들의 반응으로 인해 시간 조절이 어려운 경우를 면담 시 C교사의 회고에서도 찾아볼 수 있었다.

> 늘 마음이 급해서 준비해온 것은 다 하고 싶죠. 그런데 마음이 급한 것 때문에 정말 중요한 설명을 놓치기도 하고, 어중간하게 내용이 끊기기도 하고 늘 고민이에요. 학생들은 제가 계획한 대로 예상한 대로 반응하지 안구요. 그래서 주로 이해하기 쉬운 내용을 중심으로 쉬운 예제를 통해 개념을 설명하는 편이에요.

이상의 내용에서와 같이 수업 시간에 다루어야 하는 문제의 선정, 교사의 풀이 시간, 학생들의 풀이 시간 및 학생들의 예상 반응 등은 수업을 진행하는 데 있어 많은 영향을 미치게 된다. 특히 적절한 시간 동안 주어진 학습 내용을 지도하는 문제는 교사 수준에서 교수-학습 계획을 수립하여 이를 충실히 이행하는 데 있어서 중요한 요인으로 작용하게 된다. 이러한 문제점에 대하여 면담을 통해 교사들의 긍정적인 해결 방안을 가름할 수 있었다. 즉, 이러한 문제는 학교 수업에서 흔히 발생되고 있는 것이기는 하나 그리 심각한 고질적인 폐해는 아니므로 교사 연구회나 모임 등을 통한 동료 교사들과의 진솔한 대화에 의해 그리고 자신의 수업 경험 노하우를 바탕으로 해결의 실마리를 찾아 나아가면 된다는 것이다.

Ⅳ. 논의 및 제언

1. 논의

수학과 PCK는 내용 전문가인 수학자와 수학 교사를 차별화시키는 교사 전문성의 요체로서 사회의 일반 구성원들이 수학 교사가 반드시 가지고 있다고 기대하는 전문적 지식에 해당한다. 따라서 수학과 PCK에 대한 연구 결과를 학교 현장에 보급하는 것은 교사의 전문성 신장에 의미가 있으며, 특히 수학 교사들이 가르치기 어려워하는 주제들을 찾아 그것과 관련된 논의점을 제시함으로써 그들에게 도움이 될 것이라 기대된다. 허나, 실제로 교사가 지니고 있는 PCK는 하나의 단순한 요소가 아니며 통합적, 기능적으로 이루어진 조직체로서 교실에서의 실제적인 영향력에도 불구하고 그 본질과 수준에 대해서는 명확한 정의조차 하기 어려운 실정이다. 교사의 PCK는 가르치는 방법, 수업의 내용과 과정, 학생 이해 등에 직간접적인 영향을 미치며, 수업을 계획하고, 과제를 선택하고, 학생을 평가하는데 중요한 역할을 수행함을 (본 연구에서 살펴본 PCK 관련의 선행연구 결과를 통해) 알 수 있었다. 또한 교사의 PCK는 교실이라는 한정된 상황 속에서 학생들과의 수업을 통하여 계속적으로 향상되면서 시간이 흐름에 따라 발전해 나가는 하나의 유기체로 볼 수도 있음을 알았다. 이러한 PCK의 유기적 특징 내지 속성에도 불구하고, 본 연구를 통해 수학과 PCK 분석틀에 의거하여 PCK의 범주화가 시도되었으며, 그 결과에 관한 논의는 다음과 같다.

일반적으로 교사의 PCK는 무엇을 어떻게 가르칠 것인가에 영향을 주며 학생들에게 수업 중 제시하는 예 · 설명 · 질문 · 문제 등과 같은 교수학적 결정에 직접적인 영향을 주게 된다. 이 연구에 참여한 교사들 모두 교과서 내용에 의거하여 수업을 진행하여 다루는 내용들이 대동소이하였으나, 해당 학습 내용에 대한 접근 방식에서 다소 차이를 보이는 것이 바로 이런 점에서 기인한다고 볼 수 있다. 가령, A교사는 교사 중심의 설명식 강의가 주를 이룬 반면, B교사는 개념 도입 시 학생들이 조별 활동을 하거나 그래프 학습 시에는 학생들이 모눈종이 위에 직접 그래프를 그려본 후 그래프의 성질을 파악하게 하고, C교사는 학생들의 적극적인 참여를 강조하였다. 부연 설명하면, PCK의 첫 번째 구성 요소인 내용 지식과 관련하여 교육과정에서의 함수 내용이 어떻게 정의되어 있는가, 즉 함수의 개념이 무엇인가에 따라 수업의 양상은 다르게 나타남을 알 수 있었다. 이 연구 결과, 교사들은 일부 내용에 대해 교육과정 문서에의 제시보다는 자신이 알고 있는 방식으로 수업을 진행하는 경우가 어렵지 않게 발견되었다. 이는 대부분의 교사들이 함수 개념에 대하여 교육과정에 제시된 관계를 사용한 방법보다는 임의의 대응 형태를 선호한다는 연구 결과(Vinner & Dreyfus, 1989; 김용대, 2001)와 일치하는 것으로 볼 수 있다.

또, 여러 가지 수학적 표현들을 자유롭게 사용하고 공통의 수학적 관계를 파악할 수 있는 능력은 함수 개념의 이해에서 중요한 부분을 차지한다. 본 연구에 참여한 교사들은 함수의 표현과 관련하여 살펴보았을 때 대상들이 공통적으로 갖고 있는 함수라는 수학적 개념보다 그래프 · 순서쌍 · 관계식과 같은 표현을 우선시하여 수업에서 강조하는 경향이 있었다. 또한 수업에서 함수를 왜 배워야 하는지, 실생활과 관련하여 무슨 의미가 있는지 등을 강조하기보다, 함수를 이루고 있는 요소들을 정확히 익히고 다양한 함수들을 배워 관련된 문제를 해결하는 것을 중요하게 다루고자 하였다. 이를 위해 A교사와 B교사는 교과서에 제시된 문제들을 빠짐없이 풀어줌으로써 학생들이 함수 개념을 익히고 문제해결능력을 신장시킬 수 있도록 노력하였으며, C교사는 좀더 개괄적인 시각으로 함수를 바라보게 한 후 문제들을 제시하였다. 다시 말하면, 교사의 PCK에 따라 과제의 유형과 제시 방법 면에서는 약간의 차이가 있었으나 세 교사 모두 대체적으로 정형화된 절차의 연습이 수업의 주를 이루었다. 이러한 방법은 학생들의 문제 해결력을 꾸준히 신장시키는 데에는 도움이 되겠지만, 이때 간과해서는 안 될 점은 문제의 유형이나 수준이 가급적 학생들의 지적 수준에 부합하는 흥미롭고 또 그들의 호기심을 자극하여 도전 의욕을 일으킬 수 있는 것이어야 할 것이다.

한편, 학생들의 오개념이나 오류에 대한 교사의 지식은 수업을 진행할 때 매우 중요하다. 오개념이나 오류에 대한 적절한 처방을 받지 못한 학생은 이후 학습을 진행하기 쉽지 않으며 더 높은 단계의 지식을 습득하는데 어려움을 겪게 된다. 실제 교사들은 수업 진행시 학생들의 돌발적인 질문이나 반응에 의미를 두지 않는 채 학습 내용을 반복적으로 설명하는 방법으로 학생들을 이해시키고자 하는 경향이 있음을 이 연구의 관찰 결과를 통해 알 수 있었다. 만약 건전한 PCK를 가진 교사라면 단순한 내용(개념)일지라도 학생들에게 내용(개념)간의 상호 관련성을 중시하고, 하나의 문제를 해결하는 데에도 여러 가지 해결 접근 방법이 가능함을 생각해 보게 할 것이다. 또, 그러한 교사는 '단순하지만 강력한' 기본적인 수학 아이디어를 잘 알아 교육과정을 통합적 실체로서 이해하여 학생들이 이전에 배운 중요 개념과 나중에 배우게 될 개념의 기초를 관련지어 생각해 볼 수 있도록 할 것이다.

이상으로, 이 연구를 통해 교과별로 교사들의 수업 사례를 분석하여 PCK 유형을 모색, 마련한 결과, 교사 지식에 관한 범교과적 시사점을 다음과 같이 얻을 수 있었다.

첫째, PCK를 표면화 했을 때 수업 목표와

관련되어 수업 전문성의 특정 요소가 두드러지게 나타났다. 본 연구 결과에 따르면, 숙련된 교사라 하더라도 어떤 교수 목표를 갖고 있느냐에 따라 수업을 전개하는 양상이 다르게 나타났다. 따라서 좀 더 많은 수업 관찰 등을 통해 숙련된 교사가 갖고 있는 특징과 어떤 조건 하에서 그러한 특징들이 발현되는 지에 대한 좀더 세밀한 논의가 전개될 필요가 있겠다.

둘째, 우리나라와 같이 국가 수준의 교육과정을 취하는 상황에서 교육과정 개정 및 그에 따른 교과서 개발은 실제 수업에 미치는 영향력이 클 수밖에 없다. 그러나 개정에 따른 안내가 충분하지 않을 경우 교육과정이나 교과서의 개정은 숙련된 교사에게 오히려 갈등의 소지로 작용한다는 점이다. Goodlad는 '종종 실패했다고 여겨지는 교육과정 프로그램들이 사실은 실패했다고 할 수 없다. 왜냐하면 그것들은 시행조차 되지 않았다 때문이다'라고 주장하면서 개발된 교육과정의 실행에 대한 문제점을 거론하였다(김민환, 1999, 재인용). 따라서 개정된 교육과정이나 교과서의 효율적인 실행을 위해서는 구호 수준이 아닌 실행 방안에 대한 구체적인 안내가 보다 적극적으로 진행되어야 할 것이다. 즉, 교사 수준에서 교육과정 및 교과서 개정에 따른 변화를 이해하여 이에 맞춰 교실 수업으로의 실행이 가능하도록 하는 구체적인 방안이 모색되어야 할 것이다.

셋째, 수업에 대한 PCK의 영향력을 조율함으로써 학교 수업의 질을 개선시킬 수 있는 구체적인 방안이 모색되어야 할 것이다. PCK는 그 특성 상 하나의 선례로서 남겨질 수밖에 없다는 하계점이 지적된 바 있다(Hashweh, 2005). 즉, 교사의 PCK는 교사 개인이 처한 상황에 의존적일 수밖에 없고, 이는 한두 가지의 이론이나 사례로 정리되는 것에는 한계가 있기 때문이다. 그러나 교실이 갖는 특수성을 고려할 때, 질적 연구 대상으로서 교사 개개인의 PCK를 표면화하고 이를 활용하는 방안이 좀더 구체적으로 논의될 필요는 있겠다.

넷째, 어려움에 처한 교사들이 보다 쉽게 도움을 받을 수 있는 방안이 모색되어야 할 것이다. 교사들은 학교 조직의 특성 상 동료 상호간의 의견 교환이 제한받을 수밖에 없다고 하였다(Lortie, 1975). 이는 교사B가 수업을 준비하면서 같은 학교의 동료 교사보다는 본 연구의 협의진과의 논의에서 더 많은 도움을 받았다고 언급한 것으로부터도 쉽게 알 수 있다. 따라서, 동료 교사와의 좀 더 원활한 소통을 모색하면서 문제의식을 바탕으로 교실 수업의 개선에 대하여 적극적인 자세를 취해야 할 것이며, 또한 이러한 분위기가 더 이상 어색하고 낯선 것이 아닌 자연스러운 교사들의 일상이나 모임이 될 수 있도록 인식을 바꾸는 것이 무엇보다 중요하고 시급하다. 그러나, 이때 교사가 개선해야 하는 점들만이 논의되고 지적되는 방식으로 교사의 수업 개선을 도모한다면 교사는 자신의 수업에서 지속적으로 유지하거나 보다 강화해야 할 긍정적인 요인들마저 잃어버릴 수도 있음을 간과해서도 안 될 것이다. 따라서 소크라테스식 산파법을 적용한 '無知의 智'와 더불어 교사의 적극적인 의지를 바탕으로 개선점과 더불어 좋은 점도 세심히 관찰되어 누락되지 않는 방법으로 교사의 전문성 신장 방안이 모색되어져야 할 것이다.

2. 수업 컨설팅 방안에 관한 정책 제언

PCK를 학교에서 안정적으로 적용·운영하려면 다음과 같은 과제들이 수행되고 지원되어야 할 것이다. 이 연구에서는 연구 결과를 토대로 (1) PCK 측면에서 교실 수업 내실화 방안 모색, (2) 수업 전문성 신장 및 컨설팅 방안 제시,

(3) 교사 연수 프로그램 제도 개선, (4) 교·사대 교사 교육 개편, 5) 기타 등으로 구분하여 범교과적 정책 제언이 논의되었다. 본 고에서는 지면 관계상 이 중에서 차기년도의 연구에 보다 직접적인 영향을 미칠 '수업 전문성 신장 및 컨설팅 방안'에 초점을 두어 간략히 제시하고자 하였다.

가. 교사의 경력 단계에 따라 필요로 하는 전문성이 다르므로 각 단계에 알맞은 전문성을 함양할 수 있는 국가 수준의 지원 방안과 제도적 장치가 마련되어야 한다.

교사의 경력 단계에 따라 필요로 하는 PCK가 다름을 인지하여 예비 교사 시기부터 정년에 이르기까지 교사 스스로 혹은 동료 교사들과 함께 교사로서의 전문성을 높일 수 있는 국가적 수준의 지원 방안과 제도적 장치가 필요하다. 한국교육과정평가원에서 연구·개발한 수업 전문성 기준이나 교과별 PCK 연구 등을 기초로 개발한 사례를 현장에 보급하여 공유하고, 현장 교사의 우수한 수업 방법을 발굴하여 학교 현장에 확산시킬 필요가 있다. 뿐만 아니라 현장의 우수한 경력 교사들에게 수업 컨설턴트 훈련 기회를 부여하여, 초임 교사들이 언제라도 그들의 도움을 받아 수업의 질을 향상시킬 수 있도록 해야 할 것이다. 좋은 교사에서부터 좋은 교사 교육자, 즉 수업 컨설턴트로서 거듭날 수 있도록 안내되어야 한다.

나. 좋은 수업 실행을 지원하기 위해 교육청에 교육 지원 시스템을 마련하도록 한다.

교사들이 수업을 준비하고 계획하는 과정에서부터 수업이 끝난 후 평가에 이르기까지의 수업의 전 과정을 진행하는 동안에 다른 교사의 수업 방법이나 노하우를 공유할 수 있는 지원 시스템이 확립되어야 한다. 이러한 지원단에는 경험이 풍부한 교사, 연구 경험이 많은 교사, 학생 지도나 상담에 전문성이 있는 교사 등으로 구성하여 수학 지도는 물론 학생 지도에 이르기까지의 다양하고 폭넓은 PCK를 자문해 줄 수 있도록 한다. 이와 같은 지원 시스템을 각 교육청별로 마련한다면 언제든지 교사들이 필요로 할 때마다 각 사안에 대해 도움을 줄 수 있을 것이다.

다. 교사 스스로 전문성 신장을 위해 노력할 수 있도록 서로 독려하고 지원할 수 있는 분위기를 조성한다.

수준 높은 교사의 양성은 국가와 대학만의 문제는 아니며, 수준 높은 수학 교사가 되기 위한 자기반성과 노력이 무엇보다 절실히 요구된다. 그러므로 교사로 임용된 후에도 부단히 자기 연수를 하여야 하며, 현직 교사 연수 및 각종 학회 참가, 연구회 활동 등도 부지런히 참여해야 할 것이다. 여러 학회나 연구회에 교사들이 자발적으로 참여하고, 학교와 교육청에서 교사들에게 학회나 연구회에 관련된 정보를 제공하고 많이 참여할 수 있는 여건을 조성해 준다면 교사의 질은 높아질 것이다.

참고문헌

교육부(1997). 수학과 교육 과정(교육부 고시 제1997-15호 별책8). 서울: 대한 교과서 주식회사.

교육인적자원부 (2007). 수학과 교육과정(교육인적자원부 고시 제 2007-79 별책 8).

곽영순, 강호선(2005). 교사평가 수업평가 - 수업평가 바로하기. 서울 : 원미사.

김민환(1999). 교사의 교육과정 인식과 실천에 관한 연구. 교육과정연구, 17(1), 219-247.

김용대(2001). 교사의 수학적 관념과 지식에 대한 조사 연구. 한국교원대학교 대학원 박사학위 논문.

김홍기(2001). 제7차 교육과정과 교과서의 문제점. 수학교육, 40(1), 139-159.

이종희(1999). 이해에 대한 수학교육적 고찰. 서울대학교 박사학위논문.

임찬빈, 이화진, 곽영순, 강대현, 박영석(2004). 수업 평가 기준 개발 연구(Ⅰ): 일반기준 및 교과(사회, 과학, 영어) 기준 개발. 연구보고 RRI 2004-5. 서울 : 한국교육과정평가원

임찬빈, 이화진, 서지영, 차우규(2005). 수업 평가 기준 개발 연구(Ⅱ): 일반 기준 및 교과(영어, 도덕, 체육) 기준 상세화. 연구보고 RRI 2005-3. 서울 : 한국교육과정평가원

임찬빈, 이화진, 최승현, 오은순, 이경언, 이수정, 노은희, 권순달(2006). 수업 평가 기준 개발 연구(Ⅲ): 일반 기준 및 교과(국어, 수학, 기술·가정, 음악, 초등)기준 상세화. 연구보고 RRI 2006-3. 서울 : 한국교육과정평가원.

최승현(2007). 교육과정 개정에 따른 수학과 내용 교수 지식(PCK) 연구. 연구보고 RRI 2007-3-2. 서울 : 한국교육과정평가원.

최승현, 황혜정(2008). 수학과 내용 교수 지식(PCK)의 의미 및 분석틀 개발에 관한 연구. 한국학교수학회논문집, 11(4), 569-593.

Even, R. (1989). Prospective secondary mathematics teachers' knowledge and understanding about mathematical functions. Doctoral dissertation. Michigan State University.

Fennema, E., & Franke, M. L. (1992). Teachers' knowledge and its impact. In D. A. Grouws (Ed.), *Handbook of research on mathematics teaching and learning* (pp. 147-164). NY : Macmillan.

Gess-Newsome, J. (1999). Pedagogical content knowledge: An introduction and orientation. In J. Gess-Newsome, & N. G. Lederman (Eds.), *Examining pedagogical content knowledge* (pp. 3.17). Dordrecht: Kluwer.

Grossman, P. L.(1990). *The making of a teacher: Teacher Knowledge and teacher education.* New York: Teachers College Press.

Hashweh, M. (2005). Teacher pedagogical constructions: a reconfiguration of pedagogical content knowledge. *Teachers and Teaching: theory and practice, 11*(3), 273-292.

Lortie, D. C.(1975). *School teacher-A social study.* 진동섭 역(2005), 교직사회-교직과 사회의 삶, 양서원.

Loughran, J. Mulhall, P., & Berry, A.(2004). In Search of Pedagogical Content Knowledge in Science: Developing Ways of Articulating and Documenting Professional Practice. *Journal of Research in Science Teaching, 41*(4), 370-391.

Marks, R.(1990). Pedagogical content knowledge : From a mathematical case to a modified conception. *Journal of teacher education, 41*(3), 3-11.

McGehee, J. J.(1990). Prospective secondary teachers' knowledge of function concept. Doctoral dissertation. University of Texas at Austin.

Shulman, L. S.(1986). Those who understand: Knowledge growth in teaching. *Educational Researcher, 15*(2), 4-14.

Shulman, L. S.(1987). Knowledge and teaching: Foundations of the new reform. *Harvard Educational Review, 57*, 1-22.

Sierpinska, A.(1992). On understanding the notion of function. In G. Harel & E. Dubinsky (Eds.), *The concept of function: Aspects of epistemology and function* (pp. 25-58). MAA Notes and Reports Series.

Smith, D. C.(1999). Changing our teaching: The role of pedagogical content knowledge in elementary science. In J. Gess-Newsome, & N. G. Lederman. (Eds.), *Examining pedagogical content knowledge.* Norwell, MA : Kluwer Academic Publishers.

Smith, E.(2003). Stasis and change: Integrating patterns, functions, and algebra through the K-12 curriculum. In J. Kilpatrick, W. G. Martin, & D. Schifter (Eds.), *A research companion to principles and standards for school mathematics* (pp. 136-150). Reston, VA : The National Council of Teachers of Mathematics, INC..

Wilson, M. R. (1994). One preservice secondary teacher's understanding of function: The impact of a course integrating mathematical content and pedagogy. *Journal for Research in Mathematics Education, 25*(4), 346-370.

Vinner, S. & Dreyfus, T. (1989). Images and definitions for the concept of function. *Journal for Research in Mathematics Education, 20*(4), 356-366.

<부록 1> 중학교 1학년의 함수 관련 교육과정 내용 비교

		제7차 교육과정	제7차 교육과정 수정안
초등학교 6학년			(마) **규칙성과 문제해결** [4] 정비례와 반비례 ① 두 수 사이의 대응 관계를 x와 y를 사용하여 식으로 나타낼 수 있다. ② 정비례와 반비례 관계를 이해하고, 그 관계를 표나 식으로 나타낼 수 있다. ③ 정비례와 반비례 관계를 활용하여 실생활 문제를 해결할 수 있다. <용어와 기호> 정비례, 반비례, 관계식, 비례상수, x <교수 · 학습 상의 유의점> ④ 대응 관계, 정비례, 반비례는 실생활의 예를 통하여 다룬다. ⑤ 두 수 사이의 대응 관계를 도입할 때에는 $y=x+a$와 $y=a\times x$인 경우만 다룬다.
7-가 단계 (중학교 1학년)	내용	(다) 규칙성과 함수 [1] 함수와 그래프 ① 정비례 관계와 반비례 관계를 이해하고, 그 관계를 식으로 나타낼 수 있다. ② 함수의 개념을 이해한다. ③ 순서쌍과 좌표를 이해한다. ④ 함수의 그래프를 그릴 수 있다. [2] 함수의 활용 ① 함수를 실생활 문제에 활용할 수 있다.	(다) 함수 [1] 함수의 그래프 ① 함수의 개념을 이해한다. ② 순서쌍과 좌표를 이해한다. ③ 함수를 표, 식, 그래프로 나타낼 수 있다. [2] 함수의 활용 ① 함수를 활용하여 실생활 문제를 해결할 수 있다.
	용어와 기호	정비례, 반비례, 함수, 정의역, 공역, 함수값, 치역, 변수, 좌표, 순서쌍, x좌표, y좌표, 원점, 좌표축, x축, y축, 좌표평면, 제 1, 2, 3, 4 사분면, 함수의 그래프, $y=f(x)$	변수, 함수, 정의역, 공역, 함숫값, 치역, 좌표, 순서쌍, x좌표, y좌표, 원점, 좌표축, x축, y축, 좌표평면, 제1사분면, 제2사분면, 제3사분면, 제4사분면, 함수의 그래프, $f(x)$, $y=f(x)$
	기타	<학습 지도상의 유의점> ① 생활 장면에서 변화하는 두 양을 조사하여 비례 관계를 이해하게 한다. ② 함수 개념의 도입은 비례 관계를 이용한다. [심화과정] ① 실생활의 다양한 소재에서 함수관계가 있는 것을 찾아보고, 이를 식으로 나타낼 수 있다.	<교수·학습 상의 유의점> ① 함수 개념은 실생활에서 한 양이 변함에 따라 다른 양이 하나씩 정해지는 두 양 사이의 대응 관계를 이용하여 도입한다. ② 함수 개념의 지도에서 대응의 의미는 직관적인 수준에서 다룬다.

<부록 2> 교사B가 작성한 수업 노트의 예

1) 수업 계획: 지도안이나 교수학습 자료에 표현되지 않은 교사 내면의 생각

(1) 수업의 맥락(교과면/학생면/수업환경면 등): 수업을 계획시 고려하는 수업관련 요소

- 학생들이 이 개념을 배워야 하는 이유(개념의 중요성): 개념-정비례

본 소단원인 '정비례와 반비례'는 함수의 개념을 명확히 배우기에 앞서서 다루어지는 특정한 형태의 함수이다. 속력, 시간, 거리의 관계 등 실생활에서 정비례 혹은 반비례적인 상황이 많이 있으므로 이를 통한 함수의 도입이 학생들에게 친숙할 수 있다. 대응으로 도입하는 것보다 함수에 대한 개념을 학생들이 쉽게 받아들일 수 있다는 이유에서 본차시에서는 정비례의 개념부터 다루게 된다.

- 이 개념을 가르칠 때의 어려움/한계점

아직 함수에 대한 개념을 정확하게 학습하기 이전이므로 '대응표' 대신 '변화표'를 사용하는 등의 용어의 사용에 있어서 주의가 요구된다. 또한 "대응" 이라는 표현은 사용을 자제하고 "변화" 하는 두 양 사이의 관계로 함수를 도입해 주어야 한다. 정비례의 뜻은 'x의 값이 2배, 3배, 4배, …될 때, y의 값이 2배, 3배, 4배, …되는 관계이다. 그런데 실생활의 소재는 거의 대부분 a의 값이 양수일 때이므로 'x의 값이 늘어날 때, y의 값도 늘어나는 관계' 즉, 증가함수의 관계라고 인식하는 학생들이 있으므로 오개념을 가지지 않도록 주의해야한다. 또한 2, 3, 4라는 숫자가 중요한 것이 아니라 같은 비율로 변해간다는 것이 정비례의 핵심임을 알게 해야 한다.

-교사가 이 개념을 가르치는 데 영향을 미치는 학생들의 사고방식에 대한 교사의 지식

함수의 단원을 학습할 때 학생들은 'x' 라는 문자에 대하여 기존에 미지수로 인식하는 것이 익숙해 있다가 (물론 문자와 식 단원에서 2개 이상의 문자가 사용된 식을 다루긴 했으나)본 단원부터는 'x' 라는 문자가 미지수가 아닌 여러 개의 값을 대표하는 변수로 사용됨을 완전하게 이해하는 것을 어려워 할 수 있다. 따라서 교사는 함수의 다양한 예를 통하여 변수의 사용에 익숙해 질 수 있도록 해주어야 한다. 학생들은 정비례에 대한 개념이미지로 증가함수 즉 'x'의 값이 늘어날 때, y의 값도 늘어나는 관계' 로 인식하거나 'x값에 따라서 y값이 규칙적으로 늘어나는 관계'라고 인식하는 경우가 많다. 이러한 학생들의 오개념을 바로 잡아줄 수 있도록 교사는 미리 인식하고 있어야만 한다. 그리고 이러한 오개념은 정비례가 아닌데 정비례라고 판단하기 쉬운 예나 정비례이지만 정비례가 아니라고 생각되는 예를 구성하여 보여주는 것이 가장 바람직할 것이다.

(2) 수업의 의도, 목표, 계획

- 교사활동 절차 및 학생들을 개념 학습에 참여시키기 위해 이 절차를 활용하는 특정한 이유 :절차-귀납(수학적 다양성의 원리)

"정비례의 뜻이 이런 것이다" 라고 제시하고 이러한 성질이 있으며 식은 이렇게 생긴 것을 정비례라고 한다고 설명하는 주입식의 방식을 자제하고자 한다. 학생들이 스스로 정비례 함수의 특징을 찾아나가는 과정을 통해 정비례의 뜻이 단순히 "x의 값이 늘어날 때 y의 값이 늘어나는 관계" 가 아니라 'x의 값이 2배, 3배, 4배,… 될 때, y의 값이 2배, 3배, 4배… 되는 관계' 라고 되어야 하는 이유를 명확히 알게 하기 위해서 본 수업에서는 귀납적으로 원리를 찾는 방법을 활용하였다. 그리고 그 과정에서 Dienes의 수학적 다양성의 원리를 활용하여 주의사항의 예를 구성하였다.

- 수업에서 의도한 내용을 학생들이 제대로 학습했는지를 평가하는 방법

주의사항을 제시함에 통해 학생들이 본인의 답이 왜 수정되어야 하는지를 파악하고자 한다. 따라서 발문을 통해 함수의 뜻을 명확히 제시할 수 있는지를 파악하며 형성평가를 통해 바르게 적용 수 있는지를 살펴본다. 또한 정비례 함수인 예를 찾아보는 활동을 통해 학생들이 제대로 학습 했는지를 평가하게 된다.

(3) 수업 내용 탐구

- 이 개념(주제)에 대하여 학생들이 학습하기를 바라는 것

정비례의 다양한 사례를 통해 정비례 함수 관계가 있는 두 양을 보고 미래를 예측해 보면서 정비례 관계의 이해가 생활 속에서 필요함을 인식한다. 또한 정비례의 뜻이 무엇이며, 정비례의 식은 어떻게 되고 정비례 함수는 어떠한 성질을 지니고 있는지를 학습해야 한다.

- 학생들에게 아직 가르칠 생각은 없지만, 교사가 해당 개념에 대하여 추가로 알고 있어야 하는 것

정비례 함수 $y = ax$의 그래프에서 a는 함수의 기울기를 의미하게 된다는 것을 교사는 알고 있어야 하며 기울기라는 용어의 사용하지 않도록 해야 한다. 또한 비례상수라는 용어도 지도하지 않는다. 그리고 정비례 함수는 이후에 학습하게 되는 다항함수의 가장 기초적인 형태이므로 보다 잘 이해할 수 있도록 해야 한다.

(4) 수업 시나리오: 교사가 생각하고 있는 수업 전개 양상

도입: 함수를 학습해야 하는 필요성에 대하여 언급하고 그 중 간단한 정비례와 반비례, 그 중 정비례에 대하여 학습하게 됨을 알려준다.

전개: 정비례란 이런 것이다라고 제시하지 않고 여러 가지 정비례의 예를 통해 미래를 예측해 보며 이들의 공통점을 찾아 정비례의 뜻을 함께 정립해 나간다. 그리고 이를 토대로 정비례의 함수식을 만들고 성질을 살펴보며 문제를 통해 성질을 활용해 본다.

정리: 형성평가를 통해 개념을 정리하고 정비례인 것을 찾아내 보며 관계식을 구한다. 충분히 학습될 수 있도록 발문으로 정리한다.

2) 수업 실제 : 수업 중 계획했던 것과 다르게 일어난 사건, 예상치 못했던 일, 질문, 문제점

▶시간조절 - 계획했던 수업의 양을 진행하는데 시간이 조금 부족했다. 그래서 수업시간이 지나서 까지 형성평가의 답을 함께 맞추어 나갔다.

▶탐구활동 - 미래의 예측이라는 부분에서 학생들이 낯설어 할 것이라고 예상했다. 그러나 의외로 학생들은 쉽게 받아들이고 자유로운 예측을 해내는 모습을 볼 수 있었다. 수치적인 예상이긴 하지만 일상생활에서 늘 접하고 있는 대상들로 구성되어서 학생들에게는 친숙한 활동이었던 것으로 판단된다.

3) 수업 후 : reflection, analysis - 아이디어, 보안점

▶ 정비례의 뜻을 설명함에 있어서, 예를 통해 학생들과 함께 그 뜻을 무엇이라 하면 좋을지를 찾아나가는 귀납적인 방법은 그 뜻의 의미를 명확히 이해하는데 도움이 되었다. 그런데 이런 것이 정비례다 라고 제시하는 방법보다는 그 뜻을 찾아가는 과정에서 시간이 많이 소요되는 것은 분명하다. 그래서 본 수업에서 시간이 다소 부족하기도 했다. 조금 더 조리 있는 설명으로 시간을 단축하되 이러한 도입방법은 권장 할 만하다고 판단된다. 이러한 방법으로 학습할 때 학생들이 정비례에 대한 오개념을 덜 가질 수 있을 것이라고 보여 지기 때문이다.

07 『Mathematical knowledge for teaching and teachers' backgrounds: A study of U. S. teachers』에 관한 해설

김 연(University of Michigan)*

Shulman이 1986년도 전미교육연구협회 (American Educational Research Association) 연차 회의에서 교육학에서 내용 지식에 관한 연구의 중요성을 피력한 이후, 교수에 수반된 수학 지식(mathematical knowledge entailed in teaching)에 대한 다양한 분류와 개념들이 등장하고 있다 (e.g., Ball, Thames, & Phelps, 2008). 그러한 개념들은 서로 다른 용어와 의미를 사용하고 있는데, 그 이유는 아마도 교수(teaching)가 복잡한 역학적 상황에서 일어나며 (Cohen, 2011), 이 특별한 지식의 다면성 때문일 것이다 (Schilling, 2007). 분명한 것은 교수에 수반된 수학 지식은 학문적으로 연구되어 온 수학 또는 교육받은 성인이라면 알고 있는 수학 지식과는 다른 독특한 특징을 가지고 있으며, 그 독특한 지식의 존재성과 중요성에 대해서 상당히 넓은 공감대를 형성하고 있다는 점이다. 이 수학 지식과 관련된 연구는 크게 네 분야로 나누어 수행되고 있다 (Kim & Thames, 2014, April): 어떤 교사 교육이 교사들의 지식 향상에 효과적인가?; 이 특별한 지식의 특징은 무엇인가?; 이 지식과 수학 교수 실제 (teaching practice) 또는 학생 학습과 어떠한 관련성이 있는가?; 그리고 교사들이 무엇을 알고 있는가? 1990년대에는 교사들이 무엇을 알고 모르는가를 중점적으로 연구하였는데, 최근에는 교사들의 지식 향상을 위한 교사 교육에 관한 연구가 압도적이다.

본 연구(Kim, 2013)는 위 네 가지 분류에 포함되기 보다는, 교사교육과 관련된 교육 정책 연구라 할 수 있다. 교육정책자들이 교육학 연구자에게 자주 물어 보는 질문들이 있다: 어떤 교사가 수학을 잘 가르치는가? 그리고, 어떤 교사들을 지원해야 하는가? 본 연구는 후자의 질문에 대한 답변을 목적으로 하는 연구이다. 모든 학생들에게 질 높은 교육을 제공하기 위한 중요한 단독 요인으로서 교사에 대한 정책적·정치적 관심은 가히 전 세계적이라 할 수 있다 (e.g., OECD, 2013). 물론, 이러한 관심에 대해 교육학연구가 항상 반응을 보일 필요는 없지만, 수학 교사 정책과 관련된 일련의 연구들은 한국의 수학교육학 연구 영역을 넓히는데 분명히 기여하는 바가 있을 것이다. 특히, 본 연구는 현직수학교사들에게 교수에 수반된 수학 지식에 관한 교육의 지속적인 기회부여를 주장함으로써, 현직교사를 위한 교육 연구의 필요성을 증명하고 강조하는데 기여할 수 있다. 한국의 대표적인 현직교사교육으로 1급 교사자격증 연수가 있다. 교사경력이 3년에서 5

* kimyeon@umich.edu

년 이상인 교사들에게 정부주도하에 장시간의 연수를 제공하는 시스템은 세계적으로 매우 드문 경우이고 자랑할 만한 훌륭한 제도이다. 현재 연수 프로그램이 어떻게 구성되어 있으며 그 효과는 어떠한가에 관한 연구뿐만 아니라, 교사들이 수학 교수의 능력 및 지식을 향상시키기 위한 교육과정 개발에 관한 연구도 필요하다. 더 나아가 긴 교사경력(예를 들어 10년 이상)을 가지고 있는 교사들에게도 장기간의 교사연수 기회를 정책적으로 제공할 필요가 있으며, 그러한 연수를 위한 교육과정의 개발 연구도 필요하다. 물론 정책에 의한 것이 아닐 지라도, 수학교사들의 지속적인 향상을 지원할 수 있는 연구 또한 필요하다. 교사의 교수학적 수학 지식의 향상은 학생들의 수학 학습에 직접적으로 또 긍정적으로 영향을 끼칠 가능성이 높다는 점은 예상하기 어렵지 않고 (e.g., Whitcomb, Borko, & Liston, 2009), 그래서 교수학적 수학 지식과 관련하여 많은 미국의 연구자들이 교사 연수에 관한 연구를 마치 유행처럼 시행하고 있기도 하다. 한국에서도 현직교사 교육과 관련된 더 많은 연구를 기대되는 이유이기도 하다.

사실 본 연구는 mathematical knowledge for teaching (Ball, Thames, & Phelps, 2008)의 이론적 연구 및 교사교육자에 대한 연구를 주로 해온 연구자에게 일종의 일탈에 해당하는 연구였다. 인터뷰와 관찰준비하고 실행하거나, 촬영된 비디오 화일들을 반복해서 시청하고 분석하며, 이론적·개념적 연구에만 몇 년간 집중하고 있던 터에, 뭔가 새로운 방법으로 연구해 보고 싶은 아주 잠깐의 충동은 박사과정 중에 통계적으로 분석해 놓은 결과를 꺼내어 간추린 다음 짧은 시간에 하나의 글로 완성하게 했다. 본 연구에서 연구자가 개인적으로 터득한 것이라면, 한 가지 주요 아이디어나 이론을 다양한 방법으로 연구하는 것이 연구자에게 학문적 시야를 넓힐 수 있는 한편 이론적·개념적 연구가 왜 중요한가에 대한 개인적 깨달음을 준다는 것이다.

이 글에서 교수학적 수학 지식과 관련된 평가 문항 및 분석 방법과 관련하여 몇 가지 밝히고 싶은 점이 있다. 교사의 교수학적 수학 지식을 평가하기 위해 개발된 대표적인 평가 문항으로 DTAMS, COACTIVE, LMT, TEDS-M, CVA등이 있다. 모두 psychometric testing의 방법으로 증명된 평가 도구들이다. 각 평가 문항들이 대상으로 하는 바는 모두 다른데, 예를 들어 COACTIVE는 중등학교 교사, DTAMS와 LMT는 초등학교와 중학교 교사를 대상으로 하는 평가 문항이다. 본 연구는 LMT를 사용하였는데, 본 연구의 이론적 틀인 mathematical knowledge for teaching을 측정하기 위한 대표적인 평가 도구이기 때문이다. 본 연구의 분석은 교사들의 LMT 점수와 그들의 배경과 관련하는 분석이 없는 것 같다는 아이디어에서 시작했다. 더욱이 LMT 문항 점수는 item response theory로 분석하는 것이 통상적인 분석 방법이었는데, regression models for categorical variables방법으로도 가능할 것인지 궁금해서 시도해 본 결과 여러 문항에서 통계적으로 유의미한 결과를 발견하였다. 물론, hierarchical linear model을 이용한 분석 연구도 더러 있기는 하다. 중요한 점은 적절한 평가 도구를 이용한다면 다양한 통계적 분석으로 여러 가지 타당한 결과 및 주장을 이끌 수 있다는 것이다. 또한 본 연구에서 사용한 데이터는 통계연구 전문가가 이미 missing data 등의 문제를 이미 깔끔하게 해결하였기 때문에 분석에 애로사항이 없었지만, 대개의 경우 통계적 분석 방법을 이용한다면 이러한 문제를 어떻게 처리하는가도 분석과정에서 난제일 수 있다는 점을 밝히고 싶다.

참고문헌

Ball, D. L., Thames, M. H., & Phelps, G. (2008). Content knowledge for teaching: What makes it special? *Journal of Teacher Education*, 59(5), 389-407.

Cohen, D. K. (2011). *Teaching and its predicaments*. Cambridge, MA: Harvard University Press.

Kim, Y. (2013). Mathematical knowledge for teaching and teachers' backgrounds: A study of U. S. teachers. *School Mathematics, 15*(3), 533-550.

Kim, Y., & Thames, M. (2014, April). *Using ideas about mathematical knowledge distinctive for teaching to address problems of practice: A review of empirical research*. Paper presented at the annual meeting of the American Educational Research Association, Philadelphia, PA,

OECD. (2013). *Education at a glance 2013: OECD indicators.* Paris, France: OECD Publishing.

Schilling, S. G. (2007). The role of psychometric modeling in test validation: An application of multidimensional item response theory. *Measurement*, 5(2-3), 93-106.

Whitcomb, J., Borko, H., & Liston, D. (2009). Growing talent: Promising professional development models and practices. *Journal of Teacher Education, 60*(3), 207-212.

대한수학교육학회지 <학교수학> 제 15 권 제 3 호
Journal of Korea Society Educational Studies in Mathematics
School Mathematics Vol. 15, No. 3, 533 ~ 550. Sep 2013

Mathematical Knowledge for Teaching and Teachers' Backgrounds: A study of U.S. Teachers

Yeon Kim*

Teachers' mathematical knowledge for teaching (MKT) strongly influence student achievement (Hill, Rowan, & Ball, 2005). However, there is generally no record that shows the levels of teachers' MKT in schools and districts. Because of the limited resources, schools and districts need some criteria to decide how to distribute their resources to help teachers improve MKT. This study explores what factors in teachers' backgrounds are related to their levels of MKT. This article examines the relationships between the MKT of 336 elementary teachers and their demographic, educational, and teaching backgrounds. To measure MKT, I used a series of multiple-choice problems. The number of years teaching mathematics is not critical to these measures. Implications are discussed with regard to policy for mathematics teacher education.

I. Introduction

Over twenty years ago, the National Commission on Teaching and America's Future (1996) strongly advocated supporting excellent teachers in order to improve U.S. schools based on the belief that what teachers know and can do is the most important influence on what students learn. Interest in how teacher resource and school affect student achievement has focused on teacher quality and qualifications. The issues related to teacher qualifications were expanded after the federal No Child Left Behind (NCLB) Act of 2001, which required highly qualified teachers. This means teachers must have a bachelor's degree, be licensed by the state to teach in their particular subject(s), and demonstrate core competencies in the subjects in which they teach. A different argument is that the paper qualifications are not enough indicators of at least one key teacher resource, content knowledge for teaching. For example, in teaching mathematics, teachers need to know and use mathematics in ways useful for helping students have a sense of mathematics as well as selecting appropriate mathematical questions and influential ways of representing the subject so that students can easily understand (Ball, Thames, & Phelps, 2008). A variety of research indicates that teachers' knowledge affects students' opportunities to learn mathematics and their achievement (Baumert et al., 2010; Hill et

* University of Michigan (kimyeon@umich.edu)

al., 2005; Rockoff, Jacob, Kane, & Staiger, 2011). However, generally, there are no school or district records that show the levels of teachers' content knowledge for teaching. However, because of the limited resources that schools and districts have, they need criteria to decide which teachers they will support to improve teachers' content knowledge for teaching, such as opportunities to participate in professional development. Districts generally have information about teachers, such as their gender, ethnicity, teaching experience, and a teaching credential. Schools might have more information such as the teachers' attitude toward teaching mathematics or number of courses that they took. By using this information, I explore what factors are really critical to decide which teachers are expected to obtain more resources than other teachers in order to improve their mathematical knowledge for teaching (MKT). In particular, this research investigates whether there are relationships between the teachers' MKT and each of the following factors: gender, ethnicity, having a credential, teachers' attitude toward teaching mathematics, the number of years teaching mathematics, teaching all subjects, the number of mathematics classes and the number of methods-of-teaching mathematics classes. If so, to what extent do these factors contribute to the teachers' MKT?

I review the literature on MKT and then turn to results from an examination of teacher knowledge and their backgrounds. On the basis of research linking credentials and student achievement and the policy logic of NCLB, it is generally expected that more experienced teachers who have a bachelor's or higher degree in mathematics and have a regular teaching credential or a mathematics credential would be more likely to use conceptual goals and strategies in the classroom than their newer colleagues without a degree in mathematics and without certification. I investigate whether this expectation works well.

II. Theoretical Backgrounds

After Shulman (1986) identified *pedagogical content knowledge* as a special domain of teacher knowledge that intertwines aspects of teaching and learning with content from subject matter knowledge, a variety of research has been conducted. For the past decades, researchers at the University of Michigan have been developing a theory that elementary school teachers need to know mathematics for teaching. As Ball, Thames, and Phelps (2008) claim, although simply knowing mathematics for oneself means being able to calculate 307 – 168, for example, teaching a simple subtraction computation involves not only carrying out this computation but also analyzing students' responses, both correct and incorrect, interpreting students' imprecise mathematical language, and bringing errors to the surface for specific pedagogical purposes. They define MKT to be the mathematical knowledge, skill, and habits of mind entailed by the work of teaching. Hill, Schilling and Ball (2004) assert that elementary teachers' MKT is multidimensional, and includes knowledge of various mathematical topics (e.g., number and operations, algebra) and domains (e.g., knowledge of content; knowledge of students and content). Moreover, Hill, Rowan and Ball (2005) claim that teachers' MKT is significantly related to student achievement gains.

It is, however, very rare to study MKT in terms of policy. The exception is the study by Hill and Lubienski (2007), who find that teachers in schools with higher proportions of low-SES and Hispanic students performed more poorly on these measures than did teachers from other schools. Their study reports the inequitable distribution of teachers in the system, but does not make suggestions about how to support teachers in terms of MKT. As a next step, this study explores the factors and the extent to which each factor contributes to MKT.

III. Methodology

1. Data and Variables

Learning Mathematics for Teaching (LMT) items are the assessment items that reflect real mathematics tasks teachers face in classrooms (e.g., assessing student work, representing numbers and operations, and explaining common mathematical rules or procedures). Finally, LMT items are the assessment tool for MKT. There are two forms in the 2007 Internal Document; Rational Number and Proportional Reasoning. Data related to Rational Number is used in this research. This form consists of three parts: Mathematics (74 items); Background and Teaching (11 items); and Views (6 items). The mathematics section is about assessment for MKT (74 items). The background and teaching section is about teaching experience (5 items), scholarship (2 items), certification (2 items), ethnicity (1 item), and gender (1 item). The views section is about attitude toward teaching mathematics (3 items) and attitude toward mathematics knowledge (3 items).

The LMT dataset is nationally representative of elementary schools samples for mail-in surveys, using stratified probability proportional to size sampling during the 2006-2007 academic year. The target population for the elementary school sample was all currently operating public schools in the fifty U.S. states and the District of Columbia that had at least ten students in 3rd and 4th grades. The frame was stratified by geographic region, according to the U.S. Census Bureau regions, and by urbanicity, according to a locale code which is assigned by the U.S. Census Bureau based on geographic location and population attributes. Initial samples of 840 elementary schools were drawn, in which the sample sizes were allocated to each stratum using a proportionate allocation. Within each stratum, schools were selected using systematic probability proportional to size sampling. The measure of size used for the elementary school sample was the total number of students in grades 3, 4 and 5. Finally, the data used for this study regarded Rational Number items for elementary school teachers. After checking the missing values, the number of participants in this study was 336.

The variables used in the models here are described in <Table III-1>, and descriptive statistics are presented in <Table III-2>. The dependent variable in this study is a discrete variable indicating whether a teacher correctly answered each item or not. Independent variables hypothesized to affect the probability that teachers

<Table III-1> Definitions of the Variables

Variable	Description
Female	1 if female, 0 if male
White	1 if Caucasian, 0 otherwise (reference group)
Mathematics credential	1 if the teacher has the credential to teach mathematics, 0 otherwise
Teaching years	Number of years teaching mathematics
Attitude toward teaching mathematics	1 if strongly disagree, 2 if disagree, 3 if neutral, 4 if agree, 5 if strongly agree about "I enjoy teaching mathematics" statement
Teaching all subjects	1 if the teacher taught all subjects, 0 otherwise
Mathematics classes	Number of undergraduate or graduate-level mathematics classes that the teacher took (0: no classes, 1: 1-2 classes, 2: 3-5 classes, 3: 6 or more classes)
Methods-of-teaching-mathematics classes	Number of undergraduate or graduate-level methods-of-teaching-mathematics classes that the teacher took (0: no classes, 1: 1-2 classes, 2: 3-5 classes, 3: 6 or more classes)

<Table III-2> Descriptive Statistics

Variable	%	Mean	SD	Min.	Max.
Female	78.87		.4088		
White	86.61		.3411		
Mathematics credential	39.88		.4904		
Teaching years		12.6786	9.4093	0	45
Teaching all subjects	37.50		.4848		
Attitude toward teaching mathematics		4.4970	.8393	1	5
Mathematics classes		1.9832	.9089	0	3
Methods-of-teaching-mathematics classes		1.2679	.7878	0	3

correctly answered each item include demographic factors such as gender and ethnicity, having a credential to teach mathematics, the number of years to teach mathematics, teaching all subjects, the number of undergraduate or graduate-level mathematics classes, and the number of undergraduate or graduate-level methods-of-teaching-mathematics classes.

2. Choosing items

The linear regression analysis could be used in the analysis of this data (see [Appendix 1].) This analysis model explains 39% of the variance in total scores. However, it is statistically more efficient and valuable to focus on the response of the most discriminated items based on the Item Discrimination Index (Johnson, 1951), which measures the extent to which item responses can discriminate between individuals who have a high score on the test and those that get a low score. This is calculated for each response.[1] Using discrimination index (see <Table III-3>), I chose the greatest five items which are different among

1) The formula for the item discrimination index is $D.I. = \frac{R_U - R_L}{f}$. R_U and R_L indicate the response frequency of the upper and lower groups who pass the item, and f is the numbers of respondents in the upper group. Generally, 27% is used to divide the upper and lower groups. In this case, f is equal to 0.27×number of total respondents.

the respondents; 20a 32, 25, 29c and 6.

<Table III-3> Discrimination Index

Item	Discrimination Index
20a	0.8377
20d	0.7496
32	0.7496
20f	0.7165
25	0.7165
29c	0.6834
20e	0.6724
6	0.6614
20c	0.6614

3. Model Specification

Due to the dichotomous nature (correctness/incorrectness) of the outcome variables, a logistic regression model is theoretically more appropriate (Dey & Astin, 1993; Hanushek & Jackson, 1977; Long, 1997). The base logistic regression model used is specified as

$$\log\frac{P_i}{1-P_i}=\alpha+\beta_i X_i+\gamma_i Y_i+\delta_i Z_i+\zeta_i W_i+\epsilon_i \quad (1)$$

where Pi is the probability that teacher i will correctly answer the item; Xi is a vector of demographic characteristics, such as gender and ethnicity; Yi is a variable indicating whether a teacher has a credential to teach mathematics; Zi is a variable indicating a teacher's attitude about teaching mathematics; Wi is a vector of teaching experience such as the number of years a teacher has taught mathematics and whether a teacher teach all subjects; α, βi, γi, δi, and ξi are estimated coefficients; and εi represents a random error term that is logistically distributed. The dependent variable is the logarithm of the odds that a particular teacher will correctly answer each item. The model is estimated using maximum likelihood estimation. In order to examine the effects of demographic characteristics, a credential to teach mathematics, attitude for teaching mathematics, and teaching experience on what factors influence on MKT, this model is used in this study.

Also, prior educational characteristics such as the number of undergraduate or graduate-level mathematics classes that the teacher took or the number of undergraduate or graduate-level methods-of-teaching-mathematics classes that the teacher took can be variables to affect the probability that a teacher correctly answers items. Since these two variables might be collinear, each factor is added into the prior model. For investigating the effect of the number of mathematics classes that a teacher took at the undergraduate or graduate-level, only this variable is added to the base model;

$$\log\frac{P_i}{1-P_i}=\alpha+\beta_i X_i+\gamma_i Y_i+\delta_i Z_i+\zeta_i W_i+\eta_i U_i+\epsilon_i \quad (2)$$

Ui is a variable indicating the number of mathematics classes that teachers took; and ηi is the estimated coefficient. In this model, only the factor of the number of mathematics classes taken is analyzed to determine how it affects whether that teachers correctly answer each item.

For investigating the effect of the number of methods-of-teaching-mathematics classes that a teacher took in undergraduate or graduate level, only this variable is combined in the base model;

$$\log\frac{P_i}{1-P_i}=\alpha+\beta_i X_i+\gamma_i Y_i+\delta_i Z_i+\zeta_i W_i+\theta_i U_i+\epsilon_i \quad (3)$$

Vi is a variable indicating the number of methods-of-teaching-mathematics classes taken; and θi is the estimated coefficient. In this model, only factor of the number of methods-of-teaching-mathematics classes taken is analyzed to determine how it affects that teachers correctly answer in each item.

IV. Results

[Appendix 2] presents the results of (1), (2) and (3) logistic regression analysis used in this research. The results of each factor are as follows.

1. Model of fit

<Table IV-1> indicates the area under the ROC curve in each logistic regression model. The better the model does at predicting, the greater the area will be under the ROC curve bounded by the diagonal. Since all areas are more than 0.7, all models are fair.[2)]

<Table IV-1> Area under the ROC curve

	model		
item	(1)	(2)	(3)
20a	0.7362	0.7436	0.7397
32	0.7468	0.7739	0.7596
25	0.7488	0.7528	0.7484
29c	0.6838	0.6855	0.7049
6	0.7392	0.7414	0.7401

2. Gender and Ethnicity

<Table IV-2> displays the results of analysis of the five chosen items by gender and ethnicity in the base logistic model. Being female is not statistically significant except for one item (29c), whereas being white is highly significant except for one item (29c), holding all other variables constant. Therefore, gender and being white are complementary to influence the probability that teachers correctly answer in each item. Specifically, compared to male teachers, the odds that female teachers correctly answer decrease by a factor of 0.55 in item 29c, holding all other variables constant. The odds of white teachers

<Table IV-2> Logistic Regression Analysis by Gender and Ethnicity

	Female			White		
Item	Odds Ratio	S.E.	Sig.	Odds Ratio	S.E.	Sig.
20a	.6310	.1859		2.2760	.8452	*
32	.8842	.2665		3.6626	1.5357	**
25	.7144	.2191		2.8582	1.0312	**
29c	.5472	.1606	*	1.1324	.3829	
6	1.0467	.3172		5.4508	2.0229	**

Note: *p<.05. **p<.01.

2) Metrics for measure of area under ROC
- .90 ~ 1.00 : Excellent (A)
- .80 ~ .90 : Good (B)
- .70 ~ .80 : Fair (C)
- .60 ~ .70 : Poor (D)
- .50 ~ .60 : Fail (F)

correctly answering compared to non-white teachers are the greatest among all factors. They are about 128% in item 20a and 445% in item 6 higher than the odds for non-white teachers, holding all other variables constant. Therefore, a teacher's ethnicity rather than gender is a critical factor when school resources are distributed for teachers' development of MKT.

3. Credential for Teaching Mathematics and Attitude toward Teaching Mathematics

<Table IV-3> presents the results of the analysis of the five chosen items by a credential for teaching mathematics and attitude toward teaching mathematics in the base logistic model. All results are statistically significant except for having a credential teaching mathematics in item 29c and attitude toward teaching mathematics in item 32, which have *p*-value of 0.1. If teachers have credentials to teach mathematics, the odds of them correctly answering increase by a factor of 2.14 in item 6 and a factor of 4.96 in item 32, compared to teachers who do not, holding all other variables constant.

On the other hand, for a one-point increase in attitude toward teaching mathematics, the odds of teachers correctly answering increase by a factor of 1.43 in item 20a and by a factor of 1.62 in item 25, holding all other variables constant. The extent that teacher's positive attitude toward teaching mathematics is substantial in the probability that teacher correctly answer for many items.

[Figure IV-1] indicates the results of the simulation of how probabilities that teachers correctly answer vary over the range of values of attitude toward teaching mathematics between teachers who do not have credentials to teach mathematics and the other teachers who do when other variables are at their mean. Whether or not teachers have credentials to teach mathematics, the change of the probabilities is similar, that is, increasing the probabilities as the values of attitude toward teaching mathematics increase. However, the two plots have different patterns. The probabilities that teachers having credentials to teach mathematics correctly answer the five chosen items are greater than the probabilities of teachers not having credentials, in each value of attitude toward teaching mathematics. Nevertheless, the probabilities that teachers correctly answer without credentials to teach mathematics who strongly enjoy teaching mathematics are commonly greater than the probabilities that teachers correctly answer with credentials to teach mathematics who strongly

<Table IV-3> Logistic Regression Analysis by Credential for Teaching Mathematics and Attitude toward Teaching Mathematics

	Mathematics credential			Attitude toward teaching mathematics		
Item	Odds Ratio	S.E.	Sig.	Odds Ratio	S.E.	Sig.
20a	3.4507	1.0361	**	1.4329	.2386	**
32	4.9629	1.5552	**	1.3312	.2319	
25	2.8249	.8734	**	1.6169	.2544	**
29c	1.1324	.4825		1.4589	.2198	**
6	2.1430	.6778	*	1.5042	.2265	**

Note: *p<.05. **p<.01.

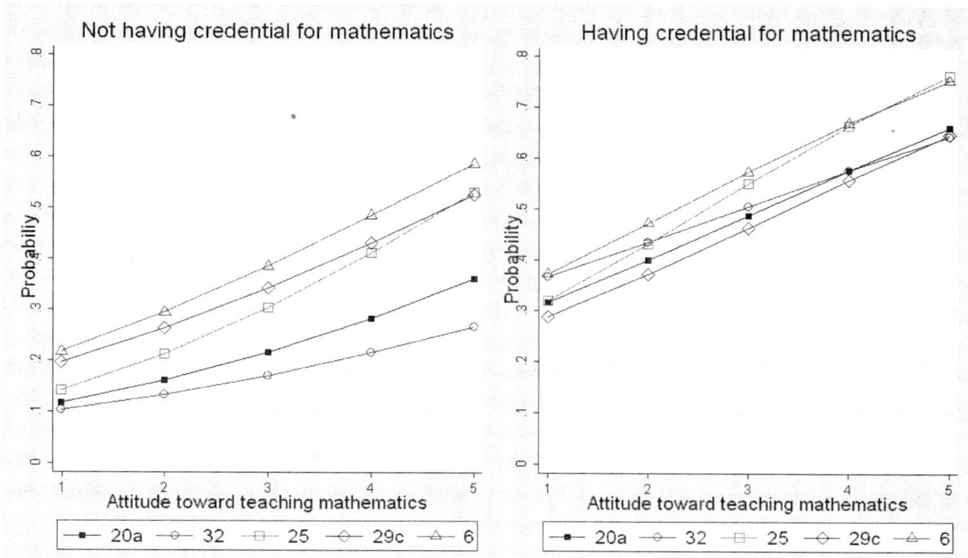

[Figure IV-1] Probability that Teachers Correctly Answer by Credential for Teaching Mathematics and Attitude toward Teaching Mathematics

do not enjoy teaching mathematics in four items.

The slopes of the plot for teachers' having credentials to teach mathematics are consistent over the range of values of attitude toward teaching mathematics. However, the slopes of the plot for teachers' not having credentials become greater as values of attitude toward teaching mathematics increase, and the changes of slopes are different for each item. Therefore, if teachers do not have credentials to teach mathematics, the differences among all properties in each value of attitude toward teaching mathematics becomes greater as the values of attitude toward teaching mathematics increase. When teachers do, the differences among all properties in each value of attitude toward teaching mathematics are more consistent as the values of attitude toward teaching mathematics increase than when teachers do not.

Also, even though the slopes of the left plot become greater, the gap of probabilities between when teachers do not have credentials to teach mathematics and when teachers have them becomes greater as the values of the attitude toward teaching mathematics increases because the slopes of the right plot are greater than of the left plot. For example, in item 20a, when teachers strongly disagree with "I enjoy teaching mathematics," the differences of probabilities are 0.2 between teachers who do not have credentials to teach mathematics (about 0.1) and teachers who do (about 0.3). However, when teachers strongly agree with "I enjoy teaching mathematics," the differences of probabilities are 0.3 between teachers who do not have credentials to teach mathematics (about 0.4) and teachers who do (about 0.7). In summary, having a credential to teach mathematics and a teacher's attitude to teach mathematics are critical to these measures.

<Table IV-4> Logistic Regression Analysis by Number of Years Teaching Mathematics and Teaching All Subjects

	Number of Years to Teach Mathematics			Teaching All Subjects		
Item	Odds Ratio	S.E.	Sig.	Odds Ratio	S.E.	Sig.
20a	1.0235	.0134		.7904	.2399	
32	1.0144	.0136		.9797	.3163	
25	.9901	.0130		.6040	.1760	
29c	1.0211	.0130		1.4589	.2198	**
6	1.0155	.0134		.6411	.1885	

Note: *p<.05. **p<.01.

Therefore, schools or districts need to support teachers who do not have a credential to teach mathematics and are not confident about teaching mathematics.

4. Number of Years Teaching Mathematics and Teaching All Subjects

<Table IV-4> indicates the results of the analysis of the five chosen items by the number of years teaching mathematics and whether the teacher teaches all subjects. The number of years teaching mathematics is not statistically significant in all items, and the odds ratios of all items are similar to 1. Whether a teacher taught all subjects is not statistically significant to be correct in all items except for one (29c), where the odds of teachers who teach all subjects correctly answering are about 46% higher than the odds of teachers who do not correctly answering, holding all other variables constant. Without this item, all odds of teachers correctly answering are smaller than 1, holding all other variables constant. In summary, the number of years of teaching mathematics and whether a teacher teaches all subjects are not critical to these measures; thus, they are not significant factors when school or district resources are distributed for teachers' learning opportunities.

5. Number of Mathematics Classes Taken and Number of Methods-of-Teaching-Mathematics Classes Taken

<Table IV-5> indicates the results of the analysis of the five chosen items by the number of undergraduate or graduate-level mathematics

<Table IV-5> Logistic Regression Analysis by the Number of Mathematics Classes Taken and the Number of Methods-of-Teaching-Mathematics Classes Taken

	Number of mathematics classes taken			Number of methods-of-teaching-mathematics classes taken		
Item	Odds Ratio	S.E.	Sig.	Odds Ratio	S.E.	Sig.
20a	1.4453	.2386	*	1.4018	.2297	*
32	1.8672	.3346	**	1.5607	.2626	**
25	1.4343	.2322	*	1.0078	.1678	
29c	1.1331	.1777		1.6683	.2757	**
6	1.2469	.2028		1.2172	.2065	

Note: *p<.05. **p<.01.

classes that the teacher in the (2) logistic model took and the number of undergraduate or graduate-level methods-of-teaching-mathematics classes that the teacher took in the (3) logistic model.

For a one-unit increase in the number of mathematics classes taken, the odds of teachers correctly answering increase 43% in item 25 and 87% in item 32, holding all other variables constant. For a one-unit increase in the number of methods-of-teaching-mathematics classes taken, the odds of teachers correctly answering increase 40% in item 20a and 67% in item 29c, holding all other variables constant. Even though the number of mathematics classes taken and the number of methods-of-teaching-mathematics classes taken are not statistically significant in all items, these two factors are substantially positive because all odds ratios are greater than 1.

The numbers of undergraduate or graduate-level mathematics classes and methods-of-teaching-mathematics classes that the teacher took has an affirmative effect on MKT. However, this does not mean that the more mathematics classes teachers take, the better MKT teachers have because the number of mathematics classes is not statistically significant among all five chosen items. Regarding general mathematics courses, Begle (1979) and Monk (1994) indicate that there is a weak relationship between the courses taken by teachers and their students' performances on standardized examinations. Rather, the different effects between the number of mathematics classes taken and the number of methods-of-teaching-mathematics classes taken could be one of the specific examples to indicate that MKT is multidimensional, and include knowledge of various mathematical topics such as number and operation, geometry, and algebra and domains such as knowledge of students and content and specialized content knowledge. Hence, both of these two factors are necessary to be considered together.

V. Discussion and Conclusions

Based on the research results that teachers' MKT is significantly related to student achievement gains (Hill et al., 2005), this paper explores various factors and the extent to which each factor contributes to the teachers' MKT. In summary, for a more effective in-service education for elementary school teachers, the policy initiative needs to investigate teachers' ethnicity, whether teachers have credentials to teach mathematics, and the number of undergraduate or graduate-level mathematics classes and method-of-teaching-mathematics classes. Given the limited resources to support teachers by providing additional educational opportunities, non-white teachers and teachers who do not have credentials to teach mathematics should have a priority. Also, it is necessary to motivate teachers who are not confident to teach mathematics and lack mathematics classes or method-of-teaching mathematics classes in undergraduate or graduate-level to participate in additional education related to MKT. Among the factors that this study investigated, the issues related to credential to teach mathematics and teaching experiences are discussed here.

Having a credential to teach mathematics is one of the most significant factors to influence MKT. This means that the credential to teach mathematics can provide one of the available rough indices to explain whether a teacher has MKT. It also validates that one of the requirements of NCLB, teacher certification, is critical. Therefore, it is expected that schools or districts support teachers who do not have credentials to provide more opportunities for developing their MKT than other teachers. However, it seems important to emphasize that the current research does not validate that all teachers who have a credential to teach mathematics have enough MKT to teach mathematics to teachers because there are debates about the extent to which such qualifications lead to better student achievement (Greenwald, Hedges, & Laine, 1996; Hanushek, 1996). Furthermore, this result should not be interpreted as placing more value on alternative certifications, such as Teach For America, rather than teacher education programs. In fact, there are approved teacher education institutions that offer teacher certification for their home states, such as the University of Michigan, the University Pittsburgh, etc. Both the teachers who graduate from teacher education programs that do not offer teacher certifications, and anyone who wants to obtain a teacher certification, take examinations for a teaching credential. The issue is here the improvements of both teacher education and the standard of a credential: overall improvement of the quality of educational opportunities that teachers have, and a high quality credential that people can obtain if they complete a high quality teacher education. If the quality of teacher education is not enough to help teachers get a credential, each teacher will spend other resources to achieve their credentials. If the quality of a credential or a passing grade is low, a credential would not work well. At least, the result of the analysis related to having a credential emphasizes educational opportunities for teachers, the qualities of the teacher education, and the quality of a credential.

Furthermore, contrary to the general belief that teachers who have taught mathematics for a long time have a full knowledge of teaching mathematics, the number of years teaching mathematics is not statistically significant in this study. Therefore, it would be an incorrect opinion that teachers who have a long experiences in teaching mathematics would have better MKT than teachers who have short experiences teaching mathematics. Moreover, schools or districts do not need to consider teaching experience as a factor for a distribution of the resources for developing teachers' MKT. Fundamentally, this result refutes the assumption accepted by the public in the U.S.: teaching can be learned by doing in classrooms without any education. Moreover, this analysis initiates generic questions: what can be learned in teaching experiences and where can MKT be learned? Rockoff (2004) finds that teaching experience significantly influences students' reading comprehension, but teaching experience is not statistically related to student mathematics achievement. Because the current study used limited data, it is hard to make general assertions, but it seems reliable that having a long teaching experience might not be a way that teachers can improve their MKT. Moreover, specifica educational opportunities, such as professional development or teacher education, would help teachers improve their MKT, as Smith, Desimore, and Ueno (2005) highlight preparedness to teach mathematics content and participation in professional developments.

Although this research used and analyzed data about teachers from the U.S., it provides important implication in South Korea in terms of education for teachers. There is no specific research on South Korean teachers' MKT, but it is know that they have a strong foundation in mathematics content knowledge (Leung & Park, 2002; Li, Ma, & Pang, 2008). However, it is still critical to decide which teachers need more support to improve their MKT in South Korea. Unlike the U.S., South Korea does not have issues related to teacher credentials. Generally, in South Korea, people with beginning teacher certification can be hired, and teachers after five years of teaching experience are required to have approximately one hundred professional development hours to have an advanced teacher certification. These requirements are based on the educational policy for teacher quality, but this type of systemic support for U.S. teachers is rare. However, in the U.S. as well as South Korea, the quality of the teacher education with regard to MKT has not been studied. The more critical issue is that teachers in the U.S. and South Korea with many years of teaching experience are not required to take any professional development. As previously specified, having many years of experience in teaching mathematics does not help improve a teacher's MKT. Moreover, without useful feedback, most teachers' performances plateau (The Gates Foundation, 2010), or may decrease. Schools and districts in South Korea need to encourage teachers and distribute their resources to teachers so that they make a constant effort to improve their knowledge for teaching. Continuous support for teachers to have educational opportunities to improve their MKT would improve teacher quality and, finally, the quality of school education.

VI. Limitations

The U.S. Department of Labor reports that the number of elementary school teachers, excluding special education, was about 1,538,030 in 2007. Hence, the number of participants in this study is very small even though the data used in this study has a frame stratified by geographic region and urbanicity according to the U.S. Census Bureau. To find more valid results, gathering more participants will be necessary.

Furthermore, as mentioned previously, the data used in this research is based on the frame stratified by geographic region, according to the U.S. Census Bureau regions, and by urbanicity, according to a locale code which is assigned by the U.S. Census Bureau based on geographic location and population attributes. Therefore, since the data is not randomized, it is necessary to be careful to generalize the results of this research.

Reference

Ball, D. L., Thames, M. H., & Phelps, G. (2008). Content knowledge for teaching: What makes it special? *Journal of Teacher Education, 59*(5), 389-407.

Baumert, J., Kunter, M., Werner, B., Brunner, M., Voss, T., Jordan, A., . . . Tsai, Y. (2010). Teachers' mathematical knowledge, cognitive activation in the classroom, and student progress. *American Educational Research Journal, 47*(1), 133-180.

Begle, E. G. (1979). *Critical variables in mathematics education: Findings from a survey of the empirical literature*. Washington, DC.: Mathematical Association of America and National Council of Teachers of Mathematics.

Darling-Hammond, L. (1996). *What matters most: Teaching for America's future*. New York: National Commission on Teaching and America's Future.

Dey, E. L., & Astin, A. W. (1993). Statistical alternatives for studying college student retention: A comparative analysis of logit, probit, and linear regression. *Research in Higher Education, 34*(5), 569-581.

Greenwald, R., Hedges, L., & Laine, R. (1996). The effect of school resources on school achievement. *Review of Educational Research, 66*, 361-396.

Hanushek, E. A. (1996). A more complete picture of school resource policies. *Review of Educational Research, 66*, 397-409.

Hanushek, E. A., & Jackson, J. E. (1977). *Statistical methods for social scientists*. San Diego, CA: Academic Press.

Hill, H. C., & Lubienski, S. T. (2007). Teachers' mathematics knowledge for teaching and school context: A study of california teachers. *Educational Policy, 21*(5), 747-768.

Hill, H. C., Rowan, B., & Ball, D. L. (2005). Effects of teachers' mathematical knowledge for teaching on student achievement. *American Educational Research Journal, 42*(2), 371-406.

Hill, H. C., Schilling, S. G., & Ball, D. L. (2004). Developing measures of teachers' mathematics knowledge for teaching. *The Elementary School Journal, 105*(1), 11-30.

Johnson, A. P. (1951). Notes on a suggested index of item validity: The UL Index. *Journal of Educational Psychology, 42*(8), 499-504.

Leung, F. K. S., & Park, K. M. (2002). Competent students, competent teachers? *International Journal of Educational Research, 37*(2), 113-129.

Li, Y., Ma, Y., & Pang, J. S. (2008). Mathematical preparation of prospective elementary teachers. In P. Sullivan & T. Wood (Eds.), *The international handbook of mathematics teacher education: Knowledge and beliefs in mathematics teaching and teaching development* (Vol. 1, pp. 37-62). Rotterdam, The Netherlands: Sense.

Long, J. S. (1997). *Regression models for categorical and limited dependent variables*. London: Sage Publications.

Monk, D. H. (1994). Subject area preparation of secondary mathematics and science teachers and student achievement. *Economics of Education Review, 13*(2), 125-145.

Rockoff, J. E. (2004). The impact of individual teachers on student achievement: Evidence from panel data. *The American Economic Review, 94*(2), 247-252.

Rockoff, J. E., Jacob, B. A., Kane, T. J., & Staiger, D. O. (2011). Can you recognize an effective teacher when you recruit one? *Education Finance and Policy, 6*(1), 43-74.

Shulman, L.S . (1986). Those who can understand: Knowledge growth in teaching. *Educational Research, 15*(2), 4-14.

Smith, T. M., Desimone, L. M., & Ueno, K. (2005). "Highly qualified" to do what? The relationship between NCLB teacher quality mandates and the use of reform-oriented instruction in middle school mathematics. *Educational Evaluation and Policy Analysis, 27*(1), 75-109.

The Gates Foundation, (2010). *Effective teaching: Working with teachers to develop fair and reliable measures.* Seattle, WA: Bill & Melinda Gates Foundation.

[Appendix 1] The results of the linear regression analysis

Variable	Coefficient	Sig.
Constant	16.6134	**
Female	-2.6750	*
White	7.0843	**
Mathematics credential	7.7276	**
Teaching years	.1888	**
Teaching all subjects	-1.3720	
Attitude toward teaching mathematics	3.0025	**
Mathematics classes	1.7223	*
Methods-of-teaching-mathematics classes	1.5416	*
R^2	0.3949	**

Note: *p<.05. **p<.01.

[Appendix 2] The results of the (1), (2) and (3) logistic regression analysis

<TABLE 1> Estimating the Probability of Correctness in (1) logistic regression model: 20a

Variable	Odds Ratio	S.E.	Sig.
Female	.6310	.1859	
White	2.2760	.8452	*
Mathematics credential	3.4507	1.0361	**
Teaching years	1.0235	.0134	
Teaching all subjects	.7904	.2399	
Attitude toward teaching mathematics	1.4329	.2386	**

Note: *p<.05. **p<.01.

<TABLE 2> Estimating the Probability of Correctness in (1) logistic regression model: 32

Variable	Odds Ratio	S.E.	Sig.
Female	.8842	.2665	
White	3.6626	1.5357	**
Mathematics credential	4.9629	1.5552	**
Teaching years	1.0144	.0136	
Teaching all subjects	.9797	.3163	
Attitude toward teaching mathematics	1.3312	.2319	

Note: *p<.05. **p<.01.

<TABLE 3> Estimating the Probability of Correctness in (1) logistic regression model: 25

Variable	Odds Ratio	S.E.	Sig.
Female	.7144	.2191	
White	2.8582	1.0312	**
Mathematics credential	2.8249	.8734	**
Teaching years	.9901	.0130	
Teaching all subjects	.6040	.1760	
Attitude toward teaching mathematics	1.6169	.2544	**

Note: *p<.05. **p<.01.

<TABLE 4> Estimating the Probability of Correctness in (1) logistic regression model: 29c

Variable	Odds Ratio	S.E.	Sig.
Female	.5472	.1606	*
White	1.1324	.3829	
Mathematics credential	1.1324	.4825	
Teaching years	1.0211	.0130	
Teaching all subjects	.6746	.1933	
Attitude toward teaching mathematics	1.4589	.2198	**

Note: *p<.05. **p<.01.

<TABLE 5> Estimating the Probability of Correctness in (1) logistic regression model: 6

Variable	Odds Ratio	S.E.	Sig.
Female	1.0467	.3172	
White	5.4508	2.0229	**
Mathematics credential	2.1430	.6778	*
Teaching years	1.0155	.0134	
Teaching all subjects	.6411	.1885	
Attitude toward teaching mathematics	1.5042	.2265	**

Note: *p<.05. **p<.01.

<TABLE 6> Estimating the Probability of Correctness in (2) logistic regression model: 20a

Variable	Odds Ratio	S.E.	Sig.
Mathematics classes	1.4453	.2386	*

Note: *p<.05. **p<.01.

<TABLE 7> Estimating the Probability of Correctness in (2) logistic regression model: 32

Variable	Odds Ratio	S.E.	Sig.
Mathematics classes	1.8672	.3346	**

Note: *p<.05. **p<.01.

<TABLE 8> Estimating the Probability of Correctness in (2) logistic regression model: 25

Variable	Odds Ratio	S.E.	Sig.
Mathematics classes	1.4343	.2322	*

Note: *p<.05. **p<.01.

<TABLE 9> Estimating the Probability of Correctness in (2) logistic regression model: 29c

Variable	Odds Ratio	S.E.	Sig.
Mathematics classes	1.1331	.1777	

Note: *p<.05. **p<.01.

<TABLE 10> Estimating the Probability of Correctness in (2) logistic regression model: 6

Variable	Odds Ratio	S.E.	Sig.
Mathematics classes	1.2469	.2028	

Note: *p<.05. **p<.01.

<TABLE 11> Estimating the Probability of Correctness in (3) logistic regression model: 20a

Variable	Odds Ratio	S.E.	Sig.
Methods-of-teaching-mathematics classes	1.4018	.2297	*

Note: *p<.05. **p<.01.

<TABLE 12> Estimating the Probability of Correctness in (3) logistic regression model: 32

Variable	Odds Ratio	S.E.	Sig.
Methods-of-teaching-mathematics classes	1.5607	.2626	**

Note: *p<.05. **p<.01.

<TABLE 13> Estimating the Probability of Correctness in (3) logistic regression model: 25

Variable	Odds Ratio	S.E.	Sig.
Methods-of-teaching-mathematics classes	1.0078	.1678	

Note: *p<.05. **p<.01.

<TABLE 14> Estimating the Probability of Correctness in (3) logistic regression model: 29c

Variable	Odds Ratio	S.E.	Sig.
Methods-of-teaching-mathematics classes	1.6683	.2757	**

Note: *p<.05. **p<.01.

<TABLE 15> Estimating the Probability of Correctness in (3) logistic regression model: 6

Variable	Odds Ratio	S.E.	Sig.
Methods-of-teaching-mathematics classes	1.2172	.2065	

Note: *p<.05. **p<.01.

08 『수학과 수업 운영의 숨겨진 규칙으로서의 교수학적 계약』에 관한 해설

박 교 식(경인교육대학교)*

수학과 수업에서 자주 나타나는 특징적인 현상을 체계적으로 설명해 주는 이론이 있다면, 그 이론에 바탕을 두어 수업을 통제하고 또한 수업을 분석하는 것이 가능하다. 그동안 이와 같은 이론을 만들고자 하는 시도가 적지 않았고, 실제로 그러한 시도는 수학교육학의 중요한 연구 분야 중의 하나이다. 이러한 이론을 만들기 위해서는 먼저 충실하고 세밀한 관찰을 통해 수학과 수업에서 일어나는 특징적인 현상을 찾지 않으면 안 된다. 이렇게 만들어진 이론으로 오늘날 세계적으로 잘 알려진 것 중의 하나가 바로 프랑스의 수학교육학자인 브루소(Guy Brousseau, 1933 ~)가 1970년대 초부터 구축해 온 일련의 연구 내용을 통칭하는 교수학적 상황론이다. 본 논문에서 취급하는 교수학적 계약(didactical contract)은 교수학적 상황론을 구성하는 중요한 개념 중의 하나이다.

브루소의 이론을 교수학적 상황론이라고 부르는 것은, 그것이 교수학적 상황에 초점을 맞추고 있기 때문이다. 브루소가 1970년에서 1990년 사이에 발표한 연구물 중에서 핵심적인 내용을 집대성하여 1997년에 출판한 그의 책 제목도 《*Theory of didactical situations in mathematics*》로 되어 있다. 이 책은 영어와 프랑스어로 출판되었다. 이 책의 영어판은, 브루소가 발표한 거의 대부분의 연구물이 프랑스어로 쓰여 있어, 영어권 독자들이 그의 이론을 접하는 것이 어렵다는 인식아래, 몇 명의 수학교육학자들이 프랑스어판을 브루소의 감수를 받아 번역·출판한 것이다.

교수학적 상황은 학생들에게 수학을 가르칠 수 있도록 마련된 상황이다. 예를 들어 학생들에게 소수를 가르치기 위한 교수학적 상황이 있고, 함수를 가르치기 위한 교수학적 상황도 있다. 또, 특정한 어떤 문제를 해결하기 위한 교수학적 상황도 있다. 이와 같이 가르치고자 하는 수학 지식에 따른 여러 가지 교수학적 상황이 가능하다. 브루소에게 어떤 수학 지식을 가르치기 위한 교수학적 상황은 사실상 그 지식을 가르치는데 적절한 문제를 해결하는 교수학적 상황이다. 브루소는 이런 관점에서 어떤 수학 지식을 가르치기 위한 교수학적 상황을 체계적으로 이해하는 것에 관심이 있다. 특히 교실에서 일어나는 교사, 학생, 그리고 학생을 둘러싼 환경(milieu) 사이의 사회적 상호작용, 학생들이 학습하게 되는 상황, 그 상황에서 학생들이 어떻게 학습하는가를 이해하는 것에 초점을 맞추고 있다. 브루소는 이러한 이해를 위해 실증적인 관찰에 바탕을 둔 여러 가지 개념을

* pkspark@ginue.ac.kr

고안하였고, 본 논문에서 취급하는 교수학적 계약도 그 중의 하나이다.

브루소는 1933년에 모로코에서 태어났다. 1948년에 중등학교 졸업장을 받았고, 1950년에 초등수학 분야의 바칼로레아를 받았다. 1953년에 교사로 임명되어 5살에서 14살까지의 학생들에게 모든 교과를 가르쳤다. 1954년 10월에는 중학년반(9-10세)과 졸업반(14세) 학생들을 가르쳤다. 이 시기에 수학 지식의 획득과 그 지도에 관해 깊이 생각하기 시작했다. 1956년 10월부터 1959년 1월까지 병역 의무를 마친 브루소는 다시 교사로 근무하면서 1959년 1월부터 1961년 10월까지 새로운 연구물을 실험했고 만들었다. 때때로 밤새도록 수업지도안, 문제, 반성을 담은 시리즈를 집필했다. 1962-1963년에 교육대학교에서 수학을 가르칠 수 있는 자격을 얻기 위한 일 년짜리 양성 과정을 다니는 동시에, 1952년에 그만두었던 수학 공부를 다시 시작하기 위해 대학에 다니게 되었다. 대학에서 공부하면서 수학 지식의 획득과 그 지도에 관한 새로운 아이디어를 보급하는 노력도 계속하였다. 그 과정에서 대학의 전문가들과 기술적 조건, 사회적 조건, 교육적 조건에 대한 공동 연구를 통해 다양한 영역에서 깊은 지식을 갖게 되었다. 1970년 이래 대학에 근무하면서 1970년대 후반부터 수학교육학을 과학적 학문으로 발전시키는데 지도적인 역할을 했고, 1986년에 박사학위 논문을 제출했다. 1998년 이래 보르도의 IUFM(Instituts Universitaires de Formation des Maitres)의 명예교수이다.

브루소는 교수학적 상황론을 통해 수학교육학을 과학적인 학문으로 도약시킨 공로를 인정받아 2003년에 제1회 클라인 메달(Felix Klein Medal)을 받았다. 클라인 메달은 일생동안 수학교육학 연구에 현저한 공헌을 한 사람에게 국제수학교육위원회(ICMI)가 매 홀수년에 수여하기로 한 국제적인 상이다. 클라인 메달은 ICMI의 초대 회장(1908-1920)이었던 독일의 세계적 수학자이자 수학교육학자이었던 클라인(Felix Klein, 1849-1925)의 이름을 딴 것이다. 브루소의 교수학적 상황론은 수학교육학계가, 1970년대 초반까지도 상당한 영향을 미친 피아제(Jean Piaget, 1896-1980)의 발생적 인식론(genetic epistemology)을 벗어나, 더 넓은 관점에서 수학교육의 현상을 연구하게 하는데 크게 공헌하였다는 평가를 받고 있다.

그동안 국내에서는 그의 이론 중에서 극단적인 교수 현상에 관련된 것이 주로 소개되고 있었기에, 브루소가 제안한 개념 중에서 그것을 포괄하는 더 넓은 개념을 소개할 필요가 있다는 입장에서, 본 논문에서는 교수학적 계약에 초점을 맞추게 되었다. 실제로 그것은 극단적인 교수 현상인 토파즈 효과, 쥬르뎅 효과, 초인지 이동 등을 포괄하며, 또 수학과 수업에서 관찰할 수 있는 교사 행동 및 학생 행동을 설명하는데 폭 넓게 사용될 수 있는 개념이다. 초등학교 교사로 출발하여 오늘날 세계적으로 유명한 수학교육학자가 된 브루소 자신과 충실하고 세밀한 관찰을 바탕으로 한 그의 실증적 연구 방법에 대한 개인적인 관심도 본 논문을 쓰게 된 동기라고 할 수 있다.

세계적으로 수많은 교사들에 의해 수많은 학생들을 대상으로 이루어지는 수학과 수업에서 공통적인 특징적 현상을 찾아내는 것은 결코 쉽지 않다. 어떤 연구자도 수많은 수업을 모두 관찰할 수는 없다. 그런 만큼 교사는 수학을 가르치고 학생은 수학을 배운다는 수학과 수업의 불변의 특성을 가정하고 표본에 해당하는 일부 수업을 관찰하는 것에 한정해서 수학교육적으로 의미 있는 특징적인 현상을 발견해야 한다. 이를 위해서는 충실하고 세밀한 관찰이 있어야 하며, 그러한 관찰이 가능하기 위해서는 충분한 안목이 있어야 한다. 브루소는 자신의 수업에 대한 진지한 반성 경험을 통해 수업을 관찰할 수 있는 예리하고 독창적인 안목을 길렀다. 특징적인 현상을 찾아내는 것도 쉬운 일이 아니지만, 그러한 현상을 지배하는 어떤 원리나 구조를 찾아내어 이론화하는 것은 더 어렵다. 브루소는 대학에 진학한 이후로 수많은 분야의 전문가들과 협동하는 다양한 연구 활동을 통해 독창적인 이론을 만들 수 있었다. 인식론적 장애, 환경, 교수학적 계약이라는 개념 등은 모두 그러한 연구 활동의 소산으로 얻어진 것이다.

참고문헌

박교식(2007). 수학과 수업 운영의 숨겨진 규칙으로서의 교수학적 계약에 관한 연구. **수학교육학연구, 16**(1), 43-58.

Brousseau, G. (1984). The crucial role of the didactical contract in the analysis and construction of situations in teaching and learning mathematics. In H. G. Steiner, et al. (Eds.), *Theory of mathematics education*. (Occasional paper 54). Bielefeld: IDM.

Brousseau, G. (1997). *Theory of didactical situations in education*. (N. Balacheff, M. Cooper, R. Sutherland, & V. Warfield Trans). Dordrecht: Kluwer Academic Publishers.

대한수학교육학회지 수학교육학연구 제 16 권 제 1 호
Journal of Educational Research in Mathematics
Vol. 16, No. 1, 43-58. Feb 2006

수학과 수업 운영의 숨겨진 규칙으로서의 교수학적 계약에 관한 연구

박 교 식*

이 연구의 목적은 브루소가 소개한 교수학적 계약에 관해 논의하는 것이다. 브루소는 수학과 수업 자체를 게임으로 모델화하고 있는 바, 그 게임에는 나름대로 교사와 학생들이 지켜야 하는 여러 가지 숨겨진 규칙으로서의 교수학적 계약이 존재한다. 브루소는 수학과 수업의 어떤 숨겨진 규칙을 표현하기 위해 그것을 도입하였다. 그 규칙들은 암묵적이고 호혜적인 것으로, 특히 학생들이 위반하기 전에는 드러나지 않는다. 브루소는 교수학적 계약을 조작적으로 정의하기 위해 그것을 교사의 행동과 그것에 대응하는 학생의 행동으로 정의하였으나, 심리적 및 인식론적 차원에서 정의하지는 않았다. 그러나 교사의 교수 행동은 자신의 신념 체계와 인식론의 영향을 받는 만큼, 그에 대한 논의도 필요하다. 또, 브루소는 교사가 교수학적 계약을 위반하는 경우에 대해서도 충분히 논의하지 않고 있다.

I. 서 론

이 연구의 목적은 브루소(Brousseau, 1984, 1997)가 소개한 개념인 '교수학적 계약(didactical contract)'에 관해 논의하는 것이다. 오늘날 교수학적 계약은, 개념적으로 불완전할 수 있다는 비판(Schoenfeld, 2002)에도 불구하고, 학생들이 수학과 수업에서 배워야 할 것으로 설정된 어떤 수학 지식(이하, 간단히 '목표 수학 지식')의 교수 · 학습을 위한 수학과 수업에서 관찰할 수 있는 교사 행동 및 학생 행동을 설명하는데 폭 넓게 사용되고 있다(Vinner, 1997; Mason, 1998; Gagatis & Kyriakides, 2000; Skott, 2001; Herbst, 2002; van Dooren, de Bock, Weyers, & Verschaffel, 2004; Bussi, 2005; Flückiger, 2005; Hersant & Perrin-Glorian, 2005; Laborde & Perrin-Glorian, 2005; Martin, McCrone, Bower & Dindyal, 2005; Sadovsky & Sessa, 2005; Sensevy, Schubauer-Leoni, Mercier, Ligozat & Perrot, 2005).

브루소는 1977-78년에 수학 교과에 특유한 어려움을 가진 몇 명의 아동들을 관찰하는 과정에서 교수학적 계약이라는 개념을 창조할 필요성을 느꼈다고 한다(Brousseau, 1997).[1] 특히 그것은 수학 교과에서의 선택적 실패 즉, 다른 교과에서는 그런대로 성공적이지만, 수학 교과에서는 실패하는 8½살짜리 아동 Gaël에 대한 사례 연구로부터 비롯된 것으로 알려져 있다(Brousseau & Warfield, 1999).[2] 브루소가 교수학

* 경인교육대학교, pkspark@gin.ac.kr

1) 이 연구에서 Brousseau(1997)는 N. balacheff, M. Cooper, R. sutherland, V. Warfield가 브루소의 여러 논문을 편집하고 번역하여 만든 영어판 《Theory of didactical situations in mathematics》를 나타낸다. 이 연구에서는 이 문헌을 간단히 《TDS》로 나타낸다. 똑같은 내용의 불어판도 있다.

2) 이 연구에서 Brousseau & Warfield(1999)는 Guy Brousseau와 Virginia M. Warfield의 논문 <The case of Gaël>을 나타낸다. 이 논문은 브루소가 1981년에 불어로 발표한 <Le cas de Gaël> (Bordeaux: IREM de Bordeaux)을 수정해서 영어로 번역하여 1999년에 다시 발표한 것이다.

적 계약을 개념화하고, 그것의 특성에 관해 진술하고 있으나, 그의 그러한 진술은 아직 체계적이지 않다. 이런 점에서 이 연구에서는 브루소의 교수학적 계약을 명확히 하기 위해, 그것을 정의, 특성, 구조, 위반의 측면에서 체계적으로 분석·논의한다. 그리고 이 과정에서 심도 있는 논의가 요구되는 부분을 드러낸다.

교수학적 계약을 이해하기 위해서는 먼저 '교수학적(didactical)'이라는 수식어의 의미를 분명히 할 필요가 있다. '교수학'은 '수학 교수학'을 간단히 한 것이다. 무엇이 '교수학적'이라고 할 때, 그 무엇은 첫째 '수학과 수업에서의 목표 수학 지식'에 특유한 것이어야 한다.[3] 둘째, 그 무엇은 '목표 수학 지식을 가르치고자 하는 의도'를 항상 포함하여야 한다. 그 무엇이 목표 수학 지식에 특유한 것이 아니거나, 그 무엇이 그 목표 수학 지식을 가르칠 의도를 포함하고 있지 않다면, 그 무엇은 더 이상 '교수학적'이지 않다. 특히 무엇이 목표 수학 지식에 특유한 것이지만, 그 목표 수학 지식을 가르칠 의도가 그 무엇을 떠나 있으면, 그 무엇은 'adidactical'이다. 또, 무엇이 목표 수학 지식에 특유한 것이 아니고, 단지 그 무엇이 그 목표 수학 지식과 관련한(그러나 직접적인 관련은 전혀 없는) 일반적인 교육학적 의도를 포함하고 있다면, 그 무엇은 'non-didactical'이다(TDS: 73)[4]

한편, 브루소는 '지식의 조각(piece of knowledge)'이라는 표현을 사용한다. 이것은 '수학 지식의 조각'을 간단히 한 것이다. 흔히 '수학 지식'이라고 할 때, 그것이 수학 지식 전체 중에서 어느 작은 일부만을 의미하는 대신, '수학'이라는 학문을 의미하는 거대한 수학 지식 전체를 의미할 수 있다. 이것을 피하기 위해 즉, 특정한 수학과 수업에서 취급하는 특정한 수학 지식 즉, 수학 지식의 일부를 표현할 때 '수학 지식의 조각' 또는 '지식의 조각'이라는 표현을 사용하고 있다. 또 '목표 수학 지식(target mathematical knowledge)'이라는 표현도 사용한다. 이 연구에서는 그러한 뜻으로 이미 '목표 수학 지식'을 사용하고 있다.

II. 교수학적 계약의 정의

교수학적 계약의 정의로 브루소가 가장 먼저 공식적으로 사용한 것은 《TDS》에서 편집자 겸 번역자들이 인용하고 있는 1980년의 문헌에 제시한 것으로 보인다. 브루소가 이 문헌에 제시한 교수학적 계약의 정의는 다음과 같다.[5]

---

3) 이런 점에서 didactical을 단지 '교수학적'이라고 번역하는 것은 불필요한 오해를 가져올 수 있다. 즉, 그것을 목표 수학 지식에 특유한 것이라는 맥락이 없이 단지 '가르치는 것과 관련된' 정도로 이해할 수 있다.

4) 'adidactical'과 'non-didactical'을 우리말로 번역하기는 쉽지 않다. 우정호(2000)는 교수학적 상황론을 정리·소개하면서 전자를 '비교수학적'이라고 번역하고 있다. 사실상 'adidactical'은 'didactical'의 두 조건 중 한 조건을 만족한다. 따라서 그것은 'didactical'과 무관하지 않다고 할 수 있다. 이에 비해 'non-didactical'은 그 두 조건을 모두 만족하지 않는다. 즉, 그것은 'didactical'과 무관하다고 할 수 있다. 그리고 이런 점에서 그것을 '무(無)-교수학적'이라고 번역할 수 있을지 모른다. 이런 제안은 좀더 검토될 필요가 있으나, 이에 대한 논의는 이 연구의 범위를 벗어나므로 더 이상 언급하지 않기로 한다. 실제로 《TDS》에서도 'non-didactical'이라는 표현은 아주 드물게 사용된다. (주제 색인에는 언급되지도 않았다.)

5) 브루소의 1980년 문헌은 <L'échec et le contrat> (*Recherches, 41*, 177-182)이다. 이 연구에서는 불어로 된 이 문헌을 직접 인용하는 대신 《TDS》의 편집자 겸 번역자들이 영어로 번역한 것을 다시 한국어로 번역한 것이다. 브루소(1997)에 의하면, 브루소는 1978년 11월 Pau의 GEDEOP(교육학적인 목표에 관한 실무 그룹의 모임)에서 교수학적 계약이라는 용어를 처음으로 응용하였지만, 그것을 연구 가설로서 처음으로 언급한 것은 1980년이라고 한다. 브루소의 이 논문은 위에서 언급한 논문이 아닌 <Problèmes de l'enseignement des deécimax> (*Recherches en didactique des mathématiques, 1*(1) 11-59)이다.

이것을 [정의 1]이라고 하자.

> 교사가 계획하고 배달하는 교수 상황에서, 학생들은 일반적으로 자신에게 주어진 (수학) 문제를 해결해야 할 과제를 갖게 된다. 그러나 자신에게 주어진 질문, 제공된 정보, 부과된 제약(constraints)의 해석을 통해 이 과제에 접근하는 바, 이 모두는 교사의 지도 방법에서 불변이다. 학생은 교사의 이러한 (특유한) 습관을 기대하고, 교사는 학생의 행동을 기대한다. 이것이 교수학적 계약이다.(TDS: 225)

이 정의에 따르면, 특정한 목표 수학 지식의 교수·학습을 위한 수학과 수업에서 교사는 학생들에게 나름대로 일정한 방식으로 질문을 하고, 일정한 방식으로 정보를 제공하며, 일정한 방식으로 제약을 가하는 것으로 해석된다. 교사의 교수 행동이 나름대로 일정한 방식으로 수행된다는 점에서, 그 행동은 습관적이라고 할 수 있다. 또, 이때 교사의 교수 행동은 학생들이 기대하는 것이고, 학생들의 행동은 교사가 기대하는 것이다. [정의 1]에 의하면 그것이 바로 교수학적 계약이다. 교사와 학생이 모두 서로의 기대를 만족하는 합리적인 행동을 하는 한, 교수학적 계약이 수업 과정에서 전혀 드러나지 않은 채 수업이 정상적으로 운영될 수 있다.

학생이 교사의 행동을 기대한다는 것은 사실상 학생이 자신의 행동을 교사의 행동에 종속시킨다는 것을 의미한다. 즉, 학생은 교사의 행동으로부터 자신이 해야 할 행동의 단서를 얻기 때문에, 먼저 그러한 단서를 주는 교사의 행동을 기대하는 것이다. 그러나 모든 학생들이 그렇다는 것은 아니다. 학생들이 교사의 행동으로부터 자신에게 도움이 되는 단서를 찾는 방식은 전적으로 학생 자신들이 결정한다. 어떤 학생들은 나름대로 유용하고 독특한, 그러나 교사가 의도하지는 않은 그런 단서를 찾을 수도 있다. 때때로 어떤 학생들은 교사의 행동을 교사의 의도와는 전혀 다르게 해석하기도 한다. 교사는 학생들이 생각하는 그런 것을 의도하지 않았지만, 학생들은 자신의 입장에서 교사의 행동이 자신이 생각하는 바로 그것을 의도한다고 믿는다. 그래서 교수학적으로 중요한 것은 그러한 괴리를 확인하고, 그 원인을 찾아, 학생들을 납득시키는 것이라 할 수 있다. 그런데 교사의 경우에도 이러한 일이 발생할 수 있다. 그리고 이렇게 보면 학생들의 행동은 교사의 행동에, 그리고 교사의 행동은 학생들의 행동에 상호 종속된다.

[정의 1]과 거의 유사한 정의가, 1999년에 브루소가 워필드(V. M. Warfield)와 함께 영어로 발표한 논문 <The case of Gaël>에도 다음과 같이 나타난다.[6] 이것을 [정의 2]라고 하자. [정의 2]는 [정의 1]을 더 세련시킨 것이다.

> 학생에게 지식의 특유한 조각을 가르치는 것이 목적인 수업(session) 과정(수학과 수업)에서 학생은 자신에게 제공된 정보, 자신이 받은 질문, 자신에게 주어진 정보, 그리고 자신에게 부과된 제약을 교사가 교수 실제에서 반복적 방식으로, 의식적으로 또는 무의식적으로 재생하는 것들 - 그것이 무엇이든지간에 - 의 함수로 해석한다. 이러한 습관 중에서 어떤 것이든 우리가 관심을 갖는 것은 가르쳐지고 있는 지식에 특유한 것이다: 우리는 학생이 기대하는 교사의 (특유한) 행동의 집합 그리고 교사가 기대하는 학생의 행동의 집합에 교수학적 계약이라는 이름을 준다.

수학과 수업을 게임으로 모델화하는 한, 게

6) 이 논문은 본래 브루소가 불어로 발표한 논문 <Le cas de Gaël>을 영어로 번역한 것이다. 각주 2) 참조. 이 연구에서는 이 문헌을 간단히 <Gaël>로 나타낸다.

임의 한 상대인 교사의 모든 행동은 다른 한 상대인 학생들에게 거의 절대적으로 의미 있는 것이라 할 수 있다. 그러나 게임으로 모델화할 수 없는 수학과 수업에서 또는 게임으로 모델화할 수 있는 수학과 수업이라 하더라도, 사실상 모든 학생들이 교사의 교수 행동을 자신에게 절대적으로 의미 있는 것으로 받아들인다는 보장은 없다. 그런 학생들도 있고, 그렇지 않은 학생들도 있는 바, 브루소의 교수학적 계약은 그런 학생들을 대상으로 한다는 점에서, 그것은 확실히 이론적인 개념이다.

한편, 《TDS》에서는 [정의 1] 이외에 다음과 같은 진술도 있다. 이 진술을 교수학적 계약의 또 다른 정의로 보는 것도 가능하다. 이 진술은 교수학적 계약이 실질적으로 수학과 수업을 지배한다는 것을 드러낸 것이다.

> 교사는 학생과의 상호작용 체계를 가진 게임에 참여하는 바, 그 학생은 교사가 제공한 문제를 가지고 있다. 이 게임, 또는 더 넓은 상황이 수학과 수업이다. … 교수학적 계약은 그 게임의 규칙이고, 그 수학과 수업의 전략이다. … 교수학적 계약은 일반적인 교육학적 계약(pedagogical contract)이 아니다. 그것은 게임 중에 있는(in play) 특유한 지식에 밀접하게 좌우된다.(TDS: 31)

일반적으로 수학과 수업 과정에서 교사의 합리적인 교수 행동이 이루어질 것으로 기대하며, 학생들은 그것에 대응하는 합리적인 행동을 할 것으로 기대하는 바, 그 각각의 기대가 실질적으로 수학과 수업이 운영되게 하는 규칙이다. 그리고 그 규칙을 위반하지 않는 한, 그 규칙은 명시적으로 드러나지 않는다. 이 규칙의 집합이 바로 교수학적 계약이다. 어떠한 수학과 수업에서도 교수학적 계약이 존재한다고 할 수 있지만, 그 구체적인 내용을 수업 전에 미리 상세히 제시할 수는 없다. 수업이 진행되면서 그 구체적인 내용이 교사와 학생들의 행동으로 표출된다. 그러나 수업이 정상적으로 진행되는 한, 그렇게 표출된 행동이 교수학적 계약에 속한다는 것이 명시적으로 드러나지는 않는다.

예를 들어 비 3 : 4를 비율로 나타내면 $\frac{3}{4}$이다. 그래서 어떤 학생들은 3 : 4 = $\frac{3}{4}$ 이라는 등식을 사용할 수 있을 것으로 생각할 수도 있다. 그러나 학교수학에서 이 등식은 허용되지 않는다. 비와 비율을 목표 수학 지식으로 하는 수학과 수업에서 교사는 학생들이 그런 등식을 사용하게끔 지도하지 않았다. 그러나 어떤 학생들은 교사의 행동이 3 : 4와 $\frac{3}{4}$을 등호로 연결할 수 있다고 말하는 것으로 해석한다. 교사의 행동을 정상적으로 해석한다면, 학생들은 그런 등식을 사용하지 않을 것이다. 교사는 학생들이 합리적으로 행동한다고 가정하기에, 그런 등식을 사용하지 않을 것으로 기대한다. 그래서 교사는 대개 수학과 수업에서 그러한 것을 규칙으로 명시하지 않는다. 그런데 만약 어떤 학생들이 그런 등식을 사용했다면, 그것은 교사의 기대를 저버린 것이다. 그때 교사는 학생들이 그런 등식을 사용하지 말 것을 언급함으로써, 그런 등식을 사용하지 않아야 한다는 것은 그 수학과 수업에서 하나의 명시적 규칙이 된다. 교사의 그런 언급이 있기 전까지 그것은, 말하자면, 감추어진 규칙이었다.[7] 등식 3 : 4 = $\frac{3}{4}$을 사용한 학생들은 그 감추어진 규칙을 위반한 것이다. 만약 어느 학생도 그 감추

7) 그러나 오랜 교수 경험을 가진 교사의 경우 학생들의 그러한 실수를 여러 번 목격했기 때문에 수학과 수업에서 그러한 실수를 하지 말 것을 주문하기도 한다. 이런 경우 그 규칙은 더 이상 감추어진 것이 아니다.

어진 규칙을 위반하지 않았다면, 그것은 감추어진 채로 그대로 있었을 것이다. 이러한 감추어진 규칙들의 집합이 바로 교수학적 계약인 것이다.

다음 진술도 《TDS》에 제시된 것이다. 이 진술은 교육학적 계약의 구체적 모습을 제시하고, 그것에 비추어 교수학적 계약이 목표 수학 지식에 특유한 것이라는 점에서, 그 둘이 서로 다르다는 것을 지적하고 있다. 이런 점에서 이 진술은 교수학적 계약을 교육학적 계약과의 비교를 통해 정의한 것이다. 실제로 교수학적 계약의 정의를 이렇게 소개하는 연구들도 있다(윤나미, 이종희, 임재훈, 1999; 우정호, 2000; Gagatis & Kyriakides, 2000).[8] 이것을 [정의 3]이라고 하기로 하자.

> 모든 수학과 수업에서 … 어느 정도는 명시적으로, 그러나 주로 암묵적으로 교사와 학생 각자가 무엇을 관리할 책임이 있는지, … 다른 사람에게 무엇에 대해 책임을 져야 하는지를 결정하는 관계(relationship)가 형성된다. 이 호혜적 의무 체계는 계약과 흡사하다. 여기서 우리가 관심을 갖는 것은 교수학적 계약, 말하자면 내용 즉, 목표 수학 지식에 특유한 한 것이다. (TDS: 31-32)

이 정의에 의하면 모든 수학과 수업에는 호혜적 의무 체계가 존재한다. 확실히 교사와 학생 사이에는 서로에 대한 의무감이 존재한다. 그 의무감은 사실상 교사와 학생이라는 신분에 따르는 사회적 관계로부터 주어진 것이다. 수학과 수업에서 교사와 학생의 행동은 서로에 대한 의무감을 바탕으로 하는 것으로 해석할 수 있다. 만약 교사와 학생의 신분이 아니라면, 단지 가르치는 자와 배우는 자의 신분이라면 그러한 의무감은 약할 수 있다. 그러나 학교 안에서의 교사와 학생이라는 신분이라면 그러한 의무감은 강할 수밖에 없다. 한편, 그 의무 체계에는 목표 수학 지식에 특유한 것도 있고, 그렇지 않은 것도 있다. 이때 전자가 교수학적 계약이고, 후자는 교육학적 계약이라고 할 수 있다.

《TDS》에서는 "교사의 학생-환경 체계와의 게임에서, 교수학적 계약은 기본적 규칙과 전략을 확립하는, 그리고 나중에는 그것들을 학생의 게임에서의 변화에 적응시키는 수단이다(TDS: 41)."와 같이 교수학적 계약을 설명하기도 한다. 이것은 위에서 교수학적 계약의 역할을 진술한 셋째 인용문의 내용과 본질적으로 같다. 셋째 인용문에서는 수학과 수업을 '교사가 학생과의 상호작용 체계를 가진 게임'으로 묘사하고 있는 반면, 여기서는 수학과 수업을 '교사의 학생-환경(milieu) 체계와의 게임'으로 묘사하고 있다. 브루소에 의하면, 환경은 행동 상황 속에서 학생에게 일어나는 일, 또는 학생이 상황에 작용하는 것 모두로, 교사나 다른 학생이 포함되지 않는다(TDS: 9). 학생-환경 체계란 학생이 환경에 묶여 있음을 의미한다.[9] 또, 브루소에 의하면 교수학적 계약은 교사의 합리적인 교수 행동과 그것에 대응하는 학생의 합리적인 행동으로 표출되는 규칙을 확립하는 수단이다. 이것은 교수학적 계약이 교사의 교수 행동 및 그것에 대응하는 학생의 행동의 집합으로 표현되지만, 그 이면에 그것이 그러한

8) 특히 우정호(2000, p.472)는 [정의 1]과 [정의 3]에 바탕을 두어 교수학적 계약을 "교수학적 계약은 수학과 수업의 중요한 요소로, 교사의 기대와 그것을 목표로 하는 교사의 활동에 대한 학생의 수용 사이에 존재하는 합의이며, 교사와 학생이 조정을 위해 어떤 책임을 져야 할지와 서로에게 해야 할 의무가 무엇인지를 결정하는 관계이다."와 같이 다시 정의하고 있다.

9) 이 연구에서는 환경(milieu)이라는 개념에 관해 자세히 논의하지 않는다. 그러나 브루소에 의하면 이 환경은 수학과 수업에서 상당히 중요한 위치를 차지하고 있다.

행동을 방향 짓는 자신의 어떤 심적 인식론적 체계에 따른다는 것을 의미한다.

한편, 브루소는 교수학적 계약을 “학생과 교사 모두에게 영향을 주고 그들의 일에 영향을 주는 암묵적인 여러 규칙들의 집합(TDS: 264)”으로 간단히 정의하고 있기도 하다. 이것은 교수학적 계약을 행동 차원에서 정의한 것이다.

지금까지 브루소가 진술한 교수학적 계약의 정의를 살펴보았다. 이 정의로부터 교수학적 계약을 수학과 수업을 지배하는 즉, 암묵적으로 교사의 행동과 학생의 행동에 영향을 미치는, 목표 수학 지식에 특유한 것으로 해석할 수 있다. 교사와 학생 사이에는 서로에 대한 일종의 사회적 의무감이 있다. 그 의무감은 교사와 학생의 신분이라는 사회적 관계에서 야기된 것으로 무언의, 거의 암묵적인 합의이다. 그래서 교수학적 계약 역시 무언의, 거의 암묵적인 합의이다(Tall, 1989). 그 의무감에 바탕을 둔 행동은, 말하자면, 서로가 서로에게 마땅히 해야 할 행동이다. 교사가 학생에게 마땅히 해야 할 행동은 학생의 기대를 충족하는 행동이다. 또, 학생이 교사에게 마땅히 해야 할 행동은 교사의 기대를 충족하는 행동이다. 이 점에서 교수학적 계약을 호혜적 의무감이라는 막연한 실체로 정의하는 대신, 실질적으로 (사회적 의무감에 바탕을 둔) 서로가 서로에게 마땅히 해야 할 행동의 집합으로 정의하는 것이 가능하다. 또 그 행동은 서로가 서로에게 기대하는 것이므로, 교수학적 계약을 서로의 행동에 대한 기대 체계로 보는 것도 가능하다(Mercier, Sensevy, Schubauer-Leoni, 1999). 이하 교사의 행동과 학생의 행동은, 특별한 언급이 없는 한, 항상 목표 수학 지식에 특유한 행동을 의미한다. 즉, 목표 수학 지식에 특유하지 않은 행동은 논의의 대상으로 하지 않는다. 또, 의무감은 사회적이고, 호혜적인 의무감을 의미한다.

III. 교수학적 계약의 호혜성과 암묵성

교수학적 계약은 본질적으로 호혜적이다. 수학과 수업에서 통상적인 것으로, 또한 당연한 것으로 받아들여지는 교사의 교수 행동과 학생의 학습 행동은, 브루소의 표현에 따르면, 서로가 암암리에 합의한 교수학적 계약에 포함되는 것이다. 서로가 암암리에 합의한 것이기는 하지만, 실제로는 교사와 학생이라는 관계에서 비롯된, 서로에 대한 서로의 의무감이 그러한 암묵적 합의를 가능하게 한 것이다. 교사는 학생에 대해 나름대로의 의무감을 갖고 있고, 그래서 학생들의 학습에 도움을 주기 위한 행동을 수행한다. 학생도 교사에 대해 나름대로의 의무감을 갖고 있고, 그래서 학생들은 교사의 교수 행동에 반응하는 행동을 수행한다. 이런 점에서 교수학적 계약은 호혜적이다. 호혜적이라는 것이 단지 상대방에게 잘해주고 배려하는 마음을 가지고 있다는 것만을 의미하는 것은 아니다. 그것에는 상대방의 행동을 적극적으로 그리고 구체적으로 해석하는 것이 포함된다. 그러나 상대방의 행동을 항상 올바르게 해석하는 것은 아니다. 예를 들어 <Gaël>에서는 교사의 의도를 적극적이고 구체적으로 해석하는, 그러나 올바르다고는 할 수 없는 Gaël의 행동을 볼 수 있다.

교사와 학생은 수학과 수업에서 서로에게 마땅히 해야 할 행동을 해야 한다는 사실을 알고 있다. 그러나 교사가 학생들에게 마땅히 해야 할 행동, 그리고 학생들이 교사에게 마땅히 해야 할 행동을 명시적으로 미리 모두 제시할 수 있는 것은 아니다. 교사의 경우 자신이 학생들에게 마땅히 해야 할 행동을 사고실험을 통해 미리 상세히 목록화할 수 있을지 모른다. 그러나 교사가 계획한 그대로 수학과 수업이 운영되는 것은 아니다. 교사는 단지 부분적으로 자신이 학생에게 마땅히 해야 할 행동을 명시적으로 미리 드러낼 수 있을 뿐이다. 그 경우, 교사는 자신의 행동에 대응하는 학생들의 행동 즉, 학생들이 교사에게 마땅히 해야 하는 행동도 미리 명시적으로 드러낼 수 있다. 그 행동은 교사가 학생들로부터 기대하는 것이지만, 실제의 수학과 수업에서 학생들이 반드시 그런 행동을 할 것이란 보장은 없다. 그리고 사실상 교사가 명시적으로 드러낸 행동 역시, 실제의 수학과 수업에서 언제나 학생이 기대하는 것이라고 단정하기도 어렵다.

교수학적 계약이 본질적으로 호혜적이라는 점에서 좋은 교수학적 계약이나 나쁜 교수학적 계약이 있는 것이 아니다. 참인 교수학적 계약과 거짓인 교수학적 계약이 있는 것은 더 더욱 아니다(TDS: 32, 226). 교수학적 계약은 교수를 개선하기 위해 기능하는 어떤 바람직한 (또는 옳은, 또는 좋은) 수단으로 존재하는 것이 아니다. 그것은 교수의 개선과는 관계없다. 브루소에 의하면, 교수학적 계약을 그런 것으로 생각하는 것은 교수학적 계약을 잘못 이해한 것이다(TDS: 264). 교수학적 계약은 교사 쪽에서 보면 수학과 수업의 관리와 관련이 있고, 학생 쪽에서 보면 수학과 수업의 수용과 관련이 있다. 교수학적 계약은 본래 수학과 수업이 교사와 학생에 의해 어떻게 운영되어 가는지를 설명하기 위한 것이지, 그것이 수학과 수업의 성공 또는 실패를 결정하는 것이 아니다.

교사와 학생이 서로에게 마땅히 해야 할 행동 중에서 명시적으로 미리 드러낼 수 있는 것은 그리 많지 않을 것이다. 그래서 그것은 어느 정도 명시적일 수 있지만, 주로 암묵적이다(TDS: 31). 아마도 교수학적 계약의 명시성의 정도는 수학과 수업의 실제에 따라 달라질 것이다. 예를 들면 교사가 의무감에서 학생에게 끊임없이 자신이 기대하는 특정한 행동을 수행하도록 구체적으로 요구하고, 학생들이 교사의 그러한 요구에 따라야 한다는 것을 자신의 의무로 받아들이게 되면, 그 수학과 수업에서의 교수학적 계약은 상당히 명시적이라 할 수 있다. 그런데 브루소에 의하면, 명시적인 교수학적 계약이 지배하는 수학과 수업은 거의 실패할 운명을 가지고 있다(TDS: 32). 특히 브루소는 디엔에스(Z. P. Dienes)가 제시한 수학과 수업을 예로 들어 그러한 실패를 설명하고 있다(TDS: 36, 140, 271). 그러나 암묵적인 교수학적 계약이 지배하는 수학과 수업이 반드시 성공한다는 것은 아니다.

교사는 (이론적으로 볼 때) 학생이 기대하는 일련의 행동을 한다. 그러나 일반적으로 수학과 수업에서 교사의 행동이 항상 학생의 기대를 충족시키는 것은 아니다. 교사는 자신의 행동이 학생의 기대를 충족시킬 것으로 생각하지만, 학생이 기대하는 것은 그것이 아닐 수 있다. 이런 경우 교사의 입장에서는 자신이 교수학적 계약을 따른 것이지만, 학생의 입장에서는 교사가 교수학적 계약을 위반한 것이다. 이 반대의 경우도 성립한다. 즉, 학생도 (이론적으로 볼 때) 교사가 기대하는 일련의 행동을 한다. 그러나 일반적으로 수학과 수업에서 학생의 행동이 항상 교사의 기대를 충족시키는 것은 아니다. 학생은 자신의 행동이 교사의 기대를 충족시킬 것으로 생각하지만, 교사가 기대하는 것은 그것이 아닐 수 있다. 이런 경우 학생의 입장에서는 자신이 교수학적 계약을 따른 것이지만, 교사의 입장에서는 학생이 교수학적 계약을 위반한 것이다. 교사나 학생 모두 본질적으로 의무감에서 그런 행동을 수행하지만, 교수학적 계약의 암묵성은 교사와 학생 각각의 교수학적 계약의 불일치를 가져올 수 있다.

호혜적이고 암묵적인 교수학적 계약에 따라

교사가 학생의 학습을 위해 최선의 노력을 하고자 할 때, 역설적으로 학생의 학습을 방해하는 일이 발생한다(TDS: 41-45). 브루소는 교수학적 계약이 가진 이러한 역설을 '상황 양도의 역설', '상황 적응의 역설', '적응에 의한 학습의 역설', 그리고 '배우의 역설'로 세분하여 설명하고 있다. 교사가 학생들의 요구에 응하면 응할수록, 그리고 학생이 해야만 하는 것을 말해주면 말해 줄수록, 학생들은 스스로 학습할 기회를 잃게 된다. 이것이 상황 양도의 역설이다. 교사가 어떤 목표 수학 지식의 교수·학습을 도모하는 수학과 수업에 학생들이 잘 적응하게 하면 할수록, 학생들은 이후에 그 지식을 수정해서 학습해야 하는 수학과 수업에 적응하기가 더 어려워진다. 이것이 상황 적응의 역설이다. 교사가 어떤 목표 수학 지식에 학생들이 잘 적응하게 하면 할수록, 학생들이 지식을 창조해야 하는 동기를 약화시켜, 새로운 지식을 창조하는 것이 어려워진다. 이것이 적응에 의한 학습의 역설이다. 교사가 학생들을 위해 수학적 문제와 답을 만들어내면 낼수록, 학생들이 스스로 그러한 행동을 수행하는 것을 더 어렵게 한다. 이것은 배우가 자신이 보이기를 원하는 감정을 느끼면 느낄수록, 그는 청중이 그 느낌을 공유하는 것을 더 어렵게 한다는 배우의 역설을 교사에게 전용한 것이다.

IV. 교수학적 계약의 구조

암묵적인 교수학적 계약이라고 해도, 그 중에는 교사와 학생이 관습적으로 마땅히 해야만 하는 행동이 있다. 발라세프(Balacheff, 1999)는 이렇게 관습화된 행동을 분리하여 '관습(custom)'이라 하고 있다.[10] 그것은 교수학적 계약에 속하기보다는 즉, 서로에 대한 의무감에 바탕을 둔 것이기 보다는 교실 내에서 통용되는 사회적, 문화적 관습에 의해 이루어진 것이다. 발라세프는 그런 관습을 교수학적 계약에 포함시키지 않은 것이다. 교수학적 계약의 내용을 관습에 해당하는 것과 그렇지 않은 것으로 구분할 때, 관습은 상대방이 기대하는 바와 일치한다. (물론, 때로는 교사와 학생이 그러한 관습을 위반할 수도 있다. 관습이 항상 지켜지는 것은 아니다.) 그러나 관습에 해당하지 않는 것은 상대방이 기대하는 바와 일치한다는 보장이 없다. 일치할 수도 있지만, 일치하지 않을 수도 있다. 이렇게 보면 수학과 수업에서 주로 염두에 두어야 하는 것은 관습에 해당하지 않는 행동이라 할 수 있다. 그러나 교실 내에서 교사와 학생, 학생과 학생 사이의 역학 관계가 때때로 특정한 행동을 관습으로 만들기도 한다.

암묵적인 교수학적 계약의 구체적 내용은 수학과 수업에 따라 다를 수밖에 없다. 브루소에 의하면, 모든 수학과 수업에는 교수학적 계약이 존재한다(TDS: 214). 그런데 그런 교수학적 계약의 구체적인 내용이 모두 같다고 기대할 수는 없다. 계약의 두 당사자인 교사와 학생, 그리고 모든 수학과 수업이 다르므로, 수학과 수업에 따라 다른 내용의 교수학적 계약이 존재한다. 그리고 실제로는 하나의 수학과 수업에서도 학생마다 다른 교수학적 계약이 존재할 수 있다. 일반적으로 한 학급에 한 명의 교사와 여러 명의 학생이 있다고 할 때, 교사의 입장에서 보면 학급의 모든 학생에게 기대하는 행동의 집합으로서의 교수학적 계약에는 각각의 학생들을 대상으로 한 부계약(subcontract)이 있는 것으로 생각할 수 있다. 한편, 학급의 학

10) 발라세프의 이 논문은 원래 1988년에 불어로 발표된 것이다. 이 연구에서 인용한 것은 1999년에 영어로 번역하여 재발표한 것이다,

생 모두가 공통으로 기대하는 교사의 교수 행동도 있지만, 학생에 따라 같은 교사의 다소 다른 교수 행동을 기대할 수 있다. 이런 경우 교수 행동의 집합으로서의 교수학적 계약에는 각각의 학생이 기대하는 부계약이 있는 것으로 생각할 수 있다.

수학과 수업마다 서로 다른 교수학적 계약이 있다고 해도 그 중에는 성격상 유사한 것들이 있다. 그래서 교수학적 계약을 몇 가지로 유형화하는 것이 불가능하지 않다. 실제로 브루소도 그런 분류를 시도한 바 있다. 그는 교수학적 상황에서 교수 체계(teaching system)와 학습 체계(taught system) 사이의 '책임의 분배'라는 관점에서, 교수 체계가 학습 체계의 학습 결과에 거의 책임이 없는 매우 약한 교수학적 계약부터, 교수 체계가 학습 체계의 학습 결과에 전적으로 책임이 있는 매우 강한 교수학적 계약까지 서로 다른 교수학적 계약을 생각하였다(Hersant, Perrin-Glorian, 2005, 재인용). 그러나 일반적으로 수학과 수업에서 교수학적 계약의 내용이 구체적으로 그리고 상세히 드러나기 전까지는, 그것이 매우 약한 것부터 매우 강한 것 사이의 어느 것에 해당하는지 알 수 없다. 교수학적 계약은 그것의 위반으로 드러나는 바(TDS: 32, 240, 264), 수학과 수업에서 교수학적 계약의 위반이 있고, 그리고 그것이 책임의 분배라는 관점에서 어떻게 처리되는지를 구체적으로 확인할 수 있어야, 그것이 매우 약한 것부터 매우 강한 것 사이의 어느 것에 해당하는지 알 수 있을 것이다. 교수학적 계약이 약하다는 것은 서로에 대한 의무감이 약한 것을 의미한다. 교수학적 계약이 강하다는 것은 서로에 대한 의무감이 강한 것을 의미한다. 그러나 통상적인 수학과 수업이라면, 그 수업의 교수학적 계약은 매우 강할 것으로 예상할 수 있다.

교수학적 계약의 내용이 구체적으로 드러나지는 않지만, 수학과 수업의 진행 상황에 따라 그 내용을 몇 개의 부분으로 미리 구분해 보는 것은 가능하다. 브루소에 의하면, 교수학적 계약에는 먼저 목표 수학 지식의 문맥화/개인화 및 탈문맥화/탈개인화에 관련된 것이 있다. 실제의 수학과 수업에서 교사는 목표 수학 지식의 재문맥화/재개인화를 수행하며, 학생은 재탈문맥화/재탈개인화를 수행한다. 다음으로 문제의 양도와 문제해결의 탈교수학화에 관련된 것이 있다. 실제의 수학과 수업에서 교사는 문제를 양도하며, 학생은 문제해결의 탈교수학화를 수행한다. 한편, 문제의 양도뿐 아니라 엔지니어링(engineering)의 양도에 관련된 것도 있다. 그리고 지식의 제도화에 관련된 것이 있다(TDS: 227-246). "양도는 교사가 학생으로 하여금 (비교수학적) 학습 상황이나 문제에 대한 책임감을 받아들이도록 하고, 그리고 이러한 책임감 전이의 결과를 인정하는 행동이다." (TDS: 230) 탈교수학화는 학생이 수학과 수업에서 스스로 문제해결의 책임을 지는 것이라 할 수 있다. 엔지니어링은 엔지니어들이 하는 작업과 유사하게 이루어지는 교수학적인 작업 형태를 나타낸다(Artigue & Perrin-Glorian, 1991). 지식의 제도화는 "구성한 지식에 공식적인 지위를 부여하는 것이다"(우정호, 2000: 448). 이러한 구분은 위반으로 드러난 특정한 숨겨진 규칙의 특성을 이해하는데 도움이 될 것이다.

다양한 교수학적 계약의 공통 요소에 주목하여 교수학적 계약의 내용 차원의 구조를 분석하는 것도 불가능하지 않다. 헤르산트와 페린-글로리안(Hersant & Perrin-Glorian, 2005)은 그러한 점에 주목하여 교사 및 학생 행동의 국소적 수준과 목표 수학 지식의 교수에 대한 교사의 프로젝트와 학생의 목표 수학 지식 습득의 관리라고 하는 더 대국적인 수준 사이의 상호작용을 설명하기 위해, 강한 교수학적 계약을 구성하는 행동을 네 차원으로 구분하였다. 첫째 차원은 목표 수학 지식 그 자체에 관한 것으로, 영역(domain) 또는 수학적 분야(field)라고 한다. 둘째 차원은 목표 수학 지식의 교수학적 상태(status)이다. 셋째 차원은 목표 수학 지식의 교수·학습이 진행되고 있는 수학과 수업의 본성과 특징이다. 넷째 차원은 목표 수학 지식에 대한 교사와 학생 사이의 책임의 분배에 관련된 것이다. 그들은 또한 교수학적 계약을 구성하는 행동을 거대(macro) 수준, 중간(meso) 수준, 미시(micro) 수준의 세 수준으로 구별하였다. 거대 수준은 주로 교수 목표와 관련된다. 중간 수준은 문제의 해결과 관련되며, 미시 수준은 문제 해결을 위한 세세한 질문과 관련된다.

V. 교수학적 계약의 위반

통상적인 수학과 수업에서는 교사와 학생 모두 서로에게 마땅히 해야 할 행동을 한다고 가정할 수 있다. 그래서 교수학적 계약의 존재는, 수학과 수업이 정상적으로 진행되는 한, 잘 드러나지 않는다고 가정할 수 있다. 그러나 실제의 수학과 수업이 언제나 정상적으로 진행되는 것은 아니다. 교수학적 계약의 암묵성으로 교사와 학생의 교수학적 계약의 내용이 상이할 수 있기 때문이다. 즉, 교사가 (교사 입장에서 보면) 학생에게 마땅히 해야 할 행동을 한다고 해도, 그것이 (학생 입장에서 보면) 항상 학생이 기대하는 행동이라고 단정하기는 어렵다. 학생은 그것이 아닌 다른 행동을 기대할 수도 있다. 마찬가지로 (학생 입장에서 보면) 학생이 교사에게 마땅히 해야 할 행동을 한다고 해도, 그것이 (교사 입장에서 보면) 항상 교사가 기대하는 행동이라고 단정하기는 어렵다. 교사는 그것이 아닌 다른 행동을 기대할 수도 있다. 이런 경우가 교수학적 계약의 위반이다. 이렇게 교수학적 계약을 위반하는 경우, 수학과 수업에서 표면적으로 드러나지 않았던 교수학적 계약이 다소 분명하게 드러나게 된다(TDS: 32, 240, 264).

교사와 학생들이 의도적으로 교수학적 계약을 위반한다고 가정할 수는 없다. 오히려 그 반대이다. 그들은 본질적으로 교수학적 계약을 준수하고자 한다. 교사는 교사의 입장에서, 그리고 학생은 학생의 입장에서 교수학적 계약을 준수하고자 한다. 그러나 이때 그 두 입장의 차이가 교수학적 계약의 위반을 가져 올 수 있다. 교수학적 계약의 위반은 특정한 행동으로 표출된다. 그러나 특정한 행동을 했다는 것만으로 그것이 교수학적 계약을 위반했다고 보기는 어렵다. 그 행동이 교수학적 계약을 위반한 것으로 볼 수 있기 위해서는, 그 행동이 상대에 대한 의무감에서 비롯되었다는 것이 확인되어야 한다. 즉, 모든 오류가 다 교수학적 계약의 위반은 아니다. 수학과 수업에서 학생과 교사 모두 교수학적 계약을 위반할 수 있다. 교사가 학생의 행동을 항상 주시한다면, 교사는 학생이 교수학적 계약을 위반하는 것을 비교적 쉽게 적발할 수 있다. 학생들이 범하는 감추어진 규칙의 위반을 적발할 임무는 교사에게 있다. 그리고 교사는 그 위반을 학생에 기인하는 것으로 돌리기도 하고, 자신에 기인하는 것으로 돌리기도 한다. 그러나 감추어진 규칙이 사소하거나 미묘하면 교사가 그것의 위반을 적발하지 못할 수도 있다. 그러나 교사가 교수학적 계약을 위반하는 것을 확인하는 것은 쉽지 않다.

학생이 교수학적 계약을 위반하는 경우를 보자. 그것은 교사가 기대하지 않은, 학생의 특정한 행동인 바, 그것은 본질적으로 교사에 대한 학생의 의무감에서 비롯된 것이어야 한다. 《TDS》에는 세바야르(Chevallard)가 보고한 다음의 흥미로운 예가 실려 있다. 예를 들어 방정식 $3x=0$을 해결하는 과제에서, 어떤 학생들은 $x=0$이라는 정답을 제시하는 반면에, 또 어떤 학생들은 $x=-3$ 또는 $x=⅓$이라는 오답을 제시한다. 외형적으로 볼 때, 이 오답에서는 방정식 $3x=0$에서 x의 계수 3이 사라지지 않고, 그대로 유지되고 있다. 이것이 '정보의 유지' 현상이다(TDS: 262). 즉, 이 오답에서는 3이라는 정보가 -3 또는 ⅓의 형태로 유지되고 있다. 이 학생들은 왜 이런 행동을 했는가? 이 오답을 제시한 학생들은 사실상 방정식 $3x=0$에서 x의 값을 구할 줄 모르는 학생들이다. 그들은 x의 값을 구하라는 심리적 압박을 받고 있으므로, 그것을 구하기 위해 나름대로 그렇게 한 것이다. 그들은 이 과정에서 x의 값을 구할 수 있게 하는 자료로 x의 계수 3을 택한 것이다. 그들은 어쩐지 3이 x의 값과 관련이 있을 것으로 생각한 것이다. 아마도 그들의 경험이 그런 생각을 하게 했을 것이다. 그들은 (교사가 요구하기 때문에) x의 값을 구하기 위한 모종의 행동을 취하지 않으면 안 된다는 중압감에서, 나름대로 고민하고, 그 고민의 흔적이 3을 유지하는 것으로 나타난 것이다. 이것은 정답과는 관계없는 행동이다. 브루소에 의하면, 이 학생들은 나름대로 교수학적 계약의 압력을 받은 것이다. 즉, 이런 행동은 교사에 대한 그들의 의무감에서 비롯된 행동이다. 이 학생들은 (자신의 입장에서) 교수학적 계약을 준수하고자 그런 행동을 했지만, 교사의 입장에서 보면 그 행동은 교사가 기대한 것이 아니므로, 실제로는 교수학적 계약을 위반한 것이다.

학생이 교수학적 계약을 위반한 또 다른 예로 《TDS》에 제시된 유명한 '선장의 나이 문제'를 들 수 있다(TDS: 263). "배 한 척에 26마리의 양과 10마리의 염소가 타고 있다. 선장의 나이는 몇 살인가?"라는 문제에 3학년과 5학년 학생들 중 일부가 이 문제의 답으로 '36'을 제시하였다고 한다. 학생들에게 제시된 이 문제는 사실 문제라고 할 수도 없는 것이다. 이 문제에 주어진 정보만으로는 선장의 나이를 구할 수 없다. 그럼에도 불구하고 어떤 학생들은 '36'이라는 답을 제시하였다. 36은 양의 수 26과 염소의 수 10을 더해 얻은 것이다. 그들은 문제에 주어진 두 정보 '26'과 '10'을 그대로 유지하고 있다. 그러나 이러한 정보의 유지는 실제로는 정답과는 관계없는 행동이다. 이런 엉터리 문제에 엉터리 대답을 한 학생들 역시, 선장의 나이를 구해야 한다는 중압감에서 그런 어처구니없는 행동을 한 것이다. 즉, 그들은 나름대로 교수학적 계약의 압력을 받고, 그것을 준수하기 위한 노력을 했지만, 결국은 교수학적 계약을 위반한 것이다.

이 두 경우에서 볼 수 있듯이 학생이 교수학적 계약을 위반했다고 할 때, 사실상 그들의 입장에서는 교수학적 계약을 위반한 것이 아니다. 실제로는 교수학적 계약을 준수하고자 한다. 그러나 그들이 취한 행동은 교사가 기대하는 것이 아니라는 점에서, 그 행동은 교수학적 계약을 위반한 것이다. 그리고 그 위반으로 학생을 압박한 교수학적 계약의 존재를 드러낸 것이다. 오답을 한 학생들은 아마도 자신의 답이 엉터리라는 것을 인식하지 못할 지도 모른다. 그러나 그렇지 않을 수도 있다. '방정식 $3x=0$ 문제'나 '선장의 나이 문제'에서, 어떤 학생들은 답을 제시해야 한다는 중압감으로, 자신이 제시한 답이 정답일 수 없다는 것을 명확히 인식하면서도, 정작 어떻게 대답해야 할지 몰라서, 문제에 주어진 정보를 유지하는 그런 답을 제시할 수도 있다. 그들은 자신의 답이 틀릴 지도 모르지만, 많은 경우 문제의 답이 주어진 정보를 모두 사용하는 연산의 결과로 주어졌다는 자신의 그 동안의 경험에서, 어쩌면 이 문제의 경우도 그렇게 하면 자신의 답이 맞을지도 모른다는 일말의 기대 속에서, 그와 같은 관성적 행동을 했을 것이다.

또한 때때로 학생들은 주어진 상황을 분석하려는 시도나 문제를 이해하려는 노력을 하는 대신, 교수학적 계약의 압박을 받은 교사가 제공하는, 실질적으로는 내용과 무관한 교육학적 시사(implication)를 해석하여 답을 구하려 하기도 한다(TDS: 193). 예를 들어 이러한 시사는 은유적으로 주어질 수 있다. 교사는 학생들이 은유적으로 주어진 교육학적 시사로부터 문제해결의 실마리를 잡을 수 있을 것으로 기대하기도 한다. 그러나 학생들이 교사의 기대대로 행동한다는 보장은 없다. 오히려 학생들은 은유적으로 주어진 시사를 오해하여, 교사가 기대하지 않은 뜻밖의 행동을 할 수도 있다. 그리고 그렇게 함으로써 결국은 교수학적 계약을 위반할 수 있다. 때로는 교사의 정상적인 시사도 오해하여 교사가 기대하지 않은 행동을 하기도 한다. 이러한 오해는 학생이 그 교사와의 그 동안의 상호작용의 경험, 또는 교사의 행동에 대한 개인적 관찰 등을 통해 마음속에 견고하게 장착시킨 개인적 신념 체계에서 비롯된 결과이다.

수학과 수업에서 학생이 범하는 교수학적 계약의 위반은 교사의 교수 시도가 아직 성공하지 못했음을 나타낸다. 학생이 교수학적 계약을 위반하더라도, 교사가 그것을 인지해야 비로소 위반으로 공표된다. 교사는 자신이 기대하지 않는, 학생의 특정한 행동이 잘못되었음을 드러내고, 그리고 그것의 처리를 모색하게 된다. 예를 들어 교사는 학생의 잘못된 행동을 수정하기 위하여 같은 설명을 다시 (천천히) 반복할 수도 있고, 새로운 예를 사용하거나 새로운 설명을 할 수도 있다. 이렇게 해서 학생이 그 잘못된 행동을 진정으로 수정할 수도 있다. 그러나 교사의 그런 노력에도 불구하고, 교수 시도가 성공하지 못할 수 있다. 교수학적 계약의 압력을 받는 교사는 그 사태를, 나름대로 성공한 교수 시도가 되도록, 마무리해야 한다. 이 과정에서 교사는 애초에 자신이 기대했던 학생들의 행동을, 학생들이 절차적으로 할 수 있는 행동으로 변경하는 경향을 나타내기도 한다. 예를 들어 교사는 어떤 목표 수학 지식과 관련하여 그것에 절차적으로 손쉽게 접근하게 해 주는 것으로 이미 알려진 여러 형태의 비법(recipe)들 즉, procedology에 의존하게 된다.[11] 그것은 학생들이 절차적으로 할 수 있는 행동이기 때문이다. 명백히 그것을 되풀이 하여 가르치는 것은 진정한 교수는 아니다(TDS: 39). 그러나 교수 시도에서 실패를 경험한 교사는 교수학적 계약의 압박 아래 그러한 procedology를 사용하는 것으로 변경된 교수 행동을 하게 된다. 학생들은 그러한 변경이 교사가 자신들에게 마땅히 해야 할 행동이라고 (때로는 마지못해) 생각한다. 즉, 이러한 변경은 교사와 학생 사이의 타협의 결과이다. 따라서 이러한 변경은 교수학적 계약의 변경을 가져오는 바, 이것이 교사와 학생 사이의 교수학적 계약의 협상이다. 교수학적 계약의 협상을 위한 단초는 학생에 의한 교수학적 계약의 위반이 제공한다. 그러나 교수학적 계약의 협상은 실질적으로 교사가 주도하게 된다. 《TDS》에는 수학과 수업에서 교수학적 계약의 협상과 관련된

11) procedology를 우리말로 번역하기는 쉽지 않다. '절차올로기'라고 하는 것이 가능해 보이지만, 좀더 논의가 필요하다. 이 연구에서는 procedology를 굳이 우리말로 번역하는 대신 그냥 사용하기로 한다.

여러 가지 교수학적 현상을 예시하고 있다. 예를 들면 잘 알려진 토파즈 효과, 쥬르뎅 효과, 초인지 이동 등은 그런 협상의 예이다.

VI. 결 론

브루소는 수학과 수업에서 교사와 학생의 행동을 규제하는 것으로 보이는, 즉 수학과 수업이 운영되게 하는 어떤 보이지 않는 또는 숨겨진 규칙을 표현하기 위해 교수학적 계약을 도입하였다. 교사와 학생들은 그 규칙들을 준수해야 한다는 것을 알고, 그 규칙들을 준수하기 위해 노력한다. 그 규칙들이 있어 수학과 수업이 합리적으로 운영된다. 그러나 그 규칙들은 대개 명시적으로 드러나 있지 않다. 누군가, 특히 학생들이, 어떤 규칙을 위반하기 전에는 그것이 규칙이었다는 것이 드러나지 않는다.

브루소는 교수학적 계약을 조작적으로 정의하기 위해 그것을 교사의 행동과 그것에 대응하는 학생의 행동으로 표현하였다. 그는 교수학적 계약을 심리적, 인식론적 차원에서 정의하지는 않았다. 그러나 교사가 보여주는 나름대로 일정한 방식 즉, 교수학적 계약에 따르는 교수 행동은 수학과 수업에서 자신이 그렇게 하는 것이 합리적이라고 믿는 그 교사의 신념 체계와 인식론에 주로 기인한다. 교사 개인의 신념 체계는 자신의 인식론에 영향을 미치고, 그 인식론은 자신의 구체적인 교수 행동을 좌우한다. 이렇게 보면 수학과 수업을 운영하게 하는 실질적인 주체는 근본적으로 수업에 대한 교사의 신념 체계와 인식론이라고 할 수 있다. 교사가 가진 신념 체계나 인식론의 구체적 내용이 수업 이전에 드러날 수는 없다. 그것은 단지 수업 과정에서 교수 행동으로 표출될 수 있을 뿐이다. 또 그것에 대응하는 학생들의 행동으로도 수업 과정에서 표출된다. 이러한 행동이 특정한 목표 수학 지식의 교수·학습을 위한 수학과 수업에 대한 교사의 신념 체계와 인식론을 드러낸다는 점에서, 교사의 신념 체계와 인식론을 브루소가 한 것처럼 행동(즉, 교사의 행동과 그것에 대응하는 학생의 행동)의 집합으로 묘사할 수 있다.

교사가 교수학적 계약을 위반할 수도 있다 (TDS: 240). 그러나 《TDS》에는 교사가 교수학적 계약을 위반하는 경우에 대해 충분히 논의하지 않고 있다. 사실상 수학과 수업에서 그런 경우는 거의 노출되지 않는다. 교사의 터무니없는 오류 또는 실수가 아닌 한, 교사의 행동은 학생에게 마땅히 해야 할 권위를 가진 행동인 것으로 간주되는 경향이 있기 때문이다. 또, 교사는 교수학적 계약을 위반할 목적으로 교수 행동을 하지는 않는다. 즉, 교사 입장에서 보면 교사는 교수학적 계약을 준수하고 있는 것이다. 그러나 학생 입장에서 보면 교사의 어떤 행동은 학생의 기대에 부응하는 것이 아닐 수 있다. 그러나 학생이 그 기대를 드러내지 않으면 교사에 의한 교수학적 계약의 위반도 드러나지 않는다. 교사의 위반을 적발할 임무는 학생에게 있지 않다. 그래서 교사의 위반은 좀처럼 적발되지 않는다. 어떤 숨겨진 규칙에 대한 적발되지 않은 교사의 위반은 학생이 숨겨진 규칙을 위반하도록 고무하는 결과를 가져올 수도 있다. 그러나 이때 교사는 학생의 그러한 위반을 적발할 수 없다. 그런 점에서 교사의 교수학적 계약의 위반을 주의 깊게 고찰할 필요가 있다.

참고문헌

우정호(2000). 수학 학습-지도 원리와 방법. 서울: 서울대학교출판부.

윤나미 · 이종희 · 임재훈(1999). 수학과 수업론의 이해와 측정 지도에의 적용. 수학교육학연구, 9(2), 473-491.

Artigue, M., & Perrin-Glorian, M. J. (1991). Didactic engineering, research and development tool: some theoretical problems linked to this duality. *For the Learning of Mathematics, 11*(1), 13-18.

Balacheff, N. (1999). Contract and custom: two registers of didactical interactions. *The Mathematics Educator, 9*(2), 23-28.

Brousseau, G. (1984). The crucial role of the didactical contract in the analysis and construction of situations in teaching and learning mathematics. In H. G. Steiner, et al. (Eds.) *Theory of mathematics education* (Occasional paper 54). Bielefeld: IDM.

Brousseau, G. (1997). *Theory of didactical situations in mathematics*. (N. Balacheff, M. Cooper, Sutherland, R., & Warfield, V., Trans.). Dordrecht: Kluwer Academic Publishers.

Brousseau, G., & Warfield, V. M. (1999). The case of Gaël: the study of a child with mathematical difficulties. *The Journal of Mathematical Behaviour*, *18*(1), 7-52.

Bussi, M. G. B. (2005). When classroom situation is the unit of analysis: the potential impact on research in mathematical education. *Educational Studies in Mathematics, 59*, 299-311.

Flückiger, A. (2005). Micro-situation and numerical knowledge building: the role of pupil's didactic memory in classroom interactions. *Educational Studies in Mathematics, 59*, 59-84.

Gagatis, A., & Kyriakides, L. (2000). Teacher's attitude towards their pupils' mathematical error. *Educational Research and Evaluation, 6*(1), 25-58.

Herbst, P. G. (2002). Engaging students in proving: a double bind on the teacher. *Journal for Research in Mathematics Education, 33*(3), 176-203.

Hersant, M., & Perrin-Glorian, M. J. (2005). Characterization of an ordinary teaching practice with the help of the theory of didactic situations. *Educational Studies in Mathematics, 59*, 113-151.

Laborde, C., & Perrin-Glorian, M. J. (2005). Introduction teaching situations as object of research: empirical studies within theoretical perspectives. *Educational Studies in Mathematics, 59*, 1-12.

Martin, T. S., McCrone, S. M. S., Bower, M. L. W., & Dindyal, J. (2005). The interplay of the teacher and student actions in the teaching and learning of geometric proof. *Educational Studies in Mathematics, 60*(1), 95-124.

Mason, J. (1998). Enabling teachers to be real teachers: necessary levels of awareness and structure of attention. *Journal of Mathematics Teachers Education, 1*(3), 243-267.

Mercier, A., Sensevy, G., & Schubauer-Leoni, M. L. (1999). How social interactions with a class depend on the teacher's assessment of the pupil's various mathematical capabilities: A case study. In I. Schwank (Ed.), *Proceedings of the First Conference of the European Society for Research in Mathematics Education. Vol. I.* 342-353. Osnabrück: Forschungsinstitut für Mathematikdidacktik.

Sadovsky, P., & Sessa, C. (2005). The adidactic interaction with the procedure of peers in the transition from arithmetic to algebra: a milieu for the emergence og new question. *Educational Studies in Mathematics, 59*, 85-112.

Schoenfeld, A. H. (2002). Research methods in (mathematics) education. In L. D. English (Ed.), *Handbook of international research in mathematics education.* Mahwah, NJ: Lawrence Erlbaum Associates, Publishers.

Sensevy, G., Schubauer-Leoni, M. L. Mercier, A., Ligozat, F., & Perrot, G. (2005). An attempt to model the teacher's action in the mathematics class. *Educational Studies in Mathematics, 59*, 153- 181

Skott, J. (2001). The emerging practices of a novice teacher: the role of his school mathematics images. *Journal of Mathematics Teacher Education, 4*(1), 3-28

Tall, D. (1989). New cognitive obstacles in a technological paradigm. In S. Wagner & C. Kieran (Eds.), *Research issues in the learning and teaching of algebra.* Reston, VA: National Council of Teachers of Mathematics; Lawrence Erlbaum Associates.

Van Dooren, W., de Bock, D., Weyers, D., & Verschaffel, L. (2004). The predictive power of intuitive rules: a critical analysis of the impact of 'more A - more B' and 'same A - same B'. *Educational Studies in Mathematics, 56*, 179-207.

Vinner, S. (1997). The pseudo-conceptual and the pseudo-analytical thought process in mathematical learning. *Educational Studies in Mathematics, 34*(2), 97-129.

Part Ⅱ

교사 지향

논평 2 『교사 지향』에 관한 논평

송 상 헌(경인교육대학교)*

교사교육에 관한 두 번째 주제는 교사 지향이다. 여기서 지향(orientation)은 신념, 성향, 가치관, 취향, 선호도, 관점, 편견, 의도 등을 모두 포함하는 용어이다(Schoenfeld, 2013, 21). 이는 첫 번째 주제였던 교사 지식의 기저에 깔린 개인적 특성으로 교사교육에서 꼭 필요한 정의적인 측면의 주제라 할 수 있다. 이 주제에 관한 연구를 위해 연구자들은 예비/현직 교사들이 지향하는 바의 실태를 조사하거나 그 지향점이 수업에서 어떤 모습으로 작용하고 드러나는지를 양적, 질적으로 분석하고 있다. 그러면서 일부 논문은 연구 결과나 요약을 넘어 연구자 자신이 그 논문을 쓰게 된 배경에서부터 그 논문의 한계와 후속 연구 거리까지 제안하고 있다.

수업이나 평가, 학생 지도 등의 관행은 교사의 지식은 물론 개개인의 지향에 크게 영향을 받는다. 따라서 교사 관행의 성공적인 변화를 위해서는 교사들의 지식과 함께 교사 자신이나 연구자 모두 교사들의 지향에 관한 이해의 필요성과 변화를 위한 노력이 함께 이루어져야 한다. 하지만 본 연보에서 제 1 주제인 교사 지식에 관한 연구나 제 3주제인 교사의 전문성에 관한 연구에 비해 교사 지향에 관한 국내 연구물은 상대적으로 적다. 그 말은 어려운 연구 주제이라는 뜻과 함께 앞으로 더 많은 연구가 필요한 주제라는 뜻도 된다.

이제 총 5편(3편의 양적연구와 1편의 질적연구, 그리고 마지막 1편의 혼합연구)의 각 논문에 대해 간단히 요약한 다음 각 연구가 갖는 중요성과 의미를 덧붙이되 후속 연구자들을 위한 연구에 도움이 될 수 있도록 약간은 비판적인 논평이나 제언을 하고자 한다.

첫 번째 논문(오영열, 2003)은 초등 교사들의 학습자 중심 수학 수업 개선 의지 변화를 예측하고 검증하기 위해 교사의 신념에 미치는 3가지 요인(① 학습자 중심 수학 수업에 대한 교사 자신의 태도(AB), ②주변 사람들로부터 교사들이 받는 수업 개선 압력에 대응하는 주관적인 규범(SN), 그리고 ③수업에 긍정적 또는 부정적 영향을 미치는 통제 요인들에 대한 주관적 지각(PBC))의 관계를 구조화하여 이론적 모델로 설정한 것과 이 모델을 검증하기 위해 21개교 281명이라는 적지 않은 수의 교사를 대상으로 양적 연구의 통계적(회귀분석) 기법으로 분석하였다는 두 가지 큰 특징이 있다. 연구 결과 교사의

* shsong@ginue.ac.kr

수업 개선을 위한 의지 변화의 예측은 요인 ③이나 요인 ②보다는 요인 ①에 가장 크게 영향을 받는다는 것이다.

교사를 대상으로 한 연구에는 많은 제약이 따르고 있지만 저자는 교사 변화에 대한 문제는 대규모의 교사들을 대상으로 엄밀한 양적 검증을 통해서 가장 효과적이고 설득력 있게 해결될 수 있다고 믿는다. 추출한 3가지 변인을 통한 다중선형회귀분석결과 교사 수업 개선 의지의 변화에 대한 35%의 설명력이 있음을 보여주고 있다. 이런 양적 연구는 근무 지역이나 경력, 연령, 성별 등과 같은 표본의 모집단과 표본의 선정 방식에 크게 영향을 받을 수밖에 없는데 그런 방법이나 변인 설명력이 충분한지는 별개로 본 연구는 통계적이고 객관적인 기법을 동원하여 수업을 예측하고 교사의 변화를 도모하는 교사 지향에 관한 거의 초창기의 연구로서 그다지 흔치않은 연구 주제요 연구 방법이라는 점에서 이 연구가 갖는 의의는 매우 크다고 하겠다. 특히 연구자의 개인적인 교직 경험이나 현장에서 갖게 된 교사 변화를 위한 궁금증이 본 연구의 배경이 되었음을 해설서에 잘 소개하고 있다.

다만 요인 ③의 신뢰도가 낮은 것이 설문지의 문항 배치로 인한 응답 피로도 때문일 것이라고 연구자 스스로 추측하고 있지만 그렇다면 문항 배치를 달리해 보면서 그보다 더 본질적인 문제점은 없을지, 또는 각 요인이 '얼마나' 영향을 미치는지 뿐만 아니라 그 요인이 '어떻게' 영향을 미치는 지를 이해하기 위해서는 설문에 응답한 일부 교사들을 직접 인터뷰하는 질적 분석을 병행하는 방법도 가능할 것이다. 연구자는 수업 관행의 성공적인 변화를 위해 교사의 부정적인 통제 요인을 줄이고 긍정적 인식의 변화가 필요하다고 말하면서 그러한 변화는 어떻게 가져올 수 있는지에 대한 후속 논의도 필요하며 교사 연수나 정기 연구 모임의 외적인 지원 시스템 및 연구 풍토의 조성이 요구된다고 말한다. 이는 연구자 스스로 인식한 문제점으로 본 연구의 결과라기보다는 본 연구가 주는 시사점으로 이해된다. 어떤 연구나 마찬가지이겠지만 각각의 연구가 가지는 제한점은 있다. 독자가 본 연구의 결과를 해석할 때 놓치지 말아야 하는 제한점은 초등학교 교사들에 의한 '학습자 중심'의 수학 수업에만 국한하여 본 연구 결과를 해석하여야 한다는 점이다. 과연 다른 목적이나 다른 형태의 수업으로 확장시킬 수 있을지는 아직 열려있다.

두 번째 논문(정상권 외 5인, 2012)은 2009 개정 교육과정에 따른 수학과 교육과정에서는 강조하는 수학적 과정 중심의 평가에 대한 수학 교사들의 인식을 설문 조사 방법을 통해, 수학과 평가 전반에 대한 인식, 정기고사와 수행평가에서 고려한 평가요소와 평가결과 활용 현황, 수학적 과정 구성요소 평가에 대한 인식 및 평가방법에 대한 의견 등을 확인하였다. 층화표본추출법에 의해 전국의 410개교 1193명이라는 대규모 교사들의 응답을 분석하고 종합함으로써, 수학교사들이 평가에 대해 가지고 있는 지향과 이해의 속내를 파악하였다. 그 결과 수학교사들의 평가에 대한 복잡한 관점과 수행평가에 대한 부정적인 인식, 부족한 실천의지는 향후 수학적 과정 중심 평가의 전망이 얼마나 어두운지 드러냈다. 상당수 수학교사들이 수학적 과정 중심 평가의 취지에 공감하고 세부적인 방법에 대한 의견도 가지고 있지만, 적합한 환경과 지원이 전제되지 않으면 언제든지 폐기할 준비가 되어 있는 것으로 나타났다. 그에 따라 연구자들은 수학적 과정 중심 평가가 제대로 이루어지기 위해서는 설문에 참여한 교사들의 구체적인 인식의 내용을 반영하여 실행가능한 안을 마련하고, 실존하는 학교와 교실, 수학교사, 학생들의 입장에서 의미 있는 수학적 과정 중심 평가 사례들을 축적할 필요가 있음을 제안하고 있다.

본 연구에서 사용한 설문지의 내용을 보면 대부분 수학적 과정을 평가하는 평가의 방법을 체크하도록 하고 있기에 어느 정도 교사의 지식을 묻고자하는 것 같다. 하지만 그러한 평가 방법을 선택하는 것은 교사의 지향에 따라 달라지므로 본 연구의 결과는 우리 나라 교사들의 공통된 지향점을 도출하려는 의도로 볼 수 있다. 연구자들은 그 동안 수업의 결과보다는 수업 과정 그 자체를 평가하는 방식으로 평가의 방식이 바뀌어야 수학교육이 바람직해질 수 있다 점을 수학교사들의 지속적으로 그리고 강하게 주장했던 점이라는 것을 상기시킨다. 그러면서 "수학적 과정을 중심으로 평가한다는 이 아이디어는 수학교육의 병폐를 해결하는 최선의 방법이자 시급하게 추구해야 할 당연한 사항일 뿐이지 개혁안이랄 것도 없다."고 단호하게 말한다는 현장의 목소리를 그대로 담고 있다. 수업의 목적과 양태까지도 바꿀 수도 있는 평가라는 이 강력한 도구가 어느 주체의 손에 쥐어지느냐에 따라 교육의 방향은 달라질 것이 분명하므로 그 주체들의 인식이 시사하는 바가 의미있게 다가오는 논문이다.

일반적으로 연구 논문이나 보고서의 Ⅱ장에서는 연구의 배경이 되는 이론이나 선행연구를 요약, 분석하고 Ⅲ장에 연구의 방법을 기술한 다음 이후 Ⅳ장에서 도출하는 연구결과의 논의를 위한 근거나 반론을 제시한다. 그런데 본 연구에서는 Ⅱ장 각 절의 말미에 Ⅲ장의 연구 방법에 해당하는 설문지 구성 방식과 설문 내용에 대한 이론적 배경을 요약하면서 내용에 관한 해설까지 포함하고 있다. 본 연구는 설문지를 통해 얻은 자료의 통계 분석으로 국한하고 있지만 실제로 각 교사들을 인터뷰해 보면 설문지에 담을 수 없거나 한정된 문항만으로는 확인할 수 없는 개개인의 지향을 더 많이 확인할 수 있을 것이다. 그리고 그러한 평가 방법을 실제로 수업의 과정에서 어떻게 구현하고 있는지에 대한 실제 사례도 후속 연구를 통해 추가될 필요가 있다.

세 번째 논문(이대현, 2013)은 G광역시 거주 초등교사 114명(5~10년의 교직 경력)과 예비교사 100명(G교대 3학년생)이 수학 지도에 초점을 두는 지식(15문항)과 수학적 활동에 대한 신념(19문항)을 5점 척도의 설문지를 통해 분석하였다. 그 결과 지식적인 측면에서 예비교사들은 개념적 지식에서 초등교사들은 절차적 지식, 메타 인지적 지식, 그리고 인식적 지식에서 높은 점수를 나타내었고, 신념에 관해서는 예비교사들은 지식의 표현, 지식의 생성, 지식의 심의, 지식의 발표에서 초등교사들은 지식(구문)의 사용에서 높은 점수를 나타내었다.

교사들이 계획한 수업에 영향을 미치는 것은 내용에 관한 지식이나 교수법에 관한 지식뿐만 아니라 그 교사가 지도하고자 하는 교과의 내용, 교수법, 학생 및 교육에 관한 교사의 신념이다. 이 신념은 수업을 진행하는 과정에서 수많은 의사결정을 해야 할 때 그 근거가 되기 때문이다.

일반적으로 교사들이 가지고 있는 교과에 대한 신념의 연구는 신념의 본질, 수학 교과에서 신념의 분류, 교사의 신념과 수업 실제의 관계 등에 치중되어 왔는데, 본 연구는 수학 수업에 관련하여 교사가 초점을 두어야 할 수학적 지식과 수학적 활동 면으로 구분하여 기존 검사지를 재구성하고 조사하였다는데 그 의의가 있다. 하지만 이러한 조사연구가 실제 현장 수업 과정에서는 구체적으로 어떻게 드러나는가이다. 예비교사의 경우도 3학년 때까지 강의실에서 배운 지식을 4학년 때 막상 교육실습 현장에서는 거의 적용하지 못하거나 적용하려다 실패하며 애로를 겪는 경우도 많다. 이는 지식이 부족해서 그렇기도 하겠지만 예비교사들의 지향이 명확하지 않아서 그런 부분도 있을 것이다. 따라서 질문지를 통한 집단 전체의 종합적인 분석 결과와 개개인의 지향에 따라 다르게 나타날 수 있는 측면을 인터뷰나 수업 관찰과 같은 질적인 분석으로 보완할 필요가 있다. 뿐만 아니라 저자 본인도 인식하면서 제안한 바와 같이 단지 예비교사와 초등교사의 구분이 아닌 교육 경력의 증가에 따라 어떻게 변화해 가는지에 초점을 둔 후속연구도 필요할 것으로 보인다. 하지만 이 신념은 오랜 시간에 걸쳐 형성되기 때문에 신념이 어떻게 변화되어지는지와 더불어 그런 신념이 변화된 계기도 함께 알아보는 것이 필요하다.

이상의 양적 조사 연구에 비해 네 번째 연구(조유미, 송상헌, 2013)는 2명의 수학 영재학급 지도 교사가 갖고 있는 (1)교육 내용으로서의 수학, (2)교육 방법으로서의 수학 교수 · 학습, 그리고 (3)영재 교육(대상자, 목표/방향, 교사의 역할)에 대한 신념에 따라 수학영재교실에서의 사회 수학적 규범은 어떠한 양태로 나타나는지를 분석하기 위해 충분한 영재 지도 경력을 갖고 있으면서 신념의 범주가 다른 두 교사의 수업을 Raymond의 수학 학습에 대한 신념에 관한 분석틀로 질적 연구 방법(사례 연구)을 통해 비교 분석하였다는 것이 특징이다. 수업 소재는 수학 교과에 기본 지식이 있는 교사라면 누구나 다룰 수 있는 '마방진'이지만 그 수업 과정에서 개념 합의, 오류에 대한 반응, 학생들이 사용한 전략에 대한 비교, 학생들 간의 대화를 분석하였다. 그 결과 경력이 오래된 영재교사라도 그들의 수학, 수학교수-학습, 영재교육에 대한 신념 범주는 서로 다를 수 있다는 것과 교사의 신념은 교사의 행동 방식과 역할을 통해 교실 내 사회수학적 규범 형성에 영향을 미칠 수 있음을 주장한다.

이 연구는 기존의 연구들에 비해 사례의 수(2명)가 매우 적어 그 결과를 일반화할 수 없다는 단점도 있지만 그 수업을 보다 세밀하게 분석하는 쪽을 선택함으로써 얻는 장점도 있다. 특히 관찰자는 두 교사의 신념의 차이를 미리 알고 수업 분석에 임할 수 있어서 소수의 특정 사례를 통해 수업의 양태를 보다 깊이 들여다볼 수 있었고 그 결과에 대한 원인까지도 추정할 수 있었을 것이다. 교사의 신념의 차이는 교사의 행동 방식과 역할을 다르게 표출하였으며, 그것은 학생들에게도 사고와 행동에 영향을 미쳐 교실의 사회수학적 규범에 큰 차이를 가져온다. 어떤 신념에 따른 수업이 더 효과적이라거나 우월하다고 말할 수는 없다. 성공적인 수업의 여부는 분석자의 입장이나 독자의 입장에서도 다르게 해석될 수 있다. 하지만 교사 신념의 차이가 수업의 방법이나 수업에 참여한 학생들의 태도에 다른 변화의 양태를 보여준다는 것은 수업을 계획하는 교사들에게 시사하는 바가 크다. 그리고 해설자도 지적하고 있듯이 방법적인 측면에서 확대된 개념뿐 아니라 영재를 대상으로 한 수업 사례라는 점에서도 그런 확대된 개념으로 수업을 재분석해 볼 여지가 남아 있다. 다만, 부가적으로 확인해 볼 필요가 있는 것은 그 영재지도교사들이 지향하는 바가 과연 일반 수업에서 지향하는 바와 일치하는 일반적인 것인지 대상이 영재들이기 때문에 지향점이 달라진 것인지의 여부이다. 교육에서 개개인이 지향하는 바가 교육의 환경이나 대상자에 따라 달라질 수 있는 것인지, 불변하는 것인지는 새로운 연구 거리이다.

마지막 다섯 번째 연구(권종겸, 이영혜, 이봉주, 2013)는 스토리텔링 수학 교수 · 학습에 대한 초등학교 1~2학년 교사 30명의 인식 변화를 설문 조사하고 그 중 4명의 교사를 대상으로 구조화된 심층 면담을 진행함으로써 양적, 질적 연구를 혼용하는 방법을 통해 향후 스토리텔링 수학 교수·학습을 지원하기 위한 시사점을 도출하였다. 그 결과 초등학교 1~2학년 스토리텔링 수학 교수학습의 적절성과 효율성에 대한 인식 변화에 유의미한 차이가 없는 것으로 나타났다. 스토리텔링 수학 교수학습이 가장 적합한 영역을 측정 영역으로, 가장 부적합한 영역을 도형 영역으로 인식하였고, 실생활 연계형을 효과적인 스토리텔링 유형으로 인식하는 것으로 나타났다.

양적 및 질적 혼합연구는 어느 한 가지 유형의 연구 방법이 가지는 단점을 보완하는 기능을 갖는다. 그런 점에서 이 연구는 연구자들은 어떤 교육 정책을 수립하고 추진해 나가기 위해서는 무엇보다 교육 현장의 중심에 있는 교사의 인식과 그에 따른 역할이 핵심적인 요소 중의 하나일 수밖에 없음을 강조하면서 본 연구가 현장의 실태와 목소리를 반영하고 있다는 점에 큰 의미를 부여하고 있다. 그러면서도 스토리텔링 기반 수학교과서 개발에 대한 시사점을 도출하는 데에 관심을 집중한 나머지 스토리텔링 수학 교수학습에 대한 인식이 변하거나 변하지 않은 이유에 대한 보다 세밀한 부분까지 고려해 보는 것이 후속 연구거리로 남겨져 있다.

교실 문화나 평가, 교수 · 학습의 방법을 결정하는 요인들은 다양하다. 교육의 변화는 인지적인 측면에서의 교사의 지식이나 교수학적 지식 외에도 정의적인 측면에서의 그 교사의 신념이나 성향, 가치관 등과 같은 지향에 의해 좌우되는 부분도 크다. 그런 점에서 교사의 지향은 교실의 문화와 교육의 방향을 결정하므로 교사가 추구하는 지향에 대한 연구는 교사교육과 교실 수업 연구에서 중요한 한 축으로 자리매김 되어야 하고 더 많은 연구가 이루어지기를 기대한다.

또한 연구자의 지향(의도) 역시 그 논문의 연구 결과와 해석에 큰 영향을 미치는 것이 사실이다. 이런 점에서 연구의 지향(의도)을 바르게 파악하는 것이 그 논문을 이해하고 해석하는데도 도움이 될 것이다. 하지만 본 논평자가 각 연구자들의 다른 연구물들을 모두 읽고 실제 면담까지 하면서 논평한 글들의 본래적인 의도까지 파악하는 데는 많은 한계가 있어서 결국 시도하지 못했다. 이후로 연구자들의 지향에 관한 메타연구도 가능할 것 같다. 그리하여 우리나라에서도 수학교육계에 지대한 영향을 미친 대가들의 업적들을 정리하고 그들의 지향점까지 함께 분석한 연구들이 많아지기를 기대해 본다.

참고문헌

Schoenfeld, A. H. (2013). **수학 수업, 설명을 만나다.** (이경화 역) 경문사. (영어 원작은 2010년 출판).

01 『초등교사의 수학과 수업 개선 의지의 예측과 이해』에 관한 해설

오 영 열(서울교육대학교)*

본 논문은 수학교육에 있어서 교사 변화(teacher change)에 대한 연구이다. 이 연구를 하게 된 배경은 1990년대 본 연구자의 교직 경험에 그 뿌리가 있다. 교사로서 본 연구자는 '수학을 잘 가르친다는 것은 무슨 의미인가?', '수학 교과에 대해 전문성을 갖는다는 것은 무슨 뜻인가?', '수학 교과에 대해 더욱 전문가가 되기 위한 과정은 어떠한가?'와 같이 수학을 가르치면서 교사가 수학 교과에 대해 전문가가 되기 위한 방법과 과정에 대해 많은 궁금증을 갖고 있었다. 그러던 중 유학시절 수학교육에 대한 다양한 의제에 대해 공부하면서 그때 당시 수학교육 연구의 주요한 흐름인 수학을 가르치는 교사에 대한 이해와 전문성에 대한 다양한 연구를 접하게 되었는데, 이러한 학문적 흐름은 본 연구자가 교사 시절에 갖고 있던 궁금증을 연구하는데 시기적으로 잘 맞아 떨어졌다.

왜 교사 변화인가? 이 문제에 대해 생각해 볼 때 다음과 같은 다음과 같은 다양한 문제들에 대해 생각해 보게 된다. 교사 변화란 무엇을 의미하는가? 어떻게 교사 변화를 촉진할 수 있고, 또한 어떻게 도움을 줄 수 있는가? 교사 변화는 왜 어려운 것인가? 교사 변화를 촉진할 수 있는 동기 요인은 무엇인가? 교사 변화는 어떠한 방향으로 이루어져야 하는가? 교사 변화의 핵심은 무엇인가? 이러한 문제들에 대한 생각은 자연스럽게 교사의 수업 능력, 즉 수업의 변화로 연결된다. 수학교육 연구자들이 일반적으로 지향하는 바람직한 수학 수업에 대한 개념은 무엇이고, 교사의 수업 능력은 어떻게 개선이 되고 또한 지속될 수 있는가? 좋은 수학 수업이란 어떤 것인가? 교사의 수학 수업 능력에 미치는 요인은 무엇이고, 교사의 수업이 학생들의 학업 성취도에 미치는 영향은 어느 정도인가? 또한 개별 교사의 수업 개선의 과정과 대규모 교사의 수업 능력 개선의 과정은 유사한가? 아니면 어떠한 점에 있어서 차이가 있는가? 이러한 모든 질문들은 결국 교사 변화의 필요성을 요구한다. 즉, 수학 교과에 대한 교사의 본질적인 사고의 변화가 없다면 사실상 질적으로 업그레이드된 지속 가능한 수학교육을 기대하는 것은 쉽지 않을 것이다.

그렇다면 수학교육에서 교사 변화에 가장 크게 영향을 미치는 요인은 무엇인가? 물론 교사 변화에 영향을 미치는 요인은 수백 개도 넘을 수 있다. 그러나 많은 수학교육 연구자들이 주목한 것은 교사의 지식과 더불어 교사의 신념이 수학 수업에 어떻게 영향을 연계되는가의 문제이다(Fennema & Franke, 1992; Thompson, 1992). 수학이란 무엇이고 또한 학생들에게

* yyoh@snue.ac.kr

수학을 어떻게 가르쳐야 하는가와 같은 수학 및 수학교육의 본질적 문제는 수학을 가르치는 교사들이 끊임없이 고민하는 문제이다. 이러한 문제에 대한 생각은 결국 수업에서 교사의 행동으로 연결된다. 그렇다면, 연구자들이 수학 교사에게 추구하는 바람직한 신념이 존재하는가? 또한 바람직하지 않은 신념이 존재하는가? 교사의 신념은 어떻게 교사 변화에 영향을 미치게 되는가? 교사의 신념에 긍정적으로 영향을 미치는 요인과 부정적으로 영향을 미치는 요인은 무엇인가? 또한 교사의 신념은 교사 변화에 어느 정도 영향을 미치게 되는가? 신념의 문제와 관련하여 교사 변화는 왜 어려운 것인가? 이와 같이 교사 변화는 다양한 문제들과 매우 복잡하게 얽혀 있으며, 이러한 문제들에 대한 궁금증을 해결해 가는 과정을 통해서 교사가 수학 교과에 대한 전문성을 어떻게 신장해 가는지에 대한 변화 과정을 연구하는데 본 연구자의 관심이 있었으며 본 연구 또한 그러한 연구의 맥락에서 수행된 것이다.

본 연구의 주요한 특징은 교사 변화의 과정을 검증하기 위한 모델을 설정한데 있다. 교사 변화를 실증적으로 검증하는 데에는 상당한 물리적 시간이 필요하기 때문에 현실적으로 많은 어려움이 따르게 된다. 따라서 이러한 현실적 문제를 극복하기 위해서 교사 변화를 예측하기 위해서 교사의 수업 방법에 영향을 교사의 신념과 관련한 미치는 다양한 요인들 사이의 관계를 구조화 한 이론적 모델을 설정하였다. 본 연구의 또 다른 특징으로는 교사 변화에 대한 모델 검증을 위해서 많은 수의 교사를 대상으로 분석하였다는 점이다. 많은 교사를 대상으로 연구를 수행하는 것은 결코 쉬운 일이 아니다. 뿐만 아니라, 교사 변화를 대규모의 교사를 대상으로 연구를 한다는 것은 매우 어려운 일이다. 이러한 방법론적인 어려움 때문에 대다수의 연구들은 수학을 가르치는 교사의 변화 등과 관련한 다양한 문제에 대해 질적 연구 방법을 적용하거나 또한 한정된 수의 교사를 대상으로 연구를 수행하게 된다.

본 연구에 적용된 연구 방법은 양적 연구 방법이다. 따라서 교사 변화를 예측하기 위한 모델 검증을 위해서 통계적 분석을 통한 가설 검증 방법을 채택하였다. 수학 수업에 있어서 교사 변화를 어떻게 측정할 수 있는가? 변화가 성공적인지 어떻게 알 수 있는가? 개별 교사가 아닌 대규모 교사를 대상으로 한 교사 변화를 어떻게 검증할 수 있는가? 비록 교사 변화 관련한 많은 연구들이 질적 연구 결과에 근거하여 변인들 사이의 인과관계를 규명하고 또한 교사 변화의 필요성과 가능성을 주장하고 있으나, 결국 교사 변화에 대한 문제는 대규모의 교사들을 대상으로 엄밀한 양적 검증을 통해서 가장 효과적이고 설득력 있게 해결될 수 있다. 이러한 관점에서 본 연구에서는 양적 연구 방법을 적용하여 교사 변화 모델을 검증하고자 하였다. 이와 관련하여, 교사의 전문성, 교사 변화에 대한 일반화된 모델, 그리고 실제적인 변화 과정을 대규모의 교사들을 대상으로 검증할 수 있는 검사 도구와 방법에 대한 연구 필요성이 연구자들 사이에 지속적으로 논의되고 있는 실정이다.

우리나라의 수학교육이 발전되기 위해서는 교사들에 대한 다양하고 풍부한 연구들이 더욱 요구된다. 수학교육 질적 개선의 키는 결국 교사에게 달려있다. 그러나 국내에서 교사들을 대상으로 연구를 실행하기 위해서는 많은 현실적인 어려움에 부딪히게 된다. 예를 들어, 그 가운데서도 우리나라 교사들은 스스로가 연구의 대상이 되는 것에 대한 경계심이 매우 높기 때문에 교사들을 대상으로 교사의 지식을 연구한다거나 또는 수업을 평가하거나 분석하는 연구에 기꺼이 참여하겠다는 교사를 찾는 것이 쉽지 않다는 점이다. 앞으로 수학교육이 더욱 발전할 수 있기 위해서는 더욱 많은 교사들이 교사들을 대상으로 하는 연구에 적극적으로 참여하고 협조할 수 있는 환경과 분위기를 만들어 나가도록 하는 것도 수학교육 연구자들의 몫이라고 생각한다. 또한, 수학에 대한 교사의 전문성의 의미에 대해서도 획일화된 관점만을 강조하기 보다는 다양한 관점에서 그 의미가 해석이 되고 연구 될 수 있는 풍토가 조성될 필요가 있다. 다양성이 존재하지 않는 환경에서 창의적이고 건설적인 연구 및 이론이 형성되기 어렵다는 것은 주지의 사실이다. 연구 방법에 있어서도 질적 연구와 양적 연구가 조화롭고 창의적으로 적용이 될 때 수학 교사에 대한 연구 및 더 나아가서 수학교육에 대한 연구가 더욱 발전할 수 있을 것이다.

참고문헌

오영열(2003). 초등교사의 수학과 수업 개선 의지의 예측과 이해. **수학교육학연구, 13**(3), 267-286.

Fennema, E., & Franke, M. L. (1992). Teachers' knowledge and its impact. In D. A. Grouws (Ed.), *Handbook of research on mathematics teaching and learning* (pp. 147-164). New York: Macmillan Library Reference.

Thompson, A. G. (1992). Teachers' beliefs and conceptions: A synthesis of the research. In D. A. Grouws (Ed.), *Handbook of research on mathematics teaching and learning* (pp. 127-146). New York: Macmillan Library Reference.

大韓數學教育學會誌 數學教育學硏究 第 13 卷 第 3 號
The Journal of Educational Research in Mathematics
Vol. XIII, No.3, 267-286. August 2003

초등교사의 수학과 수업 개선 의지의 예측과 이해

오 영 열*

본 연구의 목적은 현행 7차 교육과정에서 강조하고 있는 학습자 중심 수학 수업 방식에 대한 초등학교 교사들의 신념의 구조를 이해하고, 이들 신념과 관련된 요인들이 수업 개선 의지에 어떻게 그리고 얼마나 영향을 미치는지 설명하고 예측함으로써 교사들의 수업의 질 향상에 도움이 되는데 있다. Fishbein과 Ajzen이 개발한 Theory of Planned Behavior 이론은 본 연구에서 교사들의 수업개선 의지, 신념, 태도, 주관적 규범 및 통제요인의 지각에 영향을 미치는 요인들을 체계적으로 조사하는데 개념적 틀을 제공하고 있다. 자료 수집을 위하여 281명의 초등학교 교사들이 본 연구에 참여하였으며 수집된 자료의 분석을 위하여 기술적 통계 분석과 다중선형회귀분석을 적용하였다. 연구 결과에 의하면 초등학교 교사들의 수업 관행의 변화는 우선적으로 수학을 학습자 중심으로 가르칠 때 예상되는 결과들의 가능성에 대한 주관적 판단에 의해 영향을 받는 것으로 보인다. 학습자 중심 수학 학습에 대한 교사 주변인들의 요구 또한 교사들의 수업 개선 의지에 약간의 영향을 끼치는 것으로 나타났다. 그러나 수업에 대한 통제요인 등은 수업 개선 의지를 예측하는데 크게 영향이 없는 것으로 판단된다.

I. 서론

지난 십여 년 동안 수학의 본질 및 수학 학습에 대한 교사들의 태도와 신념은 수학 교육자들 사이에서 중요한 논의의 대상이 되어왔다. 이러한 관심의 주된 이유는 수학이란 무엇이고, 어떻게 학습해야 하며 또한 어떻게 가르쳐야 하는지에 대하여 교사들이 옳다고 생각하는 것이 학생들의 학습 결과에 중요한 역할을 한다는 믿음 때문이었다. 예를 들어, 반복 연습이 수학 학습에 가장 효율적이라고 믿는 교사는 학생들이 공식을 암기하고 능숙하게 계산을 할 수 있도록 하기 위해 반복 연습을 강조할 것이며, 이와 반대로 수학에 대한 개념적 이해가 중요하다고 믿고 있는 교사는 협동학습 또는 학생들이 몰두할 수 있는 학습 환경을 만들어 줌으로써 학생들의 학습을 도우려 할 것이다. Lubienski와 Bowen(2000)에 의하면 지난 80년대 이후 초등 수학교육과 관련된 연구의 약 20퍼센트 가량은 교사의 행동에 관한 것이며, 특히 이러한 연구들의 상당부분은 교사들의 전통적인 수업 관행(teaching practices)의 변화에 요구된 교사의 신념에 관한 것들을 포함하고 있다. 교사들의 신념과 수업 관행의 관계에 대한 Thompson(1992)의 연구는 수업 관행과 신념과의 관계에 대한 더욱 상세한 연구의 필요성을 제기함으로써 이에 대한 연구의 관심을 불러일으킨 촉매역할을 했다. 어떤 연구들은(Peterson, Fennema, Carpenter, & Loef, 1989) 교사들

* 광주교육대학교, yyoh@gnue.ac.kr

의 신념과 수업 관행이 일치한다고 주장한 반면에, 또 다른 연구들은(e.g., Raymond, 1997; Cooney, 1985) 이들 둘 사이의 일관성의 부족을 지적하고 있다. Brown과 Borko(1992)에 의하면, 신념과 수업 관행의 불일치성은 대개 학습 자료의 부족, 수업 시간의 제약 및 표준화 검사와 같은 장애요인 때문에 발생한다고 주장한다. 대부분의 이러한 연구들은 NCTM(2000, 1991)과 같은 문헌에서 적극적으로 권고하고 있는 학습자 중심(learner-centered)으로의 교사들의 수업 관행의 변화에 필요한 교사의 신념의 변화를 강조하고 있다.

신념과 수업 관행에 관한 연구들은 좋은 수업을 위해서 수학에 대한 학생들의 흥미를 높여주거나 학습에 몰두할 수 있는 환경을 만들어 주는 것과 같은 교사의 역할에 대한 선호도에 있어서 학습자 중심 그룹의 교사들이 교사 중심 그룹의 교사들보다 훨씬 높을 것이라는 것을 전제로 하고 있다. 그러나 수학을 학습자 중심으로 가르침으로써 기대되는 학습 결과에 대해 전통적인 교사 중심 그룹과 비전통적인 학습자 중심 그룹의 교사들이 어떻게 평가하고 있는지에 대한 연구는 거의 이루어지지 않았다.

물론 교육 개혁의 핵심과제인 성공적인 수업 관행의 변화를 위해서는 교사의 신념뿐만 아니라 교사의 수학적 지식과 '학생들이 수학을 어떻게 이해하고 배우는지'에 대한 지식이 요구된다는 점은 분명해 보인다. 그러나 본 연구에서는 현행 7차 교육과정에서 권고하고 있는 학습자 중심 수업 방식에 대한 교사들의 신념의 패턴이 전통적 그룹과 비전통적 그룹의 초등학교 교사들 사이에 어떻게 차이가 나는지 규명해 볼 것이다. 또한 학습자 중심 수업 방식에 대한 초등학교 교사들의 태도, 수업 개선에 대한 주변의 압력, 그리고 수업 장애요인 등이 교사의 수업 개선 의지에 어떻게 그리고 얼마나 영향을 미치는지를 설명하고 예측하는 것 중심으로 논의를 할 것이다.

II. 이론적 배경

1. 신념과 수업 관행

매일 매일 교실에서 일어나는 일들을 이해하고, 해석하고, 그리고 중요한 의사 결정을 하기 위해 교사들은 그들이 알고 있는 지식과 함께 신념에 크게 의존한다. 이것은 교사의 수업 방식이 그들의 신념에 의해 매우 영향을 받는다는 것을 의미한다. 교사의 신념과 교육 연구에 대한 문헌적 연구에서 교사의 신념에 대한 연구의 중요성을 강조한 Pajares(1992)에 의하면 신념은 개인의 주관적 평가와 같은 감정적 측면을 포함하고 있으며 지식과는 달리 전체적인 합의를 요구하지 않는 특징이 있다. 신념은 대개 개인적 경험이나 문화적 환경에 의해 형성된다. 예를 들면, 수학 교수·학습에 대한 교사의 신념은 과거 학창시절에 수학을 배운 경험이나 또는 현직 교사로서 수학을 가르쳐 본 경험에 의해 영향을 받는다.

수학 교육에서 신념에 대한 연구들은 수학의 본질 및 수학 교수·학습에 대한 교사들의 신념에 주로 집중되어 왔다(Raymond, 1997; Brown & Borko, 1992; Thompson, 1992; Ernest, 1989; Cooney, 1985). 이러한 연구들은 수학 수업과 관련하여 교사의 역할 또는 학생의 역할에 대한 교사들의 일반적인 신념을 탐색하는데 초점을 맞추어 왔다. 특히, 교사의 신념과 수업 관행에 대한 대부분의 연구들은 이들 둘 사이의 연관성을 묻는데 많은 노력을 기울여 왔다. TIMSS 연구 결과에 의하면 평균적으로 네 명의 미국 교사들 중에서 약 세 명은 수학에 대한 전통적인 시각을 가지고 있으며, 실제로 90 퍼센트 이상의 교사들이 개념적 이해보다는 절차적 이해를 강조하고 있는 것으로 밝혀졌다(Schmidt, Mcknight, Cogan, Jakwerth, & Houang, 1999). 이러한 실증적 연구 결과는 교사의 신념이 그들의 수업 관행과 밀접하게 연관되어 있다는 주장을 뒷받침한다.

신념에 대한 또 다른 접근은 구체적인 교과 영역에 대한 교사의 신념과 수업 관행의 관련성에서 찾을 수 있다. 예를 들면, CGI (Cognitively Guided Instruction)에 의해 잘 알려진 학생들이 어떻게 수학을 배우는지에 대한 교사들의 신념(Vacc & Bright, 1999; Peterson, Fennema, Carpenter, & Loef, 1989), 학생들의 대수적 개념의 발달에 대한 교사들의 신념(Nathan & Koedinger, 2000), 또는 소그룹 학습에 대한 교사들의 신념(Good, Grouws, & Mason, 1990)에 대한 연구 등을 들 수 있다. CGI 연구의 결과는 1학년 덧셈과 뺄셈과 같은 구체적 영역에 대한 교사의 신념이 학생들의 학습 결과를 더욱 효과적으로 예측하고 이해하는데 도움이 된다는 것을 보여준다. 따라서 구체적 영역에 대한 수학적 지식을 학생들이 어떻게 이해하고 배우는가에 대한 교사의 신념이 결국은 교사의 수업의 질적인 측면으로 연결된다는 것을 강조한다(Fennema et al., 1996; Fennema et al., 1993).

수학을 어떻게 가르쳐야 하는지에 대한 교사들의 신념은 다양한 형태로 형성된다. 교실 환경에서 학생들에게 수학을 가르치면서 얻은 경험의 축적에 의해 형성되기도 하고 예비 교사로서 새로운 수학적 개념이나 교수·학습 이론을 배우면서 이러한 신념은 형성된다(Brown & Borko, 1992). 또는, 과거에 학생으로서 선생님들이 수학을 가르치는 것을 보면서 신념이 형성되기도 한다(Holt-Reynolds, 1992). 또 다른 연구에 의하면 동료 교사와의 교과 모임이나 수업 개선을 위한 프로그램에 참여함으로서 교사의 신념은 형성된다고 한다(Franke, Fennema, & Carpenter, 1997; Stein & Brown, 1997). 한편, 교사의 신념을 방해하는 요인들도 주목을 받아왔다. 특히 수업 시간에 이러한 장애요인들에 접하게 되면 교사들은 쉽게 자신들의 신념을 포기하게 된다(Raymond, 1997; Thompson, 1992, 1984). 예를 들어, 학습 자료의 부족이라든가 또는 대학 입시와 같은 현실적인 장애요인에 접하게 되면 수학 교수·학습에 대한 비전통적인 신념을 가지고 있는 교사들조차도 쉽게 그들의 신념을 포기한다는 것을 이 연구들은 보여준다. 이러한 결과들은 기존에 형성된 신념을 바꾸는 것이 매우 어렵다는 것을 암시하고 있다. 그러나 이러한 사회적 요인들이 교사의 신념 형성과 수업에 어느 정도 영향을 미치고 있는지에 대해서는 기존 질적 연구 결과들의 한계라고 할 수 있다.

위에서 설명한 것처럼 지금까지의 신념에 대한 대부분의 연구들은 문제에 대한 일반적인 접근이나 내용적 영역에 대한 교사의 신념 연구에 한정되어 왔다. 비록 이러한 연구들이 교사의 신념의 변화가 학습자 중심으로의 수업 관행의 변화에 영향을 미친다는 것을 전제로 하고 있으나, 실제 우리가 관심을 갖고 있는 학습자 중심 수업 방식 자체에 대한 교사의 신념에 대한 연구는 거의 찾아보기 어렵다. 문제에 대한 기존의 일반적인 설명은 교사 중심 그룹의 교사와 비전통적 그룹 교사들의 서로 다른 신념으로 인해 동일한 학습 결과에 대해 서로 다른 가치판단을 하게 된다는 것을 암시해 왔다. 신념에 대한 기존의 연구 결과들은 장기적인 교사 교육 프로그램에 의해 교사의 신념들이 변화될 수 있다고 제안하고 있다. 그러나 신념에 영향을 미치는 다양한 형태의 요인들이 교사의 신념과 수업 개선에 어떻게 그리고 어느 정도 영향을 미치고 있는지에 대한 체계적이고 계량적인 연구의 필요성이 제기된다.

2. 신념과 수업 관행에 대한 연구 모델: TPB 모델의 적용

본 연구에서 교사들의 수학 수업 개선 연구의 이론적 모델을 제공하고 있는 Theory of Planned Behavior(이하 TPB) 모델은 사회적 관련이 있는 인간의 행동을 설명하고 예측하기 위해 Fishbein과 Ajzen에 의해 개발된 매우 성공적인 심리학적 모델로 알려져 있다(Becker & Gibson, 1998; Ajzen & Fishbein, 1980; Fishbein & Ajzen, 1975). TPB 모델은 '기본적으로 인간은 이성적이며, 의사 결정을 위해 자신이 활용할 수 있는 정보를 체계적으로 사용한다'는 가정을 전제로 한다(Ajzen & Fishbein, 1980, p. 5). 이 모델을 적용한 연구를 비록 수학 교육 분야에서 찾아보기는 쉽지 않지만 과학교육(Crawly & Kobala, 1994; Kobala & Crawley, 1992)과 특수교육(Kalivoda & Higbee, 1998)등 다른 학문 분야에서는 행동의 예측 및 설명, 측정 도구의 개발, 신념 및 태도와 관련된 프로그램의 개발 등에 TPB 모델을 폭넓게 적용하여 왔다. 여러 학문 분야에서 TPB 모델을 적용하여 인간의 행동을 예측하고 설명한 이러한 연구 결과들은 최근 수학 교육의 중요한 이슈가 되고 있는 교사의 수업 관행의 변화에 대한 연구에 보다 체계적이고 구조적인 접근이 가능하다는 것을 암시한다.

TPB 모델은 어떤 목표가 되는 '행위' (behavior)를 예측하고 설명하기 위해 그 행위에 영향을 미치는 변인들 사이의 인과관계를 말한다. [그림 Ⅱ-1]에 제시한 TPB 모델의 중요한 특징은 어떤 사람의 행위는 그 사람이 정말로 그러한 행위를 할 의지가 있는지를 의미하는 '행위 의지'(behavioral intention)에 의해서 결정된다는데 있다. 본 연구에서는 목표가 되는 행위를 현행 7차 수학과 교육과정에서 권고하는 교사들의 학습자 중심 수학 수업이라고 정의한다(교육부, 1997). 따라서 행위 의지는 교사들의 학습자 중심으로의 수업 개선 의지를 나타낸다. [그림 Ⅱ-1]에 제시된 것처럼 어떤 한 개인의 행위 의지는 태도(attitude), 주관적 규범(subjective norm), 통제요인 지각(perceived behavioral control)의 함수적 관계에 의해 결정된다. 태도는 관심의 대상이 되는 행위에 대한 긍정적 또는 부정적 평가를 나타내며, 주관적 규범은 그러한 행위를 해야 할 것인지 아닌지에 대해 주변으로부터 느끼는 압력을 의미한다. 그리고 통제요인 지각은 어떤 행위를 하는 것이 얼마나 쉬운지 아니면 어려운지에 대한 개인의 주관적 인식의 정도를 말한다.

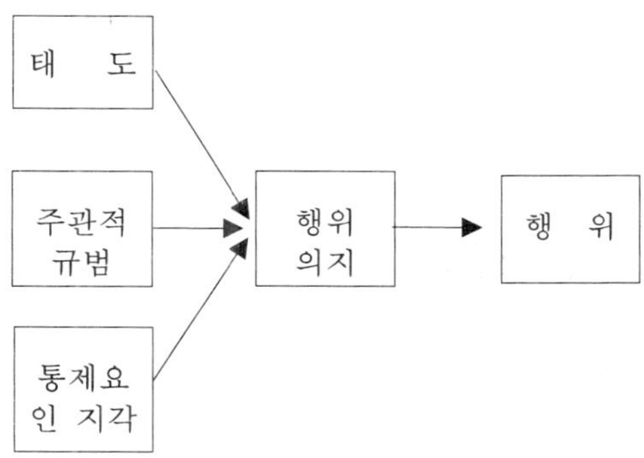

[그림 Ⅱ-1] TPB 모델: 행위, 행위 의지, 태도, 주관적 규범 및 통제요인 지각 사이의 관계

TPB 모델을 본 연구의 관심인 초등학교 교사들의 학습자 중심으로의 수업 개선 의지와 관련지어 보면 태도란 수학을 학습자 중심으로 가르치는 것에 대한 교사들의 긍정적 또는 부정적 평가를 의미한다. 태도는 학습자 중심으로 수학을 가르칠 때 예상되는 학습 결과들의

발생 가능성에 대한 교사 개인의 신념을 의미하는 행위 신념(behavioral beliefs)과 그러한 예상되는 학습 결과에 대한 긍정적 또는 부정적 평가를 나타내는 예상결과의 평가(outcome evaluations)에 의한 함수로써 설명된다. 주관적 규범은 학습자 중심 수업에 대한 어떤 개인 또는 단체의 요구를 나타내는 규범적 신념(normative beliefs)과 그들의 요구에 따를 것인지를 의미하는 실천의지(motivation to comply)에 의한 함수적 관계로써 설명된다. 마찬가지로, 통제요인 지각은 수업에 도움이 되거나 방해가 되는 정도를 나타내는 통제요인[1)](control factors)과 이들 요인의 발생 정도를 의미하는 통제요인 발생 빈도(frequency of occurrence of control factors)에 의해 평가된다.

따라서 본 연구에서 적용한 TPB 모델은 우리나라 초등학교 교사들의 수학 수업 관행에 영향을 미치는 신념들의 구조를 이해하고, 또한 이들 신념과 수업 관행의 관계를 체계적이고 계량적으로 설명하고 분석하는데 적합한 개념적 틀이라고 판단된다.

III. 연구 방법 및 자료 분석

연구대상. 본 연구에서는 수학을 가르치고 있는 모든 초등학교 교사들을 관심의 대상으로 하고 있다. 연구의 목적을 달성하기 위하여 학교 교육의 목표, 사회 경제적 여건 및 교육 경력 등을 고려하여 21개의 학교에서 총 281명의 교사들이 본 연구에 참여하였다. 표집된 교사들은 수학 교수-학습 방법의 선호도에 따라 학습자 중심(그룹 1, n=177명)과 교사 중심(그룹 2, n=64명)으로 분류하였으며, 나머지 40명의 교사들은 중간 그룹(undecided)에 속하여 본 연구의 비교대상에서 제외하였다.

교사들의 수업 관행이 학습자 중심인지 아니면 교사 중심인지 명확히 구분하기 위해 본 연구에서 적용한 방법은 다음과 같다. 먼저 위에 제시한 두 가지 수업 관행의 특징에 대한 교사들의 혼돈을 피하기 위해 이들 수업 관행에 대한 간략한 스케치를 담은 글을 읽게 한 다음 '(1) 나는 학생 중심으로 (예를 들면, 이해 중심, 학생들의 생각 중심, 개념 탐구, 학습의 장으로써의 학습 환경, 그리고 다양한 학습 기회의 제공) 수학을 가르칠 것이다.'와 '(2) 나는 교사 중심으로 (예를 들면, 규칙, 기호, 공식 암기, 반복적인 훈련과 연습, 계산의 숙달, 그리고 정답 중시) 수학을 가르칠 것이다'의 문항에 응답하게 하였다. 그 다음으로 (1)의 응답에서 (2)를 뺀 결과로써 교사들을 두 집단으로 분류하였다. 이와 같은 방법은 많은 교사들의 수업 관행을 분류하는데 매우 유익하다.

검사도구의 개발. 학습자 중심 수업에 대한 교사들의 태도, 신념, 주변으로부터의 압력의 정도 및 장애요인의 정도를 측정하기 위한 검사 도구의 개발은 Ajzen과 Fishbein (1980)이 제시한 문항 개발 지침에 따랐다. 문항 개발의 제 1단계는 관심의 대상인 행위(behavior)에 대해 명확히 정의를 내리는 것이다. <그림 1>을 통해서 알 수 있듯이 TPB 모델에 의하면 어떤 사람의 행위는 오직 행위 의지(behavioral intention)에 의해서 예측된다. 다음으로 문항 개발의 제 2단계는 목표가 되는 행위에 준해서 행위의도에 대한 정의를 내려야 한다. 최종적으로 연구에 사용한 검사 도구는 TPB 모델의 적용에

1) 본 논문에서 '통제요인'으로 번역하고 있는 control factors는 수업에 긍정적 요인과 부정적 요인을 모두 포함한다. 따라서 본 논문을 통하여 특별히 '장애요인'이라고 언급하는 경우는 부정적 통제요인을 가리킨다.

필요한 태도(attitude), 주관적 규범(subjective norm) 및 통제요인 지각(perceived behavioral control)을 측정하기 위한 문항들을 포함하고 있다. 문항의 예를 보면, 수학을 학생 중심으로 가르칠 것인지에 대한 교사들의 행위 의지는 +3(그런 것 같다)부터 -3(그런 것 같지 않다)까지 다음과 같은 7단계의 likert 척도를 이용하여 측정하였다.

> 나는 학생중심으로 (예를 들면, 학생들의 생각 중심, 개념 탐구, 학습의 장으로써의 학습 환경, 그리고 다양한 학습 기회의 제공) 수학을 가르칠 것이다.
>
> 그런 것 _____ : _____ : _____ : _____ :
> 같다 아주 꽤 약간 보통
>
> _____ : _____ : _____ 그런 것
> 약간 꽤 아주 같지 않다

특히 본 연구에서 적용한 검사도구의 중요한 특징은 수업 관행에 대한 교사들의 대표적인 신념들을 예비 조사(pilot study)를 통하여 교사들로부터 직접 추출해 내었다는데 있다. 즉, 예비 조사에 참여한 64명의 표본 교사들에게 수학을 학습자 중심 또는 교사 중심으로 가르칠 때 예상되는 장단점, 수업에 영향을 주는 주변인들, 그리고 수업에 도움이 되거나 장애가 되는 요인들을 각각 여섯 가지 범위 내에서 기입하게 하였다. 예비 설문 조사 결과 나온 응답을 빈도에 따라 순서대로 나열한 후 전체 빈도의 75% 범주 내에 포함되는 모든 결과들을 최종 검사 도구의 개발에 적용하였다(Ajzen & Fishbein, 1980). 그 결과 <표 Ⅳ-1>에 나타난 것처럼 수학을 학습자 중심으로 가르칠 때 예상되는 16개의 대표적인 결과들을 찾아낼 수 있었다. 예를 들면, 많은 초등학교 교사들은 수학을 학습자 중심으로 가르친다면 학생들이 수학적 개념과 원리를 이해하도록 돕는 결과가 나올 것으로 믿고 있음을 <표 Ⅳ-1>의 1번 문항은 보여준다. <표 Ⅳ-1>에 나타난 16개의 문항에서 6, 7, 12, 16번은 측정을 위해 역으로 진술한 것이다. 마찬가지 방법으로 교사들이 수학을 가르치는데 영향을 주는 대표적인 주변인들은 <표 Ⅳ-2>에 제시된 것처럼 학생, 학부모, 대학 교수, 동료 교사, 학교 행정가, 사설학원으로 나타났다. 마지막으로 <표 Ⅳ-3>에서 알 수 있듯이 교사들의 수업에 도움이 되거나 방해가 되는 요인으로는 학생들의 학습 능력차, 학습 자료의 부족, 교사 교육 프로그램, 교사-학생 비율, 동료 교사와의 규칙적인 교과 연구 모임인 것으로 확인됐다.

신뢰도. 이번 연구에 사용된 변인들의 신뢰도를 측정하기 위해 Chronbach's α 계수를 적용하였다. 그 결과 행위 신념, 예상 결과의 평가, 규범적 신념 및 실천의지에 대해 각각 .71, .82, .65 및 .81로써 이들 문항에 대한 교사들의 응답은 상당히 높은 내적 일치도(internal consistency)를 보여준다. 하지만 통제요인과 통제요인 빈도에 대한 알파계수는 각각 .54와 .63으로 다소 불만족스러운 결과를 나타냈는데 이것은 아마도 많은 문항으로 구성된 검사도구의 후반부에 배치됨에 따라 설문에 대한 응답자들의 피로도 때문인 것으로 추정된다.

자료 분석. 본 연구의 자료를 분석하기 위하여 기술적 통계 분석(descriptive statistics)과 다중선형회귀분석(multiple linear regression analysis)을 적용하였다. 기술적 통계 분석은 행위의지의 세 예측변수(predictor variables)인 태도, 주관적 규범, 그리고 통제요인 지각에 대한 이해를 높이는데 목적이 있다. 따라서 기술적 통계 분석을 통하여 이들 세 변인을 설명하기 위하여 행위 신념과 예상결과의 평가(태도), 규범적 신념과 실천 의지(주관적 규범), 그리고 통제요인과 통제요인 발생 빈도(통제요인 지각)에 대한 학습자 중심 그룹과 교사 중심 그룹 교사들의 각 문항에 대한 응답의 평균값(mean)을 알아보고 또한 t-검증을 통해 이들 변인들에 대한 두 그룹간의 통계적 유의차(significant difference)를 조사하였다. 다중선형회귀분석 방법은 학습자 중심 수업 방식에 대해 느끼는 교사들의 태도, 주변으로부터 느끼는 수업 개선에 대한 압력, 그리고 수업에 긍정적 또는 부정적 요인을 지칭하는 통제요인 등의 함수적 관계에 의해서 교사들의 수업 개선 의지를 예측하기 위해서 적용하였다. 수업 개선에 어떠한 변인이 가장 중요한 역할을 하는지에 대해서도 다중선형회귀분석 결과로 분석하였다.

Ⅳ. 결과

1. TPB 요인에 대한 기술적 통계 분석 결과

기술적 통계 분석에서는 학습자 중심 수학 수업 방식에 대한 초등학교 교사들의 태도, 주관적 신념 및 통제요인 지각에 관련된 요인들을 중심으로 통계적으로 분석하게 된다. 특히, 학습자 중심 그룹(그룹 1)과 교사 중심 그룹(그룹 2)으로 나누어 분석함으로써 이들 두 그룹 교사들의 신념 패턴의 차이를 보다 명확하게 인식할 수 있을 것이다.

가. 태도의 분석

앞에서 언급한 것처럼 학습자 중심 수학 수업에 대한 교사들의 긍정적 또는 부정적 평가를 나타내는 태도(attitude)는 행위 신념(behavioral beliefs)과 예상결과의 평가(outcome evaluations)에 의해 설명된다. 행위 신념은 수학을 학습자 중심으로 가르칠 때 나타나게 될 예상되는 결과의 가능성에 대한 교사의 신념을 나타낸다. 예상결과의 평가는 학습자 중심으로 가르칠 때 나타나게 될 예상되는 결과에 대한 교사들의 긍정적 또는 부정적 평가를 나타낸다. 아래에 행위 신념과 예상결과의 평가 영역을 측정하기 위해 본 연구에 사용된 문항의 예들이 제시되어 있으며, <표 Ⅳ-1>은 그 분석 결과를 보여준다.

행위 신념(behavioral beliefs):
내가 수학을 학생 중심으로 가르친다면 학생들의 수학에 대한 흥미를 높일 것이다.

그런 것 같다 ____ : _____ : _____ : _____ : _____ : _____ : _____ 그런 것 같지않다
아주 꽤 약간 보통 약간 꽤 아주

예상 결과의 평가(outcome evaluations):
학생들의 수학에 대한 흥미를 높이는 것은

좋다 _____ : _____ : _____ : _____ : _____ : _____ : _____ 나쁘다
아주 꽤 약간 보통 약간 꽤 아주

<표 Ⅳ-1>에서 행위 신념에 대한 평균값이 높을수록 수학을 학생 중심으로 가르칠 때 문항에 제시된 학습 결과로 나타날 가능성이 높음을 의미한다. 마찬가지로 예상결과의 평가에 대한 평균값이 높을 수록문항에 제시된 예상되는 결과를 긍정적으로 평가한 반면에 음수의 평균값은 부정적 평가를 의미한다. 예를 들어, 2번 문항의 '수학에 대한 학생들의 흥미를 높인다'에 대한 그룹 1의 평가는 2.58로서 매우 높게 나왔는데, 이것은 이 그룹의 교사들이 수학에 대한 학생들의 흥미를 높이는 것은 매우

바람직하다고 평가하고 있음을 의미한다.

<표 Ⅳ-1>에 제시된 분석 결과를 보면 수학 수업 관행에 대한 교사들의 선호도는 그들이 가지고 있는 행위 신념 때문이라는 것이 명백해 보인다. 예를 들면, 첫 번째 문항인 '수학적 개념과 원리를 이해할 수 있도록 학생들을 도와주는 것'에 대하여 두 그룹 모두 긍정적으로 평가하고 있다. 반면에 이 문항에 대한 두 그룹 교사들의 행위 신념 분석 결과는 두 그룹 사이에 통계적으로 유의미한 차이를 보여준다. 이것은 그룹 1의 교사들이 그룹 2의 교사들에 비해서 수학을 학습자 중심으로 가르칠 때 학생들이 수학적 개념과 원리를 이해하기 쉬울 것이라고 더욱 강하게 믿고 있음을 의미한다. 행위 신념에 대한 이러한 교사들의 신념의 차이는 수학을 교사중심 방식으로 가르쳐야하는지 또는 학습자 중심으로 가르쳐야 하는지를 결정하는 중요한 요인이 되고 있다.

<표 Ⅳ-1>에서 첫 번째로 주목할 것은 학습자 중심으로 수학을 가르칠 때 나타나게 될 예상되는 결과인 각 문항에 대한 평가에 있어서 두 그룹 간에 통계적으로 거의 차이가 없다는 점이다. 즉, 수학에 대한 학생들의 흥미 증가, 응용력의 신장, 학습에 몰두할 수 있는 학습 환경의 조성, 사고력의 발달, 탐구력의 개발, 수업에 적극적인 참여, 그리고 비판적 사고력을 길러주는 것에 대해 두 그룹 모두 매우 긍정적으로 평가하고 있다. 반면에 학습 자료를 준비하는데 많은 시간이 요구되는 것에 대해서는 부정적인 평가가 높았다. 이러한 분석 결과는

<표 Ⅳ-1> 행위 신념과 예상 결과의 평가 분석 결과

예상 결과	행위 신념		예상결과의 평가	
	(그룹 1) 평 균	(그룹 2) 평 균	(그룹 1) 평 균	(그룹 2) 평 균
1. 학생들의 수학적 개념과 원리를 이해하도록 돕는다	1.89*	1.34	2.50	2.39
2. 수학에 대한 학생들의 흥미를 높인다	2.01*	1.69	2.58	2.48
3. 학생들의 수준 차를 줄여준다	0.80*	0.11	1.90	1.89
4. 응용력을 높인다	0.29*	-0.25	2.45	2.33
5. 문제해결력을 향상시킨다	1.64*	1.13	2.44	2.41
6. 학생들을 훈련과 연습의 방법으로 수학을 배우게 한다	-0.12	-0.50	0.88	1.28*
7. 학생들이 학습 목표를 빠르게 달성하도록 해준다	0.68*	-0.08	1.02	1.08
8.모든 학생들이 몰두할 수 있는 학습 환경을 유지해준다	1.04*	0.44	2.39	2.33
9. 사고력을 발달시킨다	1.89	1.77	2.66	2.55
10. 탐구력을 발달시킨다	1.85*	1.56	2.62	2.52
11. 학생들이 수업에 적극적으로 참여할 수 있도록 북돋운다	0.27	-0.02	2.71	2.55
12. 학생들에게 기본적인 계산기능을 가르친다	-0.84*	-1.52	1.84	1.81
13. 학습자료를 준비하기 위한 시간이 많이 요구된다	1.83	1.84	0.01*	-0.41
14. 비판적 사고력을 높여준다	2.04*	1.72	2.61*	2.36
15. 필수 교육과정을 모두 가르치기 힘들다	-0.50*	-1.23	0.31	0.19
16. 높은 교사-학생 비율의 학급에 효율적이다	-0.86*	-1.37	0.65	0.17

주의. *유의미한 차이($p<.05$); 전체적인 제 1종 오류 (overall type I error) α=.56.

좋은 수학 수업은 어떠한 특징 및 학습 결과를 가져와야 하는지에 대한 두 그룹 교사들의 신념이 일치한다는 것을 의미한다.

<표 Ⅳ-1>에 제시된 행위 신념에 대한 분석 결과는 수학을 학습자 중심으로 가르칠 때 나타나게 될 예상되는 결과의 가능성에 대한 두 그룹의 교사들의 신념이 통계적으로 매우 차이가 있음을 보여준다. 먼저 그룹 1의 교사들을 살펴보자. 표에 제시된 것처럼 이들 교사들은 수학을 학습자 중심으로 가르칠 때 나타나게 될 대부분의 예상 결과들에 대해서 상당히 높은 기대 수준을 보여주고 있다. 예를 들어, 수학을 학습자 중심으로 가르칠 때 수학에 대한 학생들의 흥미를 매우 높일 수 있을 뿐만 아니라 비판적 사고력을 신장시킬 수 있을 것이라고 이 그룹의 교사들은 강하게 믿고 있다. 또한, 학생들의 탐구력, 사고력, 문제 해결력의 신장을 가져올 뿐만 아니라 학생들을 수학 학습에 몰두할 수 있게 하는 효과가 있을 것이라고 믿고 있음을 알 수 있다. 하지만 이 그룹의 교사들은 훈련과 연습(drill and practice), 기본적인 계산 기능 및 다인수 학급에서의 효율성 측면과는 학습자 중심 수업 방식이 거리가 있으며, 또한 교육과정을 모두 가르치기 어렵다고 느끼는 것으로 나타났다.

요약하건데 그룹 1에 속한 교사들은 교사 중심 방식보다는 학습자 중심으로 수학을 가르칠 때 훨씬 효과적인 학습 결과를 얻을 수 있을 것이라고 믿고 있으며, 이는 반대로 교사 중심 수업 방식에 대해 부정적인 생각을 갖고 있는 것으로 나타났다. 따라서 학습자 중심 그룹 교사들의 신념은 학습자 중심 수업 방식에 대한 그들의 선호도를 반영한다.

<표 Ⅳ-1>에 제시된 행위 신념에 대한 그룹2의 분석결과를 보면, 교사 중심 그룹의 교사들은 그룹 1의 교사들과 비교해 볼 때 수학을 학습자 중심으로 가르칠 때 예상되는 결과의 가능성에 대한 기대치가 상당히 낮은 것으로 나타났다. 비록 이 그룹의 교사들도 학습자 중심의 수학 학습 방식이 학생들의 흥미를 높여줄 수 있고, 학생들의 사고력도 향상시킬 수 있으리라고 믿고 있으나, 각 문항의 응답에 대한 평균값으로 판단하건데 일반적으로 높은 수준의 학습 효과를 기대하고 있지 않는 것으로 판단된다. 오히려 이러한 학습 방식이 학생들의 응용력(-0.25)이나 기본적인 계산 기능(-1.52)을 떨어뜨림으로써 학생들의 학습 능력을 저하시킬 수 있으리라는 염려를 보여준다. 주목할 만한 것은 학습자 중심 수업 방식이 한국에서와 같은 다인수 학급에서는 매우 비효율적(-1.37)일 뿐만 아니라 필수 교육과정 분량을 모두 가르치기 힘들 것(-1.23)이라고 생각하는 그룹 2의 교사들의 신념은 학습자 중심 수업 방식의 효율성에 대한 염려를 반영하는 것으로 판단된다. 아마도 학습자 중심 수업 방식에 대한 이 그룹의 교사들의 비우호적인 시각은 교사들의 신념을 변화시킴으로써 수업의 질을 높이려는 많은 연구자들의 노력에 매우 중대한 장애요인이 될 것으로 예측된다.

전체적으로 수학을 학습자 중심으로 가르칠 때 나타나게 될 예상되는 학습의 결과에 대한 긍정적 또는 부정적 평가에 대해서는 두 그룹의 교사들 사이에 통계적으로 거의 차이가 없음이 입증되었다. 하지만 교사들의 행위 신념, 즉 학습자 중심으로 수학을 가르칠 경우에 예상되는 결과에 대한 기대치는 전체 열여섯 개의 문항 중에서 12개 항목에 대해 두 그룹 사이에 통계적으로 유의미한 차이를 나타냈다. 이것은 학습자 중심으로 수학을 가르칠 때 예상되는 결과의 실현 가능성에 대해 그룹 1의 교사들이 그룹 2의 교사들에 비해 훨씬 높은 기대 수준을 갖고 있음을 보여준다. 따라서 그

룹 1의 교사들이 그룹 2의 교사들보다 학습자 중심 수학 수업 방식을 크게 선호하고 있음을 보여주고 있다. 결과적으로 어떤 한 수학 수업 방식이 그 반대의 수업 방식보다 더 많은 긍정적인 효과와 더 적은 부정적인 결과를 가져올 것이라고 어떤 교사가 믿고 있을 때 그 교사는 후자의 수업 방식보다는 전자의 수업 방식을 선호하게 된다.

나. 주관적 규범의 분석

학습자 중심 수학 수업에 대한 주변의 압력을 의미하는 교사들의 주관적 규범(subjective norm)에 대한 분석 방법은 앞에서 설명한 행위 신념과 예상결과의 평가에 의한 태도의 분석 방법과 유사하다. 즉, 주관적 규범은 규범적 신념(normative beliefs)과 실천의지(motivation to comply)에 의해 설명된다. 규범적 신념은 학습자 중심 수학 수업에 대한 개인 또는 단체의 요구를 나타내고, 실천의지는 이러한 주변의 요구에 따를 것인지에 대한 의지를 의미한다. 아래에 규범적 신념과 실천의지를 측정하기 위해 본 연구에 사용된 검사 문항의 예들이 제시되어 있으며, <표 Ⅳ-2>는 그 분석 결과를 나타낸다.

규범적 신념(normative beliefs):
나의 학생들은 내가 수학을 학생 중심으로 가르쳐야 한다고 생각한다.

그런 것 ______ : ______ : ______ : ______ :
같다 아주 꽤 약간 보통
______ : ______ : ______ 그런 것
약간 꽤 아주 같지않다

실천의지(motivation to comply):
일반적으로 말해서, 나는 나의 학생들이 원하는 대로하겠다.

그런 것 ______ : ______ : ______ : ______ :
같다 아주 꽤 약간 보통
______ : ______ : ______ 그런 것
약간 꽤 아주 같지않다

<표 Ⅳ-2>에서 규범적 신념에 대한 평균값이 높을수록 개인 또는 단체로부터 수학을 학습자 중심으로 가르쳐야 된다는 것에 대한 높은 압력을 교사들이 느끼고 있음을 의미하며, 음수의 경우는 그 반대를 나타낸다. 실천의지에 대한 평균값이 높을수록 학습자 중심의 수학 수업에 대한 주변의 요구를 수용할 의지가 높다는 것을 의미하며, 마찬가지로 음수의 경우는 주변의 요구를 전혀 수용할 의지가 없음을 의미한다.

<표 Ⅳ-2>의 규범적 신념에 대한 분석 결과를 보면 학생, 학부모, 대학 교수, 동료 교사 및 학교 행정가들은 대체로 교사들이 학습자 중심의 수학을 가르치기를 원하는 반면 오직 사설학원만이 전통적인 방식의 수업 방식을 지지하고 있는 것으로 두 그룹의 교사들은 인식하고 있었다. 또한 학습자 중심 수업에 대한 학생, 학부모, 동료 교사들로부터의 압력의 정도에 대해 두 그룹의 교사들 사이에 유의미한 차이를 보여주고 있다. 즉, 그룹 1의 교사들이 그룹 2의 교사들보다 학습자 중심 수업에 대하여 이들 주변인들로부터 압력을 훨씬 더 크게 느끼고 있음을 가리킨다. 한편, 학교 행정가들로부터 느끼는 압력은 매우 미미한 반면, 학습자

중심 수업 방식에 대한 대학 교수들의 선호도는 두 그룹의 교사들 모두 매우 높게 평가하고 있다. 이 결과는 예비 교사기간동안의 경험들이 수학 교수·학습 방식에 대한 교사들의 비전통적인 신념 형성에 영향을 미치고 있다는 것을 암시한다.

<표 Ⅳ-2>에 제시된 학습자 중심 수업 방식에 대한 주변인들의 요구를 교사들이 수용할 의지가 있는지를 나타내는 실천의지에 대한 분석 결과 두 그룹 간에 통계적으로 유의미한 차이는 전혀 없는 것으로 나타났다. 즉, 학생과 학부모의 의견뿐만 아니라 대학 교수, 동료 교사, 학교 행정가, 그리고 사설학원 등 모든 주변인들의 요구에 대한 교사들의 실천의지에 있어서 그룹 간 차이가 없었다. 그러나 흥미로운 것은 두 그룹의 교사들 모두가 수업에 가장 크게 영향을 끼치는 주변인으로 학생의 의견을 중요하게 여기고 있는 반면에 사설학원의 의견을 가장 부정적으로 생각하고 있는 것으로 나타났다. 일반적으로 말해서, 이들 학생, 학부모, 대학 교수를 포함한 모든 주변인들의 요구에 따를 것인지에 대해 교사들은 매우 보수적인 것으로 판단된다.

위의 결과들을 종합해 볼 때 학습자 중심 수업 방식에 대해 주변인들의 요구에 대해 그룹 1의 교사들은 학생(0.30)과 동료교사(0.08)들의 요구만을 매우 미약하지만 약간은 따를 의지가 있음을 보여준다. <표 Ⅳ-2>의 실천의지에 대한 평균값을 보면 그 밖의 모든 주변인들의 요구에 대한 두 그룹 교사들의 부정적 실천의지의 분석 결과는 학부모, 대학 교수, 학교 행정가 및 사설 학원의 요구를 수업에 반영할 의지가 전혀 없음을 보여준다. 특히, 사설학원에 대한 교사들의 매우 부정적인 평가(그룹 1, -1.44; 그룹 2, -1.63)는 사설 학원을 수업의 장애요인으로 간주하고 있음을 암시한다. 반면에 그룹 2의 규범적 신념에 대한 분석 결과를 보면 대학 교수(1.53)를 제외한 대부분의 평균값들은 매우 낮게 나타났다. 이 결과는 대부분의 주변인들로부터 그룹 2의 교사들은 학습자 중심의 수학 수업에 대한 압력을 크게 받지 않은 것으로 생각된다. 흥미로운 것은 위에 제시된 주변인들의 수업 개선에 대한 요구를 교사들이 적극적으로 느낀다고 하더라도 실천의지에 대한 분석 결과에서 알 수 있듯이 그러한 주변인들의 요구를 대부분의 교사들은 수용할 의지가 없

<표 Ⅳ-2> 규범적 신념과 실천의지의 분석 결과

주변인	규범적 신념		실천의지	
	(그룹 1) 평 균	(그룹 2) 평 균	(그룹 1) 평 균	(그룹 2) 평 균
1. 학생	1.07*	0.55	0.30	-0.02
2. 학부모	0.93*	0.31	-0.02	-0.02
3. 대학교수	1.70	1.53	-0.11	-0.20
4. 동료교사	1.13*	0.47	0.08	-0.06
5. 학교 행정가	0.16	0.20	-0.62	-0.81
6. 사설학원	-0.34	-0.73	-1.44	-1.63

주의. *유의미한 차이($p<.05$); 전체적인 제 1종 오류 $\alpha=.26$.

는것으로 나타났다.

다. 통제요인 지각의 분석

수학을 학습자 중심으로 가르치는 것이 얼마나 쉬운지 또는 어려운지에 대한 개인의 주관적 인식을 나타내는 통제요인 지각(perceived behavioral control)은 앞에서 언급한 태도와 주관적 규범에 비해서 상대적으로 적은 주목을 받아왔다.

그러나 수업에 대한 장애요인은 교사들이 그들의 신념에 따라 수학을 가르치는데 매우 부정적 역할을 한다는 것은 주지의 사실이다. 이러한 통제요인 지각은 통제요인(control factors)과 통제요인 발생 빈도(frequency of occurrence of control beliefs)에 의해 설명된다. 통제요인은 어떤 특정한 요인이 교사들의 학습자 중심 수학 수업에 얼마나 방해가 되거나 도움이 되는지에 대한 교사들의 인식의 정도를 나타내며, 통제요인 발생 빈도(frequency of occ- urrence of control beliefs)는 이러한 통제요인들이 얼마나 자주 발생하는지에 대해 느끼는 개인의 인식의 정도를 나타낸다.

통제요인과 통제요인 발생 빈도에 대한 문항의 예들이 아래에 제시되어 있다.

통제요인(control beliefs):
교수 자료의 부족은 내가 수학을 학생 중심으로 가르치는데 방해가 될 것이다.

그런 것 _____ : _____ : _____ : _____ :
같다 아주 꽤 약간 보통
_____ : _____ : _____ 그런 것
약간 꽤 아주 같지않다

통제요인 빈도(frequency of occurrence):
교수 자료의 부족 때문에 선생님이 수학을 학생 중심으로 가르치는데 얼마나 방해가 될 것 같습니까?

그런 것 _____ : _____ : _____ : _____ :
같다 아주 꽤 약간 보통
: _____ : _____ 그런 것
약간 꽤 아주 같지않다

<표 Ⅳ-3>은 교사들이 수학을 학습자 중심으로 가르치는데 표에 제시된 다섯 가지 통제요인이 어느 정도 도움이 되거나 방해가 되고 있으며, 또한 이러한 통제요인 등이 얼마나 자주 학교 현장에서 발생하고 있는지에 대한 두 그룹 교사들의 주관적 평가를 각각 나타낸 것이다.

<표 Ⅳ-3> 통제요인과 통제요인 발생 빈도의 분석 결과

참고 요인	통제요인		통제요인 발생 빈도	
	(그룹 1) 평 균	(그룹 2) 평 균	(그룹 1) 평 균	(그룹 2) 평 균
1. 학생들의 학습 능력 차	0.63	0.50	1.36	1.45
2. 학습 자료의 부족	1.57	1.25	1.76	1.52
3. 교사 교육 프로그램	0.17	-0.11	-0.84*	-1.42
4. 교사-학생 비율	1.85	1.88	1.95	1.72
5. 동료교사와의 규칙적인 교과연구모임	1.46*	1.13	-1.51*	-1.89

주의. *유의미한 차이($p<.05$); 전체적인 제 1종 오류 $\alpha=.23$.

먼저 주목할 것은 여기에서 고려하고 있는 다섯 가지 통제요인 중에서 학습 능력 차, 학습 자료의 부족 및 높은 교사-학생 비율 등은 부정적 요인이며, 교사 교육 프로그램과 동료 교사와의 연구 모임은 수업에 도움이 되는 긍정적 요인이다.

<표 Ⅳ-3>에 제시된 통제요인에 대한 분석결과는 긍정적 및 부정적 통제요인들이 교사들의 학습자 중심 수업 관행에 어느 정도 영향을 미치고 있는지에 대한 교사들의 평가를 보여준다. 표에 제시된 통제요인의 평균값을 보면 이 값이 클수록 부정적 통제요인은 교사들의 학습자 중심 수학 수업에 방해가 크고, 반면에 긍정적 통제요인은 수업에 도움이 크다고 교사들은 믿고 있음을 나타낸다. 즉, 두 그룹의 교사들은 학생들의 학습 능력의 차, 학습 자료의 부족 및 높은 교사-학생 비율 등과 같은 부정적 통제요인 등이 그들의 학습자 중심 수학 수업에 매우 방해가 된다고 믿고 있음을 보여준다. 반면에 동료 교사와의 규칙적인 교과 연구 모임과 같은 긍정적 요인은 수업에 크게 도움이 될 것이라고 믿고 있는 반면, 특히 현행 교사 교육 프로그램은 학습자 중심으로 수학을 가르치는데 도움이 되지 못하고 있는 것으로 그룹 1의 교사들은 평가하고 있다. 이 결과는 학습자 중심 수학 수업에 대한 규칙적인 교과 연구 모임의 영향에 대해서 그룹 1의 교사들이 그룹 2의 교사들보다 훨씬 높게 평가하고 있음을 의미한다.

<표 Ⅳ-3>에 제시된 통제요인 발생 빈도에 대한 응답의 평균값이 커질수록 통제요인이 자주 발생하며, 반대로 작아질수록 적게 발생한다는 것을 의미한다. 전체적으로 고려해 볼 때 학습 능력 차, 학습 자료의 부족, 높은 교사-학생 비율과 같은 부정적 통제요인은 매우 빈번하게 발생하는 반면, 교사 교육 프로그램과 규칙적인 교과연구 모임과 같은 긍정적 통제요인은 아주 희박하게 나타나는 것으로 두 그룹의 교사들은 평가하고 있다. 다시 말하면, 빈번하게 접하게 되는 부정적 통제요인으로 인해 교사들이 학습자 중심으로 수학을 가르치는데 매우 어려움을 느끼고 있는 것으로 판단된다. 이와는 반대로 교사 교육 프로그램 및 동료 교사와의 적극적인 연구 모임과 같은 수업에 매우 도움이 되는 요인에 대한 두 그룹의 교사들의 부정적인 응답은 더 많은 교육의 기회를 체계적으로 교사들에게 제공해야 한다는 것을 시사한다. 특히, 두 긍정적 통제요인의 발생 빈도에 대하여 그룹 2의 교사들은 그룹 1의 교사들 보다 훨씬 더 부정적으로 평가하고 있었다.

통제요인의 분석에서 나타난 교사들의 인식의 구조를 종합해 볼 때, 현재의 교육 환경에서 수학을 학습자 중심으로 가르치는데 방해가 되는 요인들이 매우 자주 발생하고 있으며, 반대로 교사 교육 프로그램 및 교사들 사이의 교과 연구 모임과 같은 긍정적 요인들은 질적인 측면과 양적인 측면 모두 부정적으로 평가되고 있다. 결과적으로 장애요인을 경험하게 되면 교사들은 학습자 중심으로 수학을 가르치려는 노력들을 쉽게 포기할 수 있다는 기존의 연구 결과들을 뒷받침하고 있다.

2. 수업 개선 의지 예측: 다중선형회귀 분석

본 연구에서는 교사들의 수업 개선 의지를 예측하기 위하여 주요한 세 변인인 교사들의 태도, 주관적 규범, 그리고 통제요인 지각을 적용하였다. 이를 위하여 교사들의 신념의 구조에 대한 기술적 통계 분석의 설명적 역할과는 달리, 본 섹션에서는 전체 교사 그룹, 학습자 중심 그룹(그룹 1), 그리고 교사 중심 그룹(그룹 2) 교사들의 수업 개선 의지를 각각 예측하기 위하여 다중선형회귀분석(multiple linear regression)을 적용하였다. 다시 말하면, 교사들의 태도, 주관적 규범, 통제요인 지각이 교사들의 수업 개선 의지를 나타내는 행위 의지의 예측에 각각 어느 정도 영향을 끼치는지를 예측하고, 또한 이들 세 독립 변인을 이용하여 교사의 수업 개선 의지를 예측하는 모델이 적합한지를 검증하기 위하여 위에 제시한 각 그룹에 대해 다중선형회귀분석을 실시하였다.

먼저, <표 Ⅳ-4>에 제시된 전체 교사들에 대한 다중선형회귀분석 결과를 보면 행위 의지 예측을 위한 교사의 태도와 주관적 규범의 회귀계수 유의도(significant t)는 유의수준(significance level) 0.01에서 유의미한 것으로 판명되었다. 반면에 교사의 통제요인 지각에 대한 유의도는 유의수준 0.05에서 유의미한 것으로 나타났다. 또한 행위 의지에 대한 각 독립 변수들의 상대적 영향력을 나타내는 표준화 회귀계수(β: sta- ndardized regression coefficient)의 결과를 보면 태도 0.53, 주관적 규범 0.14, 통제요인 지각 0.10으로 교사들의 신념이 가장 크게 작용하고 있으며 통제요인의 영향력은 미미한 것으로 판단된다.

전체 교사에 대한 회귀 분석 결과 이들 세 독립 변인이 종속 변인인 교사들의 행위 의지에 대한 변동량을 설명하는 결정계수(R^2 : coefficient of determination)의 값이 0.35로써 유의수준 0.01에서 유의미한 것으로 나타났다. 이 결정계수의 값은 세 독립변인이 교사의 수업 개선 의지에 대해 약 35%의 설명력을 지니고 있음을 의미한다. 따라서 본 연구에서 적용한 세 독립 변수에 의한 교사의 수업 개선 의지에 대한 예측 모델은 적합한 것으로 판단된다. 전체 교사에 대한 다중선형회귀분석 결과를 제시한 <표 Ⅳ-4>에 나타난 상수와 각 변수에 대한 회귀계수를 이용하여 산출한 교사들의 수업 개선의지에 대한 회귀방정식은 아래의 식 (1)과 같다.

$$\text{행위 의지} = .165 + .29(AB) + .17(SN) + .10(PBC) \quad (1)$$

회귀방정식 (1)은 전체 교사들의 행위 의지를 추정하기 위해 사용되었으며, 이 회귀방정식의 유의도는 유의수준 0.01에서 매우 유의미

<표 Ⅳ-4> 행위 의지에 대한 예측: 다중선형회귀분석

	전체 (N = 281)			그룹 1 (n = 177)			그룹 2 (n = 64)		
	b	β	R	b	β	R	b	β	R
상수	.165			2.64			-1.77		
AB	.29	.53**		.16	.44**		.17	.48**	
SN	.17	.14**		.14	.20**		.11	.12	
PBC	.10	.10*	.592**	.06	.10	.544**	.08	.01	.498**

주의. 1. 유의 수준 **p<.01, * p<.05.
2. AB = 태도, SN = 주관적 규범, PBC = 통제요인 지각

한 것으로 나타났다. 전체 교사에 대한 회귀방정식 (1)에서 얻어진 교사의 행위 의지에 대한 추정값(estimated value)과 측정값(measured value)의 상관관계는 r=.592로써 유의 수준 0.01에서 매우 유의미한 것으로 나타났다. 전체 교사에 대한 분석에서와 마찬가지로, 학습자 중심 그룹(그룹 1)에 대한 다중선형회귀분석 결과를 보면 교사들의 태도, 주관적 규범, 통제요인지각의 순서로 이 그룹 교사들의 행위의지에 크게 영향을 미치는 것으로 나타났다. 즉, <표 4>에 나타난 그룹 1에 대한 다중선형회귀분석 결과를 보면 교사의 태도와 주관적 규범의 회귀계수 유의도는 유의수준 0.01에서 유의미한 것으로 나타났다. 이 결과는 그룹 1에 속하는 교사들의 수업 개선 의지는 학습자 중심 수학 수업에 대한 이들 교사들의 태도와 앞서 기술적 통계 분석에서 언급한 학생 또는 동료 교사 등과 같은 주변인들의 수업 개선 압력에 의해 크게 영향을 받는다는 것을 의미한다. 하지만 학습 자료의 부족 또는 다인수 학급과 같은 우리나라의 교육환경은 학습자 중심 그룹 교사들의 수업 개선 의지에 크게 영향을 미치지 못하는 것으로 판단된다. 반면에 <표 4>에 나타난 교사 중심 그룹(그룹 2)의 교사들에 대한 다중선형회귀분석 결과를 보면 오직 학습자 중심의 수업에 대한 그들의 긍정적 또는 부정적 태도만이 이 그룹 교사들의 수업 개선 의지에 중요하게 작용을 하고 있다는 것을 보여준다.

각 그룹에 대한 다중선형회귀분석 결과를 종합해 볼 때, 교사들의 수업 개선 의지를 예측하는데 학습자 중심 수학 수업에 대한 교사들의 태도가 가장 중요한 영향을 미치는 것으로 나타났으며 다음으로 주변 사람들로부터 교사들이 받는 수업 개선 압력도 중요한 변인으로 판단된다. 하지만, 비록 많은 교사들이 높은 교사-학생 비율과 같은 통제요인 등이 수업에 매우 부정적으로 작용할 것으로 인식하고 있는 것과는 달리, 이들 긍정적 또는 부정적 통제요인들은 실제 수업 개선 의지에는 크게 영향을 미치는 것으로 판단되지 않는다.

또한, 위에서 언급한 것처럼 교사의 태도, 주관적 신념, 통제요인 지각에 의해 교사의 수업 개선 의지의 약 35%를 통계적으로 설명할 수 있었다는 것은 이 다중선형회귀분석 모델의 적합성을 입증한다.

V. 결론

본 논문은 초등학교 교사들의 수학 수업 개선의지를 학습자 중심 수업에 대한 교사의 태도, 주관적 규범, 그리고 통제요인 인식을 중심으로 설명하고 예측하는데 그 목적이 있다. 또한 학습자 중심 수업 방식에 대한 전통적 그룹과 비전통적 그룹 교사들의 신념의 차이를 규명해 보는데 논의의 초점을 두었다.

본 연구 결과에 의하면 초등학교 교사들의 학습자 중심으로의 수학 수업 개선의지는 <표 4>에 제시된 행위의지(behavioral intention)에 대한 다중선형회귀분석 결과에서 볼 수 있듯이 학습자 중심 수학 수업에 대한 교사들의 긍정적 또는 부정적 평가를 나타내는 태도(attitudes)에 의해 가장 크게 영향을 받는 것으로 판단된다. 또한 학습자 중심 수학 수업에 대한 주변의 압력을 의미하는 교사들의 주관적 규범(subjective norms)도 교사들의 수업 개선 의지에 상당한 영향을 미치는 것 같다. 그러나 기존의 여러 연구에서 언급한 수업에 대한 장애요인을 의미하는 통제요인 지각(perceived control factors)은 본 연구의 다중회귀분석 결과에 의하면 실제로 우리나라의 교사들의 수업 개선의지를 예측하는데 중요한 요인은 되지 못하는 것으로 여겨진다.

기술적 통계 분석 결과 나타난 학습자 중심 수학 수업에 대한 교사들의 태도를 보면 <표 1>에 제시된 예상결과의 평가(outcome evaluations)에서 알 수 있듯이, 일반적으로 교사들은 수학을 학습자 중심으로 가르칠 때 예상되는 학습 결과들에 대해 매우 긍정적으로 판단하고 있음을 알 수 있다. 예를 들면, 수학에 대한 학생들의 흥미를 높여주며, 사고력과 탐구력을 향상시켜주고, 문제 해결력을 신장시켜 줄 수 있는 수업 방식에 대해 학습자 중심 교사 그룹과 교사 중심 그룹 모두 매우 긍정적 평가를 하고 있다. 그러나 <표 Ⅳ-1>의 행위 신념(behavioral beliefs)에 대한 분석 결과는 학습자 중심 수학 수업 방식이 실제로 표에 제시된 것과 같은 학생들의 학습 결과들을 가져올 것인지에 대해 학습자 중심 그룹 교사들의 기대치가 교사 중심 그룹 교사들의 기대치보다 훨씬 높음을 나타낸다. 이 결과는 학습자 중심 수업 방식의 예상되는 수업효과에 대한 교사들의 신념의 차이가 수업 방식의 선호도와 관련이 있음을 암시한다.

수업 방식의 개선에 대한 사회적 요구에 대해 교사들은 학생, 대학 교수, 그리고 동료 교사로부터 압력을 느끼고 있는 반면, 학부모, 학교 행정가 및 사설학원의 압력은 미미한 것으로 <표 Ⅳ-2>에 나타난 주관적 규범에 대한 기술적 통계분석 결과 나타났다. 한편, 이들 주변인들의 수업 개선에 대한 압력에 대해 오직 학습자 중심 그룹의 교사들만이 학생과 동료 교사들의 요구를 약간 수용할 의지가 있음을 보여주었다. 이러한 결과는 교사들의 신념과 수업 관행의 변화가 현직 교사로서 수업의 경험에 의해 영향을 받는다는 기존의 연구 결과와 연관성이 있어 보인다(e.g., Raymond, 1997; Pajar- es, 1992; Lortie, 1975).

본 연구에서 수업의 장애요인으로 인식된 학생들의 학습 능력 차, 학습 자료의 부족 및 높은 교사-학생의 비율 등은 한국의 초등 교사가 인식하고 있는 수학 수업 장애요인에 대한 TIMSS의 설문 결과와도 일치한다(김진규 외, 1996). 본 연구의 결과는 실제 수업에서 교사들이 부정적 통제요인을 자주 경험하고 있음을 보여준다. 반면에, <표 Ⅳ-3>에 제시된 것처럼 교사 교육 프로그램과 동료 교사와의 연구 모임과 같은 긍정적 요인에 대한 교사들의 부정적 평가 결과는 현직 교사들을 위한 수학 교사 교육 프로그램의 질적인 측면의 제고뿐만 아니라 더욱 많은 기회의 제공이 필요함을 시사한다. 수업에 대한 이러한 부정적 통제요인의 증대와 긍정적 통제요인의 부재는 곧바로 교사들의 신념과 수업 관행의 불일치를 야기하는 중대한 원인이 되고 있다는 기존의 연구 결과를 뒷받침하고 있다(Brown & Borko, 1992; Thompson, 1992; Cooney, 1985). 그러나 여기서 다시 한번 주목할 만한 것은 이러한 장애요인 등이 교사들의 신념과 수업 관행의 불일치를 야기하는 주요 원인이 될 수 있음에도 불구하고, 교사들의 수업 개선의지에는 크게 영향을 미치지 못한다는 점을 다중선형회귀분석 결과는 보여주고 있다.

결론적으로, NCTM(2000, 1991, 1989)과 같은 문헌에서 권고하고 있는 학습자 중심으로 교사들의 신념이 성공적으로 변화하기까지는 오랜 시간과 노력이 요구된다는 점에서 일종의 '도전'(challenge)으로 받아들여진다(Raymond, 1997, p. 574). 그러나 수업 관행의 성공적인 변화를 위해서는 학습자 중심 수업이 학습 결과에 가져올 기대치에 대한 교사들의 긍정적인 인식의 변화가 필요함을 본 연구 결과는 보여준다. 뿐만 아니라, 부정적 통제요인을 줄이고 전문가에 의한 효율적인 교사 교육 프로그램의 개발과 더불어 교사들 사이의 정기적인 연구모임을 활성화 할 수 있도록 체계적으로 지원하는 시스템이 요구된다. 즉, 거의 대부분의 시간을 동료 교사나 다른 전문가들과의 교류 없이 교실이라고 하는 폐쇄적 공간에서 보내야 하는 특수한 환경을 고려해 볼 때, 성공적인 신념의 변화와 함께 수업 관행의 변화를 위해서는 이들 교사들에게 더욱 적극적인 외적 기회의 제공이 필요하다고 하겠다.

수업 관행이 교사의 신념에 의해 크게 영향을 받는다는 것은 주지의 사실이다. 그러나 기존의 많은 연구들이 질적 연구 방법을 통하여 교사의 신념과 수업 관행의 일치 또는 불일치의 관련성을 확인하고 또한 불일치의 원인이 되는 장애요인 등을 찾아내는데 초점을 맞추어 온 반면에, 교사의 신념이나 장애요인 등이 어떻게 그리고 어느 정도 교사의 수업 관행에 영향을 미치는지에 대한 연구는 거의 찾아보기 어려웠다. 따라서 본 연구는 본문의 서두에 언급한 것처럼 최근 교육 개혁의 주요 과제라고 할 수 있는 교사들의 수업 관행의 변화에 영향을 미치는 요인들을 통계적으로 설명하고 예측하기 위한 노력의 일환으로 시작되었다. 비록 본 연구에서는 현실적인 제약 때문에 교사들의 수업 개선의지에 논의의 초점을 맞추어왔으나, 앞으로 보다 장기적인 연구를 통하여 본 연구에서 논의된 주요 예측 변인(predictor variables)들이 실제 수업관행의 변화에 어떻게 그리고 얼마나 영향을 미치는지를 탐색해 볼 수 있을 것이다.

참고문헌

교육부 (1997). 초등학교 교육과정 해설(IV)-수학, 과학, 실과-. 서울: 교육부

김진규 외(1996). 학력평가 국제비교연구: TIMSS 본 검사 질문지 분석 연구보고서. 서울: 국립교육평가원.

Ajzen, I., & Fishbein, M. (1980). *Understanding attitudes and predicting social behavior*. Englewood Cliffs, NJ: Prentice-Hall.

Becker, E. A., & Gibson, C. C. (1998). Fishbein and Ajzen's thoery of reasoned action: Accurate prediction of behavioral intentions for enrolling in distance education courses. *Adult Education Quarterly, 49*(1), 43-55.

Brown, C. A., & Borko, H. (1992). Becoming a mathematics teacher. In D. A. Grouws (Ed.), *Handbook of research on mathematics teaching and learning* (pp. 209-239). New York: Macmillan.

Cooney, T. J. (1985). A beginning teacher's view of problem solving. *Journal for Research in Mathematics Education, 16*(5), 324-333.

Crawley, F. E., & Kobala, T. R. Jr. (1994). Attitude research in science education: contemporary models and methods. *Science Education, 78*(1), 35-55.

Ernest, P. (1989). The knowledge, beliefs and attitudes of the mathematics teacher: A model. *Journal of Education for Teaching, 15*(10), 13-33.

Fennema, E., Carpenter, T. P., Franke, M. L., Levi, L., Jacobs, V. R., & Empson, S. B. (1996). A longitudinal study of learning to use children's thinking in mathematics instruction. *Journal for Research in Mathematics Education, 27*, 403-434.

Fennema, E., Franke, M. L., Carpenter, T. P.,

& Carey, D. A. (1993). Using children's mathematical knowledge in instruction. *American Educational Research Journal, 30,* 555-583.

Fishbein, M., & Ajzen, I. (1975). *Belief, attitude, intention and behavior: An introduction to theory and research.* London: Addison-Wesley Publishing.

Franke, M., Fennema, E., & Carpenter, T. (1997). Changing teachers: interactions between beliefs and classroom practice. In E. Fennema & B. S. Nelson (Eds.), *Mathematics teachers in transition* (pp. 225-282). Mahwah, NJ: Lawrence Erlbaum Associates.

Good, T. L., Grouws, D. A., & Mason, D. A. (1990). Teachers' beliefs about small-group instruction in elementary school mathematics. *Journal for Research in Mathematics Education, 21*(1), 2-15.

Holt-Reynolds, D. (1992). Personal history-based beliefs as relevant prior knowledge in course work. *American Educational Research Journal, 29,* 325-349.

Kalivoda, K. S., & Higbee, J. L. (1998). Influencing faculty attitudes toward accommodating students with disabilities: a theoretical approach. *Learning Assistance Review, 3*(2), 12-25.

Kobala, T. R. Jr., & Crawley, F. E. (1992). Attitude-behavior change in science education: Part III, results of an ongoing research agenda. *(ERIC Document Reproduction Service No. ED 356 142).*

Lortie, D. C. (1975). *Schoolteacher: a sociological study.* Chicago: The University of Chicago Press.

Lubienski, S. T., & Bowen, A. (2000). Who's counting? A survey of mathematics education research 1982-1998. *Journal for Research in Mathematics Education, 31*(5), 626-633.

Nathan, M. J., & Koedinger, K. R. (2000). An investigation of teachers' beliefs of students' algebra development. *Cognition and Instruction, 18*(2), 209-237.

National Council of Teachers of Mathematics (1989). *Curriculum and evaluation standards for school mathematics.* Reston, VA: Author.

National Council of Teachers of Mathematics (1991). *Professional standards for school mathematics.* Reston, VA: Author.

National Council of Teachers of Mathematics (2000). *Principles and standards for school mathematics.* Reston, Va: Author.

Pajares, M. F. (1992). Teachers' beliefs and educational research: Cleaning up a messy construct. *Review of Educational Research, 62,* 307-332.

Peterson, P. L., Fennema, E., Carpenter, T. P., & Loef, M. (1989). Teachers' pedagogical content beliefs in mathematics. *Cognition and Instruction, 6*(1), 1-40.

Raymond, A. M. (1997). Inconsistency between a beginning elementary teacher's mathematics beliefs and teaching practice. *Journal for Research in Mathematics Education, 28*(5), 550-576.

Schmidt, W. H., McKnight, C. C., Cogan, L. S., Jakwerth, P. M., & Houang, R. T. (1999). *Facing the consequences: using*

TIMSS for a closer look at U.S. mathematics and science education. Boston: Kluwer Academic Publishers.

Stein, M. K., & Brown, C. (1997). Teacher learning in a social context: Integrating collaborative and institutional processes with the study of teacher change. In E. Fennema & B. S. Nelson (Eds.), *Mathematics teachers in transition*(pp. 155-191). Mahwah, NJ: Lawrence Erlbaum Associates.

Thompson, A. G. (1984). The relationship of teachers' conceptions of mathematics and mathematics teaching to instructional practice. *Educational Studies in Mathematics, 15*, 105-127.

Thompson, A. G. (1992). Teachers' beliefs and conceptions: A synthesis of the research. In D. A. Grouws (Ed.), *Handbook of research on mathematics teaching and learning*(pp. 127-146). New York: Macmillan.

Vacc, N. N., & Bright, G. W. (1999). Elementary preservice teachers' changing beliefs and instructional use of children's mathematical thinking. *Journal for Research in Mathematics Education, 30*(1), 89-110.

02 『수학적 과정 중심 평가에 대한 교사들의 인식 조사』에 관한 해설

이 경 화(서울대학교)*

본 논문에서는 수학교육을 둘러싼 문제 중 가장 민감하다고 하는 평가 관련 개혁안에 대해, 수학교육의 최전선에 있는 수학교사들이 어떻게 생각하고 있는지 조사하였다(정상권 · 이경화 · 유연주 · 신보미 · 박미미 · 한수연, 2012). 동서고금을 막론하고, 연구자들 그리고 정책가들이 내어놓은 개혁안이 교사들로부터 환영 받은 적은 없는 것 같다. 개혁안을 둘러싼 무수한 설문조사들은, 개혁안이 표방하는 이론적 관점과 교사들이 해석하고 체험하는 실제 사이의 변함없는 간격을 드러내왔다. 교육 개혁안이 실제에 영향을 미치지도 않고, 또 그 개혁안에 대해 교사들이 생각하는 바가 늘 부정적이라면, 개혁안은 왜 만들고 그에 대한 교사들의 인식은 또 왜 조사하는가? 단지 개혁안을 위한 개혁안, 연구를 위한 조사일 뿐인가? 필자가 수학교육과정 개정에 대해 강의할 때마다 받는 난처한 질문이다. 이에 대해 연구자의 한 사람으로서 방어적으로 답해왔다. 비록 교육 개혁안은 주로 실패했지만, 크고 작은 진보의 계기가 되는 면도 있는 것 같다고 말이다. 그리고는 다음과 같이 아전인수에 해당하는 유추에 기초하여 설명하기도 했다. "소크라테스가 당혹감을 야기하여 학습을 유도한 것처럼, 교육 개혁안도 교사들을 당혹하게 하여 자신이 처한 현실의 문제점을 직시하게 하고 어떻게든 더 나은 방향을 찾도록 자극하지 않을까요? 당장 실행하지 못해도 장기적으로는 어떤 방향으로 나아가야 할지 생각하게 하는 효과가 있을 듯합니다. 그 가능성을 파악하기 위해서라도 조사는 필요하겠지요." 이 설명 아닌 설명이 본 연구의 문제의식 중 하나이다.

본 논문에서 다루는 주제인 수학교육 평가 개혁안, 이른바, '수학적 과정 중심 평가'라는 아이디어는 수학교사들에게 당혹감을 주기에 충분하다. 수학교육의 목적이나 수학철학 등 수학교육 실제를 간접적으로 또는 전체적으로 조망하는 논의를 주로 하는 분야라면 몰라도, 수학교사들의 책임과 역할, 수학을 배우는 학생들의 진로에 결정적인 영향을 미치는, 그야말로 수학교육 실제의 핵심에 있다고 해야 할 평가를, 매우 이상적으로 설계하여 실행하라고 제안하는 관점이기 때문이다. 이 아이디어를, 그 의미 그대로, 실제에 반영한다면 수학교사의 업무는 폭증할 것이고, 평가 후 벌어질 민감한 사안도 적지 않다. 실행 과정에서 수학교육 실제의 많은 측면들이 재해석되고 재구조화될 수 있다. 당연히 수학교사들은 강력하게 반발할 것임이 명약관화하다. 그런데 연구를 수행하기 전에 주변의 수학교사들에게 문의한 결과는 예상과 정반대였다. 담담한 목소리로, '수행평

* khmath@snu.ac.kr

가 때도 그랬지만'을 섞어가며 아마도 그다지 당혹감을 유발하지 않을 것이라고 했다. 이미 그 수학교사들은, '개혁안은 개혁안일 뿐'이라는 생각을 가지고 있는 듯했고, 이론적 용어의 섬세한 주장을 무력화 시키는 '차분한 탄식' 그 이상도 그 이하도 아니었다. 정상권 외(2012)에서는, 이것이 소수가 아니라 '다수의', '평범한', '현재', '우리나라'의 수학교사들이 가지고 있는 일종의 지향인지 확인하고, 실제로 그러하거나 그렇지 않거나 간에 저간의 사정을 구체적으로 파악해보겠다는 목표 아래 설문조사를 실시했다.

'수학적 과정(mathematical process)'이라는 용어는 2011년에 고시된 2009 개정 교육과정에 따른 수학과 교육과정에서 명시적으로 강조되었다. 사회 구성원에게 필요한 핵심 역량을 증진하기 위해 수학적 과정을 중심으로 해서 수학교육을 해야 한다는 폭넓은 주장이 그 배경으로 제시되었다(교육과학기술부, 2011). 교육과정 관련 문서에서는 마치 사회 구성원에게 필요한 핵심 역량 증진이라는 새로운 목표를 달성하기 위해 필요한 새로운 평가 관점인 것처럼 제시되었지만, 사실상 수학적 과정 그리고 그것을 평가한다는 주장 자체는 새로운 것이 아니다. 그 동안 수학교육 실제에 대해 비판할 때마다, 누구랄 것도 없이, 과정을 모르고 결과만 암기하는, 이른바 '기계적인 학습'의 문제를 지적하는 것으로부터 출발했기 때문이다. 그리고 기계적인 학습이 지속되는 원인으로 부적절한 평가 방식이 거론되어 왔다. 결과보다 과정을 평가하는 방식으로 바뀌어야 수학교육이 바람직해질 수 있다는 것은, 누구보다도 수학교사들이, 지속적으로 그리고 강하게 주장했던 바이다. 그러므로 수학적 과정을 중심으로 평가한다는 아이디어는, 수학교육의 병폐를 해결하는 최선의 방법이자 시급하게 추구해야 할 당연한 사항이지 개혁안이랄 것도 없는 것이다.

본 연구를 통해 드러난 수학교사의 속내는, 한편으로는 수학교육 평가 개혁이 시급하다는 것을 지적하고, 다른 한편으로는 실행가능성 면에서 개혁안을 비판하고 거부하는, 이중적인 것이었다. 조사에 참여한 70% 이상의 수학교사들이 현행 수학과 평가에 대해 개선이 필요하다고 보았다. 특히, 대입을 위한 평가는 수학교육 실제를 황폐화 하여, 수학을 제대로 지도하지 못하게 하는 주된 원인이라고 보았다. 그러면서도 수학교사들은 정기고사와 수행평가를, 대입을 위한 평가에 대비하는 기회로 활용하는 것으로 나타났다. 대입에 가까운 고등학교나 중학교, 상대적으로 대입과 멀리 떨어져 있는 초등학교 모두, 수학적 개념, 원리, 법칙을 '기억'하고 있는지 주로 평가하고(58.1%), 문제해결 능력을 그 다음으로 평가한다(35.6%)고 답했다. 수학적 과정 중심 평가의 전신이라고 할 수 있는 수행평가를 실시할 때조차도 비슷한 입장이 유지되었다(각각 43.4%, 28.7%). 90년대 중반부터 상당수 연구가 이루어졌고, 수학교사들이 수행한, 이른바, '현장연구'에서도 비중 있게 다루어졌던 수행평가가, 본래 취지와는 매우 다른 방법으로 실행되면서 근근이 명맥을 이어오고 있는 것으로 나타났다. 대입을 비롯한 시험이 수학을 가르치고 배우는 과정과 문화 전반에 미치는 영향력은 실로 막강하다는 것을 확인할 수 있다. 또한, 평가시간의 부족(49.7%), 평가문항 및 평가기준의 타당성 확보의 어려움(45.%)이 수행평가를 가로막는다는 응답을 통해, 그 동안 진행된 평가 개선 연구가 실질적인 사태의 해결에 도움이 되지 못했다는 것을 알 수 있었다.

본 연구에서는 앞서 논의한 문제 외에도, 수학교사들이 평가 결과를 어떻게 활용하고 있는가, 수학적 과정의 세 요소인, 수학적 문제해결, 수학적 추론, 수학적 의사소통을 구체적으로 어떤 기준에 의해 평가할 것인가, 교직경력에 따라 그리고 학교급이나 환경에 따라 수학적 과정 중심 평가에 대해 서로 다른 관점을 가지고 있는가 등 다양한 이슈에 대한 수학교사들의 인식을 조사했다. 층화표본추출법에 의해 전국에서 410개 학교를 선정하여 설문지를 배포하여 그 중 1193명의 수학교사들이 응답한 바를 분석하고 종합함으로써, 수학교사들이 평가에 대해 가지고 있는 지향과 이해의 속내를 파악할 수 있었다. 본 연구에서 파악한 수학교사들의 평가에 대한 복잡한 관점과 수행평가에 대한 부정적인 인식, 부족한 실천의지는 향후 수학적 과정 중심 평가의 전망이 얼마나 어두운지 드러냈다. 상당수 수학교사들이 수학적 과정 중심 평가의 취지에 공감하고 세부적인 방법에 대한 의견도 가지고 있지만, 적합한 환경과 지원이 전제되지 않으면 언제든지 폐기할 준비가 되어 있는 것으로 나타났다. 그러므로 본 연구에서 파악한 구체적인 인식의 내용을 반영하여 실행가능한 안을 마련하고, 실존하는 학교와 교실, 수학교사, 학생들의 입장에서 의미 있는 수학적 과정 중심 평가 사례들을 축적할 필요가 있다.

참고문헌

교육과학기술부(2011). **수학과 교육과정**. 서울: 교육과학기술부.

정상권, 이경화, 유연주, 신보미, 박미미, 한수연(2012). 수학적 과정 중심 평가에 대한 교사들의 인식 조사. **수학교육학연구, 22**(3), 410-427.

대한수학교육학회지 수학교육학연구 제 22 권 제 3 호
Journal of Educational Research in Mathematics
Vol. 22, No. 3, 401 ~ 427. Aug 2012

수학적 과정 중심 평가에 대한 교사들의 인식 조사[1)]

정 상 권* · 이 경 화** · 유 연 주*** · 신 보 미**** · 박 미 미***** · 한 수 연******

2009 개정 교육과정에 따른 수학과 교육과정에서는 수학적 문제해결, 수학적 추론, 수학적 의사소통을 구성요소로 하는 수학적 과정 중심의 수학교육을 구현할 것을 강조하고 있다. 수학적 과정 중심의 수학교육이 성공적으로 이루어지려면, 학교에서 실시하는 학생 평가에 수학적 과정을 적절하게 반영하여야 한다. 본 연구에서는 교사들을 대상으로 하는 대규모 설문조사를 실시하여 수학적 과정 중심의 평가에 대한 수학과 교사들의 인식을 조사하였다. 설문조사를 통해, 수학과 평가 전반에 대한 인식, 정기고사와 수행평가에서 고려한 평가요소와 평가결과 활용 현황, 수학적 과정 구성요소 평가에 대한 인식 및 평가방법에 대한 의견을 확인하였다. 또한, 교사의 교직경력이나 소속한 학교의 학교급, 도시규모에 따라 교사들의 응답에 차이가 있는지 살펴보았다. 연구결과를 바탕으로 수학과 평가와 수학적 과정 중심 평가와 관련한 시사점을 논의하였다.

Ⅰ. 서 론

2011년에 고시된 2009 개정 교육과정에 따른 수학과 교육과정에서는 사회 구성원에게 필요한 핵심 역량을 증진하기 위해 수학적 과정 중심의 수학교육을 구현할 것을 강조하고 있다(교육과학기술부, 2011, p.2). 여기서 수학적 과정은 다양한 현상을 수학과 연결하고 다양한 상황에서 발생하는 문제를 해결할 때 활성화되어야 하는 수학적 능력으로, 수학적 문제해결, 수학적 추론, 수학적 의사소통 등을 구성요소로 포함하는 개념을 의미한다(김도한 외, 2009, p.63).

2009 개정 교육과정에 따른 수학과 교육과정에서 제시한 수학적 과정의 구성요소들은 이미 우리나라 수학과 교육과정에서 지속적으로 강조되어 온 사항이다(황선욱 외, 2011). 그러나 PISA, TIMSS와 같은 국제수준 학업성취도 평가를 통해 우리나라 학생들은 문제해결 과정, 추론 과정을 의사소통하거나 수학적으로 옳은 추론을 하는 능력이 미흡함이 확인되었다(김도한 외, 2009; 박경미, 김동원, 2010). 이는 교육과정에서 제시하는 수학적 과정에 대한 강조가 실제 교수-학습 방법 그리고 평가와 밀접하게 관련되지 않았음을 시사한다. 국외의 연구들, 예를 들어, NCTM(2007)과 de Lange(2007) 등에서는 문제해

* 서울대학교, chung@snu.ac.kr (제1저자)
** 서울대학교, khmath@snu.ac.kr
*** 서울대학교, yyoo@snu.ac.kr
**** 전남대학교, bomi0210@chonnam.ac.kr
***** 서울대학교 대학원, gump28@snu.ac.kr
****** 서울대학교 대학원, ssu1205@snu.ac.kr (교신저자)
1) 본 논문은 2011년도 교육과학기술부의 재원으로 한국과학창의재단의 지원을 받아 수행된 성과물의 일부임.

결력, 추론, 의사소통 등과 같은 수학적 과정의 평가가 중요하다는 것을 지적하고 있다. 그러나 새로운 수학과 교육과정에서 강조하고 있는 수학적 과정과 그 구성요소로 강조된 바들을 평가에 반영하는 방안에 대한 국내 연구는 매우 부족한 실정이다.

수행평가는 주로 깊이 있는 이해, 추론, 의사소통과 발표 능력, 결과물에 대한 평가를 추구하는 것으로(McMillan, 2008), 수학적 과정의 구성요소들을 평가하는 한 가지 유형이다. 1990년대 중반부터 우리나라 수학교육에 도입되기 시작한 수행평가는 학교현장에 도입되어 실행되는 과정에서 많은 문제점을 드러냈다. 교사들이 수행평가에 대해 오해하고 잘못 시행한 사례가 보고되었으며, 수행평가를 실시하는 과정에서 여러 가지 어려움을 느낀다는 보고가 이루어져왔다(김영기, 양승욱, 2000; 박해순, 2000). 그러나 이들 선행연구는 충분한 규모의 설문조사라기보다는 소규모의 설문조사나 면담에 근거하여 수행평가에 대한 교사의 이해와 운영 실태를 조사하였다. 지난 20 여 년 동안 논의하고 실행해 온 수행평가가 현재 어떤 이해와 실행의 형태로 남아있는가를 파악하고 이를 바탕으로 수학적 과정 중심의 평가 방향을 설정할 필요가 있다. 따라서 본 연구에서는 교사들을 대상으로 하는 대규모 설문조사를 통하여 우리나라 현재의 시점에서 수학적 과정 중심의 평가가 지향해야 할 바를 도출하고자 한다. 구체적으로 파악하고자 하는 측면을 질문의 형태로 표현하면 다음과 같다.

1. 수학과 평가 전반에 대한 교사들의 인식은 어떠하며, 정기고사와 수행평가에서 고려한 평가요소와 평가결과 활용의 현황은 어떠한가?
2. 수학적 과정의 구성요소인 문제해결, 추론, 의사소통의 평가에 대한 교사들의 인식 및 평가 방법에 대한 의견은 어떠한가?
3. 교사의 교직경력이나 소속한 학교의 학교급, 도시규모에 따라 수학과 평가와 수학적 과정 중심 평가에 대한 교사들의 의견과 실시 현황이 다르게 나타나는가?

Ⅱ. 수학적 과정 중심 평가와 수행평가

1. 수학적 과정 중심 평가

수학적 문제해결, 수학적 추론, 수학적 의사소통은 우리나라 수학과 교육과정에서 지속적으로 강조되어 왔다. 수학적 문제해결은 4차 수학과 교육과정부터 계속적으로 강조되고 있으며, 7차 개정 수학과 교육과정에서는 교수 · 학습 방법에 의사소통 능력 신장, 추론 능력 신장에 대한 항목을 추가하고 평가에 의사소통 능력을 제시하는 등 수학적 추론과 수학적 의사소통을 강조하였다. 그리고 2009 개정 교육과정에 따른 수학과 교육과정의 개발을 위한 연구들에서는 이들을 '수학적 과정'의 구성요소로 하여 보다 더 명시적으로 강조하고 있다.

2009 개정 교육과정에 따른 수학과 교육과정 개발의 기초 연구인 김도한 외(2009)에서는 우리나라 학생들에게 취약한 수학적 사고 과정과 수학적 사고 활동을 학교수학에서 더욱 적극적으로 지도하기 위한 방안으로서 수학적 과정이라는 영역을 신설하고 구체적인 성취기준을 제시할 것을 제안하면서, 초 · 중 · 고등학교에서 다룰 수 있는 수학적 과정을 가능한 한 다양하게 포함한 성취기준(안)을 <표 Ⅱ-1>과 같이 제시하고 있다.

황선욱 외(2011)에서는 '수학적 과정'을 하나의 특정 영역으로 독립시켜 신설하려 하지 않고 소영역 내용 및 교수·학습 상의 유의점, 그리고 교수 · 학습 방법에 포함시켜 보다 구체적으로

<표 Ⅱ-1> 김도한 외(2009)에서 제시한 초 · 중 · 고등학교에서 다룰 수 있는 수학적 과정의 성취기준(안)

1 수학적 문제해결

1.1 기본적인 문제해결 전략을 이해하고 문제에 따라 적절한 전략을 선택하여 사용할 수 있다.
1.2 주어진 문제에서 필요한 정보(관련된 정보)와 필요없는 정보(관련없는 정보)를 구분하고 문제를 해결할 수 있다.
1.3 주어진 문제에서 부족한 정보를 확인하고 필요한 정보를 보완하여 문제를 해결할 수 있다.
1.4 논리적 추론, 산술적 기법, 기하적 직관(또는 상상적 사고, imaginary thinking) 등을 활용하여 문제를 해결할 수 있다.
1.5 수학 용어, 기호, 표, 그래프 등의 수학적 언어를 활용하여 문제해결의 과정과 결과의 타당성을 설명할 수 있다.
1.6 하나의 문제를 여러 가지 방법으로 해결할 수 있다. (※ 여기에서 방법은 문제해결 전략에 국한되지 않음)
1.7 개방형 문제에 대해 여러 개의 답을 산출할 수 있다.
1.8 간단한 문제에서의 전략과 결과를 보다 복잡한 문제에 적용할 수 있다.
1.9 문제해결에서 얻은 결과와 사용된 전략을 일반화하여 새로운 문제 상황에 적용할 수 있다.
1.10 문제의 조건을 바꾸어 새로운 문제를 만들고 해결할 수 있다.
1.11 수학의 여러 영역이 통합된 문제나 다른 교과 상황에서 나타나는 문제를 해결할 수 있다.

2 수학적 추론

2.1 수학을 하는데 있어서 추론하기를 기본적이며 중요한 요소로 인식하며, 경험이나 구체적 사실에 근거하여 간단한 추론을 할 수 있다.
2.2 학습한 수학적 개념, 원리, 법칙 등에 근거해서 수학적 추측(수학적 주장)을 만들고 정당화할 수 있다.
2.3 기하적 직관(또는 상상적 사고, imaginary thinking), 유비 추론, 귀납적 추론, 연역적 추론 등을 활용하여 수학적 추측을 만들고 정당화할 수 있다.
2.4 귀납적 추론과 연역적 추론의 차이를 알고 설명할 수 있다.
2.5 제시된 추론 과정에서 논리적 오류를 찾고 설명할 수 있다.
2.6 수학 용어, 기호, 표, 그래프 등의 수학적 언어를 사용하여 학생 자신의 수학적 아이디어와 추론 과정을 설명할 수 있다.
2.7 수학 학습에서 다양한 아이디어나 자신만의 아이디어가 갖는 가치 인식을 바탕으로 수학적 사고의 과정에 이러한 생각들을 해내려고 노력한다.

3 수학적 의사소통

3.1 학생 자신의 수학적인 생각을 다른 사람과 주고받는 수학적 의사소통 활동의 중요성을 인식하고, 수학적 의사소통을 통하여 자신의 수학적인 생각을 개선시킬 수 있다.
3.2 수학 용어, 기호, 표, 그래프 등의 수학적 언어를 사용하여 학생 자신의 수학적 아이디어를 정확하게 표현할 수 있다.
3.3 학생 자신의 수학적 사고 과정을 학급 친구나 교사에게 논리적이고 명확하게 의사소통할 수 있다.
3.4 다른 사람의 수학적 아이디어와 사고 과정을 이해하고 평가할 수 있다.

<표 Ⅱ-2> 황선욱 외(2011)에서 규정한 '수학적 과정'의 의미

1) 수학적 문제해결 가. 주어진 문제의 해결에 필요한 정보를 확인 또는 보완하고 적절한 전략이나 사고과정을 활용하여 문제를 해결할 수 있다. 나. 수학적인 방법으로 문제해결의 과정과 결과의 타당성을 설명할 수 있다. 다. 문제해결 과정이나 완결 후 문제제기를 통하여 문제해결을 발전적으로 이끌 수 있다. 라. 문제해결에서 얻은 결과와 사용된 전략을 일반화하여 새로운 문제 상황에 적용할 수 있다.
2) 수학적 추론 가. 수학적 추측이나 주장을 만들고, 수학적 지식에 근거하여 정당화할 수 있다. 나. 수학적 아이디어나 사고 과정을 수학적으로 검증할 수 있다. 다. 다양하고 독창적인 아이디어를 통하여 수학적으로 추론할 수 있다.
3) 수학적 의사소통 가. 수학적인 방법을 활용하여 자신의 생각을 논리적으로 정확하게 표현하고, 다른 사람을 이해시킬 수 있다. 나. 자신의 수학적인 생각을 다른 사람과 주고받는 활동의 중요성을 인식하고, 이를 통하여 자신의 생각을 개선시킬 수 있다. 다. 다른 사람의 수학적 아이디어나 사고 과정을 이해하고 평가할 수 있다.

진술할 것을 제안하면서, 김도한 외(2009)의 성취기준(안)을 토대로 '수학적 과정'의 내용 요소를 마련하여 <표 Ⅱ-2>와 같이 제시하였다.

위에서 제시한 논의 내용은 미국수학교사협의회(NCTM)의 지향점과 매우 밀접하게 연결된다. 예를 들어, NCTM(2007)에서는 수학적 과정과 관련된 문제해결, 추론과 증명, 의사소통과 같은 과정 규준 각각의 성취기준을 다음과 같이 제시하고 있다. 문제해결 규준은 문제해결 전략의 활용이나 문제해결 과정에 대한 점검 등과 관련된 성취기준을 포함하고 있으며, 추론과 증명 규준은 다양한 유형의 추론 활용, 수학적 추측을 만들고 조사하는 것 등과 관련된 성취기준을 포함하고 있다. 또한 의사소통 규준은 수학적 언어를 사용한 수학적 아이디어의 표현 등과 관련된 성취기준을 포함하고 있다. 이들 성취기준의 대부분은 앞서 제시한 김도한 외(2009), 황선욱 외(2011)에 상당부분 반영되어 있다. 본 연구에서는 김도한 외(2009), 황선욱 외(2011), NCTM(1989, 2000, 2007 등)에서 공통적으로 제시하고 있는 수학적 과정의 구성요소인 수학적 문제해결, 수학적 추론, 수학적 의사소통의 요소들을 교사 대상 설문에 적합한 형태로 변환하여 수학적 과정 중심 평가에 대한 교사들의 관점을 조사하였다.

2. 수학과 수행평가

1990년대 중반부터 수학과 수행평가는 단편적인 수학적 지식, 기능을 결과적으로 평가해오던 전통적인 수학과 평가에 대한 대안적인 평가로서 주목받아왔다. 1999학년도부터는 전국적으로 모든 학교에 수행평가가 전면적으로 도입되면서 수학과 수행평가가 학교현장에서 본격적으로 실시되기 시작하였다. 수학과 수행평가의 정의는 수학적 문제를 해결하는 과정과 결과, 수학적 원리를 찾아내는 과정과 결과, 그리고 실제 생활에 수학적 지식이나 기능을 적용하는 능력을 측정하는 평가이다(유현주, 2002; 성태제, 권오남,

1999). 수학과 수행평가 유형으로는 서술형 평가, 프로젝트법, 포트폴리오, 자기평가, 동료평가, 관찰평가 등이 있으며, 여러 선행연구들을 통해 이러한 유형의 수행평가에 대한 개발·적용 및 그 효과와 관련된 연구가 실시되어 왔다(박경미, 임재훈, 1998; 권오남, 황숙균, 권기순, 1999; 최승현, 1999; 고상숙, 전영주, 2003; 김송자, 최창우, 2006 등).

한편, 성태제, 권오남(1999)은 수행평가의 문제점으로 수행평가 도구 개발의 어려움, 채점기준 설정의 어려움, 채점자내 신뢰도와 채점자간 신뢰도 확보의 어려움, 소요 시간의 과다, 비용 과다, 점수결과 활용의 어려움을 들고 있다. 또한 수행평가를 실시하기 위해서 교사당 학생 수를 대폭 줄여야 하며 교사의 잡무를 대폭 감소하여야 함을 지적하였다. 김영기, 양승욱(2000)은 서울 및 인천지역에 소재한 21개 중학교 수학과 교사들을 대상으로 설문조사를 실시하여 수행평가에 관한 교사들의 인식 및 수행평가 실시현황을 파악하였다. 그 결과 교사들은 수행평가의 목표를 학생의 학습 성장과 발달보다는 학습목표의 정확한 측정에 강조점을 두고 있다는 점을 확인하였다. 이는 수행평가 결과를 어떻게, 어디에 활용하는가와 관련한 문항에서 78.5%의 교사들이 성적에 반영하는 것으로 활용한다고 답한 점으로부터 알 수 있다. 학생들의 학습 동기 강화에 활용한다고 답한 교사는 10.3%, 교수·학습 방법 개선에 활용한다고 답한 교사는 3.7%에 불과했다. 이로부터 학생의 개별 학습을 촉진하고 수업 개선에 도움을 주고자 하는 수행평가의 도입 취지가 현장에서 전혀 구현되지 못하고 있는 실정임을 확인하였고 평가에 대한 교사들의 인식 변화가 요구된다는 점을 지적하였다.

박종서, 박해순(2000)은 초등학교 수행평가 문항을 분석한 결과에서 나타난 여러 가지 문제를 알아보고자 교사들을 대상으로 하는 설문조사를 실시하였다. 그 결과 초등학교 교사들 역시 수학과 평가 목표를 학생의 학습 성장과 발달보다는 학습 성취의 측정에 강조점을 두고 있어, 평가 동향이나 수행평가의 도입 취지를 충분히 내면화하여 인식 전환이 이루어져야 함을 주장하였다. 또한, 교사들이 수학과 수행평가를 실시함에 있어 타당성 있는 평가 과제나 문항의 작성에 가장 어려움을 느낀다는 점을 파악하였고, 다양한 방법으로 제시되는 평가 과제의 보급과 지원을 원한다는 점을 확인하였다.

수학과 수행평가의 정의를 통해서 알 수 있듯이, 수학과 수행평가는 수학적 과정을 평가한다는 아이디어를 포함하고 있다. 이에 본 연구에서는 그 동안의 수행평가에서 수학적 과정의 구성요소들을 평가요소로 어느 정도 고려했는지 확인하여. 수학적 과정의 구성요소인 수학적 문제해결, 추론, 의사소통에 대한 교사들의 인식을 파악하였다. 또한, 수학적 과정 중심 평가가 다양한 유형의 수학과 수행평가들을 평가방법으로 하여 구현될 가능성이 있다는 점을 고려하여, 수학과 수행평가의 유형들을 보기로 구성하여 수학적 과정 각 요소의 평가 방법에 대한 교사들의 의견을 확인하였다. 다른 한편으로는, 수학과 수행평가의 실행 과정에서 나타난 일련의 문제점들과 현장교사들의 현실적 어려움 등을 확인하여 수학적 과정 중심 평가의 실행과정에서 부딪히게 될 어려움을 예측하고자 하였다.

III. 연구방법

1. 조사 대상

수학과 평가에 대한 교사들의 인식, 수학과 평가 실시현황 및 수학적 과정 중심 평가에 대한 인식을 파악하기 위해 전국의 초, 중, 고등학교

<표 Ⅲ-1> 도시규모 및 학교급별 설문 응답 교사 수 (단위 : 명)

<table>
<tr><th rowspan="2"></th><th rowspan="2">초등학교</th><th rowspan="2">중학교</th><th colspan="4">고등학교</th><th rowspan="2">계</th></tr>
<tr><th>일반고</th><th>특목고</th><th>자율고</th><th>전문계고 또는 특성화고</th></tr>
<tr><td>대도시 (광역시이상)</td><td>159</td><td>165</td><td>199</td><td rowspan="3">47</td><td rowspan="3">36</td><td>32</td><td rowspan="3">-</td></tr>
<tr><td>중소도시</td><td>66</td><td>179</td><td>129</td><td>17</td></tr>
<tr><td>읍·면지역</td><td>30</td><td>55</td><td>70</td><td>9</td></tr>
<tr><td>계</td><td>255</td><td>399</td><td>398</td><td>47</td><td>36</td><td>58</td><td>1193</td></tr>
</table>

교사들을 대상으로 설문조사를 실시하였다. 설문조사의 대상은 전국에서 도시규모와 학교급을 결합하여 구분한 층별로 임의 표본 추출을 시행하는 층화표본추출법을 실시한 후, 선택된 학교의 모든 수학 교과 담당 교사(초등학교의 경우 모든 5, 6학년 담임교사)를 표본으로 선택하는 군집표본추출법(cluster sampling method)을 결합하는 과정을 통해 선정되었다. 총 410개의 학교에 설문지가 배포되었고 이 중 190개의 학교에서 설문지가 회수되었으며, 회수된 설문지 중 불성실하게 답한 12부를 제외하고 1193부를 분석대상으로 하였다. 도시규모 및 학교급별 구체적 응답 교사 수는 <표 Ⅲ-1>에 제시되어 있다.

2. 설문지 제작

수학과 평가에 대한 교사들의 인식, 수학과 평가 실시 현황, 수학적 과정 중심 평가에 대한 교사들의 인식을 파악하기 위해 초등학교 5, 6학년 교사와 중·고등학교 수학 교사를 대상으로 한 설문지를 제작하였다. 설문지 배포에 앞서 학교급 및 근무하고 있는 학교의 지역을 고려하여

<표 Ⅲ-2> 설문지 문항 구성 항목 및 내용

항목	내용	문항번호
수학교육에서의 평가	수학교육의 문제와 평가의 한계와의 관계	Ⅱ-1-1, Ⅱ-1-2
	수학과 평가 개선점	Ⅱ-2
	다양한 평가방식이 사용되지 않은 이유	Ⅱ-3
수학과 평가 실시현황	정기고사 및 수행평가에서의 주된 평가요소	Ⅲ-1
	정기고사 및 수행평가 결과의 활용방법	Ⅲ-2
	평가 어려움의 이유	Ⅲ-3
수학적 과정 중심 평가	수학적 문제해결능력의 평가요소	Ⅳ-1
	수학적 추론능력의 평가요소	Ⅳ-2
	수학적 의사소통능력의 평가요소	Ⅳ-3
	수학적 과정 각 요소별 적절한 평가방법	Ⅳ-4
	수학적 과정 중심 평가방안 희망사항	Ⅳ-5

선정한 현직교사 10명을 대상으로 예비 조사를 실시하여 설문의 진술과 내용, 형태 등을 검토하였다. 이 결과를 토대로 설문 문항을 수정 보완하여 설문지를 개발하였다. 구체적인 문항 구성 항목 및 내용은 <표 Ⅲ-2>와 같다(설문지는 <부록 1> 참조).

3. 분석 방법

선다형 문항은 PASW Statistics 18.0을 사용하여 각 문항에 대한 빈도분석을 하였고, 교직경력, 학교급, 도시규모에 따라 응답 결과에 차이가 있는지 분석하기 위해 SAS/STAT 프로그램을 사용하여 Chi-square Test를 실시하였다(proc freq). 교직경력별 응답 결과에서 차이를 보인 문항 중 특별한 경향성을 띄는 선택지를 포함한 문항에 대해서는 Cochran-Armitage Trend Test[2]를 실시하여 응답 결과의 경향성을 분석하였다. Trend test를 통한 분석 역시 SAS/STAT 프로그램의 “freq” procedure를 이용하였다. 단답형 · 서술형 문항은 응답 결과를 범주화하여 분석하였다.

Ⅳ. 연구 결과

1. 수학과 평가에 대한 교사들의 인식 및 수학과 평가 실시 현황

먼저 우리나라 수학교육의 여러 문제들이 해결되지 않은 주된 원인이 ‘평가제도 및 방법의 한계’에 있다는 의견에 대하여 76.2%(903명)의 교사들이 동의하였다(부록 2 <표 1> 참고). 동의한 교사 중 26.0%(235명)는 이러한 문제들의 주된 원인이 ‘입시위주의 평가’에 있다고 언급하였으며, 7.1%(65명)는 수준별 수업에 맞는 수준별 평가 방법이 필요함을 지적하였다.

수학과 평가에서 가장 먼저 개선되기를 바라는 점으로 50.5%(599명)의 교사들이 ‘입시위주의 평가방식 개선’을 선택하였다(부록 2 <표 2> 참고).[3] 이 외에도 30% 이상의 교사들이 ‘평가결과에 따른 학생·학교의 서열화 경향 개선’(37.8%), ‘학교의 인적·물적 자원 지원 및 교실 환경의 개선’(37.1%), ‘교사 또는 학교의 평가 자율성 확보’(35.6%), ‘교육과정상의 학습내용 축소’(31.7%)를 선택하였다. Chi-square test 결과[4]

<표 Ⅳ-1> 정기고사 및 수행평가에서 고려한 1순위 평가요소 (단위 : 명, %)

평가요소	정기고사	수행평가
수학적 개념, 원리, 법칙의 기억	629(58.1)	466(43.4)
수학적 문제해결	386(35.6)	308(28.7)
표준 알고리즘의 단순 적용	28(2.6)	57(5.3)
수학적 창의성	20(1.8)	107(10.0)
수학적 추론	10(0.9)	42(3.9)
수학적 의사소통	9(0.8)	78(7.3)
기타	1(0.1)	16(1.5)

2) Cochran-Armitage Trend Test는 한 변수가 순서척도이고 다른 한 변수가 2개의 범주를 가진 명목척도일 때 경향성을 검증하는 통계분석 방법이다. 이하에서는 줄여서 Trend test로 표현한다.
3) 본 문항은 3개까지 복수응답을 허용하였다.
4) Chi-square test 결과는 부록 3의 <표 1>에 제시하였다.

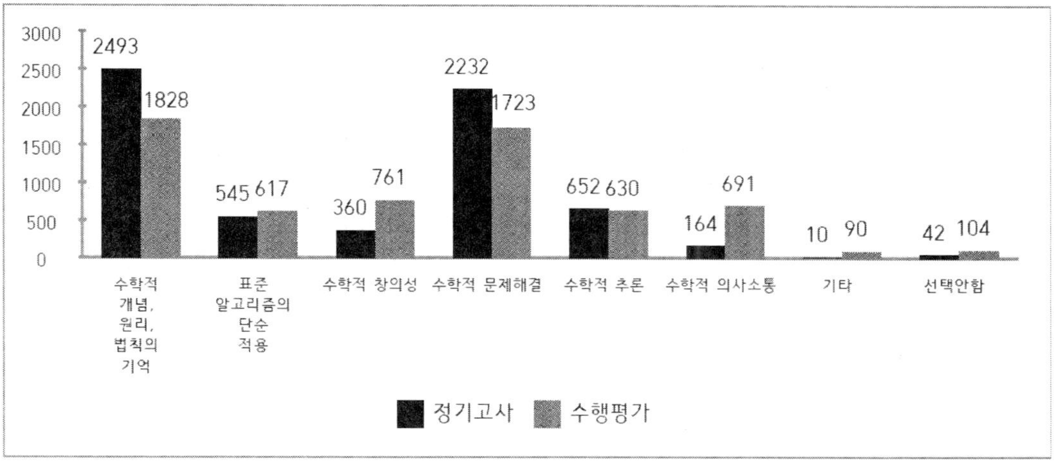

[그림 Ⅳ-1] 정기고사 및 수행평가에서 고려한 평가요소(순위 고려, 단위: 점)

유의수준 0.05에서 교사들이 근무하고 있는 학교급에 따라 응답결과에 유의한 차이가 있었다. 대부분의 학교급에서 '입시위주의 평가방식 개선'을 선택한 비율이 가장 높게 나타났으나, 중학교에서는 '학교의 인적·물적 자원 지원 및 교실 환경의 개선'이 가장 높은 응답률을 보였다(51.5%). 또한 초등학교 교사의 49.6%, 48.0%는 각각 '평가결과에 따른 학생·학교의 서열화 경향 개선' 및 '교육과정상의 학습내용 축소'를 선택하여 다른 학교급보다 높은 응답률을 보였다.

학교현장에서 그동안 관찰, 면담, 프로젝트, 자기평가 등과 같은 다양한 평가방식이 잘 사용되지 않았던 이유에 대하여 45.7%(531명)의 교사들은 '평가시간의 부족'을 선택하였다(부록 2 <표 3> 참고).[5] 그 외에도 30% 이상의 교사들이 '상급학교 선발평가와의 연계성 부족'(39.3%), '평가 관련 자료의 부족'(31.9%), '학교의 인적·물적 자원 부족 및 교실 환경의 한계'(30.7%)를 선택하였다. '기타'를 선택한 교사들 중에는 지필평가 방식 외 평가방식들이 '객관성·공정성 확보의 어려움'을 가지기 때문이라고 응답한 교사들도 있었다(20명). Chi-square test 결과 유의수준 0.05에서 교사들이 근무하고 있는 학교급에 따라 응답결과에 유의한 차이가 있었다. 대부분의 학교급에서 '평가시간의 부족'을 선택한 비율이 가장 높게 나타났으나, 일반고와 특목고에서는 '상급학교 선발평가(대학수학능력시험 등)와의 연계성 부족'을 선택한 비율이 가장 높았다. 또한 중학교 교사 중 36.6%가 '학교의 인적·물적 자원 부족 및 교실 환경의 한계'를 선택하여 다른 학교급의 교사들보다 높은 응답률을 보였다. 초등학교에서는 40.9%에 해당하는 교사가 '평가 관련 자료(평가문항, 평가기준 등)의 부족'을 선택하여 다른 학교급의 교사들보다 높은 응답률을 보였다.

다음으로, 수학과 평가를 실시할 때 어떤 평가요소들을 고려하였는지 살펴보았다. 그동안 교사들은 정기고사와 수행평가에서 모두 '수학적 개념, 원리, 법칙의 기억'을 평가요소로 가장 많이 고려한 것으로 나타났다(각각 58.1%, 43.4%, <표 Ⅳ-1> 참고).[6] 이 외에도 35.6%와 28.7%의 교사들은 각각 정기고사와 수행평가에서 수학적 과정의 구성요소 중 하나인 '수학적 문제해결'을 1

5) 본 문항은 2개까지 복수응답을 허용하였다.
6) 본 문항은 3개까지 복수응답을 허용하였고, 1~3순위까지 순위를 고려하여 응답하도록 하였다.

순위 평가요소로 선택하였다. 그러나 수학적 문제해결 외 수학적 과정 요소인 수학적 추론, 수학적 의사소통을 정기고사와 수행평가에서 1순위 평가요소로 고려하였다고 응답한 교사는 두 경우 모두 10% 미만의 낮은 비율로 나타났다. 이 외에 수행평가의 평가요소로 '수학에 대한 태도, 성실성, 수업 참여도'를 제시한 교사도 있었다(29명).

Chi-square test 결과 유의수준 0.05에서 교사들의 교직경력에 따라 정기고사 및 수행평가 1순위 평가요소에 대한 응답결과에 유의한 차이가 있었다. 특별히 Trend test 결과[7], 교직경력이 증가함에 따라 '수학적 개념, 원리, 법칙의 기억'을 정기고사와 수행평가의 평가요소로 고려한 교사의 비율이 높아지는 경향이 있음을 확인하였다.

교사들의 응답 결과를 순위를 고려하여 분석[8]한 경우에도 정기고사와 수행평가 모두에서 '수학적 개념, 원리, 법칙의 기억'이 가장 응답률이 높았고, 다음으로는 '수학적 문제해결'의 응답률이 높게 나타났다([그림 Ⅳ-1] 참고).

다음으로, 그동안 교사들이 정기고사 및 수행평가의 결과를 어떻게 활용하였는지 물었다. 교사들은 정기고사 및 수행평가에서 모두 '학생의 학업성취도 확인'에 평가 결과를 가장 많이 활용한 것으로 나타났다(각각, 84.1%, 66.5%, 부록 2 <표 4> 참고).[9] 또한 정기고사 결과를 '성적산출을 통해 상급학교·학년 진급을 위한 자료로 활용'하는 교사가 많았으며(60.7%), 수행평가 결과를 '학생의 학습동기 강화'(55.6%) 및 '학생의 학습방법 개선'(50.7%)에도 많이 활용하는 것으로 나타났다. Chi-square test 결과 유의수준 0.05에서 교사들이 근무하고 있는 학교급에 따라 수행평가 결과 활용에 대한 응답결과에 유의한 차이가 있었다. 모든 학교급에서 수행평가의 결과는 '학생의 학업성취도(학습목표 달성) 확인'에 가장 많이 활용되었고, 중학교 및 고등학교에서는 '학생의 학습동기 강화', '학생의 학습방법 개선'이 그 다음 순서대로 높게 나왔다. 그러나 초등학교 교사들의 응답 결과는 '학생의 학습방법 개선', '교사의 교수방법 개선'의 순서대로 높게 나와 다른 학교급과는 다른 양상을 보였다.

마지막으로 교사들은 평가를 실시할 때 '채점, 평가결과 분석, 사후지도 등의 시간적 부담'으로 인해 가장 어려움을 겪는 것으로 나타났다(75.6%, 부록 2 <표 5> 참고).[10] 이 외에도 40% 이상의 교사들이 '교수학습 과정 중 평가시간 확보의 어려움'(49.7%), '평가문항 및 평가기준의 타당성 확보의 어려움'(45.0%)을 평가에서의 어려움의 이유로 선택하였다.

2. 수학적 과정 중심 평가

가. 수학적 과정 구성요소별 평가요소

수학적 과정의 세 구성요소(수학적 문제해결, 추론, 의사소통) 각각의 가장 적절한 평가요소에 대하여 교사들은 <표 Ⅳ-2>와 같이 응답하였다.[11]

먼저, 수학적 문제해결의 평가요소에 대해서는 69.0%(820명)의 교사들이 '이미 배운 수학적 지식과 사고방법을 활용하여 문제해결 전략을 찾는 능력'이 가장 적절하다고 응답하였다. 이 외에도 40% 이상의 교사들이 '적절한 전략을 활용

---

7) Trend test 결과는 부록 3의 <표 2>에 제시하였다.
8) 응답 결과를 순위를 고려하여 분석하기 위해 교사들의 응답에서 각 평가요소를 1순위, 2순위, 3순위 중 하나로 선택한 교사의 수에 각각 3점, 2점, 1점을 곱하고 그들을 합하여 순위점수를 구하였다.
9) 본 문항은 해당되는 경우를 모두 선택하도록 하였다.
10) 본 문항은 3개까지 복수응답을 허용하였다.
11) 본 문항은 수학적 문제해결은 3개, 수학적 추론은 2개, 수학적 의사소통은 2개까지 복수응답을 허용하였다.

<표 Ⅳ-2> 수학적 과정 구성요소별 평가요소 (단위 : 명, %)

	평가요소	교사 수 (비율)
수학적 문제 해결	이미 배운 수학적 지식과 사고방법을 활용하여 문제해결 전략을 찾는 능력	820(69.0)
	적절한 전략을 활용하여 문제를 해결하는 능력	511(43.0)
	문제해결 전략 또는 결과를 새로운 문제에 적용하는 능력	506(42.6)
	실세계 문제해결을 통해 수학적 개념, 원리, 법칙을 발견하는 능력	428(36.0)
	문제해결을 위해 유사한 문제를 떠올리는 능력 또는 문제해결 결과를 반영하여 새로운 문제를 만드는 능력	310(26.1)
	문제해결에 필요한 조건을 확인 또는 보완하는 능력	271(22.8)
	문제해결 과정과 결과를 수학적인 방법으로 점검하는 능력	266(22.4)
수학적 추론	문제 상황에 포함된 수학적 관계를 파악하는 능력	764(64.1)
	귀납, 유추 등을 통해 수학적 사실을 추측하는 능력	654(54.9)
	수학적 추론 과정과 결과의 타당성을 점검하는 능력	448(37.6)
	수학적 지식에 근거하여 정당화하는 능력	230(19.3)
수학적 의사 소통	수학 용어, 기호, 표, 그래프 등의 수학적 표현을 이해하고 사용하는 능력	750(63.3)
	문제해결 또는 추론과정을 논리적으로 설명하는 능력	654(55.2)
	문제해결 또는 추론과정을 논리적으로 쓰는 능력	276(23.3)
	문제해결 또는 추론과정에 대한 설명을 읽고 이해하는 능력	247(20.9)
	문제해결 또는 추론과정에 대한 설명을 듣고 이해하는 능력	237(20.0)

하여 문제를 해결하는 능력'(43.0%), '문제해결 전략 또는 결과를 새로운 문제에 적용하는 능력'(42.6%)을 수학적 문제해결의 적절한 평가요소로 보았다.

다음으로, 수학적 추론의 평가요소에 대해서는 64.1%(764명)의 교사들이 '문제 상황에 포함된 수학적 관계를 파악하는 능력'이 가장 적절하다고 응답하였다. 또한 '귀납, 유추 등을 통해 수학적 사실을 추측하는 능력'(54.9%), '수학적 추론 과정과 결과의 타당성을 점검하는 능력'(37.6%)', '수학적 지식에 근거하여 정당화하는 능력'(19.3%)의 순서대로 적절한 평가요소로 선택하였다.

마지막으로, 수학적 의사소통의 평가요소에 대하여 63.3%(750명)의 교사들은 '수학 용어, 기호, 표, 그래프 등의 수학적 표현을 이해하고 사용하는 능력'이 가장 적절하다고 응답하였다. 이 외에도 55.2%(654명)의 교사들은 '문제해결 또는 추론과정을 논리적으로 설명하는 능력'이 수학적 의사소통의 평가요소로 적절하다고 판단하였다.

Chi-square test 결과, 유의수준 0.05에서 교사들이 근무하고 있는 학교급에 따라 수학적 의사소통의 평가요소에 대한 응답 결과에 유의한 차이가 있었다. 중학교 및 고등학교에서는 수학적 의사소통 능력의 평가요소로 '수학 용어, 기호, 표, 그래프 등의 수학적 표현을 이해하고 사용하는 능력'이 가장 적절하다고 선택한 교사의 비

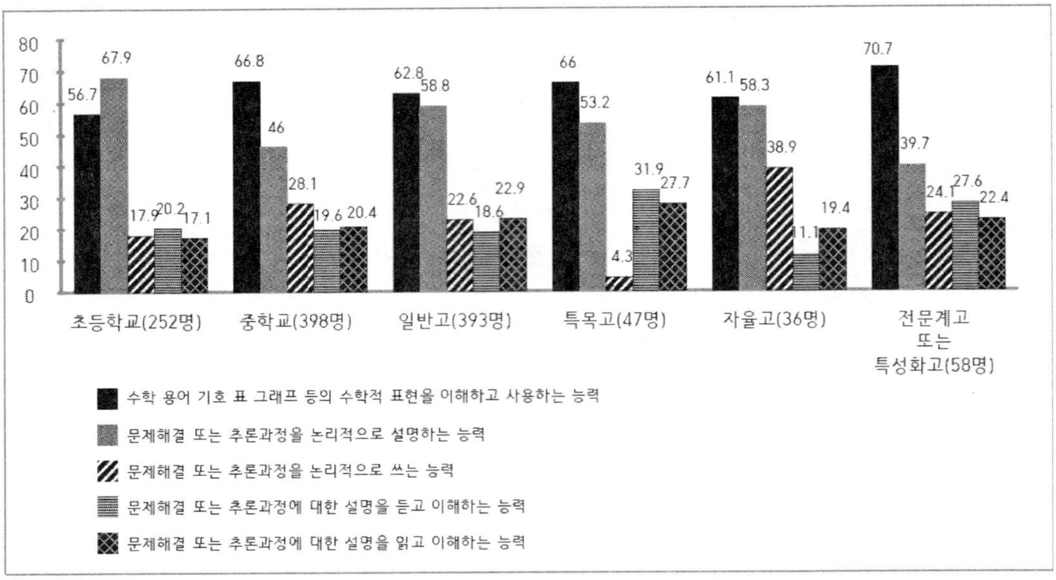

[그림 Ⅳ-2] 학교급별 수학적 의사소통 평가요소(응답자수: 1184명, 단위: %)

율이 가장 높게 나타난 반면, 초등학교에서는 '문제해결 또는 추론과정을 논리적으로 설명하는 능력'을 선택한 교사의 비율이 가장 높게 나타나서 다른 학교급과는 다른 결과를 보여주었다([그림 Ⅳ-2] 참고).

나. 수학적 과정 구성요소별 평가방법

수학적 과정 세 구성요소(수학적 문제해결, 추론, 의사소통) 각각의 가장 적절한 평가방법에 대하여 교사들은 <표 Ⅳ-3>과 같이 응답하였다.[12] 각 구성요소들의 1순위 평가방법에 대한 교사들의 응답을 분석한 결과, 74.5%, 30.5%의 교사들은 각각 수학적 문제해결과 수학적 추론을 평가하는 방법으로 '서술형· 논술형 문항을

<표 Ⅳ-3> 수학적 과정 구성요소별 1순위 평가방법 (단위 : 명, %)

평가방법	수학적 문제해결	수학적 추론	수학적 의사소통
서술형· 논술형 문항을 사용한 지필평가	855(74.5)	348(30.5)	167(14.7)
연구보고서/프로젝트법	128(11.1)	285(25.0)	91(8.0)
토론법	65(5.7)	275(24.1)	572(50.3)
관찰법	51(4.4)	135(11.8)	80(7.0)
개별 면담법	28(2.4)	82(7.2)	167(14.7)
자기평가	21(1.8)	13(1.1)	23(2.0)
동료평가	0(0.0)	2(0.2)	38(3.3)

12) 본 문항은 3개까지 복수응답을 허용하였고, 1~3순위까지 순위를 고려하여 응답하도록 하였다.

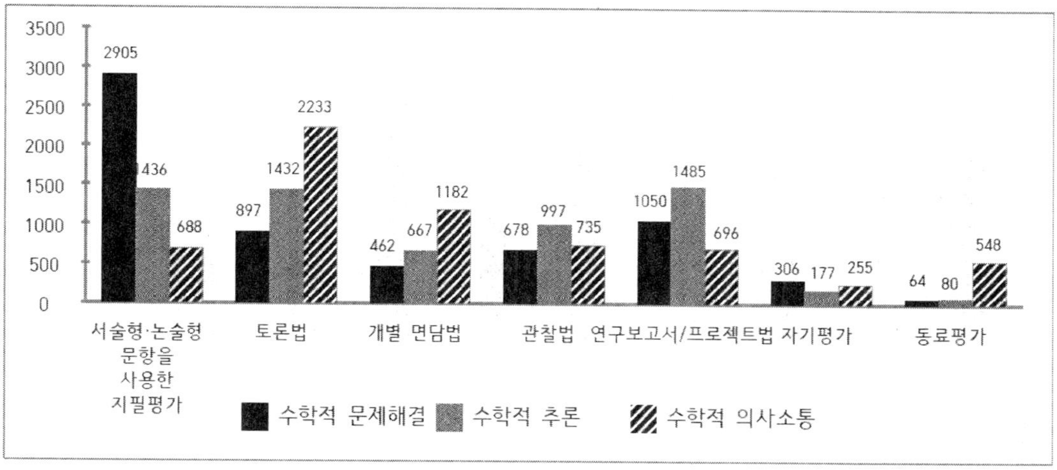

[그림 Ⅳ-3] 수학적 과정 각 요소의 평가방법(순위 고려, 단위 : 점)

사용한 지필평가'가 가장 적절하다고 응답하였다. 수학적 의사소통의 가장 적절한 평가방법으로는 50.3%(572명)의 교사들이 '토론법'을 선택하였다.

앞에서와 같이 교사들의 응답 결과를 순위를 고려하여 분석한 결과, 수학적 과정 각 구성요소별 적절한 평가방법으로 수학적 문제해결은 '서술형·논술형 문항을 사용한 지필평가', 수학적 추론은 '연구보고서/프로젝트법', 수학적 의사소통은 '토론법'이 높게 나타났다([그림 Ⅳ-3] 참고).

수학적 과정의 구성요소 각각의 1순위 평가방법을 교사들의 교직경력, 학교급, 도시규모에 따라 Chi-square test를 실시한 결과, 유의수준 0.05에서 통계적으로 유의한 차이가 있던 문항은 다음과 같다.

먼저, 교사들의 교직경력에 따라 수학적 과정

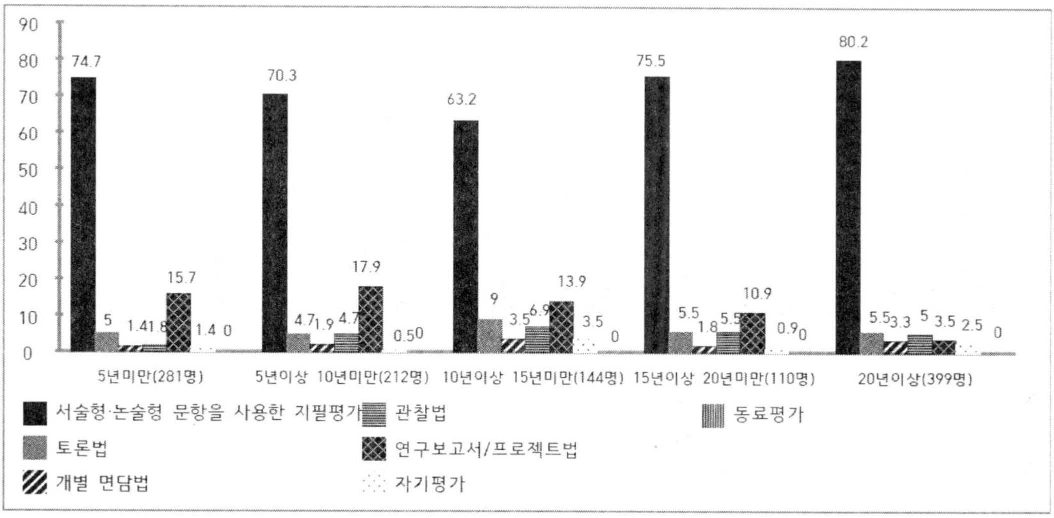

[그림 Ⅳ-4] 교직경력별 수학적 문제해결 1순위 평가방법(응답자수: 1146명, 단위: %)

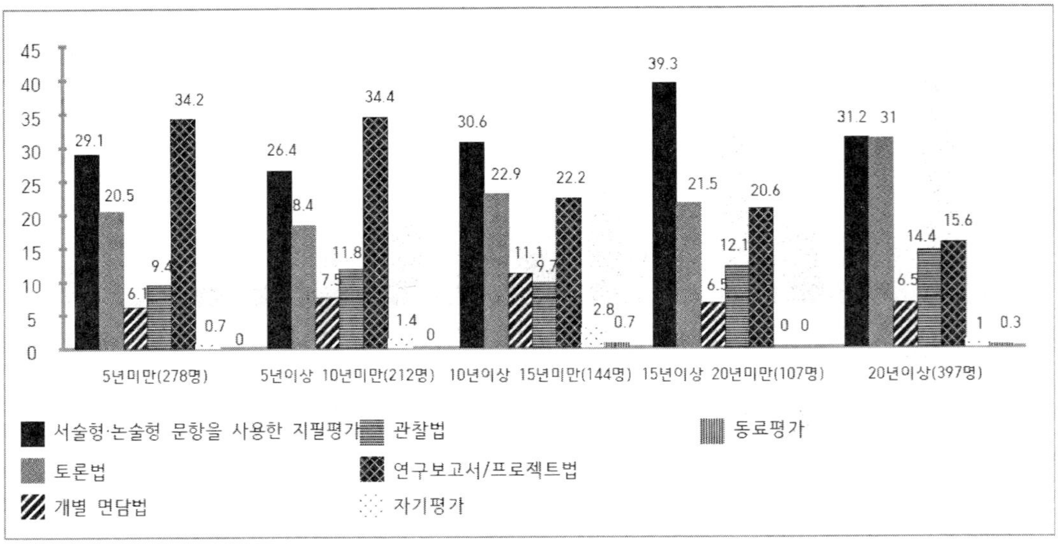

[그림 Ⅳ-5] 교직경력별 수학적 추론 1순위 평가방법(응답자수: 1138명, 단위: %)

의 구성요소 각각의 1순위 평가방법에 대한 응답 결과에 통계적으로 유의한 차이가 있었다. 수학적 문제해결의 1순위 평가방법의 경우, 교직경력 20년 이상의 교사들이 '서술형·논술형 문항을 사용한 지필평가'를 선택하는 비율이 다른 집단에서보다 높게 나타났다. 또한 Trend test 결과, 교직경력이 증가함에 따라 '연구보고서/프로젝트법'이 수학적 문제해결의 평가방법으로 적절하다고 생각하는 교사의 비율이 낮아지는 경향이 있음을 확인하였다([그림 Ⅳ-4] 참고).

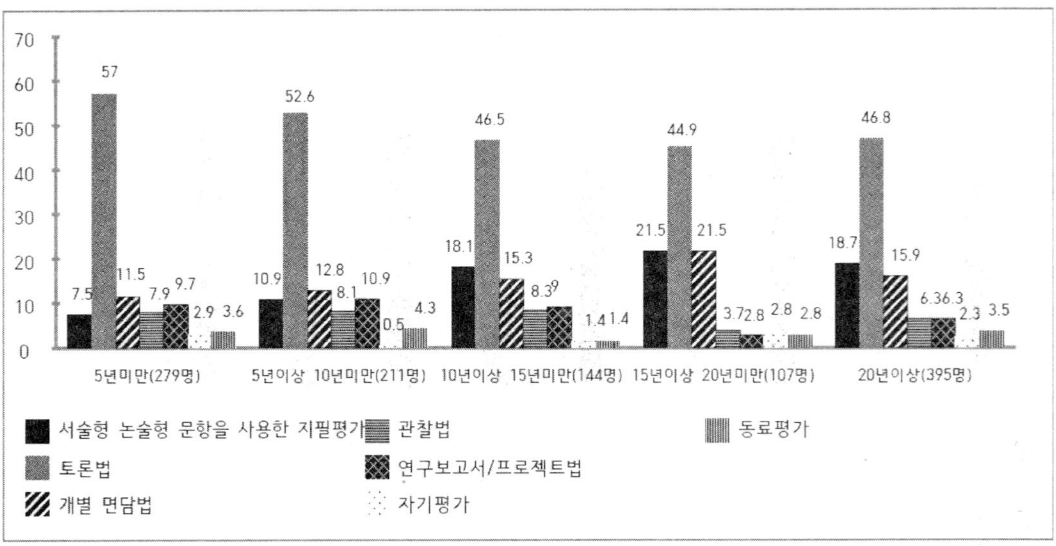

[그림 Ⅳ-6] 교직경력별 수학적 의사소통 1순위 평가방법(응답자수: 1136명, 단위: %)

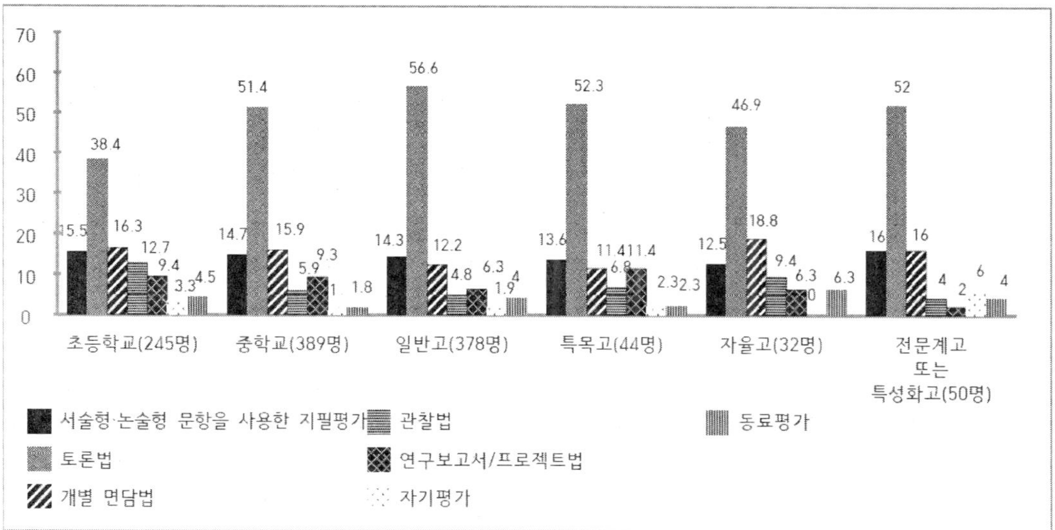

[그림 Ⅳ-7] 학교급별 수학적 의사소통 1순위 평가방법(응답자수: 1138명, 단위: %)

수학적 추론의 1순위 평가방법의 경우, 교직경력 5년 미만의 교사들은 '연구보고서/프로젝트법'을 가장 많이 선택한 반면, 교직경력 20년 이상의 교사들은 '서술형·논술형 문항을 사용한 지필평가'와 '토론법'을 많이 선택하였다([그림 Ⅳ-5] 참고).

수학적 의사소통 1순위 평가방법의 경우에는 Trend test를 실시한 결과, 교직경력이 증가함에 따라 수학적 의사소통의 평가방법으로 '토론법'이 적절하다고 생각하는 교사의 비율은 하락하는 경향이 있는 반면, '서술형·논술형 문항을 사용한 지필평가'가 적절하다고 생각하는 교사의 비율은 상승하는 경향이 있음을 확인하였다([그림 Ⅳ-6] 참고).

다음으로, 교사들이 근무하고 있는 학교급에 따라 수학적 의사소통 1순위 평가방법에 대한

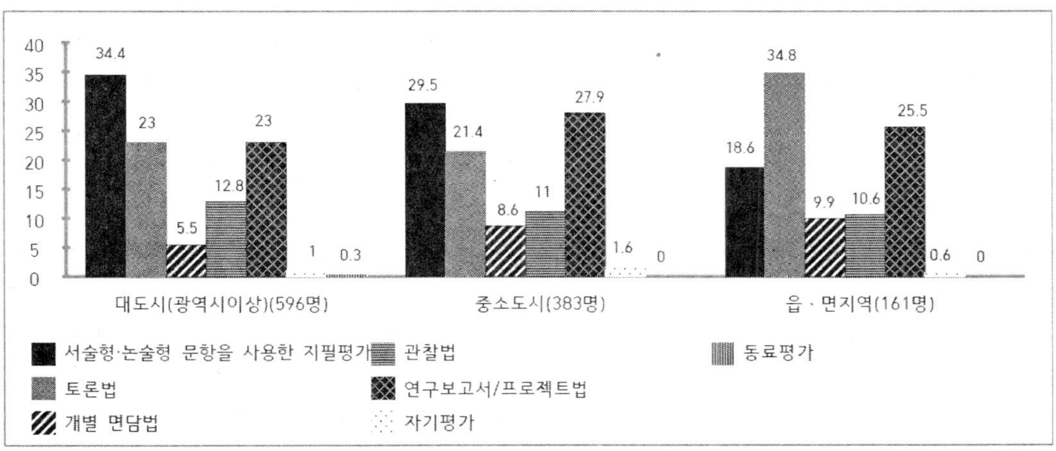

[그림 Ⅳ-8] 도시규모별 수학적 추론 1순위 평가방법(응답자수: 1140명, 단위: %)

응답 결과에 통계적으로 유의한 차이가 있었다. 대부분의 학교급에서 '토론법'에 응답한 비율이 50%에 가까운 반면, 초등학교 교사들은 상대적으로 적은 비율로 '토론법'을 선택하였다(38.4%) ([그림 Ⅳ-7] 참고).

마지막으로 교사들이 소속한 지역의 도시규모에 따라 수학적 추론 1순위 평가방법 응답 결과에 통계적으로 유의한 차이가 있었다. 대도시의 교사들은 '서술형·논술형 문항을 사용한 지필평가'를 가장 많이 선택한 반면, 읍·면지역의 교사들은 '토론법'을 가장 많이 선택하였다([그림 Ⅳ-8] 참고).

Ⅴ. 요약 및 결론

수학과 평가 및 수학적 과정 중심 평가에 대한 교사들의 인식을 분석한 결과 다음과 같은 현상을 관찰할 수 있었다. 첫째, 70%가 넘는 교사들이 현행 수학과 평가제도 및 방법이 수학교육에 큰 영향을 미치고 있다고 판단하였고, 특별히 입시위주의 평가에 대한 우려감 및 개선에 대한 요구를 많이 보였다. 또한 교사들은 평가에 투자하는 시간에 대한 부담감이 평가를 실시할 때 겪는 어려움이자 다양한 평가방식의 도입에 대한 걸림돌로 작용한다고 판단하였다. 이와 같은 교사들의 인식은 현재의 수학과 평가의 개선을 위해 평가제도 및 방법, 사회적 분위기 등과 같은 외부적 요인들의 변화에 대한 요구를 반영하고 있는 것으로 보인다. 따라서 이러한 요구를 반영하고 개선할 수 있는 실질적인 방안이 구체화될 필요가 있을 것이다.

둘째, 교사들은 그동안 '수학적 개념, 원리, 법칙의 기억'을 정기고사와 수행평가의 주된 평가요소로 생각해왔음을 알 수 있었다. 수행평가는 수학적 지식을 기억하는 것을 넘어서 수학적 지식을 가지고 어떻게 수행하는지에 대한 평가를 목적으로 도입되었음에도 불구하고(성태제, 권오남, 1999), 현재 교사들은 수행평가를 원래의 취지와 다르게 활용하고 있음을 알 수 있었다. 또한 정기고사와 수행평가의 1순위 평가요소로 수학적 문제해결이 두 번째로 높게 나오기는 했으나, 수학적 문제해결을 제외한 나머지 수학적 과정의 구성 요소들을 평가요소로 주목해온 교사가 드물었다는 점을 확인하였다. 이러한 결과는 그동안 수학적 추론과 의사소통에 대한 교사들의 인식이 낮았음을 보여줄 뿐만 아니라, 앞으로 수학적 과정 중심 평가를 도입할 때 교사들이 겪을 수 있는 혼란을 어느 정도 예견해 주는 것이기도 하다. 그동안 교사들이 많이 주목하지 않았던 요소들에 대한 평가를 강조하기에 앞서, 교사들이 미리 이에 적응할 수 있도록 수학적 과정 평가 연수 등과 같은 실질적인 노력이 선행되어야 할 것이다.

셋째, 그동안 교사들은 정기고사와 수행평가 모두에서 평가결과를 '학생들의 학업성취도 확인'에 많이 활용해온 것으로 나타났다. 이와 같은 결과는 수행평가 결과가 주로 학습 성취를 측정하는데 활용되어 왔음을 보고한 기존 연구 결과들(박종서, 박해순, 2000; 김영기, 양승욱, 2000)과 유사하다. 그러나 본 조사에서는 교사들이 '학생들의 학업성취도 확인' 외에도 '학생의 학습 동기 강화' 및 '학습방법 개선'에 수행평가 결과를 활용해 왔다는 점도 알 수 있었다. 정기고사와 수행평가에 따라 비율은 다르게 나타났지만, 절반 이상의 교사들이 '학생의 학습동기 강화' 및 '학습방법 개선'을 위해 수행평가 결과를 활용해 왔음은 수행평가의 원래 목적에 맞게 활용해 오고 있음을 나타내 주는 결과라고 볼 수 있다. 따라서 앞으로도 학생들의 학습을 뒷받침하는 평가(NCTM, 2000)를 지속해 나갈 수 있어야 할 것이다.

넷째, 설문 문항에서는 제시되지 않았으나 교사들이 기타의견으로 제시한 내용 중에는 현재 이루어지고 있는 수준별 수업의 문제점을 지적한 내용이 많이 있었다. 교사들은 학교 현장에서 수학 수준별 수업이 이루어지고 있으나, 그에 따른 수준별로 평가가 이루어지지 않고 있는 상황에 대한 문제제기를 하였다. 이에 따라 수준별로 다르게 제시되는 학습목표와 일률적으로 진행되는 평가간의 간극 사이에서 학생들과 교사들이 혼란을 느끼고 있고, 이에 대한 대책을 시급히 요구하고 있음을 알 수 있었다.

다섯째, 수학적 과정의 세 요소인 수학적 문제해결, 수학적 추론, 수학적 의사소통의 평가요소별로 교사들이 생각하는 가장 적절한 평가 방법이 다름을 알 수 있었다. 수학적 문제해결은 '서술형·논술형 문항을 이용한 지필 평가'가 가장 적절하다고 생각하는 경우가 많았고, 수학적 추론에 대하여는 '연구보고서/프로젝트법', '서술형·논술형 문항을 이용한 지필 평가', '토론법'이 큰 차이 나지 않게 적절한 평가 유형으로 선택되었다. 수학적 의사소통에 대하여 교사들은 '토론법'을 선호하였다. 교사들이 수학적 과정 중심 평가를 위해서 다양한 평가 방법이 필요함을 어느 정도 이해하고 있으므로, 다양한 평가 방법을 통해 수학적 과정을 평가하는 구체적인 적용 연구가 진행되어야 할 것이다.

여섯째, 교사들의 교직경력에 따라 수학과 평가에서의 평가요소, 수학적 과정 구성요소 각각의 평가방법에 대한 응답결과가 다르게 나타났다. 교직경력이 증가함에 따라 정기고사와 수행평가 모두에서 '수학적 개념, 원리, 법칙의 기억'을 평가요소로 고려한 교사의 비율이 높게 나타났고, 수학적 의사소통의 가장 적절한 평가방법으로 '서술형·논술형 문항을 사용한 지필평가'를 선택한 교사의 비율이 높게 나타났다. 또한 교직경력이 증가함에 따라 '연구보고서/프로젝트법'이나 '토론법'이 각각 수학적 문제해결과 수학적 의사소통의 평가방법으로 적절하다고 느끼는 교사의 비율이 낮아지는 경향을 보였다. 이와 같은 경향성은 비슷한 교육경력을 가지는 교사들의 인식 및 요구가 유사하고 교육경력이 오래된 교사들의 경우 새로운 평가유형을 도입하는데 어려움을 겪고 있을 수 있음을 보여준다. 따라서 앞으로 교사들을 위한 평가 관련 교육에서 교육경력이 오래된 교사들이 가지고 있는 인식과 요구들을 반영할 수 있어야 할 것이다.

일곱째, 교사들이 근무하고 있는 학교급에 따라 수학과 평가에서의 개선점, 다양한 평가방식이 사용되지 않은 이유 등에 대한 응답이 다르게 나타났다. 이는 학교급에 따라 학교가 처한 교실 상황 및 그에 따른 요구가 다름을 나타내주는 결과이다. 또한 수행평가 결과 활용 및 수학적 의사소통 평가 요소, 수학적 의사소통 평가방법 등에 대한 응답에서 초등학교 교사들의 응답이 다른 학교급의 교사들의 응답과는 많이 다르게 나타났다. 이는 초등학교 수학과 평가에 대한 접근이 다른 학교급에 대한 접근과는 달라야 함을 드러내준다. 따라서 앞으로 수학과 평가에서는 초등학교 수학과 평가와 다른 학교급에서의 수학과 평가에 대한 차별화된 접근이 고려되어야 한다.

여덟째, 교사들이 소속한 지역의 도시규모에 따라 수학적 추론 1순위 평가방법에 대한 응답이 다르게 나타났다. 대도시 교사들은 수학적 추론의 1순위 평가방법으로 '서술형·논술형 문항을 사용한 지필평가'를 많이 선택하였으나 읍·면지역 교사들은 '토론법'을 많이 선택하였다. 이는 도시규모에 따라 교실 환경에서 어떤 차이가 존재하여, 평가 방법의 적절성에 대한 판단에 영향을 미친 것이 아닌가 하는 추측을 가능하게 하나 추후 부가적인 연구가 필요한 부분이다.

수학적 과정 중심의 평가는 그 취지나 형태에

있어 1990년대 중반부터 수학과 수행평가라는 이름으로 논의되고 실행되어 온 것과 매우 유사하다. 그러나 본 연구에서 실시한 대규모 조사결과, 수학과 수행평가에 대한 교사들의 긍정적인 이해와 실천 의지가 그리 높지 않았다. 이는 수학적 과정 중심의 평가 역시 유사한 어려움에 부딪힐 것을 예측하게 하며, 적극적인 환경 조성과 지원 체제 구축이 절실하다는 것을 의미한다. 또한 교사들의 교직경력, 소속한 학교의 학교급, 도시규모에 따라 세부적인 의견과 요구의 차이가 나타난 바, 이를 적절하게 반영하여 수학적 과정 중심의 평가를 시행하는 방안에 대한 연구가 필요함을 알 수 있다. 특히, 평가는 교수-학습에 비해 민감한 사안들과 종종 관련되기 때문에, 이 연구에서 파악한 수학교사들의 세부적인 의견과 요구를 반영하여 수학적 과정 중심의 평가를 위한 문항 설계, 채점기준 수립, 평가 피드백 등에 대한 연구가 이루어져야 할 것이다.

Ⅵ. 참고문헌

강명원 · 김성호 · 박지훈 · 이선준 · 차용우 · 고상숙(2010). 2009 개정 교육과정에 따른 수학과 평가가 나아가야 할 방향. **한국수학교육학회지 시리즈 E <수학교육논문집>, 24**(2), 301-323.

고상숙 · 전영주(2003). 학교 현장에서의 수학과 수행평가에 관한 고찰. **한국수학교육학회지 시리즈 E <수학교육논문집>, 15**, 129-134.

교육과학기술부(2011). **수학과 교육과정**. 서울: 교육과학기술부.

권오남 · 황숙균 · 권기순(1999). 중학교 수학과 수행평가의 개발과 적용 효과에 관한 분석. **수학교육학연구, 9**(1), 333-350.

권오남 · 권기순(2001). 수학과 수행평가 도구로서 개념망 과제의 개발과 적용 가능성. **학교수학, 3**(1), 75-99.

김도한 외 18명(2009). **2009년 창의 중심의 미래형 수학과 교육과정 모형 연구**. 한국과학창의재단.

김송자 · 최창우(2006). 초등학교 수학과 수행평가 실천에 관한 연구 -자기평가·동료평가·관찰평가를 중심으로-. **한국초등수학교육학회지, 10**(1), 67-87.

김영기 · 양승욱(2000). 수학과 수행평가에 대한 중학교 수학교사들의 인식 및 실시 현황. **학교수학, 2**(2), 509-543.

박경미 · 임재훈(1998). 수학과 수행평가 프로젝트법의 의의와 실제. **학교수학, 1**(2), 723-745.

박경미 · 김동원(2011). 우리나라 수학교육의 문제점 진단을 위한 조사 연구. **한국수학교육학회지 시리즈 A <수학교육>, 50**(1), 89-102.

박종서 · 박해순(2000). 초등학교 교사들의 수학과 수행평가에 대한 인식. **한국수학교육학회지 시리즈 C <초등수학교육>, 4**(2), 151-163.

박해순(2000). 초등학교에서의 수학과 수행평가 문항의 분석과 교사들의 인식 현황. 진주교육대학교 석사학위논문.

성태제 · 권오남(1999). 수학과 학업성취도 평가를 위한 수행평가의 과제와 전망. **학교수학, 1**(1), 217-234.

유현주(2002). 수학적 힘의 신장을 위한 수행평가 과제개발 및 적용에 관한 연구. **학교수학, 4**(3), 513-537

이종희 · 김선희(1998). 수학 교수 학습에서의 의사소통에 관한 연구. **대한수학교육학회 논문집, 8**(2), 691-708.

최승현(1999). 수학과 수행평가의 개관. **학교수학, 1**(1), 331-349.

황선욱 외 32명(2011). 창의 중심의 미래형 수학과 교과내용 개선 및 교육과정 개정 시안 연구. 한국과학창의재단.

de Lange, J. (2007). Aspects of the art of assessment design. In A. H. Schoenfeld (Ed.), *Assessing Mathematical Proficiency* (pp. 99-111). Cambridge: Cambridge University Press.

McMillan. J. H. (2008). *Classroom Assessment: Principles and Practice for Effective Standards-Based Instruction(4th Ed.)*. Boston: Pearson.

National Council of Teachers of Mathematics. (1995). *Assessment Standards for School Mathematics*. Reston, VA: NCTM.

National Council of Teachers of Mathematics. (2000). *Principles and Standards for School Mathematics*. Reston, VA: NCTM.

National Council of Teachers of Mathematics. (2007). 학교수학을 위한 원리와 규준(류희찬, 조완영, 이경화, 나귀수, 김남균, 방정숙 역.). 서울: 경문사. (원저 Principles and Standards for School Mathematics. 2000 출판)

<부록 1> 설문지

Ⅰ. 설문대상자 기본정보 파악을 위한 질문입니다.

1. 선생님의 교직경력을 표시해 주십시오.

① 5년 미만　② 5년 이상 ~ 10년 미만　③ 10년 이상 ~ 15년 미만
④ 15년 이상 ~ 20년 미만　⑤ 20년 이상

2. 선생님께서 현재 근무하고 계시는 학교의 **학교유형**을 표시해 주십시오.

① 초등학교　② 중학교　③ 일반고
④ 특목고　⑤ 자율고　⑥ 전문계고 또는 특성화고

3. 선생님께서 현재 근무하고 계시는 학교가 소속된 지역의 **도시규모**를 표시해 주십시오.

① 대도시(광역시 이상)　② 중소도시　③ 읍 · 면지역

Ⅱ. 수학교육에서의 평가와 관련된 질문입니다

1-1. 수학교육의 문제들을 해결하기 위한 여러 시도에도 불구하고 여전히 문제들이 해결되지 않은 주된 원인이 **"평가제도 및 방법(입시위주의 평가, 정기고사·수행평가 등)의 한계"**에 있다는 의견에 대해 어떻게 생각하십니까?

① 매우 동의함
② 약간 동의함
③ 보통
④ 별로 동의하지 않음
⑤ 전혀 동의하지 않음

1-2. 1-1의 선택에 대한 이유를 작성해 주십시오.

2. 현행 수학과 평가를 개선한다면, 가장 먼저 시행되기를 바라는 점은 무엇입니까?

(**3**개까지 선택가능)

① 입시위주의 평가방식 개선

② 교사 또는 학교의 평가 자율성 확보

③ 진단평가 및 형성평가 결과 반영 비율 확대

④ 지필평가방식 외 다양한 평가방식(관찰, 프로젝트 등)의 활용기회 확대

⑤ 평가결과에 따른 학생·학교의 서열화 경향 개선

⑥ 교육과정상의 학습내용 축소

⑦ 학교의 인적·물적 자원 지원 및 교실 환경의 개선

⑧ 교사의 평가 전문성 향상을 위한 연수 및 지원 확대

⑨ 기타 ( )

3. 그동안 지필평가방식 외 다양한 평가방식(관찰, 면담, 프로젝트, 자기평가 등)이 학교 현장에서 잘 사용되지 않았던 가장 큰 이유가 무엇이라고 생각하십니까?

(**2**개까지 선택가능)

① 평가시간의 부족

② 평가 관련자료(평가문항, 평가기준 등)의 부족

③ 상급학교 선발평가(대학수학능력시험 등)와의 연계성 부족

④ 학교의 인적·물적 자원 부족 및 교실 환경의 한계

⑤ 교사의 평가 전문성 향상을 위한 연수 및 지원 부족

⑥ 수학교과 특성에 따른 사용상의 어려움

⑦ 기타( )

Ⅲ. 수학과 평가 실시현황과 관련된 질문입니다.

1. 그동안 정기고사 및 수행평가를 실시할 때 주로 고려했던 평가요소를 <보기>에서 골라 표 안에 순서대로 번호를 적어 주십시오.

(**3**개까지 선택가능)

<보기>

① 수학적 개념, 원리, 법칙의 기억
② 표준 알고리즘의 단순 적용
③ 수학적 창의성
④ 수학적 문제해결
⑤ 수학적 추론
⑥ 수학적 의사소통
⑦ 기타 (⑦ 기타를 선택한 경우 표 안에 직접 작성)

	1순위	2순위	3순위
정기고사			
수행평가			

2. 그동안 정기고사 및 수행평가를 실시해 오면서 평가결과를 어떻게 활용해 왔는지 <보기>에서 모두 골라 표 안에 번호를 적어 주십시오.

<보기>

① 학생의 학습동기 강화
② 학생의 학업성취도(학습목표 달성) 확인
③ 교사의 교수방법 개선
④ 학생의 학습방법 개선
⑤ 성적산출을 통해 상급학교·학년 진급을 위한 자료로 활용
⑥ 학생의 특기신장 및 진로지도를 위한 기초자료로 활용
⑦ 기타 (⑦ 기타를 선택한 경우 표 안에 직접 작성)

정기고사	
수행평가	

3. 그동안 평가를 실시해 오면서 어려움을 겪었던 이유는 무엇입니까?

(3개까지 선택가능)

① 평가 관련자료(평가문항, 평가기준 등)의 부족

② 평가문항 및 평가기준의 타당성 확보의 어려움

③ 교수학습 과정 중 평가시간 확보의 어려움

④ 채점, 평가결과 분석, 사후지도 등의 시간적 부담

⑤ 평가결과에 대한 학생 및 학부모의 신뢰 부족

⑥ 기타 ( )

Ⅳ. '수학적 과정' 중심 평가와 관련된 질문입니다.

2011 개정 수학과 교육과정에서는 '수학적 과정'의 교수 · 학습을 강조하고 있습니다. 여기서 '수학적 과정'이란 다양한 현상을 수학과 연결하고, 다양한 상황에서 발생하는 문제를 해결할 때 활성화되어야 하는 수학적 능력을 의미하는 것으로, '수학적 문제해결', '수학적 추론', '수학적 의사소통'을 구성 요소로 포함하는 개념입니다.

1. 실제로 수학적 과정을 평가한다고 할 때, **'수학적 문제해결'** 능력의 평가요소로 가장 적절하다고 생각하는 것은 무엇입니까?

(3개까지 선택가능)

① 문제해결에 필요한 조건을 확인 또는 보완하는 능력

② 이미 배운 수학적 지식과 사고방법을 활용하여 문제해결 전략을 찾는 능력

③ 적절한 전략을 활용하여 문제를 해결하는 능력

④ 문제해결 과정과 결과를 수학적인 방법으로 점검하는 능력

⑤ 문제해결을 위해 유사한 문제를 떠올리는 능력 또는 문제해결 결과를 반영하여 새로운 문제를 만드는 능력

⑥ 문제해결 전략 또는 결과를 새로운 문제에 적용하는 능력

⑦ 실세계 문제해결을 통해 수학적 개념, 원리, 법칙을 발견하는 능력

2. 실제로 수학적 과정을 평가한다고 할 때, **'수학적 추론'** 능력의 평가요소로 가장 적절하다고 생각하는 것은 무엇입니까?

(**2**개까지 선택가능)

① 문제 상황에 포함된 수학적 관계를 파악하는 능력

② 귀납, 유추 등을 통해 수학적 사실을 추측하는 능력

③ 수학적 지식에 근거하여 정당화하는 능력

④ 수학적 추론 과정과 결과의 타당성을 점검하는 능력

3. 실제로 수학적 과정을 평가한다고 할 때, **'수학적 의사소통'** 능력의 평가요소로 가장 적절하다고 생각하는 것은 무엇입니까?

(**2**개까지 선택가능)

① 수학 용어, 기호, 표, 그래프 등의 수학적 표현을 이해하고 사용하는 능력

② 문제해결 또는 추론과정을 논리적으로 설명하는 능력

③ 문제해결 또는 추론과정을 논리적으로 쓰는 능력

④ 문제해결 또는 추론과정에 대한 설명을 듣고 이해하는 능력

⑤ 문제해결 또는 추론과정에 대한 설명을 읽고 이해하는 능력

4. 수학적 과정 각 요소를 평가하는 방법으로 가장 적절하다고 생각하는 것을 <보기>에서 골라 표 안에 순서대로 번호를 적어 주십시오.

(**3**개까지 선택가능)

<보기>

① 서술형·논술형 문항을 사용한 지필평가

② 토론법

③ 개별 면담법

④ 관찰법

⑤ 연구보고서/프로젝트법

⑥ 자기평가

⑦ 동료평가

	1순위	2순위	3순위
수학적 문제해결			
수학적 추론			
수학적 의사소통			

5. '수학적 과정' 중심 평가방안을 개발할 때 반영되기를 희망하는 사항이 있다면 적어 주십시오.

<부록 2> 수학과 평가에 대한 교사들의 인식 및 수학과 평가 실시 현황 응답 결과

<표 1> 문항 Ⅱ-1 (단위 : 명, %)

보기	교사 수(비율)
①	371(31.3)
②	532(44.9)
③	202(17.0)
④	72(6.1)
⑤	8(0.7)
응답자 수	1185(100.0)

<표 2> 문항 Ⅱ-2 (단위 : 명, %)

보기	교사 수(비율)
①	599(50.5)
②	423(35.6)
③	117(9.9)
④	292(24.6)
⑤	449(37.8)
⑥	376(31.7)
⑦	440(37.1)
⑧	263(22.2)
⑨	26(2.2)

<표 3> 문항 Ⅱ-3 (단위 : 명, %)

보기	교사 수(비율)
①	531(45.7)
②	371(31.9)
③	457(39.3)
④	357(30.7)
⑤	101(8.7)
⑥	203(17.5)
⑦	58(5.0)

<표 4> 문항 Ⅲ-2 (단위 : 명, %)

보기	정기고사	수행평가
①	440(40.3)	602(55.6)
②	918(84.1)	720(66.5)
③	454(41.6)	427(39.4)
④	322(29.5)	549(50.7)
⑤	662(60.7)	262(24.2)
⑥	241(22.1)	190(17.5)
⑦	6(0.6)	9(0.8)

<표 5> 문항 Ⅲ-3 (단위 : 명, %)

보기	교사 수(비율)
①	433(36.5)
②	534(45.0)
③	590(49.7)
④	897(75.6)
⑤	124(10.4)
⑥	14(1.2)

03 『초등교사와 예비교사의 수학 수업에 대한 신념 분석』에 관한 해설

이 대 현(광주교육대학교)*

전통적인 수학 교실에서 나타나는 교사와 학생간의 담화 구조인 IRE(teacher initiative-student response-teacher evaluate)식 대화구조 형태에 대한 비판이 있어 왔다. 같은 맥락에서 예비교사인 학생들이 수업 지도안을 작성하고 모의 수업을 하는 과정을 수년간 관찰해 오면서 우선적으로 갖게 되는 생각은 예비교사들이 초·중등학교 시절에 경험한 IRE식 수업 패턴을 모의 수업에 적용하는 경향이 많다는 것이었다. 예비교사들과 초등 교사들은 수학 수업에서 강조할 다양한 수학적 지식과 이를 유의미하게 학습하도록 이끌 수학적 활동의 풍부함을 인식하지 못하거나 실천하지 못하고 있는 것이었다. 본 논문은 교사가 수학을 지도할 때 초점을 두는 수학적 지식과 수학적 활동의 중요성을 인식하고, 이는 교사의 신념에 의해 표출된다는 면에 주목하여 이를 파악하기 위한 조사연구를 실시하였다. 특히 교사들이 갖고 있는 수학 교수・학습에 대한 광범위한 지식은 교수활동 주기로 나타나는데, 이는 지식-실행-분석으로 구성된다(NCTM, 2007). 즉 교사 준비 기간의 가르칠 준비를 통해, 교사로서 가르친 경험을 통해, 장기간의 전문적인 개발을 통해 지식을 개발하게 된다. 따라서 예비초등교사로서 교사교육 기간에 형성 중인 신념과 초등교사로서 수업을 진행하는 교수 기간 중에 형성되어 있는 신념을 분석하였고, 또한 예비교사와 초등 교사간의 신념도 비교・분석하였다.

본 연구를 위한 연구 방법은 질문지를 통한 조사 연구이다. 본 연구에서 이용한 질문지는 Rahim, Hogan & Chan(2012)에서 중학교 3학년 학생들을 상대로 교사들이 어떤 인식적 명제(수학적 지식)와 인식적 동사(수학적 활동)에 초점을 두는가를 분석하기 위하여 이용한 질문지를 교사들의 관점에 맞게 재구성하여 Likert형 5점 척도로 평정하도록 재구성한 것이다. 이는 수학 교과에 대한 일반적인 신념에 대한 조사 내용을 지양하고, 수학 교과의 전체적인 지도 내용을 섭렵할 수 있도록 수학적 지식이 요구하는 인지적 본질에 부합하고, 또한 수학 교사가 학생들에게 특정한 수학적 활동에 참여하도록 이끌 필요가 있는 교과 활동적 특성에 부응하도록 구성하였다는 특징이 있다. 설문 내용은 교사가 수학 수업에서 강조해야 할 다양한 유형의 수학적 지식을 수학의 특성에 맞도록 절차적 지식, 개념적 지식, 메타인지적 지식, 인식적 지식으로 구분되었다. 이를 통해 초등 교사들이나 예비교사들이 다양한 수학적 지식의 학습에 참여하고 통합적으로 이해하도록 기회를 제공하는가를 알아

* leedh@gnue.ac.kr

보는데 의미가 있다. 또한 교실에서 학생들에게 풍부한 수학적 활동에 참여하도록 이끌어 주는가를 알아보기 위하여 수학 수업에서 초점을 두는 수학적 활동을 지식(구문)의 사용, 지식의 표현, 지식의 생성, 지식의 심의, 지식의 발표로 나누어 알아보았다. 이러한 설문은 수학 교실 수업을 진행하는 교사들에게 자기반성의 체크리스트로도 활용 가능할 것이다.

본 연구에서 질문지를 이용한 조사연구를 실시한 이유는 예비교사들과 초등 교사들이 초점을 두고 있는 수학적 지식과 수학적 활동의 현재 상태와 경향을 파악함과 동시에 두 집단 간에 차이가 있는가를 분석하기 위해서이다. 조사연구가 여전히 표본의 추출 문제, 조사 대상의 진실한 응답 등의 어려움이 있지만, 조사 집단의 일반적인 경향을 파악하기 위해서는 유용하고, 다양한 변인간의 관계를 파악함으로써 교육의 근본적인 문제를 해결할 수 있는 정보를 수집하는데 용이하다는 면에서 그 가치 또한 여전하다. 본 연구에서도 교육 경험에 따라 교사들이 추구하는 수학적 지식과 수학적 활동의 차이를 파악하는데 용이하였다. 또한 본 연구를 기반으로 수학 수업에서 중시해야 할 수학적 지식과 수학적 활동이 여러 집단에 걸쳐 어떻게 나타나는지? 수학교육의 개선의 방향에 부합하게 교사들의 교육 활동이 구현되는가를 파악할 수 있었다.

일반적으로 교사들이 가지고 있는 교과에 대한 신념의 연구는 신념의 본질, 수학 교과에서 신념의 분류, 교사의 신념과 수업 실제의 관계 등에 치중되어 왔다. 본 연구에서는 수학 수업에 관련하여 교사가 초점을 두어야 할 수학적 지식과 수학적 활동 면에서 이들 영역을 구성하는 요소를 제시한 검사지를 개발하여 조사연구를 실시한 것이다. 이러한 검사지를 활용하여 초등교사와 초등 예비교사를 대상으로 검사를 실시하고 결과를 분석하였다. 결과 분석에서는 SPSS프로그램을 활용하여 우선적으로 각 항목별로 평균과 표준편차를 추출하였다. 그리고 초등교사와 예비교사간의 초점을 두는 수학적 지식과 수학적 활동에 유사성이나 차이가 있는가를 확인하기 위하여 독립표본 t-검정을 실시하였다.

검사 결과, 초등교사와 예비교사들의 수학적 지식의 차이는 존재하지만, 다양한 지식에 높은 초점을 두는 것으로 나타나 고무적이었다. 한편 수학적 활동에서는 예비교사들이 강조하는 수학적 활동의 점수가 초등 교사들보다 많은 영역에서 높게 나타났다. 이것은 교사교육 기간에 형성된 신념이 교직 현장 경험 과정을 거치면서 유지되는가에 대한 문제, 교육 현장에서의 실제적인 교육 활동과 신념과의 일관성 문제 등을 고려하게 하였다. 또한 의사소통이 강조되는 수학 교실에서 학생들이 지식을 심의하고 발표하는 영역에 대한 수학적 활동에 두 집단 모두 낮은 관심을 보여 이 영역에 대한 교수학적 노력이 요구됨을 알 수 있다.

본 연구에서는 예비교사들과 초등 교사들이 가지고 있는 수학적 지식과 수학적 활동에 관한 설문으로 이루어졌다. 그렇지만 검사에 참여한 대상 수를 더 확장할 필요가 있다. 또한 교사들의 경력별로 초점을 두는 수학적 지식과 수학적 활동에 어떤 변화가 있는가를 분석하는 것도 유익할 것이다. 본 연구에서는 특정 연수에 참여한 교사 위주로 편의 표집하여 이루어졌기 때문에 일반화에 유의할 필요가 있다. 그렇지만 본 연구에서 구축한 검사지는 교사들이 초점을 두는 수학적 지식과 수학적 활동에 대한 분석 자료로 기능할 것이고, 교육 개혁에 부합하도록 변화되어 가는 교사의 역할에 대한 평가지표로도 활용될 수 있을 것이다.

이에 덧붙여 마지막으로, 본 연구를 바탕으로 추후 연구가 필요한 내용을 적으면서 본 글을 맺고자 한다. 교사의 수업 관행은 오랜 시간에 걸친 경험으로 형성되어지며, 이는 그렇게 형성된 신념의 표현이다. 따라서 교사의 교직 경력에 따라 신념의 변화가 있는지? 그렇다면 그러한 변화의 요인은 무엇인가에 대한 질적 분석이 필요하다. 또 몇 명의 교사를 대상으로 교육 경력의 증가에 따라 초점을 두는 수학적 지식과 수학적 활동에 어떤 변화가 있는지에 대한 종단적 연구가 필요하다. 수학 교실에서 학생들이 인식하는 수업은 어떠한가에 대한 분석 연구와 교사의 반응과 학생의 반응사이의 관계 탐구도 필요하다. 한편, 본 연구와 같은 조사연구를 통한 분석결과가 실제 현장 적용과정에서 어떻게 나타나는가에 대한 질적 연구가 병행되어야 할 것이다.

참고문헌

이대현(2013). 초등교사와 예비교사의 수학 수업에 대한 신념 분석. **학교수학, 15**(1), 201-219.

National Council of Teachers of Mathematics (2007). *Mathematics teaching today*. Reston, VA: Author.

Rahim, Hogan & Chan (2012). The epistemic framing of mathematical tasks in secondary three mathematics lessons in Singapore. In B. Kaur & T. T. Lam (Eds.), *Reasoning, communication and connections in Mathematics* (pp. 11-55). Toh Tuck Link: World Scientific Publishing Co.

대한수학교육학회지 <학교수학> 제 15 권 제 1 호
Journal of Korea Society Educational Studies in Mathematics
School Mathematics Vol. 15, No. 1, 201 ~ 219. Mar 2013

초등교사와 예비교사의 수학 수업에 대한 신념 분석[1)]

이 대 현*

본 연구의 목적은 학교에서 수학을 가르치고 있는 초등교사들과 교육대학교에 재학 중인 예비교사들이 수학 수업에서 수학 지도에 초점을 두는 지식과 수학적 활동에 대해 어떤 신념을 가지고 있는가를 조사·분석하는 것이다. 이를 위해 수학 지도에 초점을 두는 지식에 대한 15개 문항과 수학 지도에 초점을 두는 수학적 활동에 대한 19개 문항으로 구성된 설문지를 만들었고, 초등교사 114명과 예비교사 100명을 대상으로 설문 조사를 실시하여 분석하였다.

분석 결과, 수학 지도에 초점을 두는 지식에서는 예비교사들이 개념적 지식에서 초등교사들보다 높은 점수를 나타내었고, 초등교사들은 절차적 지식과 메타 인지적 지식, 인식적 지식에서 예비교사들보다 높은 점수를 나타내었다. 그리고 수학 지도에 초점을 두는 수학적 활동에서는 지식의 표현, 지식의 생성, 지식의 심의, 지식의 발표에서 예비교사들이 초등교사들보다 높은 점수를 나타내었고, 지식(구문)의 사용에서만 초등교사들이 예비교사들보다 높은 점수를 나타내었다. 초등교사들과 예비교사들 간에 차이가 있는가를 검증하기 위하여 독립표본 t-검정을 실시한 결과, 유의미한 차이가 나는 수학적 지식과 활동의 항목이 나타났지만, 전체적으로 예비교사들과 초등교사들은 다양한 수학적 지식과 활동을 강조하고 있었다.

I. 서 론

학교 수학은 수학과 교수·학습에 의해 전개되며, 수학과 교수·학습의 질적 수준을 끌어 올리는데 중요한 역할을 하는 요소 중 하나는 수학 교사가 갖추고 있는 전문적인 지식이라고 할 수 있다. 이에 부응하여 최근의 교수 실제에 대한 연구들은 단순히 가르칠 교과에 대한 지식을 넘어서, 다양한 영역의 전문적 지식을 수학 교사가 갖추어야 할 지식으로 요구하고 있다 (Schulman, 1987; Ball, Hill, & Bass, 2005; Ball, Thames, & Phelps, 2008). 그렇지만 수학 교사에게 필요한 전문적인 지식에 대한 논의들이 주로 수학교사들이 가지고 있는 교과 내용지식이나 교수법적 내용 지식에 초점을 두고 있는 반면에, 다른 한편에서는 교사가 가지고 있는 교과와 교과 지도에 대한 신념이나 가치관에 많은 관심을 가지고 있다. 또한 교사의 신념은 교수 실제에 많은 영향을 끼치는 것으로도 보고되고 있다(이지현, 2003; Oh, 2002).

수학교육 연구에서 수학 교사의 신념은 수학 본질에 대한 신념, 수학 교수에 대한 신념, 수학 학습에 대한 신념으로 분류되기도 한다(고상숙 외, 2011). 수학 본질에 대한 신념은 교사의 수학에 대한 의식, 무의식적인 신념, 개념, 의미,

* 광주교육대학교, leedh@gnue.ac.kr
1) 본 논문은 2013학년도 광주교육대학교 학술연구비 지원에 의해 연구되었음.

규칙, 지적 이미지, 선호도이며, 수학 교수에 대한 신념은 수학 본질에 대한 신념과 학생, 학교, 교사 자신에 대한 신념도 관계있다. 마지막으로 학습에 대한 신념은 학생들이 어떻게 학습해야 하는지와 관련이 있다. 따라서 수학 본질에 대한 신념, 수학 교수에 대한 신념, 수학 학습에 대한 신념은 독립적인 개념이 아니라, 서로 유기적이고 상호작용하는 신념으로 해석될 수 있다(고상숙 외, 2011).

이런 면에서 수학을 가르치는데 나타나는 수학 교사의 신념은 복합적인 개념이고, 이것은 수학 교실에서 교수와 학습에 직접적인 영향을 끼친다는 면에서 중요하게 다루어져야 할 개념이다. 즉, 교사의 교수 활동은 교사의 수학적 신념에 의해 직접적으로 영향을 받게 되고, 교사의 수학적 행동은 학생들의 수학적 신념에 작용하여 영향을 끼치게 된다(남윤정, 송영무, 2008).

한편, 수학 교사의 교과에 대한 신념은 교수 실제를 통해 나타나며, 특히 교사들이 수업 상황에서 즉각적인 의사결정을 해야 할 때 결정에 대한 판단과 자신감은 일관된 신념에 근거한다. 교육 현장에서 교사와 학생은 지속적으로 상호작용을 하게 되며, 학생들은 교사와의 언어적 행동적 교류를 통해 교사의 신념에 영향을 받게 된다. 특히 교실에서 교사의 생각은 교사의 발화를 통해 학생들에게 표출되기 마련이다. 수학 교실에서 학생들의 수학적 활동은 교사의 발화에 의해 시작이 되고 진행된다는 면에서 중요하다. 즉, 교사의 발화는 교사의 교과에 대한 신념이 반영된 결과이며, 학생들을 어떤 유형의 수학적 활동에 참여시키도록 할 것인가를 결정하는 중요한 매개체가 된다.

전통적인 수학 교실에서 나타나는 발화의 구조는 교사의 전달과 학생의 수용으로 점철되어 왔으며, 현재의 수학교실에서 나타나는 교실의 발화에 대한 분석에서도 교사의 시발(teacher initiate)-학생 반응(student response)-교사 평가(teacher evaluate)로 이어지는 IRE식 대화 구조가 빈번하다는 것을 알 수 있다. 그렇지만 학생들이 정답을 알고 있는가를 평가하는 IRE식 대화 구조가 반드시 부정적인 것만은 아니며, 다른 유형의 대화를 이끄는 매개체가 될 수 있다는 면에서 교실 담화에 대한 새로운 해석과 평가가 필요하다(Hogan, Rahim, Chan, Kwek, & Towndrow, 2012). 또한 발화의 전개 형태와 내용과 같은 교실 담화는 교사가 교과의 지도에서 초점을 두는 과제와 수학적 활동에 의해 좌우되며, 이는 교사의 신념에 따라 표출된다는 면에서 수학교사의 이러한 영역에 대한 신념 분석이 필요하다.

특히 교사가 가지고 있는 신념이 예비교사 교육기간에 형성되기 시작한다는 면에서 예비교사들이 가지고 있는 수학 교과에 대한 신념을 분석해 보는 연구가 필요하다. 초등교사들과 예비교사들이 수학교과에 대해 가지고 있는 신념의 정도와 상태에 대해 파악하는 것은 교사의 발화로부터 시작되는 수학 수업과 교수 실제에 직접적인 영향을 끼치는 신념의 가치의 중요성에 비추어 필요하다. 또한 초등교사와 예비교사들이 가지고 있는 수학 교과에 대한 신념에 차이가 있을 경우에는 초기에 형성된 신념이 교직 생활을 하는 동안 어떤 방식으로 유지되거나 변화되는지에 대한 연구의 필요성을 제기할 수 있을 것이다.

이러한 연구의 필요성을 바탕으로 본 연구에서는 현재 수학을 가르치고 있는 초등교사들과 교육대학교에 재학 중인 예비교사들을 대상으로 그들이 가지고 있는 수학 교과 지도에 대한 신념을 분석해 보고, 수학 교과의 지도에 대한 신념에 대해 두 집단 간에 어떤 유사성이나 차이가 있는가를 분석해 보고자 한다. 이 논문에서는 수업의 맥락에서 교사가 가르치는데 초점을 두는 지식, 그리고 가르치는데 초점을 두는 수학적 활동에 나타나는 교사의 신념에 초점을 두고, 초등교사들과 예비교사들이 가지고 있는 수학적 신념을 파악하는데 중점을 두었다. 여기서 교사가 가르치는데 초점을 두는 지식은 수학 과제가 요구하는 인지적 요구의 본질에 초점을 두는 것이고, 가르치는데 초점을 두는 수학적 활동은 특정 지식 탐구를 위한 학습 활동에 학생들로 하여금 참여하도록 이끌고 격려하는 지식 탐구 활동에 실제적 참여의 중요성에 초점을 둔다(Rahim, Hogan & Chan, 2012).

초등교사들과 예비교사들이 가지고 있는 신념을 알아보기 위하여 수업 중에 수학 교과 지도에 초점을 두고자 하는 지식과 수학적 활동으로 구성된 설문지를 이용한 조사연구를 실시하여 분석하였다. 이러한 결과를 바탕으로 초등교사 교육과 수학 지도를 위한 시사점을 논의하였다.

II. 이론적 배경

학교 교육이 교육목적을 달성하기 위해서는 다양한 측면의 노력과 교육 환경 및 여건이 조성되어야 하지만, 무엇보다도 교과를 지도하는 교사의 전문성이 중요한 요소라는 것은 새삼스러운 것이 아니다. 수학 교과에 대한 교사의 전문성은 수업의 성공을 위한 중요한 변인으로 학생들의 수학적 이해에도 영향을 준다(황혜정, 2010). 우리는 교사의 전문성을 논할 때 교과 지도에 필요한 지식의 소유 여부 측면, 수업 지도적인 측면, 학생 지도적인 측면 등 다양한 영역에서의 능력을 다루기도 한다. 역동적인 수업 상황에서 교사는 자신이 가지고 있는 다양한 능력을 자신의 판단에 따라 의사결정을 하고 실행에 옮기게 되는데, 교육 활동에서 자신감과 일관성 있는 태도는 교사로서 전문적인 신념에 따르는 것이다(조인진, 2005). 따라서 교사의 신념은 교사가 가지고 있는 지식 이상으로 학생의 수업 활동과 성취도에 영향을 끼치게 된다.

그간 우리의 교육은 TIMSS와 같은 국제 비교 연구에서 수학 성취도가 꾸준히 상승하고 있는 것으로 나타나고 있으나, 정의적 성취 결과인 수학 학습에 대한 자신감 지수, 즐거움 인식 정도, 가치 인식 정도는 국제 평균에 비해 낮게 나타나고 있다(김경희 외, 2008). 정의적 영역에서 낮은 결과는 학생들의 수학에 대한 부정적인 신념과 무관하지 않으며, 학생들의 수학에 대한 신념은 수학에 대한 오랜 학습 경험으로부터 기인하며, 이는 수학을 가르치는 교사의 수학적 신념과도 밀접하게 연관되어 있다(조인진, 2005).

신념(belief)이란 대상에 대해 개개인이 가지고 있는 감정적인 태도로, 개인적이고 주관적인 차원에서 다루어진다(정해남, 2005; Oh, 2002). 일반적으로 신념이란 경험에 의한 개인적인 인지적 구성이며, 개인의 행위를 이끌어간다. 특히 교과 지도에 대한 교사의 신념은 교실 수업, 교수, 학습, 학생 등에 대한 교사의 태도를 가리키며, 교사의 교수 행동에 영향을 미칠 수밖에 없다(정해남, 2005). 여러 연구 결과를 살펴보면, 교사의 신념을 넓은 의미로는 교과의 교육과정 내용과 그것의 교수, 학습의 전반적인 맥락에 대한 태도에 초점을 두기도 하고, 좁은 의미로는 교수학적 내용의 지도에 대한 태도로 제한하여 다루기도 한다(Oh, 2002).

교사들과 예비교사들의 신념은 지속적인 교육 경험에도 불구하고, 변하지 않는 특성이 있다. 또한 교사들과 예비교사들이 수학에 대해 가지고 있는 신념은 교실에서의 행동과 실천에 영향을 끼치며, 교수 방법을 결정하거나 선택하는데 깊은 영향을 준다. 알고리즘을 중시하는 교사들과 예비교사들은 개념의 이해보다는 체계적인 절차를 기억하도록 가르칠 가능성이 높다(Mazlini & Effandi, 2010). 따라서 교사들과 예비

교사들이 수학에 대해 가지고 있는 신념을 파악하는 것은 그들이 수학 프로그램을 개발하고, 교수학적 실천을 하는데 도움을 줄 수 있는 정보를 얻을 수 있는 면에서 중요하다.

수학 교과에 대한 교사의 신념은 수업 방법에 영향을 끼치며, 수학에 대한 신념과 수학 교수·학습에 대한 신념으로 나눌 수 있다(방정숙, 2002; 정해남, 2005). 또 수학 교사의 신념은 수학 본질에 대한 신념, 수학 교수에 대한 신념, 수학 학습에 대한 신념으로 분류되기도 한다(고상숙 외, 2011; Raymond, 1997). 수학 교사가 수학을 어떻게 보느냐에 따라 수학 교수 학습 방법이 달라질 것이고, 수학 교수·학습이 어떠해야 하느냐라는 관점에 따라 수업에서 다룰 학습 내용을 선별하기 때문에 내용에 관한 신념과 교수 학습에 대한 신념은 서로 밀접히 연관되어 있다. 즉 교사가 가지고 있는 신념 그 자체는 교사의 교수법에 영향을 끼치는 핵심적인 요소이다(Franke, Fennema & Carpenter, 1997).

교사의 수업에 대한 신념은 초·중등학교에서 교사와의 상호작용과 학습자로서 학습내용에 대한 경험으로부터 형성되기 시작하여, 예비교사 교육 기간 동안 지식의 습득 과정에 영향을 끼치게 되면서 견고하게 형성되어간다(조정수, 2002). 따라서 예비교사 교육자들에게는 예비교사들이 자신의 교과에 대한 신념을 되돌아볼 수 있는 기회를 제공하는 것이 중요하다. 또한 교사도 자신의 교수학적 실제에 귀속되어 일관된 신념을 나타내므로 교수 학습에 대한 자신의 생각과 신념에 대하여 비판적으로 분석해 보는 것이 필요하다. 이러한 경험은 예비교사들이 학습한 교과 내용을 회상하거나 교사들이 가르칠 내용을 준비하는 것 이상이 될 수 있다(Reeder, Utley & Cassel, 2009).

수업에서 교사는 학습 내용을 추출하고, 학습 목표를 세운 후에 지식 탐구와 학습 활동에서 초점을 둘 지식과 수학적 활동을 정해야 한다. 여기서 교사가 가르치는데 초점을 두는 지식은 수학 과제가 필요로 하는 인지적 요구의 본질에 대한 것으로, 절차적 지식, 개념적 지식, 메타인지적 지식, 인식적 지식으로 나누어진다(Rahim, Hogan & Chan, 2012). 먼저, 절차적 지식은 과제를 어떻게 수행하는가에 초점을 두며, 개념적 지식은 개념의 의미나 개념간의 관계에 초점을 둔다. 메타인지적 지식은 자신에 대한 반성적 지식의 형태이며, 인식적 지식은 주장하는 지식에 공적인 권위를 부여하는 준거와 규준에 대한 것으로 지식의 규준에 대한 규정과 정당화에 관심을 둔다.

다음으로 교사가 가르치는데 초점을 두는 수학적 활동은 지식(구문)의 사용, 지식의 표현, 지식의 생성, 지식의 심의, 지식의 발표로 구성된다(Rahim, Hogan & Chan, 2012). 지식(구문)의 사용은 수학의 구문적 지식 사용을 요구하는 것이고, 지식의 표현은 수학의 다양한 표현 체계를 만들고 사용하는 것을 요구하는 것이다. 지식의 생성은 문제를 해결하기 위하여 새로운 아이디어를 산출하도록 요구하는 것이고, 지식의 심의는 의견이 옳고 그른지를 판단하도록 요구하는 것이며, 지식의 발표는 자신의 생각을 말하도록 요구하는 것이다. 그리고 5가지 수학적 활동은 특정 지식 활동에 학생들로 하여금 참여하도록 격려하고 이끄는 지식 실제에의 참여의 중요성에 초점을 두고 있다. 이 논문에서는 교사의 교수 활동 중에서 수업의 맥락에서 교사가 가르치는데 초점을 두는 4가지 지식과 가르치는데 초점을 두는 5가지 수학적 활동에 초점을 두고, 초등교사들과 예비교사들에게서 나타나는 교사의 신념을 조사하는데 초점을 두었다.

한편, 교육 현장에서 교사와 학생은 다양한 상호작용을 하게 된다. 그리고 상호작용을 촉진하는 요소 중 하나는 교사의 발화이며, 발화를 통해 교사의 신념은 학생들에게 전달되어진다. 교사의 발화를 시작으로 상호작용이 활발히 일어나도록 이끄는 수학적 과정이 구성원간의 의사소통이다. 이에 우리나라 수학과 교육과정의 목표에서도 의사소통 능력의 함양을 설정하고 있다(교육인적자원부, 2007; 교육과학기술부, 2011). 수학교실에서 의사소통은 교사와 학생, 학생과 학생 간에 풍부히 일어날 수 있으며, 이는 수업의 주체인 교사의 발화로부터 시작이 된다. 특히 교사의 발화는 교사가 가지고 있는 교과에 대한 신념으로부터 기인한다는 면에서 교사가 가지고 있는 교과에 대한 신념은 중요하다.

학생들은 교사와의 의사소통을 통해 지속적으로 상호작용에 참여하며, 그러한 과정 속에서 지식을 형성함과 동시에 각자의 교과에 대한 신념을 형성해 간다. 이와 같이 수학 교실에서 의사소통은 수학교육의 핵심적인 부분이며, 아이디어를 공유하고 이해를 명확히 하는 방법이다. 학생들은 의사소통을 통해 아이디어의 의미를 만들고, 아이디어를 공포할 수 있으며, 설명을 들음으로써 이해할 기회를 얻을 수 있다(NCTM, 2000). 또한 학생들은 의사소통 과정을 통해 교사의 신념에 영향을 받으며, 이를 바탕으로 자신의 학습 습관이나 태도를 형성하게 된다. 학생들에게 형성된 신념은 수학학습에 영향을 끼치게 된다. 예를 들면 학생들이 가지고 있는 교과에 대한 선입관이나 가치관과 같은 신념체계(belief system)는 문제해결에 필요한 지식이나 기술보다 큰 영향을 미치는 요소이기도 하다(Schoenfeld, 1985). 따라서 교육이 학생들의 행동을 바람직한 방향으로 이끄는 것뿐만이 아니라, 교과에 대한 올바른 신념을 형성해 주기 위하여 교사들이 가지고 있는 교과에 대한 신념이 교과의 지도에서 강조하고자 하는 방향으로 형성되도록 이끄는 노력이 요구된다.

III. 연구 설계

1. 연구 대상 및 방법

이 연구의 목적은 현재 수학을 가르치고 있는 초등교사들과 교육대학교에 재학 중인 예비교사들을 대상으로, 그들이 가지고 있는 수학 수업에 대한 신념을 분석하는 것이다. 이를 위해 G광역시에서 교직 경력이 5-10년이면서 대학 부설 연

<표 III-1> 수학 지도에서 초점을 두는 지식과 수학적 활동의 하위 영역

영 역	하 위 영 역	Cronbach's α	
		예비교사용	교사용
초점을 두는 지식	절차적 지식	0.570	0.590
	개념적지식	0.569	0.672
	메타인지적지식	0.696	0.506
	인식적 지식	0.850	0.760
초점을 두는 수학적 활동	지식(구문)의 사용	0.859	0.758
	지식의 표현	0.727	0.783
	지식의 생성	0.819	0.726
	지식의 심의	0.699	0.805
	지식의 발표	0.635	0.722

수원에서 영재교육 관련 연수를 받은 초등교사 76명과 현장 방문을 통해 설문에 응한 38명의 교사를 합하여 114명의 초등교사와 G교육대학교 '수학과 교육' 강좌를 수강하는 3학년 학생 100명을 연구 대상으로 하여 설문지를 이용한 조사 연구를 실시하였다.

2. 연구 도구

본 연구에서는 초등교사들과 예비교사들이 수학 수업에서 수학 지도에 초점을 두는 지식과 수학 지도에 초점을 두는 수학적 활동에 어떤 신념을 가지고 있는가를 분석하였다. 조사연구를 위해 설문지는 Rahim, Hogan & Chan(2012)의 연구에서 제시한 설문지를 바탕으로, 초등교사와 예비교사에게 적합한 방식으로 수정하여 2가지 종류로 설문지를 구성하였다. 각각의 문항 구성 하위 영역의 설문의 내용은 <표 Ⅲ-1>과 같이, 크게 수학 교과 지도에 초점을 두는 지식과 수업에서 중시해야 한다고 생각하는 수학적 활동의 실제에 대한 내용으로 구성되었고, 수학 지도에 초점을 두는 지식에 대한 15개 문항과 수학 지도에 초점을 두는 수학적 활동에 대한 19개 문항으로 구성되었다(부록 참조).

연구 대상 교사들과 예비교사들은 각 설문 내용의 중요성 정도를 '전혀 그렇지 않다(1점)', '그렇지 않다(2점)', '그저 그렇다(3점)', '그렇다(4점)', '매우 그렇다(5점)'의 Likert형 5점 척도로 평정할 수 있도록 요청받았다. 본 연구의 타당도를 높이기 위하여 수학교사 3명과 수학교육과 교수 2명에게 의뢰하여 자문을 구하였고, 예비교사 34명과 교사 39명에게 예비조사를 실시하여 문제가 있는 것으로 나타난 문항을 수정·보완하였다.

예비조사를 실시하여 완성한 본 검사도구의 신뢰도는 예비교사용과 초등교사용의 하위 척도에서 Cronbach의 α계수가 .506~.859로 나타났다. 신뢰도가 전체적으로 높게 산출되었음에도 불구하고, 초점을 두는 지식의 일부 영역에서 신뢰도가 낮게 나온 이유는 예를 들어 절차적 지식의 경우에 4가지 하위 항목에서 문항별 인식정도가 다르게 나타난 것과 같이, 조사 영역의 하위 문항 내용에 대해 응답자들의 인식의 정도가 차이가 있기 때문으로 해석된다.

3. 연구 절차 및 자료 분석

초등교사들과 예비교사들이 수학 지도에 초점을 두는 지식과 수학 지도에 초점을 두는 수학적 활동에 어떤 신념을 가지고 있는가를 파악하기 위하여 수학 지도에 초점을 두는 지식에 대한 15개 문항과 수학 지도에 초점을 두는 수학적 활동에 대한 19개 문항의 설문지를 만들었다. 그리고 예비조사를 통해 내용이 불분명하거나 모호한 문장 등을 수정·보완하여 설문지를 완성하였다. 본 설문조사를 위하여 연수중인 초등교사 76명에게는 직접 설문 조사를 20분간 실시하였고, 현장 방문을 통해 설문에 응한 38명의 교사에게는 질문지를 배부하고 당일 회수하여 분석하였다. 그리고 예비교사 100명에게 직접 설문 조사를 20분간 실시하여 분석하였다.

설문 결과로 회수된 자료는 SPSS 프로그램을 이용하여 분석하였으며, 초등교사들과 예비교사들이 갖고 있는 수학 지도에 초점을 두는 지식과 수학 지도에 초점을 두는 수학적 활동에 대해 평균과 표준편차를 산출하였다. 그리고 초등교사와 예비교사 간에 수학 지도에 초점을 두는 지식과 수학 지도에 초점을 두는 수학적 활동에 어떤 유사성이나 차이가 있는가를 검증하기 위하여 독립표본 t-검정을 이용하였고, 두 집단 간의 차이 검증을 위한 최소 유의도 수준은 $p<.05$로 설정하여 분석하였다.

Ⅳ. 연구 결과 및 논의

1. 수학 지도에 초점을 두는 지식

초등교사들과 예비교사들에게 수학지도에 초점을 두는 지식에 대한 설문 조사를 실시한 결과, 개념적 지식에서는 예비교사들이 초등교사들보다 높은 점수를 나타내었고, 절차적 지식과 메타 인지적 지식, 인식적 지식에서는 초등교사들이 예비교사들보다 높은 점수를 나타내었다. 각 집단별로 점수가 높게 나타난 지식은 예비교사의 경우에는 개념적 지식-인식적 지식-절차적 지식-메타 인지적 지식의 순으로, 초등교사의 경우에는 절차적 지식-인식적 지식-메타 인지적 지식-개념적 지식의 순으로 나타났다. 따라서 두 집단 간에 수학지도에 우선적으로 초점을 두는 지식에서는 절차적 지식과 개념적 지식에서 상반된 차이가 나타남을 알 수 있다. 다음으로 각 지식을 유형별로 분석한 결과는 다음과 같다.

가. 절차적 지식

수학 지도에서 절차적 지식에 초점을 두는가를 묻는 문항은 4개로 구성되어 있고, 그 결과는 <표 Ⅳ-1>에 제시되어 있다.

이 중에서 예비교사들은 1-3: 나는 문제를 푸는 또 다른 방법을 사용할 것을 강조한다는 것에서만 초등교사들 보다 높은 점수를 나타내었고, 이 결과는 예비교사들과 교사들 간에 유의미한 차이가 있는 것으로 나타났다. 그 외의 항목에서는 1-1: 나는 수학 알고리즘을 이해하게 하고, 이 알고리즘을 문제를 푸는데 적용하는 것을 중시한다. 1-2: 나는 문제를 푸는 최선의 방법을 찾는 것을 강조한다에서 교사들이 예비교사들보다 높은 점수를 나타내었고, 이 결과는 예비교사들과 교사들 간에 유의미한 차이가 있는 것으로 나타났다. 그렇지만 1-4: 나는 문제해결 전략(예. 거꾸로 생각하기, 규칙 찾기, 표 그리기, 식 세우기 등)을 활용하여 문제를 해결하도록 지도한다는 것에서 교사들이 예비교사들보다 높은 점수를 나타내었지만, 예비교사들과 교사들 간에 유의미한 차이가 없는 것으로 나타났다.

전체적으로 분석하면, 교사들은 주어진 문제를 해결하는 최선의 방법인 알고리즘과 그에 따라 문제를 해결하는 지식을 강조하고 있으며, 예비교사들은 문제를 여러 가지 방법으로 해결하는 것을 중시하고 있음을 알 수 있다. 즉, 절차적 지식에서 교사들은 문제해결에서 정답의 산출에 더 비중을, 예비교사들은 여러 가지 방법의 해결 과정에 비중을 두고 있는 것으로 나타났다.

나. 개념적 지식

수학 지도에서 개념적 지식에 초점을 두는가

<표 Ⅳ-1> 수학 지도에서 초점을 두는 절차적 지식

지식 유형	문항	예비교사		초등교사		t	p
		평균	표준편차	평균	표준편차		
절차적 지식	1-1	3.91	0.975	**4.18**	0.804	-2.253	**0.025**
	1-2	3.26	1.143	**3.77**	1.065	-3.392	**0.001**
	1-3	**4.24**	0.793	3.99	0.907	2,122	**0.035**
	1-4	4.14	0.865	**4.17**	0.763	-0.240	0.811
	계	3.89		4.03			

<표 Ⅳ-2> 수학 지도에서 초점을 두는 개념적 지식

지식 유형	문항	예비교사		초등교사		t	p
		평균	표준편차	평균	표준편차		
개념적 지식	2-1	3.55	0.936	**3.83**	0.882	-2.279	**0.024**
	2-2	**3.95**	0.857	3.94	0.895	0.095	0.925
	2-3	**4.27**	0.679	4.19	0.840	0.731	0.466
	2-4	**4.36**	0.772	4.13	0.878	2.009	**0.046**
	2-5	**3.65**	0.957	3.40	0.993	1.842	0.067
	계	3.96		3.90			

를 묻는 문항은 5개로 구성되어 있고, 그 결과는 <표 Ⅳ-2>에 제시되어 있다.

이 중에서 예비교사들은 2-2: 나는 어떤 중요한 수학적 주제를 잘 이해하기 위하여 깊이 생각할 것을 요구한다. 2-3: 나는 실제적 주제나 실생활 상황에 우리가 배운 것들을 적용할 것을 요구한다. 2-4: 나는 문제를 풀고 나서 자신의 해결 방법을 설명할 것을 요구한다. 2-5: 나는 서로 다른 교과에서 나온 아이디어들을 연결하는 것이 필요한 과제를 수행하도록 요구한다는 것에서 교사들보다 높은 점수를 나타내었고, 이 결과 중 2-4에서만 예비교사들과 교사들 간에 유의미한 차이가 있는 것으로 나타났다. 교사들이 예비교사들보다 높은 점수를 나타낸 것은 2-1: 나는 문제나 정보를 분석하고, 수학적 개념을 깊이 탐구하도록 요구한다는 것으로, 이 결과는 예비교사들과 교사들 간에 유의미한 차이가 있는 것으로 나타났다.

전체적으로 분석하면, 개념적 지식에서 교사들은 수학적 개념에 대한 명확한 이해에 더 비중을 두고 있으며, 예비교사들은 자신의 문제해결 방법을 설명하고, 배운 내용을 생활에 적용하는 것에 더 비중을 두고 있음을 알 수 있다. 개념적 지식에서 예비교사들은 초등교사들보다 수학교육에서 강조하는 의사소통과 연결성의 구현에 더 비중을 두고 있는 것으로 나타났다.

다. 메타 인지적 지식

수학 지도에서 메타 인지적 지식에 초점을 두는가를 묻는 문항은 3개로 구성되어 있고, 그 결과는 <표 Ⅳ-3>에 제시되어 있다. 이 중에서 3-2: 나는 문제를 해결하는 데에 사용한 전략에 대해 인지하도록 가르친다는 항목에서는 예비교사와 교사 간에 같은 결과가 나왔다. 그리고 3-1: 나는 어떻게 배우는지에 대해 이해하도록 노력해야 한다고 가르친다와 3-3: 나는 산출한 답이 의

<표 Ⅳ-3> 수학 지도에서 초점을 두는 메타 인지적 지식

지식 유형	문항	예비교사		초등교사		t	p
		평균	표준편차	평균	표준편차		
메타 인지적 지식	3-1	3.73	1.004	**3.90**	0.872	-1.353	0.177
	3-2	4.04	0.737	4.04	0.745	-0.038	0.970
	3-3	3.58	0.987	**3.79**	0.907	-1.618	0.107
	계	3.78		3.91			

<표 Ⅳ-4> 수학 지도에서 초점을 두는 인식적 지식

지식 유형	문항	예비교사		초등교사		t	p
		평균	표준편차	평균	표준편차		
인식적 지식	4-1	4.25	0.783	**4.37**	0.732	-1.143	0.254
	4-2	**4.00**	0.995	3.89	0.835	0.841	0.401
	4-3	3.54	0.947	3.67	0.869	-0.020	0.309
	계	3.93		3.98			

미가 있는지 점검하도록 요구한다는 항목에서 교사들이 예비교사들보다 높은 점수를 나타내었지만, 예비교사와 교사들 간에 유의미한 차이는 없는 것으로 나타났다. 전체적으로 볼 때, 초등교사들이 학습의 과정을 스스로 점검하고 확인하는데 예비교사보다 더 비중을 두고 있는 것으로 나타났다.

라. 인식적 지식

수학 지도에서 인식적 지식에 초점을 두는가를 묻는 문항은 3개로 구성되어 있고, 그 결과는 <표 Ⅳ-4>에 제시되어 있다.

이 중에서 예비교사들은 4-2: 나는 학생들의 추론이 논리적이어야 한다고 가르친다는 것에서만 교사들보다 높은 점수를 나타내었다. 그렇지만, 이 결과는 예비교사들과 교사들 간에 유의미한 차이가 없는 것으로 나타났다. 교사들이 예비교사들보다 높은 점수를 나타낸 것은 4-1: 나는 학생들의 주장에 대해 근거를 들어 설명하도록 가르친다는 것과 4-3: 나는 학생들의 추론과 설명이 수학적 개념과 일관되어야 한다고 가르친다는 것이었다. 그러나 두 항목 모두 예비교사들과 교사들 간에 유의미한 차이는 없는 것으로 나타났다.

전체적으로 분석하면, 예비교사들은 추론이 상황에 맞도록 논리적으로 전개해야 한다는 것에 비중을 더 두는 반면에, 교사들은 주장의 타당성과 근거 제시 및 수학적 내용과의 합치 정도에 비중을 더 두고 있는 것으로 해석된다.

2. 수학 지도에 초점을 두는 수학적 활동

초등교사들과 예비교사들에게 수학 지도에 초점을 두는 수학적 활동에 대한 설문 조사를 실시한 결과, 지식의 표현, 지식의 생성, 지식의 심의, 지식의 발표에서 예비교사들이 초등교사들보다 높은 점수를 나타내었고, 지식(구문)의 사용에서만 초등교사들이 예비교사들보다 높은 점수를 나타내었다. 수학 지도에 초점을 두는 수학적 활동을 유형별로 분석한 결과는 다음과 같다.

가. 지식(구문)의 사용

수학 지도에서 지식(구문)의 사용에 초점을 두는가를 묻는 문항은 3개로 구성되어 있고, 그 결과는 <표 Ⅳ-5>에 제시되어 있다. 지식(구문)의 사용에 대한 설문에서는 1-1: 올바르게 수학 문장을 쓰도록 지도한다, 1-2: 문제 풀이를 단계별로 논리적으로 제시하도록 지도한다, 1-3: 적절한 위치에 올바른 기호(예. 등호, 미지수를 나타내는 문자)를 사용하도록 지도한다와 같은 모든 항목에서 초등교사들이 예비교사들보다 높은 점수를 나타내었다. 그리고 1-1과 1-3항목에서 예비교사들과 초등교사들 간에 유의미한 차이는 있는 것으로 나타났다.

<표 Ⅳ-5> 수학 지도에서 초점을 두는 지식(구문)의 사용

활동 유형	문항	예비교사		초등교사		t	p
		평균	표준편차	평균	표준편차		
지식 (구문)의 사용	1-1	3.70	0.990	**4.00**	0.978	-2.227	**0.027**
	1-2	3.95	0.833	**4.03**	0.936	-0.626	0.532
	1-3	4.19	0.884	**4.44**	0.831	-2.119	**0.035**
	계	3.95		4.16			

전체적으로 분석하면, 초등교사들이 수학 기호를 올바르게 사용하여 수학 문장을 기술해 나가는데 초점을 두고 있음을 알 수 있으며, 이 항목은 인식적 지식에 대한 설문에서 자기 생각의 수학적 내용과의 합치 정도에 비중을 두고 있는 것과 유사한 결과로 해석된다. 즉 초등교사들은 수학적 기호나 표현들을 오류가 없게 사용하는데 비중을 두는 것으로 해석된다.

나. 지식의 표현

수학 지도에서 지식의 표현에 초점을 두는가를 묻는 문항은 4개로 구성되어 있고, 그 결과는 <표 Ⅳ-6>에 제시되어 있다.

지식의 표현에 대한 설문에서는 2-1: 실세계 문제를 수학 문제로 나타내도록 지도한다, 2-2: 수학적 아이디어를 서로 다른 방식(예. 그래프, 표, 대수적 기호 사용)으로 나타내도록 지도한다, 2-3: 수학적 아이디어를 표현하는 나만의 방법을 만들어 보도록 지도한다, 2-4: 이미 배운 아이디어의 수학적 표현을 새로운 문맥이나 상황에서 사용하도록 한다와 같은 모든 항목에서 예비교사들이 초등교사들보다 높은 점수를 나타내었다. 그리고 2-2, 2-3과 2-4항목에서 예비교사들과 초등교사들 간에 유의미한 차이는 있는 것으로 나타났다.

전체적으로 분석하면, 최근 수학교육이 표현의 중요성을 강조하고 있지만, 초등 수학교육의 현장에서는 여러 가지 수학적 표현을 스스로 고안하고 다양한 맥락에 활용하는 정도가 상대적으로 부족한 것으로 해석되며, 예비교사들은 대학 교육과정을 통해 표현의 중요성을 인식하여 이를 강조하려는 수학적 활동에 점수가 높게 나타난 것으로 해석된다.

<표 Ⅳ-6> 수학 지도에서 초점을 두는 지식의 표현

활동 유형	문항	예비교사		초등교사		t	p
		평균	표준편차	평균	표준편차		
지식의 표현	2-1	**3.85**	0.914	3.81	0.840	0.358	0.720
	2-2	**4.09**	0.818	3.82	0.868	2.369	**0.019**
	2-3	**3.84**	1.080	3.48	1.006	2.506	**0.013**
	2-4	**4.06**	0.772	3.79	0.770	2.640	**0.009**
	계	3.96		3.73			

다. 지식의 생성

수학 지도에서 지식의 생성에 초점을 두는가를 묻는 문항은 6개로 구성되어 있고, 그 결과는 <표 Ⅳ-7>에 제시되어 있다.

지식의 생성에 대한 설문에서는 3-1: 다른 수학의 영역에서 배운 아이디어를 활용하는 문제를 해결하도록 한다, 3-2: 새로운 주제를 가르치거나 조별 활동할 때 자신의 새로운 아이디어로 활동에 기여하도록 한다, 3-3: 학생 스스로 자신의 방식으로 문제를 해결하도록 한다, 3-4: 이전 문제를 해결하기 위해 배웠던 아이디어를 새로운 문제를 풀기 위해 수정하여 사용하도록 한다, 3-5: 해결하려는 수학 문제를 이해하기 위해 다른 교과에서 배운 것이나 교실 밖의 경험을 사용하도록 한다, 3-6: 교사가 가르쳐준 방법 외의 방법을 사용하여 문제를 풀어 보도록 한다와 같은 모든 항목에서 예비교사들이 초등교사들보다 높은 점수를 나타내었다. 그리고 3-1과 3-2항목에서 예비교사들과 초등교사들 간에 유의미한 차이는 있는 것으로 나타났다.

전체적으로 분석하면, 수업상황에서 새로운 지식을 만들어 내거나 이 전에 배운 아이디어를 다양한 상황에 활용하는 수학적 활동에는 전체적으로 예비교사들의 점수가 높게 나타났다. 이 활동 유형은 최근에 강조되고 있는 창의적인 수학적 문제해결 활동과 밀접한 관련이 있으므로 예비교사들의 점수보다 초등교사들의 점수가 낮은 것에 비추어, 이에 대한 현장 교사 연수 및 자료 개발, 보급이 요구된다고 할 수 있다.

라. 지식의 심의

수학 지도에서 지식의 심의에 초점을 두는가를 묻는 문항은 3개로 구성되어 있고, 그 결과는 <표 Ⅳ-8>에 제시되어 있다.

지식의 심의에 대한 설문에서는 4-1: 답에 대해 추측을 하고, 그 추측이 맞는지 점검하고, 추측이 왜 옳을 수 있는지에 대해 토론하도록 한다, 4-2: 다른 사람이 만든 수학적 아이디어나 제안을 반 전체에서 토론하도록 한다, 4-3: 다른 사람이 만든 수학적 주장의 옳고 틀린 것을 말하고, 틀린 주장을 옳게 고치도록 한다와 같은 모든 항목에서 예비교사들이 초등교사들보다 높은 점수를 나타내었다. 그러나 모든 항목에서 예비교사들과 초등교사들 간에 유의미한 차이는 없는 것으로 나타났다.

전체적으로 분석하면, 수학교실에서 의사소통을 강조하는 경향에 비추어 예비교사들이 서로의 주장에 대해 옳고 그름을 판단하는 수학적

<표 Ⅳ-7> 수학 지도에서 초점을 두는 지식의 생성

활동 유형	문항	예비교사		초등교사		t	p
		평균	표준편차	평균	표준편차		
지식의 생성	3-1	**4.11**	0.723	3.79	0.897	2.851	**0.005**
	3-2	**4.00**	0.829	3.68	0.855	2.734	**0.007**
	3-3	**4.16**	0.692	4.02	0.841	1.341	0.181
	3-4	**3.97**	0.797	3.80	0.864	1.504	0.134
	3-5	**3.92**	0.849	3.80	0.894	1.017	0.310
	3-6	**4.16**	0.775	4.04	0.916	0.994	0.321
	계	4.05		3.86			

<표 Ⅳ-8> 수학 지도에서 초점을 두는 지식의 심의

활동 유형	문항	예비교사		초등교사		t	p
		평균	표준편차	평균	표준편차		
지식의 심의	4-1	**3.70**	1.010	3.67	0.928	0.252	0.802
	4-2	**3.50**	1.150	3.28	1.101	1.424	0.156
	4-3	**3.51**	1.010	3.40	1.070	0.746	0.457
	계	3.57		3.45			

토론 활동에 초등교사들보다 더 높은 점수를 나타내고 있었다. 그렇지만 초등교사들도 교실 수업에서 이러한 수학적 토론 활동에 중점을 두고 있는 것으로 해석된다.

마. 지식의 발표

수학 지도에서 지식의 발표에 초점을 두는가를 묻는 문항은 3개로 구성되어 있고, 그 결과는 <표 Ⅳ-9>에 제시되어 있다.

지식의 발표에 대한 설문에서는 5-1: 조별로 토론한 내용을 토대로 자신의 주장을 발표하도록 한다, 5-2: 어떤 문제에 대한 나의 답을 말로 발표하거나 설명하도록 한다, 5-3: 내가 배운 수학에 대해 저널을 쓰도록 한다와 같은 모든 항목에서 예비교사들이 초등교사들보다 높은 점수를 나타내었다. 그러나 모든 항목에서 예비교사들과 초등교사들 간에 유의미한 차이는 없는 것으로 나타났다.

전체적으로 분석하면, 예비교사들이 수업에서 자신의 생각을 발표하는 수학적 활동에 더 관심을 가지고 있는 것으로 나타났지만, 초등교사들도 학생들이 수학적 생각을 발표하는 수학적 활동에 중점을 두고 있는 것으로 해석된다. 그렇지만 쓰기 활동에는 예비교사와 초등교사 모두에서 낮은 점수를 보여 쓰기 활동을 촉진시킬 수 있는 교수학적 방안 마련이 필요하다고 할 수 있다.

3. 논의

초등교사들과 예비교사들에게 수학 지도에 초점을 두는 지식과 수학적 활동에 대한 설문 조사를 실시한 결과를 바탕으로 다음과 같은 내용에 대해 고려할 필요가 있었다. 먼저, 수학 지도에 초점을 두는 지식의 경우에 예비교사들이 개념적 지식에서 초등교사들보다 높은 점수를 나

<표 Ⅳ-9> 수학 지도에서 초점을 두는 지식의 발표

활동 유형	문항	예비교사		초등교사		t	p
		평균	표준편차	평균	표준편차		
지식의 발표	5-1	**3.76**	0.900	3.62	0.972	1.066	0.288
	5-2	**4.19**	0.800	4.12	0.777	0.622	0.534
	5-3	**2.48**	0.893	2.21	1.085	1.967	0.050
	계	3.48		3.32			

타내었고, 절차적 지식과 메타 인지적 지식, 인식적 지식에서는 초등교사들이 예비교사들보다 높은 점수를 나타내었다. 그리고 두 집단 간에 수학 지도에 우선적으로 초점을 두는 지식에서는 절차적 지식과 개념적 지식에서 상반된 차이가 나타났다. 그렇지만 예비교사들이 메타 인지적 지식에 낮은 점수를 보인 것을 제외하고, 두 집단 모두 한 가지 지식에 편중되지 않고, 여러 영역의 지식에 관심을 두고 있는 것으로 나타난 것은 고무적인 현상이다.

다음으로 수학 지도에 초점을 두는 수학적 활동에 대하여 지식(구문)의 사용을 제외하고는 전체적으로 예비교사들의 점수가 높게 나타났다. 그리고 강조하는 수학적 활동의 순에서도 차이가 나타났는데, 예비교사들의 경우에는 지식의 생성-지식의 표현-지식(구문)의 사용-지식의 심의-지식의 발표순으로, 초등교사들의 경우에는 지식(구문)의 사용-지식의 생성-지식의 표현-지식의 심의-지식의 발표순으로 나타났다. 두 집단에서 강조하는 수학적 활동에서 차이가 있지만, 두 집단 모두 지식의 심의와 발표에서는 낮은 순위를 나타내었으며, 점수도 낮게 나타났다. 따라서 수학 교실에서 지식의 심의하고 발표하는 교수학적 활동에 대한 교수학적 노력이 요구된다. 비록 교사 연수가 교사의 신념을 변화시키는데 직접적인 영향을 주는 것은 아니지만, 교사의 신념을 변화시킬 수 있는 출발점이 될 수 있다(이경진, 최진영, 2008). 따라서 수학교육의 흐름을 반영하고 교수 실제를 변화시킬 수 있는 연수나 학습의 기회를 제공할 필요가 있으며, 이를 통해 바람직한 방향으로의 점진적인 신념의 변화를 꾀할 필요가 있다. 진정한 교수법의 형성은 학교교육, 예비교사 교육, 현장에서의 고유한 교육경력을 통해 형성된 신념에 바탕을 두므로 바람직한 신념의 형성에 미치는 요인을 추출하고, 이를 체계적으로 제시하는 교사교육에의 노력이 요구된다.

또한 본 연구에서는 설문조사에서 얻은 결과를 수학 지도에 초점을 두는 지식 4개와 수학적 활동 5개로 범주화하여 분석하였다. 그런데 지식의 발표에서 쓰기 활동과 같이, 각 범주 안의 항목에서는 다른 항목에 비해 낮게 나타난 것도 있었다. 따라서 낮은 결과를 보인 항목에 대한 원인 분석과 이에 대한 교수학적 방안 마련이 필요하다.

본 연구에서 얻은 설문 결과는 교육 현장에서 가르치고 있는 초등교사와 가르친 경험이 아직 없는 예비교사 간에 실제에서의 차이를 보이고 있는 것으로, 신념에서의 변화의 양상을 분석할 필요성을 제기한다. 즉, 초등교사들의 설문 결과는 절차적 지식을 강조하거나 지식(구문)의 사용을 우선적으로 강조하는 것과 같이, 현장에서 실제로 수업을 진행하는 맥락에 대한 실제적인 영역에 반응 비율이 높게 나타났다. 그렇지만 예비교사들의 경우에는 개념적 지식이나 인식적 지식을 강조하고 있으며, 다양한 수학적 활동에 높은 점수를 보이는 것으로 나타났는데 이는 최근의 수학교육에서 강조하고 있는 다양한 측면에 관심이 높은 것으로 해석된다. 이러한 것은 교사의 경력이 쌓여갈수록 교육의 실제에 대한 강조가 높은 것과 유사하다(이재우, 오희승, 2000). 따라서 예비교사의 신념의 변화 추이나 경력에 따라 교사의 신념이 어떻게 다른가에 대한 연구와 각각에 적절한 연수 프로그램의 개발이 요구된다. 또 교사들이 가지고 있는 신념과 교육 실제와 일관성과 불일치성을 보이는 사실(방정숙, 2002)에 비추어 설문 결과가 현장에 그대로 적용되는가에 대한 조사도 필요하다.

Ⅴ. 결론 및 제언

교사들이 성공적인 수학수업을 이끌어내기 위해서는 수학을 지도하는데 필요한 전문적인 지식을 습득하고, 이를 수업에 적용하는 것이 필요하다. 그렇지만 교과 지도에 필요한 전문 지식을 습득하는 것 이상으로 중요한 것이 교사가 교과에 대해 가지고 있는 신념이다. 교사가 가지고 있는 신념은 수업을 진행하는 과정에서 수많은 의사결정을 해야 할 때 그 근거가 된다. 따라서 수학 교사가 수학을 지도하는데 어떤 신념을 가지고 있는가는 중요한 문제이다. 그리고 신념은 오랜 시간에 걸쳐 형성되기 때문에 신념이 어떻게 변화되어지는가를 알아보는 것도 중요하다. 이를 통해 교과 지도를 위해 올바른 신념을 형성하는 교사 교육의 방향을 설정할 자료가 될 수 있기 때문이다.

따라서 본 논문에서는 초등교사들과 예비교사들이 수학 수업에서 수학 지도에 초점을 두는 지식과 수학 지도에 초점을 두는 수학적 활동에 어떤 신념을 가지고 있는가에 대하여 조사연구를 실시하여 그 자료를 분석하였다.

본 연구를 위해 수학 지도에 초점을 두는 지식에 대한 15개 문항과 수학 지도에 초점을 두는 수학적 활동에 대한 19개 문항의 설문지를 만들고, G광역시에서 교직 경력이 5-10년인 초등교사 114명과 '수학과 교육' 강좌를 수강하는 3학년 학생 100명을 대상으로 직접 설문 조사를 실시하여 분석하였다. 설문지로 회수된 자료는 SPSS 프로그램을 이용하여 분석하여 평균과 표준편차를 산출하였고, 초등교사와 예비교사 간에 두 영역에서 어떤 유사성이나 차이가 있는가를 검증하기 위하여 독립표본 t-검정을 이용하였다.

분석 결과, 개념적 지식에서 예비교사들이 초등교사들보다 높은 점수를 나타내었고, 절차적 지식과 메타 인지적 지식, 인식적 지식에서는 교사들이 예비교사들보다 높은 점수를 나타내었다. 그리고 두 집단 간에 수학지도에 우선적으로 초점을 두는 지식에서는 절차적 지식과 개념적 지식에서 상반된 차이가 나타남을 알 수 있다. 그렇지만 두 집단 모두 다양한 지식에서 높은 점수를 보이고 있는 것으로 나타났다.

수학 지도에 초점을 두는 수학적 활동에 대한 설문 조사에서는 지식의 표현, 지식의 생성, 지식의 심의, 지식의 발표에서 예비교사들이 초등교사들보다 높은 점수를 나타내었고, 지식(구문)의 사용에서만 초등교사들이 예비교사들보다 높은 점수를 나타내었다. 그런데 두 집단에서 강조하는 수학적 활동에서 모두 지식의 심의와 발표에서는 낮은 순위를 나타내었으며 점수도 낮게 나타났다. 따라서 수학 교실에서 지식의 심의하고 발표하는 교수학적 활동에 대한 교수학적 노력이 요구된다.

한편, 설문조사에서 두 집단 간에 유의미한 차이를 보인 항목은 다음과 같다. 먼저 수학 지도에서 강조하는 수학적 지식에서 초등교사가 높은 점수를 나타내어 유의미한 차이가 나타난 항목은 절차적 지식에서 '나는 수학 알고리즘을 이해하게 하고, 이 알고리즘을 문제를 푸는데 적용하는 것을 중시한다. 나는 문제를 푸는 최선의 방법을 찾는 것을 강조한다.'와 개념적 지식에서 '나는 문제나 정보를 분석하고, 수학적 개념을 깊이 탐구하도록 요구한다.'이었다. 그리고 예비교사가 높은 점수를 나타내어 유의미한 차이가 나타난 항목은 절차적 지식에서 '나는 문제를 푸는 또 다른 방법을 사용할 것을 강조한다.'와 개념적 지식에서 '나는 문제를 풀고 나서 자신의 해결 방법을 설명할 것을 요구한다.'이었다.

다음으로 수학 지도에서 강조하는 수학적 활동에서 초등교사가 높은 점수를 나타내어 유의미한 차이가 나타난 항목은 지식(구문)의 사용에서 '올바르게 수학 문장을 쓰도록 지도한다, 적절한 위치에 올바른 기호(예. 등호, 미지수를 나타내는 문자)를 사용하도록 지도한다.' 이었다.

그리고 예비교사가 높은 점수를 나타내어 유의미한 차이가 나타난 항목은 지식의 표현에서 '수학적 아이디어를 서로 다른 방식(예. 그래프, 표, 대수적 기호 사용)으로 나타내도록 지도한다, 수학적 아이디어를 표현하는 나만의 방법을 만들어 보도록 지도한다, 이미 배운 아이디어의 수학적 표현을 새로운 문맥이나 상황에서 사용하도록 한다.'와 지식의 생성에서 '다른 수학의 영역에서 배운 아이디어를 활용하는 문제를 해결하도록 한다, 새로운 주제를 가르치거나 조별 활동할 때 자신의 새로운 아이디어로 활동에 기여하도록 한다,'이었다.

분석 결과, 두 집단 간에 유의미한 차이가 나는 항목과 강조하는 수학적 지식과 활동에서 차이가 나타났지만, 전체적으로 예비교사들과 초등교사들은 다양한 수학적 지식과 수학적 활동을 강조하고 있는 것으로 판단할 수 있다. 그렇지만 교사들이 가지고 있는 신념과 현실에서 적용 정도에는 차이가 있기도 하다(조인진, 2005). 그리고 교사의 신념과 교육과정 실행 정도는 교육경력에 따라 다른 양상을 보이기도 한다(장인옥, 전평국, 2001). 따라서 설문 조사에 이어 교사가 가지고 있는 신념이 현실에서 어떻게 반영되어 나타나는가, 교직 경력에 따라 신념에 어떠한 변화가 나타나는가, 그 원인이 무엇인가 등에 대한 후속연구가 필요하다.

참 고 문 헌

고상숙, 김은호, 문정윤, 배지은, 정대진(2011). 예비수학교사의 신념에 따른 교수학적 내용지식(PCK)과의 관련성에 관한 연구. 교과교육학연구, **5**(4), 829-856.

교육인적자원부(2007). 수학과 교육과정. 교육인적자원부.

교육과학기술부(2011). 수학과 교육과정. 교육과학기술부.

김경희, 김수진, 김남희, 박선용(2008). 수학·과학 성취도 추이변화 국제비교 연구 -TIMSS2007결과보고서-. 한국교육과정평가원 연구보고 **RRE 2008** -3-3.

남윤정, 송영무(2008). 고등학교 학생들의 수학 본질과 수학 학습에 대한 신념 연구. 학교수학, **10**(4), 49-669.

방정숙(2002). 수학교사의 교수방법에 영향을 미치는 요소에 관한 소고. 수학교육, **41**(3), 257-271.

이경진, 최진영(2008). 교육과정 실행 변화 과정에 나타난 초등교사의 신념 변화와 그 요인에 관한 사례연구. 초등교육연구, **21**(2), 207-233.

이재우, 오희승(2000). 보육교사의 교육적 신념과 교육실제에 대한 연구: 서울·경인지역 중심으로. 국제여성연구소 연구논총 **9**, 133-184.

이지현(2003). 유아수학교육에 대한 유아교사의 신념. 유아교육연구, **23**(4), 207-226.

장인옥, 전평국(2001). 초등학교 교사의 수학에 대한 신념과 교수실제에 관한 사례연구. 수학교육논문집, **11**, 85-105.

정해남(2005). 교수 능력의 수행 정도 및 중요도에 대한 중등 수학 교사의 인식. 한국교원대학교박사학위논문.

조인진(2005). 중학교 교사들의 교육적 신념의 현장 적용성에 대한 연구. 한국교원교육연구, **22**(2), 335-351.

조정수(2002). 예비 수학교사의 수학과 교수-학습에 대한 신념 조사. 수학교육논문집, **14**, 371-394.

황혜정(2010). 교사의 학습자 이해 지식에 초점을 둔 수학 수업평가 요소 탐색. 한국학교수학회논문집, **13**(4), 569-594.

Ball, D. L., Hill, H. C., & Bass, H. (2005). Knowing mathematics for teaching: Who knows mathematics well enough to teach third grade, and how can we decide? *American Educator*, 14-22 & 43-46.

Ball, D. L., Thames, M. H., & Phelps, G. (2008). Content Knowledge for Teaching. *Journal of Teacher Education. 59*(5), 389-407.

Franke, M. L,. Fennema, E., & Carpenter, T. (1997). Teachers creating change: Examining evolving beliefs and classroom practice. In E. Fennema & B. S. Nelson(Eds.), *Mathematics teachers in transition*, pp. 255-282, Mahwah, NJ: Lawrence Erlbaum Associates.

Hogan, D., Rahim, R, A., Chan, M . Kwek, D., & Towndrow, P. (2012). Understanding Classroom Talk in in Secondary Three Mathematics Classes in Singapore. In B. Kaur & T. T. Lam (Eds.), *Reasoning, Communication and Connections in Mathematics*. World Scientific Publishing.

Mazlini, M., & Effandi, Z. (2010). Exploring Beliefs of Pre-Service Mathematics Teachers: A Malaysian Perspective. *Asian Social Science* 6(10), 152-159.

NCTM(2000). *Principles and Standards for School Mathematics*. Reston, VA: The National Council of Teachers of Mathematics, Inc.

Oh. Y. (2002). Teachers' Mathematical Beliefs and Teaching Practice. *The Journal of Educational Research in Mathematics, 12*(2), 247-263.

Rahim, R, A., Hogan, D., & Chan, M. (2012). The Epistemic Framing of Mathematical Tasks in Secondary Three Mathematics Lessons in Singapore. In B. Kaur & T. T. Lam (Eds.), *Reasoning, Communication and Connections in Mathematics*. World Scientific Publishing.

Raymond, A. M. (1997). Inconsistency between a beginning elementary school teacher's mathematics beliefs and teaching practice. *Journal of Research in Mathematics Education, 28*(5), 550-576.

Reeder, S., Utley, J., & Cassel, D. (2009). Using Metaphors as a Tool for Examining Preservice Elementary Teachers' Beliefs about Mathematics Teaching and Learning. *School Science and Mathematics,* 109(5), 290-297.

Schoenfeld, A. H.(1985). *Mathematical Problem Solving*. New York: Academic Press,

Shulman, L. S. (1987). Knowledge and Teaching: *Foundations of the New Reform. Harvard Educational Review*. 57(1). pp.1-22.

[부록 1] 설문지(수학 지도에서 중점을 두는(두고자 하는) 지식)

안녕하세요? 본 설문지는 초등교사(예비교사)로서 수업 중의 수학 지도에 초점을 두는(두고자 하는) 지식과 수업에서 강조하는(할) 수학적 활동에 대해 조사하는 것입니다. 다음 각 문항에서 해당되는 번호에 v를 해 주시면 됩니다. 응답한 내용은 연구에서 분석되는 데만 이용될 것이며, 외부에 공개되지 않습니다.

설문에 응해 주셔서 감사드립니다.

1. 절차적 지식	아니다 ⇔ 그렇다
1-1. 나는 수학 알고리즘을 이해하게 하고, 이 알고리즘을 문제를 푸는데 적용하는 것을 중시한다(할 것이다).	① ② ③ ④ ⑤
1-2. 나는 문제를 푸는 최선의 방법을 찾는 것을 강조한다.	① ② ③ ④ ⑤
1-3. 나는 문제를 푸는 또 다른 방법을 사용할 것을 강조한다.	① ② ③ ④ ⑤
1-4. 나는 문제해결 전략(예. 거꾸로 생각하기, 규칙 찾기, 표 그리기, 식 세우기 등)을 활용하여 문제를 해결하도록 지도한다.	① ② ③ ④ ⑤
2. 개념적 지식	
2-1. 나는 문제나 정보를 분석하고, 수학적 개념을 깊이 탐구하도록 요구한다.	① ② ③ ④ ⑤
2-2. 나는 어떤 중요한 수학적 주제를 잘 이해하기 위하여 깊이 생각할 것을 요구한다.	① ② ③ ④ ⑤
2-3. 나는 실제적 주제나 실생활 상황에 우리가 배운 것들을 적용할 것을 요구한다.	① ② ③ ④ ⑤
2-4. 나는 문제를 풀고 나서 자신의 해결 방법을 설명할 것을 요구한다.	① ② ③ ④ ⑤
2-5. 나는 서로 다른 교과에서 나온 아이디어들을 연결하는 것이 필요한 과제를 수행하도록 요구한다.	① ② ③ ④ ⑤
3. 메타인지적 지식	
3-1. 나는 어떻게 배우는지에 대해 이해하도록 노력해야 한다고 가르친다.	① ② ③ ④ ⑤
3-2. 나는 문제를 해결하는 데에 사용한 전략에 대해 인지하도록 가르친다.	① ② ③ ④ ⑤
3-3. 나는 산출한 답이 의미가 있는지 점검하도록 요구한다.	① ② ③ ④ ⑤
4. 인식적 지식	
4-1. 나는 학생들의 주장에 대해 근거를 들어 설명하도록 가르친다.	① ② ③ ④ ⑤
4-2. 나는 학생들의 추론이 논리적이어야 한다고 가르친다.	① ② ③ ④ ⑤
4-3. 나는 학생들의 추론과 설명이 수학적 개념과 일관되어야 한다고 가르친다.	① ② ③ ④ ⑤

[부록 2] 설문지(수학 지도에서 강조하는(하고자 하는) 수학적 활동)

1. 지식(구문)의 사용	아니다 ⇔ 그렇다
1-1. 올바르게 수학 문장을 쓰도록 지도한다.	① ② ③ ④ ⑤
1-2. 문제 풀이를 단계별로 논리적으로 제시하도록 지도한다.	① ② ③ ④ ⑤
1-3. 적절한 위치에 올바른 기호(예. 등호, 미지수를 나타내는 문자)를 사용하도록 지도한다.	① ② ③ ④ ⑤
2. 지식의 표현	
2-1. 실세계 문제를 수학 문제로 나타내도록 지도한다.	① ② ③ ④ ⑤
2-2. 수학적 아이디어를 서로 다른 방식(예. 그래프, 표, 대수적 기호 사용)으로 나타내도록 지도한다.	① ② ③ ④ ⑤
2-3. 수학적 아이디어를 표현하는 나만의 방법을 만들어 보도록 지도한다.	① ② ③ ④ ⑤
2-4. 이미 배운 아이디어의 수학적 표현을 새로운 문맥이나 상황에서 사용하도록 한다.	① ② ③ ④ ⑤
3. 지식의 생성	
3-1. 다른 수학의 영역에서 배운 아이디어를 활용하는 문제를 해결하도록 한다.	① ② ③ ④ ⑤
3-2. 새로운 주제를 가르치거나 조별 활동할 때 자신의 새로운 아이디어로 활동에 기여하도록 한다.	① ② ③ ④ ⑤
3-3. 학생 스스로 자신의 방식으로 문제를 해결하도록 한다.	① ② ③ ④ ⑤
3-4. 이전 문제를 해결하기 위해 배웠던 아이디어를 새로운 문제를 풀기 위해 수정하여 사용하도록 한다.	① ② ③ ④ ⑤
3-5. 해결하려는 수학 문제를 이해하기 위해 다른 교과에서 배운 것이나 교실 밖의 경험을 사용하도록 한다.	① ② ③ ④ ⑤
3-6. 교사가 가르쳐준 방법 외의 방법을 사용하여 문제를 풀어 보도록 한다.	① ② ③ ④ ⑤
4. 지식의 심의	
4-1. 답에 대해 추측을 하고, 그 추측이 맞는지 점검하고, 추측이 왜 옳을 수 있는지에 대해 토론하도록 한다.	① ② ③ ④ ⑤
4-2. 다른 사람이 만든 수학적 아이디어나 제안을 반 전체에서 토론하도록 한다.	① ② ③ ④ ⑤
4-3. 다른 사람이 만든 수학적 주장의 옳고 틀린 것을 말하고, 틀린 주장을 옳게 고치도록 한다.	① ② ③ ④ ⑤
5. 지식의 발표	
5-1. 조별로 토론한 내용을 토대로 자신의 주장을 발표하도록 한다.	① ② ③ ④ ⑤
5-2. 어떤 문제에 대한 나의 답을 말로 발표하거나 설명하도록 한다.	① ② ③ ④ ⑤
5-3. 내가 배운 수학에 대해 저널을 쓰도록 한다.	① ② ③ ④ ⑤

04 『교사의 신념에 따른 수학영재교실의 사회수학적 규범 비교 분석』에 관한 해설

송 상 헌(경인교육대학교)*

교실 문화를 결정하는 요인들은 다양하다. 교실의 분위기는 수업 내용이나 수업에 참여하는 학생들의 개성에 따라서도 결정될 수 있지만 수업을 담당하는 교사의 가치관에 따라서도 매우 다른 양태를 띨 수 있다. 유사한 성격의 학생이라도 어떤 교사를 만나느냐에 따라 그 학생의 활동 방식이나 성취감은 달라질 수 있으며 다른 성격의 학생들이라도 각 담담 교사의 가치관이나 수업 운영 방식에 따라 그 교실 문화 속의 양태는 매우 유사하게 나타날 수도 있다. 그만큼 교사는 학생 개개인이나 학급의 분위기에 큰 영향을 미친다. 이러한 교사가 수업이나 학생 지도에 미치는 영향과 역할은 그 교사가 갖고 있는 신념에 기초하는 경우가 많고 일반 학급뿐만 아니라 영재 학급에서도 마찬가지이다. 다만, 일반 학급의 경우는 비교적 장기간(1년)에 걸쳐 담임을 맡고 있어 교실 문화가 쉽게 형성될 수 있지만 영재 학급의 경우는 해당 수업 주제별로 각기 다른 여러 명의 교사들에 의해 단기간(8차시 내외)의 수업을 맡게 된다. 따라서 연구를 시작하기 전에는 영재학급에서의 교실 문화라는 것이 존재할지가 의문이었다. 하지만 같은 영재학급이라도 교사에 따라 수업분위기가 매우 다를 수 있다는 것을 경험하고 관찰한 저자들은 교사에 따른 교실 문화가 충분히 다르게 형성될 수 있을 것이라 믿었다. 다만 수업 관찰은 몇 차례의 수업을 진행한 이후에 어느 정도 분위기가 조성된 이후에 실시할 필요도 있지만 연구를 위해서는 다른 교사들의 개입을 최소화할 필요도 있어서 가급적 학기 초(4월 말~ 5월 초)에 실시하여 분석하기로 하였다. 수업 비교 사례의 수를 많이 하면 전체적인 경향을 나타낼 수 있다는 장점은 있지만 보다 세밀히 들여다보는 데는 한계가 있다.

본 연구(조유미, 송상헌, 2013)는 기존의 연구들에 비해 사례의 수는 매우 적은 2명뿐이지만 그 수업을 보다 세밀하게 분석하는 쪽을 선택하였다. 특히 학생들의 활발한 수업 참여를 보장해 주고 연구자의 관찰 및 인터뷰의 편리성도 감안하면서 초등학교에서 교과 내용에 대한 가치관의 차이를 극대화할 수 있는 수준을 고려하여 수학영재교실을 비교 연구의 대상으로 삼았다.

방정숙(2001)에 따르면 사회수학적 규범은 폴 콥(Cobb, P)과 그의 동료들이 주로 사용한 것으로 교실 상황에서 특별히 수학적인 설명과 정당화에 관련된 규범으로서 학생들의 수학활동에 독특한 양상이나 전체 수학 수업 토론의 규범적인 양상을 말한다. 무엇

* shsong@ginue.ac.kr

이 한 교실 공동체 내에서 수학적으로 받아들여질 만한 설명인지에 대한 이해와 수학적으로 정당화될 수 있는 효과적인 설명인지에 대한 이해는 사회수학적 규범의 예가 될 수 있다.

본 연구는 2명의 수학 영재 지도 교사가 갖고 있는 (1)교육 내용으로서의 수학, (2)교육 방법으로서의 수학 교수 · 학습, 그리고 (3)영재 교육(대상자, 목표/방향, 교사의 역할)에 대한 신념에 따라 수학영재교실에서의 사회 수학적 규범은 어떠한 양태로 나타나는지를 분석하는 것을 목적으로 하였다. 이를 위해 충분한 영재 지도 경력을 갖고 있으면서 신념의 범주가 다른 두 교사(이하 A교사, B교사라 함)를 선정하여 그들의 수업을 Raymond의 수학 학습에 대한 신념에 관한 분석틀(조유미, 송상헌, 2013: 374-375)로 질적 연구 방법(사례 연구)을 통해 비교 분석하였다. 수업 소재는 수학 교과에 기본 지식이 있는 교사라면 누구에게나 익숙하고 다루기 쉬운 '마방진'이었으며, 수업의 비교를 위해 개념 합의, 오류에 대한 반응, 학생들이 사용한 전략에 대한 비교, 학생들 간의 대화를 분석하였다.

수학의 내용 측면에서는 '전통', 교사의 교수법 측면에서는 '혼합', 학생의 수학 학습 측면에서는 '전통'적 신념을 가진 A교사는 영재교육에서 수학영재아들을 성취 수준이 높은 자율적 탐구자로 보고 자신은 「조력자」 라고 생각하고 있었다. 이에 반해 수학의 내용 측면에 대해서는 '비전통', 교사의 교수법 측면에서는 '비전통', 학생의 수학 학습 측면에서는 '비전통'적 신념을 가진 B교사는 영재교육에서 수학영재아들을 성취 수준이 높지 않은 자율적 탐구자로 보고 자신은 「안내자」 라고 생각하고 있었다. A교사의 수업에서는 문제 해결의 다양한 규칙과 답을 중요시하며 어려운 문제의 해결을 가치롭게 여기는 사회수학적 규범이 나타났고, B교사의 수업에서는 일반적인 정답보다는 문제해결의 과정에서 드러나는 수학적 설명과 정당화를 가치롭게 여기는 사회수학적 규범이 나타났다. 그리고 그들의 서로 다른 신념에 따른 수업의 양태와 그 수업에 참여한 학생들의 반응을 통해 수학영재교육에 주는 몇 가지 시사점을 확인할 수 있었다.

본 연구는 첫째, 경력이 오래된 영재 교사라도 그들의 수학, 수학교수-학습, 영재교육에 대한 신념 범주는 서로 다를 수 있다는 것과 둘째, 교사의 신념은 교사의 행동 방식과 역할을 통해 교실 내 사회수학적 규범 형성에 영향을 미칠 수 있음을 주장한다. 이처럼 두 교사의 영재교육에 대한 신념의 차이는 교사의 행동 방식과 역할을 다르게 표출하였으며, 그것은 학생들에게도 사고와 행동에 영향을 미쳐 교실의 사회수학적 규범에 큰 차이를 가져왔다.

교실에서 교사의 행동 방식과 역할을 좌우하는 것은 교사의 신념이다. 두 교사의 신념 중에 좋고 나쁨의 신념은 없으나, 우리가 앞으로 추구해야할 영재교실에서 일반적으로 흔히 생각하는 '창의성 계발'이라는 목표도 중요하지만, 수학영재교실에서는 교사는 물론 학생들이 스스로 수학적 아이디어를 의미 있게 정당화하거나 수학에 대한 가치를 바탕으로 한 수학적 태도의 형성을 강조하는 것과 같은 독특한 사회수학적 규범의 형성도 매우 중요하다. 교사들은 자신의 신념을 되돌아보고 재정립하거나, 자신의 수업에 대해 메타 인지적 관점으로 반성해 볼 수 있는 기회를 자주 가질 필요가 있음을 제안한다.

하지만 이 연구에서 사용한 사회수학적 규범은 초기 개념으로서의 교사 개인의 수학적 신념이나 가치, 지적 자율성에 국한된 것으로 이러한 개념의 범위를 넘어 "교실 공동체 내에 참여하는 사람, 문제(과제), 도구, 참여 방법 등의 사회적인 과정과 그에 따른 사고와 논의 패턴, 메타인지, 논리적 추론, 문제해결을 위한 발견술까지 포함하는 보다 확대된 개념으로 사용할 필요가 있다."는 방정숙(2001: 285)의 제안에 따라 사회수학적 규범을 재분석해 볼 필요도 있다.

참고문헌

방정숙(2001). 사회수학적 규범과 수학교실문화. **수학교육학연구, 11**(2), 273-289.

조유미, 송상헌(2013). 교사의 신념에 따른 수학영재교실의 사회수학적 규범 비교 분석. **수학교육학연구, 23**(3), 273-288.

대한수학교육학회지 수학교육학연구 제 23 권 제 3 호
Journal of Educational Research in Mathematics
Vol. 23, No. 3, 373~ 388. Aug 2013

교사의 신념에 따른 수학영재교실의 사회수학적 규범 비교 분석[1)]

조 유 미[*] · 송 상 헌[**]

본 논문은 2명의 수학 영재 지도 교사가 갖고 있는 (1)교육 내용으로서의 수학, (2)교육 방법으로서의 수학 교수 · 학습, 그리고 (3)영재 교육(대상자, 목표/방향, 교사의 역할)에 대한 신념에 따라 수학영재교실에서의 사회 수학적 규범은 어떠한 양태로 나타나는지를 분석하는 것을 목적으로 한다. 이를 위해 충분한 영재지도 경력을 갖고 있으면서 신념의 범주가 다른 두 교사(이하 A교사, B교사라 함)를 선정하여 그들의 수업을 비교 분석하였다. 수학은 '전통', 수학교수는 '혼합', 수학학습은 '전통'적 신념을 가진 A교사는 영재교육에서 수학영재아들을 성취 수준이 높은 자율적 탐구자로 보고 자신은 조력자라고 생각하고 있었다. 수학은 '비전통', 수학교수는 '비전통', 수학학습은 '비전통'적 신념을 가진 B교사는 영재교육에서 수학영재아들을 성취 수준이 높지 않은 자율적 탐구자로 보고 자신은 안내자라고 생각하고 있었다. A교사의 수업에서는 문제 해결의 다양한 규칙과 답을 중요시하며 어려운 문제의 해결을 가치롭게 여기는 사회수학적 규범이 나타났고, B교사의 수업에서는 일반적인 정답보다는 문제 해결의 과정에서 드러나는 수학적 설명과 정당화를 가치롭게 여기는 사회수학적 규범이 나타났다. 그리고 그들의 서로 다른 신념에 따른 수업의 양태와 그 수업에 참여한 학생들의 반응을 통해 수학영재교육에 주는 몇 가지 시사점을 확인할 수 있었다.

I. 들어가는 말

세계 각국은 21세기 국가경쟁력 강화를 위해 창의적 인재 육성을 강조하고 있다. 우리나라는 2003년부터 2012년까지 1, 2차에 걸친 영재교육진흥 종합계획에 따라 영재교육이 활성화되었고, 3차 영재교육진흥 종합계획을 마련 중이다. 제대로 된 영재교육의 실현을 위해 중요한 여러 요인 중 하나는 교사 요인이다. 영재교육 담당교원 직무연수는 대체로 원격 또는 집합 직무연수 60시간, 심화연수120시간, 전문연수 90시간과 지역별로 해외연수를 추가로 진행하기도 한다. 하지만 초등학교의 경우는 타 교과의 직무연수를 받고도 수학 교과를 지도할 수 있도록 하고 있다. 설령 해당 교과의 직무연수를 받은 교사라도 그들이 지도하고자 하는 교과나 영재교육에 대한 이해 정도나 신념은 서로 다르다.

최근 들어, 영재교사의 교수학습관과 교과목에 대한 개인적 신념과 영재교육에 대한 신념이 교수활동에 크게 영향을 미친다는 연구 결과가 발표되었다(김경진, 2005). 안금조, 이경화(2001)는

* 내손초등학교(ymcho74@naver.com), 제1저자
** 경인교육대학교(song2343@hanmail.net), 교신저자
1) 이 논문은 2012년 정부(교육부)의 재원으로 한국연구재단(NRF-2012S1A5A2A01015861)의 지원을 받아 수행된 연구이며, 조유미(2013)에 보다 상세하게 기술되어 있다.

교사가 수학 학습에 대해 가지고 있는 신념은 학생들이 수학을 어떻게 학습해야 하는 지와 관련이 있고 그 신념은 곧 수업에 반영된다고 하였다. 이러한 교사의 신념에 대한 연구는 1980년대 들어와서 구성주의 학습관이 각광을 받게 되면서부터 많이 이루어졌다. 이와 더불어, Cobb과 그의 동료들은 구성주의 관점과 사회적 관점을 조정하여 학습을 개인의 능동적 구성과 교실 공동체내에서의 상호작용적인 의미 형성의 문화화(enculturation)과정으로 보는 연구가 활발히 진행되었다. Cobb & Yackel은 수학교실문화를 설명하기 위해 사회적 규범과 사회수학적 규범을 소개하였다. 사회적 규범은 수업의 참여 구조를 구성하는 특색으로써, 교실 활동의 패턴, 교사나 학생의 기대, 의무, 역할 등이며, 사회수학적 규범은 수학 활동에 독특한, 전체수업 토론의 규범적인 양상으로 수학적인 설명과 정당화에 관련된 규범이다(방정숙, 2001: 274). 조정수(2001)는 문화기술 연구의 관점에서 보면 교사의 신념은 결국 교실 문화 속 규범으로 표현된다고 하였다. 이상의 내용을 종합해 보면 초등영재 수학 지도교사의 교과목에 대한 신념과 영재교육에 대한 신념은 초등영재 수학교실문화 속 사회수학적 규범 발달에 대단히 중요하다. 송경화, 임재훈(2007)도 초등학교 4학년 때부터 해당 학년의 수학적 언어를 정확히 사용하는 교실문화형성이 가능하다고 하였다.

이에 본 연구는 초등영재 수학 지도교사의 신념과 그의 대한 교실문화 속 사회수학적 규범 형성에 대한 영향을 알아보고 수학영재교육에 주는 교육적 시사점에 대해 논의해 보고자 설정한 연구 내용은 다음과 같다.

첫째, 두 명의 초등 영재 수학 지도 교사가 가지고 있는 수학영재교육에 대한 신념을 확인하고 그에 따라 초등영재 수학교실에서 드러나는 수업의 양태와 사회 수학적 규범에 미치는 영향을 비교, 분석한다. 둘째, 초등 영재 수학 지도 교사가 갖고 있는 수학영재교육에 대한 신념의 역할이 수학영재교육에 주는 교육적 시사점에 대해 논의한다.

Ⅱ. 이론적 배경

1. 교사의 신념

Fishbein & Ajzen은 신념이란 '개인이 갖고 있는 정보'를 의미한다고 하였다(권미연, 1999, p. 4에서 재인용). 교사의 신념은 해당 교사가 갖고 있는 다양한 자원과 경험에 따라 달라지겠지만, 본 연구에서는 수학영재교육에 대한 신념으로 첫째, 내용으로서 수학에 대한 신념, 둘째, 방법으로서 수학 교수·학습에 대한 신념, 셋째, 대상으로서 영재교육에 대한 신념으로 제한한다.

수학 본질, 수학교수-학습에 대한 교사의 신념을 범주화한 Raymond(김진성, 2004, pp. 14~24에서 재인용)에 따르면, '전통적', '혼합', '비전통적'으로 분류하였다.

가. 교육 내용으로서의 수학에 대한 신념

<표 Ⅱ-1> Raymond 수학 본질에 대한 신념

범주	준 거
전통적	•수학은 관련 없는 사실, 규칙, 기능의 집합체이다. •수학은 고정되어 있고 예측 가능하다. •수학은 절대적이고 응용된다.
혼합	•수학은 고정되었지만, 상호 관련된 구조를 가진 지식의 통합이다. •수학은 예측가능하나 놀랍기도 하다. •수학은 절대적인 면과 상대적인 면 모두를 가지고 있다. •수학은 응용가능하고 심미적인 특징도 있다.

비전통적	•수학은 역동적이고 문제를 도출한다. •수학은 계속해서 확장된다. •수학은 놀라운 것이고 의심의 여지가 있다. •수학은 심미적이다.

나. 교육 방법으로서의 수학 교수-학습에 대한 신념

<표 Ⅱ-2> Raymond 수학 교수에 대한 신념

범주	준 거
전통적	•교사의 역할은 수학 지식을 강의하고 수행하는 것이다. •교사의 역할은 개인 과제를 부과하는 것이다. •교사는 수학 주제를 개별적으로 접근한다. •교사는 기능, 사실 숙달, 암기를 강조한다. •교과서에만 의존하여 가르친다. •수업은 변경됨이 없이 정확하게 계획되고 수행되어야 한다. •수업과 활동은 매일 같은 유형을 따른다.
혼합	•교사는 수업 중에 다양한 과제를 부과한다. •과정과 결과 모두를 중요시한다. •암기와 이해를 동등하게 강조한다. •교사는 지식의 이행자이면서 촉진자이다. •수업계획안은 융통성 있게 활용한다. •그룹 학습과 개별학습 모두를 중요시한다. •교과서와 문제해결 활동을 동등하게 활용한다. •교사는 학생들로 하여금 수학을 좋아하도록 돕고 수학의 유용성을 이해하도록 한다.
비전통적	•교사의 역할은 학습을 안내하고 도전할만한 문제를 제시하는 것이다. •교사의 역할은 지식이 공유되도록 촉진하는 것이다. •결과보다는 과정을 더 중요시한다. •교과서대로 가르치지 않는다. •문제-해결과 조작활동을 중요시한다. •수업 계획안이 매우 유동적이다. •항상 소그룹 학습만을 중요시한다. •교사는 학생들이 수학을 좋아하고 가치있는 것으로 인식하도록 돕는다.

<표 Ⅱ-3> Raymond 수학 학습에 대한 신념

범주	준 거
전통적	•학생들은 교사로부터 수동적으로 지식을 전달 받는다. •수학은 개인적인 노력으로 습득된다. •수학은 학습하는 방법은 유일하다. •알고리즘의 기억과 숙달은 수학학습에서 중요하다.
혼합	•학생들은 문제해결과 교과서 학습 모두를 통해 수학을 학습해야 한다. •학생들은 기능과 알고리즘을 이해하고 숙달해야 한다. •개별학습과 그룹학습이 동시에 이루어져야 한다. •수학을 학습하는 방법은 여러 가지가 있다. •많은 학생이 수학을 학습할 수 있다. •수학을 학습하는 것은 교사와 학생 모두의 책임이다. •수학학습에서 열심히 노력하는 것은 천부적인 능력만큼 중요하다. •반복 훈련은 탐구 결과에 대한 통찰을 얻는 것만큼 수학 학습에 도움이 된다.
비전통적	•학생들의 역할은 자율적인 탐구이다. •학생들은 오직 문제해결 활동을 통해서만 수학을 학습한다. •수학은 교과서나 지필 활동 없이도 학습되는 것이다. •학생들은 소그룹 협동학습을 통해서 수학을 학습한다. •모든 학생은 수학을 학습할 수 있다. •학생들은 개인의 독특한 방식으로 수학을 학습한다.

다. 영재교육에 대한 신념

우리나라 영재교육진흥법 2조 1항에서는 “영재라 함은 재능이 뛰어난 사람으로서 타고난 잠재력을 계발하기 위하여 특별할 교육을 필요로 하는 자”로 정의하고 있다. 2항에서는 영재교육은 영재를 대상으로 각 개인의 능력과 소질에 맞는 내용과 방법으로 실시하는 교육을 말한다.

송상헌(2006)은 수학 영재는 정규 교육 과정이 제공하는 것 이상의 변별적인 교육 프로그램이나 그들에게 적합한 별도의 도움을 필요로 하며, 수학 영재교육의 목적은 수학 영재성(수학에 대한 소질과 적성, 창의성, 과제집착 성향)을 수학적 재능으로 발휘하여 성취할 수 있도록 돕는 것이라고 하였다. 수학영재교육의 기본 방향은 영재 개개인의 타고난 재능을 계발 및 발휘할 수 있는 기회를 통해 수학 관련분야에서 새로운 지식을 생산해 낼 수 있는 창조적 지식의 생산자로 육성함을 목표로 하되 이를 가능케 하고 지속할 수 있는 사고와 태도의 육성을 교육의 구체적인 목표로 삼아야 한다. 영재지도교사는 학생들이 그 일을 수행해 낼 수 있도록 돕는 안내자 또는 조력자로서의 투철한 사명 의식을 갖추어야 한다.

2. 사회수학적 규범

초등영재 수학교실에서 교실이라는 사회에 속해 있는 구성원, 즉 학생들과 교사에 의해 형성되어 함께 공유하고 있는 것을 교실문화라고 한다. 교실문화의 중요 개념으로 교실의 사회적 규범, 사회수학적 규범, 교실의 관행(방정숙, 2001, pp. 284~285에서 재인용)이 있다. 그 교실 상황에서 특별히 수학적인 설명과 정당화에 관련된 규범으로서 학생들의 수학활동에 독특한 양상이나 전체 수학수업 토론의 규범적인 양상이다. 무엇이 한 교실 공동체 내에서 수학적으로 받아들여질 만한 설명인지에 대한 이해 또는 수학적으로 정당화될 수 있는 효과적인 설명인지에 대한 이해는 사회수학적 규범의 예가 될 수 있다.

Ⅲ. 연구 방법

1. 연구 대상자

현재 초등 영재원(학급)에서 수학을 지도하고 있는 교사 8명에게 간단한 설문지와 면담을 실시한 후 영재지도 경력이 충분히 쌓여있고, 신념이 다른 교사를 연구대상자로 2명을 선정하고자 하였다. 그들의 개인별 특성은 <표 Ⅲ-1>과 같다.

<표 Ⅲ-1>연구 대상자들의 개인별 특성

교사	소속	교원경력	개인특성	수업 대상자
A 여	A시 E초	교사경력 16년 영재교육경력 5년	교육대학교 학부 졸업. 영재직무연수(기초) 이수	신흥도시 A교육청 부설영재원 5학년 20명
B 남	C시 N초	교사경력 15년 영재교육경력 9년	교육대학원 석사 졸업. 영재직무연수(기초, 심화, 해외, 전문) 이수	S시(소도시) N초등학교 영재학급 5학년 20명

2. 연구의 방법

이지훈(2000)의 사례 연구 방법에 따라 삼각검증법을 활용하였는데, (1) 반 구조화된 질문지를 통한 수업자와의 심층 면담(수업 전후), (2) 해당 교사의 수업 직접 참여 관찰 및 녹취물 분석, (3)수업 대상 학생들의 학습지/산출물 등을 분석 자료로 활용하였다. 다만, 수업에 참여한 학생들과의 개별 면담은 시간 관계상 실시하지 못하였다.

가. 질문지 작성 및 조사

신념 질문지는 수학 및 수학교수·학습에 관한 것과 영재교육에 관한 것으로 크게 구분이 된다. 수학 및 수학교수·학습에 관한 질문지는 일반 교사의 수학적 신념을 알아보기 위해 Raymond (1997)의 신념 준거를 바탕으로 김진성(2004)이 만들어 사용한 것을 연구 대상인 영재지도교사에 해당하는 질문으로 수정하여 사용하였다. 그리고 영재교육에 대한 질문지는 김경진(2005)이 사용한 질문지를 본 연구에 맞게 수정하여 사용하였다.

나. 심층면담

심층 면담은 연구 목적과 연구 문제를 전제로 중요한 질문과 절차는 어느 정도 구조화하고 다른 것들은 면담 상황에 따라 유연하게 대응하는 반구조화된 면담을 실시하였다. 수업 전 이루어진 심층 면담은 1차에 이루어진 질문지를 바탕으로 구체적인 이유나 연구대상자의 생각을 더 자세히 하는 것에 중점을 두었고, 수업 후 이루어진 심층면담에는 연구자가 직접 수업에서 관찰한 내용을 확인하는 것에 중점을 두어 실시하였다.

다. 수업 관찰

1) 수업 소재

이진경(2004)는 마방진은 수학사의 오랜 전통을 가진 수학퍼즐로 수의 아름다움과 신비성을 느끼게 하며 수학적 창의성을 요구되므로 훌륭한 수학교육의 소재가 될 수 있다고 하였다. 또한, 정동권(2004)는 마방진은 그 활용 목적이나 방법에 따라 학생들에게 발견의 기쁨이나 생각하는 즐거움을 느끼게 할 수 있을 뿐 아니라 수리적인 고찰 처리의 장점을 이해하는 데 좋은 자료가 될 수 있다고 하였다. 이에 본 연구에서 두 교사의 초등영재 수학교실에서는‘ 3차 마방진 해결전략 탐구’ 및 ‘나만의 수를 사용한 3차 마방진 만들기’2차시 수업 주제를 가지고 수업을 진행하였다.

2) 예비 수업 관찰

2012년 12월 26일 연구대상자인 B교사가 A대학교 부설 과학영재원 초등수학반 12명을 대상으로 ‘마방진’을 수업주제로 한 겨울 집중수업을 녹화하고, 예비 수업 관찰을 하였다. 예비 수업 관찰을 통해 문제점을 발견하고, 이를 수정·보완하여 본 연구에 해당하는 수학 수업에 반영하였다.

3) 본 수업 녹화 및 관찰

본 수업은 연구 대상자인 A교사와 B교사가 수업을 진행할 각 초등영재 수학교실에서 4월에 여러 차례 다른 주제로 수업을 진행한 뒤에 이루어졌다. 이는 교사와 학생이 여러 차례 수업 진행 동안 이미 친밀한 관계(Ropport) 형성이 되었고, 이것은 교사와 학생간의 활발한 의사소통을 할 수 있는 분위기 조성이 가능하다는 것을 의미한다. 먼저 2013년 4월 25일 A교사가 A교육청 부설 영재원 5학년 20명을 대상으로 수업을 진행하였고, 5월 2일과 5월 7일 B교사가 N초등학교 부설 영재학급 5학년 20명을 대상으로 수업을 진행한 것을 수업 녹화 및 관찰하였다.

라. 신념 및 수업 분석틀

김경진(2005, p. 256)은 영재교육에 대한 신념은 자신의 교수학습관과 교과목에 대한 신념과 유기적으로 통합되어 하나의 신념체계를 형성해 나간다고 하였다. 이것은 초등수학영재를 지도하는 교사의 신념을 알아보기 위해서는 지도하는 과목인 수학에 대한 신념, 수학 교수-학습에 대한 신념, 특수성을 가진 영재 및 영재교육에 대한 신념을 분석해 볼 필요가 있음을 시사한다.

본 연구에서는 초등영재 수학교실에서 수학을 지도하는 교사의 신념이 사회수학적 규범에 어떻게 나타나는지 알아보기 위해 먼저 수학 본질에 대한 신념, 수학교수-학습에 대한 신념, 영재교육에 대한 신념을 나누어 분석하였다.

수학 본질에 대한 신념, 수학 교수-학습에 대한 신념은 Roymond(1997)의 신념 범주화를 위한 준거를 사용하여 ‘전통’, ‘혼합’, ‘비전통’으로 범주화되어 구분된다. 영재교육에 대한 신념은 영재교육관과 현재 지도하고 있는 영재원(학급) 학생에 대한 인식 및 기대, 교사의 역할을 질문지와 심층 면담을 통해 알아본다.

다음은 두 명의 교사가 지도하고 있는 서로 다른 초등영재 수학교실의 2차시 수업을 통해 그 수학 교실에 나타나는 사회수학적 규범을 살펴본다. 교사의 신념과 초등 영재원(학급) 수학교실의 사회수학적 규범에 대한 분석틀은 <표 Ⅲ-2>와 같이 사용하고자 한다.

<표 Ⅲ-2> 본 연구의 분석틀

교사의 신념	수학 수업
•수학 본질, 수학 교수-학습에 대한 신념 -Roymond의 신념 범주화를 위한 준거 •영재교육에 대한 신념 -영재교육관, 교육의 목표 -영재원(영재학급) 학생에 대한 인식 및 기대 -영재 지도교사의 역할	•사회수학적 규범 -개념에 대한 합의 -오류에 대한 반응 -전략에 대한 비교

교사의 신념이 수학교실문화 속 사회수학적 규범으로 2차시 수업을 통해 다 관찰하기 힘든 문제점을 보완하기 위해 교사 심층 면담과 학생 설문지를 추가로 실시 후 분석하여 교사의 신념과 수학교실의 사회수학적 규범의 관계를 알아보고자 한다.

Ⅳ. 연구 결과 및 분석

1. A교사의 신념과 그에 따른 수업 분석

가. A교사의 신념

1) 수학과 수학교수·학습에 대한 신념 분석

A교사는 수학 본질, 수학교수-학습에 대한 신념에 대한 질문지를 통해 수학은 대부분 기억해야 하는 사실과 절차들의 집합이며, 예측가능한 과목이라는 생각을 가지고 있음을 알게 되었다. 그리고 문제 해결은 수학에서 중요한 측면이며, 일상생활에 매우 유용하다는 생각에 적극적으로 동의하였다. 수학에서 중요한 것은 이미 수학자에 의해서 알려져 있으며, 수학 공부는 인간의 정신을 논리적으로 추론하도록 훈련시킨다고 생각하였다. 심층면담에서는 아래와 같이 답하였다.

[연구자] 선생님은 수학이 왜 예측 가능하고 확실하다고 생각하십니까?

[A교사] 수학은 수나 도형에 관한 것도 대부분 연산이나 규칙을 활용하여 문제를 해결하니까……. 문제를 해결할 때 그런 부분들은 알고리즘이나 규칙을 찾아가지고 그것을 응용해서 문제를 푸니까 거의 다 예측 가능하고 확실하다고 생각합니다.

질문지의 응답의 결과와 심층면담의 내용으로 A교사의 수학에 대한 신념은 **'전통'**적 범주의 신념을 가지고 있다는 것을 알 수 있다. 또한 A교사는 수학교수에 대해 수학을 학습하도록 돕는 교사의 능력에 자부심을 느낀다고 하였고, 매일 과제를 부과하는 것이 중요하며, 교사가 수학을 가르칠 때 말을 잘 해야 한다고 하였다. 그러나 수학 교수에 대한 훌륭한 수학 영재프로그램도 구체물도 다 중요하며, 학생들이 수학의 유용성을 알도록 하는 것보다 수학을 좋아하게 하는 것이 더 중요하다고 생각하고 있었다. 심층면담에서는 아래와 같이 답하였다.

[연구자] 그럼, 선생님의 수업에서 훌륭한 수학영재프로그램과 구체물 중 어느 것이 더 중요하다고 생각하시나요?

[A교사] 영재 수업은 10차시 프로젝트 수업으로 이루어지니까, 수학영재 프로그램도 중요하고, 학생들의 흥미와 재미를 위해서는 구체물을 사용하는 것도 중요합니다. 둘 다 영재 수업에서 중요하다고 생각하고 있습니다.

질문지의 응답의 결과와 심층면담의 내용으로 A교사의 수학교수에 대한 신념은 **'혼합'**적 범주의 신념을 가지고 있다는 것을 알 수 있다. A교사는 수학학습에 대해 영재원 학생들이 스스로 수학을 잘 발견할 수 있고, 스스로 답이 수학적으로 타당한지를 규명할 수 있다는 것에 적극적으로 동의하였다. 그러나 수학 학습에서 개별 학습을 더 선호하고, 학생이 수학을 학습하는 것은 교사와 학생 모두의 책임이라고 하였다. 기억하는 것은 수학 학습에서 가장 중요한 도구 중의 하나이며, 학생들은 학교에서의 수학 학습보다 가정에서 과제를 함으로써 수학을 더 잘하게 된다고 생각하고 있었다. 질문지와 관련된 심층 면담에서는 아래와 같이 대답하였다.

[연구자] 선생님은 영재원 수학 수업시 개별 학습과 그룹 학습 중 어떤 것을 선호하나요?

[A교사] 잘 하는 학생들은 혼자하는 것이 훨씬 더 효과적이니까, 영재 수업은 아무래도 개별 학습에서 자기 실력을 많이 잘 발휘할 수 있다고 생각하고 있습니다.

[연구자] 수학 학습에 대해 능력이 뛰어난 학생과 많은 노력을 하는 학생 중 누가 더 잘한다고 생각하나요?

[A교사] 선천적인 수학적 감각은 타고 난다고 생각합니다. 노력하는 학생이 잘하는 경우도 많지만, 초등 영재 수학 수업에서는 특히나 노력보다는 능력이 뛰어난 학생이 두각을 나타낸다고 생각합니다.

질문지의 응답의 결과 A교사의 수학 학습에 대한 신념은 전통적 범주와 혼합적 범주에 갈려 있지만, 심층 면담의 내용으로 보아 **'전통'**적 범주의 신념을 가지고 있다는 것을 알 수 있다.

2) 영재교육에 대한 신념 분석

A교사는 심층 면담에서 기본적으로 영재 교육은 개인적인 요청에 부응하는 것이며 그것은 개인의 진로와 연결하는 것이라고 생각하였다. 영재원 수학 수업에서는 성취 수준이 일반 학생보다 높은 영재 학생들이 계속 수학을 좋아하고 수학의 유용성을 이해하는 기회를 자주 제공하여야 하여야 한다고 하였다. 이런 영재 학생들이 최상의 능력을 발휘하기 위해 교사는 조력자의 역할을 담당하여야 한다고 생각하고 있었다. 수학 교수의 신념 중 '혼합적' 신념 범주에 해당하는 교사는 학생들로 하여금 수학을 좋아하고 수학의 유용성을 이해하도록 해야 한다는 신념을 가지고 있음을 알 수 있다.

나. A교사의 수업 분석

A교사의 수업은 A교육청 부설 영재원 5학년 20명을 대상으로 2차시 진행되었다. A교사가 수업을 진행한 수학 교실의 전반적인 분위기는 활기차고, 새로운 수업 주제에 대한 호기심에 많았다. 학생들은 자신의 의견이 다른 사람과 비슷한 경우나 다른 경우에 관계없이 자신의 의견을 발표하기를 좋아하였고, 다른 친구의 발표에 동의하는지, 그렇지 않는지를 적극적으로 표현하였다. 수업 전반에 결쳐 교사는 학생들이 현재 무엇을 해야 하는지 교사가 미리 정확하게 설명해 주려는 경향이 있었다. 계획한 수업 활동을 빠짐없이 수행하였고, 시간 내에 수업을 마치기 위해 발표 횟수를 조절하기도 하였다. 이는 수학교수에서 명확한 교수안을 중요하게 생각하는 교사의 신념이 드러난 것이다. 교사는 수업 내내 개별 수업으로 진행하였는데, 수학 학습에서 A교사가 심층 면담에서 밝힌 영재수업은 개별 학습이 효

과적이라는 수학 교수에 대한 신념과 수학은 개인적인 노력으로 습득된다는 신념과 일치한다.

1) 개념 합의

수업 도입 부분에서 처음 마방진의 개념을 도입할 때 교사는 학생들에게 흥미를 끌고자 거북이 등에 문양이 그려진 그림 자료를 제공하였고, 그림과 관련된 질문으로 수업을 진행하였다. 이는 영재 교육에 대한 교사의 신념에서 수학을 좋아하고 수학의 유용성을 이해할 기회가 자주 제공되다 보면 수학에 대한 관심이 높아져서 자신의 진로를 수학과 관련된 것으로 정할 수 있는 기회가 된다고 말한 부분과 관련이 깊다고 할 수 있다. 여기에서 모든 학생들은 주어진 그림에서 가로, 세로, 대각선의 합이 같고, 숫자 세 개가 한 줄에 들어가고, 이 한 줄의 합이 15가 된다는 사실을 미리 알게 되는 되었다. 이는 교사가 학생들과 마방진 개념 도입에서 대부분의 학생들이 사전 경험으로 마방진을 알고 있다고 생각하고, 개념 합의 없이 미리 제공하는 것을 볼 수 있었다. 교사의 신념에서 현재 지도하고 있는 영재원 학생들에 대해 수학적 능력과 성취수준이 매우 뛰어나다고 생각하고 있기에 선수 학습은 어느 정도 높다고 생각하였고, 이를 활용할 수 있도록 도와주는 것이 교사의 역할이라고 생각하고 있었다.

2) 오류에 대한 반응

수업을 진행하는 동안 A교사는 학생들의 오류에 대해 대단히 포용적이었다. 학생들이 해결 전략을 발표할 때 오류가 생기는 것에 두려움이 전혀 없이 자신의 의견을 당당히 말하였고, 더 이상 자신이 알 수 없으면 자연스럽게 자리로 돌아가서 앉았다. 오류가 생길 때마다 오류에 대한 정보를 학생들에게 바로 제공하기 않고, 계속 학생들의 의견을 발표하게 하였다. 학생들의 활발한 발표를 이끌어 내었고, 다양한 아이디어를 교환하였다. 학생들이 바로 오류를 수정하거나 다수의 학생들이 수긍하는 대답이 나오면, 그 문제에 대해 논의를 더 이상 하지 않았다.

<에피소드 1>에서 바쉐의 방법으로 3차 마방진을 해결한 학생이 발표하였을 때 정답은 맞았으나, 그 설명에서 오류가 나왔을 때 교사와 학생들의 반응을 볼 수 있다.

<에피소드 1 : 오류에 대한 반응>

교 사 : 조금 다른 방법으로 풀었다는 사람 있어요?

학생 2 : 임시로 위, 아래, 좌우에 한 칸씩 그려주고, 계단식으로1, 2, 3...계속 이렇게 썼어요. 그리고 튀어나온 부분의 숫자는 맞은편에 넣어주면 되요.

		1		
	4	9	2	
7	3	5	7	3
	8	1	6	
		9		

교 사 : 왜 그렇게 했는지 설명해 보세요.

학생들 : 난 왜 그렇게 하는지 모르겠는데,, 하나도 이해 안 돼. <중략>

학생 5 : 여기에서 9와 3, 1, 7을 모두 지워도 각 줄의 합이 15가 되어야 합니다. 3차 마방진에서 15가 되기 위해 숫자를 넣다보면 튀어나온 숫자가 건너편에 들어가야 함을 알 수 있습니다.

교 사 : 맞는 거 같아요? 이건 바쉐의 방법인데, 여러분이 아마 책에서 본 방법일 거예요.

학생 2는 책에서 본 바쉐의 방법으로 3차 마방진을 해결하였다. 교사는 왜 그렇게 하였는지 설명해 보라고 하자 학생2는 해결 전략을 수학적으로 설명하지 못하였다. 학생5의 설명에서 나온 수학적 오류에 대해 A교사는 오류에 대한 어떠한 설명이나 발전된 방향에 대한 질문을 하지 않았다. 이는 A교사가 직접적으로 가르치려고 하지 않고, 학생들이 직접 이 오류를 수정하기를 기대하고 있다는 것을 알 수 있다. 이러한 A교사의 오류에 대한 반응은 수업 후 면담에서 밝혀진 학생들의 배려 차원이라는 점과 수학은 예측가능하기에 스스로 오류 수정이 가능하다고 보는 영재

학생에 대한 교사의 신념에서 기인되었다.

3) 전략에 대한 비교

교사는 기본적으로 수학문제 해결 방법에는 여러 가지 방법이 있을 수 있다는 생각을 가지고 있었고, 학생들은 모든 문제를 다양한 해결전략으로 풀어 보려고 스스로 노력하였다. 또한 해결 전략을 찾은 학생들이 발표할 때 "조금 다른 방법으로 풀었다는 사람 있어요?" 라던가 "다른 해결 전략을 사용한 사람?"과 같은 질문으로 다른 해결 전략을 발표하도록 유도하였다. 학생들은 발표한 해결 전략이 자신들이 생각한 방법에 비해 특별한 것에 놀라며 박수를 쳤다. 이러한 반응은 A교사의 교실 문화에는 수학적으로 더 가치있는 해결방법을 인정하고 있다는 것을 알 수 있었다. 그러나 교사와 학생 모두 활발한 토론으로 전략 간의 유사점과 차이점에 대해 비교할 수 있는 기회를 거의 갖지 못하고 있었다. 이것은 심층 면담을 통해 수학 학습은 개개인의 경험이 다 소중하다는 신념을 가지고 있었기에 전략 비교보다는 개인의 전략에 더 집중한 것으로 나타났다.

4) 학생들 간의 대화

A교사의 수학에 대한 신념에 영향을 받은 초등 영재 수학교실의 사회수학적 규범 양태는 <에피소드 2>에 나타난 학생들 간의 대화 과정에서도 볼 수 있다.

<에피소드 2 : 학생들 간의 대화>

학생 1 : 애들아~ 나 새로운 3차 마방진 다 만들었다. 엄청 힘들어.
학생 2 : 그래? 한번 보자
학생 1 : 한 줄의 합이 1560이 나와~
학생 3 : 우와~ 엄청 어려운 것 했네. 어떻게 했어?
학생 1 : 이것 봐. 나 기본 3차 마방진에서 이것 각 104를 다 곱해서 만든거야.
학생 2 : 난 한 줄의 합이 3000 넘는 거 만들어 봐야지. ○○ 아 너는?

8	1	6
3	5	7
4	9	2

→

832	104	624
312	520	728
416	936	208

학생 4 : 나는 홀수로 이루어진 3차 마방진을 만들고 있는데....
학생 1 : 너도 합이 엄청 크게 한번 만들어봐
학생 4 : 그럴까?

위 <에피소드 2>에서 나오는 나만의 수를 사용한 3차 마방진 만들기 활동에서 한 줄의 합이 매우 큰 3차 마방진은 여러 번의 곱셈과 덧셈으로 어렵게 구했기 때문에 수학적으로 가치롭게 여기고 있다. 주위 친구들도 또한 이러한 학생1을 부러워하며 큰 수로 이루어진 3차 마방진을 만들려고 도전 중이었다. A교사는 수학에 대해 알고리즘과 규칙으로 이루어져 예측가능하다 라는 신념을 가지고 있었는데, 이러한 신념은 학생들의 활동에서도 알고리즘을 중시하여, 기본 3차 마방진에서 더하거나 빼거나 곱하는 연산 규칙을 통해 예측 가능한 나만의 3차 마방진 만들기에만 집중하는 모습으로 나타남을 알 수 있다.

2. B교사의 신념과 그에 따른 수업 분석

가. B교사의 신념

1) 수학과 수학교수·학습에 대한 신념 분석

B교사는 수학 본질, 수학교수-학습에 대한 신념에 대한 질문지를 통해, 수학은 대부분이 기억해야 하는 사실과 절차가 아니며, 옳은 답을 얻는 것보다 그것이 왜 정답인지를 이해하는 것이 더 중요하다는 것에 적극적으로 동의하였다. 문제해결을 수학의 중요한 측면이 아니며 애매하지도

않고 해석상에 이견이 있을 수 없는 학문이며, 또한 수학 공부는 인간의 정신을 논리적으로 추론하도록 훈련시킨다고 생각하고 있었다. 질문지와 관련된 면담에서는 다음과 같이 대답하였다.

[연구자] 선생님은 수학이 왜 확실하고, 절대적이라고 생각하지 않나요?

[B교사] 수학은 문제를 해결하는 것만이 수학이 아니라고 생각하기 때문입니다. 예를 들어 "놀이 공원에서 놀이 기구 10개를 타려고 할 때 가장 빨리 타려면 어떻게 해야 할까요?"라는 문제를 해결해야 할 때 수학적 지식은 해밀턴 정리가 필요하지만 그 문제 속에는 수학적 지식뿐만 아니라 놀이기구에 대한 경험 등도 필요합니다. 이 문제의 답은 주어진 환경이 조금만 바뀌어도 답은 바뀔 수 있고 우리가 생각한 답도 정말로 맞는 것인지는 알 수 없기 때문입니다.

질문지의 응답의 결과와 심층 면담의 내용으로 B교사의 수학 본질에 대한 신념은 **'비전통'**적 범주의 신념을 가지고 있다는 것을 알 수 있다. B교사는 수학 교수에 대해 훌륭한 교사는 영재원(학급) 학생들에게 같은 질문이라도 다양한 방법으로 제시해야 수학을 학습하도록 돕는 교사의 역할에 자부심을 느끼게 된다고 하였다. 효율적인 수학 교수는 개발된 수학영재 프로그램을 따르는 것, 수학 지도교사의 역할은 정해진 개념을 설명하는 것이라는 것에 강한 부정을 보였다. 수학 교수에 대한 교사의 노력은 학생들의 수학적인 능력 향상을 가져오지 올 수 있다고 생각하고 하였다. 질문지의 응답의 결과와 심층 면담의 내용으로 B교사의 수학 교수에 대한 신념은 **'비전통'**적 범주의 신념을 가지고 있다는 것을 알 수 있다.

B교사는 수학학습에 대해 영재(원)학급 학생들은 스스로 수학을 발견할 수 있고, 스스로 답이 수학적으로 타당한지를 규명할 수 있다는 것에 적극적으로 동의하였다. 그러나 훈련과 연습은 수학의 본질적인 이해를 돕는 것은 아니라고 하였다. 그룹 학습이 수학 학습에서 더 효과적이며, 구체물을 다루는 것은 학생들의 이해를 도우며, 수학 문제의 답은 다양하며 학생들로 도출되는 풀이도 다양해야 한다고 생각하고 있었다. 질문지와 관련한 면담에서 아래와 같이 대답하였다.

[연구자] 선생님은 영재 학급 수학 수업시 그룹 학습을 강조하셨는데, 그 이유는 무엇인가요?

[B교사] 개별 학습은 한 명 한 명이 그냥 1입니다. 그러나 그룹 수업은 1+1이 2보다 작을 수도 있고 2보다 큰 효과를 가지고 올 수도 있습니다. 저는 2보다 큰 결과가 나오도록 하는 데 초점을 두기 때문입니다.

질문지의 응답의 결과와 심층 면담의 내용으로 B교사의 수학학습에 대한 신념은 **'비전통'**적 범주의 신념을 가지고 있다는 것을 알 수 있다.

2) 영재교육에 대한 신념 분석

B교사는 심층 면담에서 기본적으로 영재 교육은 학생들에게 세상을 바라보는 관점을 변화시키는 것이며, 이것을 위해 수학에서 다양한 해결 방법과 왜 그러한 해결 방법을 사용하는지 생각할 수 있는 교육이 필요하다고 하였다. 영재학생들이라 해도 현재의 성취 수준이 그리 높은 편은 아니기 때문에 이런 영재학생들이 최상의 능력을 발휘하기 위해 교사가 잘 안내하는 역할을 담당하여야 한다고 생각하고 있었다.

나. B교사의 수업 분석

B교사의 수업은 경기도 지역 소도시인 S시 N초등학교 부설 영재학급 5학년 20명을 대상으로 4차시 수업이 진행되었다. 2차시 수업을 계획하였으나, 교사가 처음에 준비한 수업 활동을 다 마치지 못하여 2차시를 더 추가하여 수업하였다.

B교사가 수업을 진행한 수학 교실의 전반적인 분위기는 차분하였으나, 모둠 토론 시간에는 활발하게 자신의 의견을 친구들에게 말하였다. 다른 친구의 발표에 구체적으로 무엇이 잘못되었는지, 또는 어떤 것이 왜 그런지 등 아주 구체적으로 질문하였다. 수업 전반에 걸쳐 교사는 모둠 토론 시간을 자주 가졌고 그 후에 발표하게 하였다. 발표 때 부족한 부분이 생기면 "왜 그런지 선생님을 설득해 볼래?", "수학적으로 설명해 보세요."라는 발문으로 수학적으로 학생들이 정당화하도록 계속 유도해 나갔다. 이는 수학 학습에 대한 신념 중 학생들은 스스로 답이 수학적으로 타당한지를 규명할 수 있다는 신념에서 나온 것이다. 학생들이 자신의 생각을 모둠 토론과 교사와의 토론을 거쳐 수학적으로 정확하게 설명할 수 있을 때까지 시간과 발표자의 수에 관계없이 수업을 진행하였다. 이는 B교사가 앞에서 밝힌 수학 본질에 대한 신념에서 수학은 그것이 왜 정답인지를 이해하는 것이 옳은 답을 얻는 것보다 더 중요하다는 신념에서 기인되었고, 이 신념을 바탕으로 교수안은 융통적일 수 있다고 생각하였다. 영재 개개인은 개별 학습을 선호하지만, 영재들을 위한 수학 학습에서 때론 그룹 학습이 더 효과적이라는 신념에서 수학 수업 도입에는 개별 학습으로 시작하여, 수업 중반으로 갈수록 모둠 토론을 활성화시켰다.

1) 개념합의

수업 도입에는 1부터 6까지 사용하는 삼각 방진[2)]에 대한 문제로 마방진에 생각해야 할 한 줄의 합에 대한 개념 합의를 이끌어 내고자 하였다. 학생들이 4학년 때 배운 삼각 방진에서 한 줄의 합이 같아야 한다는 것과 합이 커지거나 작아지기 위해 꼭짓점 칸에 어떤 수를 넣어야 하는지에 대해 도입하기 위해서이다. 학생들은 3차 마방진의 한 줄의 합이 15여야 한다는 것을 대부분의 학생들이 사실로 알고 있었으나, B교사는 수학적으로 정확하게 설명하도록 계속 질문을 하였다. 문제 해결은 수학의 중요한 측면이 아니고, 그것이 왜 정답인지를 이해하는 것이 옳은 답을 얻는 것보다 중요하다는 신념에서 나온 것이다. 수업이 끝난 후 실시된 면담에서는 아래와 같이 답하였다.

[연구자] 영재원 학생들이 마방진에 대한 사전 지식은 어떠하다고 생각했나요?

[B교사] 다수의 학생들이 한번 씩은 마방진에 대해 들어보았다고 생각했어요. 그런데 일단 발표를 시켜보면 그런 모양이 마방진이라는 것만 알지 그것을 정확히 수학적으로 설명할 수 있는 학생은 거의 없을 거라고 생각했어요.

2) 오류에 대한 반응

수업을 진행하는 동안 B교사는 학생들의 오류에 대해 대체로 수용적이었다. 학생 발표 전 모둠 토의를 거쳐 자신의 의견을 친구들에게 검증받는 시간을 가지도록 그룹 학습을 자주 하였다. 이는 영재교육이 개별 학습보다 그룹 학습이 효과적이라는 B교사의 신념에서 기인된 것이다. <에피소드 1>에서 보면 3차 마방진 중간에 5가 들어가야 되는 이유에 대해 발표한 학생은 답은 맞았으나, 왜 그런지에 대한 이유 설명에서 오류가 나왔을 때 교사와 학생들의 반응을 알 수 있다.

<에피소드 1 : 오류에 대한 반응>

학생 1 : 중간에 5가 들어가야 하는 이유는 중간에 5가 들어가면, 한 줄의 나머지 두 칸이 10이 되면 되므로, 먼저 대각선 나머지 두 칸의 합이 10 되도록 다 채워 넣으면 됩니다. 그런 다음 나머지

---

2) 삼각 방진은 삼각형 모양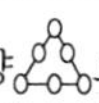으로 1에서 6까지 수를 한 번씩 사용하여 각 줄의 합이 같게 만드는 방진으로 수의 배열에 따라 각 줄의 합이 9, 10, 11, 12가 나올 수 있다.

칸에 앞에서 들어가지 않은 수를 넣으면 됩니다.
교　사 : 문제가 없나요?
학생 2 : 처음에 5를 어떻게 구했는지를 먼저 말하고, 마지막에 10이 되도록 해야 하는데...
교　사 : 중간에 5가 들어가야 한다는 보장이 없지요. 만약 4가 들어가면? (중략)
왜 그렇게 되는지는 알아야지.
학생 1 : 한 줄에 가장 작은 수 1과 가장 큰 수 9가 들어가면, 나머지 중간 칸에 5가 들어가면 됩니다.
학생 3 : 왜 가장 작은 수와 가장 큰 수를 더해야 하나요?
학생 1 : ....
교　사 : 그럼 우리가 질문을 바꾸어서 다시 생각해 볼까? 중간 칸에 5가 아니라면 어떤 문제가 생길까?
<중 략>
교　사 : 왜 그런가요?

오류가 생길 때마다 오류에 대한 정보를 학생들에게 바로 제공하기 않고, 바로 오류와 관련하여 학생들이 질문을 하였다. 오류를 좀 더 수학적으로 발전시키기 위해 학생들이 좀 더 이해하기 쉬운 질문으로 바꾸어 하였고, 이는 학생들이 오류를 수정하고 그것을 수학적으로 정확히 설명하도록 유도하였다. 훌륭한 교사는 영재원(학급) 학생들에게 같은 질문을 다양한 방법으로 제시해야 하고, 학생들은 스스로 답이 수학적으로 타당한지를 규명할 수 있다는 B교사의 신념에서 나왔다.

3) 전략에 대한 비교

B교사는 기본적으로 수학 문제 해결 방법에는 여러 가지 방법이 있을 수 있으나 수학적으로 설명 가능한 것만이 해결 방법이라는 생각을 가지고 있었다. 위 A교사의 교실에서 나온 3차 마방진 해결전략 중 대부분이 학생들이 책으로 본 '바쉐의 방법'을 B교실에서는 학생들이 알고 있음에도 불구하고 발표하지 않았다. 이에 교사가 바쉐의 방법을 마지막에 소개하였더니, 한 학생이 "지금 보여준 방법은 수학적으로 증명하지 않고 그냥 수를 순서대로 넣어서 뭔가 시시해요"라고 대답하였다. 이는 학생들이 수학적으로 정당화할 수 없는 과정을 사용하거나 타당한 근거를 제시하지 못하는 경우 이 수학 교실에서는 교사, 학생 모두 거절하는 것을 볼 수 있다. 이것은 수학 교실에서 문제 간에, 문제해결 방법 간에, 또는 표현 양식 간에 무엇이 수학적으로 차이가 있는지, 무엇이 수학적으로 더 가치로운지, 무엇이 수학적으로 쉬운지에 대한 사회수학적 규범 형성이 되어 있다는 것을 알 수 있다.

4) 학생들 간의 대화

B교사의 수학에 대한 신념에 영향을 받은 초등 영재 수학 교실의 사회수학적 규범 양태는 <에피소드 2>에 나타난 학생들 간의 대화 과정에서도 볼 수 있다. B교사의 수학 수업은 대부분이 그룹 학습으로 이루어졌고, 개인적인 해결 전략을 모둠 토의를 거쳐 수학적으로 설명할 수 있는지에 대해 점검하는 시간을 자주 가졌다. '3차 마방진' 해결 전략에 대해 모둠원간의 대화가 적극적으로 이루어지고 있었다.

<에피소드 2 : 학생들 간의 대화>

학생 1 : 난 이렇게 풀었어.

8	9	4
3	5	7
6	1	2

학생 2 : 중간에 왜 5가 들어가는지 알아?
학생 1 : 한 줄의 합이 15가 되니까 중간 칸에 5 넣고 나머지 두 수로 10 만들면 되지.
학생 3 : 뭐라고? 너 다른 사람거 보고 베꼈어?
학생 1 : 아니야, 내가 풀었는데!
학생 3 : 설명이 뭐 그래? 더 해봐
학생 2 : 너 만약에 앞에 나가서 그렇게 발표하면 선생님이 분명 수학적이 아니라고 하실걸?
학생 3 : 맞아~. 8 자리에 다른 숫자도 들어갈 수 있어.
학생 1 : 그래? 더 해봐야겠다.

위 <에피소드 2>에서 나오는 3차 마방진 해결전략 탐구에서 학생1이 수학적으로 설명하지 못하자 학생3은 학생1이 3차 마방진의 답을 알아내었음에도 불구하고 더 풀어보라고 이야기하였다. 이는 학생들 간에 수학문제 해결은 답을 찾는데 그치는 것이 아니라 이를 수학적으로 설명할 수 있어야 그 문제를 해결한 것으로 인정하는 것을 알 수 있다.

3. 두 교사의 신념과 사회수학적 규범 비교, 분석

A교사와 B교사의 신념을 설문 조사와 면접으로 알아보고, 그 신념이 두 교사의 수학 교실에서 어떠한 사회수학적 규범으로 나타나는지 분석해 보았다. 분석한 두 명의 교사의 신념을 다시 정리해 보면 <표 Ⅳ-1>과 같다.

<표 Ⅳ-1> 두 교사의 수학, 수학교수-학습, 영재교육에 대한 신념 범주 비교

신념 분류		A교사	B교사
수학 본질		전통	비전통
수학 교수		혼합	비전통
수학 학습		전통	비전통
영재교육	영재교육 개념	개인의 진로와 연결하는 것	세상을 바라보는 관점변화
	영재에 대한 인식	성취수준이 높고, 매우 뛰어남	동기는 높지만, 성취수준은 높지 않음
	교사역할	조력자	안내자

A교사와 B교사는 위와 같은 신념 범주에 있지만, 세부적인 하위 신념이 그 신념 범주 안에 들지 않는 것들도 있었다. 이러한 신념의 차이는 수학 수업에서 크게 작용하고 있었다. A교사는 수학 학습에 관한 신념이 '전통'적인 신념 범주에 있지만, 영재원 학생들을 자율적인 탐구자로 보아 수학을 스스로 발견하고, 답이 수학적으로 타당한지 스스로 규명할 수 있다고 생각하는 하위 신념 두 개는 '비전통'적이었다. B교사는 수학 학습에 관한 신념이 '비전통'적인 신념 범주에 있지만, 수학영재는 노력보다는 능력이 중요하다는 '전통'적 하위 신념을 가지고 있었다. A교사와 B교사의 신념에 따른 사회수학적 규범의 양태는 각각 <표 Ⅳ-2>, <표 Ⅳ-3>과 같다.

<표 Ⅳ-2> A교사의 신념에 따른 수학교실의 사회수학적 규범 양태

신념범주 ●전통 ◆혼합 ■비전통

분석 내용	A교사의 신념: 신념범주	A교사의 신념: 하위신념	초등영재 수학교실: 교사의 교수 형태	초등영재 수학교실: 교실에 형성된 사회수학적 규범
개념 합의	수학 본질	· 수학은 기억해야 할 내용●	거북이 사진 자료로 교사가 마방진 개념 제시	교사와 학생 모두 수학적 설명이나 정당화를 알고 있으나 중요하게 생각하고 있지 않음
	수학 교수	· 교사의 흥미 있는 소재로 명확한 개념 설명 중시◆		
	영재 아동에 대한 인식	· 영재원 학생들의 능력이 뛰어남		
	교사의 역할	· 교사의 역할은 조력자		
문제 해결 전략에 대한 비교	수학 학습	· 학습 형태 개별학습 강조● · 학생들은 스스로 수학을 발견할 수 있음■	개별 다양한 해결전략을 강조함	문제 해결에서 가치로운 것의 기준은 어려운 연산이나 형태의 다양성
	영재 아동에 대한 인식	· 성취수준이 높은 영재원 학생들의 의견은 존중함	해결 전략 간 의 유사점과 차이점 비교보다는 개개인의 전략 중시	
	수학 학습	· 수학학습은 개인의 수학적 경험이 소중함●		
오류에 대한 반응	수학 본질	· 수학은 예측 가능한 것●	오류 수정을 학생 스스로 하도록 배려	오류 수정 시 기준은 답을 정확히 맞히는 것
	수학 학습	· 학생 스스로 답이 수학적으로 타당한지 규명할 수 있음■		

<표 Ⅳ-3> B교사의 신념에 따른 수학교실의 사회수학적 규범 양태

신념범주 ●전통 ◆혼합 ■비전통

분석 내용	B교사의 신념		초등영재 수학교실	
	신념범주	하위신념	교사의 교수 형태	교실에 형성된 사회수학적 규범
개념 합의	수학 본질	· 수학은 문제해결 중요■	삼각형 방진 도입으로 마방진을 관계적으로 이해하도록 함	개념을 수학적으로 정확히 설명할 수 있으면 교사와 학생이 서로 합의
	수학 교수	· 지식이 공유되고 촉진되도록 안내하는 것이 중요■		
	영재 아동에 대한 인식	· 영재학급 학생들의 능력이 뛰어나지 않음		
	교사의 역할	· 교사의 역할은 안내자		
문제 해결 전략에 대한 비교	수학 학습	· 학습 형태 그룹학습 강조■ · 학생들은 스스로 수학을 발견할 수 있음■	그룹학습에서 모둠 토의를 통해 자신의 수학적 정당화 강조	문제 해결의 기준은 수학적 정당화가 명확하고 설명할 수 있는 것
	수학 본질	· 수학은 상대적임■	해결 전략 간의 유사점과 차이점 비교	
	수학 학습	· 왜 그런지를 생각하는 것이 정답을 찾는 것보다 더 중요■		
오류에 대한 반응	영재 교육관	· 수학문제를 바라보는 관점 변화	오류 수정은 교사의 발문으로 수학적 논의로 확대	수학적 근거를 갖고 설명하지 못할 때는 수정하지 않은 것으로 간주
	수학 학습	· 훌륭한 교사는 같은 질문을 다양한 방법으로 제시■		

Ⅴ. 결론 및 시사점

본 연구를 통해 얻은 결론은 다음과 같다.

첫째, 경력이 오래된 영재 교사라도 그들의 수학, 수학교수-학습, 영재교육에 대한 신념 범주는 서로 다를 수 있다.

A교사는 수학본질에 대한 신념이 '전통', 수학교수에 대한 신념이 '혼합', 수학학습에 대한 신념이 '전통'적이었다. 영재교육에 대한 A교사의 신념도 영재교육은 현재 영재 수업에서 수학에 대한 흥미를 얻는 현재적 가치에 무게를 두었고, 영재아동에 대해서도 현재 성취 수준이 높다고 생각하고 있었다. 그러나 B교사는 수학 본질에 대한 신념이 '비전통', 수학교수에 대한 신념이 '비전통', 수학학습에 대한 신념이 '비전통'적이었다. 영재교육에 대한 B교사의 신념도 영재교육은 현재 수업을 통해 미래에 수학에 대한 관점변화를 얻는 미래적 가치에 무게를 두었고, 영재아동에 대해서도 현재 성취 수준이 높은 편이 아니라고 생각하고 있었다. 두 교사의 전체적인 신념 범주가 다르더라도, 세부적인 신념에서 같은 신념도 있다. 그러나 여러 차례 이루어진 심층 면담을 통해 같은 신념에 대해서도 교사의 생각이 서로 다를 수 있다는 것을 확인하였다.

둘째, 교사의 신념은 교사의 행동 방식과 역할을 통해 교실 내 사회수학적 규범 형성에 영향을 미친다.

A교사는 영재 아동의 자율적인 학습 능력을 높게 평가하고 있어 개념 도입, 전략 비교, 오류 수정의 수업 장면에서 교사의 별 다른 안내나 개입은 없었고, 수업은 계획된 시간 내에 끝내야 하기에 별도의 추가적인 조치를 하지는 않았다. 이는 A교사의 사회수학적 규범이 특이한 교실문화로까지 정착하지 못하게 하는 요인 중 하나가 되었다.

B교사는 영재아동의 능력을 높게 생각하지 않았기에 개념 도입, 전략 비교, 오류 수정의 수업 장면에서 교사의 안내와 끊임없는 질문이 이루어졌다. 심지어 당초에 계획한 수업 내용을 중간에 포기하기도 하였고, 계획에도 없던 시간을 추가하기도 하였다. 이를 통해 학생들은 수학적 설명과 정당화를 중요하게 생각하는 것이 그들의 교실 문화라고 인식하게 되었다.

이처럼 두 교사의 영재교육에 대한 신념의 차

이는 교사의 행동 방식과 역할을 다르게 표출하였으며, 그것은 학생들에게도 사고와 행동에 영향을 미쳐 교실의 사회수학적 규범에 큰 차이를 가져왔다.

이를 바탕으로 교사의 신념이 수학영재교육에 미치는 시사점은 다음과 같다.

교실에서 교사의 행동 방식과 역할을 좌우하는 것은 교사의 신념이다. 두 교사의 신념 중에 좋고 나쁨의 신념은 없으나, 우리가 앞으로 추구해야할 초등영재 수학교실의 모습은 분명 존재한다. 방정숙(2002)에서 학생중심 교실 문화에서도 수학적 성향의 발굴이나 개념적 이해를 자동으로 촉진하는 것은 아니라는 점에 주의를 기울어야 한다. 다양하고 재미있는 활동에 참여하면서, 학생들은 긍정적인 수학 학습 경험을 가지면서도 개념적으로 수학을 배울 수 있는 기회를 가지지 못할 수도 있으며 특별히 수학적인 방법으로 사고하고 의사소통하며 가치를 부여하는 방법을 배우지 못할 수도 있다고 하였다. 영재교실에서 일반적으로 흔히 생각하는 '창의성 계발'이라는 목표도 중요하지만, 수학영재교실에서는 교사는 물론 학생들이 스스로 수학적 아이디어를 의미 있게 정당화하거나 수학에 대한 가치를 바탕으로 한 수학적 태도의 형성을 강조하는 것과 같은 독특한 사회수학적 규범의 형성도 매우 중요하다. 교사들은 자신의 신념을 되돌아보고 재정립하거나, 자신의 수업에 대해 메타 인지적 관점으로 반성해 볼 수 있는 기회를 자주 가질 필요가 있다.

참고문헌

권미연 (1999). **초·중학생들의 수학적 신념 형성의 요인 분석**. 석사학위논문. 한국교원대학교.

김경진 (2005). **과학영재학교 과학교사들의 영재교육에 대한 신념과 교수활동 유형**. 박사학위논문. 서울대학교.

김양권, 송상헌 (2010). 초등 수학 영재를 위한 도형수 과제의 수준별 교수.학습 자료 개발 절차와 방법에 관한 연구. **한국초등수학교육학회지, 14**(3) 745-768.

김진성 (2004). **초등교사의 수학적 신념이 학생의 아이디어를 다루는 방식에 미치는 영향에 관한 연구**. 석사학위논문. 전주교육대학교

방정숙 (2001). 사회수학적 규범과 수학교실문화. 대한수학교육학회지 **<수학교육학연구>, 11** (2), 273-289.

방정숙 (2002). 미국 초등학교 교사의 학생중심 수학교실문화 형성사례 및 교수법 개발에 관한 소고. 대한수학교육학회지 **<학교수학>, 4**(3), 415-433.

송경화, 임재훈 (2007). 수학적 언어 사용 규범 형성을 통한 초등수학교실문화의 개선. 대한수학교육학회지 **<학교수학>, 9**(2), 181-196.

송상헌 (2006). **수학영재의 판별과 선발**. 한국학술정보(주).

안금조, 이경화 (2001). 초등 교사의 수학에 대한 신념과 수학수업의 관계. **한국초등수학교육학회지, 5**(1), 121-142.

이지훈 (2000). **사례 연구방법**. 도서출판 대경.

이진경 (2004). **마방진에 대한 연구**. 석사학위논문. 충남대학교

정동권 (2004). 마방진을 활용한 교재개발과 그 지도사례. 경인교육대학교 **과학교육논총. 16**. 1-21.

조유미 (2013). **교사의 신념이 초등 영재 수학교실의 사회수학적 규범에 미치는 영향 사례 분석**. 석사학위논문. 경인교육대학교.

조정수 (2001). 수학교사의 신념과 교실 규범 연구를 위한 Ethnography. **한국수학교육학회지 시리즈 E, <수학교육논문집>, 12**, 349-361.

국가법령정보센터 영재교육진흥법 시행령 http://www.law.go.kr/lsInfoP.do?lsiSeq=135684&efYd=20130323#000

05 『초등학교 1 · 2학년 스토리텔링 기반 수학교과서 적용을 통한 교사의 인식 변화』에 관한 해설

이 봉 주(경북대학교)*

이 논문은 2013년 3월에 이루어진 '스토리텔링 수학 교수·학습에 대한 초등 현직교사와 예비교사의 인식 분석(권종겸·이봉주, 2013)'의 후속 연구이다. 선행된 연구는 초등 수학교실에 스토리텔링 교수학습 방법을 도입하고 활용하기 위해서는 스토리텔링 교수학습 방법과 스토리텔링 수학교과서에 대한 초등 현직교사와 예비교사의 긍정적 인식이 우선되어야 한다는 취지에서 이루어졌다. 이 연구 결과, 스토리텔링 수학 교수학습 방법에 대한 초등 현직교사의 인식은 스토리텔링 교수·학습 방법이 효과적이라는 기존의 연구 결과와 대조적으로, 수학을 가르치는 데 스토리텔링 기법이 적절하지 않다고 우려하는 수학교육 관련자들의 다소 부정적인 의견과 유사한 방향으로 나타났다. 즉, 초등 현직교사의 경우 스토리텔링 수학 교수·학습의 효율성에 대해서는 다소 긍정적으로 생각하는 반면에 수학 교수·학습 수단으로서의 스토리텔링에 대해서는 부정적으로 인식하는 것으로 조사되었다.

선행 연구가 이루어진 시점은 현직교사가 자신의 수학교실에 스토리텔링 수학 교수·학습 방법을 직접 도입하고 적용한 경험 없이 스토리텔링 수학 교수·학습에 대한 설문 문항에 어느 정도 인식하는지를 다소 막연하게 나타낼 수밖에 없는 상황이었다. 이에 저자들은 선행 연구 결과를 분석하는 동안 스토리텔링 기반 수학교과서를 직접 활용하여 스토리텔링 수학 교수·학습 방법을 도입한 후에도 스토리텔링 수학 교수·학습의 효율성이나 적절성에 대한 인식에 변화가 없는지에 관심을 가지게 되어 이 연구를 계획하였다. 마침 연구 계획 시점에 초등학교 1학년과 2학년의 교육 현장에서는 2009 개정 교육과정에 따른 수학과 교육과정이 도입되어 처음으로 스토리텔링 기반 수학교과서를 적용하고 있었기 때문에, 이 연구를 수행할 수 있는 가장 적절한 시기라고 볼 수 있었다. 다행히도 선행 연구에 참여한 초등학교 현직교사 중에 1학년과 2학년을 담당하는 교사가 30명이 되어 이 연구를 본격적으로 추진하였다. 표본의 크기가 크지는 않지만 통계분석에서 대수의 법칙을 적용할 수 있는 30이라는 최소 표본의 크기 조건을 충족시킨다는 데 의의가 있을 것으로 보았기 때문이다.

물론 초등학교 저학년의 수학교육 현장에서는 고등 수학적 개념에 대한 정의와 수학적 성질에 관련된 예시문제 풀이와 연습문제 풀이 등 문제풀이 위주의 교수·학습이 이루

* leebj@knu.ac.kr

어지는 것이 아니기 때문에, 저자들은 기존의 수학교과서와 크게 달라지는 데에 한계가 있다는 점을 간과할 수 없을 것으로 미루어 짐작하였다. 또한 기존의 수학교과서도 실생활 관련 상황을 도입하여 이러한 상황을 토대로 수학적 개념 및 성질을 다루는 교수·학습을 구현하고 있었기 때문에, 초등학교 1학년과 2학년의 스토리텔링 기반 수학교과서를 적용하는 교사들이 인식하는 스토리텔링 수학 교수·학습의 효율성과 적절성의 정도에 대해서도 큰 변화가 나타나지 않을 수도 있을 것으로 예측하였다. 그러나 저자들은 2012년 이후 우리나라 수학교육에서 새로운 관심의 중심에 놓이게 된 스토리텔링 수학교과서를 처음으로 직접 적용하고 활용하여 학생을 가르치면서 스토리텔링 수학 교수·학습에 대한 교사의 인식에 변화가 있는지를 조사하는 것은 이후 학년을 위한 스토리텔링 수학교과서 개발과 수학교육에서의 스토리텔링 수학 교수·학습 정책 추진의 어떤 측면에 시사점을 제공할 수 있을 것으로 기대하였고, 이러한 점에 의의를 두고 이 연구를 수행하였다.

이 연구에서 사용한 연구 방법은 설문조사에 대한 통계적 분석을 통한 양적 연구 방법과 일부 교사와의 구조화된 면담을 통해 교사들의 의견을 심층적으로 분석한 질적 연구 방법을 모두 활용한 혼합연구이다. 먼저, 스토리텔링 수학 교수·학습의 효율성과 적절성에 대한 인식의 변화는 사전 설문조사와 사후 설문조사를 이용하여 대응표본 t-검정으로 그 차이를 통계적으로 분석하였다. 다음으로, 설문조사에 참여한 교사 중 1학년 담당 교사 2명과 2학년 담당 교사 2명을 대상으로 면담을 통해 새롭게 도입된 스토리텔링 기반 수학교과서에 대한 교사들의 의견을 집중적으로 도출하고자 하였다. 연구 설계 과정에서 저자들이 교사와의 면담 내용을 통하여 이후 스토리텔링 기반 수학교과서 개발에 대한 시사점을 도출하는 데에 관심을 집중하였다. 이러한 부분에 관심을 집중함에 따라 면담 내용에서 스토리텔링 수학 교수·학습에 대한 인식이 변하거나 변하지 않은 이유에 대한 내용을 고려하지 못함으로써 두 연구 방법을 모두 활용하여 하나의 문제를 해결하는 연결고리가 다소 부족하다는 아쉬움이 남기도 한다. 이러한 측면에서 연구를 설계하거나 진행하는 과정에서 연구 문제의 선정, 연구 문제의 연결성, 연구 방법 선정 등의 중요성을 한 번 더 반성하는 계기가 되었다.

그럼에도 불구하고 저자들은 이 연구가 새롭게 도입된 스토리텔링 기반 수학교과서를 직접 적용하고 있는 교사를 대상으로 스토리텔링 수학 교수·학습 실시 전후에 나타나는 인식의 변화와 스토리텔링 기반 수학교과서의 장·단점에 대한 교사의 의견을 분석하였다는 그 자체로 의의가 있다고 본다. 왜냐하면 어떤 교육 정책을 수립하고 추진해 나가기 위해서는 무엇보다 교육 현장의 중심에 있는 교사의 인식과 그에 따른 역할이 핵심적인 요소 중의 하나일 수밖에 없기 때문이다. 더불어 스토리텔링 기법으로 수학을 가르치는 것에 대해 우려하는 관점도 고려한다는 측면에서, 이 연구가 수립된 교육 정책을 실천하는 초기 단계에서 나타나는 교육 정책의 장·단점에 대한 실질적인 정보를 수집하는 하나의 역할을 할 수 있으리라 기대하기 때문이다. 이러한 측면에서 이 연구는 새로운 스토리텔링 기반 수학교과서 정책을 좀 더 나은 방향으로 실현하는 데 있어서 교사에게 필요한 사항을 점검하고 이후 더 발전된 스토리텔링 기반 수학교과서를 개발하는 데 도움을 제공할 수 있는 시사점을 도출하는 작은 역할을 하는 데 초점을 두었다.

이제, 스토리텔링 수학 교수·학습 방법이나 스토리텔링 수학교과서의 효율성과 적절성에 대한 좀 더 다각적인 의견 수렴을 위해 추가적으로 진행되어야 할 후속 연구에 대한 제언으로 이 글을 마무리하고자 한다. 이 연구는 모든 학년을 위한 스토리텔링 기반 수학교과서를 개발하는 데 필요한 모든 정보를 제공하는 데에는 한계가 있을 수밖에 없다. 따라서 학생 수준이나 수학 학습 내용을 고려한 효율적이고 적절한 스토리텔링 수학교과서를 구현하는 데 필요한 정보를 교육 현장의 중심에 있는 교사에게 초점을 맞추어 다각적으로 수집하는 연구가 이루어져야 할 것이다. 이러한 연구 결과들이 스토리텔링 수학교과서 정책을 수정·보완할 기반이 될 것이다. 더불어 교육 현장에서 스토리텔링을 하나의 수학 교수·학습 방법으로 효율적으로 활용할 수 있도록 도와줄 수 있는 교사 교육 프로그램을 개발하고 그 효과를 검증하는 연구도 수반되어야 할 것이다.

참고문헌

권종겸, 이영혜, 이봉주(2013). 초등학교 1·2학년 스토리텔링 기반 수학교과서 적용을 통한 교사의 인식 변화. **학교수학, 15**(4), 683-699.

권종겸, 이봉주(2013). 스토리텔링 수학 교수·학습에 대한 초등 현직교사와 예비교사의 인식 분석. **수학교육논문집, 27**(3), 283-299.

대한수학교육학회지 <학교수학> 제 15 권 제 4 호
Journal of Korea Society Educational Studies in Mathematics
School Mathematics Vol. 15, No. 4, 683 ~ 699. Dec 2013

초등학교 1·2학년 스토리텔링 기반 수학교과서 적용을 통한 교사의 인식 변화[1)]

권 종 겸* · 이 영 혜** · 이 봉 주***

이 연구의 목적은 초등학교 1학년과 2학년 수학교육에 스토리텔링을 기반으로 한 수학교과서가 적용된 지 한 학기가 지난 시점에서 스토리텔링 수학 교수·학습에 대한 초등학교 1·2학년 교사의 인식 변화를 조사함으로써 향후 스토리텔링 수학 교수·학습을 지원하기 위한 시사점을 도출하는 것이다. 이를 위하여 2013년 3월에 스토리텔링 수학 교수·학습에 대한 인식 조사에 참여한 초등학교 1·2학년 담당 교사 30명을 대상으로 같은 해 7월에 설문조사를 실시하고, 이들 중 4명의 교사를 대상으로 면담을 진행하였다. 분석 결과, 초등학교 1·2학년 스토리텔링 수학 교수·학습의 적절성과 효율성에 대한 인식 변화에 유의미한 차이가 없는 것으로 나타났다. 스토리텔링 수학 교수·학습이 가장 적합한 영역을 측정 영역으로, 가장 부적합한 영역을 도형 영역으로 인식하였고, 실생활 연계형을 효과적인 스토리텔링 유형으로 인식하는 것으로 나타났다.

Ⅰ. 서 론

교육과학기술부는 2012년을 '수학교육의 해'로 선언하고 세 가지 실천 사항을 제안하였다. 첫째, 수학교육 본연의 목적과 기능에 충실하도록 한다. 둘째, 수학의 참의미와 유용함을 느낄 수 있는 교육이 되도록 한다. 셋째, 바른 수학교육을 통하여 21세기 현대인의 기본소양으로 수학이 자리매김하도록 한다. 더불어 지식의 암기와 문제 풀이 위주의 수업과 평가로 인한 창의적 인재 육성의 한계, 다양하고 실질적인 수학교육에 대한 관심과 투자의 부족, 높은 학업성취도에 비해 낮은 학습동기 등과 같은 우리나라 수학교육의 문제점을 해결하기 위한 하나의 방안으로 스토리텔링 교수·학습 방법을 강조하고 학교교육에 스토리텔링 수학교과서 도입을 추진하고 있다. 스토리텔링 수학교과서로 '수학 교육 선진화 방안'에서 추구하는 '쉽게 이해하고 재미있게 배우는 수학'을 추구하고자 한 것이다(교육과학기술부, 2012).

스토리텔링 수학 교수·학습 방법은 수학 개념이 탄생하게 된 역사적 배경과 실생활에서 어떻게 활용되고 있는지에 대하여 학생에게 이야기로 들려줌으로써 수학에 대한 흥미와 이해를 높여주는 하나의 방안이다(교육과학기술부, 2012). 이러한 경향은 최근 수학교육의 세계적 동향에

* 경북대학교 대학원, mathkjk26@hanmail.net
** 경북대학교 대학원, choia1004@nate.com
*** 경북대학교, leebj@knu.ac.kr (교신저자)
1) 이 논문은 2013학년도 경북대학교 학술연구비에 의하여 연구되었음.

서도 찾아볼 수 있다. 요즘은 교육 정책을 입안하는 사람들의 국제화로 인하여 수학교육에서도 대부분의 나라들이 유사한 방향으로 나아가고 있기 때문이다. 최근 세계 수학교육의 동향은 수학이 더 이상 수학 고유의 과목이 아니라 수학교육을 통하여 자연을 들여다보고 인간과 사회를 경험하게 함으로써 수학이 생활 속으로 들어가게 하는 것이다.

수학교육 정책의 변화로 2013학년도 초등학교 1학년과 2학년에 스토리텔링 기법을 활용한 수학교과서가 도입되었고, 초등학교 1학년과 2학년을 대상으로 스토리텔링 수학 교수·학습이 시작되었다. 이후의 학년을 위한 스토리텔링 수학교과서도 점차적으로 개발되어 도입될 것이다. 사실 중등수학 교육과는 달리 초등학교 저학년에서는 개념 정의, 예시 문제, 연습 문제 등 문제풀이 위주의 교수·학습이 이루어지는 것이 아니므로, 기존의 수학교과서와 크게 달라졌다고 보기는 어려울 것이다. 그럼에도 불구하고 교과서(교육과학기술부, 2013)에서는 스토리텔링 기법을 활용하여 학생이 재미있게 수학을 배우고 동시에 다른 학문 분야나 생활 속에서 융합적인 사고와 창의적인 사고를 하도록 한다고 밝히고 있다.

올해를 시점으로 초등학교 1학년과 2학년 교사는 새로운 수학교과서로 스토리텔링 기법을 활용한 수학 수업을 진행할 수밖에 없다. 스토리텔링 수학교과서를 활용하여 수업을 어떻게 진행하는가는 교사의 몫이다(권오남 외, 2012). 그러나 권종겸, 이봉주(2013)에 따르면 스토리텔링 수학 교수·학습을 도입하기 전의 교사는 스토리텔링 수학 교수·학습의 효율성에 대해 다소 긍정적으로 인식하는 반면에 수학 교수·학습 수단으로서 스토리텔링의 적절성에 대하여 다소 부정적으로 인식하는 것으로 나타났다. 따라서 이후의 스토리텔링 기반 수학교과서의 효과적인 현장 적용 방안을 모색하기 위해서는 스토리텔링 기반 수학교과서를 현재 직접 적용하고 있는 초등학교 1학년과 2학년 교사의 스토리텔링 수학 교수·학습에 대한 이해를 분석하는 일이 반드시 필요하다.

이에 이 연구에서는 초등학교 1학년과 2학년 수학교육에 스토리텔링을 기반으로 한 수학교과서가 적용된 지 한 학기가 지난 시점에서 스토리텔링 수학 교수·학습에 대한 초등학교 1·2학년 교사의 인식 변화를 조사함으로써 향후 스토리텔링 기반 수학교과서 개발과 스토리텔링 교수·학습 활성화 등을 위한 시사점을 도출하고자 한다. 이를 위하여 2013년 3월에 스토리텔링 수학 교수·학습에 대한 인식 조사에 참여한 초등학교 1·2학년 담당 교사를 대상으로 같은 해 7월에, 스토리텔링 수학 교수·학습에 대한 인식, 스토리텔링 수학 교수·학습에 적합한 영역과 부적합한 영역, 스토리텔링 수학 교수·학습의 문제점과 개선 방향, 효과적인 스토리텔링 수학 교수·학습의 유형, 스토리텔링 수학 교수·학습 정착을 위한 요구 사항 등을 조사한다.

Ⅱ. 문헌고찰

1. 스토리텔링 교수·학습의 효과

Schiro(2004)는 이야기와 스토리텔링은 단순히 학습자가 수학 학습을 촉진시키는 발판역할, 이론적 수학의 맥락을 잡아주는 삽화적 역할, 혹은 단순한 즐거움을 주는 것 말고도 더 많은 중요한 기능들을 가지고 있다고 주장한다. '문화의 필수적 전달자'로서의 외적 스토리텔링은 하나의 문화가 자신들이 세상을 보는 방법과 그 세상 안에서의 문화적, 자연적 사건들로부터 의미를 만들어 내는 방법들을 다음 세대로 전달하는 주된 방법의 하나이다. 또한 '마음의 원시적 행동'으로서의 내적 스토리텔링의 역할은 학습자 개개인이 세상과 마주치는 사람들로부터 의미를 만들어 내고 그들의 삶에 의미를 주는 주된 방법이다. 이야기를 들려줄 때 중요한 것은 학습자가 배우고, 사고하고, 문제를 해결하거나, 세계를 이해하는 데에 있어서 자신의 환경을 인지하고 소통하는 데에 있어 각자 다른 방법을 선호하는 학습자를 이야기에 몰입하도록 하는 것이다.

Ellis & Brewster(1991)는 스토리텔링을 교수 · 학습에 활용하게 되면 다음과 같은 교육적 효과를 기대할 수 있다고 하였다. 첫째, 스토리텔링의 소재인 이야기는 동기를 부여하고 학습에 대한 긍정적인 자세를 갖게 하며 학습자의 계속적인 학습 욕구 유발을 도와준다. 둘째, 학습자가 이야기에 몰입하고 등장인물과 동일시하면서 이야기의 다음 내용이 어떻게 전개되는지를 예상하는 활동이 자연스럽게 연결됨으로써 학습자의 상상력을 풍부하게 한다. 셋째, 이야기는 판타지와 학습자의 현실세계의 상상을 연계시키는 유용한 도구가 될 수 있다. 이러한 상상력을 훈련시키며 창의성을 계발할 수 있고 학습, 드라마, 광고나 매체를 통해 분석하고 노력하면서 스스로 이야기에 몰입하게 된다. 넷째, 스토리텔링이 학습자가 이야기에 대한 질문을 하고 자신의 생각을 말할 수 있는 계기가 되어 학습자의 의사소통 능력을 향상시킨다. 더불어 학습자가 자신감을 쌓는 데 도움이 되고 사회 · 감성적 발달에도 도움을 준다.

서보억(2013)은 이야기가 수학교육에서 가지는 이점을 제시하였다. 그에 따르면 스토리텔링은 학생의 수학에 대한 흥미와 관심을 불러 일으켜 능동적으로 수업에 참여하게 하고, 수학의 개념·원리·법칙에 쉽게 접근하도록 안내하고, 수학 내용을 효과적으로 전달·기억하게 하고, 문제해결에 도움을 제공한다. 또한 스토리텔링은 학생의 수학에 대한 두려움 및 불안감을 해소시키고, 수학적 창의력을 기르는 데 도움을 제공한다고 하였다.

백영미(2007)는 스토리텔링을 적용한 실험집단에서 스토리텔링을 실시하기 전과 실시하고 난 후의 수학적 태도를 비교함으로써, 수학적 태도의 전 영역에서 효과가 나타났다고 주장하였다. 이에 대한 요인으로 학생은 스토리텔링 수학 수업이 이루어지는 동안 학생 스스로 수학 수업에 적극적으로 참여할 수 있었고, 자신이 힘들고 어렵다고 생각했던 수학이 쉬운 과목이라는 생각을 하게 됨으로써 수학에 대한 열등감에서 벗어나 수학에 대한 자신감이 자연스럽게 형성되었기 때문이라고 보고하였다. 또한 학업성취도 평가 측면에서 살펴보면 상위집단에서는 효과가 없는 것으로 나타난 반면에, 하위집단에서는 기존의 수학에 대한 좋지 않은 이미지에서 벗어나 스토리텔링을 활용한 수업이 학생에게 수학에 대한 동기 부여와 흥미와 자신감을 갖게 함으로써 학업성취도의 향상에 기여하는 것을 입증하였다.

이러한 문헌 고찰로부터 스토리텔링을 이용한 수학 교수 · 학습은 구체적인 이야기를 통해서 학생의 관심을 유발할 뿐만 아니라 그 속에 있는 수학적 개념을 학생 수준에 적절하게 제시함으로써 학습 동기를 유발하여 학습의 이해를 돕고, 수학에 대한 긍정적인 태도를 함양하여 수학 학업성취도를 높이는 데 좋은 요소를 가지고 있음을 알 수 있다. 이에 이 연구에서는 처음으로 도입된 스토리텔링 기반 수학교과서를 활용하여 초등학교 1학년과 2학년 과정에서 한 학기 동안 수학을 지도한 후에 현직교사가 인식하는 스토리텔링 수학 교수 · 학습에 대한 의견을 조사함으로써 스토리텔링 교수 · 학습의 여러 가지 장점이 실제 학교 현장에서 어떻게 인식되고 있는지를 알아보고자 하였다.

2. 수학 스토리텔링의 유형

여러 가지 장점을 가진 스토리텔링 수학 교수·학습을 학교 현장에 잘 적용시키기 위해서는 무엇보다 잘 만든 교과서와 보조 교수·학습 자료가 필수적이다. 이를 위해서는 각 학교급에 적절한 수학 스토리텔링 유형을 탐색하는 작업도 선행되어져야 할 것이다. 교육과학기술부(2012)에서는 수학 스토리텔링의 유형을 '수학사 탐구형', '실생활 연계형', '혼합형' 등의 3가지로 제안하였고, 권오남 외(2012)는 '혼합형'을 '학문 융합형'으로 발전시키고, 그 외에 '의사결정형', '도구 활용형'을 추가하여 제시하였다. 권오남 외(2012)가 스토리텔링 수학교과서에 활용 가능하도록 도출한 수학 스토리텔링의 5가지 유형을 살펴보면 다음과 같이 정리된다.

'수학사 탐구형'은 수학사에 등장하는 수학자, 수학적 상황, 수학 문제 등을 활용하여 이야기를 제공하는 방식이고, '실생활 연계형'은 수학적 개념과 원리를 포함한 실생활 상황을 이야기 제제로 활용하여 관련 수학적 개념과 원리를 탐구하고 수학적 지식을 구성하도록 맥락을 제공하는 방식이다. '학문 융합형'은 타 학문과 수학을 통합하는 이야기 소재를 활용함으로써, 학생이 수학과 타 학문의 연계성을 인식하고 더 나아가 다양한 학문의 지식을 통합할 수 있는 새로운 수학 지식을 구성할 수 있도록 맥락을 제공하는 방식이다. '의사 결정형'은 개인적·사회적 맥락에서 의사결정이 필요한 상황을 이야기 제재로 활용함으로써, 이러한 상황에서 학생이 수학적 지식을 적용하여 합리적인 결정을 내리고 그 근거에 대하여 소통할 수 있는 경험을 제공하는 방식이다. 마지막으로 '도구 활용형'은 공학적 도구뿐만 아니라 수학적 개념을 포함하고 있는 게임 등을 과제의 소재로 도입하여 수학적 원리와 개념을 탐구할 수 있는 맥락을 제공하는 방식이다.

이러한 정의를 토대로 하여 고등학교 수학교사를 대상으로 고등학교 수학교과서에 필요한 스토리텔링 유형을 조사한 결과, '수학사 탐구형'은 원리 탐구에 적합하고, '실생활 연계형'은 동기 및 흥미유발과 수학에 대한 태도 향상에 적합하며, '학문 융합형'은 창의성 계발과 다른 학문 이해에 적합하며, '의사 결정형'은 인성 계발에 적합하다고 인식하는 것으로 나타났다(권오남 외,2012). 한편, 서자덕(2013)은 중등학교 수학교사에게 수학 스토리텔링 유형 중에서 수학 교수·학습에 가장 적합하다고 생각하는 유형을 조사하였다. 이에 설문에 참여한 중학교 수학교사의 51.32%가 '실생활 연계형'이라 응답하였고, 19.74%는 '수학사 탐구형'으로 응답한 것으로 나타났다. 이러한 결과와 비교하여 응답 비율이 상대적으로 더 낮게 나타난 '의사 결정형'과 '도구 활용형'에 대하여, 서자덕(2013)은 이러한 유형이 중학교 수학 단원에 적합하지 않을 수도 있으나, 이러한 유형에 대한 중등학교 수학교사의 이해 부족을 그 원인으로 제시하였다.

이러한 문헌 검토로부터 한 단원에 대해서 여러 가지 유형을 적용한 다양한 스토리텔링 수학 교수·학습 예시 자료를 제공함으로써, 학생을 직접 지도하는 교사를 대상으로 스토리텔링 수학 교수·학습의 적용가능성에 대한 이해도를 높일 필요가 있음을 알 수 있다. 더불어 각 내용 영역에 적합한 스토리텔링 유형에 대한 실험 연구와 이론 연구가 선행되어져야 할 것이다. 이러한 노력의 일환으로 이 연구에서는 초등학교에서 1학년과 2학년 학생을 대상으로 한 학기 동안 스토리텔링 기반 수학교과서를 활용한 교사로부터 각 단원에 적합한 스토리텔링 유형에 대한 의견을 수렴함으로써, 이후 다른 학년의 스토리텔링 기반 수학교과서 개발과 스토리텔링 기반 수학교과서를 이용한 수학 교수·학습에 유용한 정보를 제공하고자 하였다.

Ⅲ. 연구 방법

1. 연구 대상

이 연구의 목적은 한 학기 동안 초등학교 1·2학년 스토리텔링 기반 수학교과서를 활용하여 스토리텔링 수학 교수·학습을 경험한 현직교사를 대상으로 스토리텔링 수학 교수·학습에 대한 인식의 변화를 조사하는 것이다. 이를 위하여 2013년 3월에 스토리텔링 수학 교수·학습에 대한 인식 조사 연구의 설문조사(권종겸, 이봉주, 2013)에 참여한 초등학교 1·2학년 담당 교사 30명을 대상으로 같은 해 7월에 설문조사를 실시하고, 이들 중 4명의 교사를 편의 표집하여 면담을 실시하였다.

<표 Ⅲ-1>은 설문조사에 참여한 교사 30명의 성별, 담당학년, 초등학교 교육경력 등을 정리한 것이다. 설문조사는 A광역시에 소재한 4개 초등학교에 재직하는 1·2학년 현직교사 23명과 B도의 중·소도시에 소재한 1개 초등학교 1·2학년 현직교사 7명을 대상으로 이루어졌다.

<표 Ⅲ-1> 설문조사 대상의 배경 변인

배경 변인		인원 수(%)	합계
성별	남	2 (6.7)	30
	여	28 (93.3)	
담당 학년	1	15 (50.0)	30
	2	15 (50.0)	
교육 경력	5년 이하	7 (23.3)	30
	5년 ~ 10년	6 (20.0)	
	10년 ~ 15년	5 (16.7)	
	15년 초과	12 (40.0)	

<표 Ⅲ-2>는 면담에 참여한 교사 4명의 담당학년, 교육경력 등을 정리한 것이다. 면담은 A광역시에 소재하는 2개 학교에서 각각 1학년과 2학년을 담당하는 교사를 대상으로 이루어졌다.

<표 Ⅲ-2> 면담 대상의 배경 변인

교사	성별	담당학년	교육경력
A	여	1	5년 6개월
B	여	2	3년 6개월
C	여	1	24년 6개월
D	여	2	24년 6개월

2. 설문조사 도구

초등학교 1·2학년 과정에서 한 학기 동안 스토리텔링 기반 수학교과서로 수업을 진행한 후에 스토리텔링 수학 교수·학습에 대한 초등학교 교사의 인식이 변화되었는지를 조사하기 위하여 설문조사를 하였다. 설문지는 크게 스토리텔링 수학 교수·학습에 대한 인식, 스토리텔링 기반 수학교과서로 한 학기 수업을 하고 난 후 변화된 인식, 스토리텔링으로 수학 수업을 하기에 적합한 내용 영역과 부적합한 내용 영역, 교수·학습 상황에서 학생에게 효과적인 수학 스토리텔링 유형 등에 대한 질문으로 구성되었다. <표 Ⅲ-3>은 30명의 초등학교 1·2학년 교사를 대상으로 실시한 설문 내용이다.

스토리텔링 수학 교수·학습에 대한 인식 영역은 스토리텔링 기반 수학교과서로 한 학기 동안 수학 수업을 한 현직초등교사의 스토리텔링 수학 교수·학습에 대한 인식의 변화를 통계적으로 검증하기 위한 문항으로 이루어졌다. 스토리텔링 수학 교수·학습에 대한 인식의 변화는 크게 2개 하위영역, 즉 스토리텔링 수학 교수·학습의 효율성과 수학 교수·학습 수단으로서 스토리텔링의 적절성으로 구분하여 조사하고자 하였다. 이는 권오남 외(2012)의 연구에서 설계된 설문 문항을 토대로 권종겸과 이봉주(2013)가

요인분석을 통해 분류한 것이다. 그러나 2013년 3월에 이러한 두 하위영역 외에도 6개의 문항을 포함시켜 설문조사를 실시하였기 때문에 7월에도 동일한 환경을 제공하기 위해 18문항을 모두 설문지에 포함시켰다. 18문항 중에서 스토리텔링 수학 교수·학습의 효율성에 대한 인식을 측정하는 문항은 7개, 수학 교수·학습 수단으로서 스토리텔링의 적절성에 대한 인식을 측정하는 문항은 5개이다. 각 문항에는 리커트 4점 평정척도('매우 그렇지 않다.'=1점, '그렇지 않다.'=2점, '그렇다.'=3점, '매우 그렇다.'=4점)를 적용하였고, 이 중에서 부정형으로 점수가 역으로 부여된 문항은 5문항으로 모두 수학 교수·학습 수단으로서 스토리텔링의 적절성 영역에 해당된다.

그 외의 다른 질문(Ⅱ~Ⅴ)은 모두 개방형 또는 선다형으로 이후 다른 학년 스토리텔링 기반 수학교과서 개발의 방향과 내용에 대한 정보를 좀 더 직접적으로 수집하기 위한 것이다. 스토리텔링 기반 수학교과서를 이용한 한 학기 수업 후 변화된 인식을 조사하기 위한 문항은 개방형으로, 스토리텔링 기반 수학교과서에 대해서 바뀐 인식과 바뀌지 않은 인식이 무엇인가를 질문하였다. 스토리텔링 수학 교수·학습이 적합한 내용 영역은 5개의 내용 영역, 수와 연산, 도형, 측정, 확률과 통계, 규칙성 영역에 대하여 중복 응답을 허용하여 선택하도록 하였다. 교수·학습 상황에서 학생에게 효과적인 수학 스토리텔링 유형은 5개의 수학 스토리텔링 유형 중에서 초등학교 학생에게 효과적이라고 인식하는 유형을 선택하도록 하였다. 더불어 초등학교 1·2학년 스토리텔링 기반 수학교과서의 문제점과 개선 방향에 대한 질문을 개방형으로 추가하여 교사의 다양한 의견을 수렴하고자 하였다.

3. 면담 내용

한 학기 동안 초등학교 1·2학년 스토리텔링 기반 수학교과서를 직접 적용한 교사가 인식하는 스토리텔링 기반 수학교과서와 스토리텔링 수학 교수·학습에 대하여 좀 더 심층적으로 살펴보기 위

<표 Ⅲ-3> 설문조사 도구의 내용

문항 번호	설문 내용
Ⅰ	스토리텔링 수학 교수·학습에 대한 인식 - 스토리텔링 수학 교수·학습의 효율성(Ⅰ-1~5, Ⅰ-8~9) - 수학 교수·학습 수단으로서 스토리텔링의 적절성(Ⅰ-6, Ⅰ-11~13, Ⅰ-16) - 기타(Ⅰ-7, Ⅰ-10, Ⅰ-14~15, Ⅰ-17~18)
Ⅱ	스토리텔링 기반 수학교과서를 이용한 한 학기 수업 후 변화된 인식
Ⅲ	스토리텔링 수학 교수·학습이 적합한 내용 영역
Ⅳ	교수·학습 상황에서 학생에게 효과적인 수학 스토리텔링 유형
Ⅴ	초등학교 1·2학년 스토리텔링 기반 수학교과서의 문제점과 개선 방향

<표 Ⅲ-4> 면담 내용

면담 내용
스토리텔링 기반 수학교과서와 기존 수학교과서의 차이점
스토리텔링 기반 수학교과서에서 보완되어야 할 사항
스토리텔링 기반 수학교과서를 적용한 교수·학습의 효과
스토리텔링 기반 수학교과서를 적용한 교수·학습에서 가장 도움이 되거나 가장 힘든 내용 영역
스토리텔링 기반 수학교과서를 적용한 교수·학습에서의 의사소통 활성화 향상 여부

하여 4명의 교사를 대상으로 면담을 실시하였다. 면담 대상의 승인 하에 모든 면담 내용을 녹음하였고, 면담 내용을 정리하면 <표 Ⅲ-4>와 같다.

4. 자료 분석 및 처리

먼저, 스토리텔링 수학 교수 · 학습에 대한 초등 현직교사의 인식 변화를 조사한 설문 결과를 분석하기 위해서 SPSS 18 통계 프로그램을 이용하였다. 먼저, 설문조사 과정에서 점수를 역으로 부여한 5문항에 대한 척도를 다시 역으로 점수를 바꾸어 분석하였다. 스토리텔링 수학·교수 학습에 대한 교사의 인식 변화를 조사하는 사전·사후 검사에 대하여 문항내적 일관성 신뢰도를 살펴보기 위하여 Cronbach α 계수를 산출하였다. 스토리텔링 수학 교수 · 학습의 효율성과 수학 교수·학습 수단으로서 스토리텔링의 적절성에 대한 인식에 변화가 있는지를 통계적으로 검증하기 위하여 하위요인별로 대응표본 t-검정을 하였다. 스토리텔링 수학 교수 · 학습에 적합한 내용 영역과 부적합한 내용 영역, 교수 · 학습 상황에서 학생에게 효과적인 수학 스토리텔링 유형, 스토리텔링 기반 수학교과서의 문제점과 개선 방향 등에 대하여 응답 빈도를 산출하였다. 다음으로, 4명의 교사를 대상으로 녹음된 면담 내용은 모두 전사하여 분석하였다.

Ⅳ. 연구 결과

1. 스토리텔링 수학 교수 · 학습에 대한 인식 변화

스토리텔링에 기반한 초등학교 1 · 2학년 수학 교과서를 한 학기 동안 적용한 후에 나타난 스토리텔링 수학 교수 · 학습에 대한 초등학교 교사의 변화된 인식은 두 부분으로 분류하여 분석하였다. 먼저, 스토리텔링 수학 교수 · 학습의 효율성과 적절성에 대한 인식 조사를 목적으로 제시된 설문지 12문항의 응답을 통계적으로 검정하였다. 다음으로, 스토리텔링 기반 수학교과서로 수업을 한 후에 교사가 인식하는 변화를 직접 기술하도록 한 개방형 설문 문항에 대한 응답을 분석하고, 면담 중에 드러난 스토리텔링 수학 교수 · 학습에 대한 교사의 인식을 추가하여 살펴보았다.

가. 스토리텔링 수학 교수 · 학습의 효율성과 적절성에 대한 인식 변화

1) 검사 신뢰도

설문조사에 참여한 교사 30명의 스토리텔링 수학 교수 · 학습에 대한 인식에 대한 검사 신뢰도를 살펴보기 위하여 Cronbach α 계수를 산출하였다. 먼저, 전체 18문항에 대한 교사의 검사 신뢰도는 사전 0.835, 사후 0.835로 모두 0.8 이상의 신뢰도를 보인다. 다음으로, 스토리텔링 수학 교수 · 학습에 대한 인식의 하위요인별 사전과 사후 검사 신뢰도를 살펴보면, 스토리텔링 수학 교수 · 학습의 효율성은 사전 0.932, 사후 0.874이고, 수학 교수 · 학습 수단으로서 스토리텔링의 적절성은 사전 0.788, 사후 0.841이며, 두 하위영역에 해당되는 전체 12문항에 대한 검사 신뢰도는 사전 0.871, 사후 0.893이다.

2) 스토리텔링 수학 교수 · 학습의 효율성에 대한 인식 변화

스토리텔링 수학 교수 · 학습의 효율성에 대한 1·2학년 교사의 인식을 척도화하여 산출한 평균 및 표준편차, 한 학기 동안 인식 변화의 차이 검정 결과 등을 정리하면 <표 Ⅳ-1>과 같다.

스토리텔링 수학 교수 · 학습의 효율성에 대한

<표 Ⅳ-1> 스토리텔링 수학 교수·학습의 효율성에 대한 인식 변화 차이 검정

인식의 하위영역	집단	평균	표준편차	t 값	유의수준
스토리텔링 수학 교수·학습의 효율성	사전	22.03	3.970	.053	.958
	사후	22.00	3.311		

인식은 모두 7문항이고 4점 척도로 나타내었으므로 28점을 만점으로 간주하였을 때, 스토리텔링 기반 수학교과서를 적용하기 전은 22.03점, 한 학기 동안 적용한 후는 22.00점이다. 이러한 결과로부터 스토리텔링 기반 수학교과서를 적용하는 한 학기 동안 스토리텔링 수학 교수·학습의 효율성에 대한 인식에는 큰 변화가 없이 동일한 정도로 긍정적임을 알 수 있다.

한편, 교사와의 면담에서 나타난 스토리텔링 수학 교수·학습의 효과에 대한 좀 더 구체적인 의견을 살펴보면 다음과 같다. '스토리텔링 기반 수학교과서로 수학 수업을 하셨을 때 수학 수업에 효과가 있었습니까?'라는 질문에 대하여, 교사 B는 수학 수업에 있어서 수업 시간 초반에 흥미와 집중을 높이는 것에는 효과가 있지만 지속적인 효과는 크게 없다고 하였다. 교사 C는 학생이 일단 흥미를 가지기는 하지만 기대만큼의 학습 효과가 없으므로 재미있는 수학 수업을 한 후에 학생에 대한 교사의 적절한 대처가 필요하다는 의견을 제시하였다. 이러한 의견으로부터 스토리텔링 기반 수학교과서로 한 한기 동안 수학 수업을 한 후에도 스토리텔링 수학 교수·학습의 효율성에 대한 인식이 변하지 않은 이유를 추측할 수 있다. 즉, 스토리텔링 수학 교수·학습 방법은 학생의 흥미나 동기를 유발시키는 효과는 있으나 학습의 효과를 기대하기는 어렵다고 인식하기 때문인 것으로 해석된다. 스토리텔링 기반 수학교과서로 수학 수업을 하였을 때 어떤 효과가 있었는지에 대해서 더 많은 교사의 구체적인 의견을 수렴하여 스토리텔링 수학 교수·학습의 효과에 대해 더 심도 있게 검증해 나가야 할 필요가 있다.

> 흥미나 집중하거나 처음에 동기유발하거나 그럴 땐 좋은데 그게 본 활동에 넘어감으로 있어서 끊기지 않나라는 생각을 해요. 그래서 어차피 초반에는 좋지만 뒤에 이어졌을 때까지 흥미나 집중이 유지되는 건 아닌 것 같아요. (교사 B)

> 비교하기 이럴 때 좋고, 벌거벗은 임금님이야기를 아이들이 정말 좋아했습니다. 가르치는 저도 재밌었습니다. 옛날엔 일제히 앉아서 선생님이 보여주는 수업이었다면 지금은 아이들이 조를 나누어 활동 중심입니다. 책 내용이 이래서 어쩔 수 없이 모두가 활동적이게 됩니다. 아이들이 일단 재밌으니까 즐거워하긴 하는 데 학습 효과는 재밌어하는 만큼은 아니라고 생각됩니다. 재밌어 한 뒤에 교사의 적절한 대처가 필요한 것 같습니다. (교사 C)

더불어, Ellis & Brewster(1991)가 언급한 학생의 의사소통 능력 향상 효과에 대해 직접 스토리텔링 수학 교수·학습을 활용한 교사의 의견을 조사한 면담 결과에서도 스토리텔링 수학 교수·학습의 효율성에 대한 인식이 변하지 않은 이유를 찾아볼 수 있다. 예상과는 달리 교사 A와 교사 D는 스토리텔링으로 인해 의사소통이 활발하게 이루어졌다고 할 수 없다는 의견을 제시하였다. 또한 교사 B는 스토리텔링을 이용한 수학 수업을 어떻게 해야 하는지 잘 몰라서 크게 도움이 되지 않았다고 응답하였다. 물론 스토리텔링 기법을 도입한 수학 교실에서 의사소통을 활성화하여 학생의 의사소통 능력을 향상시킬 수 있다는 효과는 저학년이 아니라 고학년에도 적용해 본 후에 그 효과에 대해 더 검증할 수 있을 것이다. 그럼에도 불구하고 스토리텔링 수학 교수·학습을 위한 체계적인 연수나 시범 수업을 통해서 스토리텔링을 활용한 좋은 수업의 예를 공유함으로써, 학생의 의사소통 능력을 향상시킬 수 있는 방안을 지속적으로 모색할 필요가 있을 것이다.

> 저는 딱히 의사소통에 도움이 된 것 같지는 않아서 드릴 말씀이 없습니다. (교사 A)

> 의사소통이란 게 그냥 하는 이야기가 아니라 수업 관련 이야기를 말하는 건데 스토리텔링을 했기 때문에 나아졌다고 말하기는 어려워요. 아직은 저학년이라서, 그리고 스토리텔링 수업을 어떻게 해야 하는지 잘 모르겠어서 크게 도움이 되지는 않았어요. 만약에 이걸 하게 된다면 저뿐만 아니라 많은 선생님들이 이것이 기존과 어떤게 다른지, 원래 실생활 얘기를 하는 것과 스토리텔링의 차이를 모를 거예요. (교사 B)

> 스토리텔링 때문인지는 증명할 수 없습니다. 일단은 이론 분야 수학 연산이나 수 계산에서는 입을 아이들이 다물고 있습니다. 하지만 비교하기 부분에서는 학습 능력에 상관없이 모든 아이가 참여할 수 있었습니다. 그래서 어떤 면에서는 도움이 된다고 할 수 있을 것 같습니다. (교사 D)

3) 수학 교수·학습 수단으로서 스토리텔링의 적절성에 관한 인식 변화

수학 교수·학습 수단으로서 스토리텔링의 적절성에 대한 1·2학년 교사의 인식을 척도화하여 산출한 평균 및 표준편차, 한 학기 동안 인식 변화의 차이 검정 결과 등을 정리하면 <표 Ⅳ-2>와 같다. 수학 교수 · 학습 수단으로서 스토리텔링의 적절성에 대한 인식은 모두 5문항이고 4점 척도로 나타내었으므로 20점을 만점으로 간주하였을 때, 스토리텔링 기반 수학교과서를 적용하기 전은 12.93점, 한 학기 동안 적용한 후는 13.80점으로 약 0.9점 증가한 것으로 나타났다. 그러나 이러한 인식 변화의 차이를 통계적으로 분석하기 위한 대응표본 t-검정 결과에서는 유의수준 .05에서 유의미한 차이가 없는 것으로 나타났다. 이러한 결과로부터 비록 수학 교수·학습 수단으로서 스토리텔링의 적절성에 관한 인식의 변화 차이는 통계적으로 유의하지 않을지라도, 잠정적으로 수학 교수 · 학습 수단으로서 스토리텔링의 적절성에 대한 인식은 좀 더 긍정적인 쪽으로 변화되었음을 감지할 수 있다. 따라서 이후 스토리텔링 기반 수학교과서 적용 기간을 더 늘이거나 대상을 고학년으로 하여 수학 교수 · 학습 수단으로서 스토리텔링의 적절성에 대한 인식을 계속 추적함으로써 수학 교수 · 학습에서 스토리텔링을 정책적으로 계속 지원할 것인지를 고려해 볼 수 있을 것이다.

나. 스토리텔링 기반 수학교과서 적용 후에 교사가 인식한 변화

먼저, 한 학기 동안 스토리텔링 기반 수학교과서를 적용한 후에 교사가 인식하는 변화는 <표 Ⅳ-3>과 같다.

<표 Ⅳ-3> 스토리텔링 수학 교수 · 학습에 대한 변한 인식

응답 내용	응답자 수(%)
수학 수업에 대한 동기유발	7 (23.3)
모든 수학 수업 가능(개념, 원리 지도 가능)	5 (16.7)
수학에 대한 거부감을 줄일 수 있다.	3 (10.0)
재미있는 수학 수업 가능	3 (10.0)
수업의 도입이 용이하다.	3 (10.0)
무응답	9 (30.0)
합계	30 (100.0)

<표 Ⅳ-2> 수학 교수 · 학습 수단으로서 스토리텔링의 적절성에 대한 인식 변화 차이 검정

인식의 하위 영역	집단	평균	표준편차	t 값	유의수준
수학 교수·학습 수단으로서 스토리텔링의 적절성	사전	12.93	3.107	-1.375	.180
	사후	13.80	3.022		

스토리텔링 기반 수학교과서를 활용하여 수학 수업을 진행하는 동안 '수학 수업에 대한 동기 유발을 할 수 있다.'에 대하여 좀 더 긍정적으로 바뀌었다고 생각하는 교사가 전체의 23.3%로 가장 많이 나타났고, 이는 응답한 교사를 대상으로 하였을 경우에는 33.3%에 해당한다. 이것은 스토리텔링 기법이 학생으로 하여금 좀 더 수학 수업에 참여할 수 있게 하는 계기가 되었음을 시사한다. 다음으로 스토리텔링 기법으로 '모든 수학 수업이 가능하다.'라는 의견이 16.7%로 나타났다. 이러한 인식의 변화로 인하여 수학 교수·학습 수단으로서 스토리텔링의 적절성에 대해 좀 더 긍정적으로 변화되었음을 알 수 있다. 이외에도 '수학에 대한 거부감을 줄일 수 있다.', '재미있는 수학 수업 가능하다.', '수업의 도입이 용이하다.', 등의 유사한 변화를 제시함으로써 초등학교 1·2학년의 스토리텔링 수학 교수·학습에 대한 긍정적인 반응을 나타내었다.

다음으로, 한 학기 동안 스토리텔링 기반 수학교과서를 적용한 후에 교사의 변하지 않은 인식은 <표 Ⅳ-4>와 같다.

<표 Ⅳ-4> 스토리텔링 수학 교수·학습에 대한 변하지 않은 인식

응답 내용	응답자 수(%)
수학 핵심 내용 전달이 어렵다.	4 (13.3)
학습 부진 학생에게 적용 어렵다.	3 (10.0)
문제를 많이 풀어야 한다.	2 (6.7)
수학 수업 도입 부분에만 적용하고 있다.	2 (6.7)
수학이 어렵다.	1 (3.3)
스토리텔링이 꼭 필요하지 않는 경우도 있다.	1 (3.3)
무응답	17 (56.7)
합계	30 (100.0)

특히, 스토리텔링 교수·학습 방법으로 '수학 핵심 내용을 전달하기가 어렵다.' 또는 스토리텔링 교수·학습 방법을 '학습 부진아에게 적용하는 것이 어렵다.'는 부정적인 인식이 바뀌지 않았다고 응답한 교사가 응답자의 50%를 넘는 것으로 나타났다. 이러한 인식은 모두 수학 교수·학습으로서 스토리텔링의 적절성에 대한 부정적인 인식에 해당되고, 이외에도 바뀌지 않은 인식 '스토리텔링 기법은 수업 도입 부분에만 활용하고 있다.', '스토리텔링 기법이 꼭 필요하지 않은 내용도 있다.', '수학은 문제를 많이 풀어야 한다.' 등도 모두 수학 교수·학습으로서 스토리텔링의 적절성에 대한 부정적인 인식에 해당된다. 교사가 스토리텔링 기반 수학교과서를 활용하여 수업을 하고 나서 여전히 바뀌지 않은 '수학 성취도가 낮은 학생이 자칫 이야기에 빠져 수학 개념을 간과하기 쉬울 것이다.'라는 인식은 학생의 수준에 적절한 이야기를 활용하고, 그 이야기에 수학에 대한 흥미뿐만 아니라 수학적인 개념과 내용이 충분히 반영되어야 함을 시사한다. 더불어, 아직까지 수학 수업 전체에 스토리텔링 기법을 적용하기는 어렵고 단지 학생의 흥미 유발을 위해서 수업 도입 부분에만 활용하겠다는 의견이 여전히 잠재되어 있으므로, 스토리텔링 기반 수학교과서 정책을 지속적으로 지원하려면 이러한 교사의 부정적인 인식을 변화시킬 수 있는 다각적인 노력이 필요할 것이다.

2. 스토리텔링 기반 수학교과서에 대한 인식

가. 기존 수학교과서와의 차이점

스토리텔링 기반 수학교과서에 대한 교사의 인식을 조사하기 위하여 교사와의 면담 과정에서 '스토리텔링 기반 교과서가 기존 교과서에 비해 많이 달라졌다고 생각하십니까? 달라졌다면 어떤 차이가 있다고 생각하십니까?'라는 질문을 하였다. 교사 A와 교사 B는 기존의 교과서보다 색채감이 더 있고 그림을 더 많이 활용하였지만 이러한 차이의 이유가 스토리텔링 때문이라고 보기에는 무리가 있는 것 같다고 응답하였다. 교사 C는 기존의 교과서보다는 재미있다는 인상을 줄 만큼 교과서가 많이 바뀌어서 학생에게 수학에 대한 긍정적인 측면을 제공할 수 있어서 좋다는 응답을 하였지만 스토리텔링에 대한 변화를 언급하지 않았다.

반면에 교사 D는 2학년 수학교과서가 단순히 계산을 강조하는 교과서가 아니라 실생활과 연계되어 학생이 서로 의견을 제시하고 서로 소통하면서 수학 수업을 할 수 있도록 구성되어 있다는 의견을 제시하였다. 한 명의 교사는 실생활과 연계된 스토리텔링을 활용하여 수업 시간에 의사소통이 많아졌다는 인식을 하지만, 3명의 교사는 스토리텔링 측면에서 새로운 수학교과서의 변화를 인식하지 못하였다. 이는 이후 스토리텔링 기반 수학교과서를 개발하는 데 있어서 학교 현장에서 수학교과서의 변화를 인식하게 하고 스토리텔링 수학 교수·학습 기법을 효율적으로 활용할 수 있도록 노력해야 함을 시사한다.

> 스토리텔링 때문에 달라졌다는 것은 잘 모르겠습니다. 색채가 좀 더 다양해지고 그런 것의 차이지, 스토리텔링 때문에 달라졌다는 건 잘 모르겠습니다. (교사 A)

> 달라진 점은 수학익힘책의 활용법이라든지 그런 것들은 많이 달라졌다고 생각이 들지만 스토리텔링 때문에 굉장히 큰 차이가 생겼고 그런 것은 잘 모르겠어요. 하다 보니까 제가 가르치는 단원이 비교하기 이런 거라서 그림을 많이 이용하고, 이용하는 부분이 나와 있고 하는 것은 좀 달라졌다고 생각이 들긴 하는데 그렇게 큰 차이는 제가 잘 몰라서 그런지 잘 모르겠어요. (교사 B)

> 일단 교과서가 그전 교과서에 비해서 펼쳤을 때 '수학이다.'라는 기분보다는 군데군데 그림도 있어서 부드럽고 교사인 저도 '재밌겠네!' 라는 생각이 들어요. 올해와 작년에도 1학년을 했던 저는 그림이 큼직큼직하고 그림이 많아서 재밌었어요. 바뀐 교과서가 친절하기도 하고요. (교사 C)

> 이 교과서는 아이들이 생활에서 풀 수 있는 스토리텔링이 나와 엄마와 마트에 가는 얘기가 나와서 자기들끼리 이야기도 나누고 생각할 수 있는 부분이 많았습니다. 단순히 계산하는 교과가 아니라 정말 생활에서 이용되는 교과구나. 이렇게 실생활과 연계가 되는 게 좋았습니다. (교사 D)

나. 스토리텔링 기반 수학교과서의 문제점과 개선 방향

한 학기 동안 스토리텔링 기반 수학교과서를 적용한 후에 교사가 인식하는 스토리텔링 기반 수학교과서에 대한 문제점과 개선 방향을 정리하면 <표 Ⅳ-5>와 같다. 수학적 내용보다는 이야기에 치중해 있다는 문제점과 이에 대한 너무 많은 양의 이야기 지양을 개선 방향으로 제시한

<표 Ⅳ-5> 스토리텔링 기반 수학교과서의 문제점과 개선 방향

응답 내용		응답자 수(%)
문제점	개선 방향	
수학적 내용보다는 이야기에 치중	너무 많은 양의 이야기 지양	7 (23.3)
스토리에 치우쳐 기본 연산 훈련 부족	다양한 이야기 소재 발굴	3 (10.0)
도입 과정에서만 흥미 유발	수업 전체적으로 활용할 수 있는 내용	2 (6.7)
스토리텔링 교수·학습에 대한 내용 제안		8 (26.7)
무응답		10 (33.3)
합계		30 (100.0)

의견이 응답의 약 25%를 차지하였다. 또한 스토리에 치우쳐 초등학교 저학년에 주로 집중되어 있는 기본 연산 훈련이 부족하다는 문제점과 도입 과정에서만 흥미를 유발하기 위한 스토리를 도입하고 있다는 문제점도 제시되었다. 이는 이야기 속에서 기본 연산 훈련도 할 수 있는 소재의 이야기를 전개하거나 수업 전체적으로 활용할 수 있는 내용을 제시함으로써, 다루는 내용에 따라 적절한 교과서 전개와 교수·학습 방법이 고려되어져야 함을 드러낸다.

한편 문제점과 개선 방향을 묻는 설문에 스토리텔링 기반 수학교과서의 문제점이라기보다는 스토리텔링 수학 교수·학습에 대한 문제점을 제시하기도 하였다. 이러한 응답으로 스토리텔링 자료 불충분, 구체적인 수업 방식에 대한 교사의 이해 부족, 이야기 이해 수준이 낮은 학생의 어려움 등이 있었다. 이러한 문제점의 개선 방향으로 활용할 수 있는 충분한 스토리텔링 자료 개발, 스토리텔링 교수·학습 방법에 대한 교사 연수, 읽기 이해력이 부족한 학생을 위한 단순한 이야기 전개 등을 제안하였다.

스토리텔링 기반 수학교과서에서 수정되어야 할 점에 대한 면담 결과를 살펴보면, 교사 A와 교사 B는 이야기 전개에 수학적인 내용을 포함시키려고 함으로써 나타난 부자연스러움을 지적하였다. 교사 C는 학생의 수준과 환경을 포함하여 여러 가지 차이를 고려하여 교사가 선택할 수 있는 더 다양한 이야기를 제안하였다. 이는 아직까지 수학교과서에 도입한 스토리텔링의 이야기와 수학적 개념의 구성이 다소 부자연스럽다는 것으로, 수학 내용과 연계된 이야기에 대한 연구가 좀 더 활발히 이루어져서 학생에게 적절하고 자연스럽게 구성되어져야 함을 드러낸다.

> 일단 이야기를 만들려고 하다 보니까 어떤 단원에서는 그 이야기가 거기서 배우려고 하는 내용과 잘 맞아떨어지는 경우도 있지만 어떤 단원에서는 억지로 문제를 만들기 위한 이야기를 만든 경우가 간간히 있었습니다. 그 이야기가 한 단원 내에서 똑같이 이어지려고 하다 보니까 조금 안 맞는 경우가 있었습니다. (교사 A)

> 활동으로 들어가고 내용이 깊이 있게 들어갔을 때 이야기가 잘 맞지 않아요. (교사 B)

> 지도서에 제시하는 게 하나밖에 없어요. 지금 나온 자료로는 지금 아이들은 좋아하지만 다른 학교아이들은 재미없어 할 수도 있을 것 같아요. 지도서에 과학 교과의 대체실험처럼 지역이나 다른 차이에 따라 다른 자료를 제시해 주면 좋을 것 같아요. (교사 C)

3. 스토리텔링 교수·학습에 적합한 내용 영역과 효과적인 스토리텔링 유형에 대한 인식

가. 스토리텔링 수학 교수·학습에 적합한 내용 영역과 부적합한 내용 영역

한 학기 동안 스토리텔링 기반 수학교과서를 적용한 교사가 응답한 스토리텔링 수학 교수·학습에 적합한 내용 영역과 부적합한 내용 영역은 <표 Ⅳ-6>과 같다.

<표 Ⅳ-6> 스토리텔링 수학 교수·학습에 적합한 내용 영역(중복 허용)

적합한 내용 영역	응답자 수(%)
수와 연산	18 (22.0)
도형	13 (15.9)
측정	22 (26.7)
확률과 통계	18 (22.0)
규칙성	11 (13.4)
합계	82 (100.0)

스토리텔링 기반 수학교과서로 수업하기에 가장 적합한 내용 영역은 측정 영역으로 나타났다. 다음으로 적합한 내용 영역은 수와 연산 영역과 확률과 통계 영역으로 나타났다. 이에 비해 도형

영역과 규칙성 영역은 적합한 영역이라고 응답한 수가 상대적으로 적게 나타났다. 이러한 결과는 현재 사용하고 있는 초등학교 1·2학년 수학 교과서를 토대로 한 것으로, 이후 다른 학년의 교과서를 개발하는 과정에서는 이러한 의견을 반영하여 모든 영역에서 해당 영역에 적절한 이야기 소재를 활용하여 구성할 필요가 있음을 드러낸다.

한편, 처음으로 스토리텔링 기반 수학교과서를 적용하였으므로 스토리텔링 교수·학습 방법을 도입하기에 적합하거나 적합하지 않은 내용 영역이 있을 것으로 예상하여 좀 더 구체적인 교사의 의견을 알아보기 위하여 면담을 실시하였다. 먼저, '스토리텔링 기반 수학교과서로 수업을 하셨을 때 어느 내용 영역을 가르칠 때가 가장 도움이 되었습니까?'라는 질문에, 교사 A는 수와 연산 영역을 실생활 주제의 스토리텔링으로 진행함으로써 학생의 이해도 빠르고 의사소통도 활발하였다는 의견을 제시하였다. 또한 교사 C는 비교하기 단원의 이야기 흐름이 전체적으로 이어진다는 이유로, 그리고 교사 D는 2학년 길이재기 단원의 연결된 이야기가 학생의 호기심을 유발한다는 이유로, 측정 영역이 스토리텔링으로 수업하기에 매우 좋았다고 응답하였다.

> 저는 저학년이라서 수와 연산 영역의 덧셈, 뺄셈, 곱셈 부분에서 실생활 이야기도 많이 있다 보니까 스토리텔링으로 했을 때 아이들에게 좀 더 이해를 빨리 할 수 있게 한 것 같았습니다. (교사 A)

> 1학년은 비교하기 단원. 1차시부터 끝까지 계속 이어졌어요. 전 차시에 걸쳐서 이야기가 이어졌어요. 보통은 도입 부분에 이야기가 나오고 마는데 단원을 특성화해서 스토리텔링을 집중하게 만들었어요. 학습 능력이 떨어지는 아이들도 그림을 보고 직관적으로 맞추곤 했어요. (교사 C)

> 2학년은 길이재기 단원이 최고였습니다. 아이들 같은 경우에도 이야기로 진행되니까 뒷이야기를 궁금해 하면서 활동했습니다. 아이들 스스로 해결할 수 있는 내용이라 좋았습니다. 측정 영역이 스토리텔링에 정말 적절한 단원이었습니다. (교사 D)

'스토리텔링으로 수학 수업을 하셨을 때, 어느 내용 영역이 가장 힘드셨습니까?'라는 질문에 교사 A, 교사 B, 교사 D가 모두 도형 영역을 제시하였고, 교사 C는 1학년 학생이 이미 알고 있는 내용을 스토리텔링으로 하려니 더 힘들다고 응답하였다. 이는 내용 영역이나 학생의 이해 수준에 따라 스토리텔링 교수·학습을 적용하는 것이 달라질 수 있음을 의미한다. 따라서 모든 내용 영역, 모든 학년, 모든 수준의 학생 등을 대상으로 하는 일괄적인 스토리텔링 교수·학습 방법 적용이나 스토리텔링 기반 수학교과서 개발에 대해서는 좀 더 다각적으로 심층적인 연구를 바탕으로 고려해 볼 필요가 있을 것이다.

> 저는 도형 분야가 힘들었습니다. 스토리텔링으로 할 만한 내용이라고 하기에는 어렵습니다. 좀 억지로 이야기를 맞춘 것 같은 느낌이 들었습니다. 이 부분은 스토리텔링이 없는 게 낫지 않나 싶습니다. (교사 A)

> 도형 단원에서 원의 나라에 가고 이런 내용은 구태여 없어도 되지 않을까 싶었어요. 네모 나라에 온통 네모만 있어요. (교사 D)

> 아이들이 이미 아는 부분은 오히려 스토리텔링이 더 어렵게 만들어요. 아이들 수준에 맞추면 좋겠어요. (교사 C)

나. 효과적인 수학 스토리텔링의 유형

스토리텔링 기반 수학교과서를 개발하는 데 있어서 적용할 수 있는 5가지의 수학 스토리텔링 유형 중에서 교사가 가장 효과적이라고 인식하는 유형을 조사하였고, 그 결과는 <표 Ⅳ-7>과 같다. 초등학교 1·2학년 교사가 인식하는 효과적인 수학 스토리텔링 유형은 실생활 연계형으로, 전체 응답의 68.5%를 차지하였다. 다음으로, 수학사 탐구형과 의사 결정형이 11.4%로 같은 비율을 차지하였다. 이는 초등학교 1·2학년 학생의 수준을 고려함으로써 학생의 경험을 바탕으로 하여 가장 쉽게 접할 수 있는 실생활 연계 소재 활용을 가장 효과적으로 인식하는 것으로 해석된다. 이후 다른 학년을 위한 효과적인 수학 스토리텔링 유형은 학생 수준과 학습 내용에 따라 달라질 수 있으므로 다양한 의견 수렴이 필요할 것이다.

<표 Ⅳ-7> 효과적인 수학 스토리텔링의 유형 (중복 허용)

유형	응답자 수(%)
실생활 연계형	24 (68.5)
수학사 탐구형	4 (11.4)
의사 결정형	4 (11.4)
도구 활용형	2 (5.7)
학문 융합형	1 (3.0)
합계	35 (100.0)

Ⅴ. 결론 및 시사점

이 연구는 올해 처음으로 초등학교 1학년과 2학년 수학 수업에 스토리텔링 기반 수학교과서가 적용됨에 따라 점차 확대될 스토리텔링 기반 수학교과서 개발 및 스토리텔링 수학 교수·학습을 지원하기 위한 기초 작업의 하나이다. 한 학기 동안 스토리텔링 기반 수학교과서를 적용한 후에 나타나는 스토리텔링 수학 교수·학습에 대한 교사의 인식 변화와 스토리텔링 기반 수학교과서에 대한 인식을 조사하여 시사점을 도출하고자 하였다. 설문조사와 면담의 분석 결과를 토대로 점차 확대될 스토리텔링 수학 교수·학습을 위한 교사 지원과 이후 스토리텔링 기반 수학교과서 개발을 위한 시사점을 도출하면 다음과 같다.

첫째, 스토리텔링 수학 교수·학습의 효율성, 수학 교수·학습 수단으로서 스토리텔링의 적절성에 관한 초등학교 1·2학년 교사의 인식 변화는 통계적으로 유의미하게 없는 것으로 나타났다. 즉, 스토리텔링 기반 수학교과서를 한 학기 동안 적용한 후에도 스토리텔링 수학 교수·학습의 효율성에 대한 인식은 여전히 같은 정도로 긍정적이었고, 수학 교수·학습 수단으로서 스토리텔링의 적절성에 대한 인식은 여전히 다소 부정적인 것으로 나타났다. 그러나 수학 교수·학습 수단으로서 스토리텔링의 적절성에 대한 인식 점수의 경우 통계적으로 유의미하지는 않지만 다소 증가하였다. 이러한 변화는 스토리텔링을 수업 도입 부분에만 활용 가능한 것이 아니라 전체 수업에서 가능하다는 의견에서도 엿볼 수 있다. 또한 스토리텔링 수학 교수·학습의 효과에 대해서는 긍정적인 반응을 보이지만 스토리텔링 수학 교수·학습 방법으로는 수학 핵심 내용 전달이 어렵고, 학습 부진아에게 적용이 어렵다는 인식이 여전히 존재하기 때문에 적절성에 대한 인식은 다소 부정적임을 알 수 있다. 이러한 결과는 스토리텔링 수학 교수·학습에 대한 지속적인 효과 검증을 바탕으로 교사를 어떻게 지원하는 것이 긍정적으로 인식하도록 변화시킬 것인지 연구하고 해결해야 과제임을 시사한다.

둘째, 초등학교 1·2학년 스토리텔링 기반 수학교과서에 대한 문제점으로 '수학적 내용보다 이야기에 치중한다.'가 가장 많이 지적되었고, 이를 개선하기 위해서는 '너무 많은 양의 이야기는 지양해야 한다.'는 의견이 제시되었다. 또한 '이야기에 집중되어 기본 연산 훈련이 부족하다.' 는 문제점도 제시되었다. 이러한 의견을 종합해 보면, 스토리텔링 기반 수학교과서에 대한 보완이 지속적으로 필요하고, 이야기에 대한 연구를 중심으로 보다 적절한 수준에서 이야기가 전개되어야 할 필요가 있음을 알 수 있다. 더불어 초등학교 저학년에 필수적인 계산 기능을 연습할 수 있는 장치도 마련되어야 할 것으로 보인다.

셋째, 스토리텔링 기반 수학교과서와 기존 교과서의 차이를 인식하는가에 대한 질문에 4명 중 3명의 교사가 큰 차이를 인식하지 못하는 것으로 나타났다. 한 명의 교사만이 실생활과 연계된 스토리텔링을 활용함으로써 수업 시간에 의사소통이 많아졌다고 응답하였다. 이러한 결과가 스토리텔링 기반 수학교과서를 활용하는 교사의 교수·학습 방법 차이로 인한 것인지는 명확하지 않기 때문에, 이후 더 많은 교사를 대상으로 스토리텔링 기반 교과서와 기존 교과서의 차이를 인식하는지와 그 이유를 조사하여 이후 스토리텔링 기반 교과서 개발을 위한 시사점을 도출할 필요가 있을 것이다. 그럼에도 불구하고 소수의 교사들이 인식하는 결과는 이후 스토리텔링 기반 수학교과서를 개발하는 데 있어서 학교 현장에서 수학교과서의 변화를 인식하게 하고 스토리텔링 수학 교수·학습 기법을 효율적으로 활용할 수 있도록 다각적인 지원이 필요함을 시사한다.

넷째, 초등학교 1·2학년 스토리텔링 기반 수학교과서를 한 학기 동안 적용한 교사는 스토리텔링 수학 교수·학습을 하기에 부적합한 내용 영역으로 도형과 규칙성 영역을 제시하였다. 이는 초등학교 저학년의 도형 영역과 규칙성 영역에서 다루는 내용에 기인할 수도 있고, 현재 교과서에서 다룬 이야기의 흐름이 다소 부자연스러울 수도 있기 때문에, 다른 학년에도 적용된다고 결론 내리기에는 다소 이를 것이다. 따라서 모든 내용 영역, 모든 학년, 모든 수준의 학생 등을 대상으로 일괄적으로 적용하는 스토리텔링 교수·학습 방법이나 스토리텔링 기반 수학교과서 개발에 대해서는 좀 더 다각적이고 심층적인 연구 결과를 바탕으로 접근할 필요가 있을 것이다.

다섯째, 현재 초등학교 1·2학년을 담당하고 있는 교사는 가장 효과적인 수학 스토리텔링 유형으로 실생활 연계형을 제안하였다. 이러한 의견 또한 초등학교 저학년 수학에 해당하는 의견일 수도 있을 것이다. 따라서 다른 학년을 위한 효과적인 수학 스토리텔링 유형 또한 학생 수준과 학습 내용에 따라 달라질 수 있으므로, 다각적으로 접근한 연구 결과와 다양한 의견 수렴을 토대로 고려되어야 할 것이다.

이 연구는 초등학교 1학년과 2학년 수학교육에 스토리텔링을 기반으로 한 수학교과서가 적용된 지 한 학기가 지난 시점에서, 스토리텔링 기반 수학교과서를 적용한 후에 나타난 초등학교 1·2학년 교사의 스토리텔링 수학 교수·학습에 대한 인식 변화를 조사하고 시사점을 도출한다는 데 의의가 있다. 향후 학년별 스토리텔링 기반 수학교과서의 교육적 효과와 스토리텔링 기반 수학교과서를 통한 교육 현장의 변화 등에 대한 연구가 수행되어, 스토리텔링 수학 교수·학습에 대한 반성을 통한 개선이 지속적으로 이루어져야 할 것이다.

참 고 문 헌

권오남, 주미경, 박규홍, 오혜미, 박지현, 조형미, 이지은, 박정숙(2012). 고등학교 수학교사의 스토리텔링 수학교과서에 대한 이해, **수학교육, 51**(3), 223-246

권종겸, 이봉주(2013). 스토리텔링 수학 교수·학습에 대한 초등 현직교사와 예비교사의 인식 분석, **수학교육논문집, 27**(3), 283-299.

교육과학기술부(2012). **수학교육 선진화 방안**, 교육과학기술부

교육과학기술부(2013). **수학 1~2학년군 수학 교사용지도서**, 교육과학기술부.

서보억(2013). 수학교육에서의 스토리텔링(storytelling)에 대한 문헌 분석 연구, **수학교육, 52**(1), 65-82.

서자덕(2013). **스토리텔링 교과서 사용에 대한 중등 수학교사들의 인식조사**, 한국교원대학교 교육대 학원 석사학위논문.

백영미(2007). **스토리텔링을 적용한 수학수업이 초등학교 학생의 학업성취도 및 수학적 태도에 미치는 영향**, 청주교육대학교 교육대학원 석사학위논문.

Ellis, G. & Brewster, J. (1991). *The storytelling handbook for primary teachers,* Penguin Books.

Schiro, M. (2004). *Oral storytelling & teaching mathematics; Pedagogical and multicultural perspectives, Thousands Oaks*, CA: Sage Publication.

Part III 교사의 전문성 신장

논평 3 『교사의 전문성 신장』에 관한 논평

방 정 숙(한국교원대학교)*

교사 교육에 관한 세 번째 주제는 교사의 전문성 신장이다. 이 주제는 수학 교사의 교육과 관련된 제반 연구를 다룬다. 여기에는 수학 교사 교육의 전반적인 특징에 대한 분석이나 지향점 모색과 같은 일반 연구, 수학 교사의 특정한 지식이나 지향을 신장하기 위해 교사교육 프로그램을 개발하고 적용한 연구, 그리고 수학 수업 자체를 연구 대상으로 하거나 교수 관행 및 학생 학습을 분석한 수업 연구 등이 포함된다. 교사 지식 또는 지향에 대한 본질적인 개념을 탐색하거나 전반적인 실태를 조사하는 것도 의미가 있으나, 궁극적으로 그러한 탐색이나 조사를 바탕으로 어떻게 하면 교사의 수업 전문성을 향상시킬 수 있는지가 관건이므로, 교사의 전문성 신장에 관한 연구는 교사교육에서 매우 중요한 주제이다. 실제 교사의 전문성 신장에 대한 연구는 교사 지식 또는 지향에 관한 연구보다 높은 비중으로 연구되어 왔고, 특히 교수학적 지식이나 지향의 신장을 다루는 내용이 최근 많이 연구되고 있다(방정숙, 선우진, 2014).

이 책에는 교사의 전문성 신장이라는 주제 아래 총 7편의 논문이 실려 있다. 크게 보면, 처음 세 편의 논문은 전문성 신장에 관한 일반 연구, 그 다음 두 편의 논문은 교사의 지식 신장을 다루는 연구, 마지막 두 편은 수업 연구에 해당된다고 볼 수 있다. 다음은 각 논문에 대한 간단한 논평으로 독자들의 이해를 돕기 위해 마련한 것이다.

첫 번째 논문(김진환, 박교식, 2009)은 예비 중등교사들이 이전에 학습한 여러 가지 수학 내용 지식을 바탕으로 일반화된 피보나치수열의 일반항을 구하는 데 유용한 공식을 찾고, 연속하는 두 항의 비율에 대한 극한을 탐구하는 과정을 통하여 의미 있게 수학화를 경험하도록 교수단원을 설계한 예를 제시하고 있다.

교사교육 프로그램을 통해서 예비교사들이 수학화를 경험하지 못한다면, 추후 학생들에게 수학화를 의미 있게 지도할 수 있을 것이라고 기대하기 어려울 것이다. 이런 측면에서 구체적으로 피보나치수열을 소재로 하여 위계적으로 교수단원을 설계한 예를 제시한 것은 의미 있다고 생각된다. 여기서 이슈는 이러한 교수단원을 예비교사들에게 어떻게 제공할 것인가이다. 좋은 소재의 개발이 효과적인 교사교육을 보장하지는 못한다. 수학화를 직접 경험할 주체는 예비교사들이므로, 이와 같은 교수단원을 어떻게 활용해야 의미 있는 교사교육으로 연결할 수 있는지에 대한 고민이 필요하다. 한편, 예비교사교육

---

* jeongsuk@knue.ac.kr

에서 학문으로서의 수학에 대한 탐구와 학교 수학에 대한 탐구는 대개 분절적으로 다루어져 왔고, 이는 교사교육의 주된 문제점 중의 하나로 부각되어 왔다. 이런 측면에서 본 논문에서 예로 제시된 교수단원이 학문 수학과 학교 수학을 연결하는 가교 역할을 할 것으로 기대된다.

두 번째 논문(권나영, 이은정, 박미미, 박진형, 2012)은 우리나라 수학교사 전문성 개발을 위한 기초 자료를 제공하기 위한 목적으로 일본, 중국, 이스라엘, 싱가포르, 미국의 수학교사 전문성 개발 프로그램 사례를 분석하였다. 이 과정에서 각 프로그램별로 개발 배경 및 목적, 운영 방식, 핵심 요소 등을 소개하고, 프로그램간의 공통점과 장단점을 분석하였다.

교사의 전문성 개발 프로그램을 효과적으로 정착하기 위해서는 무엇보다 교사의 적극적인 참여를 바탕으로 교육 현장에서의 다양한 필요에 부합하는 내용을 다루어 궁극적으로 프로그램에 참여한 교사가 배운 내용을 자신의 수학 수업에 적용할 수 있어야 할 것이다. 이 논문에서 분석한 5가지 국외 프로그램들이 공통적으로 교사의 적극적인 참여를 유도하고, 학교 현장과 직접적으로 관련된 활동을 포함하고 있으며, 교사와 외부 전문가의 협력을 바탕으로 하고 있었다는 점은 우연이 아니다. 우리나라의 수학 교사 연수 프로그램이 대부분 전문가의 이론 강의나 워크숍을 통한 일회적인 내용 전달에 초점이 있다는 점을 감안할 때, 국외 프로그램에서의 시사점은 매우 중요하다고 생각된다. 사실 그동안 우리나라 교사교육에 대한 문제점은 여러 차례 지적되어 왔고 전반적인 개선 방향에 대한 제안은 있어 왔다. 여기서 이슈는 이러한 실태에 반하여 우리나라의 실정이나 특성에 맞는 전문성 개발 프로그램을 개발하는 것이고, 더 나아가 그러한 프로그램의 효과를 교사의 수업 변화와 학생들의 학습 능력 신장 측면에서 분석하는 일이다.

세 번째 논문(송륜진, 문종은, 주미경, 2010)은 여러 가지 다문화 관련 선행 연구를 기반으로 하여 다문화수학교사교육의 원리와 방법을 제시하였다. 구체적으로 다문화수학교사교육의 내용 요소로 수학의 문화성, 다양성, 평등성, 자기정체성을 도출하였고, 지도 원리로써 반성하기, 참여하기, 실행하기를 제안하였다.

오늘날 다문화적 역량은 수학 교사 전문성의 중요한 요소임에도 불구하고, 우리나라에 관련 된 연구가 많지 않다는 점을 감안할 때 본 연구에서 제시한 국외 다문화 수학교사 교육과정의 사례를 간접적으로나마 면밀히 살펴볼 필요가 있다. 또한 본 연구에서 도출된 다문화수학교사교육의 원리와 방법은 시기적절하면서 최신의 연구주제이므로, 이와 관련된 연구가 앞으로 많이 파생되어야 할 것이다. 다만, 보다 깊이 생각해 보아야 할 점은 수학교사에게 요구되는 다문화적 역량이 교과 특수적이냐의 문제이다. 다시 말해, 어느 교과목의 교사이든 공통적으로 요구되는 다문화적 역량이 있는지, 그렇다면 그 역량이 무엇인지 탐색해 보아야 하고, 이와 유사하게 특별히 '수학'교사에게 요구되는 역량이 있는지, 그렇다면 그 역량이 무엇인지를 분석해야 할 것이다. 또한 교사교육 프로그램 역시 해당 국가의 사회문화적 맥락에 내재되어 있다는 점을 감안할 때, 특별히 '우리나라'수학 교사에게 요구되는 다문화적 역량이 있는지, 그렇다면 그 역량이 무엇인지 탐색할 필요가 있어 보인다. 또한 본 논문의 저자들이 지적하듯이, 수학 교사의 전문성 개발을 추구하는 여타 다른 프로그램과 마찬가지로 다문화역량의 증진을 추구하는 프로그램 역시 그 효과를 분석하는 후속 연구가 필요해 보인다.

네 번째 논문(임해미, 2009)은 교사에게 요구되는 특정한 지식 신장을 목표로 프로그램을 개발하고 이를 직접 교사교육에 적용한 후 그 효과를 분석하였다는 점에서 앞에서 기술된 세 편의 일반 연구와 구별된다. 이 논문에서는 예비 수학교사의 테크놀로지 내용 교수지식(TPACK)을 신장하기 위해서 팀 프로젝트 형태의 강의를 진행한 후, 그 강의가 예비 수학교사의 수학교수 효능감과 TPACK에 어떤 영향을 끼쳤는지를 분석하였다.

이 논문에서는 예비교사들로 하여금 특정한 테크놀로지 기능을 연습하게 하거나 단편적으로 적용하게 하기 보다는 수학과 교육과정과 관련하여 테크놀로지를 효율적으로 활용할 수 있는 단원을 선정하고 팀별로 구체적인 수업계획서와 학생용 활동지 및 교사용 안내서를 제작하게 하였다. 그 결과 수학교수효능감과 TPACK에 긍정적인 영향을 끼친 것으로 드러났다. 물론 이러한 분석 결과의 대부분이 5점 척도에 의한 설문지법을 통해 도출되었다는 점에서 제한점이 있기는 하지만, 예비교사교육에서 교사의 지식 신장을 목표로 하여 특정한 프로그램을 개발하여 적용하고 그 효과를 분석하려는 시도 자체가 우리나라의 교사교육 연구에서 의미 있는 시도라고 생각된다. 우리나라 수학과 교육과정에서 테크놀로지의 활용을 오랫동안 권장해 오고 있으나 정작 일반 수학 수업에서 테크놀로지를 의미 있게 접목하여 지도하지는 않는다. 이와 같은 측면에서 교사교육 프로그램에서 어떻게 참여 교사의 TPACK를 신장할 수 있을지, 그리고 그러한 신장의 결과로 실제 교사가 자신의 수업에서 효율적으로 테크놀로지를 활용하여 학생들에게 보다 의미 있는 수학 수업을 도출할 수 있는지에 대한 연구가 기대된다.

다섯 번째 논문(김남희, 2009)은 중등 수학과 1,2급 자격 연수에 참여한 교사들이 어떻게 산파법을 이해하고 적용하였는지를 분석한 다음, 교사들이 산파법을 보다 의미 있게 적용하는 데 도움을 얻을 수 있도록 여러 가지 실험 수업 사례들을 제시하고 있다.

현직 교사를 대상으로 한 자격연수나 직무연수에서 교사들에게 필요한 실제적인 지식을 다루지 못한다면, 그러한 연수는 그냥 이수증만 남길 뿐이지 학교 현장에 별다른 영향을 끼칠 수 없고, 이는 다시 교사들로 하여금 후속 연수에 최소한의 노력으로 참여하게 만들 것이다. 실제 우리나라의 많은 수학교사 자격 연수 프로그램은 여러 가지 제약으로 인해 수학 교수법이나 학생들의 수학적 이해 등을 집중적으로 다루기보다는 수학적 내용에 대해 교수자의 일방적인 강의에 의해 이루어지는 경우가 많다. 이에 반해 본 논문의 저자는 강의와 실습을 병행함으로써 참여 교사가 산파법을 단순히 아는 데 그치지 않고, 우리나라의 수업 상황에 적합하게 적용하는 방법을 탐색하게 하였다는 점에서 의미 있다고 생각된다. 한편, 저자는 본 연구에 참여한 교사들이 작성한 산파법 적용 지도 사례를 살펴본 결과 산파법 흐름이 단계적으로 의미 있게 전개되지 않았다고 보고하고 있다. 이는 집중적인 연수 프로그램에서 실습을 동반한다고 하더라도 일회적인 연수를 통해 교사의 특정 지식을 향상하는 것이 얼마나 어려운지, 또는 기대하기 어려운 것인지를 단편적으로 보여준다.

여섯 번째 논문(이금선, 강옥기, 2008)은 수학 교사의 전문성을 신장하기 위한 노력의 일환으로 수업 반성의 의미와 방법을 살펴보고, 교사들이 수업 반성을 보다 효율적으로 할 수 있도록 반성적 분석 준거를 제안하였다. 이러한 준거는 일차적으로 여러 가지 관련 문헌 고찰을 바탕으로 도출되었고, 그 다음 초·중·고 교사와 평가 전문가의 검토를 거쳤으며, 마지막으로 초등 교사의 반성적 분석지 활용 결과를 반영함으로써 준거의 타당성을 높이려고 노력하였다.

수업 반성의 목표는 교사가 자신을 교수자라기보다는 평생 학습자로 인식하면서 자신의 수학 수업에 끊임없이 의문을 제기하고 대안적인 교수 전략이나 수업 방향을 모색하게 함으로써 궁극적으로 보다 좋은 수학 수업을 구현할 수 있게 하는 것이다. 이런 측면에서 본 논문에서 제시된 반성적 분석 준거가 수업 수행의 완성 자체에 초점을 두기보다는 자신의 수학 수업에 대한 문제점을 파악하고 대안을 제시하는 것에 중점을 둔 것이 의미 있어 보인다. 한편, 본 논문의 저자들이 기술하듯이, 반성적 분석 준거의 활용 효과에 대한 후속 연구가 필요해 보인다. 본 논문에서 제시된 분석 준거는 그 자체가 의미 있다기보다는 이것이 실제 수학 교사의 수업 전문성을 신장시키는 데 얼마나 기여하는 가에 있다고 해도 과언이 아닐 것이다. 그러므로 교사가 반성적 분석 준거를 활용하여 실제 어떻게 긍정적인 수업 변화를 도모할 수 있는지, 그리고 그 과정에서 학교급이나 교사 경력에 따라 어떠한 차이를 보이는지 등에 관한 다각적인 적용 연구가 필요해 보인다.

마지막 논문(방정숙, 2004)은 학생중심 수학교실문화를 구현하려고 노력하는 초등학교 교사들을 대상으로 1년 동안의 변화 과정을 사회수학적 규범과 수학적 관행 측면에서 비교 분석하였다. 연구 대상이 된 모든 수업에서 사회적 규범 측면에서는 공통적으로 긍정적인 변화가 관찰된 반면에, 사회수학적 규범과 수학적 관행 측면에서는 차이점이 드러났다. 이를 토대로 수학교실문화를 개선하기 위한 시사점을 논의하였다.

본 논문은 수학교실문화를 개선하려고 노력하는 교사를 지원하는 과정에서 수학 수업 자체를 주된 분석의 대상으로 삼고 주요 수업 에피소드를 면밀히 분석하였다는 점에서 앞에서 기술된 논문들과 차이가 있다. 교사의 전문성은 궁극적으로 수업에서의 전문성이고, 수학적으로 의미 있는 수업 변화는 일회적으로 일어나기 어렵다는 점을 감안할 때, 장기간의 수업 관찰과 변화 과정을 추적하는 연구는 그만큼 의미 있다. 본 논문의 연구 당시 교사와 전문가의 협력을 바탕으로 교사의 수업 전문성 신장을 추구하는 연구는 드물었다. 최근에는 교사들간 또는 교사-전문가간의 탐구(또는 학습) 공동체를 형성하여 수업 전문성을 신장하려는 노력이 꽤 활발해졌다. 본 논문의 교사들은 동일한 학습 공동체에 참여했음에도 불구하고 자신들의 교실에서 형성한 문화는 사회수학적 규범과 수학적 관행 측면에서 분명한 차이를 드러냈고, 이는 해당 학생들의 수학 학습 기회에 의미 있는 차이를 초래하였다는 점에 주목할 필요가 있다. 이에 교사의 전문성 신장을 추구하기 위해 형성된 공동체의 본질이나 특성, 그리고 그러한 공동체로의 참여가 궁극적으로 개별 교사의 수업 변화에 어떤 영향을 끼치는지, 또한 그 결과로 해당 학생들의 수학 학습 과정이 어떻게 변화되는지를 분석하는 것 등은 추후 지속적으로 연구될 필요가 있다.

지금까지 이 책에 수록된 교사의 전문성 신장에 관한 논문에 대해 부족하나마 논평을 제시하였다. 각 논문과 관련된 후속 연구에 대한 제언에서 드러나듯이 교사의 전문성 신장이라는 주제는 교사교육 연구에서 핵심적인 주제로, 추후 보다 다각적인 측면에서 연구를 진행할 필요가 있다. 일단 일반연구에서는 예비교사나 현직교사를 대상으로 한 교사교육 프로그램이나 연수와 관련하여 그동안 제기된 여러 가지 문제점을 파악하여 대안적인 방향을 모색하고 구체적인 프로그램을 개발하는 것이 필요해 보인다. 교사 지식이나 지향의 신장을 다루는 연구에서는 그동안 특정한 교수학적 지식의 신장을 추구하는 프로그램을 개발하고 그 효과를 분석하는 경향이 많았으므로, 다양한 교사 지식이나 지향의 신장을 목표로 하는 프로그램을 개발하고 그 효과를 분석하려는 노력이 필요해 보인다. 이 과정에서 단편적인 효과 분석 보다는 궁극적인 교사 변화 그리고 이를 통한 수업 변화 및 학생의 학습 능력 신장과 연계하여 분석할 필요가 있다. 마지막으로 수업 연구에서는 전문성을 신장하고자 하는 교사들이 자신들의 교수 관행을 보다 다각적인 측면에서 의미 있게 비평하고 해석하면서 대안을 모색할 수 있도록 수학 수업 자체를 면밀히 분석하려는 노력이 필요해 보인다. 아무쪼록 본 책에 소개된 논문과 해설 글이 시발점이 되어 추후 교사의 전문성 신장에 대한 연구가 보다 다양하게 이루어지기를 기대한다.

참고문헌

방정숙, 선우진(2014). 수학 교사교육에 관한 국내 연구의 동향 분석: 대한수학교육학회의 학술지를 중심으로. **학교수학, 16**(2), 335-353.

01 『일반화된 피보나치수열의 탐구를 위한 예비중등교사용 교수단원의 설계』에 관한 해설

김 진 환(영남대학교)*

본 논문은 예비중등교사와 교사들의 수학적 지식의 확장과 방법을 제공하는 것을 목적으로 Wittmann이 제시한 교수단원의 설계에 바탕을 두었다(Wittmann, 1984, 1995). 교수단원은 수학을 실현하고 발전시켜가는 과정의 수학교육 연구이고 교수활동이다. 이것은 한 소재에서 생겨나는 문제들을 계속 전개해 가면서 학생들의 지식을 강화시키는데 활용될 수 있다. 교수단원의 설계에서 중요한 것은 소재의 선택인데, 학교수학과 학문수학이나 광범위한 인간 활동과 연결될 수 있도록 소재를 선택할 수 있다. 교수 단원은 어떤 수준에서 수학 교수에 대한 중심적인 목적, 내용과 원리를 보여줄 수 있고, 의미 있는 수학적 내용, 과정 및 절차와 제공한다. 또한 교수 단원은 유연성을 가지고 수학적 활동을 위한 풍부한 자원을 제공한다.

학교수학과 교사들이 대학에서 배웠던 학문수학과의 단절(100여전에 Klein은 이중 단절로 이 문제를 제기한 바 있다)을 없애는 것은 예비교사나 교사의 교수 내용학적 지식이나 전문성 신장의 측면에서 수학교육의 중요한 이슈의 하나라 생각한다. 대체적으로 학교수학은 수학교육학자의. 연구 영역이고, 학문수학은 수학자의 연구 영역이라는 점에서 그 둘을 연결한다는 것이 쉽지 않다. 이들의 연결을 강화하기 위해서는 그 두 분야에 소양이 있어야 한다. 학교수학은 학문수학과 완전히 다른 종류인가? 아니면 학교수학은 학문수학의 형태의 변화가 있을 뿐 (교수학적으로 변환된) 초·중등학교 버전인가? 이 논문은 학교수학은 학문 수학으로 발전되는 학문수학의 코스를 벗어나지 않는다고 전제하고 있다. van Hiele의 이론으로 말하자면 학교수학 직전의 수학이 1수준이고, 학교수학은 2, 3, 4 수준이며 학문수학은 5수준 또는 그 이상이다. 이렇게 보면 4수준에서 5수준으로의 상승 과정은 학교수학이 학문 수학으로 연결되는 과정이다. van Hiele는 4수준에서 5수준으로 가는 과정에 주목하지 않았으며 실제로는 4수준에 대한 논의도 많이 하지 않았다. 이러한 관점에 주목한다면 어떻게 하면 예비중등교사들의 4수준을 5수준으로 올릴 수 있는가에 주목하고 있다.

학교수학과 학문수학을 연결하는 여러 가지 방법이 있을 것이다. 그러한 방법 중에서 관심을 갖는 것은 독일의 유명한 수학교육학자인 Wittmann의 교수단원(teaching unit)이

* kimjh@ynu.ac.kr

다. 간단히 말하자면 교수단원은 교수학습을 위한 일련의 적절한 프로그램을 의미하고 교수단원의 배경에는 Freudenthal의 수학화(mathematising, mathematization)가 있다고 본다. 잘 알려진 대로 Freudenthal은 Klein처럼 유명한 수학자인 동시에 수학교육학자이다. 그래서 그들은 학교수학과 학문수학의 두 분야를 동시에 자유스럽게 넘나들 수 있었다. 오늘날 ICMI의 유명한 수학교육 분야의 두 상이 이 두 사람의 이름을 기려 만든 것은 결코 우연이 아니다. 그러나 오늘날 그와 같이 두 분야를 자유롭게 넘나들 수 있는 사람은 그렇게 많지 않다. Klein보다는 후대이지만 Freudental보다는 20여년 앞서 태어난, 문제해결로 유명한 헝가리 출신의 미국 수학자 Polya가 그러하였다.

이 연구는 이러한 수학교육적 의의를 배경으로 예비교사들이 수학화의 경험을 통해 수학 생성의 본질을 경험하도록 하는 것에 목표를 두었다. 이 연구는 Wittmann이 제시한 교수단원에 각별하게 관심을 가지고 연구해 오신 박교식 교수님과 함께 수행되었다. 2005년 미국의 한 대학의 수학교육과에서 박교수님과 연구년을 같이 보내면서 교수단원에 관심을 갖게 되었다. 본 연구의 시초가 된 것은 중학교 1학년 과정에 다니던 아이의 과제인 100개의 사탕을 다양한 조건 하에서 단지(jar)들에 넣은 방법을 찾는 문제들이었다. 이 문제와 Euler가 제시한 자연수 분할을 포함한 다양한 분할을 포괄적으로 고려할 수 있는 분할모델을 구상하였으며, 이 모델은 수학화의 두 측면인 수평적 수학화와 수직적 수학화를 바탕으로 분할되는 수, 분할되어진 수들에 관계를 부여하여 만들어졌다(김진환, 박교식, 2006). 이 분할모델에 적응되는 사례들을 탐구하면서 학교수학을 학문수학으로 연결해가는 교수단원을 설계하는 좋은 소재를 찾을 수 있었다. 그 중 하나가 피보나치수열과 일반화된 단계의 피보나치수열들이다.

피보나치수열은 직전의 두 항의 합으로 다음의 항을 결정하는 점화 관계에 의해 만들어지는 수학사적 면에서는 심미적으로 의미있는 소재로 학교수학에서나 일상에서 수시로 언급되는 잘 알려진 수열이다. 이 수열의 생성원리는 전자의 세 항, 네 항 등의 합으로 후자를 결정하는 일반화된 피보나치수열로 확대된다. 본 논문은 이러한 피보나치수열들을 분할모델로 수학화한 다음 점화관계로 주어진 각 항의 값을 분할의 수로 환원하여 이 수를 찾는 공식을 만들었고 이 공식을 활용하여 연속하는 두 항에 대한 비율의 극한을 추적하는 것으로 구성하였다. 이 일련의 활동에서 가장 심혈을 기울인 것은 예비교사들이 가진 기존의 지식으로 수학화를 경험하도록 하는 것이었다. 여기에는 비교적 간단하면서도 일반화하는 데 적절한 탐구문제를 제시하여 해결하는 귀납적 방법이 적용되었다. 공식을 얻어가는 과정에서 조합과 중복조합의 원리와 포함과 배제의 원리가 활용되었고 비율의 추적에서는 CAS계산기가 활용되었다.

교수단원의 소재 개발은 학문수학과 학교수학간의 단절에서 벗어나 수학적 계통을 세우는 수학교육의 본질의 하나로 지속적인 연구가 필요하다. 또한 수학화의 교수학적 실제에 관한 아이디어의 체계적인 제시와 함께 교수학습의 수학적, 심리학적, 그리고 교수법적 양상을 통합하는 연구가 따라야 할 것으로 본다. 나아가 교수단원의 자료개발에 이어 교수학적 변환을 통해 학교수학으로 유입하는 문제에 대해서도 연구와 논의가 필요할 것으로 본다.

참고문헌

김진환, 박교식(2009). 일반화된 피보나치수열의 탐구를 위한 예비중등교사용 교수단원의 설계. **학교수학, 11**(2). 243-260.

김진환, 박교육(2006). 예비중등교사의 수학화 경험을 위한 교수단원의 설계: 수 분할모델의 탐구. **한국학교수학회논문집, 9**(1). 57-76.

Wittmann, E. (1984). Teaching units as the integrating core of mathematics education. *Educational Studies in Mathematics, 15*(1), 25-36.

Wittmann, E. (1995). Mathematics education as a design science. *Educational Studies in Mathematics, 29*(4), 355-374.

대한수학교육학회지 <학교수학> 제 11 권 제 2 호
Journal of Korea Society of Educational Studies in Mathematics
School Mathematics Vol.11, No.2, 243-260. Jun. 2009

일반화된 피보나치수열의 탐구를 위한 예비중등교사용 교수단원의 설계[1)]

김 진 환[*] · 박 교 식[**]

이 연구에서는 예비중등교사들이 수학화를 실제적으로 경험하도록 일반화된 피보나치수열의 일반항을 구하는데 유용한 공식을 찾고, 연속하는 두 항의 비율에 대한 극한을 탐구하는 교수단원을 설계한다. 예비중등교사들은 이 교수단원을 통해 자연수 n의 Fm형 k-분할의 수 F(n, m; k)를 조합으로 표현하는 과정을 탐구함으로써 일반화된 피보나치수열의 각 항을 구하는 공식을 찾을 수 있다. 이러한 공식을 CAS형 그래핑 계산기에 직접 넣어 구체적인 피보나치수를 구할 수 있고, 일반화된 피보나치수열의 연속하는 두 항의 비율로 얻어지는 수열이 수렴한다는 추측을 할 수 있게 해 준다. 이러한 사실을 바탕으로 일반형의 피보나치수열의 연속하는 항의 비율로 만든 수열의 극한에 대해 논한다. 이 교수단원을 통해 예비중등교사들은 중복조합, 조합, 포함과 배제의 원리, 연속함수의 중간값의 정리, 이차방정식 및 삼차방정식의 해법을 되새기고 이를 활용하여 수학을 발명하는 경험을 할 수 있다.

Ⅰ. 서 론

수학화는 간단히 말해 수학을 만드는 메커니즘이다(Freudenthal, 1973, 1983, 2008). 수학자들은 조직할 필요가 있는 현실 즉, '현상(phainomenon)'을 임의적으로 선택하고, 그리고 그것을 조직하기 위한 수단으로서의 새로운 수학 즉, '본질(nooumenon)'을 고안한다. 본질이 현상을 조직하고 나면, 그 본질을 새로운 현상으로 보고, 다시 그것을 조직하는 새로운 본질을 고안하는 새로운 수학화가 계속될 수 있다. 학교수학의 지도에서도 이러한 수학화를 추구한다(박교식, 1992; 정영옥, 1997; 우정호, 2000). 학교수학을 가르치고 배우는 것은 바로 수학화를 가르치고 배우는 것이다. 학생들은 수학화를 배워야 하고, 수학교사는 수학화를 가르쳐야 한다. 이 연구에서는 예비중등교사들이 장차 중등학교에서 학생들에게 수학화를 가르칠 수 있는 소양을 길러줄 수 있도록 탐구 과제로 이루어진 교수단원을 설계한다.

프로이덴탈(1973, 2008)은 수학화를 바탕으로 하는 교수·학습을 강조하고 여러 가지 예를 제시하기는 하였으나, 교수·학습의 차원에서 수학화의 실제에 관한 아이디어를 체계적으로 제시하지는 않았다. 그래서 이 연구에서는 비트만(Wittmann, 1984, 1995, 1999, 2001)의 교수단원에서 그러한 아이디어의 구현 방안을 찾고 있다. 그는 설계 과학의 관점에서 교수단원을 제시하고 있는 바, 그것은 적절한 수학적 소재를 위계적이고 순차적인 방식으로 제시한 프로그램이다. 이 연구에서는 예비중등교사들의 수

* 영남대학교 kimjh@ynu.ac.kr 교신저자
** 경인교육대학교 pkspark@gin.ac.kr

1) 이 연구는 2008학년도 영남대학교 학술연구조성비에 의한 것임.

학화 경험을 위한 교수단원을 설계하고자 하는 바, 이 설계에서 가장 중요한 것은 의미 있는 소재의 개발이다. 즉, 예비중등교사들의 입장에서 진정한 수학화를 경험할 수 있는 소재가 필요하다. 예를 들어 그러한 소재로 김진환과 박교식(2006)은 수 분할모델을 제시하였고, 김진환, 박교식, 이광호(2006)에서는 일정한 차를 갖는 수 분할모델을 제시하였으며, 김진환과 박교식(2008)은 m-단계의 피보나치수열이 Fm형 분할 모델의 해인 분할의 수로 모델화됨을 보였다.

이 연구에서는 첫째로, N형 분할과 무한형의 피보나치수열의 일반항을 조합을 이용하여 표현하는 공식을 구하고, 둘째로 Fm형 분할과 m-단계의 피보나치수열의 각 항을 조합을 이용하여 표현하는 공식을 구하고, 셋째로 일반화된 피보나치수열의 연속하는 두 항의 비율의 극한을 구하는 교수단원을 설계한다. 이 과정에서 김진환과 박교식(2008)에서 사용한 용어와 기호를 그대로 사용한다. 여기서 찾은 공식을 이용하면 복잡한 알고리즘의 조작 없이 Texas Instruments의 Voyage 200과 같은 CAS형 그래핑 계산기 등을 사용하여 피보나치수를 쉽게 계산할 수 있다. 더 나아가 m-단계의 피보나치수열의 연속하는 비율의 극한을 단계적으로 추정하고 방정식의 해법으로 그 극한을 찾을 수 있다.

II. 분할모델과 일반화된 피보나치수열

피보나치수열은 "한 쌍의 새끼 토끼가 한 달이 되면 어미가 되고 어미가 되면 매월 한 쌍의 새끼를 낳는다고 하면 처음 한 쌍의 새끼 토끼로부터 1년 뒤에는 모두 몇 쌍의 토끼를 있게 되는가? (모두 377쌍의 토끼가 있게 된다)"에서 비롯되었다. 피보나치수열은 수학에서뿐만 아니라, 다양한 자연 현상과 생물체, 예술과 건축물, 음악과 시, 과학과 공학 등에서 자연스럽게 취급되고 있다. 1960년에 Verner Hoggatt를 중심으로 피보나치 협회가 창설되고, 1962년 이래로 <The Fibonacci Quarterly>라는 전문 계간지가 출판될 정도로 피보나치수열은 수학적 연구의 보고이다(Garland, 1987).

피보나치수열은 $a_0=1$, $a_1=1$로 하고 $a_2=a_0+a_1$, $a_3=a_1+a_2$, … 등을 나타내는 점화관계식

$$a_n = a_{n-2} + a_{n-1} \ (n \geq 2)$$

을 만족하는 수열 $\{a_n\}(n=0, 1, 2, \cdots)$이다. 이 수열은

1, 1, 2, 3, 5, 8, 13, 21, 34, 55, 89, 144, 233, 377, …

로 주어진다. 이 통상적인 피보나치수열을 2-단계의 피보나치수열이라 하자. 이 이름은 m-단계의 피보나치수열로의 일반화에 대비하기 위한 것이다. m-단계의 피보나치수열은 통상적인 피보나치수열을 일반화한 것으로

$$a_0=1,\ \ a_1=1,\ \ a_2=2,\ \ a_3=4=2^2,\ \ a_4=8=2^3,\ \cdots,\ \ a_{m-1}=2^{m-2}$$

이고, 점화관계식

$$a_n = a_{n-m} + a_{n-m+1} + \cdots + a_{n-1} = \sum_{i=1}^{m} a_{n-i} \ (n \geq m)$$

을 만족하는 수열 $\{a_n\}(n=0, 1, 2, \cdots)$이다. 특히 $a_0=1$, $a_1=1$, $a_2=1$, …, $a_n=1$, … 로 주어지는 수열 $\{a_n\}(n=0, 1, 2, \cdots)$을 퇴화된 피보나치수열로 보고, 1-단계의 피보나치수열이라고 한다.

임의의 자연수 m에 대하여, 수열 $\{a_n\}(n=0, 1, 2, \cdots)$이 m-단계의 피보나치수열이면 a_n은 다음과 같이 주어짐을 알 수 있다:

$$a_n = \begin{cases} 1 & (n=0) \\ 2^{n-1} & (1 \leq n < m) \\ \sum_{i=1}^{m} a_{n-i} & (m \leq n) \end{cases}$$

이러한 형식에 맞추어 다음의 성질을 갖는 수열 $\{a_n\}$(n=0, 1, 2, ⋯)을 정의할 수 있다.

$$a_0=1,\ a_1=a_0,\ a_2=a_0+a_1,\ a_3=a_0+a_1+a_2,\ \cdots,$$

$$a_n = \sum_{i=0}^{n-1} a_i\ ,\ \cdots$$

이 수열 $\{a_n\}$을 무한형의 피보나치수열이라 하자. 즉, 무한형의 피보나치수열은

$$a_0 = 1,\ a_1 = 1 = 2^0,\ a_2 = 2^1,$$

$$a_3 = 1+1+2 = 2^2,\ a_4 = 1+1+2+2^2 = 2^3,\ \cdots,$$

$$a_n = 1+1+2+2^2+2^3+\cdots+2^{n-2} = 2^{n-1},\ \cdots$$

로 주어진다.

김진환과 박교식(2006)은 수의 유한 배열, 일정한 넓이의 가로와 세로의 길이, 자연수에 대한 통상적 분할 등을 수 분할의 관점에서 통합한 다음, 이를 일반화하여 수 S의 k-분할모델을 정의했다. 그 분할 모델의 유형은 분할원소로 허용하는 값의 범위와 분할원소에 대한 k-1개의 관계로 구성된 인접관계 R에 의해 결정된다. 이 연구에서는 분할모델의 특별한 상황으로 분할될 수 S가 자연수 n이고, n의 k-분할모델에서 분할원소가 정수의 부분집합 A에 속하면서 분할원소 사이의 인접관계 $R=(R_1, R_2, \cdots, R_{k-1})$의 A에서의 관계 R_i는 다음과 같이 주어진다.

$$p_i\ R_i\ p_{i+1} \Leftrightarrow p_i, p_{i+1} \in A \quad (i=1, 2. \cdots, k-1)$$

이러한 인접관계는 두 인접원소 사이의 제약조건을 최소화한다. 이 분할 모델의 해인 n의 k-분할은 $(p_1, p_2, \cdots, p_k)$로 나타내도록 한다.

이 연구에서 취급되는 정수 집합 Z의 부분집합 A는 다음과 같이 주어진다.

$$Z_m=\{1, 2, \cdots, m\}\ (m=1, 2, 3, \cdots)$$

$$Z^+=\{1, 2, 3, \cdots\}$$

$$Z^+\cup\{0\}=\{0, 1, 2, 3, \cdots\}$$

이처럼 원소에 부여되는 조건 및 인접한 두 원소의 관계에 따른 분할모델의 유형을 <표 Ⅱ-1>처럼 정하기로 한다.

김진환과 박교식(2008)은 m-단계의 피보나치 수열에 대한 하나의 모델을 구성하기 위해 자연수 n의 Fm형 k-분할모델을 사용하였고 이를 통해 예비중등교사들이 분할의 수와 피보나치 수열 사이의 관계를 찾게 하고 있다. 그 내용을 살펴보면 분할원소 p_i (i=1, 2, ⋯, k)는 Z_m (m=1, 2, 3, ⋯)에 속하도록 제한하여 Fm형 분할 모델을 제시한다. 예비중등교사들에게 탐구문제를 제시하고 이를 해결하는 과정에서 스스로 필요한 기호를 고안하도록 고무한다. 특히 분할원소가 Z_m에 속하는 자연수 n의 k-분할의 수와 분할원소가 Z_m에 속하는 자연수 n의 전체 분할의 수를 나타내는 기호가 필요하다. 예를 들어 기호 F(n, m; k)는 분할원소가 Z_m에 속하는 자연수 n의 k-분할의 수, 즉 n의 Fm형 k-분할의 수를 나타내는 것으로 한다.

기호 F(n, m)은 분할원소가 Z_m에 속하는 자연수 n의 전체 분할의 수를 나타내는 것으로 n

<표 Ⅱ-1> 원소 및 원소의 차의 조건에 따른 분할모델의 유형

분할모델의 유형	분할원소	인접관계
$N*$형	$Z^+\cup\{0\}$	인접한 두 원소가 $Z^+\cup\{0\}$에 포함
N형	Z^+	인접한 두 원소가 Z^+에 포함
Fm형	Z_m	인접한 두 원소가 Z_m에 포함

의 Fm형 분할의 총수이다.

특히, n ⟨ k이면 $F(n, m; k)=0$ 이므로

$$F(n, m) = \sum_{k=1}^{n} F(n, m; k)$$

이다. 예를 들어 $F(5, 3)$은 분할원소가 Z_3에 속하는 자연수 5의 전체 분할의 수 즉, 자연수 5의 $F3$형 1-분할, 2-분할, 3-분할, 4-분할, 5-분할의 수를 모두 더한 것이다.

특별히 이론적 편의를 위하여 $F(0, m)=1$로 두기로 한다. 김진환과 박교식(2008)에 따르면

$F(1, m)=1=2^0$, $F(2, m)=2=2^1$, $F(3, m)=4=2^2$, $F(4, m) = 8 = 2^3$, $\cdots$, $F(m-1, m) = 2^{m-2}$,

$$F(n, m) = F(n-m, m) + F(n-m+1, m) + \cdots + F(n-1, m)$$

이 성립하므로, n의 Fm형 분할의 총수를 나타내는 수열 $\{F(n, m)\}$이 m-단계의 피보나치수열임을 확인할 수 있다.

Fm형 분할에 대한 기호 형식에 따라 분할원소가 Z^+에 속하는 자연수 n의 k-분할의 수 즉, n의 N형 k-분할의 수를 $F(n, \infty; k)$로 나타내고, 기호 $F(n, \infty)$는 분할원소가 Z^+에 속하는 자연수 n의 전체 분할의 수 즉, n의 N형 분할의 총수를 나타내는 것으로 한다.

III. N 형 분할과 무한형의 피보나치수열

여기서는 N형 분할과 무한형의 피보나치수열의 일반항을 조합을 이용하여 구하는 교수단원을 설계한다. 이를 위해 특수한 경우로부터 일반적인 경우로의 확장을 요구하는 탐구문제를 설정하고, 그 해결과정을 위계적으로 제시한다. 예비중등교사들은 이 탐구 문제가 제공하는 현상을 조직하기 위해 일반적인 분할모델의 분할 수에 대한 패턴을 찾아 공식화해야 한다. 그들은 분할모델이 일반적인 피보나치수열을 탐구하는 수학적 모델임을 토대로, 분할모델의 분할의 수를 중복조합을 사용해서 조직화하고 또, 그것을 피보나치수와 관련지어야 한다. 그들은 이 탐구문제를 해결하는 과정에서 귀납 결과를 바탕으로 패턴을 찾아 공식을 만들게 된다.

[탐구 문제] **(1)** 각 분할 원소 p_i (i=1, 2. ⋯, k)는 $Z^+ \cup \{0\}$에 속하는 $N*$형 k-분할모델에 대해 다룬다. 분할될 수가 6일 때, $N*$형 2-분할이 몇 개 있는지, $N*$형 3-분할이 몇 개 있는지 각각 조사하여라. 이것을 일반화하여 자연수 n의 $N*$형 k-분할은 모두 몇 개 있는지를 공식화하여라. **(2)** 각 분할 원소 p_i (i=1, 2, ⋯, k)는 Z^+에 속하는 N형 k-분할모델에 대해 다룬다. 분할될 수 6일 때, N형 3-분할이 몇 개 있는지 찾아보아라. 이것을 일반화하여 분할될 수가 자연수 n일 때, N형 k-분할은 모두 몇 개 있는지 공식화하여라.

[탐구문제] (1)의 6의 $N*$형 2-분할의 수를 구하기 위하여 2-분할을 다음의 몇 개의 예처럼 우선 6개의 구별되지 않는 검정바둑돌 ●을 일렬로 늘어놓은 나열된 순서에 따라 바둑돌에 번호를 붙인다. 1개의 막대 | 로 사용하여 두 개의 부분(바둑돌이 배분되지 않는 부분도 허용)으로 나누는 방법에 대응시킨다.

[1] 나열하여 번호 매김: ❶ ❷ ❸ ❹ ❺ ❻

[2] 1개의 | 을 가지고 두 부분으로 나눔: 예를 들면 다음과 같다.

❶ ❷ ❸ ❹ ❺ | ❻ ↔ (5,1)

❶ | ❷ ❸ ❹ ❺ ❻ ↔ (1,5)

❶ ❷ ❸ | ❹ ❺ ❻ ↔ (3,3)

| ❶ ❷ ❸ ❹ ❺ ❻ ↔ (0,6)

⋯

그러면 6의 $N*$형 2-분할들과 6개의 ●과 1개의 ❘을 가지고 배열할 수 있는 방법과 일대 대응 관계를 이룬다. 여기서 6개의 ●과 1개의 ❘을 가지고 배열할 수 있는 전체 방법의 수는

$$\frac{7!}{6!1!} = {}_7C_6$$

이다.[2] 따라서 6의 $N*$형 2-분할의 수는 ${}_7C_6=7$ 이다.

탐구문제 (1)의 6의 $N*$형 2-분할의 수는 다른 상황으로 전환 가능하다. 대표적 상황으로 6의 $N*$형 2-분할의 수는 방정식 $x_1+x_2=6$의 음이 아닌 정수해들의 개수이다. 또한 '2개의 서로 다른 상자 (각 상자에는 같은 종류의 검정바둑돌이 충분히 있음)에서 6개의 바둑돌을 뽑는 방법의 수'이기도 하고 6개의 검정 바둑돌을 서로 다른 2개의 상자에 분배하는 (빈 상자 허용) 방법의 수이기도 하다. 이것은 서로 다른 두 종류의 물건을 중복을 허락하여 6개를 뽑는 방법의 수로 ${}_2H_6$로 나타낸다.[3] 이것을 정리하여 <표 Ⅲ-1>로 요약할 수 있다.

6의 $N*$형 3-분할의 수를 구하기 위하여 3-분할을 다음의 몇 개의 예처럼 대응시켜 보자.

[1] 일렬로 나열하고 번호 매김:

❶ ❷ ❸ ❹ ❺ ❻

[2] 2개의 ❘를 사용하여 세 부분으로 나누기: 몇 개의 예를 들면 다음과 같다.

(2, 3, 1) ↔ ●●❘●●●❘●

(3, 0, 3) ↔ ●●●❘❘●●●

(0, 1, 5) ↔ ❘●❘●●●●●

(0, 0, 6) ↔ ❘❘●●●●●●

이것은 6의 모든 $N*$형 3-분할들은 6개의 ●과 2개의 ❘을 가지고 배열하는 모든 방법들 사이에 일대일대응 관계를 이룸을 보여 준다. 따라서 6의 $N*$형 3-분할의 수는 6개의 ●과 2개의 ❘을 가지고 배열할 수 있는 방법을 찾는 문제이다. 여기서 6개의 ●과 2개의 ❘을 가지고 배열할 수 있는 모든 방법의 수는

$$\frac{8!}{6!2!} = {}_8C_6$$

로 주어진다.

<표 Ⅲ-1> 6의 $N*$형 2-분할과 다양한 표현법

<table>
<tr><th>6의 $N*$형 2-분할</th><th colspan="2">6개의 검정바둑돌을 서로 다른 2개의 상자에 넣는 방법 (빈상자허용)</th><th colspan="2">2개의 서로 다른 상자 (각 상자에는 검정바둑돌이 충분히 있음)에서 6개의 바둑돌을 뽑는 방법</th></tr>
<tr><td>(6,0)</td><td>●●●●●●❘</td><td rowspan="7">6개의 ●과 1개의 ❘을 가지고 배열할 수 있는 방법의 수
$\frac{7!}{6!1!}={}_7C_6$</td><td rowspan="7">$x_1+x_2=6$의 음이 아닌 정수해</td><td rowspan="7">2의 6-중복조합
${}_2H_6$</td></tr>
<tr><td>(5,1)</td><td>●●●●●❘●</td></tr>
<tr><td>(4,2)</td><td>●●●●❘●●</td></tr>
<tr><td>(3,3)</td><td>●●●❘●●●</td></tr>
<tr><td>(2,4)</td><td>●●❘●●●●</td></tr>
<tr><td>(1,5)</td><td>●❘●●●●●</td></tr>
<tr><td>(0,6)</td><td>❘●●●●●●</td></tr>
</table>

2) k개의 a와 m개의 b를 배열하는 방법의 수는 $\frac{(k+m)!}{k!m!} = {}_{k+m}C_k$ 이다.

3) 2의 6-중복조합이라 한다. 제7차 교육과정에서는 중복조합을 학교수학에서 배제하고 있지만, 중등학생들도 충분히 다룰 수 있는 개념이다.

그러므로 6의 $N*$형 3-분할의 수는 ${}_8C_6$이다.

한편, 6의 $N*$형 3-분할의 수는 방정식 $x_1+x_2+x_3=6$의 음이 아닌 정수해들의 개수이다. 더 나아가 '3개의 서로 다른 상자 (각 상자에는 같은 종류의 검정바둑돌이 충분히 있음)에서 6개의 바둑돌을 뽑는 방법의 수'이기도 하다. 이것을 ${}_3H_6$ 으로 나타낸다. 지금까지의 두 예를 바탕으로 자연스럽게 일반화를 할 수 있다. 즉, 이 예는 일반화를 위한 충분한 자료가 될 수 있다.[4)]

일반적으로 자연수 n의 $N*$형 k-분할의 수는 n개의 ●과 k-1개의 | 을 배열하는 방법의 수이고 n의 $N*$형 k-분할의 수는 다음의 방정식

$$x_1+x_2+\cdots+x_k = n$$

의 음이 아닌 정수해들의 개수이다. 이는 k의 n-중복조합으로 ${}_kH_n$ 으로 나타낸다. 중복조합은 조합으로 다음과 같이 관계된다:

$${}_kH_n = \frac{(n+k-1)!}{n!(k-1)!} = {}_{k+n-1}C_n$$

[탐구 문제]의 (2)에서의 6의 N형 3-분할의 수 $F(6, \infty; 3)$을 구해 보자. 6의 N형 3-분할의 수는 6중 3을 취해 각 분할 원소에 각각 1씩 먼저 배정해 두고, 나머지 6-3(=3)을 세 분할 원소에 0을 허용하여 배정하는 경우의 수로 바꿀 수 있다. 따라서 6의 N형 3-분할의 수 $F(6, \infty; 3)$는 6-3(=3)의 $N*$형 3-분할의 수를 찾는 것이다. 또한 $F(6, \infty; 3)$은 방정식 $x_1+x_2+x_3=6$의 양의 정수해들의 개수와 같고, 이것은 방정식 $x_1+x_2+x_3=3$의 음이 아닌 정수해들의 개수와도 같다. 그 수는 3의 3-중복조합으로 ${}_3H_{6-3} = {}_5C_3$ 으로 주어진다. 따라서 다음을 알 수 있다.

$$F(6, \infty; 3) = {}_3H_{6-3} = {}_5C_3$$

이것은 n의 N형 k-분할의 수 $F(n, \infty; k)$를 구하는 문제로 자연스러운 일반화로 연결될 수 있는 핵심적인 Criterion task가 될 수 있다. n의 N형 분할모델의 각 분할 원소들이 모두 양의 정수이어야 하므로 만약 $n < k$이면 n의 N형 k-분할은 없으므로 $F(n, \infty; k)=0$이다. n=k이면 각 분할원소가 1인 하나의 분할만이 있으므로 $F(n, \infty; k)=1$이다. $n > k$이면 각 원소에 1을 배정한다. 그런 다음 남은 n-k에 대한 $N*$형 k-분할의 수를 찾는 방법의 수이다. 따라서 n의 N형 k-분할의 수 $F(n, \infty; k)$는

$$x_1+x_2+\cdots+x_k = n-k$$

의 음이 아닌 정수해들의 개수와도 같다. 이것은

$$F(n, \infty; k) = {}_kH_{n-k} = {}_{n-1}C_{n-k}$$

로 주어진다.

학교수학에서는 조합의 기호 ${}_nC_r$ 에서 n을 양의 정수, r을 음이 아닌 정수로 한정시키고 있으나, 고등수학에서는 그 범위를 정수까지 (더 나아가 n은 실수까지) 확대하여, 정수 p, q $(q > 0)$에 대해 다음과 같이 정의한다. 편의적으로 p는 실수로 확대시켜서 정의한다.

$${}_pC_q = \frac{p(p-1)(p-2)\cdots(p-q+1)}{q!},$$

$${}_pC_0=1, \quad {}_pC_{-q}=0$$

CAS형 그래핑 계산기는 모든 정수 p, q에 대하여 조합 ${}_pC_q$ 을 이러한 정의에 맞게 계산해 준다.

이 정의에 준하면 임의의 자연수 n, k에 대하여 이들 사이의 대소여부에 관계없이

$$F(n, \infty; k)= {}_{n-1}C_{n-k}$$

라 할 수 있다. 따라서 $F(n, \infty)$는 n의 N형 분할의 총수를 나타내고 $n < k$이면 $F(n, \infty; k)=0$이므로

4) 이와 같이 학생들이 일반화에 충분한 자료가 될 수 있는 과제를 Criterion task(Wills, 1970)라 한다.

$$F(n, \infty) = \sum_{k=1}^{n} F(n, \infty; k)$$

로 주어진다. 이들은 다음과 같이 계산될 수 있다.

$$F(1, \infty) = F(1, \infty; 1) = {}_0C_0 = 1 = 2^0,$$

$$F(2, \infty) = F(2, \infty; 1) + F(2, \infty; 2) = {}_1C_1 + {}_1C_0 = 1+1 = 2^1,$$

$$F(3, \infty) = F(3, \infty; 1) + F(3, \infty; 2) + F(3, \infty; 3) = {}_2C_2 + {}_2C_1 + {}_2C_0 = 2^2$$

일반적으로 다음과 같다.

$$F(n, \infty) = \sum_{k=1}^{n} F(n, \infty; k) = {}_{n-1}C_{n-1} + {}_{n-1}C_{n-2} + \dots + {}_{n-1}C_1 + {}_{n-1}C_0 = 2^{n-1}.$$

기호적 편의를 위해 $F(0, m)=1$로 두고 있다. 그러므로

$$F(n,\infty) = 2^{n-1} = 1+2^0+2^1+2^2+\dots+2^{n-2} = \sum_{i=0}^{n-1} F(i, \infty)$$

로 주어진다. 수열 $\{F(n, \infty)\}$은 앞 절에서 정의한 무한형의 피보나치수열로 공비가 2인 기하급수로 밀접한 관계를 이룸을 알 수 있다.

N형 분할과 무한형의 피보나치수열에 관계한 지금까지의 논의 결과는 다음과 같은 공식으로 요약된다.

[성질 1] 임의의 자연수 n, k에 대하여

(a) $F(n, \infty; k) = {}_{n-1}C_{n-k}$

(b) $F(n, \infty) = 2^{n-1}$

본 절을 통하여 자연수 n의 N형 k-분할의 개수 $F(n, \infty; k)$와 n의 N형 분할의 개수 $F(n, \infty)$에 대한 공식의 유도는 조합과 중복조합의 원리에 연결된다. 예비중등교사들은 6의 N형 분할의 수를 찾는 방법에서 알 수 있는 사실을 바탕으로, 분할될 수가 n인 일반적 패턴을 추측해 낼 수 있고 기술할 수 있는 Criterion Task의 사용방법에 익숙해져야 한다.

Ⅳ. Fm형 분할과 m-단계의 피보나치수열에 대한 표현

여기서는 Fm형 분할과 m-단계의 피보나치 수열의 각 항을 조합을 이용하여 표현하는 교수단원을 설계한다. 이를 위해 특수한 경우로부터 일반적인 경우로의 확장을 요구하는 탐구 문제를 설정하고, 그 해결과정을 위계적으로 제시한다. 통상적으로는 m=1, 2, 3, ... 에서 무한으로의 접근을 생각하지만, 여기서는 무한형인 N형의 방법을 바탕으로 유한형인 Fm형을 다룬다.

각 분할원소 p_i (i=1, 2. ⋯, k)가 Z_m에 속하는 자연수 n의 Fm형 k-분할의 수를 $F(n, m; k)$로 나타낸다. $F(n, m)$은 분할원소가 Z_m에 속하는 자연수 n의 전체 분할의 수이다. 이 경우

$$F(n, m) = \sum_{k=1}^{n} F(n, m; k)$$

이다. $a_n = F(n, m)$이라 하면 수열 $\{a_n\}$은 m-단계의 피보나치수열이다(김진환, 박교식, 2008). 이제 $F(n, m; k)$를 구하는 하나의 공식을 구하여 보자. 이것은 m-단계의 피보나치수열에 대한 새로운 표상 방법을 제공할 수 있다. 우선 구체적인 상황을 제공한다. 이 문제의 해결 방안은 일반화된 문제로 연결되는 실마리를 제공한다. 이것은 Criterion task의 역할을 할 수 있고, $F(n, m; k)$에 대한 공식을 제공한다. 이러한 공식을 활용하여 CAS형 그래핑 계산기로 구체적 수에 대한 답을 얻을 수 있다.

[탐구 문제] 분할될 수가 16일 때 $F5$형 4-분할들을 관찰하고 이를 토대로 m-단계 형의 피

보나치수열의 일반항들을 어떻게 나타낼 수 있는 지를 탐구하여라.

[탐구 문제]에서 분할될 수가 16일 때 $F5$형 4-분할의 수 $F(16,\ 5;\ 4)$를 구해 보자. 그것의 값은 방정식

$$x_1+x_2+x_3+x_4=16$$
$$(1\le x_1,\ x_2,\ x_3,\ x_4\le 5)$$

의 정수해의 수를 구하는 것이다. 이 수를 구하기 위하여 다음의 몇 단계로 나누고 포함과 배제의 원리를 적용한다.5)

[단계1] 방정식 $x_1+x_2+x_3+x_4=16$의 양의 정수해의 수를 구한다. 이것은 15의 N형 4-분할의 수 $F(16,\ \infty;\ 4)$와 같다. 이것은 [성질 1]로부터 다음을 알 수 있다.

$$F(16,\ \infty;\ 4)\ =\ {}_{15}C_{12}\ =\ 455$$

이 값은 ${}_4C_0\times{}_{15}C_{12}$로 나타내기로 하자, 이것은 $F(16,\ 5;\ 4)$의 공식의 표현에 유용하다.

[단계2] 방정식 $x_1+x_2+x_3+x_4=16$의 양의 정수해들 중

(i) $x_1\ge 6$이고 $x_2,\ x_3,\ x_4\ \ge 1$인 정수해의 개수를 구한다.

(ii) $x_2\ge 6$이고 $x_1,\ x_3,\ x_4\ \ge 1$인 정수해의 개수를 구한다.

(iii) $x_3\ge 6$이고 $x_1,\ x_2,\ x_4\ \ge 1$인 정수해의 개수를 구한다.

(iv) $x_4\ge 6$이고 $x_1,\ x_2,\ x_3\ \ge 1$인 정수해의 개수를 구한다.

이 네 가지 경우에 대해 정수해의 수는 서로 같음을 쉽게 알 수 있다. (i)의 경우에 대한 해의 개수를 구하기 위하여 우선 x_1에 5를 먼저 배정한 다음 방정식 $x_1+x_2+x_3+x_4=16-5$의 양의 정수해의 개수를 구한다. 그러면 (i)의 경우에 대한 양의 정수해의 개수는 11의 N형 4-분할의 수 $F(11,\ \infty;\ 4)$와 같다. [성질 1]로부터 $F(11,\ \infty;\ 4)\ =\ {}_{10}C_7$이다. 따라서 네 가지 경우에 대한 해의 개수의 합은 다음과 같다.

$${}_4C_1\times F(11,\ \infty;\ 4)\ ={}_4C_1\times\ {}_{10}C_7$$
$$=\ 4\cdot 120=480$$

[단계3] 방정식 $x_1+x_2+x_3+x_4=16$의 양의 정수해들 중 x_i (i=1, 2, 3, 4)의 두 값이 6이상인 경우의 해의 수를 구한다. 이러한 경우의 선택은 ${}_4C_2$가지가 있고, 각 경우에 대한 정수해의 개수는 서로 같다. ${}_4C_2$ 경우의 하나로 $x_1+x_2+x_3+x_4=16$ 을 만족하는 양의 정수해들 중 $x_1\ge 6,\ x_2\ge 6$인 해의 수를 구하여 보자. 이것은 우선 x_1 및 x_2에 5를 먼저 배정한 다음 $x_1+x_2+x_3+x_4\ =\ 16-10$ 을 만족하는 양의 정수해의 수와 같다. 이것은 6의 N형 4-분할의 수와 같고, [성질 1]로부터 $F(6,\ \infty;\ 4)\ =\ {}_5C_2$이다. 따라서 이들 경우들에 대한 해의 개수의 총합은 다음과 같다.

$${}_4C_2\ \times F(6,\ \infty;\ 4)\ =\ {}_4C_2\ \times{}_5C_2$$
$$=\ 6\cdot 10\ =\ 60$$

[단계4] 방정식 $x_1+x_2+x_3+x_4=16$의 양의

---

5) 포함과 배제의 원리는 원소의 개수를 구하는 원리로 U를 전체집합으로 유한집합이고, A_i (i=1, 2, ⋯, k)를 부분집합이라 하면 다음이 성립한다. $n(A)$는 집합 A의 원소의 개수를 나타낸다.

$$n(U)-n(\cup_{i=1}^{k}A_i)=n(U)-\sum_{i=1}^{k}n(A_i)+\sum_{1\le i<j\le k}n(A_i\cap A_j)-\sum_{1\le i<j<l\le k}n(A_i\cap A_j\cap A_l)+\cdots$$
$$+(-1)^k n(A_1\cap A_2\cap\cdots\cap A_k)$$

(k=2인 경우) $n(U)-n(A_1\cup A_2)=n(U)-n(A_1)-n(A_2)+n(A_1\cap A_2)$

정수해들 중 x_i (i=1, 2, 3, 4)의 세 개의 값이 모두 6이상인 경우의 해의 수를 구한다. 이러한 경우의 선택은 ${}_4C_3$가지가 있고 각 경우에 대한 해의 개수는 서로 같다. 이들 중 한 경우로 $x_1+x_2+x_3+x_4=16$을 만족하는 양의 정수해의 수들 중 $x_1\geq 6$, $x_2\geq 6$, $x_3\geq 6$인 양의 정수해의 수를 구하여 보자. 이것은 우선 x_1, x_2, x_3에 각각 5를 먼저 배정하고 나서 $x_1+x_2+x_3+x_4=16-15$ 를 만족하는 양의 정수해의 개수를 구하는 것과 같다. 이것은 1의 N형 4-분할의 수 $F(1, \infty; 4)$로 나타낼 수 있고 그 값은 $F(1, \infty; 4) = {}_0C_{-3} =0$이다. 따라서 이들 경우들에 대한 해의 개수의 총합은 다음과 같다.

$${}_4C_3 \times F(1, \infty; 4) = {}_4C_3 \times {}_0C_{-3} = 4 \cdot 0 = 0$$

[단계5] 방정식 $x_1+x_2+x_3+x_4=16$의 양의 정수해들 중 x_i (i=1, 2, 3, 4)의 모든 값이 6이상인 경우의 해의 수를 구한다. 이러한 경우의 선택은 ${}_4C_4$ (=1)가지가 있다. $x_1+x_2+x_3+x_4=16$을 만족하는 양의 정수해들 중 $x_i\geq 6$ (i=1, 2, 3, 4)인 해의 수는 방정식 $x_1+x_2+x_3+x_4=16-20$ 을 만족하는 양의 정수해의 수와 같다. 이 경우의 해는 없다. 따라서 그 수는 0이다. 이때의 0을 ${}_{-5}C_{-8}$로 나타낼 수 있다. 따라서 구하고자 하는 해의 개수는 다음과 같다.

$${}_4C_4 \times {}_{-5}C_{-8} =1 \cdot 0 = 0$$

[포함과 배제의 원리 적용] $F(16, 5; 4)$는 방정식 $x_1+x_2+x_3+x_4=16$ $(1\leq x_1, x_2, x_3, x_4\leq 5)$를 만족하는 정수해의 수로 포함과 배제의 원리를 적용하면 다음과 같이 주어진다.

$$F(16, 5; 4) = {}_4C_0 \times {}_{15}C_{12} - {}_4C_{14} \times {}_{10}C_7 + {}_4C_2 \times {}_5C_2 - {}_4C_3 \times {}_0C_{-3} + {}_4C_4 \times {}_{-5}C_{-8} = 455-480+60-0+0 = 35$$

이제 임의의 자연수 n, m, k에 대하여 $F(n, m; k)$는 위의 예시처럼 k단계를 수행하고 포함과 배제의 원리를 적용한다면 다음의 일반화된 성질을 유도할 수 있다.

[성질 2] n, m, k는 임의의 자연수이고, 다음이 성립한다.

(a) $F(n, m; k)$

$$= \sum_{i=0}^{k} (-1)^i \, {}_kC_i \times {}_{n-1-im}C_{n-k-im}$$

(b) $F(n, m)$

$$= \sum_{k=1}^{n} \sum_{i=0}^{k} (-1)^i \, {}_kC_i \times {}_{n-1-im}C_{n-k-im}$$

이제 다음과 같은 특별한 경우에 대한 $F(n, m; k)$의 값을 살펴보기로 한다:

(1) $F(11, 5; 2)$, (2) $F(5, 5; 6)$, (3) $F(4, 5; 3)$

(1)의 경우에 11의 $F5$형 2-분할 (p_1, p_2) …, 는 $p_1+p_2=11$을 만족하고, p_1, p_2의 값은 5를 넘지 못하므로 p_1+p_2는 10을 넘지 못한다. 이런 분할은 존재하지 않으므로 11의 $F5$형 2-분할의 수 $F(11, 5; 2)=0$이다.

(2)의 경우에 5의 $F5$형 6-분할 $(p_1, p_2, \cdots, p_6)$은 $p_1+p_2+\cdots+p_k=5$를 만족하고 각 p_i (i=1, 2, …, 6)의 값은 1이상의 수이다. 이런 분할은 존재하지 않으므로 5의 $F5$형 6-분할의 수 $F(5, 5; 6)=0$이다.

(3)의 경우에 4의 $F5$형 3-분할 (p_1, p_2, p_3)은 $p_1+p_2+p_3=4$를 만족하고 각 p_1, p_2, p_3의 값은 4를 넘지 못한다. 따라서 p_1, p_2, p_3의 범위 Z_5를 Z^+로 넓혀 해를 구하여도 무관하고 그 해의 수 또한 불변이다. 따라서 4의 $F5$형 3-분할의 수 $F(4, 5; 3)$은 4의 N형 3-분할의 수 $F(4, \infty; 3)$과 같다. [성질 1]에 의하여 $F(4, 5; 3)= F(4, \infty; 3)= {}_3H_1= {}_3C_2= 3$이다.

이러한 사실들은 다음과 같은 일반화로 연결되어 $F(n, m; k)$의 값이 결정된다.

(1) mk <n이면 $F(n, m; k)=0$이다. 이것은 방정식 $x_1+x_2+\cdots+x_i=n$ $(1\leq x_1, x_2, \cdots, x_i\leq m)$에서 각 x_i (i=1, 2, ⋯, k)의 값은 m을 넘지 못하여 $x_1+x_2+\cdots+x_k=n$ $(1\leq x_1, x_2, \cdots, x_k\leq m)$의 값은 mk를 넘지 못하므로 n보다 항상 작기 때문이다.

(2) n <k이면 $F(n, m; k)=0$이다. 이것은 방정식 $x_1+x_2+\cdots+x_k=n$ $(1\leq x_1, x_2, \cdots, x_k\leq m)$의 각 x_i (i=1, 2, … , k)의 값은 자연수로 1 이상이므로, 이들 값의 합은 k이상으로 n보다 항상 크기 때문이다.

(3) k≤n≤m인 경우, $F(n, m; k)=F(n, \infty; k)={}_kH_{n-k}={}_{n-1}C_{n-k}$이다. 자연수 n의 Fm형 k-분할 $(p_1, p_2, \cdots, p_k)$은 $p_1+p_2+\cdots+p_k=n$을 만족하고 각 p_i (i=1, 2, … , k)의 값은 n을 넘지 못한다. 따라서 p_i (i=1, 2, … , k)의 범위 Z_m을 Z^+로 넓혀 해를 구하여도 무관하고, 그 해의 개수 또한 불변이다. 따라서 n의 Fm형 k-분할의 수 $F(n, m; k)$는 n의 N형 k-분할의 수 $F(n, \infty; k)$와 같다. $F(n, m; k)$는 앞장에서 다룬 바와 같이 ${}_kH_{n-k}={}_{n-1}C_{n-k}$로 주어진다. 따라서 $F(n, m; k)$는 k의 (n-k)-중복조합으로서

$$F(n, m; k)=F(n, \infty; k)={}_kH_{n-k}={}_{n-1}C_{n-k}$$

로 나타낼 수 있다. 특히 n=k이면 $F(n, m; k)={}_{n-1}C_0=1$이다. 실제로 $p_i=1$ (i=1, 2, … , k)로 분할이 하나뿐이다.

(1), (2), (3)의 사실은 다음과 같이 요약된다.

$$F(n, m; k)=\begin{cases}0 & (mk<n)\\ 0 & (n<k)\\ {}_{n-1}C_{n-k} & (n\leq m)\end{cases}$$

특히, mk <n 이면 $F(n, m; k)=0$ 란 사실과 [성질 2]의 (1)로부터 k+1개의 합

$$\sum_{i=0}^{k}(-1)^i\,{}_kC_i\times{}_{n-1-im}C_{n-k-im}$$

에서 0이 아닌 항의 수가 k개 이상이면 그 합이 0임을 알 수 있다.

공식화한 [성질 2]를 활용하여 $F(n, m; k)$ 및 $F(n, m)$의 값을 계산하여 보자. $F(11, 3; 7)$의 값을 위의 공식으로 전개하면 다음과 같다.

$$F(11, 3; 7)={}_7C_0\times{}_{10}C_4-{}_7C_1\times{}_7C_1+{}_7C_2\times{}_4C_{-2}-\cdots$$
$$=210-49+0-\cdots=161$$

계산 편의를 위해 TI의 CAS형 그래핑 계산기 Voyage 200을 활용한다. Home 모드에서 입력창에 다음과 같이 넣는다.

```
∑((-1)^i*nCr(k,i)*nCr(n-1-i*m,n-k-i*m),i,0,k)
  → f(n,m,k)
∑(∑((-1)^i*nCr(k,i)*nCr(n-1-i*m,n-k-i*m),i,0,k),k,1,n)
  → f(n,m)
```

[그림 IV-1]와 같이 f(n,m,k) 및 f(n,m)에 n, m(=3), k에 여러 자연수를 대입하여 값을 구할 수 있고 <표 IV-1>를 만들 수 있다.

이러한 표는 새로운 성질을 찾는 동기를 줄 수 있다.

V. m-단계의 피보나치수열에서 연속하는 두 항의 비율의 극한

통상적인 피보나치수열에서 연속하는 두 항의 비율로 구성된 수열은 하나의 상수값이고, 이 극한이 유명한 황금비라는 사실은 매우 흥미롭게 다루어지는 피보나치수열의 특성이다. 이와 유사한 성질이 일반화된 피보나치수열에서도 성립하는지 알아보기로 한다. 예비중등교

사들은 중간값의 정리를 이용하여 이러한 성질을 발명할 수 있다. 실제로 이 성질이 성립하지만, 그것을 수학적으로 엄밀하게 증명하는 것은 예비중등교사들의 수준을 넘는다. 따라서 여기서는 그것을 엄밀하게 증명하는 것을 요구하는 대신, 그러한 성질이 성립할 것이라는 추측을 할 수 있게 하는 것에 초점을 맞춘다.

m-단계의 피보나치수열 $F(n, m)$ (n=0, 1, 2, …)에 대한 연속하는 두 항의 비율을

$$G(n, m)=\frac{F(n+1,\ m)}{F(n,\ m)} \quad (n=0,\ 1,\ 2,\ \cdots)$$

으로 나타내기로 하자.

[탐구 문제] (1) CAS형 그래핑 계산기를 사용하여 m= 2, 3, 4, 7일 때 -단계의 피보나치수열에서 연속하는 두 항의 비율 $G(n, m)$로 주어진 수열의 값을 조사하여라. 그 결과로부터 수열 $\{G(n, m)\}$이 수렴한다고 추측할 수 있는가? 더 나아가 그 극한을 방정식 $x^m - x^{m-1} - \cdots - x - 1 = 0$의 실근과 관계지울 수 있는 가?

(2) CAS형 그래핑 계산기로 m= 2, 3, 4, 5, 6, 7일 때 방정식 $f_m(x) = x^m - x^{m-1} - \cdots - x - 1 = 0$의 실근에 대한 근삿값을 조사하여라. 그 결과로부터 수열 $\{G(n, m)\}$의 각 항은 2를 넘지 못하는 증가수열일 것이라고 추측할 수 있는가?

[탐구 문제] (1)을 해결하기 위해 먼저 m=1인 경우를 생각해 보자. m=1인 경우; $\{F(n, 1)=1\}$이므로 $\frac{F(n+1, 1)}{F(n, 1)}=1$에서 그 극한값은 $\lambda_1=1$이다. 무한형의 피보나치수열에 대하여, 다음이 성립한다.

$$\{F(n, \infty)\}(n=0,\ 1,\ 2,\ \cdots)$$
$$=\{1,\ 1,\ 2,\ 4,\ 8,\ 16,\ 32,\ 64, \ldots\}$$

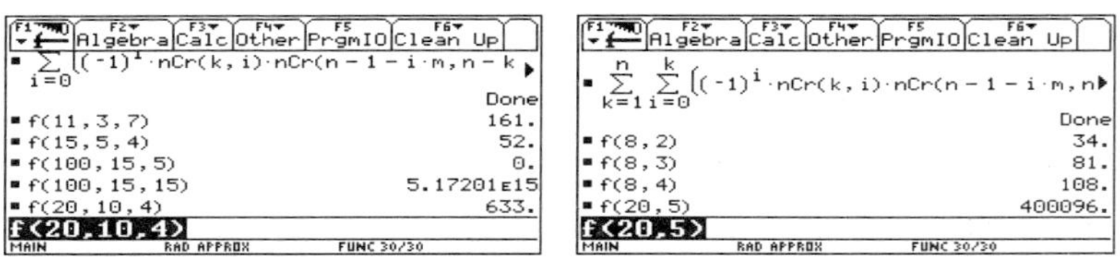

[그림 IV-1] CAS형 계산기를 사용한 $F(n, m; k)$ 및 $F(n, m)$ 의 값의 계산

<표 IV-1> $F(n, 3; k)$ 및 $F(n, 3)$

n\k	2	3	4	5	6	7	8	9	10	11	12	13	…	$F(n,3)$
4	3	3	1	0	0	0	0	0	0	0	0	0	…	7
5	2	6	4	1	0	0	0	0	0	0	0	0	…	13
6	1	7	10	5	1	0	0	0	0	0	0	0	…	24
7	0	6	12	19	6	1	0	0	0	0	0	0	…	44
…	…	…	…	…	…	…	…	…	…	…	…	…	…	…
11	0	0	4	45	126	161	112	45	10	1	0	0	…	504
12	0	0	1	30	141	266	266	156	55	11	1	0	…	927
13	0	0	0	15	126	357	504	414	210	66	12	1	…	1705
14	0	0	0	5	90	393	784	882	615	275	78	13	…	3136
…	…	…	…	…	…	…	…	…	…	…	…	…	…	…

이에 따라 $\frac{F(n+1,\infty)}{F(n,\infty)}=2$ $(n\geq 1)$이므로 $\lim_{n\to\infty}\frac{F(n+1,\ \infty)}{F(n,\ \infty)}=2$이다.

m-단계의 피보나치수열 $F(n,\ m)$ (n=0, 1, 2, …)에 대한 연속하는 두 항의 비율을 먼저 알아보자. 우선 $1\leq n<m$이면 다음이 성립한다.

$$F(n+1,\ m)\ =\ 2^{n}\ =\ 2\cdot 2^{n-1}\ =\ 2\ F(n,\ m)$$

또, $m\leq n$이면 다음이 성립한다.

$$\begin{aligned} F(n+1,\ m) &= F(n,\ m)+F(n-1,\ m)+\\ &\quad \cdots+F(n-m+1,\ m)\\ &\leq F(n,\ m)+F(n-1,\ m)+\\ &\quad \cdots+F(n-m+1,\ m)+F(n-m,\ m)\\ &= 2\ F(n,\ m)\end{aligned}$$

그러므로 다음이 성립함을 알 수 있다.

$$\frac{F(n+1,1)}{F(n,1)}=1\leq\frac{F(n+1,m)}{F(n,m)}\leq 2=\frac{F(n+1,\infty)}{F(n,\infty)},$$

즉, $1\leq G(n,\ m)\leq 2$.

<표 Ⅴ-1>은 CAS형 그래핑 계산기로 $G(n,\ m)$ (m=2, 3, 4, 7)의 값을 조사한 것이다. 이 표로부터 연속하는 두 항의 비율로 주어진 수열이 수렴한다는 것을 강하게 추측할 수 있다. 그러나 여기서는 높은 수준을 요하는 수렴의 존재에 대한 증명을 하지는 않는다.

2-단계의 피보나치수열 즉, 통상의 피보나치 수열의 경우 연속하는 두 피보나치수의 비율은 다음과 같이 연분수로 표현해서 수렴함을 보일 수도 있다.

$$G(1,\ 2)=1=[1],\quad G(2,\ 2)=2=1+\frac{1}{1}=[1,\ 1],$$

$$G(3,\ 2)=\frac{3}{2}=1+\cfrac{1}{1+\cfrac{1}{1}}=[1,\ 1,\ 1]$$

$$G(4,\ 2)=[1,\ 1,\ 1,\ 1],\cdots,$$

$$G(n,\ 2)=[1,\ 1,\ \cdots,\ 1],$$

$$\lim_{n\to\infty}G(n,\ m)\ =\ [1,\ 1,\ \cdots]=[\bar{1}]=\frac{1+\sqrt{5}}{2}$$

<표 Ⅴ-1> CAS형 그래핑 계산기를 활용한 $G(n,\ m)$ (m=2, 3, 4, 7)의 값

n \ m	2	3	4	7
0	1	1	1	1
1	2	2	2	2
2	1.5	2	2	2
3	1.666666667	1.75	2	2
4	1.6	1.857242857	1.875	2
5	1.625	1.846153846	1.933333333	2
6	1.615384615	1.833333333	1.931034483	2
7	1.619047619	1.840909091	1.928571429	1.98375
8	1.617647059	1.839506173	1.925925926	1.992125984
9	1.618181818	1.838926174	1,927884615	1.992094862
10	1.617977528	1.849416058	1.927680798	1.992063492
11	1.618055556	1.839285714	1.927554981	1.992031873
12	1.618025751	1,839266451	1.927516779	1.992
…	…	…	…	…
29	1.618033989	1.839286755	1.927561976	1.991964197
30	1.618033989	1.839286755	1.927561975	1.991964197
31	1.618033989	1.839286755	1.927561975	1.991964197
32	1.618033989	1.839286755	1.927561975	1.991964197
…	…	…	…	…
40	1.618033989	1.839286755	1.927561975	1.991964197
41	1.618033989	1.839286755	1.927561975	1.991964197
…	…	…	…	…

여기서는 일반적인 m-단계의 피보나치수열 $\{F(n, m)\}$의 연속하는 두 항의 비율에 의해 얻어진 수열 $\{G(n, m)\}$이 수렴한다는 사실을 바탕으로 하여 그 극한값에 에 대해 알아본다.

m=2인 경우(통상적인 피보나치수열의 경우), $\{G(n, 2)\}$의 극한을 λ_2라 하자.

$$\lambda_2 = \lim_{n\to\infty}\frac{F(n+1,2)}{F(n,2)}$$

$$= \lim_{n\to\infty}\frac{F(n,2)+F(n-1,2)}{F(n,2)}$$

$$= \lim_{n\to\infty}\left(1+\frac{F(n-1,2)}{F(n,2)}\right) = 1+\frac{1}{\lambda_2}$$

이므로, λ_2는 이차방정식 $x^2-x^1-1=0$의 근 중 1이상이고 2이하인 실수이다.

m=3인 경우(3-단계의 피보나치수열의 경우, $\{G(n, 3)\}$의 극한 λ_3을 구하면 다음과 같다.

$$\lambda_3 = \lim_{n\to\infty}\frac{F(n+1,3)}{F(n,3)} =$$

$$\lim_{n\to\infty}\frac{F(n,3)+F(n-1,3)+F(n-2,3)}{F(n,3)}$$

$$= 1 + \lim_{n\to\infty}\frac{F(n-1,3)}{F(n,3)}$$

$$+ \lim_{n\to\infty}\frac{F(n-2,3)}{F(n-1,3)}\frac{F(n-1,3)}{F(n,3)}$$

$$= 1+\frac{1}{\lambda_3}+\frac{1}{\lambda_3^2}$$

따라서 λ_3은 삼차방정식 $x^3-x^2-x-1=0$을 만족하는 1이상이고 2이하인 실근이다.

일반적인 경우로, m-단계의 피보나치수열 $\{F(n, m)\}$에 대해, 연속하는 두 항의 비율로 구성된 수열 $\{G(n, m)\}$의 극한을 λ_m이라 하자.

$$\lambda_m = \lim_{n\to\infty}\frac{F(n+1,m)}{F(n,m)} =$$

$$\lim_{n\to\infty}\frac{F(n,m)+F(n-1,m)+\cdots+F(n-m+1,m)}{F(n,m)}$$

$$= 1+\lim_{n\to\infty}\frac{F(n-1,m)}{F(n,m)}+\cdots+$$

$$\lim_{n\to\infty}\frac{F(n-m+1,m)}{F(n-m+2,m)}\frac{F(n-m+2,m)}{F(n-m+3,m)}\cdots\frac{F(n-1,m)}{F(n,m)}$$

$$= 1+\frac{1}{\lambda_m}+\cdots+\frac{1}{\lambda_m^{m-1}}$$

따라서 λ_m은 방정식 $x^m-x^{m-1}-\cdots-x-1=0$을 만족하는 1이상이고 2이하인 실근이다. 위의 형태의 방정식의 근을 찾기 위하여

$$f_m(x) = x^m-x^{m-1}-\cdots-x-1$$

라 두자. 여기서 $m\ge 2$라 가정한다.

[탐구 문제] (2)를 해결하기 위하여 CAS형 그래핑 계산기로 m=2, 3, 4, 5일 때의 $y=f_m(x)$의 그래프를 살펴보자([그림 V-1]).

$f_m(x) = x^m-x^{m-1}-\cdots-x-1$에 대해 m이 짝수이면 방정식 $f_m(x)=0$은 두 개의 실근을 가지고 한 실근은 음수이고, 다른 한 실근은 양수로 1보다 크고 2보다 크지 않는 근으로, 그것이 λ_m일 것이라는 추측을 할 수 있다.

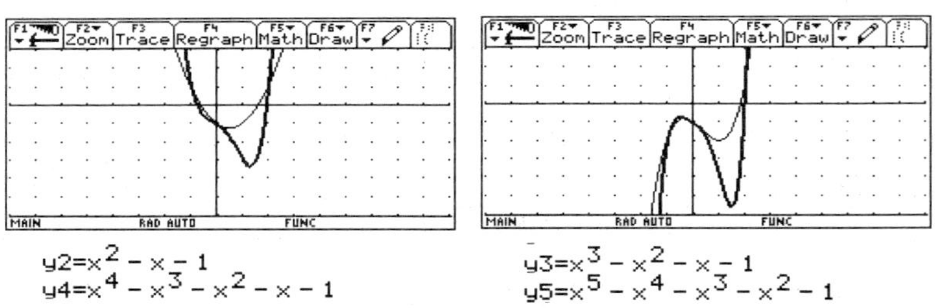

[그림 V-1] m= 2, 3, 4, 5일 때 $y=f_m(x)$의 그래프와 x축과의 교점

m이 홀수이면 $f_m(x)=0$은 하나의 실근을 가지고 1이상으로 2보다 크지 않는 실근으로 λ_m임이라는 일 것이라는 추측을 할 수 있다.

함수 f_m는 실수집합 R에서 연속함수이다. 특히 f_m은 [1, 2]에서 연속이고 다음이 성립한다.

$$f_m(1) = 1^m - 1^{m-1} - \cdots - 1 - 1 \leq -1 < 0$$
$$f_m(2) = 2^m - 2^{m-1} - \cdots - 2 - 1 = 2^m - (2^m - 1) = 1 > 0$$

중간값의 정리[6]에 의하여 방정식 $f_m(x)=0$은 1과 2사이에 실근을 가진다. 이러한 실근이 하나뿐임을 보이자. 만약 $t>1$이라 할 때,

$$f_m(t) = t^m - 2^{m-1} - \cdots - t - 1 = t^m - (t^m-1)/(t-1)$$
$$= \frac{(t-2)t^m + 1}{t-1}$$

λ를 1과 2사이에 있는 실근 중 하나라 하자. 그러면

$$f_m(\lambda) = \frac{(\lambda-2)\lambda^m + 1}{\lambda - 1} = 0$$

따라서

$$(\lambda-2)\lambda^m + 1 = 0$$

만약 $1 < t < \lambda$이면

$$(t-2)t^m + 1 - 0 = [(t-2)t^m + 1] - [(\lambda-2)\lambda^m + 1] < 0$$

따라서 $1 < t < \lambda$인 경우 $f_m(t) < 0$이다.

한편 $\lambda < t$이면

$$(t-2)t^m + 1 - 0 = [(t-2)t^m + 1] - [(\lambda-2)\lambda^m + 1] > 0$$

따라서 $\lambda < t$인 경우 $f_m(t) > 0$이다. 이러한 사실은 1과 2사이에 방정식 $f_m(x)=0$ 의 실근이 하나만 (즉, λ_m)이 존재함을 보여준다.

이제 m=2, 3인 경우에 대해 λ_2, λ_3을 방정식의 대수적 해법으로 구하여 보자.

먼저 m=2인 경우 즉, 피보나치수열 $\{F(n, 2)\}$에 대하여 이차방정식 $x^2 - x - 1=0$을 풀면

$$\lambda_2 = \frac{1+\sqrt{5}}{2} = 1.6180339887\cdots$$

로 주어진다. 이 2-단계의 피보나치상수 λ_2는 피보나치수열의 연속하는 두 항의 비율의 극한으로 황금비로 알려져 있다.

m=3인 경우, 3-단계의 피보나치수열 $\{F(n, 3)\}$에 대하여 $x^3 - x^2 - x - 1=0$을 만족하는 1이상의 2이하의 실근 λ_3을 구하기 위해 Cardano의 해법을 사용한다. 먼저 $x = y + \frac{1}{3}$이라 두면,

$$\left(y+\frac{1}{3}\right)^3 - \left(y+\frac{1}{3}\right)^2 - \left(y+\frac{1}{3}\right) - 1 = 0$$

이고, 이것은

$$y^3 - \frac{4}{3}y - \frac{38}{27} = 0$$

으로 변환된다. $y = u + v$ 라 놓고 위 식에 대입하면

$$(u+v)^3 - \frac{4}{3}(u+v) - \frac{38}{27} = 0$$
$$u^3 + v^3 + 3\left(uv - \frac{4}{9}\right)(u+v) - \frac{38}{27} = 0$$

로 바뀐다. 이제 $u^3 + v^3 - \frac{38}{27} = 0$,

$uv - \frac{4}{9} = 0$가 되도록 u, v를 정하자.

$$u^3 + v^3 = \frac{38}{27}, \quad u^3 v^3 = \left(\frac{4}{9}\right)^3 \text{이므로}$$

u^3, v^3은 이차방정식 $z^2 - \frac{38}{27}z + \left(\frac{4}{9}\right)^3 = 0$의 근이다. 따라서 u^3, v^3는 다음과 같이 주어짐을 알 수 있다.

$$\frac{1}{2}\left\{\frac{38}{27} + \sqrt{\left(\frac{38}{27}\right)^2 - 4\cdot\left(\frac{4}{9}\right)^3}\right\}$$
$$\frac{1}{2}\left\{\frac{38}{27} - \sqrt{\left(\frac{38}{27}\right)^2 - 4\cdot\left(\frac{4}{9}\right)^3}\right\}$$

이것으로부터 다음을 얻을 수 있다.

---

6) 함수 f가 구간 [a, b]에서 연속이고 f(a)f(b) 〈 0 이면 f(p)0를 만족하는 p가 a와 b사이에 존재한다 (p는 방정식 f(x)=0의 실근).

$$u=\left\{\frac{19}{27}+\sqrt{\left(\frac{19}{27}\right)^{2}-\left(\frac{4}{9}\right)^{3}}\right\}^{1/3},$$

$$v=\left\{\frac{19}{27}-\sqrt{\left(\frac{19}{27}\right)^{2}-\left(\frac{4}{9}\right)^{3}}\right\}^{\frac{1}{3}}$$

이 삼차방정식에서 실근 y와 x는 다음과 같이 주어진 다.

$$y=\left\{\frac{19}{27}+\sqrt{\left(\frac{19}{27}\right)^{2}-\left(\frac{4}{9}\right)^{3}}\right\}^{\frac{1}{3}}+\left\{\frac{19}{27}-\sqrt{\left(\frac{19}{27}\right)^{2}-\left(\frac{4}{9}\right)^{3}}\right\}^{\frac{1}{3}}$$

$$x=y+\frac{1}{3}=\frac{(3\sqrt{33}+19)^{\frac{1}{3}}-(3\sqrt{33}-19)^{\frac{1}{3}}+1}{3}$$

따라서 3-단계의 피보나치상수 λ_3은 다음과 같다.

$$\lambda_3=\frac{(3\sqrt{33}+19)^{\frac{1}{3}}-(3\sqrt{33}-19)^{\frac{1}{3}}+1}{3}=1.839286755\cdots$$

[그림 V-2]는 CAS형 그래핑 계산기로 m= 2, 3, 4, 5, 6, 7일 때 방정식 $f_m(x)=0$의 실근에 대한 근삿값을 조사한 것이다.

이 결과는 m-단계의 피보나치수로 이루어진 수열 $\{\lambda_m\}$ (m=1, 2, 3, …)의 각 항은 2를 넘지 못하며 증가수열일 것이라는 추측을 하게 한다. 이 추측이 옳다는 것을 연속함수의 중간값의 정리를 사용하여 보일 수 있다.

m(=1, 2, 3)-단계의 피보나치수 λ_m은 방정식 $f_m(x)=x^m-x^{m-1}-\cdots-x-1=0$ 의 양의 실근으로

$$\lambda_1=1,\quad \lambda_2=\frac{1+\sqrt{5}}{2}=1.6180339887\cdots$$

$$\lambda_3=\frac{(3\sqrt{33}+19)^{\frac{1}{3}}-(3\sqrt{33}-19)^{\frac{1}{3}}+1}{3}=1.839286755\cdots$$

이며, $\lambda_1<\lambda_2<\lambda_3$이다.

```
■ x^2 - x - 1 → f2(x)                          Done
■ solve(f2(x) = 0, x)
      x = -.6180339887 or x = 1.618033989
■ x^3 - x^2 - x - 1 → f3(x)                    Done
■ solve(f3(x) = 0, x)           x = 1.839286755
■ x^4 - x^3 - x^2 - x - 1 → f4(x)              Done
■ solve(f4(x) = 0, x)
      x = -.7748041132 or x = 1.927561975
■ x^5 - x^4 - x^3 - x^2 - x - 1 → f5(x)        Done
■ solve(f5(x) = 0, x)           x = 1.965948237
■ x^6 - x^5 - x^4 - x^3 - x^2 - x - 1 → f6(x)  Done
■ solve(f6(x) = 0, x)
      x = -.8403090983 or x = 1.983582843
■ x^7 - x^6 - x^5 - x^4 - x^3 - x^2 - x - 1 → f7(x)
                                               Done
■ solve(f7(x) = 0, x)           x = 1.991964197
```

[그림 V-2] m= 2, 3, 4, 5, 6, 7일 때의 $f_m(x)=0$의 실근에 대한 근삿값

모든 양의 정수 m에 대하여 $p\geq 2$이면 $f_m(p)>0$ 임을 쉽게 알 수 있다.

3-단계의 피보나치수 λ_3과 4-단계의 피보나치수 λ_4의 대소관계를 비교하여 보자.

$$\begin{aligned}f_4(\lambda_3)&=\lambda_3^4-\lambda_3^3-\lambda_3^2-\lambda_3-1\\&=\lambda_3^4-2\lambda_3^3+\lambda_3^3-\lambda_3^2-\lambda_3-1\\&=\lambda_3^4-2\lambda_3^3\\&=\lambda_3^3(\lambda_3-2)<0\end{aligned}$$

따라서 연속함수 f_4에 중간값의 정리를 적용시키면 λ_4는 방정식 $f_4(x)=0$의 하나뿐인 양의 실근으로 λ_3보다는 크고 2보다 작은 수이다.

일반적으로 m-단계의 피보나치수 λ_m과 (m+1)-단계의 피보나치수 λ_{m+1}의 대소관계를 비교하여보자.

$$\begin{aligned}f_m(\lambda_m)&=\lambda_m^{m+1}-\lambda_m^m-\lambda_m^{m-1}-\cdots-\lambda_m-1\\&=\lambda_m^{m+1}-2\lambda_m^m+(\lambda_m^m-\lambda_m^{m-1}-\cdots-\lambda_m-1)\\&=\lambda_m^{m+1}-2\lambda_m^m\\&=\lambda_m^m(\lambda_m-2)<0\end{aligned}$$

따라서 연속함수 f_{m+1} 에 중간값의 정리를 적용시키면 λ_{m+1}은 방정식 $f_{m+1}(x)=0$의 하나뿐인 양의 실근으로 λ_m보다는 크고 2보다 작은 수이다. 따라서 수열 $\{\lambda_m\}$ (m=1, 2, 3, …)은 2를

넘지 못하는 증가수열로 2에 수렴한다는 것을 암시한다.

Ⅵ. 결 론

이 연구에서는 예비중등교사들이 장차 중등학교에서 학생들에게 수학화를 가르칠 수 있는 소양을 길러줄 수 있도록 수학적 현상을 조직하는 수학적 본질을 실제로 고안해 보는 경험을 할 수 있게 하는 교수단원을 설계하고 있다. 이를 위해 일반화된 피보나치수의 일반항을 구하는데 유용한 공식을 찾고, 일반화된 피보나치수열의 연속하는 두 항의 비율에 대한 극한을 탐구하는 탐구문제를 제시한다. 피보나치수열은 수학사적으로 의미 있고 매우 유용한 수열로 다양한 수학적 문제의 보고이다. 피보나치수열은 수학의 미적 추구의 견본이 되는 것으로 수학적으로 중요한 많은 성질을 갖고 있다.

탐구문제를 해결하기 위해서는 먼저 분할모델과 피보나치수열에 대한 선수 지식이 필요하다. 더 나아가 일반화된 피보나치수열의 조합적 표현을 이해하기 위해서는 조합과 포함배제의 원리에 대한 이해가 있어야 하고, 연속하는 두 항의 비율의 극한과 관련해서는 이차방정식과 삼차 방정식의 해법 및 연속함수의 중간값의 정리에 대한 이해가 필요하다. 예비중등교사들은 이 교수단원을 통해 학교수학의 수준에서 다룰 수 있는 다양한 수학적 지식을 바탕으로 새로운 수학적 지식을 발명할 수 있다. 이 연구에서 제시하고 있는 교수단원은 학문적 수학과 학교수학을 연결하는 역할을 할 수 있다. 다음으로는 일련의 수학화 과정을 통해 수학을 발명하는 과정에서 귀납적 추론과 연역적 추론 활동을 경험하게 한다. 본 연구의 내용은 예비중등교사교육에서 이산수학 특히 조합론 분야에서, 피보나치수열을 취급하는 정수론 분야에서, 그리고 수학화와 문제제기 및 문제해결을 실습할 수 있는 분야의 과목에서 좋은 소재가 될 수 있다.

이 교수단원에서는 이미 알려진 내용을 학습하는 활동을 넘어 이전에 학습한 수학 지식을 바탕으로 새로운 수학 지식을 발명해 가는 활동에 초점을 맞추고 있다. 예비중등교사들이 실제로 새로운 수학 지식을 발명하기 위해서는 발명해야 할 내용이 이미 알려진 것이 아니어야 한다. 일반화된 피보나치수열의 일반항을 구하는데 유용한 공식과 일반화된 피보나치수열의 연속하는 두 항의 비율에 대한 성질은 분할 모델로 접근하는 것과 CAS형 그래핑 계산기의 활용은 이전에 알려지지 않은 내용인 만큼, 그것은 예비중등교사들이 수학화를 실질적으로 경험할 수 있게 한다. 이 경험을 통해 예비중등교사들은 수학적 지식의 발명 과정을 잘 이해할 수 있고, 그런 경험은 장차 그들의 학생들의 수학화를 안내하는데 도움이 될 것이다.

참고문헌

김진환・박교식(2006). 예비중등교사의 수학화 경험을 위한 교수단원의 설계: 수 분할모델의 탐구. 한국학교수학회논문집 9(1). 57-76.

김진환・박교식(2008). 예비중등교사의 수학화 학습을 위한 교수단원의 설계: 분할모델과 일반화된 피보나치수열 사이의 관계 탐구. 수학교육학연구 18(3). 373-389.

김진환・박교식・이광호(2006). 일정한 차를 갖는 수 분할모델의 탐구를 위한 예비중등교사용 수학화 교수단원의 설계. 학교수학 8(2). 161-176.

박교식(1992). 함수 개념 지도의 교수현상학적 접근. 서울대학교 박사학위 논문.

우정호(2000). 수학 학습-지도 원리와 방법. 서울: 서울대학교 출판부.

정영옥(1997). Freudenthal의 수학화 학습-지도론. 서울대학교 대학원 박사학위논문.

Freudenthal, H. (1973). *Mathematics as an educational task*. Dordrecht: D. Reidel Publishing Company.

Freudenthal, H. (1983). D*idactical phenomenology of mathematical structures.* Kluwer Academic Publishers.

Freudenthal, H. (2008). 프로이덴탈의 수학교육론, 우정호, 정은실, 박교식, 유현주, 정영옥, 이경화(공역). 서울: 경문사. (영어 원작은 1991년 출판).

Garland, T. H. (1987). *Fascinating Fibonaccis: Mystery and Magic in Numbers.* Dale Seymour.

Wills, H. (1970). *Generalzations. The Teaching of Secondary School Mathematics.* NCTM Thirty-third Yearbook. Washington, D.C.: NCTM.

Wittmann, E. (1984). Teaching units as the integrating core of mathematics education, *Educational Studies in Mathematics 15*(1), 25-36.

Wittmann, E. (1995). Mathematics education as a 'design science'. *Educational Studies in Mathematics, 29*(4), 355-374.

Wittmann, E. (1999). Designing teaching: The pythagorean theorem. In T. J. Cooney, et. al., *Mathematics, pedagogy, and secondary teacher education*. 97-165. Portsmouth, NH: Heinemann.

Wittmann, E. (2001). Developing mathematics education in a systemic process. *Educational Studies in Mathematics, 48*(1), 1-20.

02 『수학교사 전문성 개발을 위한 고찰』에 관한 해설

권 나 영(인하대학교)*

본 논문은 국내에서 진행되는 수학교사 연수 프로그램을 교사 전문성 개발의 목적에 맞게 개선하는 방안을 모색하기 위하여 국외에서 수학교사를 대상으로 고안되고 진행된 프로그램들을 살펴보았다. 선행 연구에서도 확인할 수 있듯이 국내에서 진행된 수학교사 연수는 연수 개설 수에서부터 대상 학교급이나 연수 내용과 방법에 있어 지역별 차이가 많았다. 수학교사 연수 제도의 문제점을 분석하고 개선 방안을 제시하는 연구들(박선화, 문광호, 2009; 이환철, 장미숙, 2012)이 있음에도 불구하고 연구에 나타난 연수 참여 교사들의 평가는 연수 내용과 방법에 있어서 여전히 비슷한 문제점을 지적하고 있다. 따라서 국내 수학교사들에게 의미 있는 새로운 연수 프로그램 개발의 필요성을 확인할 수 있고 그 대안을 찾기 위해 국외 수학교사 전문성 개발 프로그램을 살펴보게 되었다.

최근 들어서 수학교사의 전문성 발달에 관심이 증가하면서 국내에서 진행되는 연수도 수학교사의 질적 변화를 이끌어내는 방향으로 변화를 시도하고 있다. 본 연구(권나영, 이은정, 박미미, 박진형, 2012)에서도 이러한 교사의 변화를 중요하게 여겨 국외의 프로그램에서도 참여한 교사들의 변화를 명확히 알 수 있는 것들을 선택하였다. 그러기 위해서 먼저 교사 전문성의 개념을 확고히 정립하는 것이 우선일 것이고 명확한 목표 아래 어떠한 프로그램이 진행되는지 확인하는 것이 필요하였다. 여기서 나라별로 다양한 프로그램의 사례를 살펴보고자 다섯 국가의 전문성 개발 프로그램을 조사하게 된 것이다. 국내 연수 프로그램에 대한 비교 내용이 본 논문에 제시되지 않은 것에 대해 의문을 제기할 수도 있는데, 실제로 본 연구는 한 프로젝트의 소그룹에서 진행된 것으로 본 연구진은 국외 프로그램을 살피고 다른 그룹에서는 국내 연수 프로그램을 조사하였다.

본 연구에서 조사한 일본의 lesson study, 중국의 Keli 모델, 이스라엘의 MANOR 프로그램, 싱가포르의 EPMT, 미국의 BI:FOCAL 프로젝트들은 국내 연수와 다른 시기 및 기간, 방법을 사용하기 때문에 한국형 수학교사 전문성 개발 모델을 개발하는 데 있어 새로운 시각을 제공할 수 있다. 예를 들어, 일본의 lesson study의 경우 교사들의 필요에 따라 프로그램 기간을 조절할 수 있고 학교 현장에서 직접 이루어지는 전문성 개발 노력이라는 점에서 국내에서 이루어지는 연수들과 차별성이 있다. 국내에서도 다양한 연

* rykwon@inha.ac.kr

수 방안이 논의되고 있지만 실제로 학기 중에 이루어지는 연수 프로그램이나 교사들의 필요에 의해 전문가와 함께 학교 현장에서 이루어지는 프로그램이 진행된 경우는 아직 없다. 하지만 본 연구에서 살펴본 것처럼 국외의 실제 사례들을 통하여 그 가능성을 짐작해 볼 수 있고 국내의 현실에 맞는 프로그램 개발을 제안해 볼 수 있다. 물론 여기서도 국외의 교육 현장과 국내의 교육 현실이 다르다는 상황을 감안하여야 할 것이다.

저자를 포함하여 연구자들은 국제 저널을 통해 알려진 내용들을 중심으로 국외 전문성 개발 프로그램 사례를 찾아보았기 때문에 프로그램 구성 내용들을 깊이 있게 알기에는 한계가 있었다. 수학교사를 대상으로 하는 연수 프로그램의 경우 그 나라의 수학과 교육과정이나 학교 수학의 현실과도 밀접한 관련이 있을 수 있는데, 공개된 정보로는 이러한 모든 내용을 알기가 힘들었다. 본 연구와 같은 문헌 연구의 경우 접근 가능한 정보를 통해 분석을 진행해야 하는데, 필요한 모든 정보를 찾는 일은 쉽지 않다. 따라서 문헌 연구를 진행하는 연구자들은 연구 문제를 만들기 전에 접근 가능한 정보를 우선 확인하여야 하고 만약 연구 문제를 세운 뒤 필요한 정보를 찾을 수 없다면 연구 문제를 수정하는 과정을 거쳐야 할 것이다. 본 연구에서는 프로그램을 분석하는 데 있어서 프로그램 운영 방법이나 진행 과정, 공개된 정보에서 알 수 있는 프로그램 목적이나 주요 요소, 지원 등을 일차적으로 살피고 연구 문제를 수정 보완한 뒤, 그 특징과 장단점을 살펴 유형별로 분류해 본 것이다.

본 논문은 수학교사 전문성 개발을 위해 국외의 프로그램을 중심으로 그 특징을 설명하고 국내 프로그램 개발을 위한 시사점을 논의하는 것에 초점을 두고 있다. 그래서 논문의 목적상 국외 프로그램을 소개하는 정도에 그치고 있지만, 수학교사 전문성 개발 프로그램을 연구하기 위해서 선행되어야 할 것은 전문성 향상을 확인할 수 있는 근거가 무엇인지를 명확히 하는 것이다. 이를 위해서는 수학교사 전문성의 의미가 무엇인지, 전문성 개발을 위한 핵심 요소는 무엇인지, 수학교사의 전문성 향상으로 일어난 변화는 어떻게 관찰할 수 있는지 등을 고려해야 한다. 연구 방법적인 측면에서 보면 기존의 연구들은 연수 참여자를 대상으로 하는 설문조사 분석 연구 정도인데, 이것으로는 연수에 참여한 효과나 변화 등을 확인하기에는 부족하다. 따라서 교육청이나 기타 교육 기관에서 실행된 연수들 가운데 반응이 좋은 프로그램을 직접 관찰하고 참여한 교사들을 대상으로 면담을 통하여 프로그램의 어떤 측면이 교사들의 인지적 또는 정의적 변화를 이끌어 내었는지 살펴보는 질적 연구도 시도해 볼 필요가 있다. 그리고 연수 참여 이후 교사의 교실 수업에서의 변화를 관찰하는 장기적인 연구도 필요하다. 다양한 연구 방법에 기초한 연구를 바탕으로 전문성 개발 프로그램을 구성하고 적용한다면 좀 더 효과적인 전문성 개발에 기여할 수 있을 것이다.

마지막으로 수학교사 전문성 개발의 주체는 교사여야 한다는 점을 강조한다. 학교 교육을 변화시키는 것은 수업을 진행하는 교사로부터 시작되기 때문에 현장 중심의 개혁을 위해서는 교사가 변화의 주체가 되어야 한다(Hargreaves & Goodson, 2006). 또한 교사를 변화시키고 나아가 학생들의 학습을 증진시키는 것은 양질의 전문성 개발 프로그램에 달려있다(Borko, 2004). 따라서 전문성 개발과 관련된 연구의 중심 주제 중 하나가 교사가 될 수밖에 없는 것이다. 하지만, 전문성 개발과 관련된 국내 교사 관련 연구는 아직 많이 부족한 상태이다. 앞으로 많은 연구자들이 수학교육 개혁의 주체로서 수학교사에 관심을 가지고 다양한 전문성 개발 프로그램을 개발하고 그에 참여한 교사들에 대한 후속 연구를 진행하기를 희망한다.

참고문헌

권나영, 이은정, 박미미, 박진형(2012). 수학교사 전문성 개발을 위한 고찰: 국외 수학교사 전문성 개발 프로그램 사례를 바탕으로. **수학교육학연구, 22**(3), 387-400.

박선화, 문광호(2009). 학교 교육 경쟁력 강화를 위한 교육과정 실행 방안 연구: 수학과. **한국교육과정평가원** 연구보고서 RRC 2009-4-1.

이환철, 장미숙(2012). 수학교육 관련 교사 연수 현황 분석을 통한 정책 방안 모색. **한국학교수학회논문집, 15**(1), 171-182.

Borko, H. (2004). Professional development and teacher learning: Mapping the terrain. *Educational Researcher, 33(*8), 3-15.

Hargreaves, A. & Goodson, I. (2006). Educational change over time? The sustainability and nonsustainability of three decades of secondary school change and continuity. *Educational Administration Quarterly, 42*(1), 3-41.

대한수학교육학회지 수학교육학연구 제 22 권 제 3 호
Journal of Educational Research in Mathematics
Vol. 22, No. 3, 387 ~ 400. Aug 2012

수학교사 전문성 개발을 위한 고찰
: 국외 수학교사 전문성 개발 프로그램 사례를 바탕으로

권 나 영* · 이 은 정** · 박 미 미*** · 박 진 형****

본 연구의 목적은 우리나라 수학교사들의 전문성 개발을 위하여 국내 수학교사 연수 프로그램의 개선 방안을 모색하는 데 있다. 이를 위해 본 연구에서는 우리나라 수학 교사 연수 현황을 살펴보고, 수학교사 전문성의 개념을 확고히 정립하고 뚜렷한 전략을 지닌 다섯 가지 국외 수학교사 전문성 개발 프로그램들을 선정하여 각 프로그램의 목적, 진행 과정, 초점을 두는 요소, 지원 등에 관해 살펴보았다. 이후 각 프로그램의 장단점 및 유형을 분석하였고, 이를 바탕으로 우리나라 수학교사 연수 프로그램에 주는 시사점에 대해 논의하였다.

I. 서 론

교사는 학생들의 학습에 영향을 미치는 주요한 요인 중 하나이다. Cohen과 Ball(1999)의 연구에서 정의한 교수 삼각형(instructional triangle)은 교사와 학생, 그리고 교수 매체에 포함된 내용들 간의 일련의 상호작용을 학습 환경으로 제시하였다. 여기서 교사는 자신의 교수 역량에 따라 학습 환경 내의 상호작용을 변화시키고 화합할 수 있는 요소이다. Ball(1999)이 언급한 것처럼, 교사의 전문성은 학습 환경에서 필수적인 역할을 수행하지만, 학습 환경은 학생과 교수 매체가 포함된 역동적인 체제를 이루므로 교사의 전문성을 무엇으로 규정할 것인가의 문제는 간단하지 않다.

미국 수학교사 협의회(NCTM)는 '수학 수업을 위한 전문성 규준'(1991)과 '수학 수업의 현재와 미래: 수학 교수 · 학습의 개선 방향 탐색'(2011)에서 수학교사의 전문성이 수학 수업에서 얼마나 중요한지 언급하면서, 수업과 관련된 교사의 역량 개발을 교사 전문성 개발의 핵심 요소로 다루었다. 또한 NCTM(2011)에서는 수학교사의 전문성 향상을 위한 다섯 가지 규준으로 '교사의 수학 학습 경험', '수학 내용에 대한 지식', '수학 학습자로서 학생에 대한 지식', '수학 교수법 지식', '장기적인 전문성 향상에 참여'를 제시하였다. 이는 수학교사로서 전문성을 갖추기 위해 필요한 것들을 나열한 것이다. 다양한 학년 수준에서 필요한 수학 학습 경험과 수학 내용 지식뿐만 아니라, 수학 학습을 돕기 위해 학생이 가진 지식을 파악하고 어떻게 가르쳐야 할 것인지에 대한 지식까지 수학교사가 갖추어야 할 지식은 다양하다. 또한 수학교사에

* 인하대학교, rykwon@inha.ac.kr(제 1저자)
** 서울대학교 대학원, ejlee13@snu.ac.kr
*** 서울대학교 대학원, gump28@snu.ac.kr
**** 서울대학교 대학원, demxas0@snu.ac.kr

게는 수업 관찰 및 분석, 전문가와의 공동체 협력 활동 등을 통하여 지속적으로 전문성 향상 활동에 참여하는 노력까지 요구된다.

이와 같이 수학교사에게 요구되는 전문성 개발 및 다양한 변화들에 대하여 Nelson(1997)은 교육과정 개발이나 평가의 변화와 개혁만으로는 교사의 변화를 이끌어내는 데 한계가 있으며, 전문성 향상 프로그램이 필요하다는 점을 주장한 바 있다. 특히 Smylie(1989)는 설문조사를 통해 지역 교육청에서 진행한 재교육 워크숍이 교사들의 변화를 이끌어내는데 유의미한 영향력을 미치지 못하였으며, 오히려 직접적인 수업 경험이 교사의 변화를 이끌어내는데 유의미함을 확인하였다. 이 연구는 교사 변화를 추구하기 위해서는 교사에게 의미 있는 학습이 될 수 있는 내용이 포함되고, 배운 지식을 수업 상황에 적용할 수 있는 프로그램의 개발이 더욱 효과적임을 보여주고 있다. 다음 절에서는 우리나라 수학교사 전문성 개발을 위한 연수 프로그램이 운영되고 있는 실태, 프로그램의 내용 및 교사들의 연수에 대한 요구 등 국내 수학교사 연수 현황을 선행 연구를 통해 확인하고자 한다.

II. 선행 연구: 국내 수학교사 연수 현황

이환철(2012)은 수학교사 전문성 신장 및 수학교육 내실화 추진을 위해 전국의 15개 시도 교육청이 2010년과 2011년도에 주관한 연수를 대상으로, 연수의 대상 학교급, 연수 주제, 연수 방법, 연수 대상자 선정 방법 등을 조사·분석하였다. 분석 결과, 수학교사 연수가 단 한 차례도 이루어지지 않은 교육청이 있는 등 시도 교육청별로 연수 개수에 큰 격차가 있고, 초등학교의 경우 수학교사 연수가 상대적으로 부족할 뿐만 아니라 중, 고등학교 교사 연수 또는 초, 중, 고 교사 연수와 같이 통합되어 실행되는 경우가 많음을 확인하였다. 따라서 수학교사 연수를 강화하기 위해 시도교육청 연수담당자 협의회를 정례화할 필요가 있고 연수 대상자에 적합한 맞춤형 연수 프로그램 개발이 필요하다고 주장하였다.

현행 수학교사 연수제도의 문제점을 기간과 방법, 평가, 프로그램, 질 관리 등의 측면에서 분석하고 개선 방안을 모색한 박경미 외(2010)는 직무연수에서 교사들에게 필요한 실용적인 지식이 충분히 제공되고 있지 못하다는 점을 지적하면서, 수업 현장에 구체적인 도움이 되는 방향으로 연수 프로그램을 실용화하는 것이 필요하다고 언급하였다. 연수 프로그램 내용면에서 이와 같은 지적은 교사 대상 설문조사를 실시한 박선화와 문광호(2009)의 연구에서도 확인할 수 있다. 이 연구에서 많은 교사들은 연수에 참여하지 않는 이유에 대해 '개설된 연수들이 현장에서 필요한 내용으로 구성되어 있지 않아서'라고 응답하였으며, 바람직한 연수 방안에 대한 질문에서도 현장에서 실질적으로 필요한 내용을 중심으로 연수 프로그램이 개발되고 운영되어야 한다는 의견이 모든 학교급에 걸쳐 높게 나타났다. 또한 연수 주제에 관한 설문 결과에서는 '다양한 교수-학습 방법의 활용'과 '학생의 수학 학습 관리' 등과 같은 수학교수법이나 학생에 관한 이슈들을 다루는 프로그램에 대한 교사들의 요구가 높게 나타났다. 이러한 주제들은 교사가 실제로 각 학교급에서 비중을 두어 강조해야 하는 부분들로, 이들에 대한 실질적으로 의미 있는 연수가 시급히 필요함을 알 수 있다.

이 외에도, 박경미 외(2010)의 연구에서는 현행 연수 프로그램의 내용이 수업 현장 적용성이 낮다는 점과 더불어 집중교육 연수로 진행되어 수업 현장에서 바로 적용해보지 못한다는 점 등을 지적하였고, 현행 연수 방법인 강의식 방법에서 탈피하여 교사들이 적극적으로 참여하는 수업 시연, 수업 관찰, 수업에 대한 토의, 사례 발표, 현장 실습 등으로 다양화하는 것이 바람직함을 강조하였다. 이는 윤열현(2012)이 연수에 참여한 교사들을 대상으로 한 설문조사 결과에서 강의식이 아닌 체험 연수 또는 토의·토론 방법에 따른 연수가 강화될 필요가 있음을 확인한 것과도 같다. 이와 같이 수학교사 연수 프로그램은 좀 더 학교 현장과 연계된 활동을 포함하고, 교사의 프로그램 참여가 자신의 실제 수업 활동을 향상시킬 수 있는 내용으로 개발될 필요가 있다.

선행연구에서 확인한 우리나라 수학교사 연수 프로그램의 문제점에 대한 대안을 찾기 위해 수학교사 전문성 개발을 위한 다른 방안을 모색할 필요가 있다. 이를 위해 본 연구에서는 수학교사 전문성의 개념을 확고히 정립하고 뚜렷한 전략을 지닌 국외 수학교사 전문성 개발 프로그램들을 살펴보는 것을 통해, 우리나라 수학교사 연수 프로그램에 주는 시사점을 논의하고자 한다. 따라서 본 연구의 연구문제를 다음과 같이 제시한다.

1) 국외 수학교사 전문성 개발 프로그램의 특징은 어떠한가?

2) 국외 수학교사 전문성 개발 프로그램에 나타난 장단점 및 유형은 무엇인가?

III. 연구방법

1. 연구 대상

본 연구에서는 국외 수학교사 전문성 개발 프로그램 사례를 살펴보기 위해 일본, 중국, 이스라엘, 싱가포르, 미국에서 현재 수행되고 있거나 최근에 수행된 프로그램들을 선택하였다. 이들 프로그램을 선정한 기준은 첫째, 수학교사 전문성의 의미와 요소에 대한 관점이 명확하고, 둘째, 전문성 개발을 위한 프로그램내의 뚜렷한 전략이 있으며, 셋째, 전문성 개발의 실제에 관한 논의를 국제 저널 등에 편찬한 것이다. 이러한 기준에 의하여 선정된 프로그램은 일본의 Lesson Study, 중국의 Keli[1] 모델, 이스라엘의 MANOR 프로그램, 싱가포르의 EMPT (Enhancing the Pedagogy of Mathematics Teachers) 프로젝트, 미국의 BI:FOCAL (Beyond Implementation: Focusing On Challenge And Learning) 프로젝트이다. 다섯 가지 프로그램을 선정한 이후에는 국제 저널을 통해 편찬된 논문들을 심도 있게 살펴보았고, 공식 웹사이트가 있는 경우에는 이를 통해 공개된 정보를 얻을 수 있었다.

2. 자료 분석

프로그램 분석을 위해, 첫 번째 단계에서는 각 프로그램의 시행 배경 및 목적, 운영 방법, 진행 과정, 초점을 두는 요소, 지원 등에 대한 기본 정보를 찾았고, 두 번째 단계에서는 각 프로그램별로 장단점을 분석하고 공통점이 있는지에 대해 살펴보았다. 세 번째 단계에서는 다섯 가지의 국외 프로그램들을 유형별로 분류해 보았다. 먼저 프로그램에 참여한 참여 주체에 따라 교사 공동체형과 교사-전문가 공동체형으로 구분하였고, 또한 주도 기관에 따라 연수기관 주도형, 대학-학교 협력형, 단위학교 중심형으로 구분하였다. 프로그램 내용 유형에 따라서는 정보제공형, 체험형, 적용분석형, 연구형[2]으

1) Keli는 Exemplary Lesson Development의 중국어 발음인 'Ker-Lee'를 영어로 제시한 것이다.

로 구분하고, 프로그램 시행 기간에 따라 1개월 이하는 단기형, 3개월은 중기형, 6개월은 중장기형, 1년 이상은 장기형으로 구분하였다. 마지막으로 위의 분석에 기초하여 우리나라 수학교사 연수 프로그램에의 시사점을 논의하였다.

Ⅳ. 연구 결과

이 절에서는 다섯 가지 국외 수학교사 전문성 개발 프로그램들을 시행 배경 및 목적, 운영 방식이나 진행 과정, 초점을 두는 요소들과 인센티브를 중심으로 설명한다. 다음으로 프로그램들의 공통점과 장단점에 대해 살펴보고, 참여 주체, 주도 기관, 내용 유형, 시행 기간에 따른 유형을 구분하여 서술한다.

1. 국외 수학교사 전문성 개발 프로그램

가. 일본의 Lesson Study

일본의 경우 교사들의 일상 수업을 분석하고 논의하는 것으로부터 효과적인 학습이 일어날 수 있다고 보고 동료 교사와 연구자들로 이루어진 Lesson Study라는 그룹을 중심으로 교사 전문성 개발을 시도하였다. Lesson Study 그룹이 있는 학교는 연구학교로 지칭되어 교육부와 지역교육청으로부터 지원을 받는다. 운영 형태를 살펴보면, 4-6명의 교사들이 하나의 소그룹으로 구성되어 Lesson Study를 진행하는데, 각 소그룹은 비슷한 학년의 교사들로 구성되고, 이렇게 구성된 여러 개의 소그룹이 전체 그룹을 형성한다. 전체 그룹에는 동료 교사들 외에 내용학적, 교수학적, 교육과정 지식이 풍부한 사람이 포함되는데, 지도 장학관 (instructional superintendent) 이라는 이름으로 지역교육청에서 특별히 고용하여 연구학교에 배정한다. 그룹에 참여한 교사들에게는 연수 점수가 부여되는 등의 인센티브가 주어진다.

스터디 그룹의 진행 과정은 수업 목표 정하기, 수업 계획하고 실행하기, 보고서 작성이라는 세 단계로 이루어진다(Fernandez, 2002). 수업 목표는 스터디 그룹에서 학생들의 발달과 지향점을 고려하여 함께 설정하고, 수업 계획 및 실행 단계에서는 함께 수업을 계획 한 후 그룹 교사 중 한 명이 수업을 진행하고 다른 멤버는 참관한다. 참관 후에는 그 수업에 대한 토론을 진행하고 보고서를 작성하는데, 이런 과정은 두 번 또는 세 번 반복적으로 시행되면서 교사들의 지식 향상과 교사 공동체 형성, 동료 학습을 위한 자료 제공, 교사의 수업 반성 능력 향상 등에 기여한다. Lesson Study는 학교나 지역에 따라 여러 가지 방법으로 운영되고 있지만, 공통적인 특징은 교사와 연구자들이 실제 수업을 관찰하고, 관찰 수업의 교수-학습에 대한 자료를 수집하여 함께 분석한다는 것(Lewis, Perry, & Murata, 2006)이다.

나. 중국의 Keli 모델

중국에서는 국가수준 수학교육과정 규준에서 창의적 사고와 문제해결을 강조함에 따라 새로운 교육과정을 적용할 수 있는 교사 교육 모델인 Keli를 개발하였다. Keli 모델은 수학 주제별로 국가수준 수학교육과정 규준에 적합한 예시 수업을 개발하는 것을 목적으로 한다. Keli 모

2) 정보제공형은 새롭게 개정된 교육과정의 주요 특징과 원리 등을 파악하는 기회로, 체험형은 예를 들어, <수학교육 선진화 방안>에서 강조하는 수학적 사고력 함양을 위한 교수 전략을 경험하는 기회로 활용할 수 있다. 적용분석형은 단기간의 체험에 그치지 않고 각자의 실행에 특정한 교수법을 적용한 후 분석하여 공유하는 것을 가리킨다. 연구형은 해외의 연구자들이 개발한 교수법이나 학생 참여 전략을 우리나라 상황에 맞게 재해석하거나, 우리나라 상황에서 발현된 교수학습 이론을 실천적 사례에 기반하여 도출하는 것을 가리킨다.

델은 학교 단위로 적용되며, 대상 학교의 교사, 대학의 연구자, 교사교육 전문가가 한 그룹이 되어 운영된다.

Keli 모델은 크게 세 단계로 나누어 진행된다 (Huang & Bao, 2006). 첫 번째 단계는, 교사와 전문가로 이루어진 공동체를 형성하는 단계이다. 이 단계에서 교사들은 전문가로부터 새로운 교육과정에 대한 정보를 제공받으며, 관련된 교수학적 내용 지식을 전수 받는다. 또한, 새로운 교육과정에 부합하는 예시 수업 개발 과정을 학습한다. 두 번째 단계는, 교사들이 전문가들에게 현재 이루어지고 있는 수업을 공개하는 단계이다. 이 단계에서는 참여자들이 수업에 대한 토론을 진행하며, 피드백을 제공하여 새로운 교육과정과 현재 수업 사이의 차이를 발견하고, 수업을 개선하여 재실행 한다. 수업 공개, 피드백을 통한 수업의 개선, 수업의 재실행은 반복적으로 이루어지며, 이를 통하여 예시 수업을 개발한다. 세 번째 단계는, 예시 수업 개발 과정과 개발된 예시 수업을 동료 교사들에게 공개하고 공유하는 단계이다. 이 과정에서 예시 수업 개발에 참여한 대학의 연구자와 전문가들의 협조를 통하여 내러티브 형식으로 예시 수업 개발 과정과 예시 수업의 공유를 목적으로 하는 보고서를 작성하여 출판한다.

다. 이스라엘의 MANOR 프로그램

이스라엘에서는 수학교사들이 수학교육 연구물에 대한 접근이 부족하다는 점이 제기된 바 있다. Even(1999)은 이스라엘에서 논문이 영어로 작성된다는 점, 그리고 학술 연구는 교육적 실천에 도움이 되지 않는다고 생각하는 교사들의 믿음 등을 이러한 현상의 원인으로 보았다. 이에 이스라엘에서는 이스라엘 교육부의 지원 하에, Weizmann Institute에서 주관하는 MANOR 프로그램을 개발하여 교사 연수를 진행하였다. 경력교사들을 대상으로 하는 본 프로그램은 신청한 교사들 중 일부를 선발하여 진행하였으며, 연수 시간은 대학원 학점으로 인정되었다.

MANOR 프로그램은 2년 동안 진행되며, 크게 연수 프로그램에의 참여, 전문성 개발 (Professional Development, PD) 활동, 과제 작성, 포럼과 컨퍼런스 참여라는 네 가지 활동으로 구성된다(Even, 2005). 우선, 일주일에 한 번씩 진행되는 연수 프로그램은 학생들과 교사들의 개념 및 사고방식에 대한 전체 활동과 소집단 활동으로 구성된다. 이는 주로 선행 연구를 조사하여 발표하고 토론하는 활동으로 이루어지며, 참여자들은 정규 수학 수업에서 프로그램에서 발생한 논점이나 질문과 관련된 내용을 기반으로 수업을 진행한다. 둘째, 전문성 개발 활동은 일주일에 두 시간씩 일선 학교나 지역 교사 센터에서 진행된다. 이는 다른 교사들의 전문성 개발을 돕는 활동을 수행하는 것으로, 첫 해에는 특별하게 요구되는 바가 없으나, 두 번째 해에는 참여자들이 제공한 PD와 교사들의 교수-학습 변화를 관련지어야 한다. 참여 교사들은 매년 글과 구두로 한 해의 전문성 개발 활동을 기술하고 반성해야 하며, MANOR 프로그램의 운영진으로부터 피드백을 받는다. 셋째, 참여자들은 한 해 동안 경험하고 배운 내용을 정리하여 포트폴리오를 제출해야 한다. 프로그램 운영진과 동료교사들이 피드백을 제공하며, 교사들이 제출한 포트폴리오를 모두 모아서 참여자들과 다른 전문성 개발 연구자(professional development provider)들을 위한 자료를 만든다. 넷째, MANOR 프로그램에서는 매월 1회의 포럼을 진행하며, 연 2회의 컨퍼런스를 개최한다. 이는 MANOR 프로그램 외 다른 여러 전문성 개발 연구자 커뮤니티의 지원을 받을 기회를 제공함과 동시에, 상호간의 연계를 강화하며 전문성의 정체성을 세우기 위함이다.

라. 싱가포르의 EPMT 프로젝트

싱가포르에서는 2007년부터 2008년까지 2년간 수학교사 교사 전문성 개발 프로젝트인 EPMT 프로젝트를 시행하였다. 이는 2006년에 개정된 싱가포르 수학과 교육과정 중 수학적 과정(mathematical process)에 추론, 의사소통, 연결성이 새롭게 포함됨에 따라, 교육과정을 학교 현장에 실제로 적용하려는 교사들의 필요를 반영한 것이다. 이 프로젝트는 장기간의 전문가 지원 및 교실 수행에 대한 코칭, 동료 교사와 상호작용을 통한 후속 활동 등을 포함하여, '전문가 지식'과 '교실 수행'이 통합되었다는 특징을 가진다.

EPMT 프로젝트는 초등학교, 중학교 각각 다섯 학교의 수학교사들을 대상으로 2년간 3단계로 진행되었다(Kaur, Har, & Kiam, 2010; Kaur, 2011). 1단계에서는 대학 연구자들이 '추론 및 의사소통을 위한 과제 개발'과 '이해를 위한 교수법'이라는 주제로 워크숍을 진행하였다. 과제 개발 워크숍에서 대학연구자들은 기존 교과서로 학생들의 추론 및 의사소통을 촉진시키기 위한 과제 구성 방법과 전략을 제시하였고, 교사들은 직접 과제를 개발하였다. 교수법 워크숍에서는 Understanding by Design (Wiggins & McTighe, 2005), Teaching for Understanding (Blythe & Associates, 1998) 등 이해를 위한 교수법의 분석틀이 실제 학교에서 실행 가능할 것인지를 탐색하고 토론하였다. 2단계에서는 1단계 워크숍에서 배운 내용과 관련된 과제들을 실제 수업에 적용하도록 하였다. 즉, 프로젝트에 참여한 교사들은 함께 참여한 같은 학교 교사들과 함께 워크숍에서 배운 내용을 바탕으로 수업을 계획, 설계. 수행하였고, 그 결과를 대학 연구자와의 모임에서 공유하였으며, 논의된 내용을 바탕으로 수업에 대한 계획을 수정하는 과정을 경험하였다. 마지막 3단계에서는 프로젝트에 함께 참여한 동료 교사들과 추론 및 의사소통을 촉진하는 수업, 이해를 위한 수업 등을 서로 공유하고 반성하였고, 프로젝트 참여 결과를 학회에서 발표하는 활동 등을 수행하였다.

마. 미국의 BI:FOCAL 프로젝트

미국은 교육과정 개혁에 따른 교재를 효과적이고 능숙하게 사용하지 못하는 수학교사들을 지원하기 위해서 BI:FOCAL 프로젝트를 시행하였다. BI:FOCAL 프로젝트는 장기간에 걸친 교사 전문성 향상 프로젝트로서, 교사들에게 수학적 지식, 학생의 사고에 대한 지식 그리고 학생의 학습을 향상시키는 교수학적 전략 강화를 위한 교사 전문성 향상 프로그램을 제공하는 것을 목적으로 실행되었다. BI:FOCAL 프로젝트의 프로그램들은 대학 연구자들에 의해 계획되고 운영되었으며, 수학 교육과정 개혁에 따른 교재를 사용한 경험이 있는 중학교 교사들을 대상으로 하였다. 교사들은 1년 동안 한 달에 한 번 실행 향상을 위해 디자인 된 사례 분석과 토론(Case Analysis and Discussion)프로그램과 Lesson Study를 변형시킨(Modified Lesson Study) 프로그램에 참여하였다.

프로그램의 진행 과정은 크게 네 단계로 나누어 실시되었다(Silver, Clark, Ghousseini, Charalambous, & Sealy, 2007). 첫 번째 단계에서 교사들은 여러 가지 답이 있는 수학 문제를 풀고 자신들의 풀이 방법에 대해 다른 교사들과 토론 한다. 이 단계에서 교사는 교수와 직접적으로 관련된 사항들을 고려할 필요 없이, 문제에 내재된 수학적 아이디어들을 찾을 수 있는 기회를 갖게 된다. 두 번째 단계에서는 교사들이 다루었던 문제와 비슷한 문제를 다루고 있는 학생들과 교사의 수업에 관한 비디오를 보고 사례 분석을 한다. 사례 분석에서는 교사들이 첫 번째 단계에서 분석했던 수학적 아이디어와 사례 분석 수업에서 나타난 수학적 아이디어를 관련지어 생각하도록 하였으며, 개인적으로 분석 후 다른 참여자들과 토론을 하였다. 세 번째 단계에서는 사례에 대한 전체 토론을 실시하였다. 전체 토론에서는 교사들이 개념을 명확하게 인식하고 부가적인 아이디어를 소개하거나 수학 내용, 교수 혹은 학생의 학습과 관련된 문제가 되는 이슈들에 대해 토론하게 된다. 교사들은 분석된 사례들에서 나온 이슈들과 자신의 실제 수업을 연결시켜 토론을 한 후, 마지막 활동 단계로 이동하게 된다. 마지막 활동 단계에서 교사들은 Lesson study를 변형한 협력적인 수업 계획과 보고하는 과정을 경험하게 된다. 이 과정을 자세히 설명하자면, 교사는 목표가 되는 수업을 정하고, 다른 교사들과 함께 수업을 계획하게 된다. 그 다음으로 자신의 교실에서 계획된 수업을 실제로 실행하고, 학생의 사고와 이해를 바탕으로 자신의 교수 활동을 반성한 후, 각자 실행한 수업을 동료와 함께 토론하고 분석하는 활동을 한다. 마지막 활동 단계에서 교사들은 앞서 경험하였던 사례 분석과 토론을 통해 얻은 자신들의 아이디어를 개발하고 탐구하여 실제 수업에서 이러한 아이디어들의 적용가능성을 실험하게 된다. 이후 교사들은 다시 자신의 아이디어의 효율성을 분석하고 다른 경우들에 적용가능한지를 탐색하는 과정을 통해 그 아이디어에 대한 이해를 향상시킬 수 있게 된다.

지금까지 살펴 본 국외의 수학교사 전문성 개발 프로그램들은 다음과 같은 공통점을 가지고 있다. 첫째, 워크숍 등의 소극적인 참여보다는 수업 관찰과 분석 등의 적극적인 교사들의 참여를 중심으로 프로그램이 계획된다. 교사 연수나 워크숍의 경우 교사들의 참여가 적은 강연이나 수업 형태의 것들도 있는 반면, 위에서 소개한 프로그램에는 워크숍 이외에도 교사들이 적극적으로 참여할 수 있도록 학교 활동, 수업 등과 연관되어 프로그램 내용이 설계되어 있다. 교사 학습의 측면에서 볼 때, 수동적인 참여보다는 적극적으로 참여하는 것이 학습의 효율을 높이는데 도움이 될 것이다.

둘째, 프로그램 중에 수업 녹화나 수업 관찰 등 학교 현장에서의 활동을 포함하고 있다. 한두 번으로 이루어지는 교사 워크숍으로 인한 교사의 변화의 한계는 연구에서도 지적하고 있다 (Gellert, Amato, Bairral, Zanette, Bloch, Gadanidis, 2009). 수업과 직접적인 연관이 없는 교사의 학습 위주의 워크숍은 단순한 지식 습득에 그치는 경우가 많아 전문성 향상으로 이어지기 힘들다. 국외 프로그램들은 프로그램 과정 중에 실제 수업을 참관하거나 녹화된 수업 비디오를 관찰하고 분석하는 것을 통해 교사 자신의 수업과의 연관성을 높였다. 이것으로부터 교사들이 일하는 현장과 교사 연수 프로그램을 연계시키는 것이 교사 전문성 향상에 도움이 될 수 있음을 알 수 있다.

셋째, 모든 프로그램들이 일정 부분에서 교사와 외부 전문가의 협력을 바탕으로 하고 있다. 수업 관찰이나 수업 연구를 위해 외부 전문가를 초빙하여 교사들과 함께 토론하는 과정을 통해 교사들이 가진 생각과는 다른 새로운 관점을 제시함으로써, 교사들이 자신의 수업에 대하여 반성하고 앞으로의 수업에 대한 아이디어를 가질 수 있도록 하였다. 따라서 교사 전문성 향상을 위해서는 전문가와의 협력이 필요함을 알 수 있다.

2. 국외 수학교사 전문성 개발 프로그램의 장단점 및 유형 분석

국외 수학교사 전문성 개발 프로그램들의 구체적인 장단점은 다음과 같다. 일본의 Lesson

Study의 경우 교육부와 지역교육청으로부터 재정적인 지원을 받아 진행하기 때문에, 지원 정도에 따라 수업 계획에서부터 참관, 분석, 토론의 과정을 한 번 또는 두세 번을 반복할 수도 있다. 물론 선정된 후 실시할 수 있기 때문에 기간 선택이 완전히 자유롭다고는 할 수 없지만, 전문성을 개발하는 주체인 수학교사에게 일정 정도 자율성을 부여한다는 점에서 장점을 가진다. 함께 수업을 계획하지만 참여 교사 중 한 명만이 수업을 실행한다는 점에서 수업을 실행하는 교사의 수업 공개와 평가에 대한 부담이 크다는 단점이 있다. 또한 기간을 짧게 하여 한 번의 사이클만 진행한다면 실제로 수업의 변화를 보기에는 어려움이 따른다.

중국의 Keli 모델의 경우 전문가와 함께 수업 사례를 만드는 과정에서 자신의 교수 능력과 아이디어 향상에 도움이 될 수 있다. 하지만, 프로젝트로 구성되지 않고 전문가와의 공동체를 조직한다는 현실적 어려움이나, 이미 진행되고 있는 다른 교사 교육 프로그램들과의 관계는 또 다른 문제점으로 남아 있다.

이스라엘의 MANOR 프로그램은 대학원 수준의 연구를 통한 이론과 실제 적용으로 장기적인 프로그램의 형태를 띠고 있다. 대학원 수업을 같이 실행하여 장기적으로 프로그램을 진행하는 데 장점이 있는 반면 전문성 개발 활동에 있어서 체계적으로 계획되어 있지 않고 참여자들에게 자율성을 부여한 만큼 참여교사의 이론적 수준이나 교수 역량에 따라 내용에 있어 큰 차이를 보일 수 있다.

싱가포르의 EPMT 프로젝트는 대학과 연계되어 오랜 기간 진행되므로, 학습 공동체를 형성하여 수업 분석을 하는 데는 장점을 지닌 반면, 그만큼 지속적으로 수업을 보기 위해 녹화된 비디오를 준비하고 모임을 가지는 데 있어서 시간적인 제약이 따른다. 미국의 경우는 교육과정 개혁에 따른 교재를 효과적이고 능숙하게 사용하지 못하는 수학교사들을 위해 계획된 프로젝트인 만큼 적극적인 참여가 필수적이다. 프로젝트에서 계획된 다양한 사례분석과 토론은 교사들이 수학 수업에서의 이슈를 인식하고 이를 실제 자신의 수업에 반영할 수 있도록 할 수 있으나, 참여하는 교사들이 자신의 수업을 반성하고 이를 위해 수업을 공개할 정도의 의지가 있어야만 효과적일 수 있다.

미국의 BI:FOCAL 프로젝트는 교육과정에 따른 교수학습 변화가 필요한 교사들의 요구를 받아들여, 수업 사례분석과 토론을 통해 자신의 수업에 적용할 수 있도록 교사들에게 도움을 주었다. 하지만, 이 프로젝트 역시 자신의 수업 공개나 반성하고자 하는 의지가 가장 중요한 만큼 교사가 변화를 일으키도록 도울 강력한 요인이 필요하다. 지금까지 서술한 각 프로그램별 장단점을 <표 Ⅳ-1>에서 간단히 정리하였다.

다음으로, 지금까지 살펴본 국외 수학교사 전문성 개발 프로그램을 참여주체, 주도 기관, 내용 유형, 시행 기간에 따라 분류하여 논의하고자 한다.

일본의 Lesson Study의 경우 연수학교로 지정된 특정 학교의 교사들로 이루어지기는 하나, 희망하는 신청 교사들과 교육청에서 지원하는 외부 전문가의 도움을 받는다는 점을 고려하면, 참여 주체면에서 볼 때 교사-전문가 공동체형으로 분류할 수 있다.

그리고 교사의 수업 관찰과 분석을 중심으로 이루어진다는 면에서 교사 주도적인 체험형으로 구분할 수 있으며, 기간은 수업 계획, 관찰, 분석의 한 번의 사이클은 1개월의 단기과정일 수도 있고, 두 세 번의 사이클을 거칠 경우 3개월(한 학기)정도의 중기과정일 수 있다.

중국의 Keli 모델은 교사 집단이 수업을 개선하고 시연하며, 연구자는 수업을 참관하고 이에 대한 피드백을 제공한다는 측면에서 교사-전문가 공동체형이자, 전문성 개발이 연수 기관에서 이루어지지 않고, 학교 현장에서 이루어진다는 측면에서 단위학교 중심형으로 볼 수 있다. 또한, Keli 모델은 적용분석형과 정보제공형이 통합된 형태이다. Keli 모델은 학교 현장에서 진행되는 실제 수업을 공개하고, 이에 대한 피드백을 통하여 수업을 개선하여 학교 현장에서 적용 가능한 예시 수업을 만드는 과정이 주를 이루므로 적용분석형 모델의 성격을 갖는다. 또한, 전문가의 이론과 방법론을 전수받는 과정을 포함한다는 측면에서 정보제공형의 특징을 가진다. Keli 모델은 수차례의 수업 시연과 개선으로 구성되므로, 1개월 이하의 기간으로 시행할 수 있는 단기형 모델이다.

이스라엘의 MANOR 프로그램은 연수기관 주도형이라고 볼 수 있다. 이 프로그램에 참여한 교사들은 연수기관에서 주도하는 수업에 정기적으로 출석하고, 과제를 제출해야 하며, 이에 대해 연수 프로그램에 참여하는 연구자들의 피드백을 받는다. 따라서, MANOR 프로그램은 교사-전문가 공동체형으로 볼 수 있고, 연구자는 단위 학교의 활동에는 참여하지 않는다는 측면에서 연수기관 주도형으로도 볼 수 있다. 프로그램 유형에 있어서는 정보제공형과 체험형이 통합된 형태의 모델이다. 연수 프로그램에서 전

<표 Ⅳ-1> 국외 수학교사 전문성 개발 프로그램별 장단점

프로그램	장점	단점
일본의 Lesson study	• 교육부나 지역교육청의 재정적 지원으로 연수 시간과 내용 조절이 유동적 • 외부 전문가와의 협력 활동 가능	• 수업 공개에 대한 교사들의 두려움 • 단기간 과정일 경우 교수 변화의 효과를 보기 어려움
중국의 Keli 모델	• 협력하여 수업 사례를 만들고 반성하는 과정이 교수 능력과 아이디어 향상에 도움 • 동료 교사나 전문가로부터 어려움에 대처하는 방법을 배움 • 예시 수업의 즉각적인 적용가능	• 전문가를 포함한 실행 공동체 조직의 어려움 • 현재 시행중인 교사 교육 프로그램과의 관계 문제 • 프로그램 간소화 문제
이스라엘의 MANOR 프로그램	• 보통 수준의 교사들에게 적용 가능한 과제 구성 가능 • 이론과 실제를 적절히 접목함 • 장기 프로그램	• 연수의 내용이 자유롭게 설정 가능하여 체계적이지 못할 수 있음
싱가포르의 EPMT 프로젝트	• 외부 전문가의 협력을 통한 체계적인 장기 프로그램 • 동료 교사와의 수업 비평과 수정, 실행의 과정 반복으로 학습 공동체 형성	• 지속적인 수업 녹화 비평 과정으로 시간 배정의 어려움
미국의 BI:FOCAL 프로젝트	• 교육과정 변화에 따른 교사들의 요구와 필요를 다룸 • 사례분석과 토론을 통한 교수에서에서의 이슈를 인식하고 분석하여 이를 실제 자신의 교수에 적용함	• 교사들이 자신의 수학적 지식을 반성하고 자신의 수업을 공개하고자 하는 의지가 필요함

문성 개발을 위한 여러 자료를 다루고 선행 연구에 대한 발표와 토론으로 이루어진다는 점에서 정보제공형의 특성을 갖는다. 또한, 참여자들은 선행 연구의 활동을 재실행 해본다는 측면에서, 또한 PD활동을 직접 수행해본다는 측면에서 체험형의 성격을 갖는다고 볼 수 있다. 마지막으로 기간에 있어서 MANOR 프로그램은 2년에 걸쳐 진행된 장기형(1년 이상) 프로그램이다.

싱가포르의 EPMT 프로젝트는 희망 교사들이 대학연구자들이 진행하는 워크숍에 참여하고 그들의 지속적인 코칭을 받으면서 제시된 아이디어에 대해 논의하고, 학생들의 의사소통과 관련된 과제를 개발, 토론을 진행한다는 점에서 교사-전문가 공동체형이다. 프로그램 내용에 있어서는 6개월간 워크숍에 참가하여 배운 내용을 이후 일 년 반 동안 동료교사들과 적용하고 이를 반성해 보는 시간을 가진다는 점에서 적용분석형으로 볼 수 있다. EPMT 프로그램도 2년간 진행되었으므로 장기형에 속한다.

미국의 BI:FOCAL 프로젝트의 경우 대학 연구자들이 전문성 개발 프로젝트를 계획하여 지원을 받아 교사들을 모집한 경우로 한 달에 한 번씩 모임에서 대학 연구자의 도움으로 사례분석과 토론을 진행하였다는 점에서 교사-전문가 공동체형으로 볼 수 있다. 또한 교사들이 사례분석을 통해 얻은 아이디어를 직접 자신의 교실에서 적용하고 분석한다는 측면에서 적용분석형이기도 하다. BI:FOCAL 프로젝트의 경우 일 년 이상 프로젝트가 진행되었고, 교사들의 참여를 지속적으로 요구하였으므로 장기형으로 볼 수 있다.

위에서 나타난 특징을 보면, 대부분 참여 주체가 교사-전문가 공동체형이고, 내용 구성면에서는 정보제공형 뿐만 아니라 적용분석형이나 체험형 등 다양성이 존재한다는 것이다.

V. 결론 및 논의

앞서 살펴본 국외 수학교사 전문성 개발 프로그램들은 수업 관찰과 분석 등 수학교사들이 적극적으로 참여할 수 있도록 학교 현장과 관련된 내용으로 프로그램을 구성하고 외부 전문가와의 협력을 바탕으로 활동을 계획하는 공통점을 보였다. 각각의 프로그램의 추진 배경과 목적, 초점, 실행 전략, 효과를 비롯하여 분석된 장단점은 향후 우리나라의 수학교사 전문성 개발 프로그램을 구축하는 데 참고할 만한 중요한 시사점들을 제공한다.

첫째, 각 프로그램들은 수학 내용 지식 보다는 수학교수법이나 학생에 관한 지식에 초점을 두고 있다. 특히, 각국에서 개정되는 수학과 교육과정의 이행에 필요한 지식과 수행역량을 강화하려는 목적을 가지고 있었음을 확인할 수 있었다. 예를 들어, 일본의 Lesson study에서는 수업을 계획함에 있어 가르치는 방법과 학생들의 수학 지식에 중점을 두었고, 미국의 BI:FOCAL 프로젝트에서도 수업 사례 분석을 통해 교수법에서의 이슈 분석에 초점을 맞추고 있다. 우리나라에서도 지속적으로 수학과 교육과정을 개정하고 있으며, 더욱이 <수학교육 선진화 방안>을 마련하여 국가주도의 개혁을 시도하는 시점이므로, 수학교수법과 수업 계획 등 실천적인 역량을 강화하는 연수 프로그램 구축이 필요함을 알 수 있다.

둘째, 각 프로그램들은 수업 실행이나 관찰 등 학교 현장과 직접적으로 연계된 활동을 포함하고 있다는 공통점을 가진다. 일방적인 강의 또는 전문가 주도의 워크숍이 아니라 실행 당사자가 포함된 현실이 수시로 전문성 개발의 프로그램을 위한 분석 대상이 되고 있다는 점에 주목할 필요가 있다. 우리나라의 연수에서는 수업 참관이나 녹화된 수업 비디오 관찰 분석 등을 이용하는 경우가 드물었다. 최근에 수업 분석에 대한 관심이 증대되어 수업 관찰과 분석에 관한 강연이 생겨나고 있는 정도이다. 앞으로 우리나라 교사 연수에서도 연수 과정 중에 녹화된 수업 비디오를 활용하여 수업 분석을 한다든가 연수 기간을 방학 중이 아닌 학기 중으로 변경하여 교사의 실제 수업 활동을 연계할 수 있는 노력이 필요하다.

셋째, 각 프로그램들은 공통적으로 교사와 전문가의 협력을 바탕으로 하였다. 수업 관찰이나 수업 연구는 교사만의 또는 연구자만의 과제가 아니므로, 공동의 대처를 통한 이해와 개선이 필요하다. 그러므로 수동적으로 강의를 듣기만 하는 것보다는 의견을 공유하고 토론하게 하는 과정이 전문성 개발의 주요 전략이 될 수 있다. 우리나라의 교사 연수에서는 보통 전문가가 일방적으로 관련 지식을 전수하는 형태가 많았다. 최근의 연수에서는 분임토의 등을 통해 내용을 개선하려고 노력하고 있으나 실질적인 협력이 가능하도록 환경을 조성하고 주도하는 노력이 더 필요하다. 이를 위해서는 책임과 역량을 갖춘 전문가 양성이 필요하고, 교사의 전문성을 개발하는 전문가 집단의 역할 변화를 위한 준비 또한 필요하다.

넷째, 수학교사 전문성 개발을 위해서는 교사들이 학습자이면서 동시에 연구자가 되도록 하는 장기적인 안목과 계획이 필요하다. 본 연구에서 살펴본 대부분의 국외 프로그램들에서는 참여하는 수학교사들이 전문가의 지원을 받으며 학습하고 연구하도록 제반 여건이 마련되어 운영되어졌다. 수업을 계획하고 관찰하며, 자신의 수업을 반성하는 역량은 이와 같은 지원에 기초한 교사의 지속적인 학습과 연구에 의하여 형성되는 것이다. 일회적으로 또는 피상적으로 달라진 교육과정의 특징을 파악하거나 그나마도 기회가 주어지지 않는다면 교육과정 개정 또는 국가주도의 개혁이 실질적인 변화를 유도할 수 없는 것이다. 따라서 교사 입직 당시의 우수성과 책임의식이 명확한 우리나라 수학교사들이 지속적으로 학습하고 연구하는 것을 도울 수 있도록 교사 연수 프로그램이 계획되어야 할 것이다.

다섯째, 국외의 프로그램들은 전문성 개발 프로그램을 제안하는 것에만 그치지 않고 실질적인 변화가 무엇인지 분석하여 주요 성과를 공유하는 체계를 갖추고 있다. 중국과 싱가포르의 경우 해당 프로그램에 참여한 교사들이 개발한 수업 아이디어를 책이나 CD-ROM으로 제작하여 타 학교, 타 지역으로 확산하였다. 국내 교사 연수는 단발적인 강의나 워크숍이 많아 자료를 공유하고 확산하기보다는 참여자들에게만 제한적으로 제공되고 있고, 대도시와 중소도시, 도서벽지 등 환경의 차이와 학습 수준의 차이가 적지 않아 단일한 전문성 개발 프로그램을 구성하기도 쉽지 않다. 그러므로 다양한 사례를 개발하고 시행 한 후, 결과를 공유하는 것을 통해 지속적으로 프로그램을 향상시키고 다양화시키는 노력을 해야 할 것이다.

국외 수학교사 전문성 개발 프로그램들은 수학과 교육과정, 수학교사 수와 수학교사 역량의 차이, 연수 지원과 내용, 기간 등에 있어서 국내의 상황과는 상당한 차이가 있기 때문에 우수한 프로그램으로 연구 결과가 밝혀져 있더라도 국내에 그대로 적용하기에는 무리가 있다. 하지만, 국외 프로그램들이 공통적으로 교사들의 직접적인 참여를 중심으로 실제 수업과 관련된 내용을 구성하고 전문가의 참여를 독려하고 있는 것에는 주목하여야 할 것이다. 이환철(2012)의 연구에서 보면, 최근의 수학교사 연수에서 원격 연수를 증가하는 등 연수의 참여 방식에도 다양성을 주려 노력하고 있고, 체험 수학이나 수업 관찰과 분석에 대한 연수가 증가하고 있는 등 연수의 내용적인 면에서도 교사의 적극적인 참여를 유도하는 긍정적인 변화가 있다. 이러한 변화를 극대화하기 위해서, 앞으로는 수학교육 연구자들의 교사의 학습에 관한 연구가 반드시 뒷받침되어야 할 것이며, 다양한 연수 참가 이후 수학교사들의 지식의 변화, 수업 행동의 변화, 교사의 변화에 따른 학생의 변화 등을 연구를 통하여 확인하고 연구자들과 수학교사들이 그 내용을 공유할 수 있어야 할 것이다.

참고문헌

박경미, 정영옥, 김화경, 김동원, 최수일, 최지선 (2010). **2010년 우리나라 초·중등학교 수학교육 발전방안 기획연구**. 한국과학창의재단.

박선화, 문광호(2009). **학교 교육 경쟁력 강화를 위한 교육과정 실행 방안 연구 - 수학과 -**. 한국교육과정평가원 연구보고서 RRC 2009-4-1.

윤열현(2012). **중등 수학과 자격연수의 운영 실태, 연수 효과 및 개선 방안 연구**. 한국교원대학교 석사학위논문.

이환철(2012). **수학교육 관련 교사 연수 현황 분석을 통한 정책 방안 모색**. 한국과학창의재단.

Blythe, T. & Associates (1998). *The Teaching for Understanding Guide*. San Francisco: Jossey-Bass.

Cohen, D. K., & Ball, D. L. (1999). *Instruction, capacity, and improvement* (CPRE Research Report Series No. RR-43): Consortium for Policy Research in Education.

Even, R. (1999). Integrating Academic and Practical Knowledge in a Teacher Leaders' Development Program, *Educational Studies in Mathematics, 38*, 235-252.

Even, R. (2005). Integrating knowledge and practice at MANOR in the development of providers of professional development for teachers. *Journal of Mathematics Teacher Education, 8*, 343-357.

Fernandez, C. (2002). Learning from Japanese approaches to professional development: The case of lesson study. *Journal of Teacher Education, 53*(5), 393-405.

Gellert, U, Amato, S., Bairral, M., Zanette, L., Bloch, I., Gadanidis, G.,Namukasa, I. K., Krummheuer, G. Grevholm, B. Bergsten, C. Miller, D., Peter-Koop, A., Wollring, B., Proulx, J., Rosu, L., Arvold, B., Sayac N. (2009). Practising Mathematics Teacher Education: Expanding the Realm of Possibilities. In R. Even and D. L. Ball (Eds.) *The professional education and development of teachers of mathematics* (pp. 35-55). Dordrecht: Springer.

Huang, R. & Bao, J. (2006). Towards a model for teacher professional development in China: Introducing KELI, *Journal of Mathematics Teacher Education, 9*, 279-298.

Kaur, B. (2011). Enhancing the pedagogy of mathematics teachers (EPMT) project: a hybrid model of professional development. *ZDM Mathematics Education, 43*, 791-803.

Kaur, B., Har, Y. B., & Kiam, L. H. (2010). *Enhancing the pedagogy of mathematics teachers to emphasize understanding, reasoning and communication in their classrooms (EPMT)*. Final Research Report of CRPP, project No. CRP 6/06 BK.

Lewis, C., Perry, R., & Murata, A. (2006). How should research contribute to instructional improvement? The case of lesson study. *Educational*

Researcher, 35(3), 3-14.

National Council of Teachers of Mathematics. (1991). *Professional standards for teaching mathematics*. Reston, VA: NCTM.

National Council of Teachers of Mathematics. (2011). 수학 수업의 현재와 미래 (류희찬, 조완영, 이경화, 나귀수, 김남균, 방정숙 역.). 서울: 경문사. (원저 *Mathematics teaching today: Improving practice, improving student learning*. 2007 출판)

Nelson, B. S. (1997). Learning about teacher change in the context of mathematics education reform: Where have we come from? In E. Fennema & B. S. Nelson (Eds.), *Mathematics teachers in transition* (pp. 3-15). Mahwah, NJ: Lawrence Erlbaum Associates.

Smylie, M. A. (1989). Teachers' views of the effectiveness of sources of learning to teach. *Elementary School Journal, 89*, 543-558.

Silver, Clark, Ghousseini, Charalambous, & Sealy (2007). Where is the mathematics? examining teachers' mathematical learning opportunities in practice-based professional learning tasks. *Journal of Mathematics Teacher Education, 10*, 261-277.

Wiggins, G., McTighe, J. (2005). *Understanding by design (2nd ed.)*. Alexandria, VA: ASCD.

03 『다문화수학교사교육의 원리와 방법』에 관한 해설

주 미 경(한양대학교)*

최근 들어 다문화수학교육은 사회적 관심과 함께 연구가 활성화되고 있는 분야이다. 한국 사회에서 다문화교육에 대한 담론은 1990년대 결혼 이주자와 외국인 근로자가 국내로 유입되면서 사회구성원의 인종적·민족적 배경이 다원화되는 상황에서 시작되었다. 이러한 사회적 맥락에서 출발한 한국의 다문화교육은 이주민 대상의 동화주의적 교육을 중심으로 이루어지는 경향을 보이고 있다. 그러나 '다문화'란 다양한 문화가 공존하는 상태를 의미하며'문화'는 한 집단이 공유하고 있는 행동 양식으로서 언어, 의식주, 종교 등 공동체의 삶과 관련된 모든 영역에서의 행동에 관한 정해진 틀과 그 틀에 대한 의미 해석, 의미 해석의 이면에 존재하는 신념과 규범 등을 포괄하는 지식의 집합이다. 사회가 공유하고 있는 객관적 실체로서 문화는 사회 구성원의 삶과 행동을 조건화하지만 동시에 사회 구성원 개개인 사이의 협상과정을 통해 생산된다. 이러한 측면에서 문화와 개인은 서로를 형성하는 대화적 관계 속에 존재한다. 또한 문화 생산의 주체가 개인임을 고려할 때 문화의 단위는 인종, 민족, 국가 등의 거대 집단에 국한되지 않으며 계층, 종교, 성, 연령, 지역 등 개인의 삶에 영향을 주는 다양한 요인에 의해 공유된 삶의 양식에 따라 세분화되며 이러한 과정을 반복하면 최종적으로 가장 미시적 수준의 문화 생산 주체인 개인에 도달하게 된다. 이러한 관점에서 보았을 때 다문화교육 정책에 관한 논의에서 빈번히 등장하는 '다문화 가정', '다문화 학생'등과 같은 용어를 이민자 가정과 그 자녀에 한정하여 사용하는 상황은 문화에 대한 매우 제한적인 이해를 전제로 한다. 어느 가정이건 가족 구성원 개개인은 나름의 독특한 사회적 네트워크에 속해있고 그 네트워크 속에서 고유한 삶의 양식을 형성한다. 그 결과 각 구성원이 유사하나 완전히 동일하지 않은 나름의 문화적 원리에 따라 삶을 영위하며 가정생활에 참여한다는 점에서 이 세상의 모든 가정은 다문화가정이다.

저자가 다문화수학교육을 연구주제로 선택한 것은 오래전 학교 수학교사로서의 경험이 중요한 계기가 되었다. 저자는 사범대학을 갓 졸업하고 1년간 상업계 고등학교에서 수학을 가르쳤었다. 이 때 저자가 교사로서 가르치게 된 학생들은 심각한 학습 결손을 가지고 있었으며 많은 학생들이 중도에 학교를 떠났다. 초임교사였던 저자로서는 저자가 경험했던 학교생활과 너무나 다른 그들의 학교생활을 납득하기 어려웠고 그들의 학습 결손과 중도탈락은 전적으로 그들의 게으름 탓이라고 생각했었다. 그러나 시간이 흐르며 그들의 삶에 대해 조금씩 알아가게 되었다. 많은 학생들이 결손가정의 자녀였거나 부모로부터 학습에 필요한 지

* mkju11@hanyang.ac.kr

원을 받지 못하였다. 그들의 실패가 그들의 개인적 결함에서 비롯되었다고 보기에 그들의 현실은 너무나 열악하였다. 그들이 살아온 세계는 저자가 살아온 세계와는 다른 세계였고 그 속에서 저자와는 다른 세계관을 발전시켜왔으며 학교수학과 다른 수학적 배경과 수학적 앎의 방식을 가지고 있었다. 이러한 점에서 그들은 저자에게 다문화학생이다. 그리고 저자가 수업에서 경험한 어려움은 교사로서 문화적 배경이 다른 학생들을 이해하고 수학 교과를 통해 그들에게 의미 있는 성장의 경험을 제공할 수 있는 다문화적 역량이 부족하다는 점에서 비롯된 것이었다(송륜진, 주미경, 2014). 교사로서 지도하는 학생들의 차이를 인식하고 인정하는데 오랜 시간이 걸렸으며 그들에게 의미 있는 수학을 가르치는 방법은 결국 찾지 못한 채 1년이 지나버렸다. 그들을 돕고 싶은 저자의 마음과 달리 저자의 수업에서 대부분의 학생들은 수학을 배우는데 '실패'하였고 저자는 생활기록부에 그들을 실패자로 기록하는 역할을 해야 했다. 저자는 교사로서 순진무구한 어린 학생들에게 실패자의 낙인을 남겼다. 그런데 정말 실패한 자는 누구일까? 성공한 교육이란 무엇이고, 성공적인 교육을 위해 수학교사의 책무는 무엇이며, 그 책무를 성공적으로 수행하기 위하여 어떤 역량을 갖추어야 할까?

교육은 인간의 기본적인 권한을 존중하고 강화하는 것을 기본적 책무로 한다(UN, 1948). 지식을 통해 자신을 발견하고 실현하며 개인의 정체성이 자유롭고 총체적인 발달을 이룰 수 있는 환경을 제공하여 미래 사회의 구성원으로서 자유롭게 의견을 선택하고 표현하며 협의하면서 보다 나은 세계를 구현하는 데 참여하는 기회를 갖는 것을 인간의 기본적인 권한이다. 이러한 관점에서 개인의 개별성과 다양성에 대한 고려는 성공적인 교육의 가장 핵심적인 요소이다. 따라서, 개인을 가장 기본적인 문화적 주체로 생각하며 학생 개개인의 문화적 개별성과 다양성을 최대한으로 존중하고 촉진하는 교육적 실천을 지향하는 다문화교육은 교육의 인본화를 위한 개혁 운동이다(차윤경, 2008). 다문화수학교육이란 수학 교과를 통해 교육의 인본화를 실현하고자 하는 교육적 실천이며 다문화수학교사교육은 교육의 인본화를 위해 수학교사가 갖추어야할 역량의 함양을 목표로 한다. 현실 속에서 직면하는 수학교육의 문제는 교육의 인본화가 우리의 삶에서 얼마나 중요하며 근원적인 과제인지 실감하게 한다. 우리 사회 구성원 모두의 삶에서 각자의 방법으로 많은 시간과 노력을 바치고 있는 수학교육이 우리의 삶에서 어떤 의미를 갖는가? 수학교육에 대한 담론 속에서 학생 자신의 삶과 정체성에 대하여 얼마나 진지하게 고려되고 있는가? 수학 공부에 지치고 싫증을 느낀 학생이 수학을 왜 배워야하느냐고 물으면 교사는 논리적 사고력의 도야, 수학의 유용성을 들어가며 열심히 배워두면 언젠가는 배우길 잘했다고 할 날이 올 것이라고 그들을 독려한다. 이와 같은 학교수학에 대한 담론은 오지 않은 미래에 관한 이야기이고 그 미래는 학생 자신이 꿈꾸는 미래가 아니라 사회적으로 규범화된 미래라는 점에서 현재 학생의 삶과는 유리된 미래이다.

수학교실에서 수학 교과를 매개로 이루어지는 교사와 학생 사이의 교섭과정이 학생이 희망하는 미래를 실현하기 위한 삶의 과정이 되기 위하여 교사의 교육 실천은 학생의 정체성에 대한 이해로부터 출발해야 하며 다양한 세계관과 그 문화성에 대한 이해를 바탕으로 한다. 특히, 수학이 사회문화적 지식체계임을 의식하고 수학공동체의 세계관과의 문화적 접촉 과정을 통해 문화적 주체로서 학생의 세계관이 재조직되어가는 경험을 제공할 수 있어야 한다. 이를 위해 교사는 수학교육을 문화적 관계의 맥락에서 인식하고 나아가 자신과 제도적 삶의 공간으로서 학교를 문화적 실체로 들여다보며 또 다른 문화적 실체인 학생과의 관계 맺음이 대화적이며 서로의 성장에 기여하는지에 대해 성찰하기를 멈추어서는 안된다. "다문화수학교사교육의 원리와 방법"은 수학교사의 다문화적 역량의 구성 요소와 함양 방안을 제시함으로써 이와 같은 책무를 수행하는데 요구되는 다문화적 역량을 갖춘 교사양성을 위한 교육과정 개발의 이론적 기초를 제공하고자 하였다. 그러나 다문화수학교육을 실천할 수 있는 수학교사의 역량은 교육현장에서 교사 자신의 교육실천에 대한 비판적 자성을 통해 강화되어야 간다는 점은 다문화수학교사교육연구에서 중요하게 고려되어야 한다. 이러한 측면에서 다문화교사교육연구는 교사의 교육적 실천에 대한 비판적 자성의 기회를 제공하여 교사가 다문화적 존재로 성장하는 과정을 촉진하는 기제가 되어야 하며 교사의 다문화적 역량 함양 방안에 대한 경험적 토대 이론을 제공함으로써 우리나라 교육현실에 적합한 다문화교사교육체계 개발을 위한 기반을 구축하는데 기여할 것이다.

참고문헌

송륜진, 주미경(2014). 다문화 수학교육 인식조사: 현장 수학교사의 다문화수학교육에 대한 내러티브 분석. **학습자중심교과교육연구**, 14(5), 287-311.

차윤경(2008). 세계화 시대의 대안적 교육모델로서의 다문화 교육. **다문화교육연구**, 1(1), 1-23.

United Nations (1948). Universal Declaration of Human Rights 1948. United Nations.

대한수학교육학회지 <학교수학> 제 12 권 제 4 호
Journal of Korea Society of Educational Studies in Mathematics
School Mathematics Vol.12, No.4 639-665. Dec. 2010

다문화수학교사교육의 원리와 방법[1)]

송 륜 진[*] · 문 종 은[**] · 주 미 경[***]

최근 국내의 다문화교육에 대한 논의의 확산과 더불어 다원화된 사회에서 요구되는 공존을 위한 삶의 태도 함양과 교육적 기회 평등 보장을 위한 교육을 실천할 수 있는 역량을 갖춘 교사 양성이 교사교육의 주요 과제로 제기되고 있다. 이에 본 연구는 다문화교육 및 다문화수학교육 관련 이론, 그리고 다문화수학교사교육 사례 검토에 기초하여 다문화수학교사교육의 원리와 방법을 모색하였다. 연구결과, 본 논문에서는 다문화적 수학교사에게 요구되는 역량을 '정의적 영역', '인지적 영역', '행동적 영역'으로 범주화하였다. 이들 영역에 공통적으로 등장하는 내용적 요소로서 '문화성', '다양성', '평등성', '자기정체성', 그리고 지도원리로서 '반성', '참여', '실행'을 제시하였다. 마지막으로 본 연구의 결과가 다문화수학교사교육에 제공하는 시사점 논의를 통해 다문화적 역량을 갖춘 수학교사양성을 위한 초석을 마련하고자 하였다.

I. 서론

1990년대 이후 국내 외국인 이주자가 수적으로 증가함에 따라 다양한 다문화교육 관련 활동과 정책이 실행되면서 다문화교육의 개념 및 목적, 방법에 대한 합의와 더불어 보다 일관성 있고 체계적인 다문화교육 실천을 위한 방안 탐색의 필요성이 제기되고 있다. 사실 지금까지 국내 다문화교육은 국제결혼가정 자녀와 외국인 근로자 자녀에 국한하여 이들을 위한 한국어 교육이나 문화유적지 탐방과 같이 일회성 프로그램을 중심으로 이루어져 왔다. 그러나 다문화교육은 단순히 이민자의 동화 차원을 넘어 문화적 차이에 대한 사회 구성원 전체의 인식전환을 지향하고 다양성에 대한 인식과 배려를 바탕으로 공존을 위한 삶의 방식을 탐색하는 교육으로 나아가야한다는 관점이 제기되고 있다(이민경, 2008; 차윤경, 2009; 황규호 · 양영자, 2008). 그리고 다문화교육의 대상 범위를 새터민, 한국계 중국인(조선족)을 포함한 입국 재외동포, 다문화가정 학부모 등 소수자 집단을 넘어, 일반학생, 교사, 다문화 관련기관 직원, 공무원과 일반 국민을 포함하는 다수자로까지 확대 및 세분화해야 한다고 제안하고 있다(양영자, 2008; 윤인진, 2009). 뿐만 아니라, 이민자와 탈북자 자녀의 학교 적응에 관한 연구 결과는 그들의 학교 적응과 학습을 효과적으로 지원하기 위한 대책 마련이 다문화교육의 정책 및 담론을 통해 적극적으로 다루어져야한다는 필요성을 시사한다.

최근 우리나라의 교육정책은 이러한 다문화

* 이화여대 수학교육과 대학원 (srj430@hanmail.net)
** 이화여대 수학교육과 대학원 (mje119@naver.com)
*** 교신저자: 한양대학교 수학교육과 (mkju11@hanyang.ac.kr)

1) 이 연구는 교육과학기술부의 재원으로 한국연구재단(구 한국학술진흥재단)의 지원을 받아 수행되었음 (KRF-2007-561-B0030).

교육에 대한 논의를 반영하는 방향으로 나아가고 있다. 2009년 개정 교육과정은 '세계와 소통하는 시민으로서 배려와 나눔의 정신으로 공동체 발전에 참여하는 사람'을 학교교육이 추구하는 인간상으로 규정하면서 문화적 차이를 넘어 공감하고 소통할 수 있는 세계 시민의 자질과 태도 함양을 학교교육의 목표로 제시하고 있다. 2009년 다문화가정 학생을 위한 맞춤형 교육 방안에서는 다문화가정 학생의 문화적 배경을 고려한 맞춤형 학습을 제공하도록 권장하고 있다. 이와 같은 일련의 교육 정책은 다문화교육이 소수자를 포함한 모든 사회성원을 대상으로 확장되어야 하며 체계적으로 개발된 다문화교육과정에 기초한 학교교육을 통해 실행되어야 한다는 관점을 반영하고 있다.

이처럼 다문화교육이 학교교육 전반에 통합된다면 모든 교과 영역의 수업을 통해 다문화교육이 이루어져야 할 것이며 모든 교사가 학생의 문화적 배경에 대하여 충분한 지식을 갖추고 모든 학생의 성공적 학습을 지원하는 수업을 실천할 수 있어야 할 것이다. 이는 다문화적 역량이 모든 교사가 갖추어야할 전문성 요소로 확장되어야 하고 그 수준에 대한 기준도 향상되어야 함을 의미하며, 나아가 교사교육과정이 모든 교과 영역 교사들의 다문화적 역량 개발에 기여할 수 있도록 재구성되어할 필요성을 시사한다(모경환, 2009; Nieto, 2000). 실제로 미국의 National Council for Accreditation of Teacher Education(2008)(이하 NCATE)의 교사 전문성 규준은 다문화교육에 대한 사회적 요구를 반영하여 다양성에 관한 규준을 대학 교사 교육과정에 반영할 것을 요구하고 있다. NCATE의 다양성에 관한 규준은 인종·민족·계층·성별 등 다양한 배경을 가진 학생들의 교육적 성취를 위해 대학 교사교육 과정이 다양성과 포괄성(inclusion)에 대한 지식과 개념을 갖추고 학교 현장에서 실행할 수 있는 교사의 역량을 개발할 수 있도록 교육과정과 교육실습을 제공할 것을 권고하고 있다.

수학교과의 경우 그 성취 수준이 학생 개개인의 진로 결정에 중요한 영향력을 행사하는 교과라는 점을 고려할 때, 계층과 인종, 성별에 따른 수학성취도의 차이는 사회계층구조의 재생산으로 이어진다는 점에서 교육적 평등은 중요한 논제로 다루어져야 한다(National Commission on Excellence in Education, 1983; Sells, 1980; Fennema, 1980; Gutstein, 2003). 따라서 수학 교과를 통한 다문화교육은 수학 교실에서 학생의 다양성을 인정하고 학습 기회의 평등을 보장하려는 노력을 통해 모든 학생이 성공적으로 수학을 학습할 수 있는 환경을 제공하고 궁극적으로 기회의 평등을 보장하여 민주사회의 구현에 기여한다는 점에서 그 중요성을 찾을 수 있다. 뿐만 아니라, 수학교실에서 학생들이 다양한 수학적 관점과 수학을 행하는 방법을 경험하고 자신의 수학적 관점이나 방법과 다른 방식을 접하고 협상하는 과정을 통해 수학 교과가 가지고 있는 다문화성을 경험하도록 함으로써 소통과 공존의 지혜를 교육하는 것은 다문화 시대의 수학교육이 수행해야할 중요한 역할이라고 할 수 있다(주미경, 2009; D'Ambrosio, 1994; Joseph, 1993). 이와 같은 맥락에서 다문화교육의 관점을 적용하여 수학수업을 설계하고 실행하기 위해 요구되는 수학교사의 역량과 그러한 역량의 양성에 요구되는 수학교사교육과정의 원리 및 방법에 대한 탐구는 다문화수학교육의 성공적 실천에 핵심적이다. 이에 본 논문에서는 다문화교육 및 교사교육에 관한 문헌과 다문화수학교사교육 사례 검토에 기초하여 다문화수학교육의 실천에 요구되는 다문화적 수학교사의 역량 요소와 그의 함양에 효과적인 접근법을 탐구할 것이다.

II. 이론적 배경

1. 다문화교육의 정의와 목표

다문화교육은 미국, 캐나다, 호주, 영국 등 각 나라의 다양한 사회, 정치, 문화적 배경에서 태동하게 되었고 이후 각국이 직면한 사회적 과제를 해결하는 방향으로 발달하였다. 유럽의 경우는 동화주의에 기초하여 통합을 이루고자 특수한 민족적 정체성은 인정하지 않는 것을 기본 가정으로 하고 있다. 그리하여 다문화교육도 각 문화권에 적합한 교수법의 개발이나 문화적 배경에 대한 고려나 지원보다는 사회통합의 측면에서 주류 문화의 가치를 중심으로 민주주의 시민 의식에 기초한 상호 존중적 태도를 갖도록 하고 반차별, 반편견적인 내용을 교육하도록 하였다(이민경, 2008). 반면 이주 국가로서의 정체성을 가지고 있는 미국, 캐나다, 호주 등에서는 다문화주의를 통치 이념으로 하여 다문화교육의 개념이 발달해 왔다. 미국의 다문화교육은 19세기 말에서 20세기 초에 인구학적, 사회적, 정치적으로 많은 격동을 겪으며 발달하였다. 특히, 1950년대에서 1960년대를 통해 미국 내에 존재하는 불평등과 차별에 맞서는 시민운동은 다문화교육으로 이어지게 되었다(Banks, 1993). 이와 같이 다문화교육은 각 나라의 특수한 정치, 경제, 문화적 여건에 따라 독특한 양상을 보이며 발달하게 되었고 그에 따라 다문화교육의 개념도 다소의 차이를 보이며 다양하게 정의되어 왔다. 따라서 이 절에서는 현대 다문화교육을 대표하는 몇몇 학자들의 다문화교육에 대한 정의 및 목표, 접근법 등을 소개하는 것을 통해 그 개념을 고찰해보고자 한다.

Gibson(1976)은 학생들이 가지고 있는 문화적 다양성이 극복되어야하는 것이 아니라 오히려 유지되어야 하고 학생이 자신의 문화적 유산에 대하여 자부심을 가지고 사회에 가치 있는 자원이 되도록 해야 한다고 주장하였다. 이러한 맥락에서 Gibson은 다문화교육을 문화적 다원주의의 관점에서 개념화하고 있으며 다문화 교육에 접근하기 위한 방법을 '문화에 호의적인 다문화교육', '문화적 차이의 교육', '문화적 다원주의 교육', '이중문화 교육', '일상적인 학교 경험으로부터의 다문화 교육' 등으로 범주화하여 제시하였다. 뿐만 아니라 그는 다문화교육과 다문화적 교육의 의미가 다른 것을 설명하며 다문화 내용을 가르치는 다문화교육 뿐 아니라 교과과목을 통해 다양한 학생들의 문화적 다양성을 고려하여 수업하는 다문화적 교육의 중요성을 주장하였다.

Bennett(2007)은 다문화교육이란 민주주의적 가치와 신념을 기반으로 하는 교수-학습을 의미하며, 모든 학생의 지적, 사회적, 개인적 발달을 최대한 촉진시키는 것을 목적으로 하는 교육적 실천으로 생각하였다. 또한 다문화교육이 문화적 다원주의에 기초하여 이루어져야할 뿐만 아니라 교육에서의 평등을 고려해야 한다고 주장하였다. 이러한 평등 교육은 수월성 교육과 다르지 않으며 교육의 수월성은 평등성 없이 이루어질 수 없다. 즉, 평등성은 교육의 결과와 경험의 동일함을 의미하는 것이 아니라 학생마다 가지고 있는 서로 다른 잠재력과 요구에 따라 차등적인 교육이 이루어져야 한다는 것을 뜻한다. 이와 같은 다문화교육을 실천하기 위한 접근 방법을 다음과 같이 네 가지로 제시하였다. 첫째, 평등교수법, 둘째, 교육과정 개혁, 셋째, 다문화적 역량, 넷째, 사회적 정의를 지향하는 교육이다. 다문화 교육을 위한 각 차원은 서로 긴밀하게 연결되며 상호작용한다고 설명하였다.

Banks(2008, 2010a)는 다문화교육이란 인종,

문화, 언어, 성, 종교 등 다양성이 존재하는 사회에서 모든 학생들의 교육적 평등을 증진시키고 모든 종류의 차별을 종식하기 위한 개혁운동이라고 정의하였다. 또한 다문화교육이란 자유를 위한 교육이 되어야한다고 제안하였는데 이는 다원주의적 교육을 통해 학생 자신이 소속된 공동체의 문화를 이해하는 것을 돕는 것과 더불어 그들의 문화적 한계로부터 자유로워지는 상태에 도달하도록 도와야한다는 것을 의미한다. 이러한 견지에서 Banks(2008)는 다문화교육의 목표를 다음과 같이 다섯 가지로 제시하였다. 첫째, 다른 문화의 관점으로 자신의 문화를 바라보는 것을 통해 자기 문화에 대한 충분한 이해를 도모하는 것이고 둘째, 문화, 민족, 언어적 대안들(alternatives)을 학생들에게 제공하기 위한 것이며 셋째, 모든 학생들이 그들의 자문화, 주류문화 그리고 다른 민족 문화 사이에서 요구되는 기술, 태도, 지식을 습득하게 하는 것이고 넷째, 민족적, 인종적으로 다양한 학생들이 그들의 인종적, 신체적, 문화적 특성 때문에 겪는 고통과 차별을 줄어들게 하는 것이며 마지막 다섯 번째, 학생들이 그들 자신의 문화, 국가적 차원의 거대 문화와 다른 소문화, 그리고 지구촌 세계의 유능한 성원으로서 필요로 하는 지식, 태도, 및 기능을 습득할 수 있게 하기 위한 것이라고 설명하였다. 이들 목표를 효과적으로 성취하기 위해서는 기존의 교육과정에 다문화적 요소를 부가하는 차원을 넘어서 교육과정 및 학교문화의 근본적인 변화가 이루어져야 하며 이러한 포괄적인 차원의 변화를 실현하는데 교사의 다문화적 역량이 강조된다고 주장하였다(Banks, 2010b).

마지막으로 다문화교육을 통하여 사회적 정의, 평등 구현을 위해 학생들에게 비판적 시각 및 사고력을 발달시키도록 해야 한다는 사회개혁주의 관점에서 다문화교육을 정의하는 이론적 관점이 존재한다. 다문화교육의 사회개혁주의 관점은 동화주의, 차이 지향 주의, 다원주의 등을 기반으로 하는 다문화교육의 개념보다 좀 더 진보된 의미를 내포하고 있다. 이러한 관점에서 Ladson-Billings & Henrry(1990)는 비주류 학생들이 가지고 있는 인종, 언어, 사회경제적 계층 등과 같은 다양한 문화적 배경이 주류 학교문화의 규범, 가치와 일치하지 않고 불연속적인 측면이 있기 때문에 그들의 학업적 실패 요인으로 작용해왔다고 주장하였다. 즉, '차이', '다름'을 규정하는 가치판단 기준, 관행 등에는 결국 사회적 권력구조, 더 작게는 학교 및 교실의 권력구조가 내재되어 있음을 직시해야 한다는 것이다. 이러한 측면에서, 비주류 학생들을 주류 학교 문화와 교육에 잘 적응하도록 도와주고, 그들의 문화적 배경을 배려하고 활용하는 수업을 고안하며, 수업에서 그들의 문화적 자산을 소개하는 것에 다문화교육의 목적을 두어서는 한계점이 있다고 주장하였다. 사회개혁주의적 관점에서 다문화교육의 궁극적인 목적은 불균형적인 권력의 구조를 해체시키고 재구조화하여 모든 학생들이 힘을 가질 수 있도록 교육적 처치를 해야 한다는 것이다. 즉, 다양한 배경의 학생들에게 힘을 부여한다는 것은 그들이 학업에서 성공적으로 성취하여 습득한 지식을 활용하고 발달시킬 수 있도록 하는 것을 의미할 뿐만 아니라 그들에게 사회, 학교, 교실 내에 존재하는 불균형적 권력구조와 주류중심의 지식체계, 교육내용, 평가 등을 비판적 시각으로 바라볼 수 있도록 비판적 사고능력을 발달시키는 것을 의미한다.

이와 같은 사회개혁적인 관점에서 Nieto & Bode(2008)는 다문화교육을 포괄적인 학교 개혁의 과정이고 특정 학생이 아니라 모든 학생에게 제공되어야할 기본적 교육이라고 정의하며 불평등한 학교 및 사회의 구조를 개혁할 수 있는 사회 비판적 시각을 함양하는 것을 목표로 해야 한다고 주장하였다. 이러한 관점에서 다문화교육은 사회, 문화, 정치적 배경에서 조망해야 하고 다음과 같은 세 가지 목표를 지향한다. 첫째, 다문화교육은 불평등에 도전하고 평등한 교육을 촉진해야한다. 둘째, 다문화교육은 모든 학생의 성취도를 높이고 평등하고 높은 질의 교육을 제공해야 한다. 셋째, 다문화교육은 학생들이 비판적이고 생산적인 민주사회의 일원이 될 수 있도록 견습의 기회를 제공해야 한다. Nieto & Bode(2008)는 다문화교육을 통해 우리 사회에 공헌하는 사람으로 준비시키는 것은 결국 민주주의를 촉진하는 것이라고 설명하였다.

이상의 논의들을 종합하면, 다문화교육은 '다양성의 공존', '교육적 기회 평등의 실현', '사회적 평등과 정의 실현'에 기여할 수 있는 학생의 품성과 태도, 역량을 함양하는 것을 목표로 한다고 할 수 있다. '다양성의 공존'과 관련하여 다문화교육은 개개인의 다양성을 인정하고 존중함으로써 각 개인이 자신의 고유한 정체성을 바탕으로 사회발전에 기여할 수 있도록 하는 태도를 함양해야 한다. 또한 '교육적 기회 평등의 실현'을 위해 다문화교육은 학생의 문화적 배경을 존중하고 고려하는 교수법, 교육과정, 학교문화를 확립하여 모든 학생들이 학교교육에 대하여 동등한 접근성을 인정받고 성공적 학습을 성취할 수 있도록 해야 한다. 마지막으로 '사회적 평등과 정의 실현'과 관련하여 다문화교육은 학생들의 사회현실에 대한 비판적 의식을 함양하여 사회적 평등과 정의 실현에 기여할 수 있는 역량을 키워주어야 한다. 즉, 다문화교육은 학생들의 다양성을 인정하고 받아들여 개개인의 잠재력을 충분히 발휘할 수 있도록 교육적 기회의 평등을 지향하고 불평등한 사회 구조의 변혁을 주도할 수 있는 민주사회의 일원으로 성장하도록 돕기 위해 사회 비판적 사고력을 함양하는 종합적이고 통합적인 교육 개혁 운동으로 개념화할 수 있을 것이다.

2. 다문화적 교사 역량과 다문화교사교육

다문화교육에서 교사는 문화적 다원주의를 바탕으로 평등한 교수를 제공하는 것으로부터 넓게는 사회의 불평등 구조를 개혁하고 정의를 추구하는 역할을 수행해야 한다. 특히, 다문화교육이 다양성의 공존으로부터 교육적 기회 평등의 실현을 통한 사회적 평등과 정의실현에 이르는 폭넓은 목표를 지향한다고 할 때, 다문화교육의 실천을 위해 요구되는 교사 역량은 매우 광범위하다. 따라서 다문화교사교육을 위해 교사에게 요구되는 다문화적 역량을 명확히 정의하고 범주화하는 논의가 선행되어야 할 것이다. 이러한 관점에서 이 절에서는 다문화교사교육에 관한 대표적인 이론에 등장하는 다문화적 존재로서 교사에게 요구되는 역량에 대한 관점을 살펴보고자 한다. 앞서 살펴본 바와 같이, Banks(2008)는 다문화교육이란 인종, 문화, 언어, 성, 종교 등 다양성이 존재하는 사회에서 모든 학생들의 교육적 평등을 증진시키고 모든 종류의 차별을 종식하기 위한 개혁운동이라고 정의하였다. Banks의 관점에서 다문화교육은 학교의 변혁과 함께 이루어져야 하는데 학교는 하나의 사회적 체계라는 점을 고려할 때 다문화교육의 실천은 학교를 구성하는 다양한 요소에 걸친 광범위한 변화를 필요로 한다.

이에 Banks(2010a)는 다문화교육의 실천에 관련된 주요 차원으로 '내용 통합(content integration)', '지식구성과정(the knowledge construction process)', '편견의 감소(prejudice reduction)', '평등 교수법(an equity pedagogy)', '구성원의 권한

을 강화하는 학교문화와 사회적 구조(an empowering school culture and social structure)' 다섯 가지를 제시하였다. '내용통합'이란 교사가 교과의 주요 개념, 원리, 일반화, 이론을 예시하기 위해 다양한 문화와 집단으로부터의 사례와 내용을 수업에 사용하는 것을 의미한다. '지식 구성과정'은 학생들에게 교과 내에서 수용되는 암묵적인 문화적 가정, 관점, 편견이 교과 지식이 구성되는 과정에 어떤 영향을 주는지 탐구하도록 하는 것이다. '편견의 감소'는 수업과 활동을 통해 교사가 학생들이 문화적, 민족적, 인종적 차이에 대하여 긍정적인 태도록 함양하도록 하는 것이다. '평등교수법'이란 학생들의 문화적 배경에 일관된 수업 방법을 다양하게 사용하는 것과 같이 교사가 다양한 문화적 배경의 학생들의 학업 성취를 촉진할 수 있도록 수업을 고안하고 실행하는 것을 의미한다. 마지막으로, '구성원의 권한을 강화하는 학교문화와 사회적 구조'란 성별, 인종, 민족, 사회적 계층과 관계없이 학교의 모든 구성원의 평등한 관계를 보장하는 학교 문화와 조직을 구성하는 것을 가리킨다.

다양한 다문화교육의 차원에 대한 Banks의 논의는 다문화교육의 실천을 위해 학생 집단에 존재하는 다양한 문화적 자산을 인정하고 존중하는 태도가 교사에게 요구된다는 것을 시사한다. 이러한 맥락에서 Banks(2001)는 다문화교사교육이 교사의 신념체계와 가치관 변화를 촉진할 수 있는 내용 요소를 포함해야한다고 주장하였다. 교사는 자신이 성장한 문화적 배경 속에서 형성된 규범과 가치를 교실에 가지고 오므로 교사들의 문화적 정체성과 국가적 정체성을 재구성하는 것은 다양한 배경의 학생들을 가르치기 위한 시도의 기반이 된다. 따라서 교사교육프로그램은 예비교사들이 비판적이고 분석적인 시각에서 그들의 국가, 인종, 문화, 민족성 등에 대하여 재고하며 가치관과 규범을 재구성할 수 있는 기회를 제공해야한다 (Schofield, 2010; Sleeter, 2008).

Nieto(2000)는 다양한 배경의 학생들을 효과적으로 가르치기 위해서 사회적 정의의 관점으로 교사교육을 해야 한다고 강조하였다. 사회적 정의와 다양성에 기초할 때, 예비교사들은 언어적, 문화적으로 다양한 배경의 학생들을 더 잘 가르칠 수 있으므로, 교사교육 전반에 사회적 정의에 대한 주제를 포함시켜야한다. 즉, 교사교육을 통해 예비교사들이 사회적 정의에 대하여 분명하게 이해하여 실제 교육과정, 교과서, 자료, 교수 방법, 성적에 따른 분반, 학교 직원의 채용과 해고, 학부모의 참여 등을 포함한 학교 정책 등을 비판적으로 평가할 수 있도록 도와주어야 한다.

Ladson-Billings(2000)는 기존의 문화적 결핍 패러다임에서 벗어나 문화적 차이의 패러다임 안에 기초하여 다양한 문화적 배경의 학생들을 가르치는 교사들의 성공적 수업사례에 대한 연구를 통해 다문화교육의 실천과 성공에 있어 교사 역할의 중요성을 역설하였다. 구체적으로, 다문화교사교육과정에는 자서전쓰기, 재구성된 교육실습, 상황 기반의 교수 방법, 전문가의 교실 평가 등이 비판적으로 제공되어야한다고 강조하였다. 특히 자서전 쓰기는 예비교사들에게 차별에 대한 비판적인 평가와 경험을 제공하는 기회가 된다고 하였다. 또한 지금까지의 교육실습은 백인 중산계층이 주로 거주하는 지역에서 이루어져 왔기 때문에 예비교사들이 실제 교사가 되어 가르치게 될 교실 상황과 차이가 있다고 지적하였다. 교육실습은 예비교사들에게 지속적이고 강한 영향을 주므로 다양한 문화적 배경을 가진 학생들로 구성된 교실에서 교육실습이 이루어지도록 재구성되어야 함을 강조하였다. 이러한 교사의 학습 경험은 무엇보다도 교사 자신의 자문화적 맥락에서의 성장 과정을 통해 형성된 가치관을 성찰하고 보다 넓은 시각에서 세계를 이해할 수 있는 기회를 제공한다고 할 때, 다문화교사교육과정에서 신념체계와 가치관에 대한 성찰과 재구성은 중요한 요소로 다루어져야 한다는 점을 시사한다.

Gay(2000)는 다문화교육에 적합한 교수-학습 방법으로서 '문화적으로 반응하는 교수법(culturally responsive pedagogy)'을 제안하면서, 교사는 효과적인 수업을 위해 다양한 문화 체계를 깊이 이해하고, 다양한 문화적 틀에 비추어 해석할 수 있는 능력에 기반하여 두 문화를 연결지을 수 있는 역량을 갖추어야 한다고 주장하였다. 문화적으로 반응하는 교수법을 실행하기 위하여 교사는 우선 문화적 배경이 다양한 학생들에게 적합한 교수 전략과 교육과정, 평가 방법에 대한 폭넓은 지식과 이를 수업 상황에 적용하는 방안에 대한 지식을 필요로 한다. 뿐만 아니라 교사는 자신이 가르치는 학생들의 배경을 탐구하는 방법을 알고 학생들의 배경에 대한 지식을 수업에 적용하는 방법을 알아야 한다. 나아가 교사는 자신의 문화적 배경을 검증하고 자신의 문화적 배경이 수업에 어떻게 관여하는지 탐구하고 반성해야 한다. Gay(ibid.)는 이러한 지식이 실제 수업에서 효과적으로 활용되기 위하여 학생과 그들의 경험에 대한 존중, 학생의 학습 능력에 대한 신뢰, 자신의 수업 실천에 대하여 스스로 의문을 제기하고 비판적으로 검토하려는 의지, 그리고 학습 상의 문제에 대하여 새로운 해결 방안을 지속적으로 모색하는 헌신적 자세 등을 포함하는 교사의 태도가 요구된다고 주장하였다. 이러한 측면에서 교사의 신념체계는 학생들의 다양한 문화적 배경을 존중하는 수업을 실천하는 것에 관련된 지식의 학습 및 형성과정에 밀접한 연관성을 가지고 있다. 다양한 문화에 대한 지식과 태도에 기초하여 교사는 학생이 알고 있는 것으로부터 출발하여 수업목표에 도달할 수 있도록 안내할 수 있게 되고 학생들의 몰입과 성공을 안내할 수 있게 된다.

위의 논의를 종합해보면, 다문화적 교사가 된다는 것은 '다문화적 존재'로의 변환, 즉, 모든 인간과 조화를 이루고 공존하기 위해 요구되는 신념 체계와 문화적 차이로부터 비롯되는 삶의 방식 및 학습자 스타일의 다양성에 대한 지식을 갖추어야 하며, 그러한 신념과 지식에 기반하여 행동할 수 있는 인간으로 변환하는 과정을 의미한다. 이러한 변환의 과정을 거치지 않고 교사가 다문화적 교육 역량을 가지게 되는 것은 불가능하다. 따라서, 다문화교사교육은 비단 수업 기법이나 내용에 관한 사실적 지식과 기술을 전달하는 수준을 넘어 교사 개인의 인지적, 정의적, 행동적 측면이 다문화적으로 개방되는 전인적 차원에서의 변환을 촉진하는 포괄적인 과정이 되어야 할 것이다.

3. 다문화수학교육의 필요성과 목표

앞서 정리한 다문화교육과 다문화교사교육에 대한 논의가 수학교육에 기여할 수 있는 바는 무엇인가? 전통적으로 수학은 문화를 초월한 지식체계로 간주되어 왔으며 이러한 관점은 학교수학교육의 규범적 기반을 형성하였다. 그러나 1970년 이후 다양한 문화권의 수학 체계에 대한 인류학적 연구결과는 수세기, 공간개념, 측정, 모양과 관련한 지식체계가 모든 문화권에서 존재해 왔으며, 이러한 보편성과 동시에 수와 공간, 도형 등에 대한 지식이 문화권마다 독특한 형태로 발달해왔다는 점을 입증하였다 (Ascher, 1991; Scribner, 1977; Bishop, 1988; Lave, 1988; Zaslavsky. 1996; Powell & Frankenstein, 1997). 이와 같은 보편성과 특수성의 공존은 수학 체계가 범인류적인 인지 능력이 한 공동체의 독특한 문화적 삶의 맥락 속에서 구현된 문화적 산물이라는 점을 시사한다. 이 때 문화적 지식 체계로서 수학의 생산주체는 민족이나 인종을 넘어 성별, 계층, 지역, 직업 등과 같이 훨씬 세분화된 공동체 단위로 나타났다(Ascher, 1991; Banks, 2008; Erickson, 2007). 이처럼 수학이 한 공동체의 문화를 반영하는 지식이라고 한다면, 수학은 그것을 생산한 공동체가 역사·문화적으로 공유해온 고유한 표현방식과 사고방식을 반영한다. 이러한 수학의 문화성은 학생의 문화적 배경에 따라 수학 수업에 대하여 차별화된 접근성을 가질 수 있다는 것을 의미한다. 수학학습에 대한 접근성의 차이는 수학 교과 자체의 인식론적 규범뿐만 아니라 수학교사에 의해서도 발생한다. 즉, 수학교사와 유사한 문화적 배경을 가진 학생은 교사와 표현방식과 사고방식, 규범체계를 공유하므로 수업 내용에 대하여 상대적으로 높은 접근성을 가질 수 있다. 그리고 수학교사가 적용하는 규준에 보다 근접한 배경을 가지고 있는 학생의 경우 수학교사와 보다 효과적으로 상호작용할 수 있으며 결과적으로 보다 용이하게 수학교사의 긍정적 평가를 성취하여 성공적인 학습에 도달할 수 있다.

이와 같이 수학이 문화적 지식체계라는 사실은 지식 자체에 대한 접근성의 문제뿐만 아니라, 수학교실이 문화적 공간이며 교실의 문화적 규범에 의한 차별이 가능하다는 점을 시사한다. 따라서 수학교사가 자신의 문화적 배경과 학생 개개인의 문화적 배경 사이의 차이를 인식하지 못하고 그에 적절히 대응하는 역량을 갖추지 못했을 때 학교수학의 주류 문화에서 소외된 학생은 교육기회에서의 심각한 불평등을 경험하게 된다. Averill, Anderson, Easton, Maro, Smith & Hynds(2009)의 연구에서처럼, 수학교사가 학생의 문화적 자산을 적절히 활용하여 수학학습을 자극할 수도 있지만, 반면에 그것을 무시하여 학습의욕을 저하시키고 수학 성취에 장애를 가져올 수도 있다. Tate(1997)를 비롯한 여러 연구자들도 학생들의 문화적 다양성을 무시하는 수학교사의 교수 행동은 소수집단 학생들의 수학 성취도를 저하시킨다고 주장하였다. 이는 수학을 문화와는 상관없는 것으로 보거나 또는 수업 상황에서 수학을 단일문화의 산물로 제시하는 것으로는 문화적으로 다양한 배경의 학생의 수학적 역량 강화에 효과적으로 기여하지 못한다는 것을 의미한다. 역사적 맥락에서 만들어진 수학적 아이디어가 학생이 경험하는 현재의 삶의 맥락에서도 사용되고 있기 때문에 학생의 문화적인 수학적 자원에 반응하는 교수법 실행에 대한 연구가 지속적으로 필요하다. 이러한 맥락에서 학생의 문화적 배경을 고려하는 수학수업의 실천은 교육적 기회의 평등을 보장하는데 중요한 기여를 한다.

4. 수학교사의 다문화적 역량

수학교육에서 다문화적 접근과 교사의 다문화적 역량에 대한 논의는 1989년 이래 미국의 National Council of Teachers of Mathematics(이하 NCTM)가 수학교육과정과 수학교사전문성에 대한 문헌을 통해 주장해온 '만인을 위한 수학(Math for all)' 및 '기회균등의 원리(The equity principle)'를 반영한다는 점에서 생소한 논제가 아니다. 특히 NCTM(2000)의 '학교수학을 위한 원리와 규준'에서 '기회균등의 원리'는 학교수학을 위한 제 1의 원리로 제시되고 있다. 이 원리를 통해 NCTM(2000)은 학교수학이 모든 학생들의 고유한 수학적 배경을 존중하고 배려하는 학습 환경을 제공하고 모든 학생에게 높은 기대와 가치있는 학습 기회를 제공할 것을 권고하고 있다. 이러한 관점은 NCTM(1991)이 제시하는 수학교사전문성에 대한 관점의 근간을 이룬다. 구체적으로 NCTM이 제안하는 수학교사전문성 규준은 수학교사가 학생들의 인지적 다양성을 지원하는 교수 활동을 계획하고 전개할 수 있는 능력을 갖출 것을 권고하고 있다. 따라서 수학교사는 학생들의 인지적 자원과 연결성을 갖는 과제를 개발할 수 있어야 하고 이러한 과제를 기반으로 하는 수업 상황에서 다양한 아이디어가 등장하도록 안내하고 다양한 수학적 아이디어 사이의 협상을 촉진하는 담화 능력을 갖추어야 하며, 학생들의 고유한 인지적 특성에 민감하게 대응하기 위하여 수업 상황 및 학습자에 대한 평가 및 분석 능력을 갖출 것을 기대하고 있다.

그렇다면 구체적으로 다문화수학교육을 실행하는 수학교사에게 요구되는 전문성 요소는 무엇인가? 교사의 다문화적 역량에 대한 논의는 다문화적 수학교사의 전문성에 관한 논의와 어떤 관련성을 갖는가? 앞서 다문화교사교육에 관한 논의에서 다문화적 교사가 된다는 것은 문화적으로 다원화된 학교에서 학생들의 교육적 기회의 평등을 보장하기 위해 필요한 신념체계와 문화적 차이로부터 비롯되는 학습자 스타일의 다양성에 대한 지식을 갖추어야 하며, 그러한 신념과 지식에 기반하여 행동할 수 있는 다문화적 존재로의 변환 과정이라고 언급한 바 있다. 이는 다문화적 교사역량이 단순히 수업에 대한 사실적이고 기술적 지식의 축적을 통해 개발되는 것이 아니라는 것, 다시 말하면, 수업의 기술은 전인적 존재로서 교사의 규범과 가치 체계 속에 맥락화 되었을 때 다문화적 역량으로서 의미를 갖는다는 것으로 이해할 수 있다. 이러한 관점에서 본 연구에서는 다문화적 수학교사의 역량을 교사의 전인적 측면과 관련지어 개념화하며 정의적 영역, 인지적 영역, 행동적 영역으로 구분지어 범주화하고자 한다.

우선 다문화적 수학교사 역량의 정의적 영역은 수학교사의 다문화적 다양성 및 차이에 대한 신념체계와 태도에 관한 요소를 포함한다. 예를 들어, 수학교사 자신의 문화적 태도를 성찰하고 문화적으로 자신과 상이한 집단과 효과적으로 상호작용할 수 있는 간문화적 능력, 학생과 학부모, 지역사회 등에 대한 관심, 문화적으로 소수집단에 속하는 학생들의 교육 평등을 보장하고자 하는 열정 및 헌신감이 다문화적 수학교사 역량의 정의적 영역에 포함된다. 수학교사에게 다문화적 신념과 태도가 결여된 경우 교사는 자신이 소속되지 않은 문화에 대한 편견과 거부감을 가지고 교육적 실천에 임하게 되어 결과적으로 교육적 평등에 대한 학생의 권한을 보호해야하는 책무를 효과적으로 수행하지 못할 것이다. 다문화적 의식과 태도를 갖춘 수학교사는 수학교과와 관련하여 교실 안에 다양한 문화적 관점과 역량이 존재한다는 것을 인식할 수 있다. 나아가 학생에게도 그들의 세계관을 명확히 표현하도록 하고 그들의 경험과 문화를 바탕으로 자신만의 수학적 관점을 형성하는 방법을 발견하도록 하는 기회를 제공할 수 있다. 즉, 수학학습이 문화적, 성적, 인종적, 민족적, 계층적 배경을 반영하는 산물이라는 것을 인식함으로써 학생의 문화적 배경을 존중하는 수학 교육과정, 그리고 모든 학생들이 학습에 몰입하여 고유한 자기정체성을 형성하고 자신에게 의미있는 학습 방식을 통해 수학교과에서 성공적인 학업성취를 할 수 있도록 지원하는 수학수업의 가치와 가능성에 대하여 보다 수용적이고 긍정적인 태도를 가지게 된다는 것이다(Greer, Mukhopadhyay, Powell, & Nelson-Barber, 2009; Patadia & Thomas, 2002; Sleeter, 2008).

다문화적 수학교사 역량의 인지적 영역에는

수학교과와 관련하여 학생의 정서적·인지적 배경을 형성하는 문화에 대한 지식, 민속수학에 대한 지식, 학생이 소속된 문화가 제공하는 지식, 사고 양식, 소통 양식, 행동 양식, 가치, 규범 등에 대한 폭넓은 지식과 이러한 문화적 배경에 적합한 교육내용, 교수법, 평가 방법, 그리고 수업 반성에 유용한 자료 수집 및 분석 방법 등과 같이 문화적 다양성을 수용하는 수학수업의 실천을 위해 수학교사에게 요구되는 지적 자원에 해당하는 요소들이 포함된다. 수학교과와 관련하여 학교와 학생이 소속된 공동체 사이의 문화적 연결성을 증대시키는 시도의 대부분이 학생들의 수학 학업 성취 증대에 기여하는 것으로 나타났다. 예를 들어, 학생들의 가정이나 공동체에서 관찰되는 참여구조, 상호작용 패턴을 수학 수업 상황에 접목시키는 방법, 또는 수학적 주제와 관련된 공동체의 지식이나 학생의 일상적 경험을 수학 수업 소재로 활용하는 방법들은 문화적으로 소수자인 학생들의 학업 성취 향상에 긍정적으로 기여하였다 (Demmert & Towner, 2003; Lipka, Hogan, Webster, Yanez, Adams, Clarks, & Lacy, 2005; Presmeg, 1998). 따라서 수학과 관련된 학습자의 문화적 배경과 그들의 문화적 배경으로부터 비롯되는 인지적 자원 및 역량에 관한 지식은 문화적으로 다양한 수학 교실에서 요구되는 수학교사 역량의 주요한 요소이다(Gay, 2009; Gerdes, 1998).

다문화적 수학교사 역량의 행동적 영역은 수학교사가 가지고 있는 다문화적 태도와 의식, 그리고 다양한 지식을 종합하여 구체적인 수업 계획을 설명하고 교실 상황에 맥락화하여 적용하고 실천하는 역량을 포함한다. 즉, 행동적 역량은 정의적·인지적 역량을 실제 수업 상황에서 실현하는 능력이라고 할 수 있다. 수학수업에서 수학교사가 학생을 합법적인 수학적 자원과 역량을 지닌 존재로 인정하기, 단순암기나 벌칙 등을 지양하고 시범보이기, 수학적 글쓰기, 설명, 정당화, 논평 등의 고등 기능 강조하기, 학생과 수학교사 사이에 인간적이고 평등한 관계를 확립하고 수학적 아이디어를 소통할하기, 공동체 의식을 강조하여 개별 학습과 더불어 전체 학급의 학습 경험이 조화를 이루며 통합되고 학생 주도의 담화와 참여가 이루어지며 경쟁보다는 협력을 중시하기 등과 같은 교수 행동은 수학과 관련하여 학생의 다양한 문화적 배경에 대하여 수학교사가 가지고 있는 지식 및 다문화적 의식과 태도를 종합적으로 적용하여 구체적인 수학수업 상황에 맥락화된 교수 전략으로 변환하고 실행한 결과이다. 이와 같이 수학교사가 수학교과 및 수학교수-학습에서의 문화적 차이와 다양성을 인정하고 존중하는 다문화적 신념체계와 태도, 다양한 학생 배경에 대한 지식과 그에 적합한 수학 교수-학습 방법에 대한 지식을 종합하여 실제적인 수학수업 실행을 위한 계획을 구체화하고 적용하는 능력은 중요한 다문화적 수학교사 역량에 해당한다(Greer, Mukhopadhyay, Powell, & Nelson-Barber, 2009; Presmeg, 1998).

III. 다문화수학교사교육과정의 원리와 방법

다문화수학교사교육에서 가장 기본적인 전제는 수학교과지도에서 학생의 다양성을 고려하여 교육기회의 평등을 보장할 수 있는 교사 역량을 개발하는 것이다. 이를 위해서는 다문화수학교사교육을 통해 교사들이 다양한 배경의 학생들에게 수학을 가르칠 때에 문화적으로 관련 있고, 문화적으로 반응하는 교수법을 설계하여 실행하기 위해 요구되는 능력의 개발이 이루어져야 한다. 따라서 이와 관련된 다문화 수학교사교육이 제공하여야 할 내용요소와 지도방법에 대한 탐색이 필요하다. 따라서 이 장에서는 먼저, 다문화적 관점에서 실행된 수학교사교육 사례를 살펴보고, 이에 기초하여 정의적 영역, 인지적 영역, 행동적 영역 각각과 관련된 다문화수학교사 역량의 개발에 적용할 수 내용요소와 지도방법에 관한 원리를 도출해 보고자 한다.

1. 다문화수학교사교육과정의 사례

가. Leonard의 수학지도법 수업

2001-2002년, Leonard & Dantley(2005)는 Virginia Tech에서 초등 예비교사들을 대상으로 수학지도법을 강의하였다. 이 사범대학의 학생들은 87%가 여성이었는데, 주 캠퍼스(main campus)의 인종은 아프리카계 미국인 17.9%, 아시아인 3.7%, 히스패닉 3.4%, 아메리카 원주민 0.4%, 백인 67.7%, 기타 6.4%로 구성되어 있고, Ambler 캠퍼스는 아프리카계 미국인 3.9%, 아시아인 3.2%, 히스패닉 4.8%, 아메리카 원주민 0.2%, 백인 77.1%, 기타 6.5%였다. Leonard는 강의요강, 반성 저널, 시험, 비형식적 인터뷰, 강의평가 등을 자료로 수집하였다. 수학교육에서의 평등성과 문화에 관한 문헌을 읽고 그와 관련하여 반성저널을 쓰도록 하였고, 교육실습 경험과 이 수업을 통해 무엇을 배우게 되었는지를 개방형 문제로 묻고 답하도록 하였다. 비형식적 인터뷰는 일대일로 진행되었는데 이 수업의 자료, 강의, 활동 등에 대해 어떻게 생각하는지를 물어보았다. 그리고 강의평가를 통해 학생들이 제공한 피드백을 분석하였다. 그는 예비교사들이 다양한 배경의 학생들을 만나고 문화적으로 관련 있는 교수법을 배우도록 하기 위해 '문화적으로 관련 있는 교수법에 대한 교재 선택하기', '모범적인 교수 사례에 대한 비디오 자료 시청하기', '다양한 학생들의 높은 수학적 사고와 유추를 관찰하기 위해 모범적인 수업 현장 방문하기', '수학교육에서의 다양성과 평등성에 관련된 읽기 자료에 대하여 토론하기', '수학적 주제를 다루고 있는 다문화 학생들의 문학 자료 이용하기', '수업에서 개인적인 경험 이야기하기', '다양한 문화적 배경의 학생들의 학습에 유용한 교수-학습 모델을 적용하여 시연하기' 등과 같이 다양한 전략을 사용하였다.

Leonard & Dantley(2005)는 수학교육에서의 다양성과 평등성에 대하여 학생들과 이야기하는 과정에서 경험했던 어려움에 대해 언급했다. 몇몇 백인 예비교사들은 '백인주의'나 '문화적 차이'가 수학의 성취도에 영향을 준다는 주장에 반대하며 그러한 차이는 부모, 약물 복용, 학생의 동기부족 등이 원인이라고 생각하였다. 이는 학교에서의 성공과 실패가 순수하게 개인의 문제라는 관점을 반영하며 이러한 관점은 수학이 문화를 초월한 보편적 지식으로서 개인의 인지적 역량만으로 학습가능한 지식이라는 신념에 기초한다. 따라서 다양성과 평등성을 강조하는 Leonard의 다문화수학교사교육 강의는 수업에 참여하는 예비교사들이 기존에 가지고 있던 수학과 수학 학습에 대한 신념체계와 상반된 가치관을 반영하고 있으며 수업 상황에서 Leonard가 경험한 어려움은 이러한 신념의 차이에서 비롯된 것이다. 수업에 대한 평가에서 몇몇 학생들은 사용된 교재를 싫어하는 것으로 나타났고, Leonard가 초등교사로서 다문화 학생을 가르치며 경험하였던 이야기에 대하여 비판적인 견해를 나타냈던 학생도 있었다. 그러나 문화적 맥락을 이용하고 다양성에 대하여 다루고 있는 자료들을 읽으면서, 그들은 수학에서의 다양성과 평등성에 대해 좀 더 쉽게 이야기 할 수 있게 되었다. 이 연구에서 문화적으로 관련 있는 수학 교수법을 배우고 유색인종 학생에 대한 예비 교사의 견해를 바꾸는 데에 가장 효과적이었던 활동 및 전략은 비디오를 통해 Kay Toliver라는 교사의 다문화적 수학 교수-학습 사례를 시청하는 것과 다문화적 문학작품들을 통해 수학 교수-학습 방법에 대하여 고찰해 보는 것이었다. Leonard는 이러한 경험들이 프로그램에 참여했던 예비수학교사들의 다양성과 평등성에 대한 신념체계와 가치관의 변화를 이끌어내는데 효과적으로 작용하였다고 보고하였다.

나. Gerdes의 Mozambique에서의 수학교사교육

1975년 포르투갈로부터 독립한 모잠비크는 학교 교육이 발달하지 않았고 높은 문맹률을 보이고 있었기 때문에 교사 양성이 시급한 국가적 과제였다. 독립 당시에 모잠비크인 중등 수학교사가 단지 5명에 불과했으므로 교사 양성 속진 프로그램이 필요했다. 이 프로그램에 참여한 예비교사들은 수학을 좋아하면서도 수학이 사회에 유용하지 않다고 생각했고 본인들 문화와의 관련성을 인식하지 못했다. 이에 Gerdes(1998)는 1977년, 수학과 수학교육에는 사회적이고 문화적인 기반이 있다는 것을 가르치기 위해 Eduardo Mondlane 대학에서 “Applications of Mathematics in the Daily Life of the Populations” 강좌를 개설하였다. 이 수업에서 그는 국가의 발전과 관련된 예제와 더불어 대부분의 국민이 농부라는 맥락을 반영하는 예제를 사용하였다. 그 수업에 참여한 예비교사들은 시골보다는 도시출신이, 여성보다는 남성이 더 많았는데, 시골출신이나 여성과 같은 소수집단에 속하는 예비교사들은 덜 성공적이었고 자신감이 부족했으며 동료예비교사들은 그들의 역량을 인정하지 않았다. 그래서 Gerdes(1998)는 예비수학교사들의 자신감을 고취시키기 위해, 그들의 문화와 아프리카의 다른 문화에서 수학적 근거를 인식하게 하는 전략을 사용했다. 예를 들어, 동일한 수학 주제(예, 사각형 집의 기초를 구성하는 방법)에 대하여 서로 다른 배경을 가진 동료들이 어떻게 배웠는지를 소개하는 기회(예, 시골에서 배운 거리수학을 동료에게 설명하기)를 공유하면서, 예비교사들은 서로의 문화를 인식하게 되었고, 문화에 따라 수학적 아이디어와 관행이 다양하다는 것을 알게 되었다.

이후 Gerdes는 1990년, Universidade Pedagogica(UP) 대학에서 수학교사교육을 담당했다. “역사 안의 수학”이라는 과목의 첫 주제인 “수 세기와 기수법”을 통해 예비교사들은 자신의 삶에서 배웠던 방법을 분석하고 비교할 수 있었다. 그들은 처음에는 국가 수준에서의 다양성을 발견하였고 그 후 아프리카 대륙의 다른 지역과 세계, 그리고 역사적 시대에서의 다양성도 인식할 수 있었다. 또한 Gerdes는 문화적 요소가 강하게 결합된 “대칭과 기하”, “민속수학과 중등학교 수학 지도”를 선택과목으로 개설하였고, 관심 있는 예비교사들과 강사들이 자발적으로 참여할 수 있는 클럽을 만들어서 “민속수학과 교육”에 관한 일반적인 주제나 바구니 짜기(패턴), 아프리카 전통 모래 그리기(기하)와 관련하여 수학적으로 깊이 탐구할 수 있는 기회를 마련하였다. 클럽에 가입한 예비교사들은 “어린이 클럽”에 참석하여 “수많은 직조 도안”이라는 주제를 수행하기도 하고 현장연구를 하기도 하였다. 현장연구는 예비교사의 격하되고 사라져가는 고향이나 모국 문화(도자기 공예 또는 바구니 짜기) 안에 존재하는 수학적인 요소를 찾아내는 것을 목적으로 하였다. 이를 위해 예비교사들은 가족 중 연장자나 친구로부터 그들이 배워 온 방법, 그들의 상징

적인 언어, 지식, 지혜 그리고 창의성에 대한 가치에 대해 이야기를 나누면서 '학교 밖'에서 이루어지는 학습과정을 이해하려고 노력했다. 이러한 현장연구를 통해 예비교사들은 학교 수학교육이 '학교 밖'에서의 학습과정에서 배울 것이 무엇인지, 그리고 수학을 학습하고 구성하기 위해 가능한 다른 과정은 무엇인지를 성찰하게 되었다. 어린이 클럽 참석과 현장연구를 통해 예비교사들은 중등교육에서 시도해볼 만한 특정한 주제나 하부주제를 개발하려는 의지를 갖게 되었고 이러한 경험은 그들에게 사회-문화-수학적 인식을 개발하고 반성하는 기회를 제공하였다. Gerdes(1998)가 처음 전통문화와 관련된 특정 주제를 정하여 수업을 시작했을 때, 예비교사들 개개인과 동료들 간에는 모국어와 공식어, 학교 밖의 지식과 학교 지식, 고향 문화와 국가 문화, 여성과 남성, 구세대와 신세대의 가치들이 끊임없이 충돌하고 갈등을 일으켰다. 그러나 현장 연구를 하면서, 예비교사들은 인간 상호관계, 가족 환경, 기회, 필요, 동기와 같은 사회 문화적 요소들이 배움의 목적, 방법, 이유를 결정하는데 얼마나 중요한 역할을 하는지를 알게 되었다.

Gerdes(1998)는 수학교사교육 과정을 통해 수학과 수학교육의 사회 문화적 기반에 대한 다음과 같은 네 가지 인식을 개발해야 한다고 주장하였다: '수학을 보편적 활동으로 인식하기', '수학의 다중선형적(multilinear) 발전을 인식하기', '수학과 수학교육을 사회문화적 과정으로 인식하기' 그리고 '학생들의 수학적 잠재성에 대한 인식을 개발하기.' 첫째, 수학을 보편적 활동으로 인식한다는 것은 모든 문화에서 수학적 사고가 자연발생적이거나 조직적으로 일어나고 있다는 것과 모든 인류가 수학적인 사고를 하고 있다는 것을 아는 것이다. 이러한 인식을 통해 교사는 학생과 학생이 속한 공동체가 가지고 있는 능력, 방법과 지혜를 폄하하지 않고 인정할 수 있게 된다. 둘째, 수학의 다중선형적 발전을 인식한다는 것은 수학적 아이디어는 시대와 문화의 특수성에 의존하여 발달한다는 것을 아는 것이다. 수학의 발달은 동일한 문화 맥락일지라도 동일한 경로를 따르지 않았다. 따라서 교사는 수학이 문화, 사회, 시대, 그리고 공동체 구성원의 특성을 반영한다는 것을 이해해야 한다. 이러한 인식을 통해 교사는 다른 문화 안에 존재하는 수학에 대해 개방적 태도를 개발하고 학생의 수학적 아이디어에 대한 이해를 바탕으로 교수적인 대안을 찾아낼 수 있게 된다. 셋째, 수학과 수학교육을 사회문화적 과정으로 인식한다는 것은 수학 교수-학습 과정이 사회-문화적 요소의 영향을 받는다는 것과 수학교육을 실천함에 있어서 교사가 생각하는 가치와 실제 수학교육이 이루어지는 사회의 기대가 모순될 수 있음을 이해하는 것이다. 이를 통해 교사는 학생들의 수학 학습에 영향을 주는 특정한 요인을 그들이 속한 사회, 문화, 역사적 맥락에서 해석하여 학생들에게 수학학습에 대한 동기를 부여할 수 있게 된다. 마지막으로, 출신 문화나 사회적 계층과 무관하게 모든 학생이 잠재력을 가지고 있음을 인식하는 것이다. 학생들에게 그들이 배우고 있는 수학에 대해 성찰하게 함으로써 학생과 교사 모두는 자신의 수학적인 아이디어를 깨닫게 되고 이전에는 불가능하다고 생각했던 것을 수행할 수 있는 능력을 발견하게 된다. 이를 통해 교사는 수학을 생성하고 발전시킬 수 있다는 자신감을 갖게 되고, 학생들이 그러한 목적에 기여할 수 있는 문화적 배경, 지식, 경험을 가져온다는 것을 알게 되면서 교사 스스로가 문화적으로 풍부해지고 학생들의 자신감과 권한을 강화시키는 데에 기여하게 된다.

다. Averil의 문화적으로 반응하는 수학 교수법 에 기반한 수학교사교육

Averill et al.(2009)은 학생들이 교실로 가지고 오는 풍부한 자원인 문화를 이끌어내고 수학적 사고 개발 활동을 통해 “자극”을 강화하는 문화적 관점과 수학 수업이 얼마나 결합될 수 있는지를 보이기 위해 문화적으로 반응하는 교수법과 관련된 세 개의 수학교육 모형을 이용하여 교사들이 어떻게 문화적 가치와 관점을 통합하는지에 대한 인식을 연구했다. 이를 위하여 연구자들은 세 가지의 연구를 4년간 진행하였는데 첫 번째 연구는 뉴질랜드 원주민인 마오리족과 뉴질랜드 유럽 이민자들의 문화 공존의 틀에서 예비교사교육프로그램에 참여해온 예비교사들의 두 문화 강의 내용에 대한 인식을 조사하는 것이었다. 마오리족 16%, 뉴질랜드 유럽인 77%, 기타 7%의 인종으로 구성된 124명의 학생들에게 문화적 요소를 포함하고 있는 강의방법을 나열해보고 문화적 관점을 실행에 옮길 수 있는 아이디어를 제안하도록 했다. 이를 통해 강의구조와 강의내용의 하위 구성요소를 체계적으로 검토하면서 진행된 강의를 조사, 개선하기 위한 틀을 제공하는 성분 모델(components model)이 만들어졌다. 두 번째 연구는 강의주제를 완전하게 하기 위해 사용한 문화 활동의 효과를 평가하는 것이었다. 47명의 학생을 대상으로 마오리족의 전통문화인 ‘투쿠투쿠’를 실제 활동으로 진행하면서 그와 연결된 수학내용을 찾고 그들이 더 발전시키고 싶은 수학적 내용과 문화적 활동을 사용하는 의도에 대하여 질문하였다. 이를 통해 문화적 주제와 활동, 수학과 교수학적 강의 내용을 상호 연결해주는 전체 모델(holistic model)이 만들어졌다. 마지막 연구는 연구1에 참여하였던 졸업생 중 초임교사가 된 두 명의 유럽인 교사와 한 명의 마오리 교사를 대상으로 이루어졌다. 초임교사들이 지도하기 시작한지 1년째의 마지막 달에 교사로서 처음에 가졌던 기대, 문화적인 관점을 수업에서 어떻게 실행할 것인지와 그로 인한 도전과 딜레마는 무엇인지, 또는 어떤 것을 지원받을 수 있는지에 대하여 인터뷰를 실시하였다. 이를 통해 문화에 반응하는 실행의 의도를 개발하고 정당화하고 비평하는 틀로 사용할 수 있는 원리 모델(principles model)이 만들어졌다.

연구 결과, Averil과 그의 동료들은 문화적으로 반응하는 효과적인 수학 수업을 위한 조건으로서, 첫째, 수학에 대한 심화된 이해, 둘째, 효과적이고 개방적인 관계 유지, 셋째, 문화적인 지식의 습득, 넷째, 융통성있는 접근과 변화의 실행을 위한 기회 제공, 다섯째, 쉽게 접할 수 있는 수학학습의 맥락을 제공, 여섯째, 문화적으로 반응하는 학습 공동체에의 참여, 그리고 마지막으로 문화 간 수업 협력 체계 구축을 제안하였다. 이 가운데 마지막 조건에 해당하는 문화간 수업 협력 체계 구축을 가장 중요한 조건으로 강조하였는데 이는 Gay(2000)의 제안과도 일맥상통한다. Averil 등(2009)은 이들 조건을 현장에서 실행하고 학생의 성취도, 행동과 태도 개발을 제고하기 위해서 교사들은 반드시 문화 전문가와 협력하고, 교사 자신의 문화적 지식과 기술을 개발시켜야 하며, 동료 교사나 교사교육자 또는 학생들로부터의 피드백을 통해 교사 자신의 문화적으로 반응하는 수업을 비판적으로 반성해야 한다는 점을 강조하였다.

라. Presmeg의 민속수학을 활용한 수학교사교육

학생들이 가지고 있는 민족성이 수학수업의 중요한 자원이라고 생각하는 Presmeg(1998)는 “문화적 관행으로서의 수학”이라고 정의되는 민속수학이 수학교사교육과정에 반드시 필요하고

가치있는 접근법을 제공한다고 주장했다. 그는 수학교사가 교실에서의 문화적 다양성에 효과적으로 대응하기 위해서 소수 학생들의 삶에 영향을 미치는 인종과 민족성에 대하여 인식해야 한다고 하면서 과목을 의미있게 학습하고 문화적으로 다양한 교실에서 평등을 구현하기 위해서는 교사가 먼저 수학이 문화적인 산물임을 받아들여야 한다고 하였다. 따라서 현재 수학교사와 예비수학교사들이 수학, 교육, 인종, 민족성과 문화와 관련된 쟁점과 질문을 다루는 경험이 교육과정에서 필요하다고 보았다. Presmeg(1998)는 다양성과 평등성에 대한 접근법은 다양할 수 있지만 민속수학이 학생들 자신의 수학적인 아이디어를 독특하게 구성할 수 있는 잠재력을 가진 방법이라고 설명하면서 학생들 개개인이 주인의식을 갖는 것이 중요함을 강조하였다. 이와 같이 다양한 문화를 포용하는 강의가 필요한 상황에서 Presmeg(1998)는 민속수학을 개인적으로 의미 있는 문화적 수학 프로젝트로 진행하기 위한 강의 설계의 기본 원리를 다음과 같이 제시하였다.

첫째, 모든 학생은 각자의 독특한 사회문화적 역사와 민족성을 가지고 있다.

둘째, 수학은 이 민족성과 관련된 문화적 관행으로부터 발전한다.

셋째, 학생들은 친구들과 공유하기 위한 수학 활동을 개발할 때에 자신의 민족성을 사용한다.

넷째, 개인의 문화, 민족적 관행을 공유하는 것은 민감한 쟁점이기 때문에, 문화 공동체 내에서 누가, 어떤 관행을 소개할 것인지 결정하도록 해야 한다.

이들 원리에 기초하여 Presmeg(1998)는 대학원의 "민속수학" 강의를 위한 교실 탐구, 이론적이고 실제적인 목표를 달성하기 위한 방법을 다음과 같이 소개하였다. 첫째는 이론적 요소로서, 예비교사들은 문화, 수학, 민속수학, 문화적응(enculturation), 문화변용(acculturation), 그리고 이들과 관련된 내용을 문헌 중심으로 탐구하고 수학에서 언어-관련 학습의 어려움에 관한 문헌을 참고로 하여 문화의 수준에 대해 논의하는 것이다. 둘째는 실제적 요소로서, 예비교사들이 매주 하나 이상의 문화 활동에 참여하고 그 활동과 관련된 수학지식과 예비교사들의 수학적 이해를 개발하기 위한 잠재성을 탐구하는 것이다. 처음에는 예비교사에게 의미있는 문화적 관행이나 문헌으로부터의 활동을 선택할 수 있지만 후반에는 자기 고유의 문화에 가까운 활동을 소개해야 한다. 셋째는 연구요소(research component)로서, 예비교사들은 문화적 산물로서의 수학과 관련하여 자신이 선택한 주제에 대해 개인적으로 의미 있는 이론적 측면이나 교수학적 측면을 논문으로 쓰고, 그 주제와 관련된 교실 토론이나 활동을 구성하는 것이다. 강의에서 논의된 주제는 '수업 참여자들의 문화 공유하기', '수학 학습 곤란을 유발하는 언어의 영향을 유창성 및 언어구조와 문화 중심으로 고찰하기', '민속수학 사례 다루기', '문화적 관행으로 정착된 민속수학 고찰하기', 'Bishop의 원리와 관점에 따라 수학적인 문화적응에 대해 생각하기', '학생들의 문화적 관행을 기반으로 하는 교육과정 개발하기'를 포함하였다. 예비교사들은 교실에서 나누고 싶은 자신의 문화적 유산과 수학적 요소를 결합하기 위하여 탐구하는 시간을 가졌고 그들의 이러한 주인의식은 수업의 중심 요소가 되었다. 이 수업을 통해 예비교사들은 다른 문화의 내용을 가르칠 준비가 되었고, 인종주의를 없애려고 노력했으며, 서로 다른 관점의 틀을 가지고 세상을 볼 수 있게 되었다. 그리고 가장 중요한 성취로서 Presmeg는 이 수업을 통해 예비교사들이 개인의 경험과 수학적 아이디어 및 원리를 연결할 수 있게 되었다는 것을 언급하였다.

2. 다문화수학교사교육과정의 내용 요소

앞서 제시한 다문화수학교사의 역량에 대한 논의와 다문화수학교사교육 사례 분석에 기초하여 다문화적 수학교사 역량의 세 영역에 대해 공통적인 내용 요소와 지도 원리를 발견할 수 있었다. 이 절에서는 먼저 다문화적 수학교사역량 개발을 위한 내용 요소에 관한 논의를 제공하고 이어지는 절에서 지도 원리에 대한 논의를 제시할 것이다. 내용적 측면에서 다문화수학교사의 역량을 구성하는 요소로는 '수학의 문화성', '다양성', '평등성', '자기정체성'을 도출해낼 수 있으며 다문화수학교사교육과정은 이들 역량 요소의 개발을 촉진할 수 있는 학습 경험을 제공해야 한다.

첫째, '수학의 문화성'이란 다양한 문화 집단의 수학적 산물에 대한 지식을 확장하고 각각의 수학이 가지고 있는 규범적 측면에 대한 이해와 관련된 요소이다. 많은 수학 교사들이 "수학은 수학일 뿐이다"라며 문화적 산물임을 거부하는 배타적인 관점을 가지고 있다(Banks, 2008). 이처럼 수학이 문화와 상관없이 보편적이며 가치중립적인 학문이라고 생각하는 것은 암묵적으로 특정 집단의 수학이 유일하게 합법적이라는 가정에 기초하며 그러한 가치 척도에 따라 학생을 획일적으로 지도하고 평가하는 것이 부당하다는 것을 인식하지 못하게 한다. 따라서 다문화적 수학교사교육과정은 유럽 남성 중심의 학문적 수학뿐만 아니라 다양한 전통 사회의 민속수학을 소개하고 이들 수학의 합리성을 인식하는 기회를 제공하여야 한다. 이러한 학습 경험을 통해 교사들은 수학에 대한 기존의 신념체계를 해체하고 재구성하여 수업 상황에서 등장하는 학생들의 다양한 수학적 발상과 접근 방법, 표현 방법 등과 같은 다양성을 문화적 관점에서 인정하고 학생의 문화적 유산을 학습의 비계로 사용할 수 있는 역량을 갖출 수 있을 것이다.

둘째, '다양성'이란 문화적 산물로서 수학이 가지고 있는 언어적 다양성, 사고 방법 및 문제 해결에서의 다양성, 합법적 지식 및 탐구 주제 등과 같이 수학 자체에서 비롯되는 다양성과 더불어 학생이 소속된 공동체에서 역사·문화적으로 형성된 정서 및 신념, 가치에 대한 다양성의 이해와 관련된 요소이다. 다문화수학교사교육과정은 문화적으로 소수집단 학생들이 수학학습에서 낮은 성취를 보이는 원인을 그들의 문화적 배경과 학교 문화와의 차이로부터 기인한다는 관점을 갖도록 한다. 이러한 문화적 다원주의 관점에서 수학교사는 모든 학생이 높은 학업적 성취를 이룰 수 있다는 긍정적인 기대감을 가져야 하고 학생들에게 표현해야 한다. 이러한 수학교사의 기대는 모든 학생들이 고등 수준의 수학적 사고에 참여할 수 있는 수학수업을 운영하도록 하여 문화적으로 소수집단 학생들의 낮은 수학적 성취도를 향상시키는 데에 기여할 것이다.

셋째, '평등성'이란 수학 교실에서의 상호작용을 비롯하여 교과서, 교육과정, 그리고 '성공적 수학학습'에 대하여 사회와 학교에 존재하는 다양한 규범과 가치체계 사이에 존재하는 불평등성을 의식하고 수평적 관계 속에서 재구성하는 것과 관련된 요소이다. 수학의 문화적 다양성과 상대성이 고려되지 않는 수학교실에서는 특정 지식만이 합당한 것으로 가정되며 그러한 지식을 소유하고 있는 소수의 특정 학생에게 제한적으로 발언권이 주어진다. 이처럼 수학교사에 의해 불평등하게 권력이 분배되고 수학수업을 통해 학교수학이 대표하는 주류문화의 권력 구조가 재생산된다는 측면에서 수학 교실은 사회정치적 환경이다. 따라서 다문화수학교사교육과정은 수학교실에서 발생하는 불평등한 참여구조와 의사소통방식에 의한 교육기회의 불평등을 교사가 민감하게 인지하게 하고 불평등한 상황을 해소하기 위한 교수 전략을 습득하여 실천하게 해야 한다. 교사가 사회적 불평등에 대해 문제를 지속적으로 제기하는 것은 궁극적으로 학생들에게 사회적 불평등에 대한 비판적 사고력을 갖도록 함으로써 민주 사회의 시민으로서의 자질을 갖게 한다는 점에서도 그 중요성이 크다.

뿐만 아니라 '평등성'은 학생 개개인의 학문적 요구와 필요에 민감하게 반응하며 그들의 문화적 자원을 활용하는 수업을 실천하여 수학에서 낮은 성취를 보이는 소수문화 집단의 학생들이 성공적으로 높은 성취를 할 수 있도록 이끌어주어 모든 학생의 교육적 기회 평등을 실현하는 것으로서, 앞에서 언급한 다양성과도 관련이 된다. 다문화수학교육에서 진정한 교육적 평등은 개개인의 다양성을 존중하고 배려하는 교육을 제공하는 것을 의미하기 때문이다. 이러한 측면에서 평등성과 다양성은 교육적 기회의 평등을 추구하는 수학 수업의 운영에서 상보적인 두 축의 역할을 하지만 교육적 평등에 대하여 각각이 조명하는 측면이 다르다는 점에서 다문화수학교사교육에서 구분되어 다루어질 필요가 있다.

넷째, '자기정체성'이란 교사 자신의 가치관에 대한 비판적 성찰을 통해 교사의 가치관이 독특한 성장 배경을 반영하는 문화적 산물임을 의식하고 다양한 관점에서 재구성하는 것과 관련된 요소이다. 다문화 교육을 실천하기 위해서는 교사의 다문화적 신념, 태도, 지식 등의 역량이 중요한 요소로 작용하는데 이러한 교사의 다문화적 역량은 교사 자신의 철학, 가치관, 경험, 배경 등이 그 기저에 존재함을 알 수 있다. 따라서 교사 스스로 비판적 시각을 가지고 자신을 문화적 존재, 민주사회 시민의 일원으로서의 존재로, 교사로서의 존재 등으로 성찰하는 과정이 필요하다.

다음 <표 III-1>은 앞서 살펴본 다문화수학교사교육 사례에 등장했던 다문화수학교사교육 내용 및 활동을 위에서 언급한 네 가지 내용요소에 따라 분류하여 제시하였다. 이 표의 검토 과정에서 이들 네 내용요소는 독립적으로 존재하고 학습된다기보다는, 상호관련 속에서 서로의 변환을 촉진하는 관계에 놓여있다는 점을 유의할 필요가 있다. 즉, 수학의 문화성에 대한 인식은 다양성과 평등성에 대한 인식의 바탕이 되며 문화의 다양성과 평등성에 대한 이해가 교사의 자기정체성에 대한 성찰과 재구성을 촉진하고, 재구성된 교사의 자기정체성이 다양성과 평등성을 새로운 관점에서 조망할 수 있도록 해야한다는 것이다.

따라서 하나의 내용요소와 관련되어 제시된 사례일지라도 다른 내용요소의 지도를 위해 활용가능하다. 좀 더 일반적 차원에서 본다면, 다문화수학교사교육과정에서 이들 네 내용요소는 상호 유기적인 관계 속에 배치되어 각각의 심화와 확장이 이루어질 수 있도록 고려해야할 것이다.

3. 다문화수학교사교육의 지도원리

이 절에서는 다문화수학교사교육의 지도 원리에 대하여 논의하고자 한다. 앞에서 다문화적 수학교사의 역량과 내용요소를 제시하였으나 이들 역량과 내용요소에 대한 지식을 갖춘 것만으로 수업의 변화가 가능하지는 않다. 교실 상황에서의 다문화적 수학 교수-학습의 실행이 어려운 궁극적인 이유는 다문화적 논제와

<표 III-1> 다문화수학교사교육의 내용요소와 실행 내용 및 방법

내용요소	실행 내용	실행 방법 사례
수학의 문화성	수학에 관하여 문화, 문화적응, 문화변용 관련 문헌 탐구하기	수학적인 문화적응과 관련한 원리와 관점을 알아보기 나바호족의 기하학, 모잠비크의 바구니 짜기 등과 같이 민속수학과 관련된 문화유물에 관한 문헌 탐구하기 수학적 주제와 관련된 다문화 학생들의 문학 작품 읽기
	문화적 요소가 결합된 과제 수행하기	수학적 이해와 발전을 이야기하는데 민속수학 사례를 사용하고 이를 토대로 구축된 수학적인 아이디어를 바탕으로 만들기 활동 하기
	학생의 문화와 학교수학을 연결하는 수학활동 구성하고 나누기	여러 나라의 노래의 리듬에 있는 수학적 표현 발견하기 게임과 퍼즐에서 문제해결전략 찾기 잉카나 마오리의 공예품 장식의 대칭성, 남아프리카 가옥의 기하적 설계, 전통적인 퀼팅 패턴 등을 구성하고 서로의 경험을 공유하기
	문화 전문가와 협력하기	강력한 수학지식과 범문화 지식의 연결을 위해서 현장교사, 문화적 권위를 가지고 있는 문화전문가와 협력하여 연구하기
	학생들의 문화적 관행을 기반으로 하는 수학교육과정개발하기	각 학생들이 자신의 문화와 문화적 역사를 탐구하고 이러한 문화적 요소와 연관된 문화적 관행에서 수학적 아이디어를 발전시키는 교육과정을 개발하여 실행해보기
다양성	다양성에 관한 문헌을 읽고 자신의 생각 쓰기	“모든” 학생들에게 좀 더 효과적으로 수학 가르치기와 관련된 문헌 읽고 자신의 생각을 쓰게 함으로써 다양성과 서로 다른 학습 스타일에 대해 생각하는 기회 제공하기
	동일한 수학 주제에 대하여 서로의 해결 방법 공유하기	‘주어진 변을 사용하여 사각형 만들기’의 주제를 가지고 도시 출신 학생, 시골 출신 학생, 건축가 출신의 학생등 다양한 배경의 학생들이 자신의 해결 방법을 설명하기
	문화적으로 관련 있는 교수법 사례 제시하기	문화적 문맥 안에서 가르치는 수학수업 보여주기 다양한 배경의 학생들을 위한 다양한 교수법을 학습하고 이들을 적용하여 교수-학습 시연하기
	문화적 관점으로 교실 관찰하기	학생들의 문화적인 다양성, 교사와 학생의 문화 등을 고려하면서 수학교실을 바라보기 모든 학생들의 장점과 학습 요구에 대하여 학생 개개인을 기반으로 분석하고 개발할 수 있는 방법 배우기
평등성	평등성에 관한 문헌을 읽고 비판적 글쓰기	인종이나 피부색과 상관없이 모든 학생에게 효과적으로 수학을 가르치는 것과 관련된 문헌을 읽고 예비교사들이 자신이 가지고 있던 관점을 비판적으로 성찰하기
	학생의 문화적 배경 이해하기	학생이 소속된 공동체와 가족의 문화적 배경을 이해하기 위해 공동체의 규범, 사고양식, 행동양식 등을 탐구하기
	수학학습 성취도와 문화사이의 관련성에 대해서 탐구하기	언어와 관련하여 수학을 잘하는 학생과 구조적, 문화적인 어려움을 경험하는 학생에 관한 문헌 살펴보고 토론하기
자기 정체성	개인적 경험 이야기하기	자신의 실제 삶에 대한 이야기나 교사로서의 경험을 공유함으로서 교사가 차이를 만들어낼 수 있음을 인식하도록 하기
	다문화수학수업의 어려움을 논의하고 대안을 탐색하기	문화적으로 반응하는 수학수업을 실제 수학교실에서 실행하는 데 수반되는 어려움을 논의하고 그에 대한 대안을 함께 생각하고 공유할 수 있는 기회 제공하기

관련된 교사 개인의 경험과 배경이 부족하기 때문이다(Gay, 2009; Patadia & Thomas, 2002). 따라서 수학교사교육과정에서 다문화수학교육을 위해 필요한 이론적 지식을 제공했다고 해도 그 지식이 교사의 경험과 배경 속에 맥락화되지 않으면 불활성화된 지식으로 남아있을 뿐이다. 따라서 다문화수학교육의 실천을 위하여 이론적 담론 수준에서 학습된 지식들을 다문화적 논제와 관련하여 풍부한 경험과 그에 대한 비판적인 성찰을 통해 실행가능한 수준의 지식으로 재구성해야 한다. 이와 관련하여 앞서 살펴본 다문화수학교사교육 사례에서 사용된 주요한 방법은 다음과 같다. 첫째, 가르치게 될 학생들의 공동체에서 도출된 교실 맥락과 교수법을 결합하고 학생의 성취도, 행동과 태도를 개발하기 위해서 문화 전문가와 협력해야 한다. 둘째, 문화적 관점을 가지고 교실을 관찰하면서 부족한 부분을 발견한다. 셋째, 실행이 이론적 이해나 개발보다 더 어렵다는 것에 대하여 공개적으로 논의하고 대책을 강구할 수 있는 기회를 제공한다. 넷째, 학생들의 문화적 관행을 기반으로 하는 교육과정을 개발해 보도록 한다.

이들 방법들이 함축하는 지도 원리는 '반성하기', '참여하기', '실행하기'로 정리할 수 있다. '반성하기'는 자신의 수업이나 다른 교사의 수업을 문화적 관점에서 관찰하고 분석하는 활동, 수업에 참여하였던 학생들로부터 피드백을 받는 것, 자신의 수업에 대한 동료교사나 교육전문가, 문화전문가로부터 피드백이나 조언을 구하는 것과 같이 타자의 시각에서 교사 자신의 수업 실천을 분석하고 평가하는 활동을 비롯하여 자서전적 탐구 활동을 통해 수학교사로서 자신의 자아정체성에 대해 비판적으로 성찰하고 재구성하는 과정과 관련된 지도 원리이다.

'참여하기'는 학생의 문화적 배경에 대한 이해와 탐구가 학생이 소속된 공동체의 내부자적 관점에서 이루어져야 한다는 점을 반영한 지도 원리이다. 앞서 살펴본 다문화수학교사교육 사례에서는 예비교사들에게 학생의 가족과 공동체를 방문하고 학생의 문화적 배경 및 자원에 대하여 조사활동이나 현장연구를 실행하는 것을 권장하고 있다. 이와 같이 다문화수학교사교육에서 '참여'가 중요한 지도원리가 되는 근거는 다문화적 수학교사 역량이 수업에 관한 이론적이고 기술적 수준에서의 숙달을 넘어 수학교사 자신의 가치관과 규범체계의 근본적인 재구성을 전제로 한다는 것에서 찾을 수 있다. 즉, 수학교사의 다문화적 존재로의 변환을 효과적으로 촉진하는 지식은 문화적 공동체로의 능동적 참여를 통해 체득된다. 따라서 다문화수학교사교육에서는 이론적 지식의 축적보다는 수학교사에게 체화된 관점과 가치관, 정체성을 부여할 수 있는 참여적인 학습 맥락을 제공하는 것이 중요하다.

이러한 관점에서 본다면, '실행하기'는 다문화수학교사교육에서 가장 핵심적인 지도원리라고 할 수 있다. 앞서의 표에서 볼 수 있듯이, 다문화수학교사교육과정은 현장방문, 수업시연, 토론, 개발, 공유, 탐구 등과 같이 실행과 관련한 다양한 방법을 포함하고 있다. 다문화수학교사교육과정을 통해 예비수학교사는 다문화적 관점을 적용한 수학 교수-학습에 관한 다양한 이론을 학습할 것이다. 이러한 이론들이 현장에서 실천 가능한 실제적 지식으로 변환되기 위하여 예비교사가 직접 이론을 적용하여 교수-학습 방법을 설계하고 현장에서 시연하는 과정을 통해 수학교실의 문화적 조직에 보다 적합한 이론으로 재구성해가는 과정을 경험하도록 해야 한다.

'실행하기'가 가장 핵심적인 지도 원리이지

만 위에 제시한 세 지도 원리는 서로 순환적인 관계에 있다. 즉, 참여를 통해 실행이 이루어지고 실행에 대한 반성이 뒤따르면 반성을 통한 참여와 실행은 새로운 국면에서 재구성되어 예비교사의 학습 과정이 보다 심화된 수준에서 효과적으로 이루어지도록 한다. 따라서 다문화교사교육과정에서 이들 지도 원리들은 개별적으로 적용되기 보다는 예비교사의 학습 수준과 단계에 따라 적합한 조합을 이루어 통합적으로 적용되어야 할 것이다.

IV. 결론

외국인 이민자 100만 명 시대에 들어서면서 우리나라의 다문화교육은 전통적으로 고수해온 단일민족이라는 폐쇄적인 정체성에서 벗어나 인종, 민족, 언어, 종교, 성별, 장애 등에 의한 차이를 포용하고 인권, 평등, 정의 등의 세계사회의 핵심적 문화 원리를 내면화한 새로운 삶의 방식을 탐색해야할 상황에 놓여있다(이민경, 2008; 차윤경, 2009). 또한 대다수의 새터민 자녀와 외국인 이주자 자녀들이 그들의 문화적 차이로 인해 수학 학습에서 어려움을 경험하는 상황을 고려할 때 이들에게 평등한 교육적 기회를 보장할 수 있는 방안을 마련하는 것 역시 우리나라 다문화교육이 직면한 과제 가운데 하나이다(김미숙, 2005; 장윤영·고상숙, 2009; 조영미·이옥영, 2010). 이러한 맥락에서 학생의 문화적 배경을 활용하여 의미 있는 수학 학습과 수학교과에서의 학업 성취도 향상을 지원하며 나아가 차이에 대한 이해와 배려를 통해 공존을 위한 삶의 태도를 함양하는데 기여할 수 있는 수학 교사 양성을 위한 연구와 논의는 그 중요성을 갖는다. 이에 본 연구는 이미 민족적·인종적·종교적·언어적 차이와 다양성을 역사적으로 경험하면서 나름대로 공존을 위한 사회문화적 지식을 축적해온 외국의 다문화수학교사교육 연구와 실천 사례를 검토하여 우리 사회가 직면한 교육적 필요를 수용할 수 있는 다문화교사교육모델개발을 위한 이론적 기반을 제공하고자 하였다.

본 연구에서 개발된 다문화수학교사교육모델은 국내 사범대학의 수학교육과의 수학교사교육 강의에 적용되어 실행된 바 있으며 실행 결과에 대한 평가 연구 결과 개발강의가 예비수학교사들의 다문화적 역량 개발에 대해 긍정적인 효과를 준 것으로 나타났다(문종은·주미경, 2010). 구체적으로 개발강의에 참여했던 예비수학교사들은 수학교실에서 학생 개개인이 합법적인 수학적 주체라는 점에 대한 인식이 고양된 것으로 나타났다. 이러한 변화는 예비수학교사들이 학생 개개인의 차이를 우열의 관점에서 벗어나 상대성과 다양성의 관점에서 이해함으로써 차이를 수용하고 배려하는 교육적 실천의 바탕이 되는 신념체계를 형성한 것을 의미한다. 그러나 예비수학교사의 합법적인 수학적 주체에 대한 인식이 '국가'와 '민족' 단위라는 거시적 수준과 '학생'이라는 미시적 수준 사이에 양분되어 나타났다는 점은 학생 개인의 문화적 자원과 역량에 중요한 원천으로 작용하는 '성', '계층', '지역' 등의 중간적 수준의 수학적 주체에 대한 인식 강화를 위한 강의 내용 보완이 필요하다는 점을 시사한다. 뿐만 아니라, 강의에 사용되었던 자료가 대부분 외국의 다문화수학교육이론과 사례와 관련되어있다는 점은 우리나라 다문화수학교육 현실의 특수성을 반영하는 다문화적 수학교사역량 개발에 제한점으로 작용한 것으로 나타났다. 이는 효과적인 다문화수학교사교육을 위해 향후 이주민 자녀를 비롯하여 성, 계층, 지역에 따라 형성되는 다양한 문화집단이 공유하고 있는 문화적인 수학적 자원과 역량에 대한 체계적인 연구가 활성화될 필요를 보여준다.

이와 같은 적용 결과를 종합한다면 본 논문에서 제시한 이론적 모델이 타당성과 실효성을 갖기 위해 실제적인 운영을 통한 평가연구를 통해 우리 사회의 교육적 현실에 적합하고 토착화된 모델로 수정·보완하려는 노력이 지속적으로 이루어지는 것이 후속 과제임을 알 수 있다. 하나의 사회가 지향하는 공존의 지혜는 차이와 다양성의 벽을 넘어 기회의 평등을 지향한다는 점에서 공통점을 찾을 수 있다. 그러나 한 사회의 지식이 그 사회 고유의 사회문화적 특성을 반영한다는 점에서는 우리 사회에 적용 가능한 지식과 구별되어야 한다는 점을 인식하는 것은 향후 다문화수학교사교육모델 개발에서 고려해야할 중요한 측면이다. 사회 현실에 적용 가능한 새로운 교육모델의 탐색은 장기간의 이론적 숙고와 시행착오의 과정을 필요로 하며 본 연구는 이와 같은 긴 여정의 출발단계라고 할 수 있다. 이에 본 연구에서는 다문화수학교사교육과 관련한 기존의 연구결과를 종합하는 논의를 제공하여 우리 사회의 특수한 상황과 필요를 반영하는 수학교사교육과정개발을 위한 기초자료를 제공하고자 하였다. 이러한 관점에서 앞서 논의한 다문화수학교사교육과정의 원리와 방법을 적용하는 과정에서 고려해야할 점은 다음과 같다.

첫째, 다문화교육의 중요한 목표 중 하나는 교육의 평등성 실현이나 평등성은 획일성과 구분되어야 한다. 교육에 있어서 평등성은 그 기반에 각 개인의 교육적 요구와 더불어 문화적 배경에 부합하는 차등적인 교육을 제공해야 한다는 것을 함축하고 있다. 따라서 다문화수학교사교육과정은 다문화수학교육의 실천에서 문화적 존재로서 학생 개개인의 고유성에 대한 측면이 인식되고 지원되어야 할 부분이 있다는 것을 수학교사들이 인지할 수 있도록 교육해야 하며 이러한 인식이 교육적 실천으로 이어지는데 요구되는 인지적 자원을 제공해야할 것이다. 이를 위해 다문화수학교육과 관련하여 국내 현장연구가 보다 활성화되어 수학교사들에게 유용한 지식 인프라를 구축하는데 기여해야 할 것이다.

둘째, 다문화수학교사교육에서 민속수학을 활용하는 방안의 강점과 제한점에 대한 의식이 필요하다. 다문화수학교육에서 학생의 문화적 자산으로서 민속수학은 문화적으로 자산에 반응하는 수학수업의 개발에 유용한 지식을 제공하며 자신이 소속된 공동체의 민속수학이 수업의 주제로 다루어지는 경험은 학생 자신의 문화적 정체성과 자문화의 가치에 대한 발견의 기회를 제공한다는 긍정적인 측면을 갖는다. 반면, 수학수업에 특정 민속수학을 도입할 때 도입내용이 지나치게 세부적인 측면을 다룰 경우 그 공동체에 소속되지 않은 학생들에게 오히려 학습의 어려움을 유발하여 역차별의 문제와 자문화 중심적 관점을 형성할 우려가 있다. Banks(2008)가 주장하였듯이, 다문화교육이란 자신의 문화에 갇히거나 부정하는 것이 아니라 자신의 문화를 다양한 시각에서 조망하며 세계의 테두리를 넓혀가는 자유를 위한 교육이라고 할 때, 학생의 문화적 자산으로서 민속수학의 교육적 활용은 궁극적으로 학생이 자신이 속한 공동체의 문화를 성찰하고 안목을 확장해가도록 촉진하는 경험을 제공하고 동시에 타문화에 대한 접촉 경험을 통해 학생의 수학적 지평을 확장하는데 기여하여야 할 것이다.

셋째, 현재 우리나라 다문화교육 정책 관련 담론 및 실천은 외국인 이주자에 국한되어 있는 문제점과 관련하여 다문화수학교육과 수학교사교육의 담론과 실천 역시 이러한 제한적 담론 속에 한정될 우려가 있다는 점을 의식할 필요가 있다. 학생들의 수학성취도는 성, 사회경제적 계층, 거주지역 등에 의해 큰 격차를 보여 온 것이 우리나라의 교육적 현실이다. 이전에는 이러한 격차가 개인의 역량 문제로 인식되어 왔다면 외국인 이주자의 유입으로 인한 인구적 지형도의 변화는 개인이 갖고 있는 다양성 요인으로 인한 차이와 그에 의한 차별의 문제에 우리 사회가 기존의 가치관과 규범을 재고하고 해체하여 새로운 가치관과 규범을 구성하게 했다는 점에서 중요한 기여를 했다고 할 수 있다. 이러한 사회적 변화가 우리가 세계를 이해하고 살아가는 방식에 의미있는 변화를 이끌어낼 수 있도록 하기 위해서는 변화에 대한 시각을 보다 확장하려는 노력이 동반되어야 할 것이다. 따라서 다문화수학교육과 수학교사교육에 대한 담론 역시 현재의 외국인 이주자에 국한되었던 것에서 벗어나 이전에 우리 사회와 학교가 인식하지 못했던 보다 다양한 유형의 차별에 대한 담론으로 확장될 수 있도록 시도해야할 것이다.

넷째, 앞으로 우리 사회가 보다 문화적으로 다원화된 사회로 변화하게 된다면 지금과 같은 다수자의 인식교육이나 소수자의 적응교육, 다문화 학생 담당 교사를 통한 교육 등과 같이 소극적인 대응 방법으로 많은 교육적 문제들을 해결하는 데에 어려움을 겪게 될 것이다. 따라서 다문화수학교사교육을 위한 방안이 대학수학교사교육과정의 개선에 한정되는 문제가 아니라 다문화적 역량을 갖춘 잠재적 수학교사인력의 발굴과 양성을 위한 발굴 방안과 교육 과정, 채용 과정에 이르는 제도 차원의 변화를 보다 적극적이고 개방적인 차원에서 탐색하고 정립하는 수준에 이르러야 할 것이다(Bennett, 2002). 현재 우리나라의 경우 다양한 민족, 인종적 배경의 학부모, 특정 영역에서 전문적 능력을 갖춘 학부모 등을 수업을 위한 자원으로 활용하는 방안이 제도권 교육 밖에서 시도되고 있다. 다문화교육을 위해 가정, 다양한 공동체, 전문가 집단과의 유기적인 협력이 중요한 점을 고려할 때 이러한 자원을 교육 제도 내에서 체계적으로 포용하고 활용하는 방안이 고려되어야 할 것이다.

다섯째, 다문화수학교사교육과정을 개발할 때 현재 우리나라 다문화사회의 특징과 그에 따른 교육적 요구를 감안하지 않을 수 없다. 많은 구성원이 이주민들로 구성된 미국, 호주, 뉴질랜드와 달리 우리나라는 국제결혼으로 인해 외국인의 비율이 높아진 다문화사회로 진행되고 있다. 즉 국제결혼으로 인해 우리나라의 다문화가정은 가족 구성원 내에서도 이질적인 문화를 형성하고 있다는 특수한 상황에 처해있고 따라서 이러한 가정의 학생들에 대한 이해와 교육적 배려가 필요하다. 또한 학교에서 다양한 민족적·인종적 배경을 지닌 학생의 수가 증가하고 있으나 일반청소년에 비해 학교 부적응이 높은 비율로 나타나고 있으며, 특히 학습스타일에서의 차이, 언어적 자원의 빈곤, 다문화 가정의 제한된 교육력, 수학교사와의 상호작용에서의 어려움 등의 수학 기초학력의 결핍으로 이어진다고 보고되고 있다(김미숙, 2005; 장윤영 · 고상숙, 2009; 조영미·이옥영, 2010). 국내의 다문화수학교사교육과정은 이러한 한국다문화사회의 현실적 필요를 감안하여 개발·운영되어야 할 것이다.

마지막으로, 다문화적 교사역량은 정의적 영역, 인지적 영역, 행동적 영역으로 구분하였고 이들 영역 가운데서 정의적 영역이 다른 영역들을 이끄는 방향성을 제공하고 기반을 마련한다는 점에서 가장 중요한 역할을 한다고 할 수 있다. 그러나 Pohan & Aguilar(2001)의 연구에서 볼 수 있듯이 다문화교육에 관하여 교사로서의 신념이 변화한다 하더라도 그것이 교사가 개인으로서 갖는 신념과 반드시 일치하지는 않는다. 이는 교사교육과정에 몇몇 다문화교육 관련 교과를 개설하는 것만으로는 교사의 다문화적 신념 형성을 위한 충분한 맥락을 제공하기 어렵다는 것을 시사한다. 따라서 교사교육과정이 전체적으로 다문화적 신념 체계를 일관성있게 반영하고 각 교과가 교사의 다문화적 역량 개발에 유기적으로 기여할 수 있도록 체계화될 필요가 있다. 뿐만 아니라, 초중등학교에서의 체계적이고 일관적인 다문화교육 실천을 통해 다문화적 신념체계가 사회적으로 광범위하게 확산 · 공유될 수 있도록 해야 할 것이다.

참고문헌

김미숙(2005). 북한이탈학생의 남한학교 다니기. 교육사회학연구, 15(2), 23-44.

모경환(2009). 다문화 교사교육의 현황과 과제. 한국교원교육연구, 26(4), 245-270.

문종은·주미경(2010). 다문화수학교사교육 강의 운영 사례연구: 수학과 예비교사의 다문화적 역량 변화에 대한 효과. 교육과정평가연구, 13(3), 103-132.

양영자(2008). 한국 다문화교육의 개념 정립과 교육과정 개발 방향 탐색. 이화여자대학교 박사학위논문.

윤인진(2009). 한국의 다문화교육에 대한 평가와 향후과제. 외국어로서의 한국어교육(구 말), 34. 65-88.

이민경(2008). 한국사회의 다문화교육 방향성 고찰: 서구 사례를 통한 시사점을 중심으로. 교육사회학연구, 18(2), 83-104.

장윤영·고상숙(2009). 다문화권 학생들의 초등 수학 학습과정에 관한 사례연구. 수학교육, 48(4), 419-442.

조영미·이옥영(2010). 다문화가정 학생 대상 언어·인지 진단도구 적용 결과 분석. 수학교육학연구, 20(2), 103-119.

주미경(2009). 민족지학적 수학과 다문화적 수학교육: 수학교실에서의 다양성에 대한 교육적 담론. 학교수학, 11(4), 625-642.

차윤경(2009). 세계화 시대의 대안적 교육모델로서의 다문화교육. 다문화교육연구, 1(1), 1-23.

황규호 · 양영자(2008). 한국 다문화교육 내용선정의 쟁점과 과제. 교육과정연구, 26(2), 57-85.

Ascher, M. (1991). *Ethnomathematics: A multicultural view of mathematical ideas*. NY: Chapman & Hall.

Averill, R., Anderson, D., Easton, H., Maro, P. T., Smith, D. & Hynds, A. (2009). Culturally responsive teaching of mathematics: Three models from linked studies. *Journal for Research in Mathematics Education, 40*(2), 157-186

Banks, J. A. (1993). Multicultural education: Historical development, dimensions, and practice. *Review of Research in Education, 19*, 3-49.

Banks, J. A. (2001). Citizenship education and diversity: Implication for teacher education. *Journal of Teacher Education, 52*(1). 5-16.

Banks, J. A. (2008). *Introduction to multicultural education* (4th ed.). Boston: Pearson/Allyn & Bacon.

Banks, J. A. (2010a). Multicultural education: Characteristics and goals. In J. A. Banks & C. A. M. Banks (Eds.), *Multicultural education: Issues and perspectives* (pp. 3-30). New Jersy: John Wiley & Sons.

Banks, J. A. (2010b). Approaches to multicultural

curriculum reform. In J. A. Banks & C. A. M. Banks (Eds.), *Multicultural education: Issues and perspectives* (pp. 233-256). New Jersy: John Wiley & Sons.

Banks, J. A.& Banks, C. A. M. (2005). *Multicultural Education: Issues and perspectives*(5nd ed.). MA: John Wiiley & Sons, Inc.

Bennett, C. I. (2002). Enhancing ethnic diversity at a big ten university through project TEAM: A case study in teacher education. *Educational Researcher, 31*(2), 21-29.

Bennett, C. I. (2007). *Comprehensive multicultural education* (6th ed.). Boston: Pearson Education, Inc.

Bishop, A. J. (1988). Mathematics education in its cultural context. *Educational Studies in Mathematics, 19,* 179-191.

D'Ambrosio, U. (1994). Diversity, equity, and peace: From dream to reality. In J. Trentacosta & M. J. Kenny (Eds.), *Multicultural and gender equity in the mathematics classroom: The gift of diversity* (pp. 243-248). Reston, VA: NCTM.

Demmert, Jr., W. G., Towner, J. C. (2003). A review of the research literature on the influences of culturally based education on the academic performance of Native American students. Retrieved on July 6, 2006 from http://www.nwrel.org/nwreport/2003-03/index.html.

Erickson, F. (2007). Culture in society and in educational practices. In J. A. Banks & C. A. Banks (Eds.), *Multicutural education: Issues and perspectives*(pp. 31-60). John Wiley & Sons, Inc.

Fennema, E. (1980). Sex-related differences in mathematics achievement: Where and why. In Fox, L. H., Brody, L., Tobin, D. (Eds.), *Women and the mathematical mystique.* ML: The Johns Hopkins University Press.

Gay, G. (2000). *Culturally responsive teaching: Theory, practice and research.* NewYork: Teachers College Press.

Gay, G. (2009). Preparing culturally responsive mathematics teachers. In B. Greer, S. Mukhopadhyay, A. B. Powell, & S. Nelson-Barber (Eds.), *Culturally responsive mathematics education* (pp. 189-205). New York, NY: Routledge.

Gerdes P. (1998). On culture and mathematics teacher education. *Journal of Mathematics Teacher Education, 1,* 33-53.

Gibson, M. A. (1976). Approaches to multicultural education in the united states. *Anthropology & Education Quarterly, 7*(4), 7-18

Greer, B., Mukhopadhyay, S., Powell, A. B. & Nelson-Barber, S. (2009). (Eds.). *Culturally responsive mathematics education.* New York & London: Routledge.

Gutstein, E. (2003). Teaching and learning mathematics for social justice in an urban Latino school. *Journal for Research in Mathematics Education, 34*(1), 37-73.

Joseph, G. G. (1993). A rational for a multicultural approach to mathematics. In D. Nelson, G. G. Joseph, & J. Williams (Eds.), *Multicultural mathematics: Teaching mathematics from a global perspective* (pp. 1-24). Oxford: Oxford University Press.

Ladson-Billings, G. & Henrry, A. (1990). Blurring the border: Voices of African liberatory pedagogy in the United States and Canada. *Journal of Education, 172*(2), 72-88.

Ladson-Billings, G. (2000). Fighting for our lives

: Preparing teachers to teach African American students. *Journal of Teacher Education, 51*(3), 206-214

Lave, J. (1988). *Cognition in practice: Mind, mathematics, and culture in everyday life.* New York: Cambridge University Press.

Leonard, J. & Dantley, S. J. (2005). Breaking through the ice: Dealing with issues of diversity in mathematics and science education courses. In A. J. Rodriguez & R. S. Kitchen (Eds.), *Preparing mathematics and science teachers for diverse classroom: Promising strategies for transformative pedagogy* (pp. 87-117). N.J.: Lawrence Erlbaum Associates.

Lipka, J., Hogan, M. P., Webster, J. P., Yanez, E., Adams, B., Clarks, S., & Lacy, D. (2005). Math in a cultural context: Two case studies of a successful culturally based math project. *Anthropology in Education Quarterly, 36*(4), 367-385.

National Commission on Excellence in Education (1983). *A nation at risk: The imperative for educational reform.* Washington, D.C.: U.S. Government Printing Office Co.

National Council for Accreditation of Teacher Education (2008). *Professional standards for the accreditation of teacher preparation institutions.* Washington, DC: The author.

National Council of Teachers of Mathematics (2000). *Principles and standards for school mathematics.* Reston, VA: The author.

Nieto, S. & Bode, P. (2008). *Affirming diversity: The sociopolitical context of multicultural education* (5th ed.). Boston: Pearson Education, Inc.

Nieto, S. (2000). Placing equity front and center: Some thought on transforming teacher education for a new century. *Journal of Teacher Education, 51*(3), 180-187

Patadia, H. & Thomas, M. (2002). Multicultural aspects of mathematics teacher education programmes. *Mathematics Teacher Education and Development, 4*, 56-66.

Pohan, C. A. & Aguilar, T. E. (2001). Measuring educator's beliefs about diversity in personal and professional contexts. *American Educational Research Journal, 38*(1), 159-182.

Powell, A. B. & Frankenstein, M. (1997). (Eds.). *Ethnomathematics: Challenging Eurocentrism in mathematics education.* New York: SUNY Press.

Presmeg, N. C. (1998). Ethnomathematics teacher education. *Journal of Mathematics·Teacher Education, 1*, 317-339.

Rogers, P. & Kaiser, G. (1995). (Eds.). *Equity in mathematics education.* London · Washington, D.C.: The Falmer Press.

Schofield, J. W. (2010). The colorblind perspective in school: Cause and consequences. In J. A. Banks & C. A. M. Banks (Eds.), *Multicultural education: Issues and perspectives* (pp. 259-283). New Jersy: John Wiley & Sons.

Scribner, S. (1977). Modes of thinking and ways of speaking: Culture and logic reconsidered. In P. N. Johnson-Laird & P. C. Wason (Eds.), *Thinking: Readings in cognitive science* (pp. 483-500). New York: Cambridge University Press.

Sells, L. W.(1980). The Mathematics Filter and the Education of Women and Minorities. In Fox, L. H., Brody, L., Tobin, D. (Eds.), *Women and the Mathematical Mystique.* ML: The Johns

Hopkins University Press.

Sleeter, C. (2008). Mathematics, multicultural education, and professional development. *Journal for Research in Mathematics Education, 28*(6), 680-696.

Tate, W. F. (1997). Race-ethnicity, SES, gender, and language proficiency trends in mathematics achievement: An update. *Journal for Research in Mathematics Education, 28,* 652-680.

Zaslavsky, C. (1996). *The multicultural mathematics classroom: Bringing in the world.* Portsmouth, NH: Heinemann.

http://www.mest.go.kr/me_kor/inform/info_data/welfare/ 교육과학기술부 교육복지국.

04 『예비 수학교사의 테크놀로지 내용교수지식(TPACK) 신장을 위한 팀 프로젝트 효과 연구』에 관한 해설

임 해 미(한국교육과정평가원)*

최근 세계 각국에서는 ICT 기술을 21세기를 살아갈 학생들이 갖추어야할 역량 중 하나로 보고 이를 자국의 교육과정에 반영하고 있다. 우리나라의 2009 개정 수학과 교육과정에서도 정보처리능력을 미래 사회에 필요한 핵심 역량으로 보고, 내용 성취 기준과 평가에서 계산기, 컴퓨터 교육용 소프트웨어 등의 공학적 도구를 이용할 것을 명시하고 있다. 공학적 도구는 학생들이 실세계 현상을 수학적으로 탐구하고 분석하는 데 유용할 뿐만 아니라 사회가 발전될수록 수학과 관련된 직종에서 활용의 폭이 넓어질 것으로 보인다. 따라서 학교 수학에서 공학적 도구의 도입이 확대될 필요가 있으며 이를 위해 우선적으로 수학교사의 역량을 신장하기 위한 연구가 요구된다.

본 연구는 예비 수학교사가 갖추어야 할 교사 전문성 가운데 수학 수업에 적합한 공학적 도구를 선택할 수 있고, 잘 다룰 수 있으며, 효과적으로 수업할 수 있는 역량인 테크놀로지 내용교수지식 즉, TPACK에 대한 것이다. 저자는 본 논문을 쓰기 몇 해 전부터 수학교육과 학부 학생을 대상으로 '수학교육과 컴퓨터' 강의를 하고 있었는데, 강의 첫 해에는 수학교육과 관련된 공학적 도구들을 선택하여 그 기능을 가르치는 것을 주로 하였으나, 강의를 하는 과정에서 예비 수학교사들이 중등 교육과정 및 교과서와 연결 지어 예시를 제시할 때 더욱 흥미롭게 강의에 참여한다는 것을 알게 되었다. 그래서 그 다음 해 강의부터는 강의 초반에 공학적 도구의 기능에 대한 수업을 하고, 중반 이후부터 학생들이 중등 수학과 교육과정 중 한 단원을 택하여 공학적 도구를 활용한 수업안과 활동지를 만들어 발표하는 팀 프로젝트 수업을 실시하였다. 본 연구는 이 과정을 이론적으로 접근하여 구체화한 시도라고 볼 수 있다.

본 연구는 예비 수학교사의 역량 및 전문성 신장에 대한 국내외 논문을 검색하는 것부터 출발하였는데, 그 과정에서 Mishra & Koehler(2005, 2006), Thompson & Mishra(2007)의 TPACK 연구를 접하게 되었다. 논문을 쓰던 당시가 2009년 초반이라 TPACK에 대한 논문과 서적이 현재와 비교하여 많은 편이 아니었기 때문에 출간된 대부분의 논문을 읽고 2009년의 강의에 접목시킬 수 있었다. 2014년 현재 TPACK에 대한 연구는 Mishra와 Koehler를 주축으로 웹사이트(http://www.tpack.org)를 통해 수렴, 확산되고 있으며, 연구의 범위도 교육공학뿐 아니라 교과교육, 융합교육 측면으로 확대되고 있다. 특히 최근의 연구물 중에는 TPACK 조사도구 개발과 이를 활용한 효과 연구의 비중이 높아지고 있다. 본 연구는 수학 예비교사를

* rimhm@kice.re.kr

대상으로 한 테크놀로지 강의가 직접 테크놀로지 수업을 설계해보는 팀 프로젝트로 진행되는 것이 바람직할 것이라는 취지에서 시작된 연구였기 때문에 설문 조사도 TPACK 자체에 대한 것이 아닌 팀 프로젝트가 TPACK 신장에 어떤 영향을 주었는지에 중점을 두어 실시하였다. 동일한 주제를 최근 연구되고 있는 TPACK 조사도구를 사용하여 분석해보는 것도 팀 프로젝트의 효과를 TPACK의 요소별로 규명할 수 있는 흥미로운 후속 연구가 될 것으로 기대된다.

예비 수학교사 대상의 테크놀로지 강의는 수학과 교육과정의 모든 내용 영역에서 아우를 수 있도록 대수, 해석, 기하, 통계의 각 영역에서 하나 이상의 공학적 도구의 기능을 익히며, 공학적 도구의 기능을 수학교육과정과 연결 짓는 실제적인 경험을 할 수 있도록 설계하는 것이 바람직하다. 수학 수업에서 공학적 도구를 활용했을 때 효과적이고 효율적으로 지도할 수 있는 단원 또는 개념이 무엇인지, 수업에서 사용할 학생용 활동지는 어떻게 구상할 것인지, 공학적 도구를 활용한 수업 시 준비 및 점검해야할 부분이나 미리 인지해야하고 있어야할 어려움이 무엇인지를 경험해보는 것은 그들이 현직 교사가 되었을 때 자신의 수업에서 공학적 도구를 사용하는데 있어서 마중물의 역할을 하게 될 것이다. 또한 강의자가 안내자의 역할을 할 필요가 있다. 본 연구에서는 팀 면담 시 관련된 수학과 교육과정과 교과서를 준비하도록 했는데, 수강생 대부분이 대학교 1학년이었기 때문에 교육과정 문서를 처음으로 접하는 경우가 많았다. 학생용 활동지는 NCTM에서 발간하는 Mathematics Teacher 등의 다양한 자료를 토대로 최대한 창의적인 수업을 구성하도록 독려했는데, 이는 학생들이 자신이 학교에서 배웠던 방법을 넘어서서 다양한 교수 학습 방법을 고민해보도록 생각을 열어주기 위함이었다. 또한 예비 교사는 수업 설계 및 실행 경험이 부족하기 때문에 개인 과제보다는 팀 단위로 과제를 제시하여 팀원 간 지식과 의견을 공유하고 모니터링할 수 있도록 하는 것이 예비교사의 테크놀로지 사용에 대한 교수효능감 및 TPACK 신장을 위해 효과적일 것이다.

수학교육에서 TPACK에 대한 향후 연구 분야는 매우 다양할 것으로 기대된다. Chai et al.(2013)은 교사의 역량에 비중을 두고 있는 TPACK 연구가 학생의 학습에 대한 이해로 폭을 넓힐 필요가 있다고 보고, [그림]과 같이 PCK, TPK, TPACK에 대응되는 LCK, TLK, TLCK를 포함한 새로운 틀을 제시하였다. 학생의 교과 지식에 대한 이해와 교사의 TPACK을 연결지어 분석하는 연구는 교수 학습 개선에 많은 도움이 될 것으로 보인다. 또한, Koehler et al.(2014)은 예비 교사는 PK, CK, TK에 대한 지식이 모두 부족하거나 CK는 이미 갖추고 있으나 TPK가 부족할 수 있으므로 개별 영역의 지식을 동시에 개발하거나 TPK에 집중하여 TPACK을 개발해야 하지만, 현직 교사는 이미 PK와 CK, 그리고 이들이 통합된 PCK를 상당 부분 갖추고 있기 때문에 새로운 공학적 도구에 대한 지식 즉, TK에 집중하여 TPACK을 신

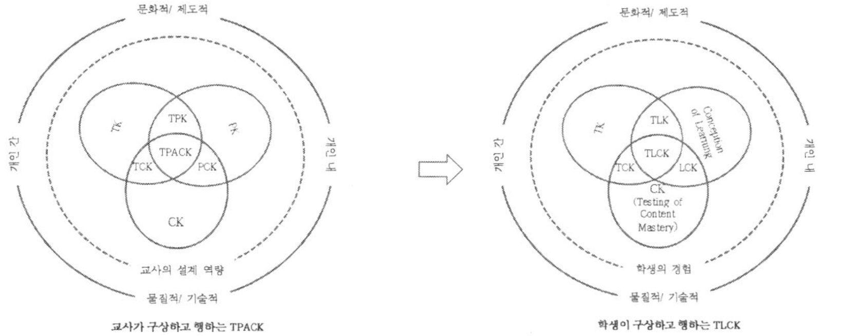

[그림] TPACK와 TLCK의 틀 (Chai et al., 2013, p.45)

장하는 방향으로 접근할 필요가 있다고 하였다. 이처럼 예비교사와 현직 교사의 역량을 고려하여 대상에 따른 맞춤형 TPACK 신장 방안에 대한 연구도 의미 있어 보인다.

모든 수학 수업에서 테크놀로지를 사용할 필요는 없으며 수학 개념을 가르칠 때 테크놀로지가 항상 효과적인 것은 아니다. 이와 반대로 종이와 연필만으로는 할 수 없는 것을 테크놀로지가 가능하게 하는 경우가 있다. 예비 수학교사는 그런 상황을 포착하고 적합한 테크놀로지를 도입하여 가르칠 수 있는 안목과 역량을 갖출 필요가 있는데, 그것이 바로 21세기를 살아갈 학생들을 가르칠 교사가 갖추어야 할 전문성이라고 볼 수 있을 것이다.

참고문헌

임해미(2009). 예비 수학교사의 테크놀로지 내용교수지식(TPACK) 신장을 위한 팀 프로젝트 효과 연구. **수학교육학연구, 19**(4), 545-564.

Chai, C.-S., Koh, J. H.-L., & Tsai, C.-C. (2013). A review of technological pedagogical content knowledge. *Educational Technology & Society*, 16(2), 31-51.

Koehler, M. J., Mishra, P., Kereluik, K., Shin, T. S., & Graham, C. R. (2014). The technological pedagogical content knowledge framework. In J. M. Spector et al. (Eds.), *Handbook of research on educational communications and technology* (pp. 101-111). New York: Springer.

Koehler, M. J., & Mishra, P. (2005). What happens when teachers design educational technology? The development of technological pedagogical content knowledge. *Journal of Educational Computing Research*, 32(2), 131-152.

Mishra, P., & Koehler, M. (2006). Technological pedagogical content knowledge: A framework for teacher knowledge. *The Teachers College Record, 108*(6), 1017-1054.

Thompson, A. D., & Mishra, P. (2007). Editors' remarks: Breaking news: TPCK becomes TPACK!. *Journal of Computing in Teacher Education*, 24(2), 38-64.

대한수학교육학회지 수학교육학연구 제 19 권 제 4 호
Journal of Educational Research in Mathematics
Vol. 19, No. 4, 545-564. Nov 2009

예비 수학교사의 테크놀로지 내용교수지식(TPACK) 신장을 위한 팀 프로젝트 효과 연구

임 해 미*

테크놀로지 내용교수지식(TPACK)은 1986년 Shulman이 제시한 내용교수지식(PCK)에 테크놀로지 지식이 통합된 새로운 지식 즉, 교사의 내용지식(CK), 교수학적 지식(PK), 테크놀로지 지식(TK)의 교집합에 해당하는 지식을 뜻한다. 본 연구에서는 2009년 1학기 서울시 소재 사범대학에서 팀 프로젝트를 중심으로 하는 테크놀로지 강의를 개설하고 설계, 분석하여 예비 수학교사의 TPACK 신장을 위한 방안을 모색하고자 하였다. 강의 초 예비 수학교사들은 테크놀로지에 대해 낮은 자신감을 나타냈지만, 강의가 끝날 무렵의 테크놀로지 관련 수학교수효능감은 3.88부터 4.50 사이로 높게 나타났다. 또한, 예비 수학교사들은 팀 프로젝트가 TPACK에 긍정적 또는 매우 긍정적인 영향을 주었다고 응답했는데, 이는 팀 프로젝트를 중심으로 하는 테크놀로지 강의가 예비 수학교사가 앞으로 교사가 되어 테크놀로지를 활용하는 수업을 설계할 때 필요한 지식과 자신감을 갖도록 하는 데 효과적인 방법이 될 수 있음을 보여준다. 교사의 TPACK이 정보화 시대의 교육과정에서 제시하는 교육목표 달성을 위해 필수적인 지식이라 볼 때, 앞으로 예비 교사를 대상으로 하는 테크놀로지 강의가 테크놀로지의 사용 방법과 단편적인 적용 사례를 전달하는 방식보다 테크놀로지 활용 수업을 계획하고 설계하는 방식으로 변화되는 것이 바람직할 것으로 보인다.

Ⅰ. 서 론

현재 수학교사가 되기 위해 준비하고 있는 예비교사들은 21세기의 학생들을 가르치는 교사가 된다. 따라서 예비교사들은 정보화 시대를 살아갈 학생들을 가르치기 위한 테크놀로지 관련 지식 및 기술과 더불어 교수· 학습 과정에 테크놀로지를 적절히 통합하는 능력을 가지고 있어야하며, 이러한 능력의 개발은 예비교사 교육과정 속에서 체계적으로 이루어지는 것이 바람직하다(Wetzel, Zambo, 1996).

2007 개정교육과정에서도 수학 교수 · 학습의 전 과정에서 적절하고 다양한 교육기자재를 활용하여 수학 학습의 효과를 높일 것을 권장하였으며, 계산 능력 배양을 목표로 하지 않는 경우의 복잡한 계산 수행, 수학적 개념 · 원리 · 법칙의 이해, 문제해결력의 향상을 위해 계산기, 컴퓨터, 교육용 소프트웨어 등의 공학적 도구와 다양한 교구를 확보하여 활용하도록 제시하였다. 또한, 이 과정에서 교사는 해당 기자재에 대한 이해를 토대로, 기자재가 본연의 목적 달성을 위해 활용될 수 있도록 면밀히 검토해야 한다고 하였다(교육인적자원부, 2007). 이는 수학교사가 교육과정, 교과 내용과 관련된 테크놀로지에 대한 지식을 가지고 있어야

* 이화여자대학교 수리과학연구소, rhm@ewha.ac.kr

됨을 의미한다.

이와 관련된 논의는 1986년 Shulman에 의해 내용교수지식(PCK: Pedagogical Content Knowledge)의 개념이 도입된 이후, 2006년 Mishra와 Koehler의 연구에서 테크놀로지 내용교수지식(TPCK: Technological Pedagogical Content Knowledge)이란 개념으로 구체화되었으며, 2007년 제 9회 Annual NTLS(National Technology Leadership Summit)를 통해 TPACK으로 새롭게 명명되었다. TPACK은 Technology, Pedagogy, Content의 세 가지 요소를 강조하면서, 각각의 요인이 서로 독립된 것이 아닌 통합된 전체인 Total PACKage라는 의미를 담고 있다(Shulman, 1986; Mishra & Koehler, 2006; Thompson & Mishra, 2007).

예비교사들의 테크놀로지 내용교수지식(이하 TPACK)의 대부분이 예비교사 교육기관인 대학에서 이루어진다고 볼 때, 이들을 대상으로 하는 강의는 TPACK의 신장을 위해 보다 효과적으로 설계될 필요가 있다. 이에 본 연구에서는 예비 수학교사들이 테크놀로지를 활용한 수업을 계획하고 구성하는 팀 프로젝트의 과정 속에서 테크놀로지 지식, 교수학적 지식, 교과 내용적 지식을 통합할 수 있을 것으로 보고, 팀 프로젝트를 중심으로 하는 테크놀로지 강의를 설계하였다.

강의는 한 학기 15주 동안 40명의 예비 수학교사들을 대상으로 진행되었으며, 크게 테크놀로지의 기능을 익히는 부분과 습득한 기능을 학교 수학교육과정에 적용해보는 프로젝트의 두 부분으로 구성되었다. 강의가 끝난 뒤, 강의를 수강한 예비 수학교사들을 대상으로 설문을 실시하여 팀 프로젝트가 그들의 TPACK과 내용교수효능감에 어떤 영향을 주었는지에 대해 분석하였으며, 이를 토대로 예비 수학교사 대상 테크놀로지 강의 설계에 대한 시사점을 도출하고자 하였다.

Ⅱ. TPACK과 수학교육

1. TPACK에 대한 이론적 배경

Lee Shulman(1986)은 교사가 수업을 할 때 필요한 지식에 대해 접근하는 새로운 방법으로 PCK라는 새로운 용어를 정의하였다. 이는 교사가 자신이 지도해야 될 교과에 대한 내용 지식과 교수-학습에 대한 교수학적 지식을 통합한 것인데, 이 두 지식의 교집합에 해당하는 지식이 바로 PCK이다. 이러한 PCK에 보다 효과적인 교수 학습을 위해 디지털 테크놀로지에 대한 지식을 통합한 지식이 바로 TPCK 또는 TPACK이다.

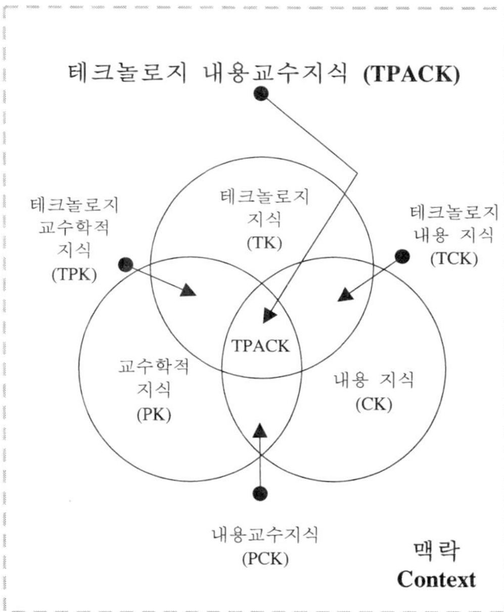

[그림Ⅱ-1] 테크놀로지 내용교수지식 모형

즉, TPACK("tee-pack"으로 읽음)은 [그림 Ⅱ-1]과 같이 내용 지식(CK), 교수학적 지식(PK), 테크놀로지 지식(TK)의 교집합 부분에 해당하는 지식을 뜻한다(Mishra & Koehler, 2006; Niess, 2005, AACTE Committee on Technology and Innovation, 2008).

이때, 내용 지식(CK: Content Knowledge)이란 가르치고 배워야할 실제적인 교과 내용에 대한 지식이다. 교사들은 가르쳐야할 교과의 핵심적인 사실, 개념, 이론, 절차에 대한 지식, 아이디어를 조직하고 연결하여 설명하기 위한 지식, 증명의 규칙에 대한 지식 등과 같은 지식을 반드시 이해하고 있어야 한다. 또한 다른 분야의 지식과 연구의 속성도 이해하고 있어야 한다.

교수학적 지식(PK: Pedagogical Knowledge)이란 교수 학습 과정과 실제 또는 방법에 대한 심도 있는 지식, 그리고 교육의 목적, 가치 등을 어떻게 통합할 것인지에 대한 지식을 뜻한다. 교수학적 지식에는 학생들의 학습에 대한 지식, 수업 운영, 학습 계획의 개발과 실행, 학생 평가와 같은 부분이 포함된다. 여기에는 실제 교실에서 수업할 때 사용되는 기술과 방법에 대한 지식도 포함되며, 교사는 학생들이 어떻게 지식을 구성하고, 기술을 습득하며, 학습에 대한 긍정적인 동기와 태도를 만들어갈 지에 대한 심도 있는 교육학적 지식을 가지고 있어야 한다.

테크놀로지 지식(TK: Technological Knowledge)은 책, 칠판과 분필, 인터넷 등과 같이 발전된 테크놀로지에 대한 기준이 되는 지식이다. 이는 특정한 테크놀로지 즉, 워드 프로세서, 스프레드시트, 웹 브라우저, 이메일 등과 같은 소프트웨어의 기본적인 기능을 사용하는 능력, 컴퓨터 하드웨어나 시스템 운영, 소프트웨어의 설치와 삭제 등과 같은 지식과 기술을 포함한다. 테크놀로지 지식은 새로운 테크놀로지의 개발과 더불어 변화되어야 하며, 이를 학습에 적용할 수 있는 능력은 매우 중요하다.

특정 교과에서 교육적인 목적을 위해 테크놀로지를 효과적으로 통합하기 위해서는 이 세 가지 지식들 사이의 역동적이고 상호적인 관계에 대한 이해가 요구되는데, 이들 지식간의 교집합이 되는 TCK, PCK, TPK, 그리고 이들이 통합되는 영역인 TPACK의 특징은 다음과 같다(Mishra & Koehler, 2006).

가. TCK : 테크놀로지 내용 지식

테크놀로지 내용 지식(TCK: Technological Content Knowledge)이란 테크놀로지와 교과 내용을 상호 연계하는 방법에 대한 지식이다. 교사들은 가르칠 교과에 있어서 테크놀로지를 사용했을 때 더 효과적으로 가르칠 수 있는 분야가 어떤 것인지에 대한 지식을 가지고 있어야 한다. 예를 들어 기하를 가르칠 때 동적기하프로그램을 도입하면 학생들의 기하 작도와 도형에 대한 탐구가 보다 효과적으로 이루어질 수 있다.

나. TPK : 테크놀로지 교수학적 지식

테크놀로지 교수학적 지식(TPK : Technological Pedagogical Knowledge)은 교사들의 교수 학습 상황에 사용하는 다양한 테크놀로지의 목록, 요소, 역량에 대한 지식을 말한다. 즉, 특정한 테크놀로지를 사용했을 때 수업이 어떻게 변화될 수 있는지에 대해 아는 것을 의미한다. 교사는 특정한 과제를 위해 사용할 수 있는 테크놀로지의 범위를 알고 있어야 하며, 적합한 테크놀로지를 선택할 수 있는 능력이 있어야 하고, 테크놀로지 사용을 위한 교수학적 전략과 이러한 전략을 적용할 수 있는 능력이 있어야 한다. 여기에는 수업과 관련된 출석확인, 성적 산출을 하는 도구에 대한 지식과 웹 퀘스트, 게시판, 대화방과 같은 테크놀로지 기반 교육에 대한 일반적인 지식도 포함한다.

다. PCK : 내용교수지식

내용교수지식(PCK: Pedagogical Content Knowledge)은 특정한 교과의 내용을 가르치는 데 적합한 교육학적 지식을 말한다. 이는 내용지식과 교수학적 지식의 상호작용으로 만들어지는 지식으로서, 교과에서 가르쳐야할 주제를 가르치기에 가장 유용한 표현, 가장 강력한 유추, 도식, 예제, 설명 등을 통해 제시하는 교사의 지식을 뜻한다. 여기에는 학생들의 선행 지식에 대한 지식, 무엇이 학습을 쉽거나 어렵게 만드는 가에 대한 지식, 학습 환경에 대한 지식도 포함된다(Shulman, 1986).

수학과의 PCK는 교사가 자신의 교과 지식과 교수 경험을 통해 발전시켜나가는 것으로, 특정한 수학 내용을 학생들이 이해할 수 있는 방식으로 가르치는 방법에 대한 지식이다. 이는 수학교사의 수학과 수업목표, 수학 내용지식, 수학과 교수 방법 및 평가에 대한 지식, 수학 학습에 대한 학생 이해 지식, 교육과정 및 교과서 등과 같은 수업상황에 대한 지식과 같은 기초 배경 지식과 교사의 신념, 자신의 수업에 대한 지식을 토대로 형성되며, 수학 수업시간에 교사의 대화, 행동, 수업 자료 등을 통해 나타나게 된다(최승현, 2008). 수학교사가 학생들에게 수학을 가르칠 때 필요하고 사용되는 수학적 지식은 특히 수학교수지식(MKT: mathematical knowledge for teaching)이라 하여 일반적인 PCK에 대한 연구와 더불어 수학 내용과 수학 교사를 대상을 하는 내용교수지식을 규명하고 측정하는 연구가 계속되고 있다(Hill, Ball & Schilling, 2004; Stylianides & Ball, 2008).

라. TPACK : 테크놀로지 내용교수지식

테크놀로지 내용교수지식(TPACK: Technological Pedagogical Content Knowledge)은 내용, 교육학, 테크놀로지의 모든 요소의 지식을 토대로 하며, 테크놀로지를 사용하는 좋은 교수의 기초가 되는 지식을 뜻한다. 이는 테크놀로지를 사용하여 개념을 표현하는 데 대한 이해와 교과 내용을 가르치기 위한 구성주의적 방법에서 테크놀로지를 사용하는 교수학적 기술, 수업에서 학생들이 어려워하는 부분을 테크놀로지를 사용함으로써 어떻게 수월하게 만들어줄 수 있는지에 대한 교사의 지식을 포함한다. TPACK은 테크놀로지를 통한 교사의 업무 중 가장 중심이 되는 지식으로서, 교육 분야에 지식이 없는 테크놀로지 전문가의 지식과는 차별화된다.

TPACK의 개발을 위해서는 내용지식, 교수학적 지식, 테크놀로지 지식이 역동적으로 서로 영향을 주면서 융합되어야 하는데, 이들 사이의 복합적이고 미세한 발전을 어떻게 개발하고, 확인할 것인지에 대한 논의도 함께 이루어질 필요가 있다. Mishra, & Koehler(2006)는 전통적으로 이루어져온 워크숍이나 강의로 이루어지는 교사 대상 테크놀로지 교육 및 연수는 교육 분야에 적합한 테크놀로지 활용에 대한 교사들의 심도 있는 이해를 이끌어내기에 부적절하다고 보면서, 교사의 TPACK 개발을 위한 실제적인 방안에 대한 연구가 이루어져야 함을 강조하였다.

이와 관련하여 Koehler & Mishra(2005)는 교수자들이 온라인 강좌를 설계하고 개발하는 과정을 통해 TPACK이 향상될 수 있다고 하였으며, Mishra & Koehler(2006)는 교사들이 팀을 이루어 교과 관련 영화를 제작하거나 교육용 웹사이트를 재설계하는 과정이 TPACK의 개발에 도움이 될 수 있다고 보고 관련된 사례연구를 수행하였다. 그리고 Guzey & Roehrig(2009)는 테크놀로지를 통합한 탐구형 교수법이 과학교사의 TPACK 향상에 긍정적인 영향을 주었다고 하였다. 본 연구에서는 교육과정을 토대로 테크놀로지 활용 수업을 설계하는 팀 프로젝트를 통해 TPACK이 개발될 수 있음을 보이고자 한다.

2. 수학교육에서의 TPACK

1970년 이후, 지필로만 이루어지던 계산 연습을 도와주는 반복연습형 소프트웨어를 통해 수학교육분야에 디지털 테크놀로지가 도입되었으며, 이후 그래픽 계산기 등을 통해 그래프를 관찰하고 데이터를 다루는 등 테크놀로지를 통해 다양한 수학적 탐구가 가능하게 되었다.

NCTM(2000)은 Technology Principle을 제시하면서 테크놀로지는 수학 교수-학습에서 핵심적인 역할을 하며, 수학을 가르치고, 학생들의 학습을 촉진시키는 데 영향을 준다고 하였다. 2007년 NCTM은 수학수업을 개선하고 학생들의 학습을 증진시키기 위한 연구를 통해, 교사들이 협력적인 문제해결을 증진시키고, 테크놀로지를 의미 있게 통합하고, 지적인 탐구를 이끌어내고, 학생들의 사고에 도움을 주는 긍정적인 학습 환경을 만들고자 한다면 그들 스스로가 이러한 환경에서 학습하는 경험을 가져야만 한다고 하였다(Niess et al, 2009).

그러나, 적은 수의 교사만이 그래픽 계산기, 스프레드시트, 로고, 동적 기하프로그램을 다룰 수 있으며, 이를 다룰 수 있다고 해도 어떻게 수학수업에 적용할 것인지에 대한 지식이 부족한 것으로 나타났다. 실제 특정한 수학주제를 가르치는 과정에 테크놀로지를 도입하는 수업을 하기 위해서 교사는 동일한 주제를 지필환경에서의 가르칠 때의 학생들의 이해, 사고와 학습에 대한 지식과 교육과정에 대한 이해를 토대로 어떤 테크놀로지를 사용하는 것이 적합한지 판단할 수 있어야 한다(Kastberg & Leatham, 2005).

ISTE(International Society for Technology and Education)은 학생들이 테크놀로지를 많이 접하고, 테크놀로지가 통합된 수업을 경험하도록 하기 위해서는 교사들이 테크놀로지에 대한 기술과 지식을 가져야 한다고 보면서, 학교 수업에서 테크놀로지를 효과적으로 사용하기 위한 교사와 학생 대상 규준(standard)을 구분하여 발표하였다. 이 중에서 교사를 위한 규준(National Education Technology Standards for Students: NETS-T)은 2002년에 발표되어 2008년에 개정되었다(ISTE, 2000; 2002, 2008).

이와 관련하여 2006년 AMTE(Association for Mathematics Teacher Educators)의 테크놀로지 위원회에서는 예비 수학교사 양성 프로그램에서 모든 수학교사들이 테크놀로지를 통합한 수학 교수-학습의 맥락 하에서 지식을 습득하는 경험을 가질 필요가 있음을 역설하고, 이후 2007년에는 NETS-T를 수학교육에 적용하여 수학 교수 학습을 개선하는 데 도움이 되는 교사를 위한 규준을 제시하였다(AMTE, 2006; Niess et al, 2009).

이 규준은 Grossman(1989)의 PCK의 네 가지 핵심요소를 토대로 Niess(2005)가 제시한 TPACK에 대한 다음의 견해를 바탕으로 하고 있다. 첫째, 수학교사는 테크놀로지를 사용하여 수학을 가르치는 것에 대한 전체적인 개념을 가지고 있어야 한다. 둘째, 수학교사는 테크놀로지를 활용하여 주제를 탐구하는 과정에서 나타나는 학생들의 이해, 사고, 학습에 대한 지식을 가지고 있어야 한다. 셋째, 수학교사는 수학 교수-학습 과정에서의 테크놀로지를 통합하는 교육과정과 교수학적 자료들에 대한 지식을 가지고 있어야 한다. 넷째, 수학교사는 테크놀로지를 이용하는 수학 교수-학습 과정을 위한 교수학적 전략과 표현에 대한 지식을 가지고 있어야 한다.

위의 요소를 반영하여 제시된 수학교사가 갖추어야 할 TPACK 규준의 구체적인 항목은 다음과 같다. 첫째, 수학교사는 디지털 시대의 학습 환경과 경험을 설계하고 개발해야 한다. 교사는 실제 맥락에서 수학 학습을 극대화하기 위하기 위하여 적합한 디지털 시대의 도구 및 자료를 통합한 실제적 학습 환경과 경험을 설계하고 개발해야 한다. 둘째, 수학교사는 수학에서의 학생들의 학습과 창의성을 극대화하기에 적합한 테크놀로지를 적용하기 위해 방법과 전략을 포함한 교육과정을 계획하고 실행해야 한다. 셋째, 수학교사는 효과적인 측정과 평가 전략의 다양성을 촉진하기 위하여 테크놀로지를 적용할 수 있어야 한다. 넷째, 교사는 그들의 제작물과 전문적인 수업을 증진시키기 위하여 테크놀로지를 사용할 수 있어야 한다(Niess et al, 2009).

TPACK에 대한 규준이 수학교사가 갖추어야 할 지식과 신념을 점검하는 틀이 된다면, 이 틀에 비추어 TPACK을 어떻게 개발할 것인지에 대한 논의가 이루어질 필요가 있다. 이와 관련하여 Rogers(1995)는 어떤 사람이 혁신적인 변화를 접하면서, 이에 적응 또는 부적응하는 과정을 다섯 단계로 설명한 혁신-결정 모델(innovation-decision model)을 제시하였는데, Niess, Sadri, Lee(2007)는 이 모델을 재구성하여 수학교사를 위한 TPACK 개발 모델을 제안하였다. 그들은 4년 동안 많은 수학교사들에 스프레드시트를 학습하는 과정과 이를 어떻게 자신의 수업에 통합하는 지에 대한 관찰과 분석을 통해 수학 교수-학습 과정(PCK)에서 특정한 테크놀로지(TK)가 통합될 때 다음과 같은 다섯 단계를 따름을 발견하였다(Niess, adri,Lee, 2007).

첫째, 지식에 의한 인식(recognizing)의 단계이다. 교사는 테크놀로지를 사용할 수 있고, 수학 교과 내용에 어떤 테크놀로지의 사용이 적합한지 알지만 아직 교수-학습 과정에 테크놀로지를 통합하지 않는다. 둘째, 수용(accepting)의 단계이다. 교사는 적합한 테크놀로지를 이용한 수학 교수-학습에 대해 호의적 또는 비호의적 태도를 형성한다. 셋째, 결정(decision)의 단계이다. 교사는 적합한 테크놀로지를 이용한 수학 교수-학습을 적용할 것인지 또는 거부할 것인지를 선택하도록 이끌어주는 활동에 참여한다. 넷째, 탐색(exploration)의 단계이다. 교사는 적합한 테크놀로지를 활용한 수학 교수·학습을 능동적으로 이끌어간다. 다섯째, 발전(advancing)의 단계이다. 이는 테크놀로지 활용 수업을 통합한 결정의 결과를 평가하는 단계이다. 이상의 TPACK이 개발되는 다섯 단계를 통해 도식화하면 [그림 II-2]와 같다.

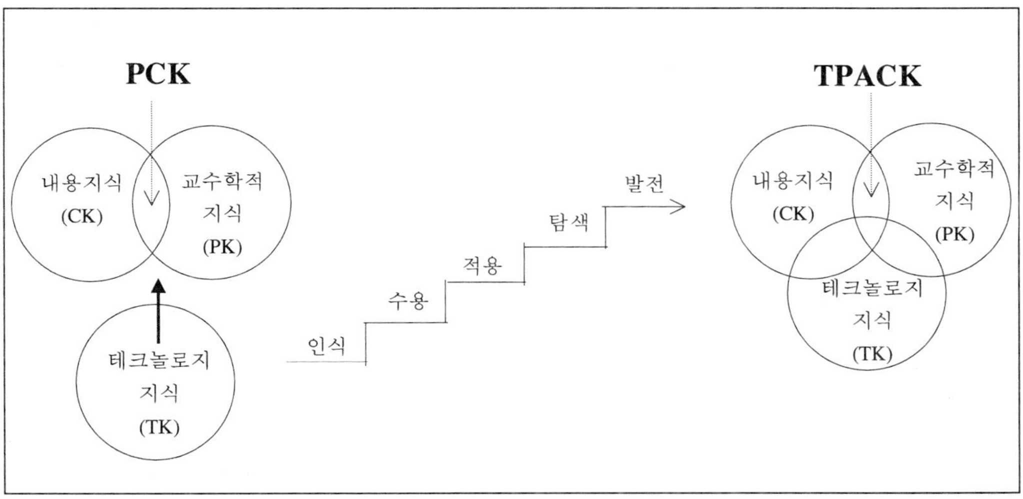

[그림Ⅱ-2] 수학교사를 위한 TPACK 개발 모델(Niess, Sadri & Lee, 2007)

따라서, TPACK의 개발 모델의 다섯 번째 단계에 이를 때 비로소 TPACK을 갖게 되므로, 교사가 테크놀로지에 대한 지식을 토대로 자신의 수업에 테크놀로지를 도입하도록 하기 위해서는 교사에게 동기와 지식을 부여하는 교사 교육 및 연수가 이루어질 필요가 있을 것이다.

본 연구에서는 예비 교사들이 테크놀로지에 대한 인식 단계를 넘어서 TPACK에 도달할 수 있도록 하는 방법의 하나로 팀 프로젝트를 제안하고자 한다. 이때, 팀 프로젝트는 NETS-T에 제시된 네 가지 규준을 포괄하면서 예비교사의 내용 지식, 교수학적 지식, 테크놀로지 지식을 통합할 수 있는 주제로 설계하도록 한다.

Ⅲ. 연구 설계

1. 연구목적과 연구문제

본 연구는 팀 프로젝트를 중심으로 하는 테크놀로지 강의가 예비 수학교사들의 TPACK 신장에 어떤 영향을 주는 지에 대하여 탐색하기 위함을 목적으로 한다. 연구목적에 따른 연구문제는 다음과 같다.

연구문제 1 : 팀 프로젝트를 중심으로 하는 테크놀로지 강의는 예비 수학교사의 수학교수효능감에 어떤 영향을 주었는가?

연구문제 2 : 팀 프로젝트를 중심으로 하는 테크놀로지 강의는 예비 수학교사의 TPACK에 어떤 영향을 주었는가?

2. 연구대상

연구는 2009년 1학기, 서울시 소재 사범대학 수학교육과에서 연구자가 개설한 '수학교육과 컴퓨터' 강의를 수강 신청한 43명 가운데, 학기 말까지 강의에 참여하고 모든 설문에 응답한 40명의 예비 수학교사들을 대상으로 한다. 40명 중 수학교육 전공자는 38명, 부전공자가 2명이며, 1학년 학생들이 32명으로 수강인원의 대다수를 차지하였다.

강의는 15주 동안 매 주 1회씩 3시간의 실습 수업으로 진행되었다. 예비 수학교사들은 파워포인트, 워드프로세서, 엑셀, 로고, 동적기하프로그램, 그래픽 계산기와 동작감지기의 사용방법을 배웠으며, 4월초부터 팀을 구성하여 중등 수학교육과정과 교과서 및 교사용 지도서를 토대로 테크놀로지 통합을 위한 팀 프로젝트를 준비하였다. 이때, 팀원간의 자료 공유 및 의견 교환, 교수자의 피드백을 원활히 하기 위해 온라인 강의실에 팀 게시판을 개설하였다.

강의 시작 전 예비 수학교사들을 대상으로 테크놀로지 활용 경험, 사용 능력, 자신감, 테크놀로지에 대한 인식에 대한 설문을 실시한 결과, 활용 경험과 관련하여 중고등학교 수학 수업시간에 테크놀로지를 통한 수업을 받은 경험이 있는 예비 수학교사는 전체의 45%(18명), 수업을 받은 경험이 없는 예비 수학교사는 55%(22명)로 나타났다. 이때 수업에 사용된 테크놀로지는 엑셀과 파워포인트가 대다수를 차지하였고, 5명의 예비 수학교사만이 그래핑 테크놀로지 및 그래픽 계산기를 활용한 수업을 받은 적이 있지만 그 횟수는 매우 적었다고 응답했다. 그리고 강의시간에 다루게 될 테크놀로지에 대한 사용 능력에 대해 조사한 결과, 다음 [그림 Ⅲ-1]에서와 같이 예비 수학교사 대부분이 수학교육에서 활용되는 로고, 동적 기하프로그램, 그래픽 계산기에 대한 활용 경험이 거의 없는 것으로 나타났다.

테크놀로지를 통해 수업을 받은 경험과 사용 경험의 부족은 테크놀로지 활용에 대한 자신감

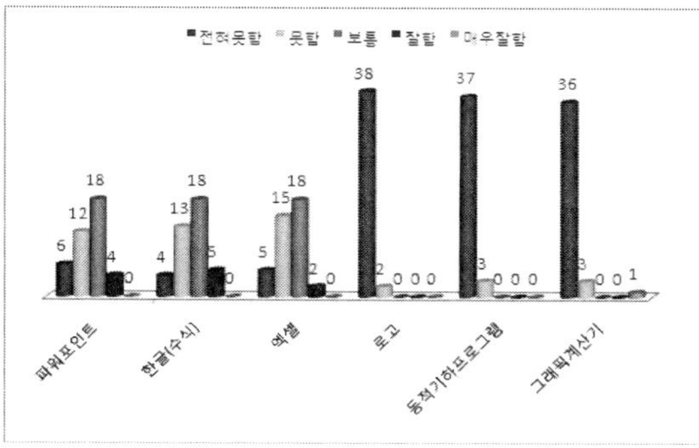

[그림 Ⅲ-1] 테크놀로지 사용 능력 (2009.3.6 조사)

에 반영되어 나타났는데, 대부분의 예비 수학교사들이 테크놀로지에 대해 낮은 자신감을 나타냈다. 그 결과는 다음 [그림 Ⅲ-2]와 같다.

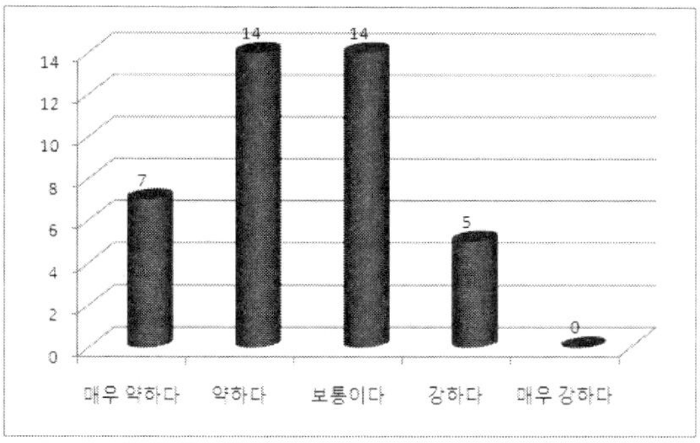

[그림 Ⅲ-2] 테크놀로지에 대한 자신감 (2009.3.6 조사)

한편, 낮은 사용 경험과 자신감에도 불구하고 전체의 98%(39명)가 이후 교사가 되었을 때 수업에서 테크놀로지를 사용할 의향이 있으며 특히 공간기하 부분에서 효과적으로 사용될 수 있을 것 같다고 응답(93%)했다. 이는 예비 수학교사들을 대상으로 한 테크놀로지 강의가 그들이 교사가 되었을 때 학교 수업에서 테크놀로지를 선택하고 활용함에 있어서 충분한 능력을 갖추도록 하고, 실제 학교 수학수업에 적용하는 경험을 갖는 방향으로 제시되어야 함을 보여준다.

3. 연구 절차

본 연구의 절차를 도식화하면 [그림 Ⅲ-3]과 같다.

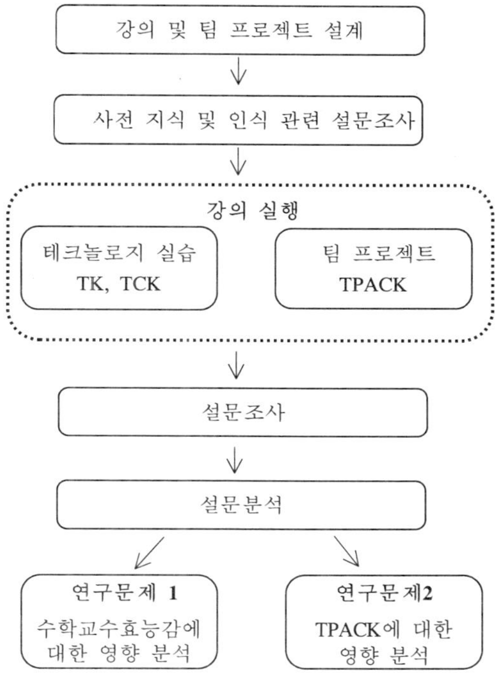

[그림 Ⅲ-3] 본 연구의 연구절차

가. 강의 설계

15주 동안의 강의는 테크놀로지의 기능을 익히는 실습과 이를 중등수학교육과정에 적용하는 팀 프로젝트의 두 부분으로 설계하였다. 실습 시간에는 대수, 해석, 기하, 통계의 각 영역에서 하나 이상의 테크놀로지를 다루어보도록 하였다. 주별 강의 계획은 다음의 <표 Ⅲ-1>과 같다.

강의에서 사용할 교수자료는 각 테크놀로지에 대한 기본적인 기능과 간단한 적용을 중심으로 제작하였다. 예를 들어 동적기하프로그램의 경우에는 프로그램의 설치, 기본 작도메뉴, 프로그램의 매뉴얼에서 제시하고 있는 작도의 예(평면도형의 작도, 좌표평면 나타내기, 변환,

<표 Ⅲ-1> 주별 강의 계획

	강의주제	테크놀로지	팀프로젝트
1주	교과목 소개 파워포인트 실습	파워포인트	과제안내 및 팀 구성
2주	수식의 입력과 편집	워드프로세서	
3주	함수교육	엑셀	
4주	통계교육	엑셀	팀 프로젝트 계획서 제출
5주	기하교육	로고	
6주	대수 및 해석 교육	그래픽계산기	
7주	대수 및 해석 교육	그래픽계산기	팀 면담
8주	실습시험 I		팀 프로젝트 계획서 수정 및 제작
9주	대수 및 해석 교육	그래픽계산기와 동작감지기	
10주	기하교육	동적기하(2D)	
11주	기하교육	동적기하(2D)	
12주	기하교육	동적기하(3D)	
13주	실습시험 II		팀 프로젝트 제출
14주	팀 프로젝트 프레젠테이션 I		
15주	팀 프로젝트 프레젠테이션 II		

매크로 등)를 중심으로 강의 자료를 구성하였다. 강의시간에 배운 프로그램의 기능은 두 번의 실습시험을 통해 평가하였다.

나. 팀 프로젝트 설계

팀 프로젝트는 NETS-T를 반영하여, 예비 수학교사들이 선행 지식 및 전공 수업을 통해 습득한 내용지식(CK) 및 교육과정 및 수업에 대한 교수학적 이해(PK), 테크놀로지에 대한 기술 및 지식(TK)을 종합하고, 테크놀로지를 사용하기에 적합한 단원을 선정하여 이를 실제로 지도하는 수업내용을 설계하도록 주제를 선정하였다.

팀 프로젝트의 주제는 강의 첫 주에 제시하고, 이후 3주까지는 강의 중에 팀 프로젝트에 대한 안내를 하면서, 예비 수학교사들과 팀 프로젝트의 주제와 방법에 대해 의견을 나누었다. 예비 수학교사들에게 제시된 팀 프로젝트의 주제 및 안내사항은 다음 <표 Ⅲ-2>과 같다.

<표 Ⅲ-2> 팀 프로젝트 주제 및 안내사항

수학 수업에서 테크놀로지를 활용했을 때 효과적이고 효율적으로 지도할 수 있는 단원 또는 개념을 선택하고, 이에 대한 학생용 활동지, 교사용 안내서 제작하기
• 중등수학교육과정, 교과서, 교사용 지도서 중심 • 테크놀로지는 강의시간에 배운 것으로 제한 • 계획서, 결과물, 프레젠테이션으로 평가 • 팀 프로젝트는 교수자 평가와 팀별 상호평가를 합산한 점수로 평가함

팀 프로젝트의 팀 구성은 1팀당 3~4명의 인원을 기본으로 하며, 인원수와 결과물에 포함되는 차시수를 동일하게 준비하도록 하여 인원수가 결과물의 질적인 면에 미치는 영향을 최소화하고자 하였다. 이때, 프로젝트를 팀별로 수행하도록 한 이유는, 개별 프로젝트보다는 팀 프로젝트를 수행할 때 하나의 사례가 아닌 한 단원, 보다 큰 주제에 대하여 폭넓게 다룰 수가 있기 때문이다. 또한, 테크놀로지에 대한 논의 과정에서 테크놀로지에 대한 의미를 구성하고, 테크놀로지를 잘 다루는 동료에게 사용 방법을 배움으로써 테크놀로지에 대한 이해를 넓힐 수 있을 것으로 보인다.

팀 프로젝트의 평가는 교수자에 의한 평가와 팀별 상호평가의 두 가지로 설계하였다. 교수자는 팀 프로젝트 계획서, 결과물, 발표의 세 항목을 채점하며, 팀별 상호평가는 프레젠테이션 과정에서 배부되는 자료와 발표를 토대로 자신이 속한 팀을 제외한 다른 팀을 평가하도록 하고, 그 결과를 합산하여 팀 프로젝트 점수를 산출하였다.

팀 프로젝트는 다음의 <표 Ⅲ-3>의 항목을 토대로 제작한 평가표(rubric)를 이용하여 평가하였는데, 구체적인 내용은 다음과 같다. 첫째, 팀 프로젝트 계획서는 4주부터 6주 사이에 작성하여 7주차에 강의시간 외의 면담시간에 교수자에게 전달하고 의논할 수 있도록 하였다. 팀 프로젝트 계획서는 팀원 간 의사소통을 통해 중등수학교육과정에서 제시된 주제 가운데 테크놀로지가 의미 있게 적용될 수 있는 주제를 선택하도록 하였으며, 논의 결과를 토대로 팀 프로젝트 대상 학년, 단원, 교육과정에서 제시된 학습목표, 사용할 테크놀로지, 차시별 주제를 구체화하여 제시하도록 하였다. 이후 다양한 테크놀로지를 배우면서 추가하거나 수정이 가능하도록 하였으며, 평가 요목과 면담의 과정을 통해 나타난 전반적인 면을 종합하여 평가하였다.

둘째, 팀 프로젝트 결과물은 교수학적 지식(PK)과 관련하여 교육과정에 대한 이해를 토대로 주제가 선정되었는지, 가르칠 내용이 수업 시간 내에 적절하게 전달될 수 있도록 배분하여 제시되었는지를 평가하였다. 그리고 내용지식(CK)과 관련하여 가르쳐야할 내용 지식이 충분하게 전달되고 있는 지, 해당 주제에 대한 다양한 자료 조사를 통해 교과서에서 제시된 방법 이외에 개념 전달에 도움이 되는 창의적인 내용이나 방법을 포함하였는지를 평가하였다. 테크놀로지 지식(TK)과 관련하여 주제에 적합한 테크놀로지가 선택되었는지, 테크놀로지 활용을 통해 내용지식이 충분하고 효과적으로 전달될 수 있는 지를 평가하였다. 이밖에도 결과물 구성의 심미성과 분량의 적절성도 평가 항목에 포함하였다.

셋째, 팀 프로젝트에 대한 프레젠테이션은 팀 프로젝트의 개요와 한 차시에 대하여 자세히 설명하도록 하였다. 프레젠테이션은 팀 프로젝트의 결과를 전체 수강생들과 공유하는 과정을 통해 새로운 지식을 갖게 되고, 교수학적인 경험을 하게 된다는 점에서 의미를 찾을 수 있을 것이다.

<표 Ⅲ-3> 팀 프로젝트 평가 항목

- 팀 프로젝트 계획서에 대한 평가
  - 교육과정과 주제의 부합성
  - 테크놀로지의 의미 있는 적용 여부
  - 팀원 간의 논의를 통한 주제결정
- 팀 프로젝트 결과물에 대한 평가
  - [PK] 교육과정에 대한 이해
수업 차시 배분의 적절성
  - [CK] 주제의 창의성
내용의 충실성
  - [TK] 테크놀로지 사용의 적절성
테크놀로지의 효과적인 적용
  - [기타] 결과물 구성의 심미성
분량의 적절성
- 팀 프로젝트 프레젠테이션에 대한 평가
  - 파워포인트 구성 및 내용의 전달성

다. 설문지 작성

본 연구에서는 강의를 수강한 예비 수학교사를 대상으로 수학교수효능감, 테크놀로지 관련 수학교수효능감, 팀 프로젝트가 TPACK에 미치는 영향에 대하여 설문조사를 실시하였다. <팀 프로젝트와 TPACK 설문지>는 연구자가 총 9문항을 제작하여 사용하였다. 설문 결과, 문항내적일관성 신뢰도에 대한 cronbach α가 0.69로 나타났으며, 구체적인 문항은 다음의 <표 Ⅲ-4>와 같다.

<표 Ⅲ-4> 팀 프로젝트와 TPACK 설문지 문항

1. 나는 팀 프로젝트를 통해 수학교육과정에 대해 더 많이 알게 되었다.
2. 나는 팀 프로젝트를 통해 수학교과의 내용(수학적 개념 및 정의 등)에 대해 더 정확히 알게 되었다.
3. 나는 팀 프로젝트를 통해 테크놀로지 사용법을 더 쉽게 알게 되었다.
4. 나는 팀 프로젝트를 통해 테크놀로지 사용법을 더 많이 알게 되었다.
5. 나는 팀 프로젝트를 통해 수학적 개념의 이해를 지도하는 데 어떤 테크놀로지가 더 적합한 지에 대해 알게 되었다.
6. 나는 팀 프로젝트를 통해 테크놀로지를 활용한 수학수업을 어떻게 구성할 것인지에 대해 잘 알게 된 것 같다.
7. 나는 팀 프로젝트를 통해 테크놀로지를 활용하여 수학수업을 듣는 학생들의 이해, 사고, 학습이 어떻게 이루어지는 지에 대해 생각해보게 된 것 같다.
8. 나는 팀 프로젝트를 통해 교육과정, 교과내용, 테크놀로지에 대한 지식을 토대로, 테크놀로지를 활용한 수학수업을 구성하고 실행하는 것에 대하여 더 많이 알게 된 것 같다.
9. 테크놀로지 활용법만 배우는 것보다 팀 프로젝트를 병행하는 것이 더 좋다고 생각한다.

수학교수효능감에 대한 설문은 량도형(2007)의 <수학교수효능감 도구 MTEBI(Mathematics Teaching Efficacy Beliefs Instrument) 한글판>을 사용하였다. 이는 하위척도로 개인수학교수효능감(Personal Mathematics Teaching Efficacy [PMTE]) 10문항, 수학교수결과기대감(Mathematics Teaching Outcome Expectancy [MTOE])에 대한 6문항의 총 16문항으로 구성되어있다. 문항반응은 5점 척도로 조사하였으며, 설문 분석 결과 cronbach α는 0.78로 나타났다. 테크놀로지 관련 수학교수효능감에 대한 설문은 연구자가 수학교수효능감 설문의 PMTE와 테크놀로지를 관련지어 10문항을 제작하여 사용하였으며, cronbach α는 0.77로 나타났다. 설문지는 <부록 1>에 수록하였다.

Ⅳ. 연구 결과

이 장에서는 팀 프로젝트 결과를 제시하고, 설계된 강의가 예비 수학교사의 수학교수효능감(연구문제1)과 TPACK(연구문제2)에 어떤 영향을 미쳤는지에 대하여 팀 프로젝트 결과물과 설문 분석 결과를 토대로 논하고자 한다.

1. 팀 프로젝트 결과

팀 프로젝트는 한 팀당 3~4명의 인원으로 총 12팀에 의해 수행되었다. 팀 프로젝트 결과물은 팀 프로젝트 계획서, 학생용 활동지와 교사용 안내서, 그리고 이를 발표하기 위한 프레젠테이션 자료의 네 가지로 크게 구분할 수 있다. 12팀의 팀 프로젝트 주제와 차시별 내용, 사용한 테크놀로지는 <부록 2>에 수록하였다. 구체적 사례로는 온라인, 오프라인에서 활발하게 활동한 2조의 결과물을 제시하였다.

가. 팀 프로젝트 계획서

팀 프로젝트 계획서는 수업계획서 초안으로서 팀별 논의를 통해 처음으로 테크놀로지를 사용했을 때 효과적으로 지도할 수 있는 단원을 결정하고, 프로젝트 진행 방향을 구체화했다는 점에서 의미를 갖는다. 수업계획서 초안에는 수업주제, 수업목표, 참고문헌, 참조웹사이트, 평가사항, 수업내용이 포함되도록 작성양식을 제공하였다.

예비 교사들은 팀 프로젝트 주제와 관련된 교육과정 문서를 직접 검색하여 계획서를 작성하였는데, 이는 팀 프로젝트가 예비 교사가 교육과정과 관련된 교수학적 지식을 갖는 데 도움이 될 수 있음을 보여준다. 다음의 [그림 IV-1]의 (a)는 2조의 팀 프로젝트 계획서이다.

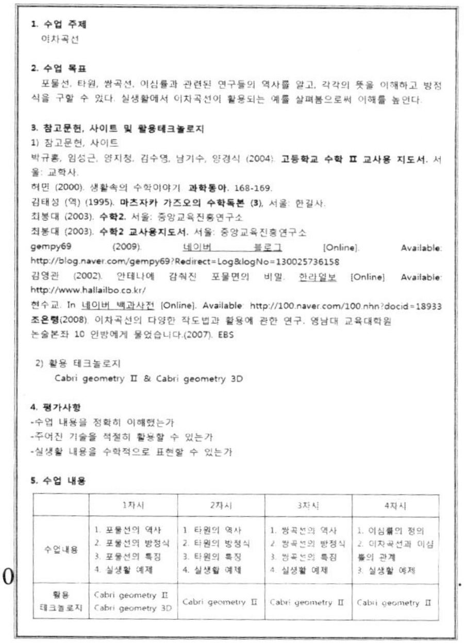

[a] 팀 프로젝트 계획서

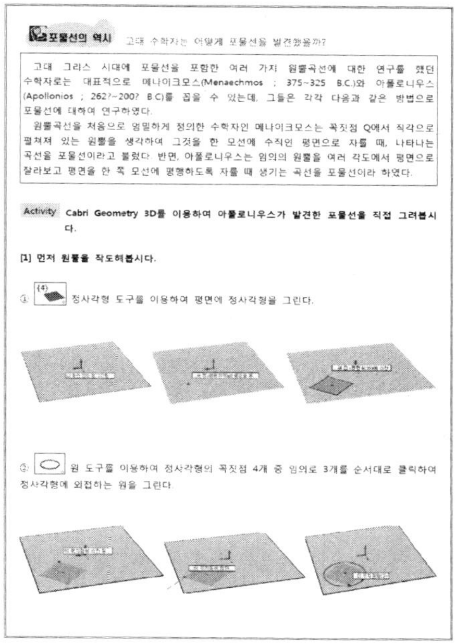

[b] 학생용 활동지

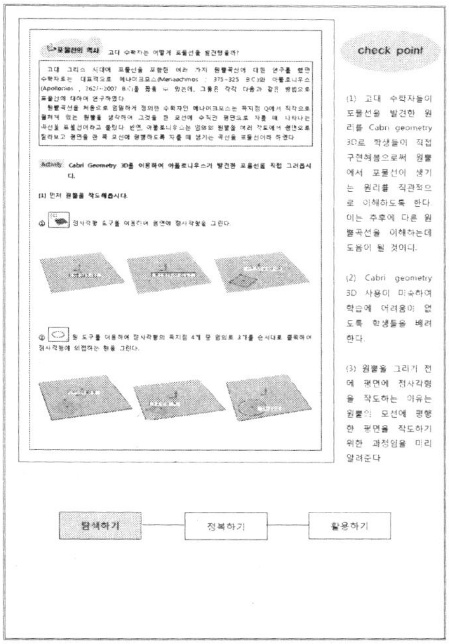

[c] 교사용 안내서

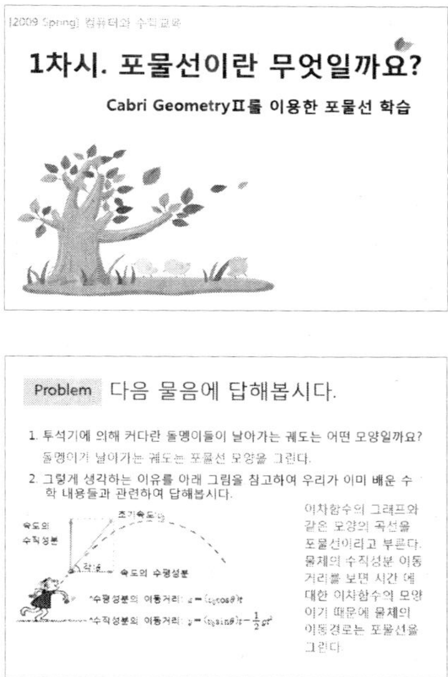

[d] 발표자료

[그림 Ⅳ-1] 팀 프로젝트 결과물

나. 학생용 활동지와 교사용 안내서

학생용 활동지는 수업시간에 학생들에게 배부되는 학습 자료이며, 교사용 안내서는 학생용 활동지를 활용한 수업을 돕는 수업계획, 학생용 활동지의 답, 테크놀로지 활용순서를 포함하는 교수 자료이다.

2조는 수업계획에 따라 이차곡선에 대한 1~3차시를 포물선, 타원, 쌍곡선 각각에 대한 수학사 탐구, 3D 동적기하프로그램을 활용하여 원뿔 곡선에서의 절단면의 둘레임을 확인하는 활동, 2D 동적기하프로그램에서 정의에 근거하여 작도하는 활동, 실생활 문제와 관련하여 탐구하는 활동으로 구성하였다. 특히 4차시는 교육과정에서 심화 과정으로 제시하고 있는 이심률을 이차곡선의 작도와 측정을 통해 탐구할 수 있도록 설계하였다. [그림 IV-1]의 (b)와(c)는 2조의 학생용 활동지와 교사용 안내서이다.

한편, 강의 시간에는 동적기하프로그램의 기본 메뉴를 사용하여 이차곡선을 작도하는 방법 즉, 다섯 개의 점을 작도하여 이를 지나는 곡선으로 이차곡선을 작도하는 방법을 제시하였다. 그러나, 이 방법은 $y^2=4x$와 같이 식이 주어지는 이차곡선을 작도하기에는 적합하지 않았기 때문에, 2조는 팀원간 논의와 탐구 과정을 거쳐 이차곡선을 작도하는 절차를 발견하였다. 이는 팀 프로젝트를 통해 예비교사의 내용지식(이차곡선의 정의와 성질)과 테크놀로지 지식(동적기하프로그램), 그리고 교수학적 지식(교육과정에 대한 지식, 학생들의 이해에 대한 지식)이 통합될 수 있음을 보여준다. 더불어, 팀 프로젝트를 통해 테크놀로지 자체에 대한 지식이 발전될 수 있음을 보여준다.

다. 프레젠테이션

프레젠테이션은 그동안의 연구물을 발표하고 평가한다는 점에서도 의미가 있지만, 다른 팀의 발표를 통해 테크놀로지의 다양한 교육과정 활용 사례를 접할 수 있다는 점에서 더 큰 의미를 갖는다. 프레젠테이션은 전체 수강생들의 TPACK을 보다 풍부하게 만들어줄 수 있을 것으로 보인다.

2. 연구문제 1 : 수학교수효능감

가. 수학교수효능감

강의를 수강한 예비 수학교사들의 수학교수효능감에 대한 정도를 분석한 결과는 다음 <표 Ⅳ-1>과 같다. 설문은 강의 마지막 주 프레젠테이션을 끝낸 뒤에 실시하였다.

<표 Ⅳ-1> 수학교수효능감 통계결과 (N=40)

구분	문항수	MEAN	SD
PMTE	10	3.71	0.79
MTOE	6	3.97	0.72
전체	16	3.80	0.77

위에서 나타난 바와 같이, 예비 수학교사들의 수학교수효능감은 5점 총점 중에 평균 3.80(표준편차 0.77)로 자신들의 교수능력에 대한 인식정도가 대체로 긍정적인 것으로 나타났다. 두 개의 하위요인을 분석해보면, 개인수학교수효능감은 평균 3.71(표준편차 0.79), 수학교수결과기대감은 평균 3.98(표준편차 0.72)로서 수학교수결과기대감이 조금 더 높게 나타났다. 분석 결과, 예비 수학교사들이 자신이 수학수업을 위해 필요한 여러 가지 교사의 능력에 대해 대체로 자신감을 가지고 있으며, 교사의 능력과 노력에 의해 보다 좋은 수학수업을 하게 되고 교육적 효과를 가져 올 수 있다는 데 대체로 동의하고 있음을 알 수 있다.

나. 테크놀로지 관련 수학교수효능감

테크놀로지 관련 수학교수효능감은 교사가 테크놀로지 활용 수업을 효과적으로 설계하고 수행할 수 있을 것이라는 자신감과 관련된다. 다음의 <표 Ⅳ-2>는 테크놀로지 관련 수학교수효능감에 대한 문항 반응 결과이다.

표에서 나타난 바와 같이 많은 예비 수학교사들이 설계된 강의를 통해 테크놀로지를 활용하고, 이를 적용한 수업을 할 수 있는 능력을 갖게 되었다고 응답하였으며, 특히 이러한 능력을 토대로 다른 수학교사보다 더 좋은 수업을 할 수 있을 것이라는 매우 긍정적인 수학교수효능감을 드러냈다.

<표 Ⅳ-2> 테크놀로지 관련 수학교수효능감 (N=40)

문항번호	MEAN	SD
1	4.32	0.69
2	4.23	0.70
3	4.18	0.71
4	4.23	0.58
5	3.98	0.73
6	3.88	0.72
7	4.28	0.72
8	4.50	0.55
9	4.20	0.69
10	3.93	0.62

팀 프로젝트를 통해 테크놀로지 관련 수학교수효능감이 높아질 수 있음은 두 명의 예비교사가 팀 게시판에서 나눈 대화를 통해서도 확인할 수 있다([그림 IV-2]). 게시글의 작성자인 예비교사 A는 동적기하프로그램으로 이차곡선을 작도하기에 가장 적합하다고 여겨지는 방법을 팀원들에게 제시하면서 "학생들이 최대한 이해하기 쉬운 작도 방법을 고안하는 게 중요할 듯해요."라고 말하였다. 이에 예비교사 B는 예비교사 A가 제시한 작도 방법과 관련하여 구체적인 작도 방법을 제안하였다. 즉, 예비교사들은 팀 프로젝트 과정을 통해 테크놀로지를 활용하여 학생들에게 수학을 가르치는 더 좋은 방법, 설명하기에 더 쉬운 방법을 찾고자 하였는데, 이는 예비교사들의 테크놀로지 관련 수학교수효능감과 직접적으로 관련된다.

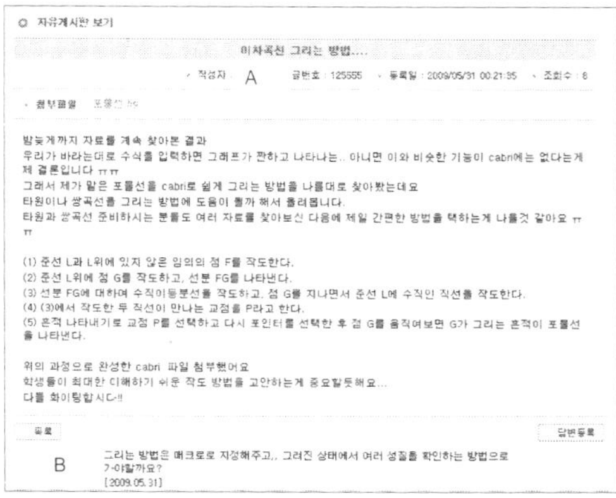

[그림 Ⅳ-2] 팀 게시판에서의 논의장면 (1)

다음 [그림 IV-3]은 타원에 대한 학생용 활동지 작성을 위해 의견을 교환하는 장면이다. 한 예비교사는 3D 동적기하프로그램에서 원뿔곡선 절단면의 둘레가 타원이 됨을 보이려면

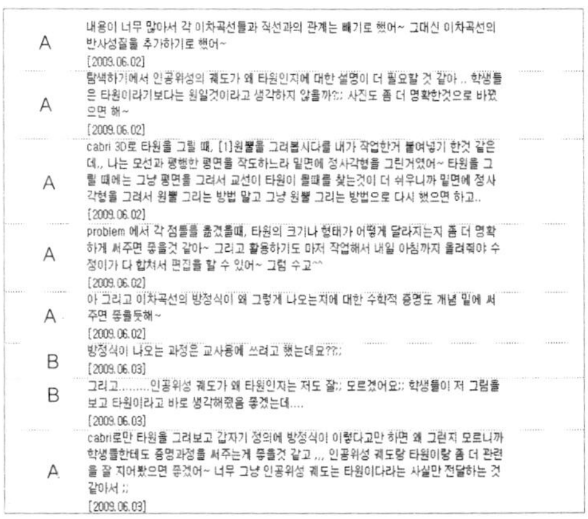

[그림 Ⅳ-3] 팀 게시판에서의 논의장면 (2)

보다 엄밀한 작도가 요구됨을 인식하고, 그 절차를 제시하였다. 또, 타원에 대한 이해를 돕기 위해 인공위성 궤도와 같은 실생활 예제를 도입할 것을 제안하였는데, 이는 예비교사들이 팀 프로젝트를 통해 테크놀로지를 사용하여 수학을 잘 가르칠 수 있는 방법을 논의하고 이를 발전시켜 감을 보여준다. 즉, 팀 프로젝트는 예비교사의 수학교수효능감을 높이는 데 긍정적인 역할을 함을 알 수 있다.

3. 연구문제 2 : 팀 프로젝트와 TPACK

앞선 연구문제 1의 분석 결과, 예비 수학교사들은 대체로 긍정적인 수학교수효능감을 가지고 있으며, 특히 이번 강의를 통해 테크놀로지 관련 수학교수효능감이 매우 긍정적으로 변화된 것으로 나타났다. 연구문제 2에서는 팀 프로젝트가 예비 수학교사의 TPACK에 어떤 영향을 주었는지에 대한 설문을 실시하였는데, 설문의 9번 문항인 '테크놀로지 활용법만 배우는 것보다 팀 프로젝트를 병행하는 것이 더 좋다고 생각한다'의 응답 결과가 평균 4.28로 매우 높게 나타난 것은 팀 프로젝트가 테크놀로지에 대한 지식과 기술을 배우고, 좋은 수업을 할 수 있을 것이라는 자신감을 갖는 데 긍정적인 영향을 주었음을 나타낸다. 다음의 <표 Ⅳ-3>은 팀 프로젝트가 TPACK에 미치는 영향에 대하여 분석한 결과이다.

<표 Ⅳ-3> 팀 프로젝트와 TPACK 설문 결과 (N=40)

구분	문항번호	MEAN	SD
PK	1	3.90	0.63
CK	2	4.13	0.56
TK	3, 4	4.44	0.67
TPK	6, 7	4.10	0.62
TCK	5	4.33	0.57
TPACK (PCK포함)	8	4.28	0.85
전체		4.22	0.66

위의 표에서와 같이 세부 평균이 5점 척도에서 대체로 4점 이상으로 나타났고, 전체 평균이 4.22로 높게 나타난 것은, 팀 프로젝트가 수학교육과정, 수학교과의 내용, 테크놀로지에 대한 지식과 기술, 테크놀로지를 활용한 수업의 설계의 전반적인 영역에서 긍정적인 영향을 주었음을 나타낸다. 이는 팀 프로젝트가 예비 수학교사의 TPACK 성장에 긍정적인 영향을 역할을 하였음을 나타낸다.

Ⅴ. 결론 및 제언

예비 수학교사를 대상으로 하는 테크놀로지 강의는 테크놀로지의 기능과 단편적인 적용 사례를 전달하는 것보다, 학교 수학 수업에 테크놀로지를 어떻게 적용할 것인지를 계획하고 구상할 수 있도록 설계되는 것이 바람직할 것이다. 특히, 이러한 과정을 통해 예비 수학교사들의 테크놀로지 내용교수지식 즉 TPACK을 가질 수 있게 된다면 더욱 이상적인 강의가 될 수 있을 것이다.

본 연구에서는 예비 수학교사의 테크놀로지 교수에 대한 자신감과 TPACK이 적절하게 설계된 팀 프로젝트를 통해 길러줄 수 있을 것으로 기대하면서, 학교 교육과정과 관련된 테크놀로지 활용 수업을 설계하는 팀 프로젝트를 중심으로 하는 테크놀로지 강의를 실행하였다. 이때, 팀 프로젝트의 효과를 알아보기 위해 기초 예비 설문, 수학교수효능감 설문, 테크놀로지 관련 수학교수효능감 설문, 팀 프로젝트와 TPACK 설문을 실시하고, 결과를 분석하였다.

강의 초 예비 수학교사들은 테크놀로지에 대

해 낮은 자신감을 나타냈지만, 강의가 끝날 무렵 수학교수효능감은 3.80, 테크놀로지 관련 수학교수효능감은 3.88부터 4.50 사이로 높게 나타났다. 또한, 예비 수학교사들은 팀 프로젝트가 TPACK에 긍정적 또는 매우 긍정적인 영향을 주었다고 응답했는데, 이는 팀 프로젝트를 중심으로 하는 테크놀로지 강의가 예비 수학교사들이 앞으로 교사가 되어 테크놀로지를 활용하는 수업을 설계할 때 필요한 지식과 자신감을 갖도록 하는데 효과적인 방법임을 보여준다.

예비 수학교사들은 팀 프로젝트를 위해 특정 수학 개념 또는 단원의 지도에 가장 적합한 테크놀로지가 어떤 것인지에 대해 논의하고, 교육과정에서 제시된 단원 학습목표를 조사하였으며, 강의시간에 다루었던 테크놀로지의 사용 방법을 기반으로 테크놀로지 활용 수업을 설계하였다. 이와 같은 팀 프로젝트 수행 과정은 예비 수학교사들이 수학 수업에서 테크놀로지의 필요성을 인식하고, 수용하고, 적용하며, 탐색하여 발전시키는 TPACK의 개발 과정과 흡사하다. 팀 프로젝트 결과물은 그 자체로서 예비 수학교사들이 TPACK을 갖게 되었음을 보여주는 가장 강력한 증거가 될 수 있을 것으로 보인다.

동일한 재료가 주어진다 하더라도 초심자와 장인이 만들어내는 결과물에는 많은 차이가 나타나게 된다. 이와 마찬가지로 동일한 테크놀로지를 배운다 할지라도 이를 어떤 수학적 개념의 지도에 도입할 것인지, 테크놀로지 활용 수업을 어떻게 설계하고 이끌어가는 지에 대한 지식을 갖춘 교사는 그렇지 않은 교사보다 양질의 수업을 할 수 있을 것임이 분명하다.

교사의 TPACK이 정보화 시대의 교육과정에서 제시하는 교육목표 달성을 위해 필수적인 지식이라 볼 때, 앞으로 예비 교사를 대상으로 하는 테크놀로지 강의는 학교 교육과정과 관련된 수업을 설계하는 팀 프로젝트를 포함하도록 설계되는 것이 바람직할 것으로 보인다. 이와 더불어 우리의 교육 현실에 적합한 TPACK에 대한 규준 수립과 TPACK의 개발을 위한 구체적인 방안에 대한 연구가 보다 활발하게 이루어져야 할 것이다.

참고문헌

교육인적자원부 (2007). 수학과 교육과정. 교육부 고시 제 2007-79호.

량도형 (2007). 수학 교수 효능감 도구 MTEBI 한글판의 신뢰도와 타당도. 한국수학교육학회 시리즈 A <학교수학>, 46(3).

최승현 (2008). 수학과 내용교수지식(PCK)과 수업컨설팅. 중등 수학과 내용교수지식 및 초임교사 수업 컨설팅 연수. 한국교육과정평가원.

AACTE Committee on Technology and Innovation(Eds). (2008). *Handbook of technology pedagogical content knowledge (TPCK) for educators.* Newyork: Routledge.

Association of Mathematics Teacher Educator. (2006). *Preparing teachers to use technology to enhance the learning of mathematics.* http://www.amte.net

Hill, H., Ball, D., & Schilling, S. (2004). Developing measures of teachers' mathematics knowledge for teaching. *Elementary School Journal, 105*(1).

Grossman, P. L. (1989). A study in contrast: Sources of pedagogical content knowledge for secondary English. *Journal of Teacher Education, 40*(5).

Guzey, S. S., & Roehrig, G. H. (2009). Teaching science with technology: Case studies of science teachers' development of technology, pedagogy, and content knowledge. *Contemporary Issues in Technology and Teacher Education, 9*(1).

International Society for Technology in Education. (2000). *National educational technology standards for students: Connecting curriculum and technology.* Eugene, OR: International Society for Technology Education.

International Society for Technology in Education. (2000). *National educational technology standards for teachers: Preparing teacher to use technology.* Eugene, OR: International Society for Technology Education.

International Society for Technology in Education. (2008). *National educational technology standards and performance indicators for teachers.* Eugene, OR: International Society for Technology Education.

Kastburg, S., Leatham, K. (2005). Research on Graphing Calculators at the Secondary Level : Implications for Mathematics Teacher Educaiton. *Contemporary Issues in Technology and Teacher Education, 5*(1).

Koehler, M. J. & Mishra, P. (2005). What happens when teachers design educational technology? The development of Technological Pedagogical Content Knowledge. *Journal of Educational Computing Research. 32*(2).

Mishra, P., & Koehler, M. J. (2006). Technological Pedagogical Content Knowledge: A new framework for teacher knowledge. *Teachers College Record* 108 (6).

Niess, M. L. (2005). Preparing teachers to teach science and mathematics with technology : Developing a technology pedagogical content knowledge. Teaching and Teacher Education, 21.

Niess, M. L., Sadri, P., & Lee, K. (2007). *Dynamic spreadsheets as learning technology tools: Developing teachers' technology pedagogical content knowledge(TPCK).* Paper presented at the meeting of American Educational Research Association Annual Conference, Chicago, IL.

Niess, M. L., Ronau, R. N., Shafer, K. G., Driskell, S. O., Harper S. R., Johnston, C., Browning, C., Ozgun-Koca, S. A., & Kersaint, G. (2009). Mathematics teacher TPACK standards and development model. *Contemporary Issues in Technology and Teacher Education* [Online serial], 9(1).

National Council of Teachers of Mathematics . (2000). *Principles and standards for school mathematics.* Reston, VA: Author.

Shulman, L. S. (1986). Those who understand: Knowledge growth in teaching. *Educational Researcher, 15.*

Stylianides, A. J., & Ball, D. L. (2008). Understanding and describing mathematical knowledge for teaching: Knowledge about proof for engaging students in the activity of proving. *Journal of Mathematics Teacher Education, 11.*

Thompson, A., & Mishra, P. (2007). Breaking News: TPCK becomes TPACK!. *Journal of Computing in Teacher Education.*

Wetzel, K., & Zambo, R. (1996). Innovations in integrating technology into student teaching experiences. *Journal of Research on Computing in Education, 29(2).*

Study on the Effectiveness of Team Project to Improve TPACK of Preservice Mathematics Teachers

Rim Haemee (Institute of Mathematical Sciences, Ewha Womans University)

TPACK (Technological Pedagogical Content Knowledge) adds the technological knowledge to PCK (Shulman 1986), completing the combination of three kinds of knowledge, i.e. teacher's content knowledge (CK), pedagogical knowledge (PK), and technological knowledge (TK). In this study, I seek to design methodological ways to improve TPACK for preservice mathematics teachers by developing and analyzing team project-based classes with technology in a class of the first semester 2009 in a teacher's college in Seoul, South Korea. The goal of the team project is to design classes to teach mathematics with technology by selecting technology tools suitable for specific mathematical concepts or mathematics sections.

In the early stage of the class in the college, the confidence levels among the preservice mathematics teachers were relatively low but increased in the final stage their mathematics teaching efficacy up to from 3.88 to 4.50. Also, the preservice mathematics teachers answered the team project was helpful or very helpful in developing TPACK; this result proves that lectures with technology which based on team project are excellent tools for the teacher to design classes with technology confidently.

Considering the teacher's TPACK is one of the abilities to achieve the goals required in the information technology era, the preservice mathematics teachers are asked to plan and develop the lectures with technology, rather than just taught to know how to use technology tools or adapt to specific cases. Finally, we see that national-wide discussion and research are necessary to prepare customized standards and implementable plans for TPACK in South Korea.

* key words : Technological Pedagogical Content Knowledge(테크놀로지 내용교수지식) Pedagogical Content Knowledge(내용교수지식), team project (팀 프로젝트), mathematics teaching efficacy(수학교수효능감)

논문 접수 : 2009. 10. 4
논문 수정 : 2009. 11. 10
심사 완료 : 2009. 11. 16

<부록 1> 테크놀로지 관련 수학교수효능감 설문지

	내용	응답				
		매우 동의하지 않음	동의하지 않음	확실하지 않음	동의함	매우 동의함
1	나는 앞으로 테크놀로지를 활용하여 수학을 가르치는 더 좋은 방법을 찾고자 할 것이다.					
2	나는 이후 수학교사가 되었을 때, 다른 수학교사보다 더 좋은 수업을 할 수 있을 것 같다.					
3	나는 이번 강의를 통해 수학 개념을 효과적으로 가르치는 방법을 알게 된 것 같다.					
4	나는 이번 강의를 통해 수학을 효율적으로 가르치는 방법에 대해 알게 된 것 같다.					
5	나는 이번 강의를 통해 수학 문제를 해결하거나 개념에 접근해가는 과정을 알게 된 것 같다.					
6	이번 강의를 통해 내가 가르쳐야할 수학적 개념을 더 잘 이해하게 된 것 같다.					
7	나는 컴퓨터나 계산기 등의 교구를 활용하여 수학의 원리를 지도할 수 있을 것 같다.					
8	나는 이번 강의를 통해 수학을 가르치는 데 필요한 기술을 가지게 된 것 같다.					
9	나는 이번 강의를 통해 학생들이 수학에 흥미를 갖게 하는 방법에 대해 알게 된 것 같다.					
10	나는 학생들의 질문에 더 정확한 답을 제시하고 설명할 수 있을 것 같다.					

05 『수학 교사 교육과 산파법의 교육적 적용』에 관한 해설

김 남 희(전주대학교)*

본 연구는 저자의 두 논문(김남희, 2006, 2009)에 대한 후속 연구로 진행된 것이다. 이 연구는 저자가 평소에 교사 교육에 대해 품고 있던 생각 즉, 교사 교육에서는 이론적 논의 못지않게 교육적 적용과 실천의 문제도 다루어야 한다는 관점이 반영되어 계획되었다. 소크라테스(Socrates)와 메논(Menon)의 사동(使童)과의 유명한 문답식 대화법인 산파법을 연구 주제로 선택한 이유는 산파법이 수학 학습 지도 방법의 전형으로서 오늘날까지 수학교육에 시사하는 바가 적지 않으므로 이의 실행을 교사 교육에서 명시적으로 다루어 보고 싶었기 때문이다. 그 동안 교사 교육의 과정에서 산파법은 교재 중심의 이론적 내용으로만 논의되는 정도로 다루는 경우가 많았다. 실제 수학 학습 지도 과정에서는 산파법을 염두에 둔 교육적 실행에 대한 실습이 다소 소홀했다는 저자의 반성적 성찰이 본 연구의 출발이기도 하다.

일찍이 Fernandez(1994)가 강조하였듯이, 교사들은 산파법에 의한 소크라테스와 메논의 사동과의 대화를 학교 수학의 다양한 학습 주제를 가지고 수업 시나리오로 재현해 볼 필요가 있으며 그 과정에서 소크라테스의 방법이 수학교육에 시사하는 바가 무엇인지를 깊이 생각해 볼 기회를 가져야 한다. 이에 본 연구에서는 교사 전문성 신장을 위한 연수 과정에서 교사들이 직접 학교수학에서 다루는 학습 주제를 선정하고 산파법을 적용하여 이를 지도하는 가상의 수업 과정을 구성하는 실습 활동을 실행하였다. 교사 실습을 고안한 이유는 교사들에게 이론적으로 다룬 학습 내용을 구체적인 지도 장면에 접목시키는 경험을 제공함과 동시에 실습 과정에서 산출된 사례들을 여러 교사들과 함께 공유하면서 교육 방법에 대해 논의할 수 있는 기회를 주기 위함이었다.

교사 연수 과정은 사범대학의 교사 교육 전문가와 현직 교사들이 서로 수평적인 관계를 가지고 상호 협력하는 학습 공동체 모습으로 진행되었다는 것이 특징이다. 교사 교육 전문가(저자)는 예비 교사 교육에서의 지도 사례를 예시하면서 산파법의 의미와 특징, 수학교육적 의의를 드러내고 현직 교사들은 산파법에 대한 이해를 바탕으로 지도 사례 구성 실습을 한다. 연수 과정에서 공유된 예비 교사 교육 사례와 현직 교사들의 사례들을 전문가와 교사가 모두 함께 공유하고, 예비 수학 교사 교육 사례와 현직 교사들의 사례를 기초로 하여 수학 수업에서 산파법 실행을 위한 방법적 아이디어 탐색의 필요성

* nhkim@jj.ac.kr

을 도출하였다. 이러한 필요성을 염두에 두고 저자는 본 연구에서 산파법이 접목된 선행 연구와 실험 수업의 내용을 고찰하였다. 그 결과로 학교 현장의 수학 수업에서 산파법을 의미있게 적용해 볼 수 있는 구체적인 아이디어를 5가지 방법으로 제안해 보았다.

본 연구 과정에서 실시한 교사 연수는 교사들이 수동적으로 이론 강의를 듣는 교육 방식에서 벗어나 실습을 통한 사례 구성, 사례에 대한 논의 과정을 접목하여 실행했다는 것이 큰 특징이다. 실제로 이러한 실행은 교사 교육 전문가와 교사 모두에게 교과 지도의 이해와 개선을 꾀하는 탐색적 연구 과정을 하는데 큰 도움이 되었다. 특히, 현직 수학 교사들은 수학 수업에서 산파법을 적용한 지도 사례를 직접 구성해 보는 실습을 통해 다양한 학생, 학년, 학습 주제에 대해 교사들마다 서로 상이한 여러 가지 접근을 시도해 볼 수 있다는 것을 인식하게 되었다. 나아가 동료 교사들의 다양한 사례들을 통해 수학 수업 구성을 위한 아이디어를 얻는 것이 교사 전문성을 신장시키는데 도움이 되는 것임도 깨닫게 되었다.

NCTM(2011)은 다섯 가지 규준(standards) 즉, 교사의 수학 학습 경험, 수학 내용에 대한 지식, 수학 학습자로서 학생에 대한 지식, 수학 교수법 지식, 장기적인 전문성 향상에 참여를 통해 교사 전문성 신장을 강조하고 있다. 이러한 규준의 의미있는 실행을 위해서는 각 교사들에게 반성적 실천가로서의 태도가 요구된다. 본 연구의 주제인 산파법의 교육적 적용도 장기적인 지도 계획 속에 각 교사들의 반성적 실천이 뒷받침되어야 학교 현장에서 의미있게 구현될 수 있을 것이다. 교육 이론에 대한 이해가 수업에의 효과적인 적용을 보장하기 위해서는 교사의 끊임없는 관심과 연구, 사례를 통한 성찰의 과정도 필요로 한다. 전문성을 신장시키고자 하는 수학 교사들은 가르칠 내용에 대한 교수학적 분석, 역사적 발생 과정 탐색, 문제 해결의 사고 과정에 대한 자신의 경험, 이를 수업에서 극적으로 드러내기 위한 노력, 수업 후 지도 과정에 대한 반성적 성찰, 개선된 방법으로의 실행을 지속적으로 해야 할 것이다.

산파법의 구현을 생각해 볼 때 수업에서의 구체적 사례는 매우 다양할 수 있다. 유사한 학습상황에서도 교사에 따라 서로 다른 접근방법이 드러날 수도 있다. 본 연구에서 제시한 방법들도 산파법의 교육적 적용을 위한 다양한 접근 중 일부를 다룬 것이므로 산파법을 의미있게 적용하는 여러 가지 사례들이 지속적으로 탐구되는 후속 연구가 필요하다. 교사 교육자라면, 교사들에게 산파법을 실행하는 사고실험 활동을 안내하고, 그 활동 내용을 분석하는 연구를 실행해 볼 수 있을 것이다. 학교수학의 학습 내용에 따라 학생들에게서 잘 나타나는 있음직한 반응이 무엇이지, 그에 대한 교사들의 대처방법은 무엇이고, 어떻게 보완하는 것이 바람직한 지를 다룬 연구도 가능하다. 현직 교사들이라면 교사 공동체 연구 과정을 통해 산파법을 수학 수업에서 구사한 사례들을 서로 공유하고 그 사례들을 면밀히 살펴보면서 자신의 수업에 발전적으로 적용해 보는 경험을 쌓는 것이 필요하다. 다른 교사의 사례라면 나의 수업에서 어떤 방향으로 보완을 하면 좋은지 생각해 보는 것도 수학 교사의 훌륭한 연구 과정이 될 수 있을 것이다.

한편 교사들은 산파법의 교육적 적용에서 나아가 수학 교육 이론에서 다루는 또 다른 수학 학습 지도 방법들을 실제 수학 수업에 적용해보는 사례 연구를 활발하게 실행해 보는 것도 좋다. 이러한 사례 연구들이 사범대학의 교사 교육 전문가와 현장 교사들의 협력 연구로 시도된다면 더욱 바람직할 것이다. 이러한 시도들은 궁극적으로 교사의 전문성 신장과 학생들의 올바른 수학 학습 성취에 큰 기여를 하는 밑거름이 될 것이다.

참고문헌

김남희(2006). 예비수학교사의 산파법 적용 수학 수업 실행. **학교수학, 4(2)**, 247-262.

김남희(2009). 수학 교사 교육과 산파법의 교육적 적용. **학교수학, 11(1)**, 39-53.

Fernandez, E.(1994). A kinder, gentler Socrates: Conveying new images of mathematics dialogue. *For the Learning of Mathematics, 14(3)*, 43-47. FLM Publishing Association.

National Council of Teachers of Mathematics(2011). 수학 수업의 현재와 미래 (류희찬, 조완영, 이경화, 나귀수, 김남균, 방정숙 역.). 서울: 경문사. (원저 Mathematics teaching today: Improving practice, improving student learning. 2007 출판)

대한수학교육학회지 <학교수학> 제 11 권 제 1 호
Journal of Korea Society of Educational Studies in Mathematics
School Mathematics Vol.11, No.1, 39-53. Mar. 2009

수학 교사 교육과 산파법의 교육적 적용

김 남 희*

본 연구에서는 중등 수학과 1,2급 자격 연수 과정에 참여한 수학 교사 80명을 대상으로 산파법을 소개하고 산파법을 적용한 지도 사례를 구성해 보는 활동을 실행하였다. 이를 통해 수학 교사들이 산파법을 교육 현장에서 의미있게 적용하기 위해서는 산파법을 적용한 다양한 교육적 사례에서 산파법 실행의 방법적 아이디어를 얻을 필요가 있음을 확인하였다. 이에 본 연구에서는 산파법이 접목되어 있는 실험 수업의 내용을 소개하면서 학교 현장의 수학 수업에서 산파법을 적용하는 방안에 대한 구체적인 아이디어를 제공하고자 하였다. 그 결과 수학 문제 해결 과정과의 접목, 인지적 장애 극복의 과정 지도, 수학적 사고와 태도의 신장을 유도하는 질문, 증명지도에서는 결론 탐색 및 분석 과정 살림, 반성 · 수정 · 개선 과정으로서의 수학 학습을 구성하는 것이 산파법을 의미있게 적용하는 방안의 일부가 될 수 있음을 예시하였다.

Ⅰ. 머리말

본 연구는 현직 수학 교사 재교육의 과정에서 '산파법'을 지도하고 학교 현장의 수학 수업에서 산파법을 바람직하게 적용하는 교육적 방안을 탐색한 것이다.

산파법은 플라톤(Platon)의 대화편 가운데 하나인 메논(Menon)편에 나오는 소크라테스(Socrates)의 대화법으로서 기록에 남아있는 최초의 수학 문제 해결 지도의 예시로 잘 알려져 있다. 이 예시는 교사와 학생 사이의 대화에 의한 수학 학습-지도 방법으로서 현대의 수학교육자들이 주목하고 있는 발견적 학습 방법의 전형이다.

산파법은 기성수학을 연역적 방법에 따라 지도하는 방법에 대한 비판과 더불어 관심을 받고 있으나 교사 교육의 현장에서 산파법에 대한 논의는 주로 이론적 측면에서 그치는 경우가 대부분이다. 산파법을 알고는 있지만 그것을 교육 현장의 실천적 측면에서 구체적인 지도 사례나 지도 장면을 탐색해 보는 노력은 그다지 많지 않았던 것이다. 이론적으로 틀림없는 것이라면 구체적인 예가 거의 필요없다는 의견도 있으며, 수학교육의 연구물 중에도 이런 생각이 엿보이는 것도 있다. 그러나 적어도 교과교육에서 다루는 내용들은 구체적인 지도에 관한 연구로 인해 그 의미가 한층 살아나고 교육적 성과를 높이는 것이어야 할 것이다(片桐重男, 1992b; p.ⅳ). 특히 교과 교육의 실제에서는 구체적인 장면과 지도방법을 가능한 한 풍부하게 찾아보고 동시에 그러한 사례들을 지속적으로 개선해 나가는 과정이 필요하다.

본 연구는 선행 연구인 '예비수학교사의 산파법 적용 수학 수업 실행(2006)' 의 후속 연구

* 전주대학교(nhkim@jj.ac.kr)

로서 현직 수학 교사 재교육의 과정에서 산파법의 이해와 실천적 적용에 중점을 두고 연구를 실행하였다. 중등 수학과 1,2급 자격 연수 과정에 참여한 수학 교사들을 대상으로 산파법을 지도하고 산파법을 적용한 지도 사례를 구성해 보는 활동을 한 후, 이를 통한 교육적 성과와 과제를 정리해 보고자 한다. 나아가 산파법이 의미있게 접목되어 있는 실험 수업의 사례들을 예시하면서 수학 교사들에게 학교 현장의 수학 수업에서 산파법을 교육적으로 적용하는 방안에 대한 구체적인 아이디어를 제공하고자 한다.

Ⅱ. 산파법과 수학 교사 교육

1. 산파법과 학습

소크라테스의 대화법인 산파법은 '의견'의 도출, 논박을 통한 무지의 자각, 탐구 의욕 유발, 지식의 상기를 돕는 교사와 학생간의 대화법이다. 소크라테스는 아동에게 문제를 제시하고 단지 질문만을 하여 아동의 영혼에 이미 내재하고 있는 지식을 스스로 '상기'하도록 도와주는 산파역을 보여줌으로써 오늘날의 교육연구자와 교사들에게 발견적 수학 학습-지도의 방법을 잘 예시하고 있다. 산파법은 학생이 모르는 지식을 '가르치는 것'이 아니라 대화를 통해서 학습자가 소유한 부정확한 '의견'을 논박하여 무지를 자각시킨 다음 소위 망각된 '지식'을 상기해 내도록 도와주는 산파과정으로 설명된다(우정호, 2000: 1-12). 가변적이고 불안정한 의견 도출, 논박을 통한 무지의 자각, 탐구심 유발을 통한 지식의 상기로 요약되는 산파법의 전개과정을 학습의 과정과 연결지어 이해해 보는 것도 홍미롭다. 선행 연구에서 제시된 바 있듯이, 산파법의 전개 과정은 하웰(W. Howell)이 제시한 학습의 과정 즉, 학습 과정에서 학생이 밟아야 할 네 가지 능력의 단계를 암시한다(김남희, 2006; p.91). [그림 Ⅱ-1]은 학교 현장의 수학수업에 산파법을 적용한 수업을 실행하는 것이 곧 학생의 학습이 효과적으로 이루어질 수 있도록 도와주는 과정이 될 수 있음을 암시한다.

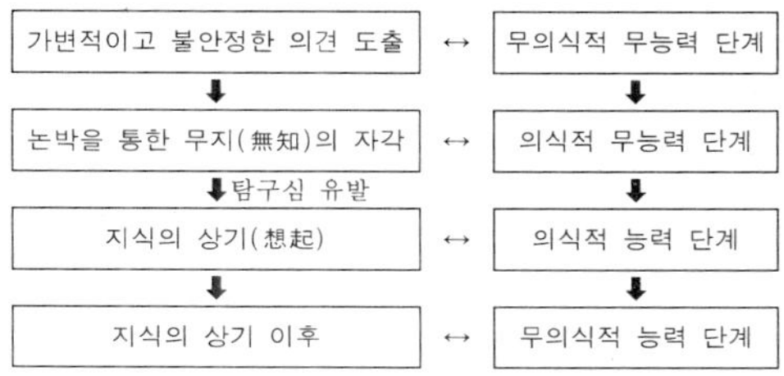

[그림 Ⅱ-1] 산파법과 학습의 과정

산파법은 어떤 지식을 모르고 있는 것처럼 보이는 학생이라 할지라도 그 학생의 내면에는 올바른 지식이 내재하고 있다는 것을 가정한다. 다만, 학생의 내면에 있는 지식은 명료한 상태가 아니라 가변적이고 불안정한 상태로 어렴풋하게 존재하고 있기 때문에 이를 교육적 상황에서 대화를 통해 명료하게 드러내는 것이 가능하다는 것을 보여준다. 결국 산파법에 의하면 학습이라는 것은 이러한 가변적이고 불안정한 상태로 어렴풋하게 존재하고 있는 학생의 지식이 명료한 지식으로 상기될 수 있도록 하는 과정으로서 이러한 과정을 돕는 것이 바로 진정한 교육임을 강조하는 것이다.

2. 산파법과 수학 교사

산파법에 따른 수학 학습-지도의 방법은 대화법이어야 하며, 학생들에게 질문을 던져 학생들 자신의 의견을 개진하도록 한 다음 그것을 논박하여 무지와 곤혹감을 야기시킴으로써 알고자하는 마음을 유발하여 대화를 통해 원리를 발견시키는 방법이어야 한다. 이렇게 되려면 교사는 미리 가르칠 내용과 관련된 철저한 사고를 한 다음 학생에게 차례로 질문을 하고 학생은 교사의 질문에 답해가면서 수업을 해 나가는 정교한 학습-지도 방법을 구사하여야 한다(우정호, 2000; p.12-14).

특히 학생들의 자발적인 사고의 기회가 적은 현재의 수학 교실 수업에서는 학생들이 수업시간에 배우는 지식을 명확한 의미를 파악하지 못한 채 피상적으로 수용하기 쉽다. 따라서 수학 교사는 학습내용을 학생들에게 의미있게 제시하는 것에 초점이 두어 연구해야 하며 교실 수업의 실행에서는 학생들에게 생각해보고 발표할 수 있는 시간을 가능하면 많이 주어야 한다. 수학 교사는 학생들이 생각한 내용을 발표하도록 격려하고 발표된 생각이나 논의할 소재를 가지고 토론하는 과정을 거치면서 학생들이 수학적 지식을 명확히 구성해 나갈 수 있도록 도와주어야 한다. 왜냐하면 이러한 과정을 거쳐서 학습된 수학적 용어, 기호, 개념 등이 학생들에게 의미를 가질 수 있기 때문이다.

이런 형태의 지도를 실행하려면 수학 교사는 수업 전에 미리 '사고실험'의 과정을 거쳐 학생의 사고과정과 수업의 진행과정을 머릿속에서 철저하게 구상해야 한다.

수학 교사가 산파법에 대해 잘 이해하고 있고 이를 수업의 실제에서 잘 구현하기 위해 수업 준비를 위한 연구를 충실히 하고 이를 토대로 의미있는 수학 수업을 실행하고자 노력하는 것은 바람직한 수학교육의 실천을 위해서 매우 중요한 일이 아닐 수 없다.

이에 본 연구에서는 현직 수학 교사들을 대상으로 산파법을 지도하고 산파법의 적용을 실천하도록 안내하기 위해 교사 재교육 과정에서 가상의 지도사례를 구성하는 실습의 과정을 실행하였다. 아래에서는 이러한 과정을 통해 산파법에 대한 교사들의 이해 상태를 점검하고 산파법의 의미있는 교육적 적용을 위해서 수학교육자와 수학 교사가 노력해야 할 점들이 무엇인지를 탐색해 보고자 한다.

3. 교사 교육에서의 산파법 지도 사례

현직 수학 교사들을 대상으로 산파법을 지도한 목적은 다음의 두 가지이다. 하나는 현장 수학 교사들이 산파법을 바르게 이해할 수 있도록 돕는 것이고 다른 하나는 기원 전의 소크라테스의 대화법을 현대의 교육적 상황에 적합하게 적용하는 구체적인 방법을 탐색하는 것이다.

(1) 지도 대상

2008학년 하계 방학 기간을 이용해 실시된 중등 수학과 1,2급 정교사 자격 연수 강좌에 참여한 중등학교 수학 교사 80명을 대상으로 하였다. 대전교육연수원(40명)과 전라북도 교육연수원(40명)에서 각 3시간씩 총 80명의 교사를 대상으로 교육을 실시하였다. 연수에 참여한 수학교사들은 현장 교육 경력이 있는 교사들로서 임용된 이후 학생 지도에 주로 전념한 교사들이다. 그 동안 학생을 가르치는 일에 주로 매진하였다면 이제는 교과교육에 대해 깊이 배우면서 교과의 내용을 보다 의미있게 지도하는 과정에서 관심을 갖고 자신의 지도 방법을 개선하는 연구에 노력을 기울여야 할 교사들이라고 할 수 있다.

(2) 실행 과정

2008년 8월 4일 대전교육연수원 강의와 2008년 8월 7일 전라북도 교육연수원 강의는 모두 교수 강의와 교사 실습의 두 과정으로 실행되었다.

교수 강의를 위해서는 '산파법을 적용한 수학수업'이라는 주제의 강의 자료를 책자로 배포하고, 다음과 같은 소주제의 순서로 강의를 진행하였다.

산파법의 이해
산파법의 전개 과정
산파법과 수학 학습
산파법 적용 수학 수업의 의의
예비수학교사 교육에서의 지도 사례

기본 강의에서는 먼저 소크라테스와 메논의 사동과의 대화 전문을 소개하였다. 이후 산파법 전개의 의미와 특징, 수학교육적 의의에 대해 다루었다. 기본 강의 내용은 수학교육학 전공 교재에서 다루는 산파법에 대한 교육적 논의 내용을 중심으로 하였다. 또한 교사 실습을 염두에 두고 연구자가 2006년 실행하였던 '예비수학교사들의 산파법 적용 수학수업 구성의 사례'를 소개하였다. 소개된 사례는 중학교 3학년에서 다룬 피타고라스 정리에 대한 지도 내용으로서 학생으로 하여금 직각삼각형의 세 변의 길이 사이의 관계를 추측하도록 한 후, 학생의 부정확한 의견을 출발점으로 하여 이를 수정해 나가면서 올바른 지식으로 이끌어가는 지도 과정에 중점을 둔 사례이다. 강의가 끝난 후에는 산파법이 현장의 수학 수업에 주는 시사점이 무엇인지에 대해 짧은 시간의 발표와 토론이 이어졌다. 교사들은 주로 그동안 간과해 왔지만 중요한 것 즉, 학생의 의견 도출과 이를 출발점으로 한 지도과정의 정교한 구성이 학교 현장의 수학 학습에서 의미있게 다루어질 필요가 있다는 의견을 제시하였다.

교사 실습은 교사들이 직접 학교수학에서 다루는 학습주제를 선정하고 산파법을 적용하여 이를 지도하는 가상의 수업 과정을 구성하는 활동으로 진행되었다. 3-4명이 한 조가 되어 서로 토론하며 학습 주제를 찾고, 지도 과정을 구성하도록 하였다. 교사 실습 과정을 고안한 이유는 이론적으로 다룬 학습 내용을 구체적인 지도 장면에 접목시키는 훈련을 제공함과 동시에 여러 교사들에 의해 제안되는 지도 사례들을 서로 공유하는 기회를 갖도록 하기 위함이었다. 교사들은 A4 용지에 별도의 형식없이 자유롭게 가상의 지도과정을 정리하였고 마지막에는 기록한 자료를 수집하여 전체 교사들과 함께 그 사례를 검토하였다.

(3) 결과 분석

교사 실습에서 얻어진 산파법 적용 지도 사례에 대한 기록물 자료는 총 22개조에서 수집되었다. 각 조에서 제시한 학습 주제 및 해당 학년, 지도 과정의 특징을 요약하면 <표 Ⅱ-1>과 같다. 산파법의 적용 과정은 여러 가지 관점에서 분석해 볼 수 있겠지만, 여기서는 산파법 전개의 흐름과 교사가 던지는 질문의 적절성을 중심으로 살펴보았다. 즉, 학생의 의견 도출, 논박을 통한 무지의 자각 단계, 지식의 상기를 위한 안내의 과정이 잘 드러났는가 그리고 이러한 과정 속에서 교사가 학생에게 던지는 질문이 적절한가를 주로 살펴보았다. 그 결과 전반적으로 대부분의 조에서 산파법 흐름이 단계적으로 의미있게 드러나지 않았음을 확인할 수 있었다. 예를 들면 학생의 의견 도출 또는 무지의 자각 단계가 없거나 혹은 있다 하더라도 그 이후 단계로 연결이 없는 경우 등이다. 한편, 교사의 질문도 형식적이거나 단답형의 대답만을 요구하면서 그 다음 전개로의 연결성이 자연스럽지 않은 경우가 대부분이었다. 이러한 현상은 교수 방법을 이론적으로 이해하고 있다는 것이 이를 교육적으로 적절하게 실행할 수 있다는 것을 의미하는 것이 아님을 암시하고 있다. 수집된 사례 중 일부는 산파법의 전개과정을 부분적으로 적용한 사례들도 있다(<표 Ⅱ-1>에 해당 셀에 음영 처리). 그러나 그러한 사례들 대부분도 학생의 의견과 생각을 끄집어내고, 오류(또는 무지)을 느끼게 하는 단계까지는 비교적 잘 접근하고 있으나 그 이후 지식의 상기단계까지 교사의 안내와 질문이 의미있게 전개되는 것에는 다소 미흡하였음이 관찰되었다. 이에 대해서는 교사들이 산파법의 실제적 적용 과정에 아직 숙련되어 있지 않다는 해석도 가능하지만 가르칠 내용에 대한 교수학적 분석, 역사적 발생 과정의 이해에 있어서 교사의 부족함이 지식의 상기 과정을 적절하게 안내하지 못하는 현상으로 드러난 것이라는 해석도 가능하다.

교사들이 제시한 지도 사례들을 산파법의 실제적 적용 측면에서 보다 세부적으로 설명해 분석하여 보면 다음과 같은 특징을 발견할 수 있다.

먼저, 교사들은 대부분 중학교 소재를 가지고 하는 지도과정을 구성하는 경향이 있다. 강의 중 소개된 지도 사례가 중학교 3학년 내용이었기 때문에 연수교사들 역시 중학교 소재에 국한하여 생각했을 가능성도 배제할 수는 없지만 전체 22개 조에서 5개조만이 고등학교 수학을 다루고 있고 특히, 고등학교 수학에서도 1학년의 학습소재에만 초점을 맞추고 있는 현상을 볼 때, 교사들은 수학교육의 교수-학습 방법을 상위학년보다는 하위학년의 내용 지도에 적용하려는 경향이 있음을 볼 수 있다. 한편 교사들은 산파법을 적용하기 위해 여러 학년에

<표 Ⅱ-1> 산파법 적용 사례 분석

조	학습 주제(또는 문제)	학년	지도 사례의 특징
1	일차방정식	중2	뜻만 질문
2	삼각형의 내각의 합	중1	곧바로 증명 제시
3	순환소수와 유리수	중2	단답형 질문만 함
4	가격할인 문장제	중2	계산만 연습
5	유한소수가 되는 조건	중2	형식적 질문
6	n각형의 대각선의 개수	중1	공식유도단계가 돋보임. 무지의 자각단계는 드러나지 않음
7	삼각형의 외각의 크기 합	중1	학생의 생각 표현하도록 함. 무지의 자각 단계 이후 생략
8	순환소수	중2	형식적인 질문
9	0.999…와 1(대소관계)	중2	대수적 처리
10	복소수의 연산	고1	중학교때의 실수의 연산을 바탕으로 학생의 생각 드러냄. 무지의 자각 단계 이후 생략
11	정다면체	중1	학생의 생각을 드러내고 모형을 이용하여 무지를 자각시킴
12	삼각비	고1	불완전한 기록
13	제2 코사인 법칙	고1	중학교때의 피타고라스의 정리를 바탕으로 전개. 지식의 상기 단계에 이르는 과정 생략
14	원뿔의 부피	중2	무지의 자각 잘 드러남. 모형으로 확인
15	평균과 표준편차	고1	의미없는 질문
16	부등식의 성질	중2	부등호의 방향을 다루는 계산만 함
17	경우의 수	중2	학생의 생각을 '실제로 해보기'를 통해 수정해줌
18	산술, 기하, 조화 평균	고1	단순한 문제 3개만 계산
19	무리수	중3	질문만 던지고 이후 안내과정 없음
20	이차방정식	중3	단순한 문제 풀이만 지도
21	등차수열의 합	고1	수열의 합 계산 문제만 지도
22	직육면체의 대각선	중3	폴리아식의 발문이 돋보이나 문제 해결의 마무리 미흡

걸쳐서 연계된 핵심 개념이나 수학교육적으로 의미있는 개념, 수학적인 원리나 방법을 공식으로 구성하는 등과 관련된 학습 소재를 선택하기 보다는 대부분 특정학년에 해당하는 문제 하나를 제시하고 이를 단순히 풀이하는 경우를 다루는 경향이 있다. 아무 학습 주제(내용)에나 산파법을 어색하게 적용하는 모습도 보였다. 또한 교사들은 산파법의 전개 과정의 흐름에 주목하기 보다는 교사와 학생간의 대화에 주로 초점을 두면서 질문을 많이 던지는 것에만 관심을 두는 경향이 있었다, 그러나 대부분의 질문이 전체 맥락 속에서 구조화되어 있지 않으며 학생의 반응에 대한 대응과 그 이후의 안내 과정으로 자연스럽게 연계되고 있지 못하다. 특히 교사들은 증명 문제를 다룰 때에는 어떻게 지도를 해야 할 지 막막해 하는 경우가 대부분이었다. 교사들은 곧바로 증명의 방법과 결과를 제시하는 경향을 보여주고 있었다.

4. 교사 교육 실행 평가

앞에서 분석되었듯이, 본 연구의 수학 교사 교육에서 산파법을 적용한 지도 사례 구성의 결과가 그다지 만족스럽다고 하기는 어렵다. 그렇지만 그동안 이러한 형태의 교사 교육이 교사 연수 과정에서 활발히 실시되지 않았던 점을 고려해 볼 때 한 번의 연수 과정만으로 모든 수학 교사들이 훌륭한 실행능력을 갖추리라고 기대하는 것 또한 지나친 바램이 아닌가 하는 생각도 해 보게 된다. 더불어 현재 우리나라의 교사 교육의 과정에서는 의미있는 이론과 교수-방법을 이론적 측면에서는 많이 지도하고 있지만, 이에 비해서 그것을 실제적 측면에서 교육적으로 적용하고 바르게 실행하는 과정에 대한 지도는 다소 소홀하지 않았나하는 반성도 하게 된다.

그러나 위의 연수 교육은 교사들로 하여금 이론적인 방법의 실제적 적용에 관심을 갖게 하고 앞으로 전문 교사로서 자신이 연구해야 할 내용과 연구 방향에 대해 구체적인 밑그림을 제공해 주었다는 측면에서 나름대로 의의가 있다. 한편 다음과 같은 세 가지 측면에서 변화된 교사의 모습을 발견하는 교육적 성과도 있었음이 평가된다.

첫째, 교사들은 무엇보다도 '사고실험'의 중요성을 깨닫게 되었다. 교사들은 수업 전에 지도할 내용의 전개 과정에 대해 구상하면서 학생이 가질 수 있는 여러 가지 생각(또는 의견)에 대해 관심을 가지게 되었을 뿐 만 아니라 지도 과정 속에서 학생의 생각을 표현하도록 유도하는 단계를 살리는데 주목을 하게 되었다.

둘째, 교사들은 학생의 오류나 잘못된 생각을 바로잡아주기 위해 연역적이고 형식적인 설명을 던지는 대신에 반례 들어 설명하기, 모형에 의해 직관적으로 확인시키시기, 실제로 해보기, 검산 등의 '무지의 자각'단계를 의미있게 실행하기 위한 보조 수단을 적극적으로 찾아보게 되었다. 한편, 단순한 수학문제 풀이 결과 하나를 가지고도 학생의 잘못된 풀이를 바탕으로 여러 가지 지도의 가능성을 생각해 보는데 관심을 가졌다.

셋째. 교사들은 이론적으로 배운 내용을 실제에 접목해보는 형식의 연수 활동에서 배움의 기쁨을 느끼게 되었다. 동료 교사의 사례를 보면서 자신이 미처 생각하지 못한 소재들을 보게 되고, 이를 통해 동료 교사들로부터 배울 수 있는 기회를 갖는 것이 필요함을 인식하였다.

본 연구의 교사 교육 과정에서 얻을 수 있었던 위와 같은 교육적 성과도 의미있지만 교사 연수 실행 결과 분석 후 수학교사와 수학교육자들에게 주어진 과제가 무엇인지를 생각해 보는 것도 의미있을 것이다. 산파법의 교육적 적용과 관련하여 본 연구 결과에서 미흡했던 점을 바탕으로 수학교사와 연구자가 보다 중점을 두고 관심을 가져야 할 부분을 정리해보면 다음과 같다.

첫째, 학교수학의 모든 단원, 모든 개념, 모든 문제를 대상으로 산파법을 항상 적용할 수 있는 것은 아니므로, 산파법이 전개과정이 의미있게 드러나는 학교수학의 지도사례를 탐색해 보는 과정을 지속적으로 해야 한다.

둘째, 교육의 실제 장면에서는 산파법의 유연한 적용도 필요하다. 학습 내용이나 학생의 반응에 따라 무지의 자각 단계가 명시적으로 드러나지 않을 수 있고, 같은 내용이라도 반응하는 학생에 따라 전개 과정이 다를 수도 있기 때문이다.

셋째, 동료 교사의 수업에서 배우는 자세가 필요하다. 그러나 동료 교사의 지도사례에서 아이디어를 얻되 자신의 수업, 자신의 학생, 현재의 교육적 상황에 맞는 적합한 장면을 연출하는 별도의 노력이 필요하다.

넷째, 학생의 생각을 드러내고 '무지의 자각'을 시키는 단계까지는 비교적 잘 구성되나 그 이후의 전개 과정이 미흡한 것에 주목하고 이를 보완하기 위해서 교사 스스로가 가르칠 내용에 대한 수학적 사고 경험을 하는 기회를 많이 갖도록 노력해야 한다. 가르칠 내용에 대한 교수학적 분석, 역사적 발생 과정의 이해를 바탕으로 한 수업 전 '사고실험'을 철저히 해야 한다.

III. 산파법의 교육적 적용 방안 탐색

수학 교사들이 산파법을 바르게 이해하고 이를 수업의 현장에서 의미있게 적용하도록 돕기 위해서는 산파법이 의미있게 구현된 사례들을 찾아 그 방법을 예시하고 이를 토대로 교사들이 자신의 연구에서 발전적인 수업을 구상해 볼 수 있도록 안내하는 것이 필요하다.

현대의 수학교실에서 산파법의 교육적 적용은 선행 연구에서도 언급되었듯이, 소크라테스와 메논의 사동과의 고전적인 의미의 대화양식을 그대로 따라하는 것이라기보다는 교사가 수학수업의 전체적인 흐름을 '의견'의 도출, 논박을 통한 무지의 자각, 지식의 상기를 돕는 산파과정의 전개 틀로 구성하면서 최근의 다양한 교수학습이론과 교수학습방법을 구사하는 수업형태로 구현되는 것이 바람직하다(김남희, 2006; p.92).

따라서 이 절에서는 산파법의 전개 과정이 암묵적으로 다루어지고 있는 실험 수업의 사례를 찾아 소개하면서 수학 교사들에게 산파법을 의미있게 적용하는데 도움이 될 수 있는 구체적인 아이디어를 제공해 주고자 한다. 아래에서는 산파법을 학교수학의 다양한 수준에서 구사할 수 있음을 보이기 위해 가능하면 초등 수학과 중등 수학의 사례를 고르게 예시해 보고자 노력하였다.

1. 수학 문제 해결 과정과의 접목

폴리아(Polya)가 그의 문제 해결 이론에서 제시하는 현대적 발견술은 수학적 사고방법을 교육적으로 기술한 소크라테스식 대화법이다(우정호, 2007; p.83). 문제 해결 지도 사례들을 살펴보면 적지 않은 경우에서 산파법의 전개 과정이 암시되어 있음을 확인할 수 있다.

일본 新潟市立南万代小學校의 교사인 本宮교사가 5학년 학생들을 대상으로 실시한 수업(片桐重男, 1992a; pp.161-169, 김남희, 2000b; p.281에서 재인용)의 예를 보자. 本宮교사는 수학 문제 해결의 4단계를 바탕으로 하면서 다음 그림과 같이 평행사변형의 넓이와 직사각형의 넓이의 비교를 통해 평행사변형의 넓이공식을 발견시키는 지도 과정을 전개하였다.

이 교사가 실시한 수업의 특징은 해결 계획의 수립단계에서 학생들의 생각(의견)을 구하고 이를 표현하도록 하는데 있다. 이는 산파법에서 의견 도출의 과정에 해당된다고 할 수 있다. 해결의 실행 단계에서는 학생의 생각을 바탕으로 도출된 의견을 수정하여 올바른 지식을 구성해 내도록 안내하고 있다. 예를 들어, 직사각형에서와 같이 두 변의 길이를 곱한 학생들에게는 [그림 Ⅱ-2] 에서 평행사변형과 직사각형의 넓이를 비교하도록 하여 자신의 처음 생각이 틀렸음을 깨닫게 한다. 이후 △ABH와 △DCG의 크기를 비교해 보도록 하는 활동을 통해 빗금친 부분의 넓이를 뺀 직사각형의 넓이와 평행사변형의 넓이가 같다는 것을 깨닫고 평행사변형의 구적 공식을 발견하도록 안내한다. 이 교사의 수업을 문제 해결 과정에 따라 산파법의 전개 과정과 연계하여 나타내 보면 [그림 Ⅱ-3]과 같이 요약해 볼 수 있다.

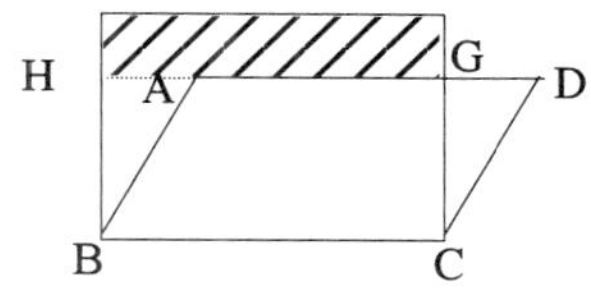

[그림 Ⅱ-2] 넓이 비교

이 교사의 수업을 통해 우리는 수학 문제 해결의 지도 과정에서 산파법을 조화롭게 접목하여 수업을 구상하는 것이 의미 있을 뿐 만 아니라 실제로 그러한 수업이 효과적으로 실행될 수 있음을 보게 된다. 본 연구의 교사 교육 과정에서 현직 수학 교사들은 산파법을 알고 있으면서도 어떤 방법으로 구현해야 할 지 막막해 하는 경우가 많았다. 위 사례는 수학 교사들에게 수학 문제 해결 지도의 과정에서 산파법을 적절히 구사할 수 있다는 아이디어를 제공하고 있다.

문제 이해

↓

해결 계획의 수립

↙ ↓ ↘

두변의 길이를 곱한 학생 모눈을 세어본 학생 마름모로 나눈 학생 ← 불안정한 의견 도출

↓

도출한 의견 검토 ← 무지의 자각

↓

실행

의견 수정을 통한 공식의 발견 ← 지식의 상기

↓

반성

새로운 문제 제기

[그림 Ⅱ-3] 산파법과 연계

2. 인지적 장애 극복의 과정 지도

학생들은 수학적 개념의 이해 과정에서 인지적 장애를 갖게 되는 경우가 많다. 박선화(2000)의 연구에 의하면, 학생들의 개념의 학습 과정은 그와 같은 장애를 극복하는 과정이라고 한다. 장애의 극복을 통해서 학생들은 새롭고 더 높은 수준의 이해에 도달하게 되는데 장애의 극복은 교사의 일방적인 설명만으로는 이루어질 수 없고 학생의 내면에서 일어나는 학생 자신의 인지구조의 변화가 일어나야만 가능하다고 한다. 학생의 기존의 지식은 이미 학생이 확신을 갖고 있는 지식이기 때문에 학생이 자신의 생각에 문제가 있음을 깨닫지 않는 한 학생 내부에서의 개념의 변화 즉, 장애의 극복은 일어나기 어렵다(박선화, 2000; pp.260-261)

인지적 장애의 극복에 관한 선행 연구들은 학생들의 인지적 장애를 극복하기 위한 교수방법으로서 장애의 노출, 갈등의 의식, 갈등 해결을 통한 장애의 극복 이라는 3단계 모델을 제시하고 있다. 이 3단계 모델을 산파법의 전개과정과 비교해 보면 장애의 노출은 학생의 불안정한 의견 표출의 단계와 유사한 맥락으로 이해될 수 있다. 한편 갈등의 의식은 다름 아닌 무지의 자각 단계의 또 다른 형태이며 갈등 해결을 통한 장애의 극복은 결국 산파법에서 말하는 지식의 상기 단계에 해당된다. 이를 요약하여 [그림 Ⅱ-4]과 같은 대응을 생각하면, 결국 산파법에 의한 교사와 학생간의 대화의 흐름은 인지적 장애의 극복 과정의 맥락에서도 구현될 수 있음을 보게 된다.

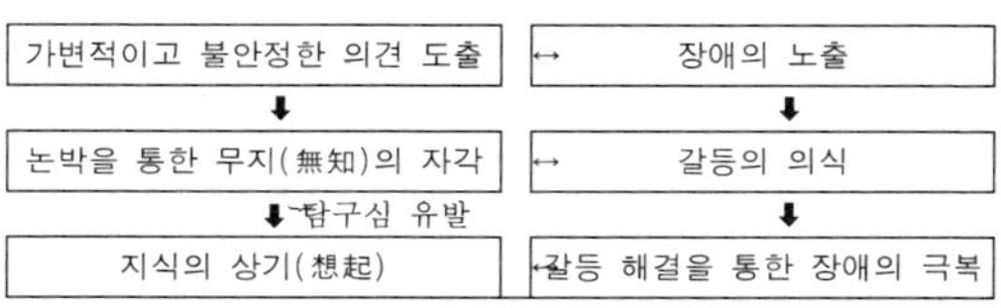

[그림 Ⅱ-4] 산파법과 인지적 장애 극복의 방법

실제로 인지적 장애를 극복하는 구체적 지도 사례를 찾아보면 소크라테스의 대화법 즉, 산파법이 자연스럽게 구사된 예를 확인할 수 있다. 학생의 장애를 노출시키고, 갈등을 의식하도록 한 후, 갈등을 해결하면서 장애를 극복하는 단계를 교사와 학생간의 대화문으로 제시한 다음의 사례가 그 예가 될 수 있다(박선화, 2000; pp.257-260).

① 수열이 극한값에 도달할 수 없다고 생각하는 경우

T : '수열의 극한'이 무슨 뜻이지?
S : 수열이 한없이 가깝게 다가가는 값이요.
T : 그러면, 수열이 극한값에 한없이 가깝게 다가갈 때, 극한값은 그 수열의 어떤 항과 같은 값을 가질 수 있을까, 없을까?
S : 수열은 극한값에 한없이 가깝게 다가갈 뿐이지 도달할 수는 없으니까 같은 값을 가질 수 없을 것 같은데요. [장애의 노출]
T : 예를 들어, 3, 3, 3, 3, ...와 같은 수열에서는 어떨까? 이 수열은 극한값이 있을까, 없을까?
S : 있어요.
T : 얼마지?
S : 3이요.
T : 그러면 이 수열의 경우에는 극한값과 수열의 항의 값이 어때?
S : 같아요.
T : 그러면, 조금 전에 네가 "수열은 극한값에 한없이 가깝게 다가갈 뿐이지 도달하지 않는다"고 말했는데 지금도 그렇게 생각하니?
S : 그런데요, 1, 1/2, 1/3, ⋯, 1/n, ⋯ 와 같은 수열은 극한값 0에 분명히 도달하지 않잖아요? [갈등의 의식]
T : 그러면 아까 네가 말한 것이 이 수열에서는 성립하고 3, 3, 3, 3, ...에서는 성립하지 않는다고 볼 수 있겠네.
S : 네.

T : 그러면 네가 말했던 "수열은 극한값에 한없이 가깝게 다가갈 뿐이지 도달하지 않는다"라는 것이 참일까?
S : 아니요. 어떤 것에서는 성립하고 또 다른 어떤 것에서는 성립하지 않으니까 반드시 참이라고 말할 수는 없어요.
T : 그러면, 수열의 극한이 무엇인지 네 생각을 정리해서 다시 한 번 말해 볼래?
S : 수열의 극한이란 수열이 한없이 가깝게 다가가는 값이며, 반드시 극한값에 도달하지 않는다고는 말할 수 없어요. [갈등 해결을 통한 장애의 극복]

위 사례는 학생과 교사 사이에 소크라테스식의 대화법이 구사되면서 학생들의 반성적 사고를 촉진하고 수열의 극한 개념과 관련된 인지적 장애를 극복해 가는 과정을 잘 예시하고 있다. 이러한 사례를 통해 우리는 산파법의 교육적 적용이 수학적 개념에 대한 인지적 장애의 극복 과정에서도 의미있게 전개될 수 있음을 보게 된다. 특히, 인지적 장애는 이전에 학습한 지식이 상위 학년에서 개념의 확장이나 일반화와 관련되어 발생되기 쉬우므로 특히 고등학교 수학의 지도 과정에서 학생에게서 인지적 장애가 나타났을 때, 교사는 산파법에 의한 지도과정을 계획해 볼 수 있다. 본 연구의 교사 연수 과정에서 현직 수학 교사들은 고등학교 학습 내용을 소재로 한 산파법 적용 사례를 제시하지 않는 경향이 두드러졌었다. 위 사례를 통해 수학 교사들은 고등학교 수학에서 다루는 개념지도의 과정에서 인지적 장애 극복과 관련하여 산파법을 의미있게 적용하는 지도과정을 구상할 수 있다는 아이디어를 얻게 된다.

3. 수학적 사고와 태도의 신장을 유도하는 질문

교사가 산파법의 대화술을 구사하려면 학습내용, 학습 상황을 고려하여 학생의 반응에 대응하거나 문제 해결을 안내하는 적절히 질문을 제시하여야 한다. 수학교사는 질문을 통해 학생들이 당면한 문제를 해결할 수 있도록 도와주어야 할 것이다. 그러나 나아가 보다 의미있는 수학교육을 위해서는 적절한 질문을 통해 궁극적으로 학생들의 수학적 사고와 태도가 신장될 수 있도록 노력해야 한다.

폴리아가 수학 문제 해결의 각 단계에서 유용한 것으로 제시하는 발문들도 다름아닌 수학적인 사고 방법을 기르도록 도와주는 질문들이라고 할 수 있다. 앞에서 산파법을 수학 문제 해결의 지도와 접목하여 전개해 볼 수 있음을 말하였는데, 이때 교사의 질문이 어떠해야 하는가를 생각해 보는 것은 산파법을 교육적으로 적용하는 방법을 탐구하는데 매우 중요한 과정이라 할 수 있다.

수학 교사는 문제 해결의 각 단계에서 던져야 할 질문들을 학생의 수학적 사고와 태도의 신장을 이끌 수 있는 것으로 구상해야 한다. 앞서 제시한 本宮교사의 수업도 수학적인 사고와 태도에 중점을 둔 수업에서 전개된 사례로 소개된 것이며 국내연구에서 실시한 실험 수업에서도 그와 유사한 사례들을 찾아볼 수 있다(片桐重男, 1992a; 김남희, 2000a)라고 할 수 있다. 두 사례는 모두 학생들이 수학적인 사고와 태도를 바탕으로 수학의 내용을 학습할 수 있도록 지도한 사례로서 학생들의 수학적인 사고와 태도를 유발할 수 있는 적절한 발문을 구상하여 문제 해결 지도에 사용한 것이 특징이다. 예를 들면, 문제 해결의 과정과 관련하여 명확히 하려는 태도, 개괄적인 해결방안을 구상해 보는 태도, 보다 나은 방법을 구하려는 태도, 식에 관한 생각, 발전적인 생각, 식에 관한 생각, 통합적인 생각, 일반화의 생각 등을 유발하는 질문을 제시하는 것이 그것이다.

산파법에 의한 대화술을 의미있게 구사하려면 교사의 발문이 교육적으로 적절해야 한다. 교육적으로 적절한 발문은 당면한 문제의 해결뿐 만 아니라 미래의 문제 해결에도 유용한 것이어야 하므로 산파법을 수학 문제 해결의 과정에서 구현할 때 수학교사들은 특히 학생들의 수학적 사고와 태도의 형성을 목표로 한 발문을 구상하는데 관심을 두어야 할 것이다. 본 연구에서 현직 수학 교사들이 제시한 질문들은 대부분 단답형 응답을 요구하는 질문들이었고 특히 질문이 문제 해결의 전체 맥락 속에서 구조화되어 있지 않으며 학생의 반응에 대한 대응과 그 이후의 안내 과정으로 자연스럽게 연계되고 있지 못하였음을 생각해 볼 때, 산파법의 교육적 적용 방안의 하나로 교사들은 수학적 사고와 태도를 신장하는 발문의 구상에 관심을 둘 필요가 있다.

4. 증명지도: 결론 탐색 및 분석 과정 살림

산파법을 적용한 지도 과정 구성의 실습 활동에서 교사들에게서 나타난 두드러진 현상은 증명 문제를 다룰 때에는 증명과정을 제시해 주는 것 이외에 교육적으로 어떠한 전개가 가능한지에 대해 막막해 하는 경우가 대부분이었다는 것이다. 명제를 주고 이를 증명하는 학습 소재를 선택한 교사들은 곧바로 증명의 결과나 과정을 제시하고 산파법에서 추구하는 안내 형태의 질문을 적절하게 구사하지 못하는 경향을 보였다. 이러한 현상의 개선을 위해서는 증명 지도를 의미있게 전개한 사례 속에서 산파법의 흔적을 찾아보고 증명 지도에서의 산파법 적용 가능성을 탐구해 보는 것이 필요하다.

다음은 중학교 3학년 수학 학습에서 명제의 결론을 주지 않고 학생의 생각으로 먼저 결론을 추측하게 한 다음 분석법에 의한 방법으로 증명을 지도한 사례이다(片桐重男, 1992a; pp.176-187). 위 수업의 특징은 문제를 제시할 때 다음과 같이 명제의 결론에 대해 학생이 생각해 보도록 하는데 있다.

> 교사: 이 문제를 생각해 보세요
> "이등변삼각형 ABC 의 변 BC상의 한 점 P 에서 변 AB, AC 에 수선 PD, PE 를 그으면 PD와 PE 사이에는 어떤 관계가 있는가?"

이후 그림을 그려보면서 문제에 대한 이해를 구하고 특수화를 통해 명제의 결론을 예측해 보도록 안내한다.

T 문제의 뜻을 알겠는가.	T 그림을 그려보아요.《도형화》	T 이 그림에서 P와 D, 그리고 E는 어디에 있는가.

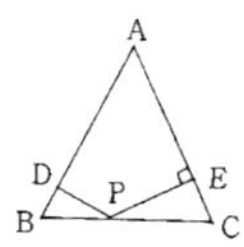

〈그림 1〉

(한동안 생각하게 한다. 풀지 못한다.)

【해결방안 구상】

T 해답을 예측해 보아요.[합리적이고 줄이 맞게 생각한다]	T P의 위치가 특별한 경우를 생각해 보아요.《특수화》	T P가 점 B나 C에 일치하면 어떻게 되는가.

P가 B에 일치하면, PD=0이 되고, PE=h(높이)
P가 C에 일치하면, PE=0이 되고, PD=h가 된다.
(B, C에서 변 AC, AB에 내린 수선 BM, CL의 길이를 h라 한다.)
(이것으로부터 PD+PE=h로 된다고 추측한다.)

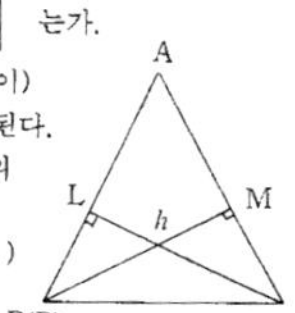

〈그림 2〉

학생의 생각(의견)이 표현되는 단계가 지나면 학생이 추측한 사실이 정말 맞는 것인지 현재로서는 명확하지 않다는 것을 인식하게 하고(무지의 자각 단계) 이를 정당화해야 하는 필요성에 의해 증명을 도입한다. 증명과정에서도 교사는 증명의 방법과 절차를 그대로 재현해 주는 것이 아니라 학생이 이미 알고 있는 사실로부터 합리적인 생각을 통해 결론을 입증할 수 있도록 적절한 질문을 던지고 있다.

【해결의 실행】

T 이 문제는 어떤 문제인가.		T 무엇을 증명하면 되는가.

(P : PD+PE=h로 되는 것을 증명하면 된다.)
(잠시 그 증명을 시켜 보고, 감을 잡지 못할 때)

T 우선 아는 사실은 무엇인가.[합리적이고 줄이 맞게]	T 그림에서 h−PE는 어떻게 나타냈는가. 그리고 그림에서 PD+PE는 어떻게 표시했는가.《도형화》	T PE와 같도록 MG를 BM상에 잡아보아요.(그림 3) 그리고 EP의 연장선 상에 PG=PD를 잡아보아요.(그림 4)

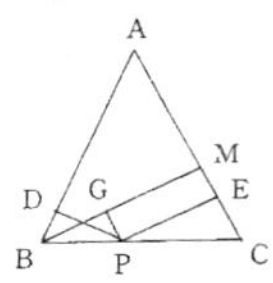

〈그림 3〉

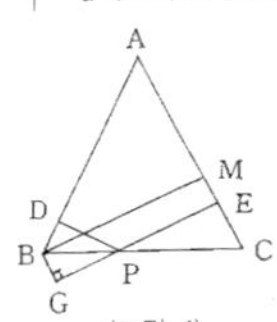

〈그림 4〉

T 이 사실로부터 어떤 것을 알아내면 좋은가.[합리적이고 줄이 맞게]	T 이로부터 무엇을 증명하면 되는가.《연역적》(의미를 바탕으로)	T PD와 BG가 어떤 관계에 있는가를 증명하면 되는가.(그림 3) 그리고 GE와 BM이 어떤 관계에 있는가를 증명하면 되는가.(그림 4)

그리하여 △BPD≡△PBG(그림 3), BG∥AC(그림 4)을 각각 증명하면 된다는 것을 밝히고, 이것을 증명한다(증명과 그의 요약 정리는 생략한다.).

【문제 파악 Ⅱ】
다음 문제를 낸다.
[문제 2] 정삼각형 ABC의 내부의 한 점 P에서, 각 변 AB, BC, CA에 수선 PD, PE, PF를 그을 때, PD, PE, PF 사이에 어떤 관계가 있는가.

증명의 과정에서는 교사의 발문과 함께 분석적 사고의 지도가 적절히 구사되었으며 문제의 이해단계에서부터 해결의 실행 단계까지 학생들에게 수학적인 생각과 태도를 유발하는 발문을 제시한 것도 돋보인다. 위 문제 해결 후에도 이 문제를 통해서 새로운 문제를 만들 수 없을까? 라는 질문을 제시하고 논의를 통해서 문제에 주어진 조건을 일부 변경해서 다음과 같은 새로운 문제로 발전시켰다.

"정삼각형 ABC 의 내부의 한 점 P 에서 각 변 AB, BC, CA 에 수선 PD, PE, PF 를 그으면 PD, PE, PF 사이에 어떤 관계가 있는가?"

산파법의 전개에서는 학생의 자기 의견(생각)의 표출 단계가 학습의 출발점으로 매우 중요하다. 증명 지도에서도 학생의 의견 표출의 단계를 살리는 과정이 필요하고 그 방법의 하나로 명제의 결론을 추측해 보는 활동을 생각해 볼 수 있다.

본 연구의 교사 연수 과정에서 교사들은 증명 문제에서 산파법을 적용하려면 어떻게 해야 할 지 막막해 하였고, 대부분이 명제를 주고 증명의 과정을 곧바로 제시하는 경향이 있었다. 위의 사례를 통해 우리는 증명 지도에서 산파법을 적용하는 구체적인 방법 중의 하나로 결론을 제시하지 않고 결론을 추측해 보게 하는 지도를 실행해 볼 수 있다는 아이디어를 얻을 수 있다. 즉, 증명해야 할 명제의 가정이나 조건만을 주고 이를 바탕으로 어떠한 결론이 성립할지를 추측하게 하는 것이다. 그리고 이후 학생의 추측을 바탕으로 오류를 수정하고, 개선된 생각을 정당화해야 할 필요성에서 증명을 도입한다. 물론 증명의 방법을 찾아가는 과정에서는 앞서 제시한 내용처럼 수학적인 사고·태도의 신장을 도와주는 발문을 구사해야 한다.

5. 반성·수정·개선 과정으로서의 수학 학습

라카토스(Lakatos, 1976)는 그의 책 '추측과 반박: 수학적 발견의 논리'에서 사고실험을 거쳐 실제로 학생들에게 수학을 발견하게 하려는 소크라테스의 대화법에 따른 수학 학습 지도 방법을 예시하고 있다. 그는 현재 가지고 있는 정리에 대한 반례의 출현으로 인해 초기의 정리를 수정, 개선하는 과정이 수학적 발견의 과정임을 강조하였다. 준경험주의로 불리는 라카토스의 수리철학적 관점은 반성·수정·개선 과정으로서의 수학학습을 지지하는데 이에 대한 사례를 살펴보면 산파법의 전개과정이 암묵적으로 스며들어 있음을 보게 된다.

임재훈·박교식(2004)의 연구에서 다룬 '접선' 개념의 지도사례를 살펴보자.

학교수학에서 수학적 개념을 도입할 때에는 다루는 학년과 수준에 따라 그 개념과 관련된 맥락을 선정하게 되는데, 대부분 학교수학의 특성상 그 개념이 도입되는 일반적인 맥락을 제시하기는 어렵고, 제한된 맥락 속에서 개념을 도입하는 경우가 많다(김남희 외, 2006; p.319). 특히 '접선' 개념과 같이 여러 학년에 걸쳐 다루는 개념은 상위학년으로 올라감에 따라 개념을 다루는 맥락이 점점 일반화되면서 개념 정의를 더욱 정교화해야 한다. 접선은 중학교 수학에서 '원(곡선)과 한 점에서 만나는 직선'으로 정의된다. 학생들은 이 정의가 이후 상위 학년에서 접선을 더 넓어진 문맥에서 다룰 때 적절하지 않음을 보게 된다. 예를 들어 곡선과 한 점에서 만나지만 접선이 아니니 경우 등의 반례의 출현으로 학생들은 '곡선과 한 점에서 만나는 직선'이라는 초기의 접선 개념을 '곡선과 스치면서 한 점에서 만나는 직선'으로 수정해 나간다. 그러나 수정된 정의도 보다 일반적인 맥락에서는 적용되지 않아 고등학교 수학에 이르러서는 접선을 '할선의 극한'으로 보다 일반화하여 이해하게 된다. 라카토스의 수리철학은 접선과 같은 수학적 개념에 대한 학습자의 인지적 재구성을 촉진시키는 지도 방법으로 '반례를 통한 기존 지식의 수정'이라는 아이디어를 제시하였다. 반례의 출현으로 기존에 학습한 지식이 옳지 않음을 알게 되는 과정은 산파법에서 말하는 무지의 자각 단계와 그 의미가 연결될 수 있고 반례를 적절히 다루기 위해 기존의 지식을 수정해 나가는 과정은 결국 보다 일반적인 범위의 수학의 학습으로 나아가는 것으로서 산파법에서 말하는 지식의 상기 과정과 연결될 수 있다. 실제로 라카토스도 그의 책에서 수학의 학습 지도 방법으로서 사고실험을 거쳐 학생들에게 수학을 발견하게 하려는 소크라테스의 대화법을 예시하고 있는 것이 바로 그 이유이다.

본 연구의 교사 연수 과정에서 현직 수학 교사들이 제시한 사례에서는 반성·수정·개선을 통한 학습의 과정을 찾아보기는 어려웠다. 이에 각 교사의 연구 활동에서는 하위 학년에서 제한된 맥락에서 다루어진 수학적 개념을 이후 상위 학년에서 보다 일반적인 맥락에서 다시 다루게 될 때에는 이전에 소유한 지식에 대한 반성·수정·개선의 과정을 경험시킴으로써 학생들의 이해를 돕는 방법으로 산파법의 적용을 구체화하는 것에 관심을 두어야 할 것이다.

본 장에서는 선행 연구의 지도 사례를 예시하면서 수학 교사가 산파법을 수업의 맥락에서 의미있게 적용하는데 도움이 될 수 있는 구체적인 지도방법의 아이디어를 제시하고자 하였다. 그 결과 수학 문제 해결 과정과의 접목, 인지적 장애 극복의 과정 지도, 수학적 사고와 태도의 신장을 유도하는 질문, 증명지도에서는 결론 탐색 및 분석 과정 살림, 반성·수정·개선 과정으로서의 수학 학습을 구성하는 것이 산파법을 의미있게 적용하는 방안의 예가 될 수 있음을 설명하였다. 그러나 본 연구에서 제시한 방법들이 산파법의 교육적 적용을 위한 접근 방법의 전부는 아니다. 따라서 교사들은 본 연구에서 제시한 방법 이외에도 교육적으로 의미있는 다양한 방법을 탐구해나가야 한다. 이러한 탐구의 과정이 교사의 수업 연구 활동이 되어야 하며 나아가 제시된 방법들을 구체적으로 실행한 현장 사례들을 많이 개발하여 수학 교사들 사이에서 그 사례가 공유되고 발전되어야 한다.

Ⅳ. 맺음말

본 연구는 현직 수학 교사 교육의 과정에서 '산파법'을 지도하고 산파법의 교육적 적용 방안을 탐색한 것이다. 이를 위해 연구의 과정에서는 현장 수학 교사들이 이론적 수준에서 이해한 산파법을 실제에 적용해 볼 수 있도록 유도하는 실습을 실시하였다. 교사들의 실습 사례들로부터 산파법 적용의 과정에서 발견된 부족한 점들을 파악하고, 산파법을 의미있게 적용할 수 있는 구체적인 지도 방법에 대한 아이디어나 실행 사례가 필요함을 확인하였다.

따라서 본 연구에서는 산파법의 관점이 스며들어 있는 선행 연구의 실험 수업 사례들을 예시하면서 산파법을 실제 수업에 적용해보는데 실질적으로 도움이 될 수 있는 구체적인 아이디어를 제시하고자 하였다. 현대의 교실 수업 환경에서 산파법을 실행하고자 하는 교사는 소크라테스 방법의 기본 교육철학을 염두에 두면서 수학교육의 이론적 측면에서 제시되었던 다양한 교수-학습 방법을 적절히 접목시키는 수업과정을 구성할 필요가 있다. 이러한 맥락에서 본 연구에서는 수학 문제 해결과정과의 접목, 인지적 장애 극복의 과정 지도, 수학적 사고와 태도의 신장을 유도하는 질문, 증명지도에서는 결론 탐색 및 분석 과정 살림, 반성·수정·개선 과정으로서의 수학 학습을 구성하는 것 등이 산파법을 의미있게 적용하는 방안의 하나가 될 수 있음을 예시하였다.

산파법의 구현을 생각해 볼 때 그 구체적인 사례는 매우 다양할 수 있다. 한편, 어떤 학년, 어떤 내용, 어떤 학생을 대상으로 하느냐에 따라 적절한 사례가 구성될 수도 있고 그렇지 못할 수도 있다. 어떤 학년이나 내용에 적합한 장면이 있어도 다른 학년이나 내용에는 있으리라 장담하기도 어렵다. 그렇게 때문에 교사들에게는 가능한 한 많은 구체적인 보기가 필요하다. 구체적인 보기가 주어지면 교사는 그것을 수학교육적인 관점에서 해석해 보는 기회를 갖는 것이 필요하다. 산파법의 전개 과정이 어떤 점 잘 되었고 어떤 점에서 미흡하며 어떤 방향으로 보완을 하면 좋은지 생각해 보는 것도 수학 교사의 훌륭한 연구 과정이 될 수 있다. 한편, 산파법을 실행한 적절한 사례들을 찾으면 그것을 교사들 사이에서 서로 공유하고 다른 교사에 의해 발전시키는 작업을 지속적으로 할 필요가 있다. 특히, 교사 교육의 과정에서 이런 자료가 공유되고 자료를 분석하는 과정이 제공되면 더욱 좋을 것이다. 동료 교사의 수업을 예시로 할 때에는 수학교육의 이론적 측면에서 그 수업의 교육적 의미를 해석할 수 있는 수업 관찰과 분석의 기회를 제공해 주는 것도 필요하다. 이 때 훌륭한 교육적 사례들을 찾고 이를 공유하도록 유도하면 현장의 수학 수업을 담당하고 있는 각 교사들의 수업의 질을 한층 높이는데 큰 기여를 하게 될 것이다.

참고문헌

김남희(2000a). 수학적 사고·태도에 중점을 둔 학교수학수업의 구성 사례. 학교수학, 2(2), 403-426.

김남희(2000b). 탱그램 활용을 통한 수학적인 생각의 구체화. 학교수학, 2(2), 563-587.

김남희(2006). 예비수학교사의 산파법 적용 수학 수업 실행. 학교수학, 4(2), 247-262.

김남희 외 5인(2006). 수학교육과정과 교재연구. 경문사.

박선화(2000). 수열의 극한 개념에 대한 인지적 장애의 극복 방안 연구. 수학교육학연구, 13(3), 309-327.

우정호(2000). 수학 학습-지도 원리와 방법. 서울대학교출판부.

우정호(2007). 학교수학의 교육적 기초(제 2 증보판). 서울대학교출판부.

임재훈·박교식(2004). 학교 수학에서의 접선 개념 교수 방안 연구. 수학교육학연구, 14(2), 171-185.

片桐重男(1992a). 數學的인 생각·態度와 그 指導 Ⅱ, 問題解決過程과 發問分析(이용률 외 3인 역). 경문사. (원작 1988년 출판).

片桐重男(1992b). 數學的인 생각·態度와 그 指導 Ⅱ, 數學的인 생각의 具體化(이용률 외 3인 역). 경문사. (원작 1988년 출판).

Lakatos, I.(1976). *Proofs and refutations: the logic of mathematical discovery*. London: Cambridge University Press.

06 『수학교사의 전문성 신장을 위한 수업 반성에 대한 준거 제안』에 관한 해설

이 금 선(서울경수초등학교)*

본 논문은 수학교사의 전문성 신장을 위한 수단으로서 수업반성의 의미를 고찰하고 교사들이 효율적으로 수업반성을 실행할 수 있도록 반성에 대한 준거를 제안한 것이다. 수학 교사의 반성은 수학 교사의 전문성 신장과 관련하여 절대적으로 중요한 개념으로 주장되고 있으며, 수학교실에서의 반성은 교사들이 지속적으로 자기 자신의 수업을 점검하고 계획하며 수정하는 과정으로 간주될 수 있다(Spanneberg, 2009). 특히 비판적 반성은 빈번히 교사의 판단을 포함한다고 할 수 있다(Jay & Johnson, 2002). 이러한 판단을 통하여 교사들은 자신의 수업에 의문을 제기하게 된다. Wolf(1994)는 성공 및 문제점에 대한 교사의 반성 없이는 교수 및 학습 과정에 관한 교사의 이해 정도를 알기 어렵다고 하였다(Spanneberg, 2009, 재인용). 교사의 전문성 신장은 교실 현장에서의 학습 능력 신장과 밀접하게 관련되어 있다. 이러한 중요성에도 불구하고, 효율적인 수학 교사 반성을 가능하게 하는 준거는 부족한 상황이었다. 본 논문은 관련 연구 상의 공백을 채움으로서, 수학 교실에서의 교수 및 학습 개선에 일조하기 위하여 실시되었다.

선행 연구들은 반성의 효과와 반성의 수준에 집중하였으므로, 어떤 방법으로 교사들이 반성을 하고, 어떤 준거에 의해 수업을 반성해야 하는 지에 대한 연구는 희박하였다. 이에, 본 연구에서는 기존에 연구된 반성적 분석 준거와 평가적 분석 준거들을 토대로 범교과적인 반성 준거와 차별화된 수학 수업 반성을 위한 반성적 분석 준거를 도출하였다. 학교현장에서 이루어지는 수업에 대한 분석은 주로 동료나 장학담당자 등과 같은 타인에 의해 이루어짐으로서 관찰 대상이 되는 교사들의 반감을 초래하였다. 이에 반하여 반성적 분석 준거에 의한 자기 수업 분석은 교사 자신이 수업 전· 중· 후에 자신에게 질문하고 숙고하도록 하는 과정에서 수업에 대한 전문성을 신장시키도록 하는 방법이다. 본 연구에서는 분석지의 보완과 검토를 위해 초, 중, 고 교사들과의 개별면담이 실시되었던 바, 향후 교사연수 프로그램에 초, 중, 고 교사들이 함께 토론에 참여 하여 공통된 준거를 개발할 수 있도록 하는 것도 바람직할 것으로 사료된다. 본 연구에서 개발된 분석 준거는 문헌에만 의존하여 도출된 점을 극복하기 위해 초등학교 교사 1인에게 적용되었다. 교사들의 수업 공개에 대한 거부감 때문에 많은 연구대상자를 실험에 참여시킬 수는 없었지만 1인의 대상자를 심도 있게 연구하는 것으로 연구의 완성도를 높였다. 연

* gold3010@hanmail.net

구대상자의 수업 반성 결과는 반성을 통한 반성수준 변화와 수업 변화 관찰로 이루어졌다. 수업 동영상 분석은 4명의 동료교사들에 의한 수업 관찰지 작성을 토대로, 수업 반성을 하는 교사의 수업이 실제로 어떻게 변화하는지 살펴보고 그 과정에서 관찰된 것을 다시 분석 준거의 개발에 적용하는 것으로 이루어졌다. 이러한 과정에서 연구자는 연구대상자가 초임교사였으므로 경력교사와의 반성에 대한 비교 연구가 필요함을 느꼈고 추후 이에 대한 연구를 진행하여 초임교사와 경력교사의 사고를 비교하는 결과를 제시하였다(이금선, 2011).

본 연구를 진행함에 있어, 분석지를 검토할 교사들은 쉽게 섭외할 수 있었던 것에 비하여, 실제 분석지를 작성하고 수업에 적용할 사례연구 대상 교사를 선정하고 참여를 유도하는 데 있어서는 많은 어려움이 있었다. 추후에는 교사들에게 교사 반성이 본인의 전문성 신장에 기여함으로써 학생들의 수학 학습 결과 개선에 도움을 줄 수 있다는 점을 충분히 인식시켜 일차로 교사의 연구 참여에 대한 거부감을 줄일 수 있도록 해야 할 것이다. 또한, 연구에 참여하는 교사들 각각의 고유한 교수 맥락을 충분히 반영하여 준거를 조정하고 분석지를 작성해야 한다. 이렇게 함으로써, 해당 교사들의 부담을 경감하는 데 도움을 줄 수 있을 것이다. 한편, 연구결과의 적용 확대를 위해서는 학교 급별이나 경력별, 연령별 다각화를 모색하고, 교사 연구회나 교육청의 연수 프로그램 등을 적극 활용해야 한다. 참고로 본 연구자는 수석교사들의 전문성 신장 연수에서 수업 반성의 중요성과 실제 실행/응용 방법들을 강의 한 바, 많은 관심을 유도하였다. 후속 연구자들은 보다 더 폭넓은 경로를 통하여 연구 대상 다각화에 노력하면 좋을 것이다. 아울러, 본 연구자는 연구대상 교사의 반성내용을 연구측면에서만 분석함으로써 본인의 실제 교수맥락에 적용하지 못하였다. 추후연구에서는 교사 연구자일 경우, 연구대상 교사의 반성내용을 선별적으로, 그리고 상황에 적절하게 자신의 교수에 적용한다면 보다 흥미로운 연구 결과가 도출될 수 있을 것이다. 연구의 기간과 관련해서는 종단적 연구 취지에 보다 충실하도록 교사 반성 및 분석 기간이 1년 정도까지 연장되어 교사의 전문성 변화 및 학습 결과의 양적/질적 변화를 조사하는 것이 필요할 것으로 판단된다.

본 논문을 통해 정책적 및 실제적(교실 현장) 함의를 다음과 같이 제시한다. 우선, 교육당국 및 학교장의 교사 반성의 중요성에 대한 인식의 제고가 이루어질 필요가 있다. 즉, 국가적 차원에서는 수학과 국가교육과정 수행에 도움을 줄 수 있는 교사 반성 관련 직전 및 직무 교육의 틀이 수립되어야 하고, 시도 교육청 차원에서는 교사 및 학생/학부모의 지역적 특수성을 고려한 교사 연수 프로그램의 준비에 노력을 기울여야 할 것이다.

각 학교차원에서는 학교장 및 수학과 교사들이 함께 토의를 통하여, 각 학교의 교수-학습적 맥락을 충분히 고려한 교실 현장 차원의 교사반성이 이루어 질 수 있도록 하는 것이 바람직하다. 특히 학생과의 면담 및 설문을 통하여 수업 효과가 극대화 될 수 있는 방향으로 교사 반성이 이루어지도록 하는 것이 효과적일 것이다. 아울러, 최근 교사들에게 정의적 측면에서 효과가 의문시되고 있는 동료장학 대신에 본 논문의 분석준거에 바탕을 둔 교사 반성이 이루어지도록 하는 것도 한 대안이다. 직전 연수와 관련하여서는 교대 및 사대의 교육과정에 교사 반성에 관한 내용이 보다 내실 있게 확충되는 것이 바람직하다고 할 수 있다. 특히, 교사교육의 일환으로 볼 수 있는 교생 실습 기간에 교사 반성에 참여하게 함으로써 학교에서 습득한 이론적 기초에 실제 교수 현장에서의 경험을 결합하게 하는 것이 필요하다. 이러한 것은, 교사교육이 교사들에게 이론 및 실제에 바탕을 둔 지식을 제공해야 한다는 점(Korthagan & Kessels, 1999)을 고려할 때 적절하다고 할 것이다.

참고문헌

이금선, 강옥기(2008). 수학교사의 전문성 신장을 위한 수업 반성에 대한 준거 제안. **학교수학, 10**(2), 199-222.

이금선(2011). 초등학교 수학과 반성적 교수 과정 중 교사의 사고에 대한 사례연구. **학교수학, 13**(3), 385-404

Jay, J. K., & Johnson, K. L. (2002). Capturing complexity: A typology of reflective practice for teacher education. *Teaching and Teacher Education, 18*, 73−85.

Korthagan, F. A. J., & Kessels, J. P. A. M. (1999). Linking theory and practice: Changing the pedagogy of teacher education. *Education Researcher*, 28(4), 4-17.

Spanneberg, R. (2009). The mathematics teaching portfolio: A reflective tool for developing professional growth and improving classroom practices. In B. Clarke, B. Grevholm, & R. Millman (Eds.), *Tasks in primary mathematics teacher education* (pp. 51-70). New York: Springer.

대한수학교육학회지 <학교수학> 제 10 권 제 2 호
Journal of Korea Society of Educational Studies in Mathematics
School Mathematics Vol.10, No.2, 199-222. Jun. 2008

수학교사의 전문성 신장을 위한 수업 반성에 대한 준거 제안

이 금 선[*] · 강 옥 기[**]

본 연구는 수학교사의 전문성 관점에서 최근 활발히 대두 되고 있는 수업 반성의 의미와 방법 등을 살펴보고, 수학과 수업 반성의 효율적 실현을 위한 분석의 준거를 고찰하고 제안해 보고자 시도 되었다. 선행연구 분석 결과, 기존의 자기 평가적 체크리스트의 결과와는 차별화된 세부 항목들을 통합한 총체적이고 체계적인 반성적 분석 준거 개발이 요구되는 것으로 나타났다. 이에 선행연구의 고찰 결과를 토대로 수학과 수업 반성을 위한 분석 절차를 수업 전 · 중 · 후로 분류하고 이에 따르는 세부 영역에 적합한 반성적 질문들을 도출하여 수학과 수업 반성을 위한 준거를 제안하였다.

Ⅰ. 들어가며

가르친다는 것은 교사의 능력에 의해서만 결정되는 활동이 아니라 교사, 학생, 그리고 교실 환경사이에 발생하는 상호작용을 통하여 새로운 결과를 창출하는 복잡한 과정이다. Polya (2005)[1]는 심지어 수학을 가르치는 일이 과학이라기보다는 예술에 해당한다고 주장하였다. 이는 수학을 가르칠 때, 무엇을 가르치는가보다 어떻게 가르치는가 하는 것이 더 중요하며, 가르치는 방법을 배우기 위해서는 강의를 듣거나 문헌을 조사하는 것 못지않게 자신의 경험에 주목하는 것, 학습 과정을 이해하는 것이 중요하다고 주장하였다(우정호 외, 2006, 재인용). 따라서 바람직한 수학 수업 방법을 정의하고 전개하기란 쉬운 일이 아니며 교사가 새로운 수업 방법을 배워 적용하는 것만으로는 바람직한 수업이 이루어졌다고 볼 수 없을 것이다. 또한 교사의 수업에 대한 전문성은 교사가 교육과정을 숙지하거나 교사 교육을 받았다고 혹은 교사경력이 높아진다고 신장되는 것이 아니라 교사 스스로 계속해서 배우고 노력하는 부단한 자기 연찬 과정을 통하여 획득될 수 있는 것이다. 이러한 맥락에서 교사들의 수업 방법 개선을 위한 일환의 하나로 수업 활동에 대한 반성이 등장하게 되었다.

이종일은 '교사교육 이론의 변천' (길병휘 외, 2004)에서 '교사자질 이론의 변천이 1960년~1970년대의 CBTE(Competence-Based Teacher Education)에 기초한 연구에서 1970년대 후반 현장 실천 교과교육학적 지식에 중점을 둔 연구로 이어졌다. 이 후 1980년대 중반부터는 Schön(1983, 1987)의 반성적 실천을 통한 자기

*성균관대학교 대학원(gold3010@hanmail.net)
**성균관대학교(okkang@skku.edu)

1) Polya, G.(2005).*Mathematical Discovery Ⅰ, Ⅱ*. John wiley & Sons, Inc.(우정호·정영옥·박경미·이경화·김남희·나귀수·임재훈 역). 서울:교우사.(영어 원저는 1965년도 출판)

자질 개선에 대한 연구로 발전하여 현장 수업 상황에 초점을 맞추고 연구 대상자인 현직교사의 반성적 실천을 지원하기 위한 것으로 흐르고 있다'고 주장하였다.

이러한 교사의 반성적 실천에 관하여, 손영민(1999)은 교사가 교육의 실제로부터 얻는 경험과 지식이 무엇보다도 중요한 교사의 자산이 되고 교육의 개선은 바로 이러한 실제적 경험에 토대를 둔 전문성 개발을 통해 이루어지게 되는 바, 이것은 교사의 교육 실천에 대한 반성적 성찰로부터 이루어 질 수 있다고 강조하였다. Cruickshank(1987)도 수업을 잘하는 교사는 다른 일반적 교사에 비하여 자신의 수업에 대한 반성적 점검을 자주 하는 특성을 보인다고 하였다. 곽영순과 강호선(2005)은 자신의 교수활동에 대하여 체계적으로 반성하고 점검하는 것은 매우 생산적인 전문적 학습 방법으로서 교사의 전문적 신장을 위해서 이러한 체계적인 반성적 사고 과정을 경험할 수 있는 기회를 제공해야만 한다고 주장하였다. 즉, 교사들이 교수와 학습에 대한 그들의 신념, 활동 그리고 가정들에 대하여 깊이 생각하도록 하는 경험들에 참여할 때, 전문성 개발이 고무되며 이것은 반성을 통하여 촉진된다고 한다(Hart, L. C., Najee-Ullah, D., Schultz, K., 2004).

이와 같은 반성과 교사 전문성 신장의 관련성에 의해 수업 반성에 대해 많은 연구들이 (Artzt와 Armour-Thomas, 2002; Martin, 2005; McDuffie, 2004; Mewborn, 1999; 강호선, 2003; 김영주, 2005; 유솔아, 2006; 유신영, 2004; 조순묵, 1998) 이루어져왔다.

그러나 이 연구들의 초점은 주로 수업 반성을 통한 교사의 행동 변화와 개선에 맞추어져 있고, 수업을 반성하기 위해 우선적으로 지원되어야 할 준거를 제시한 연구는 희박하였다. Artzt와 Armour-Thomas(2002)와 유신영(2004) 등이 수업에 대한 반성의 준거를 제시하고 있으나 이 준거들 또한 수학 수업에 대한 반성의 준거로서는 미흡하였다. Artzt와 Armour-Thomas (2002)는 수학 수업에 대한 반성의 준거로서 수업을 수업 전·후로 분류하여 고려사항을 제시하고 있으나 수업분석의 영역별 구분이 명확하지 않으며, 수업 실행 중에 고려해야할 사항들에 대해서는 언급하지 않고 있다. 유신영(2004)은 범교과적인 수업에 대한 반성의 준거를 체크리스트와 혼합하여 제시하고 있으나, 수업 전·중·후 반성이 혼합되어 있으며 평가 내용에 대한 영역별 구분이 없다. 또한 수학 수업을 반성하기에는 수학 과목에 대한 특성과 영역의 체계성이 부족하다. 그 밖에 반성을 위한 자기 평가적 체크리스트들[2)]은 항목들이 지나치게 세분화 되어 있어 평가의 세밀함과 용이성은 있지만 항목에 따른 숙고된 반성이 결여될 수도 있다. 따라서 수학 수업에 관한 분석의 영역을 좀 더 체계화하고 기존의 체크리스트적 자기 평가지와 차별화되는 반성적 분석 준거들을 도출할 필요성이 제기되었다.

이러한 필요성을 근거로 본 연구에서는 수학교사의 수업 전문성[3)] 향상의 관점에서 아래의 두 가지에 중점을 두고 연구를 수행하였다.

---

2) 원효헌(2002), 이윤식(2005), 한국교육과정평가원(2006)

3) 한국교육과정평가원(2006)에서는 수학 교사의 수업 전문성을 다음과 같이 기술하고 있다.
첫 번째 영역인 교과에 대한 전문적 지식은 (1) 수학 교과 지식 및 내용 교수 지식(PCK)에 대한 지식, (2) 학생에 대한 이해 등으로 구성되며, 전문적인 수학교사에게 요구되는 지식 영역에 해당된다. 이 영역에서는 수학교사가 수학이라는 전공 분야에 대한 깊이 있는 지식과 함께 수학교육에 대한 폭넓은 최신 지식을 가지고 교과 내용을 철저히 파악하여 학생들의 반응에 맞추어 교수 활동을 조절하는 것을 말한다. 두 번째 영역은 계획에 해당하는 것으로 수업 설계를 생각할 수 있다. 수업 설계는 (1) 수업 내용 선정 및 첫째, 수업 반성의 의미와 방법 등을 살펴본다.

둘째, 수학과 수업 반성의 효율적 실현을 위한 반성적 분석 준거를 고찰하고 제안하고자 한다.

II. 수업 반성에 대한 사고

Artzt와 Armour-Thomas(2002)는 수업 반성(reflection)을 교수(teaching)에 대한 사고(thinking)로서 정의하고 그 과정을 Polya의 수학적 문제해결과정과 유사하게 보았다. 즉, 노련한 문제해결자가 문제 해결 전에 이해와 계획의 사고과정을 거치는 것처럼 교사들은 실제적인 수업 실행 전에 유사한 사고 형태를 경험해야 한다고 주장하였다. 또한, Polya의 반성(looking-back) 과정을 수업을 행한 후 교사들이 참여하는 반성적 사고의 다른 형태로 간주하고 노련한 문제 해결자가 문제 해결을 위해 각 단계를 반성하는 것처럼 교사들은 수업을 비평하고, 수업 목표를 다시 생각하고, 교사와 학생들이 수업하는 동안 말하고, 행동하고, 느꼈던 것을 다시 고려해야만 한다고 하였다.

이에 수업 반성의 바탕이 되는 사고 방법인 반성적 사고에 대하여 살펴보기로 한다.

1. 반성적 사고의 개념 및 특성

교육이란 경험의 재구성 또는 재조직으로서 반성적 사고는 지식과 경험을 획득하고 확대하는 가장 효율적인 방법이며 생활 속에서 부딪히는 각종의 문제들을 해결하는 방법이라는 Dewey(1952, 노진호, 1994, 재인용)의 주장에 따라 반성적 사고는 Dewey의 교육이론을 전개하는 데 있어 핵심으로 자리 잡게 되었다.

Dewey의 반성적 사고의 개념은 어떤 문제 상황이나 딜레마 혹은 의문점을 의식하는 것에서부터 출발하며, 그 문제 상황을 구성하고 있는 여러 가지 논리적, 경험적 근거에 따라 그 본질적 의미를 추구하여 최종적으로 문제를 해결하는 과정으로 마무리 된다. 이러한 Dewey의 반성적 사고의 과정은 하나의 문제 해결과정이라고 할 수 있으며, 이 때 반성적 사고는 사슬처럼 연결되어있다.

Dewey(1904, 1965)는 반성적 사고를 제대로 하지 않는 것은 교사를 "단지 이것 혹은 저것을 가르치는 방법으로서 교수(instruction)를 단정 짓고 정의하는 사람"으로 이끈다고 하였다. 그들이 교육에서 발생하는 문제점들에 대처하기 위하여 "수업 환경의 망(mesh)과 고리(coil)를 뚫는 것을" 지원하기 위해 반성의 습관을 발전시키도록 도와줄 필요가 있다고 주장했다(Mewborn, 1999, 재인용).

이러한 맥락 하에 이 연구에서 도입하고자 하는 반성적 사고의 실천적 개념은 Schön(1983, 1987)이 주장한 진정한 전문가로서의 능력이라는 개념과 밀접한 관련이 있다고 볼 수 있다. Schön(1983, 1987)은 Dewey가 말한 반성적 사고

활동 구성, (2) 교수 학습 방법 및 활용 설계, (3) 평가 내용, 방법 및 활용 계획 등으로 구성된다. 세 번째 영역은 수업 실천으로 (1) 교실 환경 및 수업 분위기와 (2) 수업 실행으로 나누어 생각할 수 있다. 교실 환경 및 수업 분위기는 학생을 수업에 참여시키기, 학습 환경(교실 문화) 유지 등으로 구성되며, 수학 수업 실행은 수업 사전 준비, 교수 학습 방법의 활용, 수학적 능력 촉진, 수학에서의 연계성 짓기, 학습 결과 평가하기 등으로 구성된다. 좋은 수학교사는 긍정적인 학습 분위기에서, 수업 전략들을 다양하게 갖추고, 체계적이고 목표지향적인 방법으로 수업을 설계하여 적극적으로 학생들을 수업에 참여시킨다. 네 번째 영역은 교사의 전문성으로 (1) 교수 활동에 대한 반성, (2) 전문적 성장과 발달 등으로 구성된다. 좋은 수학교사는 학생들의 학습 경험의 질을 개선하기 위해 자신의 교수 활동을 지속적으로 분석, 평가, 강화하고 자신과 관련된 공동체에서 수학교육의 질과 효과성을 개선하기 위해 동료 교사들과 협력하여 노력한다.

를 전문성 신장과 전문가 교육에 연결시켜 전문가들의 지식 획득 과정에 관심을 갖고 여러 가지 사례를 연구하였다. Schön(1983)은 그의 저서 '반성적 실천가(reflective practitioner)'에서 전문직에 있어서 전문성 위기를 지적하며, 이론적 지식의 전문가가 아닌 이론을 실천하는 실천가의 개념을 강조하고 전문가로서 자신의 행위를 반성하는 교사를 반성적 실천가로 정의하였다. Schön은 반성[4]을 두 유형으로 분류하였는데 하나는 '행위 중의 반성 (reflection-in-action)'으로 교수 학습 활동에서 즉각적 고려에 의한 문제의 해결 계획을 말한다. 행위 중 반성은 놀람의 경험에서 시작되며, 행위가 계속되는 상황에서 일어나며 실천가는 놀람의 경험을 가져온 행위 기저에 있는 암묵적 앎을 표면화하고 이를 비판적으로 고찰함으로서 자신의 앎을 재구성한다(서경혜, 2005, 재인용). 또 다른 유형은 '행위에 대한 반성(reflection-on-action)'으로 의문의 여지가 있는 사건과 행위를 되돌아보며, 그것들을 분석하고 해결하는 의도적 과정인바 이 반성이 일어나게 되면 현상과 거리를 두게 되며 평가적, 비판적으로 그 상황을 숙고할 수 있게 된다고 한다. Schön(1983)은 진정한 전문가로서의 능력은 행위중의 반성과 밀접한 관련이 있으며 이를 통해 진정한 전문성 발달이 이루어진다고 보았다.

McDuffie(2004)는 Schön(1987)의 반성을 세분화하여 반성의 실행 중에 나타나는 반성의 순환과정을 숙고된 실행의 과정으로 보고 다음과 같은 [그림 Ⅱ-1]으로 표현하고 있다.

McDuffie(2004)는 Schön의 행위 중 반성을 '즉각적인 행위 중 반성(immediate reflection-in-action)'과 '유예된 행위 중 반성(delayed reflection-in-action)'으로 구분하였다. 즉각적인 행위 중 반성은 교수 행위 동안에 교사가 즉각적인 결정을 만들 때의 사고를 나타내는 것이다. 유예된 행위 중 반성은 교수 행위 중의 휴식이나 중단 동안에 교사들이 나타내는 사고로서 학생들이

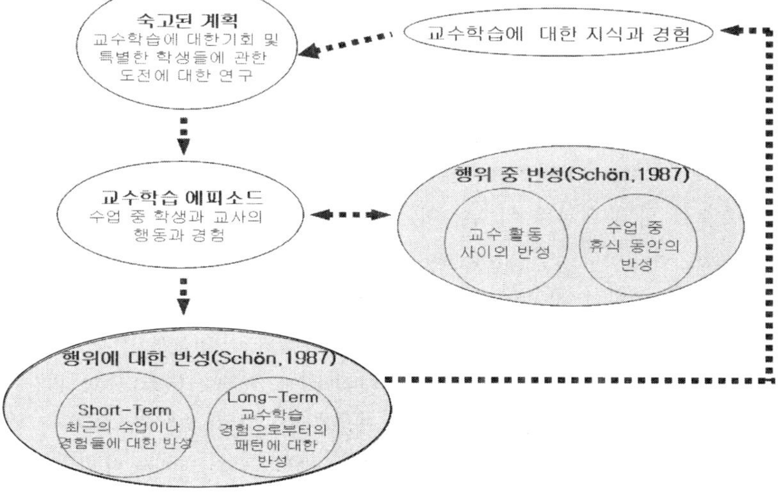

[그림 Ⅱ-1] 숙고된 실행의 과정으로 표현한 반성의 순환과정(McDuffie, 2004)

4) 아래부터는 반성과 반성적 사고를 동일하게 본다.

개인적인 과제를 하거나 휴식하는 동안의 반성을 의미한다. 행위에 대한 반성에서 '단기적 반성'은 수업 후나 그날이 지난 후, 짧은 시간 동안 되돌아 볼 때 하는 사고로서 다음 수업이나 혹은 단원에 대한 계획을 조언하기 위해 사고하는 것이다. 이에 비해 '장기적 반성'은 더 포괄적으로 수업 행동을 이해하고 증진하는 것을 목적으로 하는 장기간에 걸친 체계적인 분석과 검토를 나타낸다.

그밖에 Ross(1989)는 반성은 어떤 교육적 문제에 대해 합리적인 선택을 하게 해주고 그 선택에 대해 책임을 질 수 있는 능력이 요구되는 사고의 한 방법이라고 정의하였다. Knowles 외(1994)는 반성은 실천 행위를 검토하고 정련하며 학교나 교실에서 교사의 다양한 역할과 관련된 개인적이고 교육학적이며 사회적인 맥락을 주의 깊게 고려하는 과정이라고 정의하였다(유솔아, 2006, 재인용).

이상과 같이 교사 교육에 있어 정의되는 반성적 사고가 갖는 의미들 간의 차이점에도 불구하고 Mewborn(1999)은 반성의 개념들 간에는 아래와 같은 공통점들이 존재한다고 주장했다.

첫 번째, 논의된 반성의 정의들에도 불구하고, 반성은 상기(recollection)나 혹은 합리화(rationalization)와는 질적으로 다르다. 그것들과 구별되는 반성의 요소는 사고 대상의 의문의 여지가 있는(problematic) 본성이다. 수업(teaching)에 적용되는 것으로서의 반성적 사고의 초점은 자신의 수업이 의문의 여지가 있는 것이라는 것을 깨닫는 것이다.

두 번째, 행동(action)은 반성적 과정의 통합된 부분이다. 행동이란, 행동 없는 반성인 언어주의(verbalism)도 아니고, 반성 없는 행동인 행동주의(activism)도 아닌, 반성적 사고를 구성하기에 합당한 것이다(Ginsburg & Clift, 1990). 반성과 교수 활동은 문헌들에서 자주 인용되고 예비교사들에 의해 중요시되는 간격인, 교육적 이론과 실행들 사이의 간격을 가로지르는 다리로 보인다.

세 번째, 반성은 자기 성찰의 많은 부분을 포함하는 동시에, 최소한 초기 단계에서는 외부로부터의 격려를 필요로 한다. 즉, 반성은 자연스런 상태도 아니고, 반성적 사고를 습관화하는 것도 쉬운 일이 아니다. 단지 예비교사들에게 반성의 기회를 제공하고 반성을 격려하는 활동만으로 반성이 일어날 것이라고 보장할 수는 없는 것이다.

한편, 반성의 개념들 간에는 앞서 설명한 공통점 외에도 반성적 사고의 특성을 학습과 관련지어 반성적 사고는 학습할 수 있는 과정(Wildman & Niles, 1987; Ross, 1989)이며 발달하는 사고 (Raines, 1991; Lasely, 1992)라는 주장들이 있다(권정숙, 2002, 재인용). 그 밖에 반성적 사고의 개인적 요소들 즉, 개성, 태도, 능력, 신념 등이 반성에 영향을 끼친다는 연구(Lee, 1999)와 예비 초등교사의 PCK가 반성적 사고에 영향을 끼친다는 연구(McDuffie, 2004) 등을 통해 반성적 사고는 교사 개인에 따라 다르게 발달 한다고 볼 수 있다.

2. 교사의 반성적 사고 과정

Dewey(1916) 및 최근에 논의되고 있는 반성적 사고의 과정에 대한 연구들을 살펴보면, Ross(1989), Smyth(1989), Korthagen(1999), England와 Spance(1999), Eby(1994) 등이 주장한 이론들이 있다(강홍규, 2005; 권정숙, 2002; Galvez-Martin 외, 1998; 유신영, 2004; Lee, 1999에서 각각 재인용). 이 과정을 요약하여 정리하면 <표 Ⅱ-1>과 같다.

<표 Ⅱ-1> 반성적 사고 과정 연구 비교

학자	반성적 사고의 과정	특징
Dewey (1916)	① 문제 상황(suggestion)단계: 불완전한 사태에 처하여 무의식적으로 일어나는 의심 혹은 불확실함의 상태 ② 가설의 설정단계: 주어진 요소에 관한 잠정적 해석 및 그것이 가지고 있는 결과에 대한 예측 ③ 조건의 조사단계: 문제의 성격을 규정하고 명료화하는데에 도움이 되는 모든 고려 사항에 대한 세밀한 조사 ④ 추론(reasoning)의 단계: 관념이나 가정을 세련시켜 나가는 정신적 작용 ⑤ 행동에 의한 가설의 검증(testing) 단계: 설정된 가설을 기초로 하여, 현재의 사태에 적용할 행동의 계획을 수립하고, 예견된 결과를 일으키기 위해 실제로 행동을 함으로써 가설을 검증	이 과정은 고정적으로 연속되어 있는 것이 아니라 단지 반성적 사고의 필연적 특성들을 개괄적으로 나타낸 것이라고 함
Ross (1989)	① 교육적 갈등 인지하기 ② 다른 상황에서 유사성과 독특한 상황의 특별한 특성 모두를 인지함으로써 갈등에 반응하기 ③ 갈등을 형성하고 재형성하기 ④ 다양한 해결책에 대한 결과와 시사성을 발견하기 위하여 갈등을 실험해 보기 ⑤ 수행한 해결책이 보인 의도된 결과와 의도되지 않은 결과를 시험하고 바람직한 결과인지 아닌지를 결정함으로써 해결책을 평가하기	갈등을 인지하고 그에 대한 해결책을 모색하기 위해 다양한 갈등의 실험과정을 거침
Smyth (1989)	① 묘사의 단계(내가 무엇을 하고 있는가?) ② 정보 단계(이것이 무엇을 의미하는가?) ③ 직면의 단계(어떻게 이와 같이 할 수 있는가?) ④ 재구성의 단계(그것을 어떻게 다르게 할 수 있는가?)	질문으로 구성되어 있으며 의사결정을 주도하는 개념, 행위 중에 등장하는 개인적인 이론과 그것의 가치, 및 신념을 규정하고 명료하게 해가는 과정에 초점을 둠
Korthagen (1999)	① 행동을 결정하기 ② 행동을 되돌아보기 ③ 행동의 본질적인 면을 인식하기 ④ 행동의 대안 모색하기 ⑤ 새 행동 시도하기	경험을 문제나 실천적 지식, 통찰력으로 구성 혹은 재구성하는 정신적인 과정으로 보고, 반성적 사고 과정의 모형을 나선형으로 제시, 사고가 연속적으로 순환되고 심화, 확장되는 순환의 과정
England와 Spance (1999)	① 인식(어떻게 이것이 일어났는가?, 어떻게 이것이 이렇게 되었는가? 등) ② 관찰(주어진 상황을 관찰하고 그 관찰에 대한 반성을 격려) ③ 분석(문제의 확인, 증거들을 고려하여, 최적의 해결책을 찾고 그것을 시행, 평가, 수정), ④ 결과(반성의 단계를 밟고 자신의 행동의 영향력을 깨닫게 됨)	다른 학자들과 달리 각 과정에 대한 특징과 그 과정에서 제기할 수 있는 반성적 질문들을 제시하고 있음.
Eby (1994)	① 관찰 ② 반성 ③ 자료 수집 ④ 도덕적 원칙 고려 ⑤ 판단 ⑥ 전략 고려 ⑦ 행동	체계적 연구를 통한 행위 중 반성 증진에 관심을 갖고 반성 과정에서의 기능(skill)에 초점을 둠

이러한 논의에 의하면 교사의 반성적 사고의 과정은 교사가 갈등상황을 인지하고, 그것에 대한 해결책을 찾기 위해 탐구하고 실험하며, 최적의 해결책을 찾아 미래의 교수 행동에 적용하는 실천적 과정이라고 할 수 있다.

3. 교사의 반성적 사고 수준

반성적 사고의 수준에 대한 연구는 반성적 사고 능력은 발달하는 것이라는 전제 하에 시작되며 이것을 증진시키고 그 발달 정도에 따라 수준을 나누고 측정하는데 관심을 두고 있다.

반성에 대한 수준의 분류에 있어 대표적인 학자는 Van Manen(1977)으로서 그는 교사가 교육활동을 함에 있어 그 목적을 달성하기 위해 행하는 반성적 사고의 관심을 위계적으로 분류하여 기계적(technical) 수준, 실천적(practical) 수준, 비판적 수준(critical)으로 제시하였다. 첫째, 기계적 수준은 주어진 목적을 달성하기 위해 지식을 기계적으로 적용하는 반성으로 수업의 수행정도가 특별하게 잘 수립된 준거에 부응하는지의 여부, 혹은 특정한 목표를 얼마나 잘 달성했는지에 초점을 둔다. 즉, 준거 혹은 목표자체의 적절성에 대해서는 어떤 의문도 없으며, 단지 그것을 달성하기 위한 방법의 경제성과 효능성만 관심이 있고 변화나 개선을 위한 시도는 없다. 둘째, 실천적 수준 혹은 해석적 이해 수준은, 문제 상황에 직면하거나 어떤 결정을 내려야 할 때 교사들이 자신의 행위의 적절성, 혹은 효과성에 대해 반성하게 되고, 자신의 행위를 유도한 목표의 적절성에 대해서도 반성하는 것을 말한다. 이때, 교사는 자신이 취한 행동이 미칠 장기적인 교육의 효과에 관해서도 고려하게 된다. 셋째, 비판적 수준은 교육이 일어나는 학교상황 그리고 교육이 도덕적 윤리적 목적 하에 행해지고 있는지에 대한 의문까지 포함한다. 이 수준의 주요한 관심은 교육목표와 교육활동, 그리고 교육경험들이 학습자의 삶을 공평하고 평등하며 행복한 삶으로 이끌어 줄 수 있는가에 초점이 맞추어진다. 그는 비판적 수준을 가장 이상적인 반성적 사고 수준으로 간주하였다.

그 밖에 Pultorak(1996), Bowman, Galvez-Martin과 Morrison(2005). Jay(1999) 등의 반성적 사고수준[5]에 대한 연구가 있다. 이 연구들은 공통적으로 교사 교육의 전문성 발달 프로그램에서 주로 이용되어 왔으며 반성수준을 위계적으로 제시하였다.

우선, Pultorak(1996)은 Van Manen(1977)과 Zeichner과 Liston(1987)의 수준을 참고로 하여 3단계의 반성의 수준을 제시하였다. 1수준은 기계적 합리화로서 목표 자체가 의문시 되지 않고 측정 가능한 결과의 경제성과 효능성에 관심을 둔다. 2수준은 실제적 행위로서 상황에 대한 주관적 지각에 근거하여 결과를 해석하고 교사 행동의 장기적인 효과를 검토하는 것으로 Van Manen은 이러한 것을 해석학-현상학적 패러다임으로 간주하였다. 3수준은 비판적 반성으로서 개인적인 편견에 의한 왜곡 없이 학생들에게 유용한 사회적 환경들과 지식의 가치에 관심을 두고 실천 행위 속에 도덕적 윤리적 기준을 포함시키는 것으로 분류하였다.

Jay(1999)는 반성의 수준 중 1수준을 반성을 위해 문제를 기술하는 묘사적 수준(descriptive), 2수준을 문제를 다른 방식으로 재고해 보거나 다른 사람들과 협의하고 연구물 등을 참고함으로써 다양한 자료들에 근거하여 문제에 대한 대안적인 관점들을 비교(comparative)하는 수준으로 분류하였다. 3수준은 문제에 대한 판단을

5) Bringle과 Hatcher(1999, 손은정, 2003, 재인용), Garcia(1996, 이진향, 2002, 재인용), Ross(1989), Sparks-Langer(1990), Zeichner와 Liston(1987) 등도 반성적 사고수준에 대한 연구를 하였다.

내리기 위해 기술과 대안들을 사용하는 것으로서 평가적 (evaluative)수준이라 하였다.

한편, Bowman 외(2005)에서 Galvez-Martin은 반성적 사고의 수준을 8단계로 구분하여, 0수준은 교육학적 개념이나 기술에 대해 전혀 언급하지 않고 단지 자신의 느낌에 근거해서 언급한다. 1수준은 교수 행위 수행에 근거하지 않고 결과를 예견하거나, 분석에 의해서가 아니라 개인적인 경험으로 교수적/비교수적 사건을 일반적으로 설명한다. 2수준은 교수 행위 수행이나 그 뒤에 숨겨진 이론을 분석하지 않고, 기술적인 방식으로 교수적/비교수적 사건을 평범하게 묘사한다. 3수준은 교사 행동의 일면에만 초점을 두고 관련에 도달한다. 4수준은 학생들의 학습 결과에 미친 영향과 학생의 행위를 학생들의 관점 한 가지만으로 평가한다. 5수준은 교수적/비교수적 시간에 교사의 관점으로 교수 행위를 상세히 분석하고, 효율적 교수와 비효율적 교수를 비교하며, 교사가 바람직하지 않은 행동을 어떻게 다루고 유사한 상황에 어떻게 적용하는 지를 분석한다. 6수준은 교수 활동이 학생들의 특성에 근거한 것이고 다양한 교수 전략은 학생들의 학습 스타일에 맞추어 사용된다는 것을 인식한다. 7수준은 복합적 관점으로 교수적/비교수적 사건을 평가하고 '만일, 왜냐하면'을 활용하여 향상을 위해 제안하는 것으로 구분하여 제시하였다.

이러한 연구들은 반성적 사고 교육을 통하여 반성이 심화되고 더 높은 수준으로 향상될 수 있다는 관점에서 전개되고 있으며(Galvez-Martin과 Bowman, 1998; Zeichner와 Liston, 1987), 수준이 올라갈수록 자신의 수행에 대한 주관적, 무비판적, 상황기술적 단계에서 객관적, 비판적, 평가적 단계가 되며, 대안을 찾고자 노력하고 관련된 행동 이면의 이론적 근거를 면밀히 검토하는 단계로 변화함을 알 수 있다.

4. 수업 반성의 방법

지금까지 논의한 수업 반성에 관한 이론에 교사를 참여시키는 것에 대하여 Kuhn(1986)은 반성이 인위적 상황에서 반성 그 자체가 목적이 되어 훈련이 되는 것을 비판하고 반성이 요구되는 탐구의 장에 교사들을 직접 참여시킬 것을 주장했다. "교사의 사고를 증진하는 유일한 방법은 반성에 교사를 참여시키는 것이다. 즉, 반성적 사고에 끌어들이기 위한 적절한 연습과 기회에 교사들을 참여 시켜야만 한다(Galvez-Martin과 Bowman, 1998, 재인용)"고 하였다. 이것은 교사를 수업의 실행에 대한 반성의 경험에 자주 접하게 하여 수업 개선과 연결시켜야 함을 의미한다. 이와 관련하여 다양한 수업 반성의 방법들이 제시되고 있는데, 범주화하여 분류하면 동영상 촬영 후 관찰을 통한 분석 방법, 동료교사나 멘토링을 통한 협력 수업 방법, 기록을 통한 방법, 기타 방법 등이 있다.

첫째, 동영상 촬영 후 관찰을 통한 분석 방법은 자기의 교수행동을 동영상을 통해 확인하고 그 행동의 전·후 관계를 파악하여 수업 행동을 개선하는 방법으로 동료 협력 수업이나 자기반성 과정에서의 분석 자료로 활용하기 쉬운 장점이 있다. Sparks-Langer와 Colton(1991), 강호선(2003), 김영주(2005), 조순묵(1998) 등이 이러한 방법을 활용하였다.

둘째, 동료교사나 멘토링을 통한 협력 수업 방법은 동료장학, 상호 수업일지 기록, 사례 연구에 대한 동료와의 토의, 전문가와의 대화 등이 있다. 동료와의 협력을 통한 방법은 경험이 풍부한 교사의 시각을 통하여 자기반성에서 놓치기 쉬운 부분을 깨닫게 해주고 수업에 대한 객관적 분석을 가능하게 해준다. 전문가와의 대화는, 장학 담당자나 대학 교수의 조언을 통하여 교수 행동의 변화와 수업의 질을 유도하고 반성적 사고의 수준을 향상시킬 수 있는 방법이다. 이것은 Pultorak(1993), Colton과 Sparks-Langer(1993), Martin(2005)등이 주장하고 있는 방법이다.

셋째, 기록을 통한 방법은 자서전 쓰기, 교육과정 이야기 쓰기, 사례 개발하기, 반성일지 쓰기 등이 이에 해당되며, McDuffie(2004), Zeichner와 Liston(1987), 박은혜(1996) 등은 기록을 통한 방법은 말로 표현하기 어려운 것을 글로 표현하도록 하고 좀 더 숙고된 사고를 통하여 자기 평가를 할 수 있는 기회를 제공 한다고 주장하였다.

이러한 반성적 사고의 방법을 Lee(1999)는 개인적 요소, 반성적 사고의 요소, 체계적 지원을 축으로 하여 다음과 같이 [그림 Ⅱ-2]으로 나타내고 있는바, 이 구조에서 보면 수업 반성의 방법은 개인적인 요소과 반성적 사고의 요소에 맞추어 선택되어지고 그에 따른 영향력도 다르게 나타난다고 할 수 있다. 따라서 더 많은 실효성을 거두기 위해서는 수업 반성의 방법이 체계적으로 선택되어 지원될 필요가 있다.

이러한 중요성에 의해 실제 현장 연구에 있어 권정숙(2002)은 일지 쓰기와 반성적 사고에 의한 동료장학, 유솔아(2006)의 경우는 동영상 촬영과 그룹토의 및 일지 쓰기, Mewborn(1999)은 일지 쓰기와 그룹 인터뷰, 그리고 Martin(2005)은 정규적인 일지 쓰기와 지도 교수에 의한 조언을 반성적 수업의 방법으로 사용하였다. 이것은 하나의 방법보다는 여러 방법들을 복합적으로 사용하는 것이 반성적 사고 촉진과 수업 개선에 더 효율적으로 작용한다는 생각에 기인한 것으로 판단된다. 따라서 본 연구에서는 동영상 촬영, 반성적 분석지 작성, 교사-연구자 인터뷰 방법 등을 사용하였다.

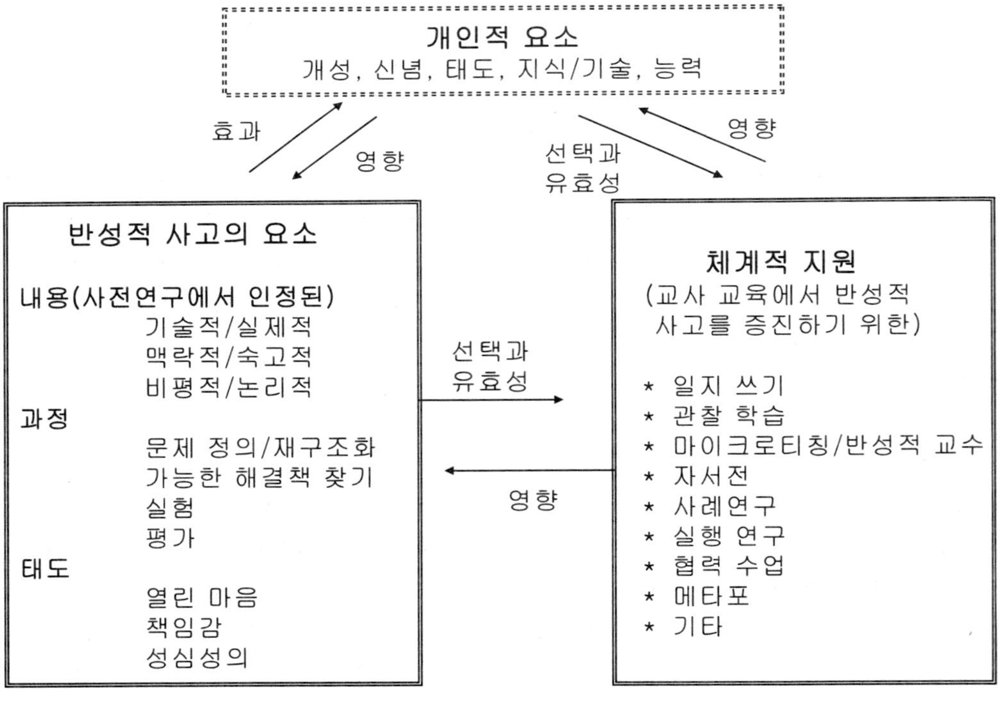

[그림 Ⅱ-2]

Ⅲ. 수학 수업 반성을 위한 분석의 준거

1. 수업 반성을 위한 반성적 분석 준거

교사들이 수업 반성의 기회를 경험할 수 있도록 지원하기 위해서는 수업 실행에 대한 적절한 분석 체계가 요구되는 바, 이를 위해서는 먼저 교사 자신의 수업 과정을 되돌아보고 의문을 갖도록 하는 반성적 분석 준거들이 필요하다. 본 연구에서 반성적 분석 준거[6]란 수업의 실행에 대해 반성하고 그에 대하여 기술하기 위한 준거이며, 수업 수행의 완성도 보다는 문제점을 인식하고 대안을 제시하는 것에 중점을 두는 분석준거이다.

Johnston(1994)의 연구에서 면담에 참여한 교사는 "선생님(Johnston)과 Becky(조교)가 나에게 질문을 던지지 않았을 때, 저는 제 자신과 제 수업에 대하여 반성하기 위한 적절한 질문들을 어떻게 해야 할지 몰랐습니다. 저는 제 수업에 대해 계속 생각하길 원했지만 그러한 생각은 반성적 질문들을 통해서 이루어지지 못한 것들이었습니다. 저는 이를 고려하지 못하고 있다는 생각에 혼란스러워하고 있습니다."라고 반성적 질문들에 대하여 진술하였다. 이것은 반성을 원하는 교사들에게 적절한 질문이 지원되어야 교사가 더 쉽게 자신의 수업을 분석할 수 있다는 것으로 볼 수 있다.

이러한 필요성에 의해 연구된 기존의 논문을 살펴보면 <표Ⅲ-1>에 제시한 Pultorak(1996), Jonston(2001), Artzt와 Armour-Thomas(2002), 곽영순과 강호선(2005), 유신영(2004) 등이 있다.

<표Ⅲ-1> 국내외 수업 반성 분석 준거 비교

학자	수업 반성 분석 준거
Pultorak (1996)	1) 그 수업의 장점(strengths)은 무엇이었는가? 2) 만약 그 수업에 수정할 것이 있었다면 무엇인가? 3) 당신이 생각하기에 그 수업은 성공적이었느냐? 그렇다면 그 이유는 무엇인가? 4) 그 결과에 어떤 조건들이 중요한 영향을 끼쳤는가? 5) 그 수업에서 예상치 않았던 결과물이 있다면 그것은 무엇인가? 6) 학생들의 행동에 대하여 무엇을 생각했는가? 7) 당신이 이 수업을 한다면 다른 방법으로 할 수 있겠는가? 8) 이 학습과정을 개선하기 위해 수업을 한다면 당신은 다른 대안적인 교육학적 접근을 생각할 수 있는가? 9) 당신은 학부모나, 행정가, 그리고/혹은 학생에게 교수된 내용의 중요성을 어떻게 증명할 것인가? 10) 그 수업의 결과 어떤 교훈적이고 도덕적인 관심사가 일어났는가?
Johnston (2001)	자신의 수업에서 1) 잘된 것 두 가지를 기술하라. 2) 기대했던 것 보다 더 잘되었거나 그렇지 않은 것을 기술하라. 3) 그 수업의 목표들을 완성하는 데 있어 학생들은 얼마나 성공적이었는가? 당신은 어떻게 그것을 알았는가? 당신의 설명을 입증하는 예를 들어보아라. 4) 만약 당신이 이 수업의 조언자(mentor)가 된다면 당신이 고려하는 수정사항을 기술하라. 5) 이 수업에 대한 멘토링 결과 당신은 자신의 미래의 교수에 있어 도움이 될 무엇을 배웠는가?

6) 이에 반하여 평가적 분석준거는 수업의 수행에 대하여 보편적인 평적 척도에 체크하여 수업에 대한 수행도를 점수화하는 준거를 의미하며, 대안 제시 보다는 본 수업 실행의 완성도에 관심을 두는 준거이다.

Crotty 와 Allyn (2001)	1) 이번 수업에서 중요하다고 생각하는 것과 그 이유를 말하라. 2) 이번 수업은 어떻게 향상되었으며 그 이유는 무엇인가? 3) 이 수업을 준비하면서 배운 것이 있다면 무엇인가? (유신영, 2004, 재인용)
Artzt 와 Armour-Thomas (2002)	▶ 수업 전 고려 사항 1) 당신이 생각하기에 관리자가 알아야할 정보(예를 들면, 동료 교사와의 갈등, 당신이 직면한 딜레마 등)를 제시하라. 2) 학생들에 대한 당신의 목표를 기술하라. 3) 이 학생들에 대하여 당신이 갖는 지식(학습능력 수준, 흥미)을 기술하고 당신의 수업을 구체화하기 위해 이 지식을 어떻게 사용할 지 기술하라. 4) 그 내용에 대하여 당신이 갖는 지식(예를 들면, 교육과정에서의 위치 및 중요성)과 수업을 구체화하는 데 있어 어떻게 그 지식을 사용할 것인지 기술하라. 5) 당신이 이 수업에서 사용할 다양한 교육학적 전략들에 관하여 당신이 갖는 지식과 왜 다른 것보다 이 학습법을 선택했는지 기술하라. 6) 이 수업에 대한 아이디어를 얻기 위해 당신이 이용한 근거(source)들을 기술하라. 7) 예상되는 어려움과 그것들이 발생했을 때 그것들을 어떻게 처리하려고 의도하는지 기술하라. ▶ 수업 후 고려 사항 1) 목표(Goals) - 이 수업에 대한 당신의 본래의 목표를 고려하라. 그 목표를 당신은 달성했는가? 그것을 어떻게 아는가? 2) 지식(Knowledge) - 그 내용이나, 학생들에 대하여 당신이 새로운 아이디어를 얻었거나 혹은 그 수업을 가르치는 데 있어 최선의 방법을 습득하게 되었다면 무엇인지 기술하라. 3) 신념(Beliefs) - 그 내용이나, 학생들에 대하여 당신이 지녔던 신념이나 혹은 그 수업을 가르치는 데 있어 최선의 방법이 다른 방법으로 변화되었다면 무엇인지 기술하라. 4) 감독과 조절(Monitoring and Regulating) - 수업 동안 당신이 그 결정들을 하도록 한 당신이 가졌던 사고들을 기술하라. 5) 평가와 제안(Evaluating and Suggesting) a) 수업 후 평가 시 당신이 그 수업에 대하여 얼마나 잘 했다고 느끼는가? b) 그 당시에는 깨닫지 못하고 만약 지금 깨달은 것이 있다면 어떤 점들인가? c) 이 수업의 강점(strong points)이 무엇이라고 생각하는가? d) 이 수업의 약점(weak points)이 무엇이라고 생각하는가? e) 이 수업을 다시 한다면 무엇을 다르게 할 것인가? 그 이유는 무엇인가? f) 만약 필요한 것이 있다면 검토된 수업 계획서에 의견을 진술하라.
유신영 (2004)	1) 이번 수업 시간에 무슨 일이 일어났는가? 이번 수업 시간에 일어난 일 중 중요하다고 생각하는 것이나 혹은 마음에 걸리는 일은 무엇인가? 2) 왜 그와 같은 일이 일어났는가? 3) 그 수업 중 일어난 일을 되돌아 볼 때 나의 수업 행동이나 결정은 적절했는가? 4) 다른 대안은 없었는가? 내가 다른 결정을 내렸거나 다른 교수 행위를 했다면 그 일은 어떻게 달라졌을까? 5) 그 수업 중 일어난 일에 대한 나의 행동이나 결정은 학생들에게 어떤 영향을 주었는가? 그것은 학생들에게 도움이 되었는가? 6) 그 일이 교사인 나에게 의미하는 것은 무엇인가? 그 일이 나의 수업과 가르치는 일에 어떤 시사점을 제공하는가?
곽영순, 강호선 (2005)	1) 수업을 되돌아보면 생산적으로 수업에 참여한 학생들은 어느 정도인가? 2) 내가 의도한 것을 학생들이 배웠는가? 즉, 수업목표에 도달했는가?, 그것을 어떻게 알 수 있는가? 3) 수업을 하는 동안 나는 나의 수업 목표와 수업 설계를 변경하였는가? 왜 그렇게 했는가? 4) 똑같은 학생들을 대상으로 이 수업을 다시 할 기회가 있다면, 어떤 변화를 주겠는가? 그 이유는?

그 밖에 Bowman 외(2005)는 반성의 준거를 길잡이(prompt)라는 용어를 사용하여 제시하고 각각의 준거를 단계로 표시하여 반성을 유도하고 있다.

평가적 관점에서의 수업관찰 분석의 준거를 살펴보면 한국교육과정평가원(2006)의 '수학과 수업 전문성 기준 체크리스트 평가 요소'와 원효헌(2002)과 이윤식(2005)이 제시한 '교수 활동 영역별 자기 평가 척도', 그리고 Northwest Regional Educational Laboratory의 Mathematics and Science Education Center에서 1999년에 발표한 '교사의 평가: 교사 평가를 위한 수학 및 과학 교수 기준 사용'이 있다.

우선 한국교육과정평가원의 평가요소를 살펴보면 대영역을 전문적 지식, 계획, 실천, 전문성의 4개영역으로 나누고 다시 '전문적 지식'을 중영역인 수학교과지식 및 내용 교수법과 학생에 대한 이해로 분류하였다. '계획'은 수업설계로, '실천'을 학습 환경 조성 및 학급운영과 수학 수업 실행으로, '전문성'을 전문성 발달로 분류하였다. 그에 따른 세부 평가요소는 37개이며 5단계의 수행수준으로 평가하고 있다.

원효헌(2002)도 교수 활동영역별 자기 평가 척도[7]를 수업계획 및 조직, 수업실행 및 학습

<표Ⅲ-2> 반성을 지원하기 위한 길잡이를 사용한 안내된 반성

단계	길잡이
0	오늘 수업 진행에 대하여 어떻게 생각하는가?
1	당신의 신념을 뒷받침할 증거에는 무엇이 있는가?
2	학습자의 결과는 어떠했는가, 당신을 충족시켰는가? 충족시켰다는 증거에는 무엇이 있는가?
3	어떤 교수 방법들을 선택하였는가? 성공적이었는가? 성공적이었다는 증거는 무엇인가?
4	어떤 학생 활동들을 선택하였는가? 성공적이었는가? 성공적이었다는 증거는 무엇인가?
5	해당 수업을 다시 교수한다면 어떻게 다르게 하겠는가? 그 이유는 무엇인가? 똑같이 유지할 것은 무엇인가? 그 이유는 무엇인가?
6	오늘 수업에서 우수한 학생은 누구였는가? 왜 그 학생이 성공적이었다고 생각하는가? 오늘 수업에서 어려움을 보인 학생은 누구인가? 왜 당신은 한 학생은 우수했고 다른 학생은 어려움을 겪었다고 생각하는가? 당신은 모든 학생들의 학습 과정을 어떻게 지원할 수 있는가?
7	오늘 당신의 수업에서 발생한 당신의 교수 방법, 학생들의 수행과 학습 결과들에 대하여 수집된 증거와 자료를 바탕으로 당신은 내일 무엇을 할 것인가? 왜 그럴 것인가?

출처: ETS Pathwise and Praxis III series(Bowman 외 2005, 재인용)

7) 교수 활동 영역별 자기 평가 척도(원효헌, 2002, 일부 인용)

영역 Ⅰ: 수업 계획 및 조직	1수준	2수준	3수준	4수준
1. 교과 지식 1-1. 교육 과정에 제시된 교과목적의 이해 1-2. 교과 내용의 사회적 가치의 이해 1-3. 교과 내용의 중요원리 및 개념의 이해 1-4. 교과 내용에 대한 정확한 지식의 소유 1-5. 교과 내용에 대한 최신 지식의 소유				
2. 학습자 특성의 이해 아래 생략				
3. 수업목표의 설정 아래 생략				
4. 수업활동의 구조화 아래 생략				

관리, 평가의 3개영역으로 구분하였다. '수업계획 및 조직'은 교과지식, 학습자 특성의 이해, 수업목표의 설정, 수업활동의 구조화로, '수업 실행 및 학습관리'는 교과내용의 전달, 질문의 활용, 피드백의 활용, 학습기회 및 환경의 제공, 학습동기 유발, 학습자와의 공감대 형성, 학습자의 긍정적 자아개념 조성으로 세분화하였다. '평가'는 평가계획의 수립, 평가의 실행 및 결과 활용으로 분류하고 83개의 세부 평가영역을 제시했다.

이윤식(2005)은 수업활동 자기 평가 도구에서 영역을 교재 연구의 심도, 수업안 작성체제 및 내용, 본시의 전개안, 교사의 태도, 교사의 지도력, 판서의 요령, 학습용구 준비 및 사용요령, 학습자세 및 학습참여, 발표력, 출발점 행동 고르기, 동기 유발 및 문제의식, 교재의 특질에 따른 지도과정, 집단화와 개별화의 조화, 개인차의 고려, 집단 구성 및 활용도, 자료의 준비도, 자료의 효율성과 활용도, 학습 환경 조성, 본시학습 내용의 환류 및 정리, 차시 학습계획 및 발전, 예습 과제 및 발전과제 제시, 형성 평가, 전이가 형성이 높은 지식 · 기능 획득 등 27개로 분류하고 이를 세분하여 74개의 평가 내용을 제시하고 있다.

그 밖에 Northwest Regional Educational Laboratory의 Mathematics and Science Education Center에서 1999년에 발표한 '교사의 평가: 교사 평가를 위한 수학 및 과학 교수 기준 사용'에서는 수학 교수의 준거로 과업 부여, 담화 조정, 담화 증진, 교구 제공, 학습 환경, 지속적인 평가 등의 6개의 영역을 제시하고 있다. 좀 더 세부적으로는 우선 '과업'관련 영역에서는 1) 교사가 어떻게 과업을 선정하고 창안 하는가, 2) 개념, 기능 개발 및 문제 해결 간에 균형이 이루어지는가가, '담화'관련 영역에서는 1) 교사가 어떻게 학생들에게 사고하고 추론할 수 있도록 격려하는가, 2) 학생들이 그들의 아이디어들과 해답들을 증명하기 위해 어떤 방법들을 사용하는가를, '교구 및 자료 영역'에서는 1) 학생들에게 어떤 교구 및 자료가 제공되는가, 2) 교사가 적절한 시기에 학생들이 기술적 도구(컴퓨터, 계산기)들을 사용하도록 지도하는가를, '학습 환경' 영역에서는 1) 교사가 어떻게 협동 학습 활동들을 선택하고 촉진하는가, 2) 협동, 담화 및 수학적 사고를 촉진하기 위하여 교사가 어떤 방법들을 사용하는가를, '지속적 평가' 영역에서는 1) 학생들의 학습을 평가하기 위하여 어떤 방법들이 사용되는가, 2) 교사가 자신의 교수를 개선하기 위하여 학생들의 과제를 어떻게 사용하는가가 제시되고 있다.

이러한 선행연구들의 고찰 결과, <표Ⅲ-1>과 <표Ⅲ-2>의 국내외 반성적 분석 준거들은 교사가 수업에 대하여 반성할 때 항상 '왜(why)' 혹은 '어떻게(how)'라는 의문점으로부터 수업을 관찰할 것을 요구하고 그 대안을 찾도록 하고 있음을 알 수 있다. 예비교사들을 대상으로 한 실험에서 반성의 훈련을 경험한 그룹은 어떠한 사건에 대하여 "왜"와 "어떻게"라는 분석을 하며 이야기를 전개하지만 경험을 못한 그룹은 그러한 변화를 보이지 않았다(Galvez-Martin과 Bowman, 1998). Sparks-Langer, 외(1990)도 "왜"라는 질문을 하는 것이 예비교사들의 반성의 발전에 있어 가장 필수적인 요소라고 지적하였다. 이것은 수업 반성이 '왜(why)' 혹은 '어떻게(how)'라는 질문을 수반하여 전개 되어야함을 의미한다. 수업 반성이 단순히 수업에 관한 만족, 불만족의 차원 혹은 수업 목표의 달성 여부에 초점을 둔 것이 아닌 심도 있는 숙고를 의미하는 것으로 수업의 전 과정에 대한 냉철한 자기 분석과 개선을 요구한다고 볼 수 있다. 그러나 서론에서 밝힌 바와 같이 Artzt 와 Armour-Thomas(2002)의 연구를 제외한 기존 연구들에서는 수학과 수업 반성을 위한 반성의 분석 준거가 미흡하여 이에 대한 개발이 필요하며, 이들이 제시한 분석 준거에만 수업 전·후의 반성 준거가 제시되어 있고 다른 학자들의 준거는 수업 후의 반성에만 초점이 맞추어져 있다. Schön(1983, 1987)은 진정한 전문가는 '행위 중 반성'을 잘하는 사람이라고 주장하였으며, 이종일(길병휘 외, 2004)은 '반성적 실천을 통한 전문가 교육'에서 '행위 중 반성'을 "자신의 수업을 개선하려는 의도를 미리부터 가지고 자신의 수업을 스스로 관찰하고 반성하고 나아가서 자신의 국지적인 이론을 개발하는 반성 과정을 자신의 삶 속에 습관화한 것을 의미한다"고 하였다. 이에 자신의 수업 행위에 대해 의도적으로 '행위 중 반성'을 시도하는 연구자로서의 교사에게는 지속적인 능력 향상이 이루어질 수 있다고 주장하였다. 따라서 수업 전·후 만이 아니라 수업 중에도 반성 할 수 있는 준거를 제시하여 지속적인 수업 개선이 이루어 질 수 있도록 할 필요가 있다.

더불어, 좀 더 체계화된 분석의 준거가 요구되는 바 한국교육과정평가원(2006), 원효헌(2002), 이윤식(2005)의 연구는 이러한 요건을 잘 충족시키고 있다. 그러나 평가적 체크리스트는 4단계나 5단계의 수행수준 체크로 되어 있고 세부 평가 항목이 33개에서 83개에 이르도록 매우 세분화되어 있다. 이 방법은 교사가 손쉽게 수업에 대하여 평가할 수 있는 장점은 있지만 깊이 있게 생각할 틈을 주지 않을 수도 있다. 또한 '왜'라는 의문이 결여되어 있어 자신의 수업 행위에 대해 점수로 평가 할 수는 있지만 행위에 대한 근거는 제시하지 못하고 있다. 또한, 반성적 분석 준거와 달리 대안 제시가 결여 되어 있으며 평가의 결과를 어떻게 적용할 것인가에 대한 의문도 없다. 이에 반성적 분석 준거와 평가적 분석 준거의 장점을 통합한 새로운 반성적 분석 준거의 개발이 필요하다.

2. 수학 수업을 위한 반성적 분석 준거 개발

본 연구에서는 수학 수업 반성을 위한 반성적 분석 준거 개발을 위해 우선 수학과 수업 반성의 절차를 수업 전·중·후로 분류하고 수학 수업에 관한 분석의 영역을 정하였다. 수학 수업에 관한 분석 영역은 한국교육과정평가원(2006)과 곽영순과 강호선(2005)이 제시한 수업 평가 기준 내역을 참고하였다. 한국교육과정평가원에서는 평가 영역의 중영역을 수학교과 지식, 내용교수법, 학생에 대한 이해, 수업 설계, 학습 환경 조성 및 학급운영, 수학 수업 실제, 전문성 발달로 기준을 나누었다. 곽영순과 강호선(2005)은 수업내용에 대한 전문성, 교수방법 및 평가에 대한 지식, 학생에 대한 지식, 수업 설계, 교실 환경(수업 분위기 조성), 과학 수업 실제, 학습 결과의 평가로 기준을 표시하였다. 이를 토대로 본 연구에서는 분석 내용의 영역을 수학교과 지식의 이해, 수업 설계, 학생 특성의 이해, 수학수업 실행 및 관리, 평가로 분류하였다.

반성적 질문은 선행연구의 반성적 질문들과 한국교육과정평가원(2006)의 수학과 수업 전문성 기준 내역의 평가요소, 원효헌(2002)과 이윤식(2005)의 자기 평가 체크리스트, 및 Northwest Regional Educational Laboratory의 Mathematics and Science Education Center에서 1999년에 발표한 '교사의 평가: 교사 평가를 위한 수학 및 과학 교수 기준 사용'을 참고로 위에서 제시한 분석 내용의 영역에 알맞은 반성적 질문들을 도출하였다.

도출된 반성적 질문들은 수업을 반성할 때

좀 더 숙고하여 반성하도록 하는 준거들이 되도록 선정하였으며 수학과 수업 반성을 위한 준거이므로 한국교육과정평가원(2006)의 '수학과 수업 전문성 기준 내역'의 평가요소를 준거 도출의 근거로 삼았다. 수업 분석의 관점은 유신영(2004)에서 주장한 바와 같이 기존의 분석지나, 평가지들이 주로 교수의 관점에서 수업을 보는 경향이 있어[8] 이의 보완을 위해 분석의 내용을 교수와 학습의 관점으로 나누어 제시하여, 교사와 학생의 상호적 입장[9]에서 수업을 분석하도록 하였다.

수업 전 반성에서 제시된 주제인 '나는 이번 수학 수업에서 가르칠 수업 목표와 학생들에 대해 충분히 이해하고 있는가?'는 유신영(2004)의 '나는 이번 수업에서 가르칠 수업 내용과 학생들에 대해 충분히 이해하고 있는가'와 Artzt와 Armour-Thomas(2002)의 수업 전 고려사항을 수학 수업과 관련하여 변형하였다.

'수학교과지식의 이해'에서 도출된 준거들은 수학에서의 위계성과 내용의 발달 단계를 고려하여 개발하였으며 실생활과 수학의 유용성을 부각시키기 위한 준거도 첨가하였다. '수업설계'에서는 한국교육과정평가원(2006)의 수학과 수업전문성 기준 내역을 토대로 동기 유발, 교수전략, 과제, 교구활용 등의 준비를 점검하는 질문을 도출하였다. '학생특성의 이해'에서는 원효헌(2002)과 이윤식(2005)의 자기 평가 척도에서 제시된 학습자의 능력과 특성을 고려한 수업 방법 선택과 관련하여 준거들을 도출하였다. '학생들의 참여를 지원하기 위한 방법을 생각하고 있는가'는 유신영(2004)의 '학습'관련 질문지에서 인용하였다.

수업 중 반성의 주제인 '나는 학생들의 반응에 적극적으로 대처하고 있는가'는 수업 실행에서 나타나는 학생과의 상호작용을 중시하여 개발하였다. 교수관점과 학습관점에서 제시된 준거들도 학생과의 상호작용을 중시하여 문제점 확인과 오류대처, 적절한 반응과 피드백에 초점을 두어 개발하였다.

수업 후 반성의 주제인 '나는 이번 수업의 결과에 만족하는가'는 전체적인 수업의 만족도와 관련하여 개발하였으며 통합적 관점에서 수업을 보도록 하기 위해 교수와 학습의 관점이 아닌 총체적 관점을 제시하였다.

수업 후 반성의 '이번 수학 수업에 만족하는 점은 무엇이고 그 이유는 무엇인가?' 와 '이번 수학 수업에 만족하지 않은 점은 무엇이고 그 이유는 무엇인가?'는 Artzt 와 Armour-Thomas (2002)의 '이 수업의 강점은 무엇이라고 생각하는가'와 '이 수업의 약점은 무엇인가' 및 Pultorak(1996)의 '당신이 생각하기에 그 수업은 성공적이었느냐? 그렇다면 그 이유는 무엇인가'를 참고로 개발하였다. '나는 그 수업 방법을 '왜' 선택했는지 설명할 수 있는가?', '이번 수학 수업에서 개선이 필요한 것이 무엇인지 설명할 수 있고 그것이 어떻게 개선되어야 하는지 구체적인 개선안을 제시 할 수 있는가?'는 '당신이 이 수업에서 사용할 다양한 교육학적 전략들에 관하여 당신이 갖는 지식과 왜 다른 것보다 이 학습법을 선택했는지 기술하라 (Artzt 와 Armour-Thomas, 2002)'와 '이 학습 과정을 개선하기 위해 수업을 한다면 당신은 다

8) 최근의 연구들(Darling-Hammond, 1999; The National Board for Professional Teaching Standards, 1999; Artzt 외, 2002; 노명완, 2001)은 교수 중심의 수업 분석 준거를 비판하고 교사가 자신의 수업을 분석할 때는 반드시 교수 행위뿐만 아니라 자신이 가르치는 학생의 학습도 고려하도록 역설하고 있다(유신영, 2004, 재인용).

9) 유신영(2004)에서 개발된 반성적 수업분석지는 교수와 학습의 관점에서 각각 10개의 질문을 도출하고 5단계의 점수로 환산토록 하였다.

른 대안적인 교육학적 접근을 생각할 수 있는가(Pultorak, 1996)?'를 토대로 개발하였다. '이번 수업 시간에 이용한 평가 방법이 학생들의 학습에 대한 효과적인 정보를 제시하고 있는가?'는 NREL의 MSEC[10](1999년)의 '지속적 평가 영역'에서 '교사가 자신의 교수를 개선하기 위하여 학생들의 과제를 어떻게 사용하는가'와 관련하여 유신영(2004)의 '학습'관점 반성적 분석지의 내용을 수정하여 개발하였다.

위 결과, 1차 개발된 반성적 분석 준거[11]를 검증하기 위해 초, 중, 고 각 2명의 교사[12]와 자문을 위한 심층 면담을 한 후 내용을 수정 · 보완하여 평가 전문가의 심층 검토를 받았다. 검토 결과 1차 개발본은 분석 내용의 영역을 표시하지 않았으나 검토 과정에서 표시하는 것이 좋다고 하여 '수업 전 반성'에 수학교과 지식의 이해, 수업 설계, 학생 특성의 이해를 표시하였다. '수업 중 반성'에는 수학수업 실행 및 관리를 '수업 후 반성'에는 평가를 표시하였다. 관점의 분류에 있어서도 수업 전 · 중 반성은 교수와 학습의 관점으로 분류하였으나 수업 후 반성은 총체적 관점으로 제시한 점이 지적되어 수업 후 반성도 교수와 학습의 관점으로 분류하였다.

각 분석의 준거에 있어서도 수업 전 반성에서 '학생들이 이 수학적 개념(내용)을 배워야 하는 이유를 알고 있는가?'와 '이 개념(내용)을 가르치는 데 영향을 미칠 다른 요인들을 생각하고 있는가?'는 '교수할 수학적 개념(내용)의 위계성과 연계성을 알고 있는가?' 및 '이 개념(내용)을 가르칠 때의 어려움과 한계점을 고려하고 있는가?'와 중복된 대답이 나올 수 있다고 지적되어 삭제되었다.

수업 중 반성에서는 발문에 대한 내용이 부족하다고 지적되어 '학생들의 사고를 확장하는 창의적인 발문을 사용하고 있는가?'를 첨가하였다.

수업 후 반성에서 '나는 그 수업 방법을 '왜' 선택했는지 설명할 수 있는가?'는 처음에 의도한 수업 방법과 관련하여 '처음에 의도한 수업 방법을 실천했는가? 그렇지 않다면 그 이유는 무엇인가?'로 수정하였다. 또, '이번 수업을 통해 학생들이 습득하게 된 수학적 내용은 무엇인지 말할 수 있는가?'는 수업 목표와 유사하다고 하여 삭제하고 대신, '학생들이 이번 시간에 수업의 목표에 도달했다고 생각하는가? 그러면 그 이유는 무엇이고, 그렇지 않다면 그 이유는 무엇인가?'로 수정하였다. '이번 수학 수업에 만족하지 않은 점은 무엇이고 그 이유는 무엇인가?'와 '이번 수학 수업에서 개선이 필요한 것이 무엇인지 설명할 수 있고 그것이 어떻게 개선되어야 하는지 구체적인 개선안을

10) Northwest Regional Educational Laboratory의 Mathematics and Science Education Center
11) 부록 참조
12) 6명 교사의 인적 사항은 다음과 같다.

1차 검토 교사	연령과 성별	교직 경력	학교급	학교 소재
교사 A	46/여	26년	초등학교	서울
교사 B	38/남	14년	초등학교	서울
교사 C	40/여	16년	중등학교	경기
교사 D	28/여	3년	중등학교	경기
교사 E	40/여	16년	고등학교	서울
교사 F	35/여	9년	고등학교	서울

제시 할 수 있는가?'는 통합하여 '이번 수학 수업에서 불만족스러운 점 혹은 개선이 필요한 점이 무엇인지 설명할 수 있고 그것이 어떻게 개선되어야 하는지 구체적인 개선안을 제시할 수 있는가?'로 수정하였다. 또, 분석 준거에 대한 충분한 사전 설명이 있은 후에 반성이 실천되어야 교사가 기존 사용하던 평가지와 차이점을 인식하여 준거 개발자가 의도한 숙고된 반성을 제대로 실행할 수 있을 것이라는 지적도 있었다. 더불어, 초, 중, 고 학교 급별에 따른 수업 반성의 준거 차별화에 대한 필요성도 대두되었으나 본 연구에서는 이 문제에 대하여 실험 수업을 실시한 후 후속 연구에서 심층적으로 다루기로 한다.

수정 결과 2차 개발된 반성적 분석 준거의 타당성을 검증하기 위해 서울 소재 공립 초등학교 교사 1명에게 6개월 동안 9회의 수업 촬영 후 동영상을 보며 반성적 분석지를 작성하게 하였다. 변화 관찰을 위해 Van Manen(1977)이 제시한 반성의 수준으로 분석한 결과 반성의 차수가 증가할수록 기계적 반성보다는 실천적 반성이나 비판적 반성을 하는 경향을 보였다. 이를 토대로 반성의 수준을 더 향상시키기 위해 최종본에는 '왜'와 '어떻게'라는 질문들을 더 첨가하기로 하였다. 참여자의 수업의 변화 과정은 한국교육과정평가원(2006)에서 제시한 수업관찰지[13]를 변형하여 4명[14]의 교사가 분석한 결과 '전문적 지식'과 '수학수업 실행' 영역에서는 많은 향상을 보였지만 '수업 설계'와 '학습 환경 조성 및 학급 운영' 영역에서는 변화가 없거나 오히려 하락하는 경향을 보였다. 따라서 '수준별 수업 내용 구성과 집단 운영', '평가', '학생 관리'에 대한 준거를 수정하거나 첨가하는 과정이 요구되었다. 그 밖에 참여자의 인식 조사에서는 수업을 보는 안목이 생기고 수학과목에 대한 중요성을 인식하게 되었으며 학생들이 점점 적극적이 되고 수업에 대하여 책임감을 느끼는 자세를 보였다고 주장하였다. 위 결과를 토대로 최종 도출된 반성적 분석 준거는 다음 <표 Ⅲ-3>과 같다.

Ⅳ. 요약 및 제언

NCTM(2005)은 수업평가와 교사의 유능함(effectiveness)에 대한 그들의 입장을 발표함에 있어 '수업 평가는 모든 학생들의 학습을 개선시키기 위하여 수업 실행을 강화하기 위한 학교 계획의 필수적인 요소인 바, 수업 평가와 수학 교사의 유능함은 지속적인 전문성 신장 발달을 위해 함께 연결되어야 한다[15]'라고 하였다. 이와 관련하여 본 연구에서는 수학교사의 전문성 신장을 위한 수업 평가 방안의 하나로 최근 대두되고 있는 수업 반성의 의미와 방법 등을 살펴보고 이것의 효율적 실현을 지원하기 위한 수학과 수업 반성을 위한 반성적 분석 준

13) [수업평가 매뉴얼]의 '수학과 수업 평가 기준'에서 제시한 이 관찰지는 설문분석이 아니라 2004~2006년 3년에 걸쳐 진행된 연구결과이다.

14) 4명의 교사의 인적 사항은 다음과 같다.

수업 평가 교사	연령과 성별	교직 경력	최종학력	학교 소재
교사 A	45/여	24년	학사	서울
교사 B	44/여	20년	석사	서울
교사 C	38/남	14년	석사	서울
교사 D	33/여	9년	학사	서울

<표Ⅲ-3> 수업 반성을 위한 반성적 분석 준거 최종본

<table>
<tr><th></th><th colspan="3">분석 내용</th></tr>
<tr><td rowspan="4">수업전반성</td><td colspan="3">◆ 나는 이번 수학 수업에서 가르칠 수업 목표와 학생들에 대해 충분히 이해하고 있는가?</td></tr>
<tr><td rowspan="2">교수관점</td><td>수학교과지식의 이해</td><td>- 교수할 수학적 개념(내용)의 위계성과 연계성을 알고 있는가?
- 이 개념을 가르칠 때의 어려움과 한계점을 고려하고 있는가?
- 이 수학적 개념(내용)의 역사적 배경을 알고 있는가?
- 교수할 수학적 내용과 실생활과의 관련성을 고려했는가?</td></tr>
<tr><td>수업설계</td><td>- 이 수학 수업에 대한 적절한 교수 방법 및 전략을 생각하고 있다면 그 방법 및 전략을 선택한 이유는 무엇인가?
- 계획된 수학 과제는 어떻게 선정되었으며 어떠한 방식으로 제시할 것인가?
- 적절한 동기유발 방법에 대하여 고려하고 있다면 왜 그 방법을 택했는지 설명할 수 있는가?
- 그 수학 교구를 왜 활용하며 어떻게 활용하려 하는가?</td></tr>
<tr><td>학습관점</td><td>학생특성의 이해</td><td>- 학생들의 참여를 지원하기 위한 방법을 생각하고 있는가?
- 학생들의 수학적 오류와 오개념에 대한 지식을 갖고 그것에 대한 대처 방안을 마련하여 수업에 임하는가?
- 학생들의 학습을 다양한 방법으로 평가하고 있는가?
- 학생들의 수학 능력을 고려한 집단 운영 방법을 선택했는가?
- 학생들의 수준에 맞는 수학 수업 내용을 구성하였는가?</td></tr>
<tr><td rowspan="3">수업중반성</td><td colspan="3">◆ 나는 학생들의 반응에 적극적으로 대처하고 있는가?</td></tr>
<tr><td>교수관점</td><td>수학수업실행및관리</td><td>- 학생들에게 수업 목표를 분명하게 제시하였는가?
- 학생들이 나타내는 수학적 오류와 오개념에 대하여 적절히 반응하고 있는가?
- 수업 방법상의 문제점을 확인하고 고쳐나가고 있는가?
- 예상치 못했던 질문, 상황, 문제점에 적절히 대처하고 있는가?
- 학생들의 수학적 사고를 확장하는 창의적인 발문을 사용하고 있는가?
- 수학 수업에 집중하도록 규칙을 통하여 적절한 학생 관리를 하고 있는가?</td></tr>
<tr><td>학습관점</td><td>수학수업실행및관리</td><td>- 학생들의 상호작용은 활발히 진행되고 있는가?
- 학생들이 질문과 설명에 반응할 충분한 시간을 주고 있는가?
- 모든 학생들에게 공정하게 반응하고 적절한 피드백을 주고 있는가?</td></tr>
<tr><td rowspan="3">수업후반성</td><td colspan="3">◆ 나는 이번 수학 수업의 결과에 만족하는가?</td></tr>
<tr><td>교수관점</td><td>평가</td><td>- 이번 수학 수업에 만족하는 점은 무엇이고 그 이유는 무엇인가?
- 이번 수학 수업에서 불만족스러운 점 혹은 개선이 필요한 점이 무엇인지 설명할 수 있고 그것이 어떻게 개선되어야 하는지 구체적인 개선안을 제시할 수 있는가?</td></tr>
<tr><td>학습관점</td><td>평가</td><td>- 학생들이 이번 시간에 수업의 목표에 도달했다고 생각하는가? 그러면 그 이유는 무엇이고, 그렇지 않다면 그 이유는 무엇인가?
- 이번 수업 시간에 이용한 평가 방법이 학생들의 학습에 대한 효과적인 정보를 제시하고 있는가?</td></tr>
</table>

거를 제안하였다. 선행 연구를 중심으로 고찰한 내용을 정리하면 다음과 같이 요약될 수 있다.

첫째, 수업 반성의 효율적 실현을 위한 분석 준거에 관한 고찰 결과 연구자들은 교사가 수업에 대하여 반성할 때 항상 '왜(why)' 혹은 '어떻게(how)'라는 의문을 가지고 수업을 관찰하고 개선안을 찾을 것을 제안하고 있다. 이것은 수업 반성이 단순히 수업에 관한 만족, 불만족의 차원이 아닌 심도 있는 관찰과 분석을 통하여 수업을 개선하고자 하는 의도를 나타낸다고 할 수 있었다.

둘째, 선행 연구들을 고찰한 결과 수학과 수업 반성을 위한 반성적 분석 준거가 부족하며, 기존의 세분화된 체크리스트적 수업 평가 기준을 보완할 수 있는 수학과 수업 반성을 위한 분석 준거의 필요성이 대두되었다. 이에 수학과 수업 반성의 절차를 수업 전·중·후로 분류하고 분석 내용의 영역은 수학교과 지식의 이해, 수업 설계, 학생 특성의 이해, 수학수업 실행 및 관리, 평가로 구분하여 각 영역에 적합한 반성적 질문들을 도출하였다. 도출된 반성적 질문들은 수업에 대하여 좀 더 숙고할 수 있는 질문들이 되도록 노력하였으며, 수업 분석의 관점은 분석의 내용을 교수와 학습의 관점으로 나누어 제시하여, 교사와 학생의 상호적 입장에서 수업을 분석토록 하였다.

본 연구 결과를 토대로 제한점 및 후속 연구를 위한 제언을 하면, 본 연구에서 개발된 수학수업 반성을 위한 반성적 분석 준거는 적용 방법과 과정이 다각적이지 못하였다. 따라서 다양한 교사와 장기간에 걸친 연구를 통하여 본 연구의 반성적 분석 준거가 교사 개인의 수업 활동에 어떠한 영향을 주는지, 그리고 준거의 영향이 나타나는 시기 등을 검증하는 과정과 학교 급별로 차별화된 분석 준거의 개발이 필요하다. 또한 선행 연구들이 주로 예비교사나 초임교사들을 대상으로 실행되었으므로 경력교사와 초임교사들을 같이 연구하는 활동이 필요하며 교사 개인별 특성 즉, 신념, 내용 교수 지식(PCK) 등이 반성의 결과에 어떠한 영향을 미치는지에 대한 연구를 계속할 필요가 있다.

15) http://nctm.org/about/content.aspx?id=6370

참고문헌

강호선(2003). 생물 교육 실습생의 자기 수업에 대한 반성을 통한 수업 기술 개선 연구 : 비디오 촬영과 자기 분석을 중심으로. 서울대학교 대학원 석사학위논문.

강흥규(2005). Dewey의 경험주의 수학교육론 연구. 서울: 경문사.

곽영순·강호선(2005). 교사평가 수업평가 – 수업평가 바로하기. 서울: 도서출판 원미사.

권정숙(2002). 유아교사의 반성적 사고 및 반성적 사고수준과 교수능력. 서울여자대학교 대학원 박사학위 논문.

길병휘·김만의·김상룡·김영민·김현숙·석문주·송남희·송명섭·송언근·이명숙·이원희·이종일·조영남·조용기·최신일·최창우(2004). 교사교육: 반성과 설계. 서울: 교육과학사.

김영주(2005). 수학교사의 수업 반성에 대한 사례연구 : 중학교 수학교사의 발문을 중심으로. 한국 교원대학교 대학원 석사학위논문.

김왕근(2003). 국가 수준의 교육과정 개정 방식 개선에 관한 연구: 교실 수업 이해의 관점에서. 2003년도 정기 학술대회 자료집.

한국사회과교육학회.

노진호(1994). Dewey의 反省的 思考에 대한 分析. 首善論集. 19. 293-318

박은혜(1996). 반성적 사고와 유아 교사교육. 유아교육연구. 16(1). 175-192.

배소연(1993). 유아교사의 실천적 지식과 교사교육의 방향. 교육학 연구. 31(5). 153-171.

서경혜(2005). 반성과 실천: 교사의 전문성 개발에 대한 소고. 교육과정 연구. 23(2). 285-310.

손영민(1999). 교사 교육을 위한 새로운 패러다임으로서의 PDS. 한국교사교육. 16(2). 81-99.

손은정(2003). 반성적 사고와 전문가 교육. 학생생활연구. 28. 31-54.

우정호・정영옥・박경미・이경화・김남희・나귀수・임재훈(2006). 수학교육학 연구방법론. 서울: 경문사.

원효헌(2002). 수업평가의 이해와 적용. 서울: 교육과학사.

유솔아(2006). PDS에서의 교육과정 연구 및 개발에 참여한 교사들의 반성과 전문성 변화에 대한 연구. 이화여자대학교 대학원 박사학위논문.

유신영(2004). 교사의 전문성 향상을 위한 반성적 수업분석 모형 개발. 이화여자대학교 대학원 석사학위논문.

이윤식(2005). 장학론-유치원・초등・중등 자율장학론. 서울: 교육과학사.

이진향(2002). 교사의 수업개선을 위한 반성적 사고의 의미 고찰. 한국교원교육연구. 19(3). 169-188

조순묵(1998). 수업 반성을 통한 초등교사의 체육교수활동 변화. 서울대학교 대학원 박사학위논문.

한국교육과정평가원(2006). 수업 평가 매뉴얼 - 수학과 수업 평가 기준. 연구자료 ORM 2006-24-5.

Artzt, A. F. & Armour-Thomas E. (2002). *Becoming a reflective mathematics teacher: A guide for observation and self-assessment.* Mahwah, NJ: Lawrence Erlbaum.

Bowman, C. L., Galvez-Martin, M., & Morrison, M. (2005). Developing reflection in preservice teachers. In S. E. Israel, C. C. Block, K. L. Bauserman, & K. Kinnucan-Welsch (Eds.), *Metacognition in literacy learning: Theory, assessment, instruction, and professional development* (pp. 335-350). Hillsdale, NJ: Lawrence Erlbaum.

Bringle, R. G. & Hatcher, J. A. (1999). Reflection in service learning: Making meaning of experience. Educational Horizons, 77(4). 179-185.

Colton, A., & Spark-Langer, G. (1993). A conceptual framework to guide the development of teacher reflection and decision making. *Journal of Teacher Education, 44*(1), 45-54.

Crotty, T., & Allyn, D. (2001). Evaluating student reflections. River Falls, WI: University of Wisconsin.

Cruickshank, D. R. (1987). *Reflective teaching: The preparation of students of teaching.* Reston, VA: Association of Teacher Educators.

Dewey, J. (1933). *How we think: A restatement of the relation of reflective thinking to the educative process*, Boston: D. C. Health. 임한영(역)(1986). 사고하는 방

법. 서울: 법문사.

England, A. & Spence, J. (1999). *Reflection: a guide to effective service learning. Linking learning with life.* Clemson, SC: National Dropout Prevention Center..

Galvez-Martin, M. E. (1997, October). *Who is more reflective? Inservice or preservice teachers?* Paper Presented at the Annual Meeting of the Mid-Western Educational Research Association, Chicago, IL.

Galvez-Martin, M. E., & Bowman. C. L. (1998, February). *Reflection and the preservice teacher.* Paper Presented at the Annual Meeting of the Association of Teachers Educators, Dallas, TX.

Hart, L. C., Najee-Ullah, D., & Schultz, K. (2004). The reflective teaching model: A professional development model for in-service mathematics teachers. In R. N. Rubenstein & G. W. Bright (Eds.), *Perspectives on the teaching of mathematics.* (pp. 207-218). Reston, VA: National Council of Teachers of Mathematics.

Jay, J. K. (1999, February). U*ntying the knots: Examining the complexities of reflective practice.* Paper Presented at the Annual Meeting of the American Association of Colleges for Teacher Education, Washington, DC.

Johnston, J. D. (2001, November). *Using written reflection to identify preservice teachers' active instructional knowledge during mathematics mentoring.* Paper Presented at the Annual Meeting of the Mid-South Educational Research Association, Little Rock, AR.

Johnston, M. (1994). Contrasts and similarities in case studies of teacher reflection and change. *Curriculum Inquiry.* 24(1). 9-26.

Kuhn, D. (1986). Educating for thinking. *Teachers College Record. 87*(4), 495-512.

Langer, G. M., & Colton, A. B. (1994). Reflective decision making: The cornerstone of school reform. *Journal of Staff Development. 15*(1), 2-7.

Lee, Hea-Jin. (1999). *The nature of the changes in reflective thinking in preservice mathematics teachers engaged in student teaching field experience in Korea.* Unpublished doctoral dissertation, The Ohio State University-Lima, Lima, OH.

Martin, M. (2005). Reflection in teacher education: how can it be supported? *Education Action Research. 13*(4), 525-540.

McDuffie, A. R. (2004). Mathematics teaching as a deliberate practice: An investigation of elementary pre-service teachers' reflective thinking during student teaching. *Journal of Mathematics Teacher Education, 7*(1), 33-61.

Mewborn, D. (1999). Reflective thinking among pre-service elementary mathematics teachers. *Journal for Research in Mathematics Education, 30*(3), 316-341.

NCTM. (1991). *Professional standards for teaching mathematics.* Reston, VA: The National Council of Teacher of Mathematics, Inc.

Pultorak, E. G. (1996). Following the

development process of reflection in novice teachers: Three years of investigation. *Journal of Teacher Education, 47*(4), 283-291.

Ross, D. D. (1989). First steps in developing a reflective approach. *Journal of Teacher Education, 44*(4), 288-295.

Schön, D. (1983). *The reflective practitioner.* New York: Teachers College Press.

Schön, D. (1987). *Educating the reflective practitioner.* San Francisco, CA: Jossey-Bass.

Smyth, J. (1989). Developing and sustaining critical reflection in teacher education. *Journal of Teacher Education, 40*(2), 2-8.

Shulman, L. (1987). Knowledge and teaching: Foundations of the new reform. *Harvard Educational Review, 57*(1). 1-22.

Sparks-Langer, G., Simmons, J. M., Pasch, M., Colton, A., & Starko, A. (1990). Reflective pedagogical thinking: how we promote it and measure it? *Journal of Teacher Education, 41*(4), 23-32.

Sparks-Langer, G., & Colton. A. (1991). Synthesis of research on teachers' reflective thinking. *Educational Leadership, 48*(6), 37-44.

Van Manen, M. (1977). Linking ways of knowing with ways of being practical. *Curriculum Inquiry*, 6, 205-228.

Zeichner, K. M., & Liston, D. P. (1987). Teaching student teachers to reflect. *Harvard Educational Research.* 57(1). 23-48

______________________________ (1996). Reflective teaching: An introduction. Mahwah, NJ: Lawrence Erlbaum.

<부록1> 수업 반성을 위한 반성적 분석 준거 1차 개발본

	분석 내용
수업 전 반성	◆ 나는 이번 수학 수업에서 가르칠 수업 목표와 학생들에 대해 충분히 이해하고 있는가? • 교수(teaching) 관점 - 학생들이 이 수학적 개념(내용)을 배워야 하는 이유를 알고 있는가? - 교수할 수학적 개념(내용)의 위계성과 연계성을 알고 있는가? - 이 개념(내용)을 가르칠 때의 어려움과 한계점을 고려하고 있는가? - 이 개념(내용)을 가르치는 데 영향을 미칠 다른 요인들을 생각하고 있는가? - 이 수학적 개념(내용)에 대한 역사적 배경을 알고 있는가? - 교수할 수학적 내용과 실생활과의 관련성을 고려했는가? - 적절한 교수 방법 및 전략을 생각하고 있는가? - 제시할 과제는 사전에 계획되어 있는가? - 적절한 동기유발 방법에 대하여 고려하고 있는가? - 적절한 수학 교구 활용 계획을 갖고 있는가? • 학습(learning) 관점 - 학생들의 참여를 지원하기 위한 방법을 생각하고 있는가? - 학생들의 수학적 오류와 오개념에 대한 지식을 갖고 거기에 대한 대처 방안을 마련하여 수업에 임하는가? - 학생들의 학습을 평가할 방법을 생각하고 있는가? - 학생들의 능력을 고려한 수업 방법을 선택했는가?
수업 중 반성	◆ 나는 학생들의 반응에 적극적으로 대처하고 있는가? • 교수(teaching) 관점 - 학생들에게 수업 목표를 분명하게 제시하였는가? - 학생들이 나타내는 수학적 오류와 오개념에 대하여 적절히 반응하고 있는가? - 수업 방법상의 문제점을 확인하고 고쳐나가고 있는가? - 예상치 못했던 질문, 상황, 문제점에 적절히 대처하고 있는가? • 학습(learning) 관점 - 학생들의 상호작용은 활발히 진행되고 있는가? - 학생들이 질문과 설명에 반응할 충분한 시간을 주고 있는가? - 모든 학생들에게 공정하게 반응하고 있는가? - 모든 학생들에게 적절한 피드백을 주고 있는가?
수업 후 반성	◆ 나는 이번 수업의 결과에 만족하는가? • 총체적 관점 - 이번 수학 수업에 만족하는 점은 무엇이고 그 이유는 무엇인가? - 이번 수학 수업에 만족하지 않은 점은 무엇이고 그 이유는 무엇인가? - 나는 그 수업 방법을 '왜' 선택했는지 설명할 수 있는가? - 이번 수학 수업에서 개선이 필요한 것이 무엇인지 설명할 수 있고 그것이 어떻게 개선되어야 하는지 구체적인 개선안을 제시 할 수 있는가? - 이번 수업 시간에 이용한 평가 방법이 학생들의 학습에 대한 효과적인 정보를 제시하고 있는가? - 이번 수업을 통해 학생들이 습득하게 된 수학적 내용은 무엇인지 말할 수 있는가?

07 『초등수학교실문화의 개선: 사회수학적 규범과 수학적 관행』에 관한 해설

방 정 숙(한국교원대학교)*

본 논문은 3명의 초등학교 교사들이 1년 동안 자신들의 수학교실문화를 개선해 나가는 과정을 비교분석한 것이다. 저자는 미국 유학시절, 당시 수학교육의 이론적 토대였던 구성주의적 관점과 사회문화적 관점을 실용적으로 조정한 Paul Cobb과 그의 동료들의 연구(예, Cobb & Yackel, 1996)에 관심을 가지게 되었다. 이를 바탕으로 박사논문에서 두 교실의 미묘한 수학교실문화를 분석하게 되었는데, 외형적으로는 별반 차이가 없어 보였지만 사회수학적 규범 측면에서 의미 있는 차이를 발견하게 되고, 그러한 교실문화를 형성하는 데 주된 역할을 하는 교사에 관심을 가지게 되었다. 또한 박사 후 연구자(post-doctoral researcher)로서, 자신들의 수학 수업을 개선하려고 노력하는 초등학교 교사들의 도전을 지원하면서 동시에 그 성공 정도를 다각적인 측면에서 분석할 수 있는 기회가 있었다. 이와 같은 연구 배경을 바탕으로 2002년 교원대 교수로 임용되었을 때 첫 번째로 해 보고 싶었던 연구가 우리나라의 교사들이 수학교실문화를 형성하는 과정, 또는 보다 바람직한 방향으로 그 문화를 변화시켜나가는 과정을 분석하는 것이었는데, 본 논문은 그 결과로 나온 것이다. 본 연구 당시, 많지는 않았으나 우리나라에도 수학교육에서의 사회문화적 관점이 소개되었고, 제7차 수학과 교육과정이 전면 시행되는 시기였기 때문에 학생(학습자)중심 수학교실문화가 강조되었다. 이에 현장 교사들이 기존의 교사중심 문화에 반하여 어떻게 학생중심 교실문화를 이해하고 실제 이를 구현하는지, 그리고 그 과정에서 성공하는 정도는 어떠하고 어려움을 겪는 측면은 무엇인지 등을 사회수학적 규범과 수학적 관행이라는 이론적 배경을 토대로 분석하였다.

본 연구의 특징은 우선 연구에 참여하는 교사가 수업 변화의 주체자로 능동적인 역할을 하였다는 점이다. 수학교실문화에 대한 일반적인 연구 경향은 수학교육자(연구자)가 특정 기간 동안 현장 교사의 역할을 하면서 제기되는 여러 가지 이슈를 분석하거나, 특정한 교사교육 프로그램에 교사들을 참여하게 한 후 수업 변화 정도를 후속 연구로써 관찰하거나, 현장 교사가 수업을 하기는 하지만 연구자 또는 연구팀이 수업 설계에서부터 분석에 이르기까지 상당한 정도의 개입을 하는 경우가 많다(방정숙, 2004). 이에 반해 본 연구는 학생 중심 교육과정이 적용되면서 자신들의 수학 수업을 개선하려고 노력하는 교사들이 적극적으로 참여했다는 데 의의가 있다. 또 연구자의 특정한 아이디어를

* jeongsuk@knue.ac.kr

참여 교사들이 자신들의 수학 수업에 단순히 적용했다기보다는, 수학 교수·학습과 관련하여 가지고 있는 지향(orientation)과 아이디어를 토대로 수학교실문화를 변화시켜 나가는 과정을 탐색했다는 데 그 의의가 있다. 교사의 전문성은 곧 수업에서의 전문성이고, 그런 전문성을 신장시켜 나가는 주체는 교사여야 하기 때문에(Li & Kaiser, 2011), 교사가 주체자로서 연구에 참여하고, 자신의 고유한 아이디어를 바탕으로 수업 변화를 추구했다는 점이 의미 있다.

또한 본 연구는 1년 동안 6개의 수학교실문화를 분석했다는 특징도 가지고 있다. 교사가 자신의 평상시 수학 수업을 외부 연구자에게 여러 차례 공개하는 것은 쉽지 않은 일이다. 이에 현장 교사의 자연스러운 수학 수업을 분석하는 연구는 대개 단기간의 수업 관찰이라는 제한점이 따르기 마련이다. 그러나 본 연구는 참여 교사들의 개방적인 마음과 헌신으로 1년에 걸쳐 학생중심의 수학교실문화를 형성하는 과정을 탐색할 수 있었다. 더욱이 6개의 수학교실문화를 분석할 수 있었는데, 이것은 우연히 발생한 일이다. 본 연구는 한국학술진흥재단의 지원을 받았는데, 원래 연구 계획은 각 교사가 1년 동안 학생들과 다양한 상호작용을 거치면서 어떠한 수학교실문화를 형성하는지를 탐색하는 것이었다. 그러나 난감하게도 연구기간 때문에 각 교사의 2학기 수업을 먼저 관찰하고 그 다음 새로운 학년 또는 반에서의 1학기 수업을 관찰하게 되었다. 전자를 통해 교사와 학생이 어느 정도 형성한 수학교실문화를, 후자를 통해 새로운 학생들과 수학교실문화를 형성하는 과정을 탐색할 수 있는 장점이 생겼다. 또한 년도가 바뀜에 따라 동일한 교사가 다른 학년을 맡게 되어 결국 두 반의 수학교실문화를 분석할 수 있게 되었다. 이를 통해 그러한 문화를 형성하는 데 있어서 교사가 얼마나 일관적인지, 그리고 얼마나 핵심적인 역할을 하는지 등에 대해서 고찰할 수 있는 기회가 추가적으로 발생하였다.

한편, 본 연구의 또 다른 특징은 공통의 목표를 가진 교사공동체를 기초로 하고 있다는 점이다. 2000년대 초반 우리나라의 수학교육 연구에서 교사공동체(또는 학습·탐구공동체)에 대한 연구는 별반 없었다. 상대적으로 긴 기간의 수업 관찰 및 분석, 그리고 교사의 적극적인 연구 참여를 가능하게 했던 것은 바로 이 교사공동체의 힘이었다고 해도 과언이 아니다. 참여 교사들은 기본적으로 한 달에 2번씩 평상시의 수학 수업을 비디오로 녹화했고, 토요일에 교원대에서 모여 하루 종일 그 비디오를 함께 보면서 자연스럽게 수업에 대해서 논의하는 기회를 가졌다. 이 교사들이 모두 현직 교사였음을 감안할 때 얼마나 많은 시간을 연구에 할애해 주었는지 다시 생각해도 감사할 따름이다. 또한 교사들의 입장에서는 그만큼 많은 시간을 투자하게 되어 본 연구를 통해 자신들의 수학 수업을 보다 나은 방향으로 개선하려는 의지가 강해져 더 열심히 참여하는 효과도 있었다.

본 논문은 구체적인 에피소드 및 이에 대한 면밀한 분석을 바탕으로 6개의 수학교실 문화가 사회적 규범 측면에서는 꽤 유사한 양상이 있었으나 사회수학적 규범과 수학적 관행 측면에서는 공통점보다는 차이점이 더 많이 부각되었다는 점을 밝혔다. 예를 들어 교사가 수학적 의미를 고려하여 수업 내용을 재구성했다 할지라도 이를 통해 학생들이 관련된 수학적 개념이나 원리를 충분히 이해하도록 돕는 정도에서는 차이를 보였고, 여러 가지 다양한 해결방법이나 표현을 강조했다 할지라도 그것들 사이의 연결을 추구하는 정도에서는 차이를 보였다. 이는 결과적으로 각 교실에서의 수학적 담화의 질과 학생들의 수학 학습 기회를 결정하였다. 이와 같은 연구 결과는 사회수학적 규범과 수학적 관행의 중요성을 드러낸다. 또한 기존의 피상적이거나 단편적인 수업 분석 경향을 뛰어넘어 실제 수업의 여러 가지 양상을 면밀히 분석하는 것이 중요하다는 점을 시사한다.

강조하건대, 본 연구의 참여 교사들은 보다 나은 학생중심 교실문화를 구현하기 위해서 서로간의 유대 및 친밀함을 유지하면서도 수업을 분석할 때는 적절한 비평을 주고받는 공동체를 형성하였다. 수업에서의 진정한 변화나 개선을 추구한다면 궁극적으로 교사가 주체가 되어야 할 것이다. 또한 수학 수업을 설계하고 실행하며 분석해 보는 일련의 과정을 자연스럽게 함께 논의할 교사공동체가 필요하다. 교사 변화 또는 수업 개선 과정을 탐구하는 것은 수학교사교육 연구에서 여전히 중요한 과제이다. 외부 연구자가 개발한 특정한 프로그램이나 연수 효과를 분석하는 경향을 뛰어 넘어 교사들 간의(또는 적어도 교사가 능동적으로 참여하는) 자발적인 모임을 통한 수업 변화 과정을 추적하는 연구가 필요하다. 또한 실제 수업 개선에 긍정적인 영향을 끼치는 교사공동체의 성격과 본질에 대한 탐색도 필요하다.

참고문헌

방정숙(2004). 초등수학교실문화의 개선: 사회수학적 규범과 수학적 관행. **수학교육학연구, 14**(3), 283-304.

Cobb, P., & Yackel, E. (1996). Constructivist, emergent, and sociocultural perspectives in the context of developmental research. *Educational Psychologist, 31*(3/4), 175-190.

Li, Y., & Kaiser, G. (Eds.). (2011). *Expertise in mathematics instruction: An international perspective.* New York: Springer.

大韓數學教育學會誌 數學教育學研究 第 14 卷 第 3 號
The Journal of Educational Research in Mathematics
Vol. XIV, No.3, 283-304. Aug 2004

초등수학교실문화의 개선: 사회수학적 규범과 수학적 관행[1)]

방 정 숙*

본 논문은 1년 동안 학생중심 수학교실문화를 구현하려고 노력하는 3명의 초등학교 교사들을 대상으로 6개의 수학교실문화를 분석함으로써 교사중심에서 학생중심의 문화로 바뀌나가는 과정을 상세하게 탐색한다. 연구대상 교실 모두에서 일반적인 사회적 규범과 관련하여 학생중심 교수법의 전형적인 양상이 구현된 반면에, 사회수학적 규범과 수학적 관행 측면에서는 학생들의 아이디어가 수학적 담화와 활동의 중심이 되는 정도에 따라서 유사성보다는 차이점이 부각되었다. 이러한 연구 결과를 바탕으로 수학교실문화 개선의 난제, 사회수학적 규범과 수학적 관행의 중요성, 교사의 역할 등에 관해 논의한다.

I. 시작하는 말

제7차 수학과 교육과정은 교사중심의 수학교실문화를 학생중심의 수학교실문화로 바뀌나가려는 의지를 반영하고 있다. 하지만 많은 교사들이 교육과정의 전반적인 취지나 내용 등에 대해서 원칙적으로는 동의하면서도 여러 가지 현실적인 여건을 감안하여 여전히 '이상적'인 교육과정으로 인식하는 경향이 있다. 또한 수학 수업에 적용하는 경우도 교육과정의 취지를 제대로 반영하지 못한 채 피상적인 수준에서만 변화를 꾀하는 경우가 많다. 예를 들어 수학적 사고를 제대로 반영하지 못하는 활동 자체만의 강조, 컴퓨터나 구체적 조작물의 비효율적인 활용, '재미있는 놀이'와 '문제해결' 차시 적용의 어려움, 개별 학습지 활용을 주로 하는 수준별 수학 수업 등을 들 수 있다. 현행 교육과정 시행과 관련하여 외형적인 측면에서는 성공적이라 할지라도 교수·학습의 변화 측면에서는 그다지 성공적이지 못하다는 점을 고려해 볼 때, 실제 학생중심의 수학교실문화를 형성해 가는 과정을 상세하게 분석하는 것은 필수적인 연구라 할 수 있으며, 이는 추후의 개혁 방향의 설정과 구체적인 실행 방안에 실질적인 시사점을 줄 수 있을 것으로 기대된다.

한편, 자신의 수학교실문화를 바꿔보려고 부단히 노력하는 헌신적인 교사들에게서조차 교수·학습의 사회적인 참여 양상의 변화[2)]와 학생들의 수학적 사고 증진을 제대로 연계하지 못하는 경향이 있다(Stein, Grover, & Henningsen, 1996). 따라서 수학교실문화를 바꿔 나가려고 노력하는 교사들을 중심으로 학생중심의 교실문화를 형성해 나가는 과정을 분석하고 이

* 한국교원대학교, jeongsuk@knue.ac.kr

1) 이 논문은 2002년도 한국학술진흥재단의 지원에 의하여 연구되었음(KRF-2002-003-B00257).

2) 예를 들어, 설명식 수업보다는 모둠별 활동과 학생들의 토론을 강조하는 수업

와 관련된 교사의 학습 및 변화 과정을 체계적으로 연구하는 것이 필요하다.

수학교실문화에 관한 일반적인 연구 경향은 수학교육자가 직접 현장 교사의 역할을 하면서 개혁과 관련된 아이디어를 적용해 보는 방법(Ball, 1993), 교사개발 전문프로그램에 참여한 후의 교사 변화를 분석하기 위해서 일종의 후속 연구로써 수학 수업을 단기적으로 관찰하는 경향(Fennema & Nelson, 1997), 또는 현장 교사와 긴밀한 관계를 유지하면서 그 교사가 수학 교수법을 변화시켜 나갈 수 있도록 수업 준비단계에서부터 평가단계에 이르기까지 연구팀이 자세한 도움을 주는 경향(Cobb & Bauersfeld, 1995) 등으로 분석해 볼 수 있다.

본 연구는 추상적일 수 있는 학생중심의 교육과정을 구체적으로 초등학교 수학수업에 적용해 보는 과정을 분석하고, 그 과정 속에서 자연스럽게 현장교사가 겪게 되는 도전과 이에 따르는 시사점을 탐구해 보는데 연구 목적을 두었기 때문에, 연구자보다는 현장교사가 직접 가르치는 수업을 관찰하고 분석하였다.

또한 기존 연구에서처럼 특정한 교사개발 전문프로그램을 기획하고 이에 대한 효과를 검증하기 위해서 부분적으로 수업관찰을 하거나, 상세한 수업과정에 이르기까지 외부 연구자가 직접적으로 개입하기보다는 교사 고유의 수학적 가치와 아이디어를 근간으로 다양하게 교실문화를 바꿔나가는 과정을 분석하는데 초점을 두었다. 다만, 그러한 변화과정에 도움을 주기 위해서 연구자는 현장교사들과 정기적인 토론모임을 갖고 이를 통해 수학교실문화 개선과 관련하여 각자의 교실에서 드러나는 쟁점을 논의할 수 있는 기회를 부여하였으며, 교사의 요청이 있는 경우 해당교실 상황에서의 수업에 적합한 전략을 논의하였다.

II. 수학교실문화에 대한 이해 및 분석

수학교실문화에 대한 이해 및 분석은 수년간의 교실 프로젝트를 기반으로 하여 현재 수학교육동향의 이론적 토대라고 할 수 있는 구성주의적 관점과 사회문화적 관점을 실용적으로 조정한 Paul Cobb과 그의 동료들의 연구를 기초로 한다(Cobb & Yackel, 1996). 이들은 수학학습을 개인의 능동적인 구성 과정과 문화화(enculturation)과정으로 간주하고 서로 다른 두 가지 이론을 교실 수준에서 어떻게 연계하여 분석할 수 있는지 논의한다. 구체적으로, <표 II-1>에서와 같이 사회적인 관점으로부터는 수학교실문화의 세 가지 주요개념으로서 교실의 사회적 규범, 사회수학적 규범, 교실의 수학적

<표 II-1> 수학교실문화의 분석을 위한 체계

사회적 관점	심리적 관점
사회적 규범(classroom social norms)	자신 및 타인의 역할, 학교 활동의 전반적인 본질에 관한 신념
사회수학적 규범(sociomathematical norms)	수학적 신념이나 가치
수학적 관행 (classroom mathematical practices)	수학적 개념과 활동

관행을 제안한다[3]. 심리적인 관점으로부터는 이와 대응되게 자신 및 타인의 역할과 학교 활동의 전반적인 본질에 관한 신념, 수학적 신념이나 가치, 수학적 개념과 활동을 제안한다.

1. 사회적 규범과 사회수학적 규범

사회적 규범은 수업의 참여 구조를 구성하는 특색으로써, 교실 활동의 일반적인 패턴, 교사나 학생의 기대, 의무, 역할 등을 그 예로 들 수 있겠다. 이에 반해 사회수학적 규범은 "학생들의 수학 활동에 독특한, 전체수업 토론의 규범적인 양상"(Cobb & Yackel, 1996, p. 178), 또는 보다 포괄적으로 "수학적인 활동과 담화에 관한 기준"(Cobb, 1999, p. 9)으로 정의된다. 즉, 사회적 규범은 어느 교과에나 적용 가능한 일반적인 개념인데 반해, 사회수학적 규범은 특별히 수학적인 설명과 정당화에 관련된 규범이라고 할 수 있다.

학생중심의 수학교실문화에서 형성될 수 있는 일반적인 사회적 규범의 예는 학생들이 자기 자신의 문제해결방법을 창안하여 발표하고 정당화하는 것이다. 좀 더 특수한 상황을 예로 들자면, 전체 토론에 참여하는 학생들이 이전에 발표된 해결 방법과는 "다른" 아이디어를 제시할 것이라는 기대도 포함될 수 있다. 하지만, 하나의 해결 방법을 다른 해결 방법과 비교하여 볼 때, 무엇이 "수학적으로 다른" 해결 방법을 만드는 지를 이해하는 것은 사회수학적 규범과 관련된다. 유사하게, 무엇이 한 교실 공동체내에서 수학적으로 받아들여질만한 설명인지에 대한 이해, 또는 수학적으로 정당화할 수 있는, 쉬운, 분명한, 효과적인, 또는 세련된 설명인지에 대한 이해는 사회수학적 규범의 예이다(Bowers, Cobb, & McClain, 1999; Cobb, Gravemeijer, Yackel, McClain, & Whitenack, 1997).

2. 사회수학적 규범의 유용성

사회수학적 규범은 수학적 가치나 신념에 관한 개개인의 이해 또는 좀더 광범위하게 수학적 성향과 반사적으로 관련된 것으로 강조되어 왔다. 특별히, Yackel과 Cobb(1996)은 학생들이 교실 활동에 참여하면서 어떻게 수학에서 지적 자율성 (intellectual autonomy)을 발달시키는지 설명하는데 있어서 사회수학적 규범을 중요한 개념으로 부각시켰다. 프로젝트 연구대상 학교에서 학생들은 사회수학적 규범을 협상하는 과정에 공헌하게 됨에 따라 점차적으로 자율적인 학생이 되어 갔다. 이 점에서, 교사가 교실의 사회수학적 규범에 분명한 관심을 둠으로써 학생들의 지적 자율성 발달에 도움을 주는 것으로 강조하였다.

사회수학적 규범과 학생들의 지적 자율성 발달간의 관계에 기초하여 Rasmussen과 King (1998)은 탐구학습 중심의 미적분 수업을 수강한 학생들과 전형적인 수업을 수강한 학생들의 수행능력과 자율성을 비교하였다. 기말고사를 통해 드러난 학생들의 수행능력 측면에서는 두 집단 간에 유의미한 차이가 없었으나, 학생들의 자율성 측면에서는 놀랄만한 차이가 있었다. 탐구학습 중심의 수업을 수강한 학생들은 자신들의 문제 해결 방법에 대해서 논의하고 정당화하기 위해서 여러 가지 수학적 방법을 활용하는 반면에, 전형적인 수업을 수강한 학생들은 주로 자신들의 계산 과정만을 점검했고, 면담자가 확인해 줄 것을 기다리곤 했다.

---

3) 이 세 가지 요소는 교사와 학생들이 수학 활동 및 토론에 적극적으로 참여하는 과정 속에서 계속적으로 협상되고 재정의되는 사회적 과정을 통해 형성되는 것으로 전제된다.

이러한 차이의 원인으로는 각각의 교실에서 무엇이 수학적으로 정당한 방법으로 간주되느냐, 그리고 무엇이 수학적으로 다른 해결 전략으로 간주되느냐와 관련된 사회수학적 규범간의 차이에서 비롯된 것으로 분석된다.

사회수학적 규범에 관한 개념은 탐구 수학을 구현하려는 초등학교 교실을 대상으로 한 프로젝트로부터 비롯된 반면에, 후속 연구에서는 수학적 내용 수준과 학년 수준을 뛰어 넘어 적용되었다(Bowers et al., 1999; Cobb, 1999; Cobb et al., 1997; Rasmussen & King, 1998; Stephan, 1998). 구체적으로 수와 연산, 대수, 측정, 자료 분석, 미적분, 미분 방정식 등의 다양한 내용을 대상으로 연구되었고, 학년 수준 역시 초·중등학교 및 대학 수업까지 다양했다. 이러한 연구 경향의 확대는 사회수학적 규범이라는 개념이 수학의 교수·학습, 특히 탐구 중심의 수업이나 수학교육개혁에 기초한 교실 수업을 분석하는데 유용하다는 것을 시사해 준다. 또한 학생들의 수학적 성향, 자율성, 그리고 점차적으로 세련된 수학적 지식 획득이 가능함을 제시하는 이전의 연구 결과를 고려해 볼 때, 교사가 사회수학적 규범에 분명하게 관심을 기울임으로써, 수학교실문화를 변화시켜 나가는데 역동적인 역할을 할 수 있음을 제안한다.

3. 사회수학적 규범과 수학적 관행

사회수학적 규범은 분명히 집단적인 성취이면서 동시에 개개 학생들의 수학적 앎의 방식 및 의사소통 양식과 상호의존적인 관계를 포함하고 있다는 점에서 특별히 중요하다고 하겠다. 그럼에도 불구하고, 사회수학적 규범에 관한 사전 연구를 살펴보면, 일반적인 사회적 규범과 함께 학생들의 수학적 발달 정도를 분석하기 위한 일종의 무대 또는 배경으로써 비교적 간단하게 기술되는 경향이 있다[4]. 사회수학적 규범과 교실의 수학적 관행은 특별하게 수학과 관련된 것이므로 여기서는 이 두 개념을 보다 면밀하게 이해하는 데 초점을 둔다.

앞서 기술했듯이, 사회수학적 규범은 무엇이 수학적으로 받아들여질만한·정당화할만한·다른·분명한·효율적인·쉬운·세련된 설명인지 등에 관한 판단을 위한 일반적인 기준과 관련되며 특별히 수학적 내용 또는 주제에 제한 받지 않는다(Cobb, 1999). 예를 들어, 무엇이 수학적으로 명료한 설명인가에 관한 기준은 초등학교 수준의 단순한 계산 문제에도 적용될 수 있고, 상대적으로 복잡한 수학적 아이디어에 대해서 토의할 때에도 적용될 수 있겠다. 이와 대조적으로, 교실의 수학적 관행은 학생들의 발달을 위한 즉각적이고 직접적인 상황을 구성해 주는 것으로써 토론과 활동에 관련하여 특정한 수학적 내용을 다루며(Bowers et al., 1999; Stephan, 1998), 결과적으로 교실 공동체에서 형성된 특정한 수학적 아이디어에 관한 집단적인 학습(collective learning)을 기술하는 데 활용된다:

> 사회수학적 규범은 수학적 활동과 학습에 관련된 대화 양상을 위한 기준과 관련되기 때문에

4) 물론 이는 사회적 규범이나 사회수학적 규범이 교실 공동체의 "사회적"인 양상에 관련된 반면에, 교실의 수학적 관행은 "수학적"인 양상과 관련됨을 뜻하는 것은 아니다. 사회적 규범, 사회수학적 규범, 교실의 수학적 관행 모두는 교실 문화의 서로 다른 양상을 반영해 주는 것이며 따라서 분명히 사회적인 양상이다(Bowers et al., 1999).

> 어떤 특별한 수학적 아이디어에 구체적이지 않다. ... 이와 대조적으로, 교실의 수학적 관행은 특정한 수학적 아이디어를 토론하는 과정에서 형성되는, 공유된 것으로 여겨지는(taken-as-shared) 추론하는 방법, 토론하는 방법, 기호화하는 방법에 초점을 둔다. 결과적으로, 사회수학적 규범이 수학적 활동에 구체적인 것이라면, 수학적 관행은 특정한 수학적 아이디어에 구체적인 것이다(Cobb, 1999, pp. 9-10).

하지만, 이전 연구 결과를 보다 면밀히 분석해 보면, 사회수학적 규범에 관한 기존의 다소 제한된 활용은 그 개념이 실제 개발되는 발달 과정으로부터 기인된 것임을 알 수 있다(방정숙, 2001). 이전 연구에서는 탐구 중심의 수학 교실이라는 사회적 환경 속에 내재되어 있는 학생들의 개념적 이해를 설명하려고 노력하였고, 연구자가 교수 설계자로서 교실 공동체의 집단적인 수학 학습을 분석하는데 주요 관심을 두었기 때문에, 수학 토론을 위한 기준으로서의 사회수학적 규범은 학생들의 공동적인 학습 과정을 상세하게 분석하기 위한 전제 조건으로써만 비교적 간단하게 기술된 것이다.

이와 같은 문헌 검토에 바탕을 두고, 본 연구에서는 앞서 언급된 세 가지 요소를 모두 활용하기는 하지만 연구목적상 사회수학적 규범에 가장 많은 비중을 두고 분석한다. 이는 학생들의 수학학습기회는 교실 공동체에서 형성된 일반적인 사회적 규범에서 비롯되는 것이 아니라 사회수학적 규범과 밀접하게 관련되어 있다는 선행연구 결과를 바탕으로 한 것이다. 또한 특정한 수학적 개념이나 아이디어에 국한하지 않고, 어느 수학수업에서든지 학생중심의 교수법 개혁을 추진하는 과정에서 발생할 수 있는 쟁점을 논의하기 위해서이다.

III. 연구방법 및 절차

1. 연구방법 개관

본 연구의 핵심적인 연구 내용[5]은 "초등학교 수준에서 학생중심의 수학교실 문화를 형성하는 과정은 어떠한가?"라는 질문을 바탕으로 특별히 사회적 규범과 사회수학적 규범 및 교실의 수학적 관행과 관련하여 성공도가 다른 수학교실문화 간의 유사점과 차이점을 분석하고 이를 바탕으로 초등수학교실문화를 변화시키는 데 있어서 겪게 되는 도전과 그에 따른 시사점을 알아보는 것이다.

본 연구는 '일정비교분석(constant comparative analysis)'에 기초하여 '근거 있는 이론을 찾는 방법론(grounded theory methodology)'을 이용한(예, Strauss & Corbin, 1998), 탐구적·질적·비교 사례 연구였다(Yin, 2002). 이 방법론은 사례 분석을 시작하면서 찾아낸 분석 초기단계의 추측을 전체 자료와 견주어 계속적으로 비교하고 대조하는 것을 핵심으로 한다.

본 연구에서 사례 연구를 사용한 근거는 세 가지로 정리해 볼 수 있다. 첫째, 사례 연구는 관찰하려고 하는 현상과 그 현상이 내재된 상황간의 경계가 분명하지 않을 때 특히 유용한 방법론이기 때문이다(Yin, 2002). 학생중심 또는 교사중심이라는 말은 일반적으로 그 개념을 정의할 수 있는 반면에, 그 구체적인 의미는 해당 교실이라는 독특한 상황 속에서 찾을 수 있다. 둘째, 사례 연구는 연구자가 결과보다는 과정에 관심을 두고 있을 때 적합한 방법론이기 때문이다(Merriam, 1998). 본 연구는 초등학교에서 어떻게 학생중심 수학교실문화가 형성

5) 본 프로젝트의 또 다른 내용으로는 교사의 학습 및 교수법 변화 과정에 관한 분석이나, 본 논문에서는 다루지 않았다.

되는지 그 과정을 분석하는 데에 초점을 두었다. 이에 따라 수업 상황의 복잡성을 줄이려고 노력하는 대신에, 해당 교실의 교수·학습 과정에 관해 "두꺼운 설명(thick description)"[6]을 제공한다(Geertz, 1973). 셋째, 사례 연구는 해당 연구가 많지 않은 교육학분야에 있어서 기초적인 정보를 찾아내는데 적절하기 때문이다(Merriam, 1998). 수학교실문화에 관한 연구는 최근의 관심사이므로, 본 연구는 수학교육개혁의 아이디어를 교실현장에 적용하는 것과 관련된 기초적이면서도 중요한 정보를 제공해 줄 것이다.

한편, 본 연구에서 탐구적 사례 연구를 선택한 근거는 질문에 명백한 대답을 찾기보다는 새로운 문제점을 찾아내는 데 그 주요 목적을 두었기 때문이다(Yin, 2003). 본 연구는 단독연구형태로써 상대적으로 적은 수의 교사들이 참여하고, 이들에 의한 수학교실문화의 변화를 탐색할 것이기 때문에 연구 결과를 일반화하는데 어려움이 따를 수 있다. 하지만 이와 같은 탐구적 사례연구는 광범위한 후속연구를 촉진할 수 있도록 이론적인 통찰과 경험적인 논점을 만들어 내기에 적절한 방법론으로 잘 인식되고 있다(Yin, 2002).

비교 사례연구와 관련하여 본 연구에서 비교하려고 하는 것은 참여하는 교사 개개인의 교수법에 관한 효율성이나 효과라기보다는, 각 교실의 독특한 상황을 바탕으로 교사와 학생들의 다양한 사회적 상호작용을 거쳐 형성되는 수학교실문화이다. 이는 학생중심의 수학교실문화라는 다소 일반적인 아이디어가 어떻게 교실 현장에서 각기 다양하게 구현될 수 있는지에 관한 가능성을 탐색하고 이를 바탕으로 초등수학교실문화의 개선이라는 차원에서 수학교육개혁에 도전과 시사점을 제공한다는 본 연구 목적과 일관된 방법이라 할 수 있다.

2. 자료 수집 및 분석

학생중심의 수학교실문화를 구현하고 있는 것으로 추천되는 초등학교 교사, 또는 자신의 수학 수업을 통해서 학생중심의 교수법을 적용하는데 관심을 가지고 있는 교사 15명을 중심으로 수학 교수·학습에 관한 간단한 면담과 받아내림이 있는 두 자리 수의 뺄셈, 학생의 오류가 있는 곱셈 문제에 대한 교사의 반응, 분수의 나눗셈에 관한 문장제 문제, 평면도형의 둘레와 넓이와의 관계를 묻는 상황에 대한 시나리오 작성을 통하여(Ma, 1999) 전체 6명의 교사를 예비적으로 선정하였다. 이 중 1명은 개인적인 사정 때문에 1년 간 지속하여 본 프로젝트에 참여할 수 없게 되었고, 2명은 월별 모임에는 지속적으로 참석하였으나, 여러 가지 여건상 교실문화를 분석하는 것이 적합하지 않거나 불충분하여 최종 3명의 교사들을 대상으로 1년 간 6개[7]의 수학교실문화에 관한 자료를

6) 이는 주어진 상황 속에서 특정한 행동 양식이 어떠한 의미를 갖는지에 대해서 아주 상세하게 기술하는 것을 일컫는 용어로서, 상황이나 의미를 고려하지 않고 현상만을 기술하는 것을 일컫는 용어인 "얇은 설명(thin description)"과 대조되는 용어이다.

7) 연구기간 일정 때문에, 전반에는 각 교사가 맡은 2학기의 수학교실문화를 분석하게 되었고 연구 후반에는 각 교사가 새로 맡은 반의 1학기의 수학교실문화를 분석하게 되었다. 연구의 성격상 한 교사가 1년 동안 학생들과의 상호작용을 거치면서 어떻게 학생중심 수학고실문화를 형성해 나가는 지 분석하려했으나, 제한된 연구기간 때문에 같은 교사의 서로 다른 두 반의 교실을 분석하게 되었다. 하지만, 이로 인해서 동일한 교사가 다른 학년의 학생들과 어떻게 수학교실문화를 형성해 나가는지, 그리고 2학기에는 다소 안정된 문화를, 1학기에는 그런 문화를 처음 형성해 나가는 과정을 관찰할 수 있는 독특한 기회를 부여해 주는 장점이 부가적으로 발생했다.

분석 대상으로 삼았다. 3명의 교사는 각각 교사 K, 교사 Y, 교사 S로 기술되며, 교사 K와 교사 Y는 2002년에 6학년을 맡았다가 2003년에 3학년을 맡았다. 교사 S는 5학년을 맡았다가 다음 해에 2학년을 맡았다.

자료 수집은 크게 두 부분으로 수학교실문화를 분석하기 위한 자료와 교사의 학습 및 변화 과정을 분석하기 위한 자료 수집으로 나누어졌으나, 본 논문에서 다루는 전자의 경우만 언급한다. 학기 중 기본적으로 한 달에 2번씩 본 연구에 참여하는 교사들의 수학 수업을 비디오로 녹화하여 수업의 전 과정에 대한 트랜스크립트(transcript)를 만들어 분석의 기초로 삼았다. 연구기간 중, 학교의 학사 일정과 월별 모임 날짜를 고려하여 녹화 횟수를 교사들과 논의하여 진행한 결과로 2002년 2학기는 각 교사마다 7개의 수업을 관찰하였고, 2002년 1학기는 6개의 수업을 관찰하여, 본 연구를 위해 결과적으로 각 교사마다 13개의 수업을 수집하게 되었고, 전체로는 39개의 수업을 분석하게 되었다. 한편, 관찰된 모든 수업과 관련된 자료, 예를 들어 학생들의 학습지나 교사 지도안 등도 수집하였다.

수학교실문화 분석은 본 연구의 핵심적인 내용일 뿐만 아니라 방법론상 성급하게 쟁점이나 이론을 개발하기보다는 사례 자체에 대한 충실한 이해에 초점을 두어야 하기 때문에(Stake, 1998), 전반적인 학습 환경, 사회적 규범, 사회수학적 규범 및 수학적 관행으로 나누어 교실문화를 반영하는 대표적인 수업 에피소드를 첨가하면서 6개의 교실 각각에 대해서 상세하게 분석하였다.

IV. 연구결과[8]: 다양한 수학교실문화에 대한 반성

1. 구현된 학생중심 수학교실문화의 공통점

가. 사회적 규범 측면에서의 유사성

본 연구에서 분석한 6개의 수학교실문화는 처음에는 다소 차이가 있는 부분이 있었으나 학기가 지남에 따라 그리고 1년의 연구 기간을 거치면서 일반적인 사회적 규범 측면에서 매우 유사한 양상을 띠고 있었다.

첫째, 전반적인 수업의 흐름은 전시학습 상기 또는 동기유발로 시작하여 학습문제를 소개하고 개별 활동이나 모둠별 활동을 한 후, 전체 학급을 대상으로 토론하고 정리하는 순서로 진행되었다. 개별 활동이나 모둠별 활동을 할 때는 교과서보다는 학습지나 수학공책을 이용하여 학생들 나름대로의 생각을 적어보고 적용해 보는 것을 강조하였다.

둘째, 주어진 문제에 대해서 여러 가지 해결 방법이 있다는 점을 강조하였고, 전반적으로 정답 여부보다는 문제를 해결하는 과정이나 방법을 중요시하였다. 그리고 그러한 과정이나 방법에 대해서 발표할 수 있는 기회를 많이 가졌다. 물론 어느 교실에서는 특별한 제한 없이 모든 학생들의 발표를 대부분 수용하는 분위기가 형성되어 있었고 어느 교실에서는 수학적 중요도에 따라 발표의 순서나 발표 기회가 조정되는 경우도 있었으나, 전반적으로 학생들이 자신들의 생각을 자연스럽게 발표할 수 있는

8) 연구목적상 결과보고서에서는 중요한 에피소드를 중심으로 개별적으로 교실문화를 분석하는 데 상당 부분을 할애하였다. 하지만, 본 논문에서는 지면관계상 그러한 수학교실문화의 공통점과 차이점을 중심으로 학생중심 교실문화를 구현해 나가는 과정에서 일어나는 양상들을 부분적으로나마 비교해 봄으로써 수학교실문화 개선에 관한 시사점을 얻는 데 초점을 두고 기술하고자 한다.

기회를 가졌다는 점은 공통적이었다.

셋째, 6개의 수학교실 전체에서 학생들의 선수학습 정도가 전반적으로 높아서 때로 학습할 주제에 대해서 학생들이 미리 답을 알고 있거나 해결 방안을 터득하고 있는 경우가 많았다. 이런 경우에 본 연구대상의 교사들은 대개 왜 그런지 그 이유나 근거를 강조하여 설명하도록 하였다. 즉, 적절한 설명을 하지 못하는 경우는 타당한 해결 방안으로 수용하지 않는 교실문화를 형성하고 있었다.

넷째, 정도의 차이는 다소 있을 수 있으나, 6개의 교실 모두 전반적으로 허용적인 학습 분위기를 만들었고, 학생들이 주어진 수학적 과제에 적극적으로 참여하고 있었으며 대부분 긍정적인 수학적 성향을 개발하고 있음을 반영하는 사례들이 많았다. 또한 모둠 활동이나 전체 토론을 할 때, 다른 학생들의 발표를 주의하여 듣고 필요한 경우 보충하여 설명하거나 자신의 해결방법과 대조하여 토론하는 등 학생들 사이의 의사소통도 강조되었다.

마지막으로, 학생들의 참여와 발표가 주를 이루기는 하였지만, 때에 따라 교사가 상세하게 부연하여 설명하거나 특정한 학생의 발표에 주의를 기울이는 경우가 있었는데, 이는 대개 교사가 생각하기에 가르치고자 하는 학습 내용과 일치하거나 수학적으로 중요한 부분과 관련된 것이었다. 이러한 일련의 사회적 규범은 현재 수학교육 개혁과 관련된 문헌에서 강조되고 있는 교수 방법과 일관된 것이었고(교육인적자원부, 1998; NCTM, 2000), 실제 학생중심 수학교실문화를 구현해 나가는 과정에서 대부분 형성될 수 있는 규범임을 알 수 있다.

한편, 본 연구에서 주목할 만한 결과 중의 하나는 연구의 성격상 외부의 특정한 개입이나 교사들 간의 토론을 중심으로 한 월별 정기모임을 제외한 지원이 없었음에도 불구하고 교사 Y의 교실의 경우 연구가 진행되는 첫 학기 동안 사회적 규범 측면에서 눈에 띄는 변화가 있었다는 점이다. 예를 들어, 연구 초기에 학생들은 교사의 상세한 안내에 따라 매우 차분하게 수업에 참여하였고, 교사는 교과서의 활동을 순서대로 충실히 따르는 교수법을 구현하였으나 학습 주제와 관련하여 각각의 활동이나 과제가 수학적으로 어떻게 연계되고 어떤 측면에서 중요한지에 대해서는 거의 고려하지 않았었다.

하지만, 연구가 진행되면서 교사는 교과서의 문제나 방법 간의 수학적 차이에 대해 관심을 기울이기 시작하였고, 학생들은 여러 가지 문제해결 방법을 나름대로 찾는 활동에 참여하게 되었다(방정숙, 2003a). 이는 주로 교사 주도의 전반적인 수업 흐름을 바꾸어서 학생들의 개별 활동이나 모둠별 활동 후 전체 논의시간을 강조하는 데서 비롯되었다. 또한 교과서를 있는 그대로 사용하는 대신에 교과서의 핵심적인 문제를 학습지 형태로 만들어 학생들이 여러 가지 해결 방법이나 다양한 표현 양식을 찾아보는 데서 비롯되었다. 교사 Y의 수학교실문화 측면에서의 이와 같은 분명하면서도 점진적인 변화를 고려해 볼 때, 사회적 규범 측면에서의 수학교실문화의 개선은 교사의 의지가 있다면 상당 부분 도달할 수 있는 부분임을 알 수 있다.

나. 교사의 핵심적인 역할

앞서 기술하였듯이, 본 연구는 주어진 일정상 2학기에 연구를 시작하여 다음해 1학기까지 진행하게 되었다. 이는 1년 간의 연구임에도 불구하고 3명의 교사를 중심으로 6개의 서로 다른 수학교실문화를 분석할 수 있는 독특한 기회를 제공했다. 공교롭게도 세 교사 모두 첫

해에는 고학년을 맡았다가 이듬해에는 저학년을 맡게 되었고, 교사내 분석을 통해 동일한 교사가 서로 다른 학년의 학생들을 대상으로 어떻게 수학교실문화를 만들어 가는지 비교해 볼 수 있었다. 수학교실문화의 이해에 관한 이론적 배경에서 알 수 있듯이 본 연구에서 분석한 사회적 규범이나 사회수학적 규범 또는 수학적 관행 등은 교사가 일방적으로 정하여 학생들에게 전달하는 것이 아니라 교사와 학생들의 지속적인 상호작용과 협상의 과정을 통하여 "사회적으로" 형성되어 가는 것이다.

하지만, 본 연구에서 두드러진 것은 학생들이 각기 고학년에서 저학년으로 달라졌음에도 불구하고, 사소한 차이점(예를 들어, 저학년이기 때문에 고학년 때보다 교사가 동기유발을 더 한다든가 달라진 학습 내용에 따라 논의하는 주제가 바뀌는 것)을 제외하고는 궁극적으로 한 학기가 흐르면 동일한 교사인 경우 학년 수준에 관계없이 비슷한 수학교실문화를 형성해 나간다는 점이다. 이는 초등학교 수학교실 문화의 형성에 학생들의 역할보다는 교사의 혁신적인 역할이 보다 영향력 있게 작용한다는 것을 의미한다(McClain, 1995).

다. 사회수학적 규범과 수학적 관행 측면에서의 유사성

사회수학적 규범과 수학적 관행 측면에서 6개의 수학교실문화를 살펴볼 때, 전반적인 공통점으로는 첫째, 무엇이 수학적으로 다른가와 관련된 사회수학적 규범의 부각이었다. 이는 수업시간에 다룬 활동간의 차이(예를 들어, 주어진 무늬의 변화 측면에서 수학적 규칙을 찾는 활동과 수의 변화 측면에서 규칙을 찾는 활동), 문제간의 차이(예를 들어, 순서를 고려하는 경우의 수와 고려하지 않는 경우의 수의 문제), 문제해결방법간의 차이(예를 들어, 32-8에 대한 다양한 풀이방법), 표현방법간의 차이(예를 들어, 시각과 시간의 구분) 등 여러 가지 형태로 나타났다. 선행 연구를 통해서 밝혀진 여러 가지 사회수학적 규범 중 수학적 차이(mathematical difference)에 관한 규범이 가장 부각된 것은, 연구대상 교실 모두에서 주어진 한 개의 문제에 대해서 다양한 방법으로 해결해 보는 사회적 규범이 형성된 것과 밀접하게 연관된 것으로 해석된다.

두 번째 공통점은 문제 만들기를 통한 문제해결이었다. 물론 이 경우 교실문화에 따라 어느 수준의 문제를 얼마나 다양하게 학생들이 만들 수 있느냐 하는 것은 차이가 있었지만, 궁극적으로 문제 만들기를 통해서 문제를 해결하는 것을 강조하고 학생들이 실제 그와 같은 기회를 가지는 것이 공통적으로 드러났다.

마지막으로, 무엇이 수학적으로 쉬운가와 관련된 사회수학적 규범도 공통된 양상이었다. 본 연구에서 이와 같은 규범이 드러난 경우는 예를 들어, 소수와 분수의 나눗셈 문제에서 소수로 일관되게 고치는 경우와 분수로 일관되게 고치는 경우, 연비의 계산에서 가장 간단한 자연수의 비로 계산하는 경우와 주어진 연비 그대로 사용하는 경우 등이었다. 무엇이 수학적으로 쉬운가와 관련한 이 규범은 종종 교실 상황에 따라서 무엇이 수학적으로 편리한가 또는 간편한가와 동일한 의미로 사용되었으며, 대부분 수학적으로 이해하기가 쉽다는 의미보다는 "계산"하기가 수월함을 뜻하는 경우가 많았다. <에피소드 1>[9]은 이러한 해석을 뒷받침하는

9) 지면 관계상 다소 긴 에피소드 부분에 대해 논의 내용과 무관한 부분은 말줄임표를 사용하였고, 에피소드를 이해하는 데 필요한 내용에 대해서는 [ ] 기호 안에 요약하였다. 한편, 분석상 강조할 부분은 이탤릭체를 활용하였다.

전형적인 사례로써 교사 Y의 6학년 교실에서 관찰된 것이다. 교사는 교과서의 익히기 문제로 제시된 "120L의 휘발유를 가, 나, 다 자동차에 8:12:4로 비례배분하여 넣어주려고 한다. 각각 몇 L씩 넣어주어야 하는가?"를 학생들에게 풀어보게 한 후, 발표하게 했다.

<에피소드 1: 수학적 쉬움에 대한 의미>

건민: 우선 전체가 120이기 때문에, 분모를 8과 12대 4를 더한 다음에, 그 다음에 8을 쓰고, 분모와 전체를 약분한 다음에, 거기다가 곱하면 답이 나오고... [이런 방식으로, 건민이 발표한 후, 교사는 답으로 나온 40, 60, 20 각각에 L을 써야 한다고 강조한다.]

교사: 그런데 건민이가 한 거 하고 내가 한 거 하고 다르다 하는 사람 있으면 손 좀 들어봐. 성균이가 한 거 가지고 나와서 발표해볼까? 잘 보세요. 너희들도 잘 봐봐. *어떤 점이 다른가?*

성균: 저는 건민이와 한 방법은 똑같은데, 하나 다른 것이 있다면은 연비를 8 대 12 대 4를 가장 간단한 자연수의 비인 2대 3대 1로 고쳐서 했습니다.

교사: 그래요. 그랬더니 계산을 할 때, 얘들아 봐봐. 이걸 그대로 쓰면, 이걸(학습지의 8:12:4를 가리키며) 다 더하면 얼마야?

학생들: 24.

교사: 봐봐. 그러면 '가'를 구한다고 해볼 때 전체 120 곱하기 24분의 뭐가 되는 거야? (학생들 8이라고 답한다.) 8이 되는 거잖아. 이렇게 계산하는 거하고, 성균이처럼 이렇게 약분을 해서 120 곱하기 이걸 (2:3;1을 가리키며) 다 더하면 얼마야?

학생들: 6

교사: 6분의 2하는 거하고, ... *어떤 게 더 쉬울 것 같아? 어떻게 계산하는 게 더 간편할 거 같아?* 어떤 거 일거 같아? 누가 이야기해볼까? 저기 기열이.

기열: 약분을 해서 하는 게 더... (말을 끝맺지 못한다.)

교사: *약분을 해서 하는 게 더 간단하게 했지?*

학생들: 네.

교사는 주어진 문제에 대해서 학생들이 가장 간단한 자연수의 비로 고쳐서 본 문제를 해결할 것을 기대했었다. 하지만, 이 의도와는 다르게 건민은 주어진 연비를 약분하지 않고 그대로 계산했다. 이에 대해, 교사가 다른 방법으로 풀은 학생에게 발표할 기회를 제공하다 보니, 연비를 가장 간단한 자연수의 비로 고쳐서 계산한 성균이 발표하게 되었다. 여기서 성균이나 교사나 말하는 "다른" 점은 수학적 원리는 동일하지만, 계산의 편리성 측면에서 차이가 있음을 반영하고 있다. 이는 다시 교사의 피드백으로 인하여 '수학적으로 쉽다'라는 것은 계산이 간편하다는 것과 밀접하게 연계된다.

2. 구현된 학생중심 수학교실문화의 차이점

지금까지 사회수학적 규범과 수학적 관행 측면에서의 유사성을 세 가지 측면에서 논의하였으나 전체적으로 6개의 수학교실문화 사이에 공통점보다는 차이점이 더 많이 부각되었다. 교실문화 간의 미묘한 차이를 보다 효과적으로 기술하기 위해서 일부 수업의 에피소드를 중심으로 이에 대한 구체적인 분석을 덧붙인다.

첫째, 무엇이 수학적으로 중요한가 또는 강력한가와 관련한 사회수학적 규범의 차이였다. 연구기간동안 세 교사 모두 수학적 의미를 강조하여 학습계열이나 활동을 재구성하려는 노력을 했으나 어느 교실에서는 그러한 재구성으로 인해서 논의의 수준이 상당히 높아진 반면에 어느 교실에서는 재구성 자체에 보다 의미가 있을 뿐, 이를 통해 학생들에게 수학적으로 중요한 개념이나 원리를 강조하지는 못하는 경향이 있었다.

예를 들어, 교사 K와 교사 Y의 6학년 수업 중 '경우의 수' 단원에서 순서가 있는 경우의 수를 구하는 차시와 관련하여 교과서에는 순서가 있는 경우의 수만 제시하고 이를 익히는 활동이 나와 있는 반면에, 익힘책에는 순서가 없는 경우의 수를 다루는 문제도 있었다.

두 교사 모두 교과서를 재구성하여 수업시간에 순서가 있는 경우의 수를 구하는 방법과 순서를 생각하지 않는 경우에 초점을 두어 학생들이 구체적으로 활동하고 그 차이점을 생각해 보게 하였다. 교사 K는 전체 논의 시간에 학생들로 하여금 두 가지 경우의 수학적인 차이에 집중하게 하였고 지속적인 활동으로 순서를 고려하는 경우와 그렇지 않은 경우를 구별해 보면서 어떻게 경우의 수를 일반화하여 구할 수 있는지 추측하게 하였다.

한편, 교사 Y 역시 전체 논의 시간에 간단하게 두 가지 경우의 수학적인 차이를 생각해 볼 기회를 제공하였으나, 나머지 활동과 익히기 문제에서 모두 교과서에서처럼 순서를 고려하는 경우의 문제만 제시하였다. 결국 본 차시의 학습 주제와 관련하여 무엇이 수학적으로 중요한가와 관련하여 교사 Y의 학생들은 이와 같은 규범을 적용해 볼 기회를 상대적으로 적게 가지게 되었다(방정숙, 2003b).

둘째, 수학적 연결성 측면에서 상당한 차이가 있었다. 6개의 수학교실 모두에서 학생들의 활동을 강조하였고 구체적 조작물의 활용을 권장하였으며 여러 가지 풀이 방법이나 표현 양식을 강조하였다. 하지만, 그러한 활동에 기초하여 도입할 수학적 개념이나 원리와 연계한 경우와 활동이나 문제해결 자체의 완성으로 끝나는 경우가 있었다.

예를 들어, 수모형의 활용을 통해서 알고리즘의 원리와 연계되는 교실문화와 조작물의 활용 자체가 하나의 해결방법으로 강조될 뿐, 계산원리와는 연결되지 못하였다. 또한 여러 가지 풀이방법 및 표현 양식간의 비교 및 대조가 강조되는 교실문화와 개개 풀이방법의 정확성이나 타당성만이 강조되는 교실문화가 형성되기도 했다.

다음 <에피소드 2>는 교사 K의 6학년 교실에서 여러 가지 표현양식 특히, 시각적 표현과 수식간의 연결을 강조한 전형적인 사례이다. 학생들은 " $10\frac{1}{2}L$ 들이의 물통이 있습니다. $1\frac{3}{5}L$ 들이 그릇으로 몇 번 부으면, 이 물통에 물이 가득 차겠습니까?"라는 문제를 여러 가지 방법으로 푼 다음, 전체 학급에서 자신의 풀이 방법을 설명하고 있다. 그림으로 해결한 대부분의 학생들은 나눠지는 수를 먼저 나타내고, 여기서 나누는 수를 차례로 빼 나가는 방법으로 해결하였다.

학생들의 설명에 이어 교사는 이를 수식으로 나타내보고 그림과 연결하여 문제풀이 과정을 다시 생각해 보게 하였다.

<에피소드 2: 분수의 나눗셈에 대한 시각적 표현과 수식의 연결>

채연: (자신의 그림과 수식이 있는 수학 책받침을 실물 화상기 위에 올려놓고 설명한다.) 10과 2분의 1과 1과 5분의 3을 분모가 10인 분수로 통분을 하였습니다. 그래서 이 작은 한 칸을 10과, 아니 10분의 1로 나타내어 10과 2분의 1은 총 105칸이 되고 그 다음 나누는 수 1과 5분의 3은 총 열여섯 칸이 됩니다. 그래서 여기에 이렇게 열여섯 칸씩 표시를 해놓았습니다. 이렇게 계속하다보면 모두 16칸이 96칸이 들어가게 되고 나머지는 모두 9칸이 남게 됩니다. 그래서 이 빨간색은 남은 부분이 되고, 파란색은 모두 들어가는 부분이 되게 됩니다.

< 채연의 그림과 수식 >

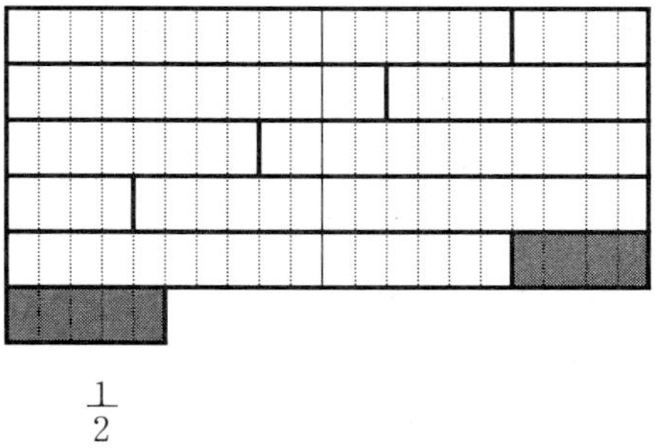

$$10\frac{1}{2}\div1\frac{3}{5}=\frac{21}{2}\div\frac{8}{5}=\frac{105}{10}\div\frac{16}{10}$$

$$=105\div16=\frac{105}{16}=6\frac{9}{16}$$ 답 : 7번

교사: 어, 우리 채연이 설명 잘 했는데, *이 그림이랑 이 수식이랑 어떤 관련이 있는지 생각하면서 한번 수식도 설명해 볼래?*

채연: 먼저 가분수로 고친 뒤에 통분을 하니 10분의 105 나누기 10과, 아니 10분의 16이 되었습니다. 이것을 분자의 나눗셈으로만 고치니 105 나누기 16은 16분의 105가 되었습니다. 따라서 대분수로 고치니까 6과 16분의 9가 되었습니다. 답은 왜 7이 되었냐면 이 그림에서 보면 6과 16분의 9가 되면 모두 다 차지 않고 조금이 남게 됩니다. 그러기 때문에 다 찰 수 있게 만들려면 7번이 들어가게 됩니다.

교사: 네, 채연이 설명 잘했나요? (대부분의 학생들이 예라고 답변한다.) 박수 한 번 보내주세요. ... 이제 상원이 준비해 주세요.

상원: (자신의 학습장을 실물 화상기 위에 올려놓고 설명한다.) 저는 작은 네모를 나누었습니다. 그래서 10과 2분의 1을 나타내었고 1과 5분의 3은, 1과 5분의 3으로 나누니 6번이 되고 나머지가 16분의 9가 남았습니다. 그래서 저는 답이 6과 16분의 9라고 생각을 했습니다.

교사: 그럼 이쪽으로 와서 *분수의 나눗셈 설명해 주세요. 수식으로 한 것!*

< 상원의 그림과 수식 >

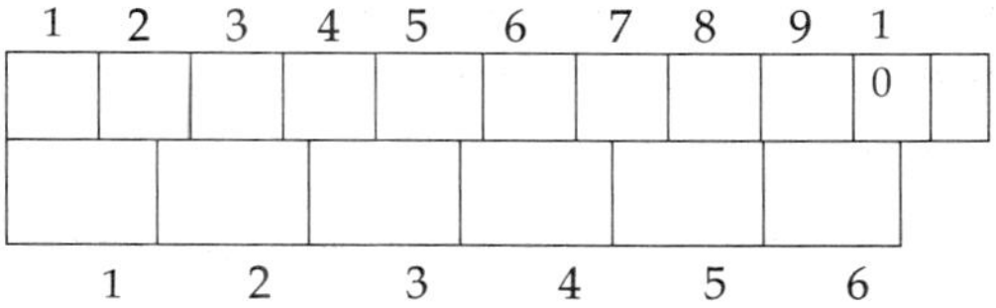

$$10\frac{1}{2}\div1\frac{3}{5}=\frac{21}{2}\times\frac{5}{8}=\frac{105}{16}=6\frac{9}{16}$$

답 : $6\frac{9}{16}$

상원: (칠판에 자신이 쓴 수식 앞으로 다가간다.) 대분수를 가분수로 고친 뒤 나눗셈식을 곱셈식으로 고쳤습니다. 그리고 답이 가분수로 나와서 대분수로 고쳤습니다.

교사: 우리 서상원이, 6과 16분의 9번. 저거 어떻게 설명합니까? (상원은 설명하지 못하고 그대로 서 있다.) 자! 선생님이 죽 돌아다니니깐 대부분이 몇몇 친구들 빼고 6과 16분의 9라고 계산 결과를 그대로 쓴 경우가 많아요. 그런데 문제가 뭐였습니까? [교사는 문제에서 묻고 있는 것이 무엇인지 학생들에게 질문하고, 그림에서 남은 부분, 즉 16분의 9가 뜻하는 것이 무엇인지에 대해 학생들과 논의한다.]

대부분의 6학년 학생들은 분수의 나눗셈에 대해서 계산방법에만 치중하여 답을 구하기가 쉽다. 실제 교과서에서도 간단한 형태의 진분수의 나눗셈에 대해서만 문장제 문제 및 학생들이 그 의미를 생각하도록 도입하였을 뿐이고 나머지 나눗셈에 대해서는 계산 방법을 형식화하여 소개하고 있다. 교사 K의 경우는 위 에피소드에서처럼, 계산원리에 따른 풀이방법(예를 들어, 역수를 취하여 곱하는 것)에만 의존하지 않고 수학적 의미에 기초를 둔 풀이방법(예를 들어, 포함제의 의미로 나누는 수가 나눠지는 수에 몇 번 들어가는지 그림으로 표현하는 것)을 강조하였다. 또한 채연의 경우에서처럼 그림을 통한 풀이 방법과 수식을 통한 풀이방법이 수학적으로 유의미하게 연결되어야 하며, 상원의 경우에서처럼 계산하는 방법과 계산 결과가 옳은 것뿐만 아니라 주어진 문제 상황에 적합해야 수학적으로 타당한 결과로 인정하였다.

다음 <에피소드 3>과 관련한 설명은 교사 S의 5학년 교실 사례로써, 학생들이 주어진 문제에 대해서 다양한 방법으로 접근하여 해결한 후 이를 발표할 기회를 많이 가진 반면에, 그러한 여러 가지 방법 간의 개념적인 연결성에 대해서는 충분한 논의의 장을 열지 못하는 경향을 반영한다. 이 에피소드에서 학생들은 2.4÷2를 여러 가지 방법으로 해결하였다.

<에피소드 3: 2.4÷2를 그림으로 해결한 방법>

현정: 2.4 나누기 2이기 때문에 2를 나누면 1이 두 개가 나오기 때문에 두 개로 하고 2.4니까 4를 4조각으로 나눈 것 중에서 2로 나누기 때문에 2개를 하나로 하고 4개 중 2개를 색칠해서 1.2가 되요.

교사: 그럼 그 작은 사각형은 하나가 얼마야?

현정: 하나요?

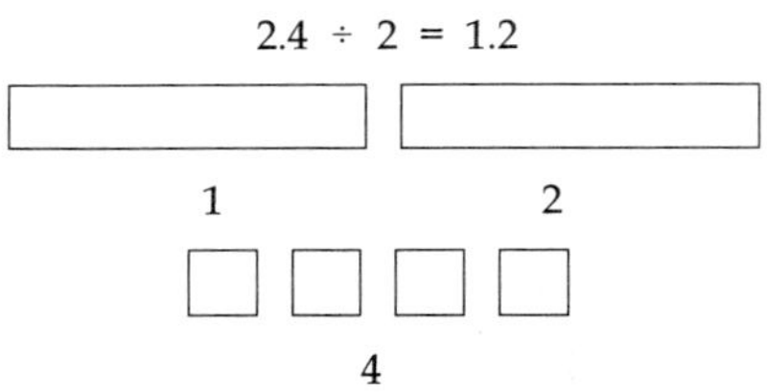

교사: 하나가? 얼마인 것 같아요?

현정: 0.1

교사: 어. 0.1인 것 같아요. 그럼 저 큰 거 하나는?

학생들: 1

교사: 1이고 밑에는? 4가 아니라 0.4로 표기되어야 더 정확하겠죠?

위 에피소드에서 현정은 그림을 이용하여 주어진 문제를 해결하였고 상대적으로 분명하게 설명하였다. 교사는 현정의 그림에서 긴 직사각형과 작은 정사각형 각각이 1과 0.1을 뜻하고 있음을 확인하고, 4대신에 0.4라고 쓰는 것이 수학적으로 더 정확하다는 피드백을 주었다. 물론 현정의 설명에서 답을 1.2라고 말하고 있으며, 그림의 작은 정사각형이 0.1을 나타낸다는 것을 알고 있다는 점으로 보아 4라고 표기한 것은 0.1이 4개가 있다는 의미로 해석될 수도 있었다. 하지만, 교사는 그림의 자연수 부분에서 1과 2를 쓴 것과 대조해 볼 때, 0.4로 표기하는 것이 수학적으로 더 정확하다는 것을 간접적으로 드러내는 것이라고 볼 수 있다.

한편, 학생들이 그림으로 나눗셈 문제를 해결한 다음 교사는 다른 방법으로 해결한 학생을 찾았고, 한 학생이 다음과 같은 수식으로 풀었다: $2.4 \div 2 = (2 \div 2) + (0.4 \div 2) = 1 + 0.2 = 1.2$. 이는 정확하게 현정의 그림을 통한 방법과 연계된다. 하지만, 교사는 이 수식으로 해결한 방법을 또 하나의 타당한 방법으로 인정하였을 뿐, 그림과 연계시키지 않았다. 또한 현정의 그림을 통한 방법을 나중에 나눗셈 알고리즘을 살펴보는 내용에서도 연결시키지 않았다. 이와 비슷하게, 몇몇의 학생들이 2.4÷2를 분수로 고쳐서 계산한 것을 발표했을 때, 이를 24÷2와 2.4÷2의 계산을 비교하기 위한 근거로 활용하지 않았다. 즉, 이 교실에서는 각각의 문제해결 방법이 타당하면 타당한대로 수용하고 인정되지만, 여러 가지 방법 간의 수학적 연결성 등에 관련한 사회수학적 규범은 그다지 발달하지 못하였다.

셋째, 수학적 연계성과 유사한 것으로 수학적 다양성 측면에서도 상당한 차이가 나타났다. 학생들의 다양한 문제해결 방법을 바탕으로 수학적 의미를 추구하는 경우(예를 들어, 교사가 기대하지 않았지만 학생들의 반응으로 인해서 교사가 수학적으로 보다 도전적인 과제를 제시하거나 수업의 논의 방향을 변경하는 것)

도 있었던 반면에, 학생들의 여러 가지 문제풀이 방법을 들은 후에 가장 효율적인 방법을 교사가 형식화하거나 정리하는 경우, 또는 다양성을 수용하기는 하되 궁극적으로 교사가 기대하고 있는 답과 일치하거나 교과서에 제시된 방법과 일치된 것을 기다리는 교실문화도 형성되었다.

예를 들어, 교사 S의 2학년 교실에서 학생들이 신체를 이용하여 교실의 여러 가지 물건의 길이를 잰 후, 이와 같은 활동의 좋은 점과 불편한 점에 대해서 발표할 기회를 가졌다. 이에 학생들은 '누가 큰지 알 수 있다', '쉽게 길이를 잴 수가 있다', '간단하다', '재미있다' 등을 장점으로 들었고, 단점으로는 '시간이 오래 걸릴 때도 있어서 불편하다'라고 했지만, 교사 S는 "아직 선생님이 깜짝 놀랄만한 결과가 안 나왔어!", "여러분 교과서에 딱 한 가지 힌트가 있어"라고 말함으로써 교사가 이 질문에 대해서 의도하고 있는 답변이 따로 있음을 밝혔다. 결과적으로 학생들은 문제 자체의 답변을 생각하기보다는 교사가 의도하고 있는 답변이나 교과서에 제시되었을 만한 답이 무엇인지에 초점을 맞추는 경향이 있었다(<에피소드 4> 참조).

마지막으로, 이와 같은 차이점으로 인해서 각 교실에서 형성된 수학적 담화의 질과 학생들의 수학 학습기회의 정도가 달랐다. 어느 교실에서든지 학생들은 주어진 활동이나 과제에 적극적으로 참여하고 발표하며 논의하는 모습을 볼 수 있었으나 수학적인 사고 양식 측면을 살펴보면, 담화의 본질이 수렴적인 경우와 발산적인 경우가 있었다. 후자의 경우에도 다시 특정한 수학적 중요성 없이 다소 반복적이고 논의의 초점이 부족한 형태로 발산하는 경우와 수학적으로 의미 있는 담화로 발산하는 경우가 있었다.

예를 들어, 다음 에피소드는 학생들이 수학적인 내용에 초점을 맞춰서 그에 대한 타당성을 따지는 것이 아니라 교사의 의도에 얼마만큼 부합되었는가에 초점을 두어 발표하다 보니, 발표가 다소 산만하게 되고 논의의 초점이 불분명하게 된 전형적인 사례이다. 이 에피소드에서 교사 S의 2학년 학생들은 '시간 알아보기' 단원에서 "동수는 7시에 아침을 먹고 저녁 7시에 저녁을 먹습니다. 아침 식사를 하고 나서 저녁 식사를 하기까지 걸린 시간은 몇 시간인지 알아보시오"라는 문제의 의미를 발표한다.

<에피소드 4: 문제 속에 숨겨진 뜻 찾아내기>

교사: 아침 7시에서 저녁 7시까지 몇 시간일까요? 이 안에 숨겨진 뜻이 있어요. 숨겨진 뜻을 발견한 사람은 스티커 2개를 주지. 이 문제가 무엇을 의미할까?

학생들: 요일, 하루, 걸린 시간, 하루의 시간

교사: 하루의 시간? 하루의 시간이 맞아. 하루의 시간 공부했잖아. 하루의 시간 중에 하루의 시간 안에 있는 거야. 민석.

민석: 아침 7시하고 저녁 7시하고.

교사: 아침에서 저녁 먹을 때까지 시간인데 그걸 구하는 건데 이 안에 숨겨진 뜻이 있어. 신혜가 말해보자.

신혜: 오전과 오후에 똑같이 시간.

교사: 오전과 오후에 똑같은 시간이 아, 90점. 한 번 더. (학생들 서로 다투듯 손을 든다.) 권혁진.

혁진: 하루에 걸린 시간.

교사: 하루에 걸린 시간? 임은철. 지금 95점까지 갔어.

은철: 시간, 하루에 걸린 시간.

교사: 아주 비슷한데, 그러니까 그거를 구하는 건데 그 문제 안에는 숨겨진 뜻이 있어요. 아침하고 저녁하고 똑같은 시간이야. 7시랑 7시. 근데 그게 뭐냐구?

학생들: 오전과 오후의 시각! 12시간! 아침은 7시에 저녁 7시에 저녁을 먹었으니 12시간.

교사: 그건 답이지. 아침 7시와 저녁 7시에. 오전과 오후에 똑같은 시각 사이에는? 민석

민석: 오전과 오후에 걸리는 시간은 12시간.
교사: 그건 정답이고 우리가 구하는 문제는 오전과 오후 시간 사이에는?
민석: 아침 7시와 저녁 7시, 오전이고... 아침...
교사: 아침 7시 저녁 7시는 시각이잖아. 시각 사이에는? 사이에는? 이걸 원하는 문제야. 똑같은 시각 사이에는 아침에 7시, 저녁에 7시, 같은 시각 사이에는?
학생: 무조건 오전과 오후 시각이 똑같으면 12시라는 걸 알 수 있어요.
교사: 이 문제는 내가 이야기했듯 여러분이 알고 있어. 이 문제는 내가 아침과 저녁 똑같은 시각 사이에는 12시간. 똑같은 시각 사이에는 얼마의 시간이 걸리는가? 얼마의 시간이 걸리는지 어떻게 알아보는데?

다소 긴 논의 끝에 결국 찾은 것은 오전과 오후 시각이 똑같으면 12시간이라는 것과 교사 S는 마지막에 똑같은 시각 사이가 12시간이라는 것을 어떻게 확인할 수 있는지 알아보는 방법을 다시 강조하기 시작했다. 그런 다음 오전과 오후 중 똑같은 시각 중에서 예를 들어, 3시부터 3시까지, 7시부터 7시까지의 시간이 얼마인지 질문하였다. 학생들이 주어진 문제를 해결하기 전에 문제의 숨은 뜻을 찾아보게 하는 것은 중요한 것처럼 보이나, 문제를 해결한 연후에 또한 오전과 오후 똑같은 시각 사이에는 정말 12시간이 있는지 다른 예를 가지고 생각해 본 다음에 일반화를 이끌었으면 수학적으로 훨씬 강한 수업이 되었을 것으로 판단된다.

교사 S의 교실에서는 동기유발 측면에서 학생들의 생각을 묻거나 정리 차원에서 활동이나 문제해결을 통해서 학생들이 알게 된 것을 찾아내는 경우에 발산적으로 아이디어를 추구하여 학생들이 자신의 생각을 정답 여부에 크게 제한 받지 않고 발표할 기회를 상당히 많이 가진 반면에, 특별히 수학적인 중요성을 고려하지 않음으로 인해서 세련된 논의의 장은 이끌어내지 못한 경향이 있었다. 한편, 학생들의 반응이나 의견을 묻는 대부분의 경우에 학생들의 아이디어 자체를 수업에 반영하는 기회로 삼기보다는 교사가 의도하고 있는 답이 나올 때까지 기다리는 수단으로 삼음으로써, 수학적 담화의 질이 그다지 높지 못하였다.

다음 <에피소드 5>는 학생들의 활동에 근거하여 수학적으로 의미 있는 담화의 장을 연 수업 사례의 모습이다. 예를 들어, 교사 Y의 3학년 교실에서 학생들은 '덧셈과 뺄셈' 단원의 '재미있는 놀이' 차시에서 숫자카드 3개를 뽑아서 이것으로 가장 큰 수와 가장 작은 수를 만들고 두 수의 차를 구하여 차가 작은 사람이 이기고 친구의 스티커를 가져오는 활동을 하였다. 이 게임을 통해 뺄셈을 연습하는 것뿐만 아니라 계산 결과를 분석하는 기회로 삼았다. 예를 들어, 계산하지 않고 누가 이겼는지 알 수 있는 방법과 두 수의 차에서 십의 자리 수는 항상 얼마가 되는지 알아보는 등의 규칙을 발견하는 것이다. 교사 Y는 학생들에게 게임을 통해서 발견한 것을 발표하게 하였고 이에 기초하여 논의했다.

<에피소드 5: 학생의 발표에 기초한 수학적 논의>

상옥: 9랑 4랑 1이 나왔고, 짝꿍은 5랑 2랑 1이 나왔으면요. 가장 큰 수가 941이고 짝꿍은 가장 큰 수가 521인데 게임을 하다 보니까 가장 큰 수가 나오면은 지고 숫자가 가장 컸을 때 작은 수가 나오면은 크게 나온다는 것을 알았어요.
교사: 잘했어요. ... [교사는 가장 큰 수가 나오면 진다는 상옥의 주장에 반례를 찾기 위해 1대신에 8을 제안했으나, 여전히 가장 큰 수와 작은 수의 차가 5가 되어 적절하지 못하였다.] 그러니까 경기에서 이기려면 어떻게 뽑아야 될까? 가장 큰 수하고 가장 작은 수를 뺐을 때 그 차가 어떻게 돼야 될까? 누가 이야기해볼까? 그래. 성인이가 이야기해볼까?

성인: 작아야 돼요.

교사: 조금 더 정리를 해서 말해 줘 볼까? 게임에서 이기려면? 민석이!

민석: 게임에서 이기려면요, 되도록 1자리를 뽑으면 안돼요. 왜냐면요. 가장 작은 수를 뽑을 때 가장 큰 수에서 백 자리가 9면요. 나중에 1이 백이 된다면 그래서 1을 뺀 차가 너무 높으니까 지게 돼요.

교사: 맞아요. 너무 잘 했어. 그래요 한 가지 발견은 바로 그거야. 한 가지 발견은 가장 큰 수하고 가장 작은 수가 차이가 많이 나면 안 된다는 거야. 차이가 거의 없어야지 이긴다는 거야. 또 하나 발견한 거 없어요? 학습지를 봐봐. ... 발견한 거 없어요? 소희!

소희: 숫자를요. 3개를 뽑으면요. 무조건 받아내림이 두 개씩 있어요.

교사: 맞아요. 무조건 받아내림이 두 개씩 있다! 한 번에 두 개씩 있어요. 잘했어요. 또?

소희: 숫자를요. 3개를 뽑으면요. 큰 수랑 작은 수를 만들어 보면요. 큰 수랑요. 작은 수의 가운데 자리를 보면요. 항상 숫자가 똑같구요.

교사: 항상 똑같구요. 맞아요. 또?

소희: 백의 자리랑요. 일의 자리랑요. 숫자... 예를 들어서 641과 146이 나왔으면요. 6이랑 1과요. 1과 6만큼이구요. 자리만 바뀌었어요.

교사: 그래요. 자리만 바뀌었어요. 가운데 숫자는 항상 똑같았어요. 또? 가운데 숫자를 뺀 숫자는 뭐로... 어때요? 가운데 숫자를 뺀 숫자는 어때요? 지원이 일어나서 말해 볼까요?

지원: 계속 해도 가운데 숫자는 9가 나옵니다.

교사: 그래. 계속해도 가운데 숫자는 9가 나와. 그래요? ... 왜 9만 나온 것 같아?

학생들: 받아내림!

위 에피소드에서 상옥의 발표는 가장 큰 수가 나오면 진다는 것과, 숫자가 큰 것과 작은 것이 나오면 그 차가 커서 게임에 진다는 것이었다. 교사는 일단 상옥의 발표를 칭찬해 주면서 첫 번째 주장에 대해서 반례를 제시하려고 했으나 성공적이지 못했다[10]. 이에 교사는 초점을 가장 큰 수하고 가장 작은 수에 동시에 두어 “뺐을 때 그 차가 어떻게 돼야 할까?”로 질문함으로써 상옥의 두 번째 주장에 대한 타당성을 함께 논의하도록 이끌었다. 하지만, 학생들은 여전히 극단적인 수, 예를 들어, 9나 1과 같은 수에 대해서 일반화하는 데 다소 분명하지 않았다. 민석의 경우도 “되도록 1 자리를 뽑으면 안돼요”라고 말하고 있지만, 이 역시 3,2,1과 같이 뽑으면, 하나의 수가 극단적이어서 게임의 승패에 큰 영향을 미치는 것이 아니기 때문이다. 민석의 발표에 대해서도 교사는 극단적인 한 수에 치중하지 않고, 다시 가장 큰 수와 가장 작은 수의 차이에 대해서 학생들이 주의를 기울이게 함으로써 수학적으로 타당한 발견을 하도록 이끌었다.

그 다음 교사는 다시 학생들이 이 게임을 통해서 발견한 것이 있는지 발표하게 하였다. 수업지도안이나 교사의 설명에 따르면, 교사가 의도하고 있었던 것은 두 수의 차에서 십의 자리 수가 항상 9라는 사실이었다. 학생들은 교사의 발문을 통해서 이 사실을 발견하고 자신

10) 교사는 가장 큰 수 하나만 생각하여 일반화하는 데는 오류가 있다는 것을 학생들이 발견하게 하기 위해서 처음의 1 대신에 8을 제시하였다. 즉, 처음에 숫자 9와 같이 큰 수가 나왔다 할지라도 다른 수들도 충분히 커서 그 차가 작다면, 예를 들어, 9, 8, 7을 뽑은 경우이면 “가장 큰 수가 나오면 진다”는 성급한 일반화의 오류를 지적할 수 있었다. 하지만, 교사는 여기서 또 다른 정해진 수 4를 보고 1대신에 8을 뽑는 방법이 의도한 설명과 거리가 멀다는 것을 알게 되었다. 즉, 중간에 어떤 수가 오던지 간에 가장 큰 수와 작은 수의 차가 가장 적은 경우는 여전히 5가 되고, 또 다른 쌍의 주어진 수 5, 2, 1에서는 가장 큰 수와 작은 수의 차가 4가 되어서 역시 가장 큰 수 9가 나오면 진다는 상옥의 주장을 반박하지 못하게 되었다.

들의 논의를 통해 그 이유를 설명할 수 있었다. 특히, 교사가 두 수의 차에서 십의 자리에 주목하지 않고, 학습지의 숫자를 보고 발견한 점을 질문하자 학생들은 가운데 숫자는 항상 동일하고, 처음과 세 번째 숫자는 순서만 바뀌어 있다는 규칙을 쉽게 찾을 수 있었다. 또한 교사의 안내 없이도 "받아내림이 두 개씩 있다"는 한 학생의 발견에 기초하여 학생들은 가운데 숫자가 왜 9로 동일한 지에 대해서도 그 이유를 알 수 있었다.

V. 논의

1. 수학교실문화 개선의 성공과 난제

본 연구결과 초등학교 수준에서 학생중심의 수학교실문화를 형성해 나가는 데 있어서 성공적인 부분과 보다 개선되어야 할 부분이 있음을 알 수 있다. 성공적인 부분으로는 먼저 일반적인 사회적 규범과 관련하여 학생들의 활동을 격려하는, 허용적인 학습 분위기 속에서 전반적인 수업의 흐름이 학생들에게 생각하고 발표할 수 있는 기회를 제공하도록 진행된다는 것이다. 또한 주어진 문제에 대해서 여러 가지 방법으로 해결하는 것을 강조하는 학습 분위기를 형성하고 있으며, 학생들이 정답 여부보다는 왜 그런지 수학적 근거를 설명하는 경우에만 타당한 방법으로 인정한다는 경향이었다.

본 연구결과 주목할 만한 것은 수학교실문화의 성공적인 측면이 비단 일반적인 사회적 규범 수준에만 머무르는 것이 아니라, 부분적이긴 했지만, 수업 시간에 참여한 여러 가지 활동간에, 문제간에, 문제해결방법간에, 또는 표현양식간에 무엇이 "수학적인 차이"를 만드는지, 그리고 무엇이 "수학적인 쉬움"을 형성하는지와 관련한 논의가 있었다는 점이다. 본 연구대상 교실에서 공통적으로 다양한 해결방법을 강조하다 보니, 그러한 해결방법간에 수학적 차이나 쉬움을 자연스럽게 논의하게 된 것으로 해석된다. 앞으로 학생중심의 수학교실문화를 분석할 때, 다양한 사회수학적 규범 중에서 동일하게 수학적인 차이나 쉬움을 강조하는 규범이 발달과정상 먼저 형성되는 것인지 분석해 볼 필요가 있겠다.

한편, 수학교실문화 형성 측면에서 보다 개선할 여지가 있는 부분도 있었다. 즉, 매우 유사한 사회적 규범이 형성된 수학교실문화 간에, 더 나아가 사회수학적 규범과 수학적 관행 측면에서도 일부 비슷한 양상이 있음에도 불구하고 상당히 다른 측면의 교실문화를 형성하고 있었다는 점에 주목할 필요가 있다. 예를 들어, 수학적 의미를 강조하여 학습 계열을 재구성한다 할지라도 이를 통해 학생들이 수학적으로 중요한 개념이나 원리를 제대로 학습하고 있는지, 여러 가지 풀이방법 및 표현양식간의 수학적 연결성이나 다양성이 적절히 강조되는지, 결과적으로 수학적 담화의 질과 학생들의 수학 학습기회의 정도는 어떠한지 등에 보다 면밀한 주의를 기울여야 할 것이다. 이에 따라 학생들이 정작 수학적으로 사고하고 의사소통하며 연계하고 논의하고 가치를 부여하는 측면에서 차이가 나기 때문이다.

2. 사회수학적 규범 및 수학적 관행의 중요성

본 연구대상 교실에서처럼 학생들의 참여가 주를 이루는 수업의 경우, 학생들은 다양한 활동과 논의 시간을 통해서 어떤 것이 수학적으로 높은 수준의 사고인지 또는 중요한 사고인지, 그리고 수학적으로 생각하고 판단하며 의

사소통하고 표현하는 것 등의 독특한 수학적 양상이 무엇인지 등을 배울 수 있을 것이다. 하지만, 때때로 교사의 과제 완결 자체에 대한 관심과 이에 대한 학생들의 부응, 또는 여러 가지 해결방법 간의 유사성과 차이점, 특히 수학적 감각으로 비교해 볼 수 있는 기회가 적은 경우에 그러한 학습 기회는 상대적으로 적었음에 주의를 기울일 필요가 있다.

결국, 일반적인 사회적 관점에 초점을 두어 교사나 학생들의 참여 양상을 바꿀 수는 있으나, 이러한 수준만으로는 현재 수학교육 공동체에서 강조하는 수학적 성향의 발달이나 개념적 이해를 자동적으로 촉진할 수가 없다. 이러한 관점에서, 교사가 수학시간에 학생들의 다양한 사회적 참여 양상을 활용하여 학생들로 하여금 바람직한 수학적 신념이나 가치를 개발하도록 북돋워 주고 수학적 개념에 대한 이해를 증진시키는지 그렇지 못한지를 분석하는 데는 일반적인 사회적 규범보다는 사회수학적 규범 및 수학적 관행이 보다 중요한 도구가 되어야 할 것이다. 또한 학생들의 수학적 발달을 촉진시키는 수학교실문화 측면에서 자신의 수학 수업을 보다 비평적으로 분석해 보고자 하는 교사 역시 사회수학적 규범 및 수학적 관행에 보다 관심을 기울여야 할 것이다(cf, Artzt & Armour-Thomas, 2002).

수학교육학에서 수학교실문화에 대한 관심과 이에 대한 연구는 비교적 최근의 일이다. 또한 본 연구에서 분석의 핵심적인 요소로 활용한 일반적인 사회적 규범, 사회수학적 규범, 수학적 관행 등은 미국, 독일, 네덜란드의 수학교육자들이 수학의 교수·학습 과정과 관련하여 최근 빈번히 논의하는 주제이기도 하다(Bowers et al., 1999; Cobb et al., 1997; Cobb & Bauersfeld, 1995). 본 연구는 이와 같은 요소를 우리나라의 수학교실문화를 분석하는 데 활용함으로써, 그 학문적 활용 정도를 탐색한 것이다. 사회수학적 규범은 선행 연구에서 일반적인 사회적 규범과 함께 학생들의 집단적인 수학학습 과정을 분석하기 위한 전제조건으로 비교적 간단하게 기술되는 경향이 있는데(방정숙, 2001), 본 연구를 통하여 구체적으로 교실 현장에 기초한 실험적인 근거를 바탕으로 학생들의 수학적 참여의 질을 반영하고 그들의 개념적 학습기회를 예시해 준다는 측면에서 수학교실문화를 결정하는 중요한 요소로써 사회수학적 규범에 대한 이해를 넓힐 수 있을 것으로 기대된다.

3. 교사의 역할과 분석

본 연구에서 동일한 교사의 경우 학년이나 학생들의 차이에 크게 영향을 받지 않고 학기가 진행됨에 따라 매우 유사한 수학교실문화를 형성했다는 결과는 교사의 역할에 관한 관심을 부각시킨다. 연구대상 교사 모두 공통적으로 학생들의 참여와 다양한 아이디어를 바탕으로 한 바람직한 수학교실문화를 형성하려고 노력하였다. 일반적인 사회적 규범 측면에서 학생들이 아이디어를 자연스럽게 발표하고 논의하는 학습 분위기를 형성하였고, 이를 바탕으로 사회수학적 규범과 수학적 관행을 중심으로 독특한 수학교실공동체를 구성하고 자신의 주장에 관해서 수학적으로 타당한 근거를 제기하도록 격려하였으며 다른 사람의 설명과 문제해결방법에 도전을 제기하는 것 등을 통해서 수학적 의미를 협상해 가려고 노력했다. 여기서 부각되는 교사의 역할은 그러한 토론이나 대화가 점차적으로 좀더 세련된 또는 보다 중요한 수학적 양상을 닮아갈 수 있도록 주의 깊게 중재하는 것이었다.

각 교사의 성공과 난제를 고려해 볼 때, 전

형적인 교사중심의 방법으로 수학을 배운 교사가 학생중심의 수학교실문화를 만들어 나가는 것은 결코 쉽지 않은 일이며 교수·학습과 관련하여 상당한 위험 부담을 수반하는 것임을 알 수 있다. 더욱이 선행 연구와는 다르게 특정한 교사개발 전문 프로그램에 참여한 것도 아니고 상세한 수업과정에 대해 안내 받지도 않은 상황에서 수학 교수 · 학습에 관한 각 교사의 아이디어를 근간으로 다양하게 교실문화를 형성해 나가는 과정에서 이와 같은 결과가 나왔다는 점을 주목할 필요가 있다.

결국 교사들이 자발적인 의지를 가지고 새로운 형태의 교수법을 적용하거나 개발시켜 나가려고 할 때 경험하게 되는 다양한 어려움 또는 수업의 불확실성에서 비롯되는 문제를 어떻게 해결해 나가는지 연구하는 것은 초등학교 수학 교실문화 개선과 관련하여 필수적인 연구 분야일 것이다. 본 연구에서 일부 언급되긴 했으나, 학생중심의 수학교실문화 형성과 관련한 후속 연구에서는 구체적으로 학생들의 새로운 아이디어에 대해서 칭찬과 격려하는 것 외에 어떤 방법으로 교사가 대처해야 수학적으로 강력한 교실문화를 형성할 수 있을지, 교과서에서처럼 풀이 과정에 대한 구체적인 안내가 없는 상황에서 학생들이 겪게 되는 불확실성에 대해서 민감하게 반응하려고 할 때 교사는 어떤 종류의 힌트나 도움을 주어야 주어진 과제의 본질은 손상하지 않으면서 학생들의 수학적 사고를 촉진할 수 있는지, 교사가 중요하다고 생각하는 아이디어를 학생들이 찾아내지 못할 때 교사는 어떻게 이를 소개해야 하는지, 그리고 학생들의 개념적 발달을 촉진하면서 동시에 수학적으로 효율적인 절차를 가르치는 것간에 어떻게 균형을 맞추어야 하는지 등에 관한 보다 면밀한 분석이 필요하다.

바람직한 수학교실문화의 형성이나 교수법의 궁극적인 변화는 해당 교사가 교수·학습과 관련된 여러 가지 아이디어를 바탕으로 자신의 수업을 통해 구현했을 때 비롯되는 것임을 고려해 볼 때(Kirshner, 2002), 교사의 역할에 관한 연구는 지속되어 논의될 필요가 있으며, 본 연구는 세 명의 초등학교 교사의 수학 교수법의 사례 및 교사 역할에 관한 분석을 통하여 초등수학 교실문화의 형성과정에 관련한 논의의 장을 제공한 것이라고 볼 수 있다.

참고문헌

교육인적자원부(1998). 초등학교 교육 과정 해설(IV): 수학, 과학, 실과. 서울: 대한 교과서주식회사.

방정숙(2001, April). *Challenges of reform: Utility of sociomathematical norms*. Paper presented at the Annual Meeting of the American Educational Research Association. Seattle, WA. [Educational Resources Information Center: ED452076]

방정숙(2003a, April). *Understanding the culture of elementary mathematics classrooms in transition*. Paper presented at the Annual Meeting of the American Educational Research Association. Chicago, IL. [Educational Resources Information Center: ED476654]

방정숙(2003b). Student-centered teaching practices in Korean elementary mathematics classrooms. In N. A. Pateman, B. J. Dougherty & J. Zilliox (Eds.), *Proceedings of the 2003 Joint Meeting of PME and PMENA. Vol. 3* (pp. 445-452). Honolulu, HI: University of Hawaii

Artzt, A. F., & Armour-Thomas, E. (2002).

Becoming a reflective mathematics teacher. Mahwah, NJ: Lawrence Erlbaum Associates.

Ball, D. L. (1993). With an eye on the mathematical horizon: Dilemmas of teaching elementary school mathematics. *The Elementary School Journal, 93*(4), 373-398.

Bowers, J., Cobb, P., & McClain, K. (1999). The evolution of mathematical practices: A case study. *Cognition and Instruction, 17*(1), 25-64.

Cobb, P. (1999). Individual and collective mathematical development: The case of statistical data analysis. *Mathematical Thinking and Learning, 1*(1), 5-43.

Cobb, P., & Bauersfeld, H. (Eds.). (1995). *The emergence of mathematical meaning: Interaction in classroom cultures*. Hillsdale, NJ: Lawrence Erlbaum Associates.

Cobb, P., Gravemeijer, K., Yackel, E., McClain, K., & Whitenack, J. (1997). Mathematizing and symbolizing: The emergence of chains of signification in one first-grade classroom. In D. Kirshner & J. Whitson (Eds.), *Situated cognition: Social, semiotic, and psychological perspectives* (pp. 151-233). Mahwah, NJ: Lawrence Erlbaum Associates.

Cobb, P., & Yackel, E. (1996). Constructivist, emergent, and sociocultural perspectives in the context of developmental research. *Educational Psychologist, 31*(3/4), 175-190.

Fennema, E., & Nelson, B. S. (Eds.). (1997). *Mathematics teachers in transition.* Mahwah, NJ: Lawrence Erlbaum Associates.

Franke, M. L., Fennema, E., & Carpenter, T. (1997). Teachers creating change: Examining evolving beliefs and classroom practice. In E. Fennema & B. S. Nelson (Eds.), *Mathematics teachers in transition* (pp. 255-282). Mahwah, NJ: Lawrence Erlbaum Associates.

Geertz, C. (1973). Thick description: Toward an interpretive theory of culture. In C. Geertz (Ed.), *The interpretation of culture* (pp. 3-30). New York: Basic Books.

Kirshner, D. (2002). Untangling teachers' diverse aspirations for student learning: A crossdisciplinary strategy for relating psychological theory to pedagogical practice. *Journal for Research in Mathematics Education, 33*(1), 46-58.

Ma, L. (1999). Knowing and teaching elementary mathematics. Mahwah, NJ: Lawrence Erlbaum Associates.

McClain, K. J. (1995). *The teacher's proactive role in supporting students' mathematical growth.* Unpublished doctoral dissertation, Vanderbilt University, Nashville, TN.

Merriam, S. B. (1998). *Qualitative research and case study applications in education.* San Francisco, CA: Jossey-Bass.

National Council of Teachers of Mathematics (2000). *Principles and standards for school mathematics.* Reston, VA: The Author.

Rasmussen, C. L., & King, K. D. (1998). Sociomathematical norms and student autonomy in calculus II honors students. In S. B. Berenson, K. R. Dawkins, M. Blanton, W. N. Coulombe, J. Kolb, K. Norwood, & L. Stiff (Eds.), *Proceedings of the Twentieth Annual Meeting of the North American Chapter of the International Group for the Psychology of Mathematics Education* (pp. 131-135). Columbus, OH: ERIC Clearinghouse for Science, Mathematics, and Environmental Education.

Stake, R. E. (1998). Case studies. In N. K. Denzin & Y. S. Lincoln (Eds.), *Strategies of qualitative inquiry* (pp. 86-109). Thousand Oaks, CA: SAGE.

Stein, M. K., Grover, B. W., & Henningsen, M. (1996). Building student capacity for mathematical thinking and reasoning: An analysis of mathematical tasks used in reform classrooms. *American Educational Research Journal, 33*(2), 455-488.

Stephan, M. (1998). *Supporting the development of one first-grade classroom's conceptions of measurement: Analyzing students' learning in social context.* Unpublished doctoral dissertation, Vandebilt University, Nashville, TN.

Strauss, A., & Corbin, J. (1998). Grounded theory methodology: An overview. In N. K. Denzin & Y. S. Lincoln (Eds.), *Strategies of qualitative inquiry* (pp 158-183). Thousand Oaks, CA: Sage.

Yackel, E., & Cobb, P. (1996). Sociomathematical norms, argumentation, and autonomy in mathematics. *Journal for Research in Mathematics Education, 27*(4), 458-477.

Yin, R. K. (2003). *Applications of case study research* (2nd ed.). Thousand Oaks, CA: Sage.

Yin, R. K. (2002). *Case study research: Design and methods* (3rd ed.). Thousand Oaks, CA: Sage.

▪ **집필진**

방정숙 한국교원대학교, jeongsuk@knue.ac.kr
송상헌 경인교육대학교, shsong@ginue.ac.kr
임재훈 경인교육대학교, jhyim@ginue.ac.kr
권나영 인하대학교, rykwon@inha.ac.kr
김남희 전주대학교, nhkim@jj.ac.kr
김선희 강원대학교, mathsun@kangwon.ac.kr
김 연 University of Michigan, kimyeon@umich.edu
김진환 영남대학교, kimjh@ynu.ac.kr
나귀수 청주교육대학교, gsna21@cje.ac.kr
박교식 경인교육대학교, pkspark@ginue.ac.kr
신보미 전남대학교, bomi0210@jnu.ac.kr
오영열 서울교육대학교, yyoh@snue.ac.kr
이경화 서울대학교, khmath@snu.ac.kr
이금선 서울경수초등학교, gold3010@hanmail.net
이대현 광주교육대학교, leedh@gnue.ac.kr
이봉주 경북대학교, leebj@knu.ac.kr
임해미 한국교육과정평가원, rimhm@kice.re.kr
조완영 충북대학교, wycho@cbu.ac.kr
주미경 한양대학교, mkju11@hanyang.ac.kr
황혜정 조선대학교, sh0502@chosun.ac.kr

대한수학교육학회 2014 연보(Yearbook)

수학교사교육

지은이 방정숙 · 송상헌 · 임재훈 · 권나영 · 김남희
김선희 · 김 연 · 김진환 · 나귀수 · 박교식
신보미 · 오영열 · 이경화 · 이금선 · 이대현
이봉주 · 임해미 · 조완영 · 주미경 · 황혜정
펴낸이 조경희
펴낸곳 경문사
펴낸날 2014년 11월 1일 1판 1쇄
등 록 1979년 11월 9일 제 313-1979-23호
주 소 121-818, 서울특별시 마포구 와우산로 174
전 화 (02)332-2004 팩스 (02)336-5193
이메일 kyungmoon@kyungmoon.com

값 30,000원

ISBN 978-89-6105-838-4